更轻

更简

更适合做朋友的一本书

这本书带给你的不仅是知识

2022年度

全国会计专业技术资格考试

经济法基础

应试指南

■ 侯永斌 主编

■ 中华会计网校 编

感恩22年相伴 助你梦想成真

中国商业出版社

图书在版编目(CIP)数据

经济法基础应试指南 / 侯永斌主编 ; 中华会计网校编. —北京 : 中国商业出版社, 2021.12
2022 年度全国会计专业技术资格考试
ISBN 978-7-5208-1785-1

Ⅰ. ①经… Ⅱ. ①侯… ②中… Ⅲ. ①经济法-中国-资格考试-自学参考资料 Ⅳ. ①D922.29

中国版本图书馆 CIP 数据核字（2021）第 183629 号

责任编辑：朱文昊　黄世嘉

中国商业出版社出版发行
010-63180647　www.c-cbook.com
（100053　北京广安门内报国寺 1 号）

新华书店经销
大厂回族自治县益利印刷有限公司

*

787 毫米×1092 毫米　16 开　27 印张　691 千字
2021 年 12 月第 1 版　2021 年 12 月第 1 次印刷

定价：89.00 元

* * * *

前言

“外物之味，久则可厌；读书之味，愈久愈深。”

“人生在勤，不索何获。”

遇见·指南

“于千万人之中遇见你所遇见的人，于千万年之中，时间的无涯的荒野里，没有早一步，也没有晚一步，刚巧赶上了，那也没有别的话可说，惟有轻轻地问一声：噢，你也在这里吗？”正如张爱玲所述的两人相遇，你与指南因全国会计专业技术资格考试相识，故事也将从指南开始。

相知·指南

“始于颜值，陷于才华，忠于人品。”对一个人喜欢从颜值开始，被他的才华吸引，最后迷恋于他的人品。对一本书喜欢大概也是这样吧，看到一本书，你会被它颜色丰富或是清新淡雅的样子而吸引，但最后还是要看看这书里的内容是否有十足的魅力吸引你。拿指南来说，虽说是因为考试相遇，但是当你与指南熟悉了解之后，你会发现它值得反复学习。

细说·指南

·首先，针对经济法这个科目，指南整体分为“恋爱指南——考情分析及学习方法”“初见灵犀——应试指导及同步训练”“执子之手——考前模拟试题”三篇，其分布是按照学习阶段进行划分的，用侯老师的比喻那便是情人间从初识到厮守。“初见灵犀——应试指导及同步训练”又被分为“琴、棋、书、画、诗、酒、花、茶”八绝，每一绝都凝聚着老师的心血。所以，本书不论是篇名还是内容版块名，命名都极生动，侯老师赋予经济法基础知识生命，也是希望你最终能抱得“佳人”，乘胜而归。

·次之，侯老师巧妙设计了一些特色版块，例如，“老侯提示”版块，以一个简单、生动的语句点拨知识，解决你的记忆难点和易混淆知识点，也帮你看清“陷阱”。同时，每一绝的“心有灵犀”版块，汇集了侯老师精心挑选的习题，可谓“道道经典”。

·最后，学习是有迹可循的，读书呢，也不能“读死书，死读书”，特别是如果你想有效率地通过考试，那更是要下一番功夫。常言道“河床越深，水面越平静”，指南根据考试规律，在题目、解析中融入不同元素，方便你有重点地学习。当然，在这里只能浅浅透露给你，更多的还需你在学习中慢慢发现。

伴读·指南

这一年，指南进行了全新升级，书中融入了可爱的正小保，小保的原型是一只俏皮可爱的小蜜蜂，因为蜜蜂聪明智慧、勤劳勇敢、团体合作、无私奉献，同时蜂蜜的纯酿也离不开它的博采和提炼，而我们的学习更是如此，需要智慧，也需要博采和提炼。所以，接下来指南之路的每个阶段，小保将成为你指南路上的伴读精灵，启迪你明智鼓励你坚持，让你的学习之路不再孤单。

点点心思·绕心头

经济法基础的学习，正如求爱之路，不仅需要摸清“佳人”的“俏脾气”，还要严守“家规”，勇敢接受层层考验，再加上你的“一往情深”，最终便可抱得“佳人”而归。

编　者

小保提示

由于时间所限，书中难免存在疏漏，敬请批评指正。最后，小保祝福大家顺利通过考试！

正保文化官微

关注正保文化官方微信公众号——财会上分青年，回复“勘误表”，获取本书勘误内容。

正保远程教育 

发展： 2000—2022年：感恩22年相伴，助你梦想成真

理念： 学员利益至上，一切为学员服务

成果： 20个不同类型的品牌网站，涵盖13个行业

奋斗目标：构建完善的"终身教育体系"和"完全教育体系"

中华会计网校 

发展： 正保远程教育旗下的第一品牌网站

理念： 精耕细作，锲而不舍

成果： 每年为我国财经领域培养数百万名专业人才

奋斗目标：成为所有会计人的"网上家园"

"梦想成真"书系 

发展： 正保远程教育主打的品牌系列辅导丛书

理念： 你的梦想由我们来保驾护航

成果： 图书品类涵盖会计职称、注册会计师、税务师、经济师、资产评估师、审计师、财税、实务等多个专业领域

奋斗目标：成为所有会计人实现梦想路上的启明灯

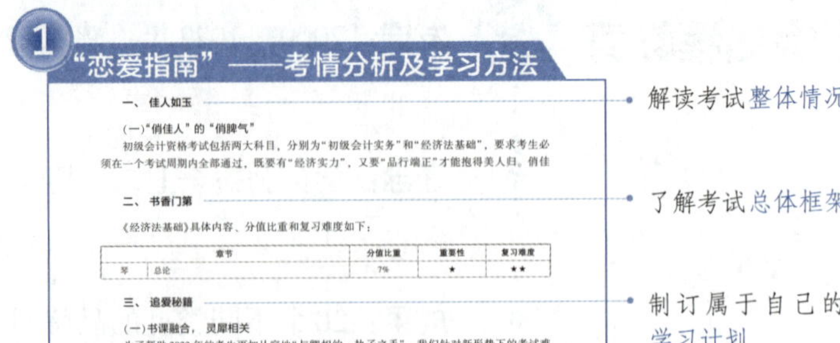

1 “恋爱指南”——考情分析及学习方法

一、 佳人如玉

（一）“俏佳人”的“俏脾气”

初级会计资格考试包括两大科目，分别为“初级会计实务”和“经济法基础”，要求考生必须在一个考试周期内全部通过，既要有“经济实力”，又要“品行端正”才能抱得美人归。俏佳

二、 书香门第

《经济法基础》具体内容、分值比重和复习难度如下：

章节		分值比重	重要性	复习难度
琴	总论	7%	★	★★

三、 追爱秘籍

（一）书课融合， 灵犀相关

为了帮助2022年的考生更加从容地“与卿相约，执子之手”，我们针对新形势下的考试难度、考试方向对本书进一步优化，将其与课程进行深度融合。本书共分为三篇：

解读考试整体情况

了解考试总体框架

制订属于自己的学习计划

2 “初见灵犀”——应试指导及同步训练

深闺琴声

佳人“八绝”以“琴”为始。正所谓“知音一曲百年经，荡尽红尘留世名”。一如本章，作为全书开篇章节，全面介绍了法律的基本原理。虽然在考试中所占分值只有7%，但其内容影响至深，远非所占分值可比。

2021年考试前8个批次题型题量

题型 \ 批次 分值	5.15上	5.15下	5.16上	5.16下	5.17上	5.17下	5.18上	5.18下
单选题	2题4分	2题4分	2题4分	2题4分	2题4分	2题4分	2题4分	2题4分
多选题	1题2分	1题2分	1题2分	1题2分	1题2分	1题2分	1题2分	1题2分

人生初见

考验一　法的本质与特征（★）

（一）法的本质

1. 法是统治阶级的意志

「老侯提示」法体现“统治阶级”的意志，并不等于“完全不顾及”被统治阶级的意愿。

2. 法是国家意志

（1）法由统治阶级“物质生活条件”决定，反映社会客观需要；

（2）法体现统治阶级的“整体意志和根本利益”，非个人意志。

（二）法的特征

1. 国家意志性

法是由国家“制定”或“认可”的规范。

2. 强制性

法由国家“强制力”保证其获得普遍

心有灵犀 限时60分钟

扫我做试题

一、单项选择题

1. 法是经过国家制定或者认可才得以形成的规范，这体现了法的（　）。

A. 国家意志性

B. 强制性

的是（　）。

A. 法是统治阶级的国家意志的体现

B. 法由统治阶级的物质生活条件所决定

C. 法完全不顾及被统治阶级的愿望和要求

D. 法是明确而普遍适用的规范

深入解读本绝考点及考试变化内容

了解命题方向和易错点

夯实基础，快速掌握答题技巧

精心编写，模拟演练，助力冲关

3 “执子之手”——考前模拟试题

考前模拟试题

亲爱的读者，微信扫描对应小程序码，并输入封面防伪贴激活码，**即可享有本书编写老师亲编2套考前模拟试题**，快来扫码吧！

考前模拟试题（一）

扫我做试题

考前模拟试题（二）

扫我做试题

CONTENTS 目录

第一篇　“恋爱指南”——考情分析及学习方法

第二篇　“初见灵犀”——应试指导及同步训练

第三篇 “执子之手”——考前模拟试题

第一篇 “恋爱指南”

考情分析及学习方法

各位看官好，我是正小保，欢迎来到“寻爱”世界，接下来将由我陪伴您学习经济法基础。

众所周知，侯老师是一个“诗人”，未来的日子就让我们伴着诗的柔情，开始我们的“求爱”之路吧。

关于右侧小程序码，你需要知道——

亲爱的读者，无论你是新学员还是老考生，本着“逢变必考”的原则，今年考试的变动内容你都需要重点掌握。微信扫描右侧小程序码，网校老师为你带来2022年本科目考试变动解读，助你第一时间掌握重要考点。

2022年考情分析及学习方法

“佳人如玉兮，居一方。辗转反侧兮，思如徨。道阻且长兮，不啻往。与卿沐光兮，于明堂。”亲爱的读者朋友们大家好！当你选择本书时，你的心中一定已经有了一位令你辗转反侧，思之如徨的佳人——“初级会计专业技术资格考试”(以下简称初级会计资格考试)。人生初见，惊鸿一瞥，佳人如玉却也迷蒙难测，执子之手尚需相悉相知，下面就让我们一起走近这位“如玉佳人”，掀开她迷蒙的面纱，了解她，体会她，懂得她。

一、佳人如玉

(一)“俏佳人”的“俏脾气”

初级会计资格考试包括两大科目，分别为“初级会计实务”和“经济法基础”，要求考生必须在一个考试周期内全部通过，既要有“经济实力”，又要“品行端正”才能抱得美人归。俏佳人有俏脾气，在备考复习的过程中，要求考生务必做到“两科并重”，切勿厚此薄彼。

(二)“俏佳人”的“严家规”

2022年的初级会计资格考试将于2022年5月初举行，报考人数“预计”将突破500万人，因“疫情、场地”等问题的限制，考核批次为7天14批次。即上午场：8：30—11：30；下午场：14：30—17：30。考试采用“无纸化”(计算机)形式，其中“初级会计实务”的考试时间为105分钟，“经济法基础”的考试时间为75分钟，两科连续进行，中间不休息；答完一科选择交卷后，开始另一科的作答，两科时间不混用。

需要说明的是，考生的具体参考批次与网上报名、缴费的先后顺序无关，由系统自动安排，并记录在“准考证”上。一般在考前一个月左右，各省级考试管理机构会陆续公布本地区初级资格考试准考证网上打印的起止日期，请考生务必关注。

初级会计资格考试的放榜时间通常为全部考试结束后“四周内”，届时诸君的考试成绩，将在“全国会计资格评价网”和各地考试管理机构指定媒体上公布。中华会计网校(www.chinaacc.com)会在第一时间整理和更新查询入口链接，亦请考生关注。

(三)“四路”考验“验真心”

“经济法基础”的考题包括四大类，具体题型、题量及考核分值如下：

题型	单项选择题	多项选择题	判断题	不定项选择题	合计
题量	23题	10题	10题	3大题(12小题)	46大题(55小题)
分值	46分	20分	10分	24分	100分

单项选择题：考点单一、得分容易，为“四路”当中的“坦途”。

多项选择题：综合性强、陷阱隐蔽，为“四路”当中最难走的“险滩”。

判断题：是对单一边角知识点进行考核，就如点点的“梅花桩”。

不定项选择题：在大案例背景下，考核知识点的运用，和多选题的评判标准相同，“少选得相应的分值”，但错选不得分，考生就好像走在“地雷阵”当中。

走过“坦途”、渡过“险滩”、跳过“梅花桩”、避过“地雷阵”，诸君须用自己的努力和真心才能通过“俏佳人”的考验!

(四)“俏佳人”的“小心思”

“俏佳人”为“得配良人”建立了成熟完善的考核题库，其考核全面、系统、分散。

虽然考核范围大但并非毫无重点。“俏佳人有她的小心思”，重要知识点会从各个角度出题且数量较多，几乎每个批次试卷都会抽中，而这些重要知识点就是她的“心心念念”，考生必须熟知这些俏佳人的“心头爱”，比如“消费税的征税范围和税目”，该知识点在2021年各批次的考核中均有题目。“非主流”知识点出题量很小，只有个别批次的试卷会抽中一个，备考复习中要分清主次，我们的目标不是考满分，而是用最少的时间获得最大的回报，因此该放弃的要“果断放弃”，不该放弃的要“寸土必争”。

“俏佳人的小心思”其实不难猜，各章考核题量、分值、考点、套路、陷阱等均有迹可循，以2021年前八个批次的考核为例，通过各章分值分布(见下)可知：

章节 \ 2021年		5.15上	5.15下	5.16上	5.16下	5.17上	5.17下	5.18上	5.18下
非税法篇	1. 总论	7	7	7	7	7	7	8	7
	2. 会计法	8	8	8	8	8	8	8	8
	3. 支付结算	15	15	11	11	15	15	12	17
	4. 劳动合同与社保	11	11	15	15	11	11	13	9
税法篇	5. 增值税、消费税	23	23	23	23	23	23	23	23
	6. 所得税	21	21	21	21	21	21	21	21
	7. 其他税	13	12	12	12	12	12	12	12
	8. 征收管理	2	3	3	3	3	3	3	3

支付结算、劳动合同与社保为“非税法篇”重点章节，考核分值占比26%，增值税、消费税法和所得税为“税法篇”重点章节，分值占比44%。

考题“套路”明显，如2021年第2批次、第11批次、第12批次，企业所得税的不定项选择题，第一问均考核“收入总额”的判定，后续几问均考核“费用调整、税收优惠、不得扣除的费用”只是调整项目不同而已。

同时在依法治国、减税降费等大的政策背景下，近年来各种法律、法规的修订极为频繁。本书去粗取精，内容和题目均按照新的规定进行编写，考生使用本书，无须再自行寻找其他资料。

二、书香门第

《经济法基础》具体内容、分值比重和复习难度如下：

章节		分值比重	重要性	复习难度
琴	总论	7%	★	★★
棋	会计法律制度	8%	★	★
书	支付结算法律制度	14%	★★★	★★★
画	劳动合同与社会保险法律制度	12%	★★	★★
诗	税法概述及货物和劳务法律制度	23%	★★★	★★★
酒	所得税法律制度	21%	★★★	★★★
花	财产和行为税法律制度	12%	★★	★★
茶	税收征管法律制度	3%	★	★

【说明】本表分值占比依据2021年14个考试批次试卷统计得出，由于2022年考试大纲对总论进行了大规模删减，对税收征收管理法律制度进行了大规模扩充，笔者预计2022年考试上述两章分值占比将会对调，其他章节基本保持不变。

“俏佳人”自幼修习“琴、棋、书、画、诗、酒、花、茶”八项技艺，以“琴、棋、书、画”修身，以“诗、酒、花、茶”养性。“她”对追求者的考核，也是从这八个方面入手。其中“琴、棋、书、画”对应“非税法篇”的四章，“诗、酒、花、茶”对应“税法篇”的四章。

诚然，复习难度和分值比重并不成正比，如《总论》，涉及大量法理性内容，复习难度较高，但考核分值却不算高；《劳动合同与社会保险法律制度》，虽然考核分值不低，但却贴近生活，复习难度不高。

需要考生注意的是，非重点章中亦有核心考点，绝不能整章放弃。至于每一章的具体考点，也是考生“抱得美人归”需要经受的考验，在本书第二篇，笔者使用“★”对其进行了分类，部分考点内容较多，笔者会在配套课程中，再进行更加细致的分类，以便于考生在复习过程中结合自身情况加以掌握。

除上述内容外，这位“俏佳人”青春活泼喜欢新鲜事物，每年新增和调整内容，尤为当年备考复习的重点，具体笔者会在第二部分每一章的开篇加以介绍。

三、追爱秘籍

（一）书课融合，灵犀相关

为了帮助2022年的考生更加从容地“与卿相约，执子之手”，我们针对新形势下的考试难度、考试方向对本书进一步优化，将其与课程进行深度融合。本书共分为三篇：

第一篇 “恋爱指南”——考情分析及学习方法

一、佳人如玉——考情分析

二、书香门第——章节概览

三、追爱秘籍——学习方法

第二篇 “初见灵犀”——应试指导及同步训练

1. 人生初见——考点详解

2. 心有灵犀——同步训练参考答案及解析

第三篇 “执子之手”——考前模拟试题

“人生初见”是“爱情”的第一步，在这里笔者会帮助考生完成对考点的初步掌握，其内容完全配套基础班课程，报名学习中华会计网校(www.chinaacc.com)课程的考生，无须再打印讲义，基础较好的读者，亦可以使用本书自学。在这一部分，我们对全部知识点进行了详细的整理、总结和阐述，对其中难以理解的内容增加了“老侯提示”这一小栏目并配合一些小例子进行阐述，以便帮助读者更轻松地掌握相关知识。

“心有灵犀”建立在“相识相知”的基础之上，这一部分设置在每章之后，大多数题目由笔者结合考试难度和考核方式精心编写，少量题目摘自历年经典考题，尽量做到完整覆盖本章考点且无重复考核，帮助考生更进一步理解知识，完成由“知道”到“运用”的跨越。而本部分的所有题目我们会通过“课后作业”方式指导考生进行练习，亦会在配套习题课程中进行讲解。

“执子之手”是考前模拟试题。按照考试命题的规律、套路、难度设置，力争做到与考试同步。

(二)建立兴趣，树立信心

考生常感叹“俏佳人是个冰美人”给人以“生人勿进”之感。他们说“经济法基础”枯燥乏味，法律条文语言晦涩如天书，学不会、学不懂、不爱学、不想学。其实法律源于生活，每个法条都有其背后的故事，理解法条背后的故事，就能学懂法律。“俏佳人”并非缺乏情趣，只要真正爱上她，就能感受到她的魅力所在。俗话说，信心是成功之母，努力是成功之父，而兴趣是最好的老师，学习不是一种负担，请享受其中的快乐，且不说聪慧如您，就是蠢笨如“老赵”者(配套课程中的人物，想更多了解其人其事，咱们课程中不见不散)。只要拥有“长风破浪会有时，直挂云帆济沧海”的信念，亦能每每得偿所愿。

(三)心有猛虎，细嗅蔷薇

《经济法基础》要求考生“坐得住、沉得下、看的进”，对待知识应当“凝心静气”做到彻底掌握，切勿“走马观花、浅尝辄止、自欺欺人”。

当然，学习过程中也不要钻牛角尖，有时候进了死胡同绕不出来，那就放一放，很多时候“众里寻他千百度，蓦然回首，那人却在，灯火阑珊处”。

(四)理解为主，记忆为辅

记忆只是一种手段，成年人的理解能力远远高于记忆能力，有更好的手段达到同样的目的时，何乐而不为呢?“俏佳人”不考默写，90%的内容只要理解，足以应对考题。

当然，完全不加以记忆是不现实的，如本门课程中涉及的时间性规定等，还需考生下一番苦功，如果连“俏佳人”的“生日”都记不住，想走到最后恐怕也难。笔者在本书及配套课程中会对这些内容加以整理和总结，并辅以一定记忆的方法，总之一句话：“你若不离，我必不弃。”

(五)一张一弛，文武之道

“衣带渐宽终不悔，为伊消得人憔悴”，很多考生为了能在考试中顺利通关，在学习之初都拿出了“拼命三郎”的精神，“头悬梁，锥刺股”自不待言，不吃、不睡的也大有人在，但笔者在这里还劝诸君：“爱是漫长的旅途，情长路远，望君珍重。”一开始就过犹不及，拼坏了身体，连考场都上不了，还不如不拼。学累了就放松一下，常回家看看父母，适当和三五朋友小聚一次，不会真的影响您学习的进度，劳逸结合，会生活才会学习。

(六)但行好事， 莫问前程

秘籍在手，还需要你认真去做的就是“爱”。记住初见她时的那份初心，认真地去“爱”她，欢喜地去“陪”她。诸君所求之“佳人”，在你选择她时，她就已经爱你了，你对她笑，她便也对你笑；你给予她几分爱，她便回赠你几分；你为她熬夜，她便绝不会辜负你；你对她付出赤诚，她便以赤诚回报你。“学习”是最真诚和疼惜你的有情人，也是最浪漫之事。

你和你的“心上人”之间只差一个彼此了解对方的方式和方法，而这，恰也正是本书的使命，待到诸君“喜结良缘”之时，便也是笔者欣慰欣喜之日！

最后，笔者赋回文诗一首，遥祝诸君，真情付出得一生相伴！

《挑灯夜读》

挑灯人问岁月真，问岁月真情未冷，真情未冷还不负，还不负君挑灯人。

第二篇 “初见灵犀”

应试指导及同步训练

“耐心和持久，胜过激烈和狂热，不管环境变换到何种地步，只有初衷与希望永不改变的人，才能最终克服困难，达到目的。”

通过第一篇的学习，相信大家已经了解了初级会计考试的考情，以及学习经济法基础的方法，那么现在我们要开始具体内容的学习了，各位加油哦！

本书的小设计——“扫我做试题”小程序码

本书“心有灵犀”附加“扫我做试题”小程序码，让你的练习不仅在纸上可以做，使用手机做题也可以！

扫码做试题——不仅可以做题、看解析，还可以做笔记、形成做题报告，让你做题方便且有效率！

第一绝　“琴”——总论

深闻琴声

佳人“八绝”以“琴”为始。正所谓“知音一曲百年经，荡尽红尘留世名”。一如本章，作为全书开篇章节，全面介绍了法律的基本原理。虽然在考试中所占分值只有7%，但其内容影响至深，远非所占分值可比。

2021年考试前8个批次题型题量

题型＼分值＼批次	5.15上	5.15下	5.16上	5.16下	5.17上	5.17下	5.18上	5.18下
单选题	2题4分	2题4分	2题4分	2题4分	2题4分	2题4分	2题4分	2题4分
多选题	1题2分	1题2分	1题2分	1题2分	1题2分	1题2分	1题2分	1题2分
判断题	1题1分	1题1分	1题1分	1题1分	1题1分	1题1分	2题2分	1题1分
不定项	——	——	——	——	——	——	——	——
合计	4题7分	4题7分	4题7分	4题7分	4题7分	4题7分	5题8分	4题7分

2022年考试变化

2022年本章“自脖子以下截肢”删除了“诉讼与非诉讼程序法”的全部内容。此外在“法律渊源”中增加了“法的生效范围”，对法律关系三要素中的“法律主体”进行了扩展。

人生初见

考验一　法的本质与特征(★)*

(一)法的本质

1. 法是统治阶级的意志

『老侯提示』法体现“统治阶级”的意志，并不等于“完全不顾及”被统治阶级的意愿。

2. 法是国家意志

(1)法由统治阶级“物质生活条件”决定，反映社会客观需要；

(2)法体现统治阶级的“整体意志和根本利益”，非个人意志。

(二)法的特征

1. 国家意志性

法是由国家“制定”或“认可”的规范。

2. 强制性

法由国家“强制力”保证其获得普遍

* 注：★表示了解★★表示熟悉★★★表示掌握。

遵行。

3. 规范性

法规范人们在社会关系中的“权利和义务”。

4. 明确公开性和普遍约束性

法是明确公开的，且对全社会各阶层具有普遍约束力。

『老侯提示』本质与特征，双位一体，无须区分。

【例题·多选题】下列关于法的本质与特征的表述中，正确的有(　)。

A. 法是确定人们在社会关系中的权利和义务的行为规范

B. 法是全社会成员共同意志的体现

C. 法由统治阶级的物质生活条件所决定

D. 法是由国家制定或认可的规范

解析 选项B，法是统治阶级国家意志的体现。

答案 ACD

考验二　法的分类和法律渊源(★★)

(一)法的分类

法的分类见表1-1。

表1-1　法的分类

划分标准	法的分类
根据法的内容、效力和制定程序划分	根本法和普通法
根据法的内容划分	实体法和程序法
根据法的空间效力、时间效力或对人的效力划分	一般法和特别法
根据法的主体、调整对象和渊源划分	国际法和国内法
根据法律运用的目的划分	公法和私法
根据法的创制方式和表现形式划分	成文法和不成文法

【例题1·单选题】下列对法所作的分类中，属于以法的创制方式和表现形式为依据进行分类的是(　)。

A. 成文法和不成文法

B. 一般法和特别法

C. 根本法和普通法

D. 实体法和程序法

解析 选项C，是根据法的内容、效力和制定程序所作的分类；选项B，是根据法的空间效力、时间效力或对人的效力所作的分类；选项D，是根据法的内容所作的分类。 答案 A

(二)法律渊源

法律渊源见表1-2。

表1-2　法律渊源

渊源	制定机关	老侯提示要点	名称规律
宪法	全国人大	国家“根本”大法，具有“最高”的法律效力	
法律	全国人大——基本法律 全国人大常委会——其他法律		××法

续表

渊源		制定机关	老侯提示要点	名称规律
法规	行政法规	国务院		××条例
	地方性法规(自治条例和单行条例)	“地方”人大及其常委会	省；设区的市、自治州	××地方××条例
规章	部门规章	国务院各部委	没有法律、行政法规的依据，部门规章不得设定减损公民、法人和其他组织权利或者增加其义务的规范，不得增加本部门的权力或者减少本部门的法定职责	××办法 ××条例实施细则
	地方政府规章	地方人民政府	没有法律、行政法规、地方性法规的依据，地方政府规章不得设定减损公民、法人和其他组织权利或者增加其义务的规范	××地方××办法
效力排序		宪法>法律>行政法规>地方性法规>同级和下级地方政府规章		

『老侯提示』特别行政区法、国际条约、最高人民法院和最高人民检察院作出的“司法解释”也属于我国法的形式；但最高人民法院的“判决书”不属于我国法的形式。

【例题2·单选题】下列规范性文件中，属于行政法规的是(　)。

A. 全国人民代表大会通过的《香港特别行政区基本法》

B. 全国人民代表大会常务委员会通过的《票据法》

C. 财政部发布的《企业会计准则——基本准则》

D. 国务院发布的《企业财务会计报告条例》

解析▶ 选项AB，属于法律；选项C，属于部门规章。 **答案**▶D

【例题3·判断题】在我国，人民法院的判决书是法的形式之一。(　)

解析▶ 我国不执行判例法，最高人民法院所作的判决书不能作为法的形式。 **答案**▶×

【例题4·单选题】下列规范性文件中，效力等级最低的是(　)。

A. 全国人民代表大会通过的《民法典》

B. 深圳市人民代表大会常务委员会通过的《深圳经济特区个人破产条例》

C. 国务院通过的《土地增值税暂行条例》

D. 全国人民代表大会常务委员会通过的《会计法》

解析▶ 选项AD，属于法律，其效力优于行政法规；选项C，属于行政法规，其效力优于地方性法规；选项B，属于地方性法规，在上述各项中，效力等级最低。 **答案**▶B

(三)法的生效范围(2022年新增)

1. 时间效力

(1)法的效力的起始和终止的时限(见表1-3)。

表1-3　法的效力的起始和终止的时限

考点	具体内容
生效方式	(1)明确规定具体生效时间； (2)明确规定具体生效条件

续表

考点	具体内容
终止方式	(1)由新法明确规定旧法废止; (2)在完成一定的历史任务后不再适用; (3)由有权的国家机关发布专门的决议、决定，废除某些法律; (4)根据新法优于旧法原则，旧法自动终止

(2)对该法实施以前的事件和行为有无溯及力——从旧兼从轻原则。

法律、行政法规、地方性法规、自治条例和单行条例、规章“不溯及既往”，但为了“更好地保护”公民、法人和其他组织的权利和利益而作的特别规定除外。

2. 空间效力——法发生效力的空间范围和地域范围

(1)法适用于国家主权所及一切领域，包括领陆、领水及其底土和领空、驻外使馆、境外飞行器、停泊在境外的船舶。

(2)域内效力与域外效力，见表1-4。

表1-4 域内效力与域外效力

分类	考点	
域内效力	全国范围适用	由全国人大及其常委会、国务院制定的规范性法律文件(除法律有特别规定的外)
	局部地区适用	由地方人大及其常委会、人民政府制定的地方性法规及地方政府规章，民族自治地方制定的自治条例与单行条例
域外效力	原则	(1)互相尊重领土主权; (2)保护本国利益和公民权益

3. 对人的效力——法的适用主体

(1)属人原则——凡本国人，无论在国内、国外，均受本国法的约束。

凡是中国公民，在中国领域内一律适用中国法律，平等地享有权利和承担义务。中国公民在国外的，仍然受中国法律的保护，也要遵守中国法律的义务。

(2)属地原则——凡属本国管辖范围内，无论本国人、外国人，均受本国法的约束。

凡在中国领域内的外国人均应遵守中国法律。中国法律保护外国人的人身权利、财产权利、受教育权利和其他合法权利。

『老侯提示』对有外交特权和豁免权的外国人犯罪需要追究刑事责任的，应当通过外交途径解决。

(3)保护原则——凡损害本国利益，无论侵犯者地域、国籍，均受本国法的约束。

【例题5·多选题】下列关于法的效力范围的说法中，正确的有( )。

A. 法的效力范围包括法的时间效力、法的空间效力以及法的对人的效力

B. 同一国家机关制定的法，旧法与新法发生冲突或相互抵触时，以新法为准，旧法中的有关条款自动终止效力

C. 地方人大及其常委会制定的地方性法规在全国范围内有效

D. 中国公民在国外的，不受中国法律的保护

解析 选项C，地方人大及其常委会制定的地方性法规，在其管辖范围内有效；选项D，中国公民在国外的，仍然受中国法律的保护，也有遵守中国法律的义务。 **答案** AB

(四)法律效力等级及其适用规则

1. 根本法优于普通法

2. 上位法优于下位法

法律高于法规、法规高于规章、行政法

规高于地方性法规。

3. 特别法优于一般法

【举例】《民法典》→《保险法》

4. 新法优于旧法

5. 新的一般规定与旧的特殊规定不一致——谁来做裁判

(1)法律与法律：全国人大常委会裁决。

(2)行政法规与行政法规：国务院裁决。

(3)法律与授权制定的法规：全国人大常委会裁决。

(4)地方性法规、规章之间不一致时：①同一机关制定的：制定机关裁决。②部门规章之间、部门规章与地方政府规章不一致：国务院裁决。③地方性法规与部门规章之间对同一事项的规定不一致时，处理办法见图1-1。

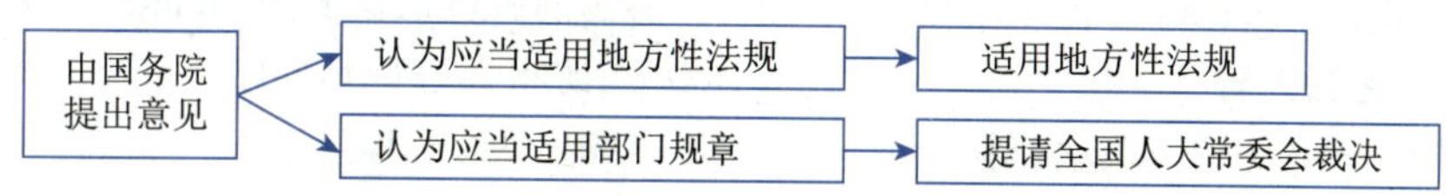

图1-1 地方性法规与部门规章之间对同一事项的规定不一致时的处理办法

【例题6·多选题】下列关于规范性法律文件适用原则的表述中，正确的有( )。

A. 法律之间对同一事项的新的一般规定与旧的特别规定不一致，不能确定如何适用时，由全国人民代表大会常务委员会裁决

B. 根据授权制定的法规与法律不一致，不能确定如何适用时，由全国人民代表大会常务委员会裁决

C. 行政法规之间对同一事项的新的一般规定与旧的特别规定不一致，不能确定如何适用时，由国务院裁决

D. 部门规章与地方政府规章之间对同一事项的规定不一致时，由国务院裁决

答案 ABCD

【例题7·判断题】地方性法规与部门规章之间对同一事项的规定不一致，不能确定如何适用时由国务院提出意见，国务院认为应当适用地方性法规的，应当决定在该地方适用地方性法规的规定，认为应当适用部门规章的，应当决定在该地方适用部门规章的规定。 ( )

解析 本题所述情形，国务院认为适用部门规章的，应当提请全国人大常委会裁决。

答案 ×

考验三 法律部门与法律体系(★)

(一)宪法及相关法

1. 宪法相关法的概念

宪法相关法配套宪法，是直接保障宪法实施和国家政权运作的法律规范的总称。

2. 宪法相关法的内容

(1)有关国家机构的产生、组织、职权和基本工作制度的法律；

(2)有关民族区域自治制度、特别行政区制度、基层群众自治制度的法律；

(3)有关维护国家主权、领土完整和国家安全的法律；

(4)有关保障公民基本政治权利的法律。

(二)民商法

1. 民法

调整“平等主体”之间的人身关系和财产关系的法律。

包括：《民法典》。

2. 商法

调整“平等主体”之间的商事关系的法律。

包括：《公司法》《破产法》《证券法》《期货法》《保险法》《票据法》《海商法》等。

(三)行政法

1. 概念

行政法是规范有关行政管理主体、行政行为、行政程序、行政监督以及国家公务员

制度(国家行政管理活动)等方面的法律规范的总称。

2. 行政法的调整范围

行政机关与行政管理相对人之间因行政管理活动而发生的社会关系。(纵向关系)

3. 行政法的特点

行政机关与行政管理相对人的地位不平等,行政行为由行政机关单方面作出,不需要双方平等协商。

4. 行政法包括内容

《行政许可法》《行政处罚法》等。

(四)经济法

1. 概念

经济法是调整国家干预、管理、调控市场经济活动所产生的社会经济关系的法律规范的总称。

2. 包括内容

(1)创造平等竞争环境、维护市场秩序方面的法律:《反垄断法》《反不正当竞争法》《消费者权益保护法》。

(2)国家宏观经济调控方面的法律:财政、税收、金融、对外贸易等方面的法律。

(五)劳动法与社会法

1. 劳动法

调整劳动关系以及与劳动关系有密切联系的其他社会关系的法律规范的总称。

包括:《劳动法》《劳动合同法》。

2. 社会法

调整有关社会保障、社会福利等关系的法律规范的总称。

包括:《未成年人保护法》《妇女权益保护法》《残疾人保护法》。

(六)刑法

刑法是规范犯罪、刑事责任和刑罚的法律规范的总称。

(七)诉讼与非诉讼程序法。

1. 诉讼程序法

《刑事诉讼法》《民事诉讼法》《行政诉讼法》《海事诉讼特别程序法》。

2. 非诉讼程序法

《仲裁法》。

【例题·多选题】下列各项中,属于经济法法律部门的有( )。

A.《公司法》

B.《反垄断法》

C.《企业所得税法》

D.《劳动合同法》

解析▶选项BC,经济法是调整国家干预、管理、调控市场经济活动所产生的社会经济关系的法律规范的总称。包括创造平等竞争环境、维护市场秩序方面的法律,如《反垄断法》等,和国家宏观经济调控方面如税收等方面的法律;选项A,属于民商法法律部门;选项D,属于劳动法与社会法法律部门。

答案▶BC

考验四　法律事实(★★)

概念:法律规定的能够引起法律关系产生、变更和消灭的现象。

分类标准:是否以当事人的意志为转移。

类别:法律事件和法律行为。

(一)法律事件

1. 自然现象(绝对事件)

地震、洪水、台风、森林大火等自然灾害;生、老、病、死;意外事故。

2. 社会现象(相对事件)

社会革命、战争、重大政策的改变等。

『老侯提示』法律事件的出现“不以当事人的意志为转移”，具有“不可抗力”的特征。

(二)法律行为

法律行为见表1-5。

表1-5 法律行为

分类标准	分类内容	代表行为
行为是否合法	合法行为与违法行为	
行为的表现形式	积极行为与消极行为	
行为是否通过意思表示作出	意思表示行为	
	非意思表示行为	拾得遗失物、发现埋藏物
	【说明】《民法典》规定：民事法律行为是民事主体通过意思表示设立、变更、终止民事法律关系的行为。因此，非意思表示行为不属于法律行为	
主体意思表示的形式	单方行为	遗嘱、行政命令
	多方行为	
行为是否需要特定形式或实质要件	要式行为与非要式行为	
主体实际参与行为的状态	自主行为与代理行为	

『老侯提示』人的行为并非都是法律行为。

【例题1·单选题】下列法律事实中，属于法律行为的是( )。

A. 暴发洪水　　B. 直播带货

C. 发生战争　　D. 发生地震

解析 选项ACD，属于法律事件。

答案 B

【例题2·单选题】根据行为是否需要特定形式或实质要件，法律行为可以分为( )。

A. 单方的法律行为和多方的法律行为

B. 有偿的法律行为和无偿的法律行为

C. 要式的法律行为和非要式的法律行为

D. 主法律行为和从法律行为

解析 选项A，是根据主体意思表示的形式所作的分类；选项B，是根据是否存在对待的给付所作的分类；选项D，是根据法律行为间的依存关系所作的分类。 答案 C

【例题3·单选题】下列各项中，属于单方行为的是( )。

A. 签订合同　　B. 缔结婚姻

C. 订立遗嘱　　D. 销售商品

解析 选项C，单方行为是指由法律主体一方的意思表示即可成立的法律行为，如遗嘱、行政命令；选项ABD，属于多方行为。

答案 C

【例题4·多选题】下列各项中，属于非意思表示行为的有( )。

A. 订立遗嘱　　B. 行政命令

C. 拾得遗失物　　D. 发现埋藏物

解析 选项CD，非意思表示行为是指非经行为者意思表示而是基于某种事实状态即具有法律效果的行为，如拾得遗失物、发现埋藏物等；选项AB，属于意思表示行为。

答案 CD

考验五 法律关系三要素(★★★)

法律关系：法律上的权利与义务关系。

三要素：主体、内容、客体。

(一)主体

法律关系中依法享有权利和承担义务的

当事人。

『老侯提示』法律关系的主体 2022 年考试涉及内容较多，单独设置“考验六”具体介绍。

（二）内容

(1)法律关系的内容即法律“权利”和法律“义务”。

(2)“法律权利”是指权利享有者依法有权自主决定作出或者不作出某种行为的自由。

(3)“法律义务”包括积极义务(如缴纳税款、支付货款)和消极义务(如不得毁坏公共财物、不得侵害他人生命健康权)。

（三）客体

法律关系客体的分类，见表 1-6。

表 1-6　法律关系客体的分类

分类	具体内容		举例
物	自然物		土地、矿藏等
	人造物		建筑、机器等
	一般等价物		货币和有价证券
	有体物	有固定形态	铁矿石、设备
		无固定形态	天然气、电力等
	无体物		权利等
	『老侯提示』物可以有固定形态也可以没有固定形态		
人身、人格	生命权、身体权、健康权、姓名权、肖像权、名誉权、荣誉权、隐私权、婚姻自主权等		禁止非法拘禁、禁止刑讯逼供、禁止侮辱诽谤他人、禁止卖身为奴、禁止卖淫
	『老侯提示 1』“人的整体”只能是法律关系的主体，不能作为法律关系的客体； 『老侯提示 2』“人的部分”(比如人的头发、血液、骨髓、精子和其他器官)在某些情况下也可视为法律上的“物”，成为法律关系的客体		
智力成果	作品、发明、实用新型、外观设计、商标等		
信息、数据、网络虚拟财产	矿产情报、产业情报、国家机密、商业秘密、个人隐私等		
行为	生产经营行为、经济管理行为、提供一定劳务的行为、完成一定工作的行为		

【例题 1·多选题】下列各项中，能成为法律关系客体的有(　)。

A. 个人消费信息数据　　B. 电子商务平台经营者

C. 支付账户　　D. 数字人民币

解析 ▶ 选项 B，属于法律关系的主体。　　答案 ▶ ACD

【例题 2·判断题】网络虚拟财产不可以成为法律关系的客体。　　(　)

解析 ▶ 信息、数据、网络虚拟财产，属于法律关系的客体。　　答案 ▶×

考验六　法律主体(★★★)

（一）法律主体的分类

1. 自然人

(1)包括范围。

中国公民、(居住在中国境内或在境内活动的)外国公民、无国籍人。

(2)自然人的出生和死亡时间。(2022 年

新增）

出生证明、死亡证明记载的时间→户籍登记或者其他有效身份登记记载的时间。

『老侯提示』有其他证据足以推翻以上记载时间的，以该证据证明的时间为准。

（3）自然人的住所。（2022年新增）

一般情况：户籍登记或其他有效身份登记记载的居所为住所。

特殊情况：经常居所与住所不一致的，以经常居所为住所。

2. 法人（2022年新增）

（1）概念。

法人是具有民事权利能力和民事行为能力，依法“独立”享有民事权利和承担民事义务的组织。

（2）法人的分支机构。

①法律、行政法规规定分支机构应当登记的，依照其规定。

②分支机构以“自己”的名义从事民事活动，产生的“民事责任由法人承担”；也可以先以该分支机构管理的财产承担，不足以承担的，由法人承担。

（3）分类。

法人的分类见表1-7。

表1-7　法人的分类

分类		具体包括	
营利法人	公司制	有限责任公司、股份有限公司	
	非公司制	没有采取公司制的全民所有制企业、集体所有制企业等	
非营利法人		事业单位法人	公办医院、学校等
		社会团体法人	各类协会、学会等
		捐助法人和宗教活动场所法人	基金会、社会服务机构、寺院、宫观、清真寺、教堂等
特别法人		机关法人	各国家机关
		农村集体经济组织法人	生产队
		城镇农村的合作经济组织法人	农民合作社
		基层群众性自治组织法人	居委会、村委会

（4）法人与法定代表人。

①法定代表人的概念。

依照规定，代表法人从事民事活动的负责人。

②法定代表人的职权。

法定代表人以法人名义从事的民事活动，其法律后果由法人承受。

③越权代表。

法人对法定代表人代表权的限制，不得对抗善意相对人。法人承担民事责任后，可以向有过错的法定代表人追偿。

（5）法人的设立以及设立阶段的责任承担。

①法人应当依法成立，有自己的名称、组织机构、住所、财产或者经费，见表1-8。

表1-8　法人应当依法成立，有自己的名称、组织机构、住所、财产或者经费

考点	具体内容
名称	区别于其他法人的标志

续表

考点	具体内容
组织机构	意思机关(股东会)、执行机关(董事会)、代表机关(法定代表人)、监督机关(监事会)
住所	依法需要办理法人登记的，应当将主要办事机构所在地登记为住所
财产、经费	法人以其全部财产独立承担民事责任

②法人设立阶段的责任承担，见表1-9。

表1-9　法人设立阶段的责任承担

分类	责任承担	
设立人为设立法人从事民事活动	法人成立	法人承担
	法人未成立	设立人承担，设立人为2人以上，承担连带责任
设立人为设立法人“以自己的名义”从事民事活动	第三人有权选择请求法人或者设立人承担	

(6)法人合并、分立后的义务承担。

①合并。

法人合并的，其义务由合并后的法人继承。

②分立。

法人分立的，其义务由分立后的法人承担连带责任，但是债权人和债务人另有约定的除外。

(7)法人解散。

①法人解散的情形。

a. 法人章程规定的存续期间届满或者法人章程规定的其他解散事由出现；

b. 法人的权力机构决议解散；

c. 因法人合并或者分立需要解散；

d. 法人依法被吊销营业执照、登记证书，被责令关闭或者被撤销。

②保险公司解散的特殊规定。

a. 保险公司因分立、合并需要解散，或者股东会、股东大会决议解散，或者公司章程规定的解散事由出现，经“国务院保险监督管理机构批准”后解散。

b. 经营有人寿保险业务的保险公司，除因分立、合并或者被依法撤销外，不得解散。

(8)法人的清算。

①法人解散的，除“合并、分立”外，清算义务人应当及时组成清算组。

②法人的董事、理事等为清算义务人，法律另有规定除外。

③清算义务人未及时清算，主管机关或利害关系人可以申请人民法院指定有关人员组成清算组。

④清算期间法人存续，但是不得从事与清算无关的活动。

⑤清算后的剩余财产，按照法人章程的规定或者法人权力机构的决议处理，法律另有规定除外。

(9)法人的终止。

①依法需要登记的，清算结束并完成法人注销登记时，法人终止；

②依法不需要办理法人登记的，清算结束时，法人终止；

③法人被宣告破产的，依法进行破产清算并完成法人注销登记时，法人终止。

(10)营利性法人的其他考点，见表1-10。

表 1-10 营利性法人的其他考点

<table>
<tr><th>考点</th><th colspan="2">具体内容</th></tr>
<tr><td rowspan="3">组织机构</td><td>权力机构(股东会)</td><td>行使修改章程，选举或更换董事会、监事会成员等职权</td></tr>
<tr><td>执行机构(董事会或执行董事)</td><td>行使召集股东会会议，决定公司的经营计划和投资方案，决定公司内部管理机构的设置等职权</td></tr>
<tr><td>监督机构(监事会或监事)</td><td>行使检查公司财务，监督董事、高级管理人员依法履行职责等职权</td></tr>
<tr><td>法定代表人</td><td colspan="2">按照公司章程的规定，由董事长、执行董事或经理担任</td></tr>
<tr><td rowspan="2">出资人(股东)</td><td>滥用股东权利</td><td>造成公司或其他股东损失的，应当依法承担民事责任</td></tr>
<tr><td>滥用股东有限责任和法人独立地位逃避债务</td><td>严重损害公司债权人的利益的，对公司债务承担连带责任</td></tr>
<tr><td>关联交易</td><td colspan="2">公司的控股股东、实际控制人、董事、监事、高级管理人员利用关联关系造成公司损失的，应当承担赔偿责任</td></tr>
<tr><td>决议可撤销</td><td colspan="2">(1)会议“召集程序、表决方式”违反“法律、行政法规、公司章程”；
(2)决议“内容”违反“公司章程”。
『老侯提示』公司依据上述决议与善意相对人形成的民事法律关系不受影响</td></tr>
</table>

3. 非法人组织(2022 年新增)

(1)概念。

不具有法人资格，但是能够依法以自己的名义从事民事活动的组织。

(2)分类。

个人独资企业、合伙企业、不具有法人资格的专业服务机构。

(3)合伙企业的财产。

合伙人的出资、以合伙企业名义取得的收益、依法取得的其他财产。

(4)(普通)合伙企业的债务承担。

合伙企业的债务，首先以合伙企业的财产承担责任，在合伙企业财产不足以承担责任时，由各合伙人承担无限连带责任。

(5)非法人组织的代表。

非法人组织可以确定一人或者数人代表该组织从事民事活动。

(6)非法人组织的解散。

①章程规定的存续期间届满或者章程规定的其他解做事由出现；

②出资人或者设立人决定解散。

(7)非法人组织解散的，应当依法进行清算。

4. 国家

【例题 1 · 多选题】 下列各项中，能够作为法律关系主体的有(　)。

A. 乙农民专业合作社

B. 甲市财政局

C. 智能机器人阿尔法

D. 大学生张某

解析 ▶ 选项 AB 属于特别法人，选项 D 属于自然人，均可以作为法律关系的主体；选项 C 属于物，为法律关系的客体。

答案 ▶ ABD

【例题 2 · 单选题】 下列各项中，属于非营利法人的是(　)。

A. 农村集体经济组织法人

B. 机关法人

C. 基金会

D. 合伙企业

解析 ▶ 选项 AB，属于特别法人；选项 D，属于非法人组织。 **答案** ▶ C

【例题 3 · 单选题】 下列法律关系主体的种类中，注册会计师协会属于(　)。

A. 特别法人　　B. 非法人组织

C. 营利法人　　D. 非营利法人

解析▶ 非营利法人包括事业单位、社会团体、基金会、社会服务机构等，注册会计师协会属于非营利性的社会团体。 **答案**▶D

【例题4·多选题】下列关于我国法律主体中自然人的说法中，正确的有(　)。

A. 自然人的出生时间以出生证明记载的时间为准

B. 自然人没有出生证明的，以户籍登记记载的时间为出生时间

C. 自然人经常居所与住所不一致，经常居所视为住所

D. 自然人不包括居住在中国境内的外国人

解析▶ 选项D，自然人包括中国公民、也包括居住在中国境内或在境内活动的外国公民和无国籍人。 **答案**▶ABC

【例题5·单选题】下列关于法人分支机构的说法中，不正确的是(　)。

A. 公司设立分支机构应当依法办理登记

B. 分支机构可以以自己的名义从事民事活动

C. 分支机构以自己的名义从事民事活动产生的民事责任由分支机构自行承担

D. 分支机构以自己的名义从事民事活动产生的民事责任由法人承担

解析▶ 分支机构以自己的名义从事民事活动，产生的民事责任由法人承担；也可以先以该分支机构管理的财产承担，不足以承担的，由法人承担。 **答案**▶C

【例题6·多选题】赵某、钱某、孙某、侯某共同出资设立甲有限责任公司(下称“甲公司”)。甲公司章程规定：甲公司不设董事会由赵某担任执行董事；不设监事会，由钱某担任监事；孙某担任公司的财务负责人；侯某担任公司经理。则可以担任甲公司法定代表人的有(　)。

A. 赵某　　B. 钱某

C. 孙某　　D. 侯某

解析▶ 公司的法定代表人按照公司章程的规定，由董事长、执行董事或经理担任。

答案▶AD

(二)法律主体的资格

1. 权利能力和行为能力

(1)权利能力：法律主体“依法”享有权利和承担义务的法律“资格”。

(2)行为能力：法律主体“通过自己的行为”从事法律活动，取得权利和承担义务的“能力”。

2. 自然人的权利能力与行为能力

(1)权利能力：始于出生、终于死亡。

『老侯提示1』胎儿利益保护：涉及遗产继承、接受赠与等，胎儿视为具有民事权利能力。但是，胎儿娩出时为死体的，其民事权利能力自始不存在。(2022年新增)

『老侯提示2』自然人的民事权利能力一律平等。

(2)(民事)行为能力，见表1-11。

表1-11　(民事)行为能力

行为能力	年龄	智力、精神健康状态
无民事行为能力人	不满8周岁(<8)	“不能”辨认自己行为的成年人，包括8周岁以上的未成年人
限制民事行为能力人	8周岁以上不满18周岁(8≤且<18)	“不能完全”辨认自己行为的成年人
完全民事行为能力人	年满18周岁(≥18)	智力健全、精神健康
	16周岁以上的未成年人，以自己的劳动收入为主要生活来源(16≤且<18)	

《民法典》规定：“以上、以下”包括本数，“超过、不满”不包括本数。

(3)民事行为效力(2022年新增)，见表1-12。

表1-12 民事行为效力

行为人	独立实施民事法律行为的行为效力	
完全民事行为能力人	有效	
限制民事行为能力人	纯获益或者与其年龄、智力、精神健康状况相适应的法律行为	有效
	其他法律行为	效力待定(应当经其法定代理人追认)
无民事行为能力人	无效	

(4)刑事责任(2022年调整)，见表1-13。

表1-13 刑事责任

年龄	犯罪
年满16周岁(≥16)	全部
年满14周岁不满16周岁(14≤且<16)	故意杀人、故意伤害致人重伤或者死亡、强奸、抢劫、贩卖毒品、放火、爆炸、投放危险物质罪
年满12周岁不满14周岁(12≤且<14)	故意杀人、故意伤害罪，致人死亡或者以特别残忍手段致人重伤造成严重残疾，情节恶劣，经最高人民检察院核准追诉

『老侯提示』因不满16周岁不予刑事处罚的，责令其父母或者其他监护人加以管教；在必要的时候，依法进行专门矫治教育

(5)从轻、减轻、免除处罚的具体规定，见表1-14。

表1-14 从轻、减轻、免除处罚的具体规定

犯罪群体		是否从轻、减轻、免除处罚
又聋又哑的人或者盲人犯罪		从轻、减轻或免除处罚
已满12周岁不满18周岁的人犯罪(12≤且<18)		从轻或者减轻处罚
已满75周岁的人故意犯罪(≥75)		从轻或者减轻处罚
过失犯罪		从轻或者减轻处罚
精神病人	尚未完全丧失辨认或者控制自己行为能力的精神病人犯罪	从轻或者减轻处罚
	不能辨认或者不能控制自己行为的时候造成危害结果，经法定程序鉴定确认的	不负刑事责任，但是应当责令他的家属或者监护人严加看管和医疗；在必要的时候，由政府强制医疗
	间歇性的精神病人在精神正常的时候犯罪	应当负刑事责任
醉酒的人犯罪		应当负刑事责任

3. 法人的权利能力与行为能力

(1)权利能力：始于成立、终于终止。

(2)行为能力：同权利能力。

【例题7·单选题】下列自然人中，属于限制民事行为能力人的是(　)。

A. 李某，16周岁，系艺术中心签约演

员，月工资4 500元

B. 孙某，18周岁，能够完全辨认自己行为

C. 赵某，36周岁，系精神病患者，不能完全辨认自己行为

D. 钱某，7周岁，系小学一年级学生

解析 ▶ 选项AB，属于完全民事行为能力人；选项D，属于无民事行为能力人。

答案 ▶ C

考验七　法律责任(★★★)

(一)民事责任

停止侵害，排除妨碍，消除危险，返还财产，恢复原状，修理、重作、更换，继续履行，赔偿损失，支付违约金，消除影响、恢复名誉，赔礼道歉。

(二)行政责任

1. 行政处罚(2022年调整)

(1)声誉罚：警告、通报批评。

(2)财产罚：罚款；没收违法所得、没收非法财物。

(3)行为罚：暂扣许可证件、降低资质等级、吊销许可证件；限制开展生产经营活动、责令停产停业、责令关闭、限制从业。

(4)人身自由罚：行政拘留。

2. 行政处分：警告、记过、记大过、降级、撤职、开除

(三)刑事责任

1. 主刑——只能独立适用

(1)管制：3个月以上2年以下，数罪并罚最高3年。

(2)拘役：1个月以上6个月以下，数罪并罚最高1年。

(3)有期徒刑：6个月以上15年以下，数罪并罚"总和刑期不满35年的，最高不能超过20年，总和刑期在35年以上的，最高不能超过25年"。

(4)无期徒刑。

(5)死刑：立即执行和缓期"两年"执行。

2. 附加刑——可以同主刑一起适用，也可以单独适用

罚金、剥夺政治权利、没收财产、驱逐出境。

『老侯提示1』 政治权利：选举权和被选举权；言论、出版、集会、结社、游行、示威自由的权利；担任国家机关职务的权利；担任国有公司、企业、事业单位和人民团体领导职务的权利。

『老侯提示2』 "支付违约金、返还财产"属于民事责任；"罚款；没收违法所得、没收非法财物"属于行政责任；"罚金；没收财产"属于刑事责任。

『老侯提示3』 数罪中有判处附加刑的，附加刑仍须执行，其中附加刑种类相同的，合并执行，种类不同的，分别执行。

【例题1·单选题】 下列法律责任形式中，属于民事责任的是(　)。

A. 支付违约金　B. 罚金

C. 没收违法所得　D. 罚款

解析 ▶ 选项B，属于刑事责任；选项CD，属于行政责任。

答案 ▶ A

【例题2·单选题】 甲公司因生产的奶制品所含食品添加剂严重超标，被市场监督管理局责令停产停业。甲公司承担的该项法律责任属于(　)。

A. 刑事责任　B. 行政处分

C. 民事责任　D. 行政处罚

解析 ▶ 行政处罚是指行政主体对行政相对人违反行政法律规范尚未构成犯罪的行为所给予的法律制裁。包括：限制开展生产经营活动、责令停产停业、责令关闭、限制从业等。

答案 ▶ D

【例题3·单选题】 下列法律责任形式中，属于行政处分的是(　)。

A. 罚款　B. 记过

C. 拘役　　D. 拘留

解析 选项AD，属于行政处罚；选项C，属于刑事责任中的主刑。 **答案** B

【例题4·多选题】 下列刑事责任形式中，属于主刑的有(　)。

A. 无期徒刑　　B. 拘役

C. 驱逐出境　　D. 罚金

解析 选项CD，属于刑事责任中的附加刑。 **答案** AB

【例题5·判断题】 附加刑不得独立适用。(　)

解析 附加刑可以附加于主刑之后作为主刑的补充，同主刑一起适用；也可以独立适用。 **答案** ×

【例题6·单选题】 根据刑事法律制度的规定，下列各项中，属于拘役法定量刑期的是(　)。

A. 15天以下

B. 1个月以上6个月以下

C. 3个月以上2年以下

D. 6个月以上15年以下

答案 B

【例题7·多选题】 根据刑事法律制度的规定，剥夺政治权利是刑事责任中附加刑的一种，下列各项中属于具体政治权利的有(　)。

A. 选举权和被选举权

B. 担任国家机关职务

C. 担任国有公司、企业的领导职务

D. 担任事业单位、人民团体的领导职务

答案 ABCD

心有灵犀 限时60分钟

扫我做试题

一、单项选择题

1. 法是经过国家制定或者认可才得以形成的规范，这体现了法的(　)。
   A. 国家意志性
   B. 强制性
   C. 明确公开性和普遍约束性
   D. 规范性
2. 关于法的本质与特征的下列表述中，错误的是(　)。
   A. 法是统治阶级的国家意志的体现
   B. 法由统治阶级的物质生活条件所决定
   C. 法完全不顾及被统治阶级的愿望和要求
   D. 法是明确而普遍适用的规范
3. 下列主体中，属于非法人组织的是(　)。
   A. 基金会　　B. 有限责任公司
   C. 事业单位　　D. 合伙企业

关于“扫我做试题”，你需要知道

亲爱的读者，微信扫描对应小程序码，并输入封面防伪贴激活码，即可同步在线做题，提交后还可查看做题时间、正确率及答案解析。

微信搜索小程序“会计网题库”，选择对应科目，点击图书拓展，即可练习本书全部“扫我做试题”（首次需输入封面防伪贴激活码）。

4. 侯某强占赵某的汽车，则上述法律关系中的客体是(　)。
A. 侯某
B. 侯某的强占行为
C. 汽车
D. 返还汽车的义务

5. 下列法律事实中，属于法律事件的是(　)。
A. 赠与房屋　　B. 书立遗嘱
C. 火山喷发　　D. 登记结婚

6. 下列关于法律效力等级的表述中，不正确的是(　)。
A. 法律的效力高于行政法规
B. 行政法规的效力高于地方性法规
C. 上级地方政府规章的效力高于下级地方政府规章
D. 地方政府规章的效力高于本级地方性法规

7. 下列各项中，属于按照法的主体、调整对象和渊源对法所作的分类的是(　)。
A. 成文法和不成文法
B. 国际法和国内法
C. 实体法和程序法
D. 一般法和特别法

8. 下列关于刑事责任的说法中，正确的是(　)。
A. 附加刑只能和主刑一起适用，不能独立适用
B. 拘役的期限为3个月以上2年以下
C. 剥夺政治权利是剥夺犯罪分子参加国家管理和政治活动的权利
D. 一人犯数罪，数罪中有判处附加刑且附加刑种类不同的，合并执行

9. 下列法律责任形式中，属于民事责任的是(　)。
A. 罚金　　B. 罚款
C. 没收财产　　D. 赔偿损失

10. 下列法律责任的形式中，属于行政责任的是(　)。
A. 驱逐出境　　B. 吊销许可证
C. 剥夺政治权利　　D. 消除危险

11. 对于应当判处死刑的犯罪分子，如果不是必须立即执行的，可以判处死刑同时宣告缓期(　)执行。
A. 1年　　B. 2年
C. 3年　　D. 半年

12. 赵某是某校的教师，工作期间强奸、猥亵多名在校女学生，后因惧怕东窗事发，遂在学校食堂投放毒鼠强导致多人中毒。后经法院判决，赵某犯强奸罪情节恶劣，判处有期徒刑15年，犯投放危险物质罪情节恶劣，判处有期徒刑15年，则数罪并罚的最高刑期不能超过(　)。
A. 15年　　B. 20年
C. 25年　　D. 30年

13. 甲公司欠乙公司300万元货款。后甲公司将部分优良资产分离出去另成立丙公司，甲、丙公司在分立协议中约定，该笔债务由甲、丙公司按3：7的比例分担，但甲、丙公司未与乙公司达成债务清偿协议。债务到期后，乙公司要求甲公司清偿300万元，遭到拒绝。下列关于该笔债务如何清偿的表述中，正确的是(　)。
A. 乙公司只能向甲公司主张清偿
B. 乙公司只能向丙公司主张清偿
C. 应当由甲、丙公司按连带责任方式向乙公司清偿
D. 应当由甲、丙公司按分立协议约定的比例向乙公司清偿

二、多项选择题

1. 下列选项中，可以作为法律关系主体的有(　)。
A. 个人独资企业　　B. 股份有限公司
C. 自然人　　D. 个体工商户

2. 法律关系客体主要包括物、人身和人格、智力成果、信息、数据、网络虚拟财产和行为。下列各项中，属于法律关系的客体的有(　)。
A. 自然灾害

B. 苹果树
C. 网络游戏中的虚拟道具
D. 人的眼角膜

3. 下列自然人中，属于限制民事行为能力人的有(　)。
A. 范某，20周岁，有精神障碍，不能辨认自己的行为
B. 孙某，7周岁，不能辨认自己的行为
C. 周某，15周岁，系体操队专业运动员
D. 杨某，13周岁，系大学少年班在校大学生

4. 下列关于法的形式的说法中，错误的有(　)。
A. 宪法由全国人民代表大会及其常委会制定，具有最高的法律效力
B. 法律是由全国人民代表大会及其常委会经过一定立法程序制定颁布的规范性文件
C. 行政法规是由国务院及其各部委在法定职权范围内为实施宪法和法律制定、发布的规范性文件
D. 省、自治区、直辖市人民政府在与宪法、法律和行政法规不相抵触的前提下，可以根据本地区的具体情况和实际需要制定、发布地方性法规

5. 下列规范性文件中，属于规章的有(　)。
A. 国务院发布的《企业财务会计报告条例》
B. 财政部发布的《金融企业国有资产转让管理办法》
C. 上海市人民政府发布的《上海市旅馆业管理办法》
D. 北京市人大常委会发布的《北京市城乡规划条例》

6. 下列关于法律效力等级及其适用原则说法中，正确的有(　)。
A. 宪法至上体现了上位法优于下位法原则
B. 同一机关制定的法律、行政法规、地方性法规、自治条例和单行条例、规章，特别规定与一般规定不一致的，适用一般规定
C. 新的规定与旧的规定不一致的，适用新的规定
D. 地方性法规与部门规章之间对同一事项的规定不一致，不能确定如何适用时，由国务院提出意见，国务院认为应当适用部门规章的，应当决定在该地方适用部门规章的规定

7. 赵某因醉驾撞伤行人，被人民法院判处拘役6个月，并处罚金2 000元。其工作的县国土资源管理局对其作出开除公职的处罚决定，被撞者高某，要求赵某赔偿损失15万元。则下列说法中不正确的有(　)。
A. 拘役属于主刑
B. 罚金属于行政处罚
C. 开除属于行政处罚
D. 赔偿损失属于民事责任

8. 下列各项中，属于我国法的终止方式的有(　)。
A. 由新法明确规定旧法废止
B. 有的法在完成一定的历史任务后不再适用
C. 由有权的国家机关发布专门的决议、决定，废除某些法律
D. 根据新法优于旧法原则，旧法中的有关条款自动终止

9. 下列规范性文件中，在全国范围内适用的有(　)。
A. 全国人大常委会制定的《会计法》
B. 国务院制定的《总会计师条例》
C. 北京市人大常委会制定的《北京市控制吸烟条例》
D. 天津市人民政府制定的《天津市联网实时审计监督暂行办法》

10. 下列各项中属于经济法法律部门的有(　)
A.《票据法》
B.《消费者权益保护法》
C.《个人所得税法》

D.《未成年人保护法》

11. 下列各项中，属于营利性法人的有(　)。
   A. 甲有限责任公司
   B. 乙股份有限公司
   C. 丙会计师事务所(特殊普通合伙)
   D. 总会计师协会

12. 总部位于北京的甲公司，在湖北设立乙分公司(分支机构)，下列说法中正确的有(　)。
   A. 乙分公司应当在湖北办理登记
   B. 乙分公司可以以自己的名义从事经营活动
   C. 乙分公司欠丙公司的货款，丙公司只能要求乙分公司偿还
   D. 乙分公司欠丁银行的贷款，丁银行可以要求甲公司偿还

13. 甲有限责任公司(下称“甲公司”)的法定代表人为赵某，甲公司章程规定，签署50万元以下的合同可以由法定代表人直接决定，签署超过50万元的合同应当报董事会批准。2020年“新冠”疫情期间，口罩市场供应短缺，赵某为抢占商机未经董事会批准，直接与不知情的乙公司签署了100万元的口罩买卖合同。后因口罩生产量提升至甲公司发生重大损失。现乙公司要求甲公司支付货款。下列说法中正确的有(　)。
   A. 因该合同的签订未经甲公司董事会批准，甲公司可以拒绝向乙公司支付货款
   B. 赵某以甲公司名义签订的合同，应当由甲公司向乙公司支付货款
   C. 甲公司发生的重大损失可以要求赵某赔偿
   D. 甲公司发生的重大损失可以要求乙公司赔偿

14. 下列关于法人清算的说法中，不正确的有(　)。
   A. 只要法人解散的，清算义务人均应当及时组成清算组
   B. 清算义务人可以是法人的董事、理事等
   C. 清算义务人未及时清算，利害关系人可以申请人民法院指定有关人员组成清算组
   D. 清算期间法人存续，并可以继续从事经营活动

三、判断题

1. 法律关系的内容是指法律关系主体所享有的权利和承担的义务，其中承担的义务可以是积极义务，也可以是消极义务。(　)
2. 自然人具有权利能力必然同时具有行为能力。(　)
3. 订立遗嘱属于单方行为。(　)
4. 拾得遗失物属于法律事件。(　)
5. 没有法律、行政法规、地方性法规的依据，地方政府规章不得设定减损公民、法人或其他组织权利或增加其义务的规范。(　)
6. 剥夺犯罪分子短期的人身自由的刑罚，就近拘禁并强制劳动，期限为1个月以上6个月以下的刑罚方式是拘役。(　)
7. 对有外交特权和豁免权的外国人犯罪需要追究刑事责任的，可以直接适用我国法律。(　)
8. 自然人经常居所与住所不一致的，以经常居所为住所。(　)
9. 经营有人寿保险业务的保险公司，除因分立、合并或者被依法撤销外，不得解散。(　)
10. 醉酒的人犯罪，可以从轻或减轻处罚。(　)

心有灵犀答案及解析

一、单项选择题

1. A
2. C 【解析】选项C，法也会在一定程度上照顾被统治阶级的利益，其目的是为了保全统治阶级更大的、更为根本的利益。
3. D 【解析】选项AC，属于非营利法人；选项B，属于营利法人；选项D，个人独资企业、合伙企业、不具有法人资格的专业服务机构等属于非法人组织。
4. C 【解析】选项A，属于法律关系的主体；选项B，属于引起法律关系产生的法律行为；选项D，法律关系的内容。
5. C 【解析】选项ABD，属于法律行为。
6. D 【解析】选项D，本级地方性法规的效力高于地方政府规章。
7. B 【解析】选项A，是根据法的创制方式和表现形式所做的分类；选项C，是根据法的内容所做的分类；选项D，是根据法的空间效力、时间效力或对人的效力所做的分类。
8. C 【解析】选项A，**附加刑可以和主刑一起适用，也可以独立适用**；选项B，拘役的期限为1个月以上6个月以下；选项D，附加刑种类相同的合并执行，附加刑种类不同的分别执行。
9. D 【解析】选项AC，属于刑事责任的附加刑；选项B，属于行政责任。
10. B 【解析】选项AC，属于刑事责任的附加刑；选项D，属于民事责任。
11. B
12. B 【解析】**有期徒刑数罪并罚，总和刑期不满35年的，最高不能超过20年**。
13. C 【解析】法人分立的，其义务由分立后的法人承担连带责任，但是债权人和债务人另有约定的除外。本题中债务人甲公司分立前并未与债权人乙公司达成协议，甲丙之间的协议对债权人乙公司无效。

二、多项选择题

1. ABCD 【解析】法律关系主体，是指参加法律关系，依法享有权利和承担义务的当事人，包括自然人、法人和非法人组织、国家。其中，个人独资企业是非法人组织，股份有限公司是营利法人，个体工商户的法律性质是自然人(公民)。
2. BCD 【解析】选项A，自然灾害不能为人类所控制，不属于法律关系的客体，属于法律事实；选项C，信息、数据网络虚拟财产属于法律关系的客体；选项B，属于物；选项D，人身体的一部分也属于物的范畴。
3. CD 【解析】选项CD，8周岁以上的未成年人，不能完全辨认自己行为的成年人为限制民事行为能力人；选项AB，属于无民事行为能力人。
4. ACD 【解析】选项A，宪法是由全国人民代表大会制定的；选项C，行政法规是由国务院制定的；选项D，地方性法规是由地方人大制定的。
5. BC 【解析】规章包括部门规章和地方政府规章。选项B，属于部门规章；选项C，属于地方政府规章；选项A，属于行政法规；选项D，属于地方性法规。
6. AC 【解析】选项B，应适用特别规定；选项D，应当提请全国人大常委会裁决。
7. BC 【解析】选项B，属于刑事责任中的附加刑；选项C，属于行政处分。
8. ABCD
9. AB 【解析】选项AB，由全国人大及其常委会、国务院制定的规范性法律文件在全国范围适用；选项CD，由地方人大及其常委会、人民政府制定的地方性法规及地方政府规章，民族自治地方制定的自治条例与单行条例在局部地区适用。
10. BC 【解析】选项BC，经济法是调整国家干预、管理、调控市场经济活动所产生的社会经济关系的法律规范的总称。包括创造平等竞争环境、维护市场秩序方面的法律，如《消费者权益保护法》等，和国家宏观经济调控方面如税收等方面的法律；选项A，属于民商法法律部门；选项D，属于劳动法与社会法法律部门。

11. AB 【解析】选项C，合伙企业属于非法人组织；选项D，属于非营利性法人中的社会团体法人。

12. ABD 【解析】选项A，法律、行政法规规定分支机构应当登记的，依照其规定；选项BCD，分支机构以自己的名义从事民事活动，产生的民事责任由法人承担；也可以先以该分支机构管理的财产承担，不足以承担的，由法人承担。

13. BC 【解析】法人对法定代表人代表权的限制，不得对抗善意相对人。法人承担民事责任后，可以向有过错的法定代表人追偿。

14. AD 【解析】选项A，法人解散的，除“合并、分立”外，清算义务人应当及时组成清算组；选项D，清算期间法人存续，但是不得从事与清算无关的活动。

三、判断题

1. √
2. × 【解析】自然人从出生时起到死亡时止，具有民事权利能力；自然人的民事行为能力根据年龄、智力和精神健康状况不同而不同，因此自然人具有权利能力不一定同时具有行为能力。
3. √
4. × 【解析】拾得遗失物属于非表示行为。
5. √
6. √
7. × 【解析】上述情形，应当通过外交途径解决。
8. √
9. √
10. × 【解析】醉酒的人犯罪，应当负刑事责任。

第二绝　“棋”——会计法律制度

深闺棋韵

佳人“八绝”以“棋”明理。正所谓“方寸之间人世梦，三思落子无转圜”。一如本章，作为与会计工作“最相关”的法律制度，本章以《会计法》为主线，同时涵盖了《企业会计准则》《会计基础工作规范》《会计档案管理办法》等相关法律、法规。其目的是使初入会计行业的“菜鸟”们熟悉与会计工作相关的一系列法律制度，树立法律意识，并为尽快修炼成“老鸟”打下坚实的基础。

从考核角度看，本章内容因较为简单所占的分值比重并不高，仅为8%。

2021年考试前8个批次题型题量

题型 \ 分值 \ 批次	5.15上	5.15下	5.16上	5.16下	5.17上	5.17下	5.18上	5.18下
单选题	2题4分	2题4分	2题4分	2题4分	2题4分	2题4分	——	2题4分
多选题	1题2分	1题2分	1题2分	1题2分	1题2分	1题2分	——	1题2分
判断题	2题2分	2题2分	2题2分	2题2分	2题2分	2题2分	——	2题2分
不定项	——	——	——	——	——	——	1题8分	——
合计	5题8分	5题8分	5题8分	5题8分	5题8分	5题8分	1题8分	5题8分

2022年考试变化

2022年本章“自脚脖子以下截肢”删除了“会计职业道德”的全部内容。此外新增了“申请代理记账资格的机构应当具备的条件”“对代理记账机构的管理”“助理会计师、会计师、高级会计师、正高级会计师应当具备的条件”。

人生初见

考验一　会计法律制度的概念和适用范围

【说明】本部分内容考试一般不予涉及，本书不再赘述。

考验二　会计工作管理体制(★)

(一)会计工作的主管部门

1. 统一领导："国务院财政部门"主管全国的会计工作。

2. 分级管理："县级"以上地方各级人民政府财政部门管理本行政区域内的会计工作。

(二)单位内部的会计工作管理

1. 谁是单位负责人

法人组织：单位法定代表人。

非法人企业：法律、行政法规规定代表单位行使职权的主要负责人。

2. 单位负责人负责什么

(1)对本单位的会计工作和会计资料的"真实性、完整性"负责。

(2)应当保证会计机构、会计人员依法履行职责，不得授意、指使、强令会计机构、会计人员违法办理会计事项。

『老侯提示1』单位负责人是本单位会计行为的责任主体，但不要求单位负责人事必躬亲地办理"具体"会计事项。

『老侯提示2』单位负责人的责任"不能免除"办理具体事务的会计人员的责任。

【例题1·判断题】县级以上地方各级人民政府财政部门管理本行政区域内的会计工作。(　)

答案▶√

【例题2·单选题】根据会计法律制度的规定，下列人员中，对本单位的会计工作和会计资料的真实性、完整性负责的是(　)。

A. 总会计师　　B. 单位负责人

C. 会计核算人员　　D. 单位审计人员

答案▶B

【例题3·多选题】关于单位负责人在单位内部会计工作管理的职责，下列表述中正确的有(　)。

A. 单位负责人对本单位会计资料的真实性、完整性负责

B. 单位负责人必须事事参与，严格把关

C. 应依法做好会计监督工作

D. 不能授意、指使、强令会计人员办理违法会计事项

解析▶选项B，单位负责人是本单位会计行为的责任主体，但不要求单位负责人事必躬亲办理具体会计事项；选项C，属于会计人员的职责。

答案▶AD

考验三　会计核算(★★★)

(一)会计核算基本要求

1. 依法建账

(1)各单位必须依法建立会计账簿。

(2)不得私设会计账簿。

『老侯提示』各单位有且只能有"一套账"，不能不设置，也不能账外设账，如设置"小金库"。

2. 根据"实际发生"的经济业务进行会计核算

3. 保证会计资料的真实和完整

(1)会计资料包括"会计凭证、会计账簿、财务会计报告"等会计核算专业资料。

(2)会计资料的"真实性和完整性"，是会计资料"最基本"的质量要求。

①真实性。

会计资料的内容和结果与单位实际发生的经济业务相一致。

②完整性。

构成会计资料的各项要素都必须齐全，要如实、全面地记录和反映经济业务发生情况。

(3)区别"伪造"与"变造"。

①"伪造"会计资料。

以"虚假"的经济业务为前提来编制会计

凭证和会计账簿——无中生有。

②“变造”会计资料。

用涂改、挖补等手段“改变”会计凭证和会计账簿的真实内容，以“歪曲”事实真相——篡改事实。

『老侯提示』 任何单位和个人不得伪造、变造会计凭证、会计账簿及其他会计资料，不得提供虚假的财务会计报告。

4. 正确采用会计处理方法

各单位的会计核算应当以实际发生的经济业务为依据，按照规定的会计处理方法进行，保证会计指标的口径一致、相互可比和会计处理方法的前后各期相一致，不得随意变更。

5. 正确使用会计记录文字

正确使用会计记录文字见表 2-1。

表 2-1 正确使用会计记录文字

分类	具体内容
一般情况	会计记录的文字“**应当**”使用中文
民族自治地方	会计记录可以“**同时使用**”当地通用的一种民族文字
中国境内的外商投资企业、外国企业和其他外国组织	会计记录可以“**同时使用**”一种外国文字

6. 使用电子计算机进行会计核算必须符合法律规定

使用电子计算机进行会计核算的单位，其“会计软件、生成的会计资料、会计账簿的登记、更正”，应当符合国家统一的会计制度的规定。

【例题 1 · 单选题】 甲公司的下列行为中，属于变造会计资料的是(　)。

A. 为少缴税款，会计人员赵某将主营业务成本账簿的一笔金额由 10 万元涂改为 70 万元

B. 仓库保管人员周某将金额错误的出库单更正并盖章

C. 会计人员孙某根据虚假的经济业务编制了会计凭证

D. 会计人员李某登记账簿时，将错误的数字全部划红线更正，并在更正处盖章

解析 选项 B，属于更正方法错误；选项 C，属于伪造会计资料；选项 D，属于正确的更正方法。 **答案** A

【例题 2 · 判断题】 在中国境内的外商独资企业可以不使用中文作为会计记录的文字。(　)

解析 会计记录的文字应当使用中文。在中国境内的外商投资企业、外国企业和其他外国组织的会计记录可以同时使用一种外国文字。 **答案** ×

【例题 3 · 判断题】 各单位采用的会计处理方法，前后各期应当一致，不得变更。(　)

解析 各单位采用的会计处理方法，不得“随意”变更，而非不得变更。 **答案** ×

【例题 4 · 多选题】 根据会计法律制度的规定，使用电子计算机进行会计核算的，下列各项中，应当符合国家统一的会计制度规定的有(　)。

A. 计算机操作系统

B. 会计软件

C. 计算机生成的会计资料

D. 对使用计算机生成的会计账簿的登记和更正

解析 选项 A，会计法律制度对会计电算化作出的规定中，不包括对计算机操作系统的规定。 **答案** BCD

(二)会计核算的主要内容

会计核算的主要内容见表 2-2。

表 2-2　会计核算的主要内容

核算内容	归属会计要素
款项和有价证券的收付	资产
财物的收发，增减和使用	
债权的发生和结算	
债务的发生和结算	负债
资本、基金的增减	所有者权益
收入、支出、费用、成本的计算	收入、费用
财务成果的计算和处理	利润

（三）会计年度

自“公历1月1日起至12月31日止”。

（四）记账本位币

记账本位币的分类和要求见表2-3。

表 2-3　记账本位币的分类和要求

分类	具体要求	
一般情况	会计核算以“人民币”为记账本位币	
业务收支以人民币以外的货币为主的单位	日常核算	可以选定其中一种货币作为记账本位币
	编报的财务会计报告	应当折算为“人民币”

【例题5·多选题】根据会计法律制度的规定，下列经济业务事项中，应当办理会计手续，进行会计核算的有（　）。

A. 固定资产的购入　B. 资金计划的制定

C. 销售合同的签订　D. 资本公积的形成

解析▶ 选项BC，在计划实际执行、合同实际履行的时候进行会计核算。

答案▶ AD

【例题6·判断题】会计核算以公历每年7月1日起至次年6月30日止为一个会计年度。（　）

解析▶ 我国以每年公历的1月1日起至12月31日止为一个会计年度。　**答案**▶×

【例题7·判断题】以人民币以外的货币作为记账本位币的单位，编制财务会计报表时应当折算为人民币。（　）

答案▶√

（五）会计凭证、会计账簿、财务会计报告

【说明】与《初级会计实务》重复的内容，本书“略”。

1. 关于依据

在会计信息处理流程中，前一环节是后一环节的依据，但必须有“审核”二字才能判断为正确。如：会计账簿以经过“审核”的会计凭证为依据编制，此说法正确。会计账簿以会计凭证为依据编制，此说法错误。

2. 原始凭证

（1）原始凭证的内容。（略）

（2）原始凭证的取得。

①从“**外单位**”取得的原始凭证，必须盖有填制单位的“**公章**”。

②从“**个人**”取得的原始凭证，必须有“**填制人员的签名或者盖章**”。

③“**自制**”原始凭证必须有“**经办单位负责人或其指定的人员签名或者盖章**”。

④购买“**实物**”的原始凭证，必须有“**验收证明**”。

⑤“**支付款项**”的原始凭证，必须有收款单位和收款人的“**收款证明**”。

⑥“**经上级有关部门批准**”的经济业务，应当将“**批准文件**”作为原始凭证附件。如果

批准文件需要单独归档的，应当在凭证上注明批准机关名称、日期和文件字号。

(3)原始凭证的开具。

①对外开出的原始凭证，必须加盖“本单位公章”。

②一张原始凭证所列的支出需要由两个以上的单位共同负担时，应当由保存该原始凭证的单位开具“原始凭证分割单”给其他应负担的单位。

(4)原始凭证的大、小写金额必须一致。

(5)原始凭证的报销。

一式几联的原始凭证，应当注明各联的用途，只能以一联作为报销凭证。

(6)退货、退款原始凭证的处理。

发生销货退回的，除填制退货发票外，还必须有“退货验收证明”；退款时，必须取得对方的“收款收据或者汇款银行的凭证”，不得以退货发票代替收据。

(7)原始凭证的审核(见表 2-4)。

表 2-4 原始凭证的审核

违规类型	具体操作
对“不真实、不合法”的原始凭证	有权不予受理，并向单位负责人报告
对“记载不准确、不完整”的原始凭证	予以退回，并要求按照国家统一的会计制度的规定更正、补充

(8)原始凭证错误的更正。(略)

(9)原始凭证的外借。

①原始凭证不得外借。

②其他单位如因特殊原因需要使用原始凭证时，经本单位“会计机构负责人(会计主管人员)”批准，可以复制。

③向外单位提供的原始凭证复制件，应当在专设的登记簿上登记，并由提供人员和收取人员共同签名或者盖章。

(10)原始凭证的遗失。

①能取得“原出具单位”盖有公章的证明，并注明原凭证号码、金额和内容的。

由“经办单位”会计机构负责人(会计主管人员)和单位负责人批准后，代作原始凭证。

②确实无法取得证明的(如火车、轮船、飞机票等)。

由“当事人”写出详细情况，由“经办单位”会计机构负责人(会计主管人员)和单位负责人批准后，代作原始凭证。

【例题 8 · 单选题】 根据会计法律制度的规定，下列关于原始凭证的表述中，正确的是(　)。

A. 原始凭证必须来源于单位外部

B. 除日期外，原始凭证记载的内容不得涂改

C. 对不真实的原始凭证，会计人员有权拒绝接受

D. 原始凭证金额有错误的，应当由出具单位更正并加盖印章

解析 选项 A，原始凭证既有来自单位外部的，也有单位自制的；选项 B，原始凭证记载的各项内容均不得涂改；选项 D，原始凭证金额有错误的，应当由出具单位重开，不得在原始凭证上更正。 **答案** C

【例题 9 · 单选题】 甲公司出纳刘某在为员工孙某办理业务时，发现采购发票上所注明的单价、数量与总金额不符，经查是销货单位填写单价错误，刘某采取的下列措施符合会计法律制度规定的是(　)。

A. 由孙某写出说明，并加盖公司公章后入账

B. 将发票退给孙某，由销货单位重新开具发票后入账

C. 按总金额入账

D. 将单价更正后入账

解析 原始凭证记载的各项内容均不得涂改；原始凭证有错误的，应当由“出具单位”重开或者更正，更正处应当加盖“出具单位印章”；原始凭证金额有错误的，应当由

出具单位重开，不得在原始凭证上更正。

答案 B

【例题10·单选题】对记载不准确、不完整的原始凭证，会计人员应当(　)。

A. 拒绝接受，并报告领导，要求查明原因

B. 应予以销毁，并报告领导，要求查明原因

C. 予以退回，并要求经办人员按规定进行更正、补充

D. 拒绝接受，且不能让经办人员进行更正、补充

解析 (1)对不真实、不合法的原始凭证有权不予受理，并向单位负责人报告，请求查明原因，追究有关当事人的责任；(2)对记载不准确、不完整的原始凭证，会计人员应当予以退回，并要求经办人员按规定进行更正、补充。

答案 C

【例题11·单选题】其他单位因特殊原因需要使用原始凭证时，经本单位的(　)批准，可以复制。

A. 会计机构负责人

B. 总会计师

C. 档案部门负责人

D. 单位负责人

答案 A

3. 记账凭证

(1)记账凭证的种类。(略)

(2)记账凭证的内容。(略)

(3)记账凭证的填制。(略)

(4)记账凭证后附原始凭证的处理。

①除“结账、更正错误”外，记账凭证必须附有原始凭证并注明所附原始凭证的张数。

②若一张原始凭证涉及多张记账凭证，可把原始凭证附在一张主要的记账凭证后，并在其他记账凭证上注明附有该原始凭证的记账凭证的编号或附原始凭证复印件。

(5)记账凭证错误的更正。(略)

(6)记账凭证的保管。

①会计凭证登记完毕后，应当按照分类和编号顺序保管。

②对于数量过多的原始凭证，可以单独装订保管。

③各种“经济合同、存出保证金收据以及涉外文件”等重要原始凭证，应当“另编目录，单独登记保管”，并在有关的记账凭证和原始凭证上相互注明日期和编号。

【例题12·判断题】收款和付款记账凭证必须由出纳人员签名或者盖章。(　)

答案 √

【例题13·单选题】根据会计法律制度的规定，下列关于记账凭证填制基本要求的表述中，不正确的是(　)。

A. 一张原始凭证所列支出需要几个单位共同负担的，应当由原始凭证保存单位将原始凭证复印件提供给其他负担单位

B. 应当根据审核无误的原始凭证填制记账凭证

C. 可以将若干张同类原始凭证汇总后填制记账凭证

D. 结账的记账凭证可以不附原始凭证

解析 一张原始凭证所列支出需要几个单位共同负担的，应当由原始凭证保存单位将其他单位负担的部分，开给对方原始凭证分割单，进行结算。

答案 A

4. 会计账簿(略)

【例题14·判断题】企业可以用银行对账单代替日记账。(　)

解析 不得用银行对账单或者其他方法代替日记账。

答案 ×

【例题15·单选题】根据会计法律制度的规定，下列关于会计账簿登记的表述中，正确的是(　)。

A. 在三栏式账户的余额栏前，未印明余额方向的，用蓝字在余额栏内登记负数余额

B. 现金日记账和银行存款日记账必须逐日结出余额

C. 会计账簿中书写的文字和数字上面要留有适当空格，应占格距的三分之一

D. 用计算机打印的会计账簿无需编号

解析 选项A，在三栏式账户的余额栏前，未印明余额方向的，用红字在余额栏内登记负数余额；选项C，会计账簿中书写的文字和数字上面要留有适当空格，应占格距的二分之一；选项D，用计算机打印的会计账簿必须连续编号。 **答案** B

【例题16·判断题】 启用订本式账簿，应当从第一页到最后一页顺序编号，不得跳页、缺号。（ ）

答案 √

【例题17·单选题】 根据会计法律制度的规定，下列关于结账要求的表述中，不正确的是（ ）。

A. 结账时，应当结出每个账户的期末余额

B. 各单位应当定期结账

C. 年度终了，所有总账账户都应当结出全年发生额和年末余额

D. 年度终了，要把各账户的发生额结转到下一会计年度

解析 选项D，年度终了，要把各账户的余额结转到下一会计年度。 **答案** D

【例题18·单选题】 根据会计法律制度的规定，下列各项中，属于账账核对的是（ ）。

A. 会计部门的财产物资明细账与财产物资保管部门的明细账核对

B. 原材料明细账账面余额与库存原材料实存数核对

C. 银行存款日记账账面余额与银行对账单核对

D. 现金日记账账面余额与现金实际库存数核对

解析 选项BCD，属于账实核对。

答案 A

5. 财务会计报告

（1）财务会计报告的构成（见表2-5）。

表2-5 财务会计报告的构成

构成种类	具体内容	注意事项
四表	资产负债表、利润表、现金流量表及相关附表、所有者（股东）权益变动表	“季度、月度”财务会计报告可以只报送“资产负债表和利润表”
一注	会计报表“附注”	
一说明	财务情况说明书	“财务情况说明书”是《企业财务会计报告条例》的要求

『老侯提示』“凭证、账簿、计划、审计报告”都不属于财务会计报告的组成部分。

（2）财务会计报告的对外提供。

①签章人员。

单位负责人、主管会计工作的负责人、会计机构负责人（会计主管人员）、总会计师。

②签章方式。

签名“并”盖章。

③提供报告。

企业向有关各方提供财务会计报告，其编制基础、编制依据、编制原则和方法应当一致。

④报表审计。

财务会计报告“须经”注册会计师审计的，注册会计师及其所在的会计师事务所出具的审计报告应当随同财务会计报告“一并提供”。

⑤保密义务。

接受企业财务会计报告的组织或者个人，在企业财务会计报告未正式对外披露前，应当对其内容保密。

（3）对“国有企业、国有控股的或者占主导地位企业”的特殊规定。

①上述企业应当至少“每年一次”向本企业的职工代表大会公布财务会计报告。

②重点说明事项：

反映与职工利益密切相关的信息；内部审计发现的问题及纠正情况；注册会计师审计的情况；国家审计机关发现的问题及纠正情况；重大的投资、融资和资产处置决策及其原因的说明。

『老侯提示』上述企业不包括“国有资本参股公司”。

【例题19·单选题】根据会计法律制度的规定，下列各项中，不属于财务会计报告的是（ ）。

A. 资产负债表 B. 审计报告

C. 利润表 D. 现金流量表

解析 企业财务会计报告包括“四表一注一说明”，“凭证、账簿、计划、审计报告等”都不属于财务会计报告的组成部分。

答案 B

【例题20·多选题】根据会计法律制度的规定，下列人员中，应当在财务会计报告上签名并盖章的有（ ）。

A. 会计机构负责人

B. 单位负责人

C. 总会计师

D. 主管会计工作负责人

解析 企业对外提供的财务会计报告应当由单位负责人和主管会计工作的负责人、会计机构负责人（会计主管人员）签名并盖章。设置总会计师的企业，还应由总会计师签名并盖章。

答案 ABCD

【例题21·单选题】大学生张某与赵某在学习《会计法》期间，对财务会计报告的相关知识展开讨论。张某所述的下列观点中，正确的是（ ）。

A. 与职工利益密切相关的信息，属于国有企业向本企业职工代表大会公布的财务会计报告中的重点说明事项

B. 向不同的会计资料使用者提供的财务会计报告，其编制依据可以不一致

C. 提供虚假财务会计报告被追究刑事责任的会计人员，刑罚执行完毕5年后可重新从事会计工作

D. 国有企业应当至少每3年一次向本企业的职工代表大会公布财务会计报告

解析 选项B，向不同的会计资料使用者提供的财务会计报告，其编制依据应当一致；选项C，提供虚假财务会计报告被追究刑事责任的会计人员，终身不得从事会计工作；选项D，国有企业应当至少每年一次向本企业的职工代表大会公布财务会计报告。

答案 A

考验四 会计档案管理（★★★）

（一）会计档案的内容

1. 一般会计档案

一般会计档案的内容见表2-6。

表2-6 一般会计档案的内容

分类	具体内容
会计凭证	原始凭证、记账凭证
会计账簿	总账、明细账、日记账、固定资产卡片、其他辅助性账簿
财务会计报告	月度、季度、半年度、年度会计报告
其他	**银行存款余额调节表、银行对账单**、纳税申报表、会计档案移交清册、会计档案保管清册、会计档案销毁清册、会计档案鉴定意见书及其他具有保存价值的会计资料

『老侯提示』各单位的"财务预算、计划、制度等文件材料"属于文书档案，不属于会计档案。

2. 电子会计档案

满足安全、可靠条件且"非需永久保存或有重要价值"的会计档案"可仅以电子形式保存"。

『老侯提示』单位从"外部"接收的电子会计资料，还需附有符合《电子签名法》规定的"电子签名"。

【例题1·单选题】根据会计法律制度的规定，下列文件资料中，属于会计档案归档范围的是( )。

A. 年度预算方案

B. 年度财务工作总结

C. 会计档案销毁清册

D. 单位财务规章制度

解析 选项ABD，各单位的预算、计划、制度等文件材料属于文书档案，不属于会计档案；选项C，属于其他会计档案。

答案 C

（二）会计档案的管理程序

1. 归档

单位"会计机构"按照归档范围和归档要求，负责定期将应当归档的会计资料整理立卷，编制"会计档案保管清册"。

2. 临时保管

当年形成的会计档案，可由会计机构临时保管"1年"；确需推迟移交的，应经"档案机构同意"，最长不超过"3年"。

『老侯提示』"出纳"不得兼管会计档案。

3. 移交与接收

(1)编制清册。

由"会计机构"编制"档案移交清册"。

(2)纸质会计档案的移交。

纸质会计档案移交时，应当保持原卷的封装。

(3)电子会计档案的移交。

①电子会计档案应当与其"元数据"一并移交，特殊格式的电子会计档案应当与其"读取平台"一并移交。

②档案机构对电子会计档案的"准确性、完整性、可用性、安全性"进行检测，符合要求的才能接收。

4. 外借

(1)会计档案"一般"不得对外借出。确因工作需要且根据国家有关规定必须借出的，应当严格按规定办理手续。

(2)借用单位应妥善保管和利用借入的会计档案，确保借入会计档案的安全、完整，并在规定时间内归还。

5. 保管期限

(1)保管期限包括"永久""定期"两类。

(2)定期的保管期限包括"10年""30年"两类。

会计档案的保管期限见表2-7。

表2-7 会计档案的保管期限

保管年限	会计档案
永久	年度财务报告、会计档案保管清册、会计档案销毁清册、会计档案鉴定意见书
30年	凭证、账簿、会计档案移交清册
10年	其他财务报告、银行存款余额调节表、银行对账单、纳税申报表
特殊	固定资产卡片账在固定资产"报废清理后保管5年"

(3)起算：会计年度终了后第一天。

6. 保管期满会计档案的鉴定与销毁

(1)鉴定。

"档案管理机构"牵头，组织会计、审计、纪检监察等机构或人员共同审查鉴定，并形成会计档案鉴定意见书。

(2)编制销毁清册。

"档案机构"编制销毁清册，"单位负责人、档案机构负责人、会计机构负责人及档案和会计机构的经办人"于销毁"前"在会计档案销毁清册上"签署意见"。

(3)专人负责监销。

①一般档案：档案机构、会计机构。

②电子档案：档案机构、会计机构、信息系统管理机构。

(4)销毁后。

"监销人"在会计档案销毁清册上签名"或"盖章。

(5)不得销毁的会计档案。

①保管期满但"未结清的债权债务"会计凭证；

②涉及其他"未了事项"的会计凭证；

③建设单位在"项目建设期间形成"的会计档案。

『老侯提示』不得销毁的会计档案应当单独抽出立卷(纸质)或转存(电子)，并应当在会计档案鉴定意见书、会计档案销毁清册和会计档案保管清册中列明。

【例题2·单选题】根据会计法律制度的规定，下列关于会计凭证保管的表述中，正确的是(　)。

A. 会计凭证登记完毕后，应当按照分类和编号顺序保管，不得散乱丢失

B. 其他单位因特殊原因需要使用原始凭证的，经本单位会计机构负责人、会计主管人员批准，可以外借

C. 原始凭证的最低保管期限为10年

D. 当年形成的会计凭证，在会计年度终了后可由单位会计管理机构临时保管，最长不超过5年

解析 选项B，原始凭证不得外借，其他单位如因特殊原因需要使用原始凭证时，经本单位会计机构负责人、会计主管人员批准，可以复制；选项C，原始凭证的最低保管期限为30年；选项D，当年形成的会计凭证，在会计年度终了后可由单位会计管理机构临时保管，最长不超过3年 答案 A

【例题3·多选题】单位档案管理机构在接收电子会计档案时，应当对电子档案进行检测，下列各项中，属于应检测的内容有(　)。

A. 可用性　　B. 安全性

C. 准确性　　D. 完整性

答案 ABCD

【例题4·单选题】根据会计法律制度的规定，下列企业会计档案中，应永久保管的是(　)。

A. 会计档案移交清册

B. 会计档案保管清册

C. 原始凭证

D. 季度财务报告

解析 选项AC，会计档案移交清册、原始凭证保管30年；选项D，季度财务报告保管10年。 答案 B

【例题5·判断题】会计档案鉴定工作应当由单位会计机构牵头，组织单位审计、纪检监察等机构或人员共同进行。(　)

解析 会计档案鉴定工作应当由单位档案管理机构牵头。 答案 ×

【例题6·多选题】根据会计法律制度的规定，下列人员中，应在会计档案销毁清册上签署意见的有(　)。

A. 会计管理机构经办人

B. 档案管理机构负责人

C. 会计管理机构负责人

D. 单位负责人

解析 "单位负责人、档案机构负责人、会计机构负责人及档案和会计机构的经办人"于销毁"前"在会计档案销毁清册上"签署意见"。 答案 ABCD

【例题7·多选题】根据会计法律制度的规定，单位下列机构中，应派员监销电子会计档案的有(　)。

A. 人事管理部门

B. 信息系统管理部门

C. 会计管理部门

D. 档案管理部门

解析 "电子会计档案"的销毁由单位档案管理机构、会计管理机构和信息系统管理机构共同派员监销。 答案 BCD

【例题8·判断题】会计档案销毁之后，监销人应该在销毁清册上签名和盖章。（ ）

解析▶监销人在会计档案销毁前应当按照会计档案销毁清册所列内容进行清点核对；在会计档案销毁后，应当在会计档案销毁清册上签名“或”盖章。

答案▶×

【例题9·判断题】未结清但保管期满的债权债务会计凭证，在会计档案销毁清册中列明后可以销毁。（ ）

解析▶保管期满但未结清的债权债务会计凭证和涉及其他未了事项的会计凭证不得销毁。

答案▶×

（三）特殊情况下会计档案的处置

1. 分立

原单位存续：存续方统一保管，其他方可以查阅、复制与其业务相关的会计档案。

原单位解散：经各方协商后由其中一方代管或按照国家档案管理的有关规定处置，各方可以查阅、复制。

2. 合并

原各单位仍存续：仍由原各单位保管。

原各单位解散或者一方存续其他方解散：由合并后的单位统一保管。

3. 单位之间的会计档案交接

（1）交接前。

移交会计档案的单位，应当编制会计档案移交清册。

（2）交接时。

交接双方应当按照会计档案移交清册所列内容逐项交接，并由交接双方的单位“有关”负责人负责监督。

（3）交接后。

交接双方经办人和监督人应当在会计档案移交清册上签名“或”盖章。

【例题10·判断题】单位分立后原单位解散的，其会计档案应当销毁。（ ）

解析▶单位分立后原单位解散的，其会计档案应当经各方协商后由其中一方代管或按照国家档案管理的有关规定处置，各方可以查阅、复制与其业务相关的会计档案。

答案▶×

【例题11·多选题】根据会计法律制度的规定，下列关于单位之间会计档案交接的表述中，正确的有（ ）。

A. 电子会计档案应当与其元数据一并移交

B. 档案接收单位应当对保存电子会计档案的载体和其技术环境进行检验

C. 交接双方的单位有关负责人负责监督会计档案交接

D. 交接双方经办人和监督人应当在会计档案移交清册上签名或盖章

答案▶ABCD

考验五 会计监督（★★★）

（一）三位一体的会计监督体系

三位一体的会计监督体系见表2-8。

表2-8 三位一体的会计监督体系

监督体系	属性	层次	效力
单位内部监督	内部监督	层次最低	单位的自我监督
社会监督	外部监督	层次居中	对单位内部监督的再监督
政府监督		层次最高	对单位和社会监督的再监督

（二）单位内部监督

1. 主体、对象

监督主体：会计机构、会计人员；

监督对象：单位的经济活动。

2. 单位内部监督的基本要求

（1）记账人员与经济业务事项和会计事项审批人员、经办人员、财物保管人员的职责权限应当明确，并相互分离、相互制约；

（2）重大对外投资、资产处置、资金调度和其他重要经济业务事项的决策和执行的相互监督、相互制约程序应当明确；

（3）财产清查的范围、期限和组织程序应当明确；

（4）对会计资料定期进行内部审计的办法和程序应当明确。

3. 会计机构和会计人员在单位内部会计监督中的职责

（1）对违反《会计法》和国家统一的会计制度规定的会计事项，有权拒绝办理或者按照职权予以纠正。

（2）发现会计账簿记录与实物、款项及有关资料不相符的，按照国家统一的会计制度的规定有权自行处理的，应当及时处理；无权处理的，应当立即向单位负责人报告，请求查明原因，作出处理。

4. 内部控制

（1）原则（见表2-9）。

表2-9 内部控制的原则

一般企业	小企业
全面性	
重要性	风险导向
制衡性	
适应性	适应性
成本效益	成本效益
	实质重于形式

（2）控制措施（见表2-10）。

表2-10 内部控制的控制措施

企业	行政事业单位
不相容职务分离控制	不相容岗位相互分离
授权审批控制	内部授权审批控制
会计系统控制	会计控制
财产保护控制	财产保护控制
预算控制	预算控制
运营分析控制	
绩效考评控制	
	归口管理
	单据控制
	信息内部公开

『老侯提示』不相容职务包括：授权批准与业务经办、业务经办与会计记录、会计记录与财产保管、业务经办与稽核检查、授权批准与监督检查（见图2-1）。

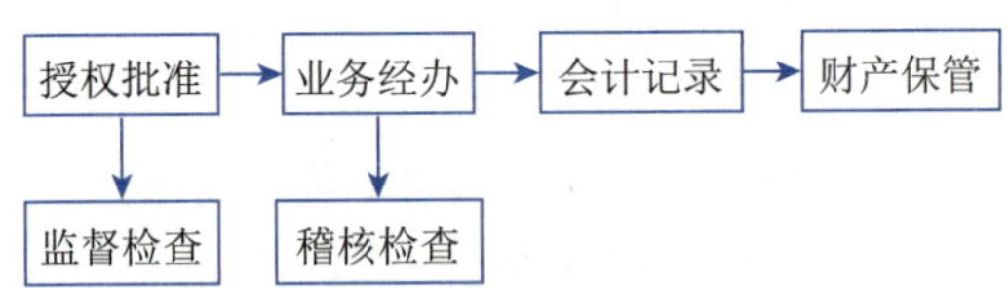

图2-1 不相容职务的内容

【例题1·判断题】会计工作的单位内部监督对象是各单位的会计机构和会计人员。（ ）

解析 会计工作的单位内部监督主体是各单位的会计机构和会计人员；对象是本单位的经济活动。 答案 ×

【例题2·多选题】下列有关单位内部会计监督制度基本要求的表述中，符合规定的有（ ）。

A. 记账人员与经济业务的审批人员、经办人员、财物保管人员的职责权限应当明确，并相互分离、相互制约

B. 为保证重大对外投资的决策效率，可以由单位负责人直接决定

C. 财产清查的范围、期限和组织程序应当明确

D. 对会计资料定期进行内部审计是单位

会计部门的职责所在

解析 选项B，重大对外投资、资产处置、资金调度和其他重要经济业务，应当明确其决策和执行程序，并体现相互监督、相互制约的要求；选项D，对会计资料定期进行内部审计是内部审计人员的职责所在。

答案 AC

【例题3·判断题】 会计机构和会计人员发现会计账簿记录与实物、款项及有关资料不相符的，应当立即向本单位负责人报告，请求查明原因，作出处理。（ ）

解析 会计机构和会计人员对上述情形有权自行处理的，应当及时处理；无权处理的，应当立即向单位负责人报告，请求查明原因，作出处理。 **答案** ×

【例题4·单选题】 下列各项中，不属于企业内部控制应当遵循的原则的是（ ）。

A. 全面性原则 B. 可比性原则

C. 重要性原则 D. 制衡性原则

解析 选项B，属于会计信息质量要求。

答案 B

【例题5·多选题】 根据会计法律制度的规定，下列各项中，属于小企业建立与实施内部控制应遵循的原则的有（ ）。

A. 风险导向原则

B. 实质重于形式原则

C. 成本效益原则

D. 适应性原则

答案 ABCD

【例题6·判断题】 行政事业单位预算控制应强化对经济活动的预算约束。（ ）

解析 行政事业单位应当进行预算控制，强化对经济活动的预算约束，使预算管理贯穿于单位经济活动的全过程。 **答案** √

【例题7·多选题】 根据会计法律制度的规定，下列职务中，属于不相容职务的有（ ）。

A. 业务经办与稽核检查

B. 会计记录与财产保管

C. 授权批准与监督检查

D. 业务经办与会计记录

解析 不相容职务主要包括：授权批准与业务经办，业务经办与会计记录（选项D）、会计记录与财产保管（选项B）、业务经办与稽核检查（选项A）、授权批准与监督检查（选项C）等。 **答案** ABCD

（三）会计工作的社会监督

1. 监督主体

（1）注册会计师及其所在的会计师事务所。

①"注册会计师及其所在的会计师事务所"等中介机构接受委托，依法对单位的经济活动进行审计，出具审计报告，发表审计意见。

②委托方责任。

须经注册会计师进行审计的单位，应当向受委托的会计师事务所如实提供会计资料以及有关情况。

任何单位或者个人不得以任何方式要求或者示意注册会计师及其所在的会计师事务所出具不实或者不当的审计报告。

（2）任何单位和个人对违反《会计法》和国家统一的会计制度规定的行为，有权检举。

2. 审计报告

【说明】 此处非《经济法基础》的考核重心，本书"略"。

【例题8·单选题】 对M市甲公司实施的下列会计监督中，属于社会监督的是（ ）。

A. 市财政局对甲公司开展会计信息质量检查

B. 甲公司的审计部门审核本公司会计账簿

C. 市税务局对甲公司开展增值税专项税务检查

D. 乙会计师事务所接受委托审计甲公司的年度财务会计报告

解析 选项AC，属于政府监督；选项B，属于单位内部的监督。 **答案** D

（四）会计工作的政府监督

1. 监督主体

（1）财政部门。

“财政部门”代表国家对“各单位”和单位中相关人员的会计行为实施监督检查，对发现的违法会计行为实施行政处罚。

（2）其他部门。

“审计、税务、人民银行、证券监管、保险监管”等部门依照有关法律、行政法规规定的职责和权限，可以对“有关单位”的会计资料实施监督检查。

2. 财政部门实施会计监督的主要内容

（1）内容（见表2-11）。

表2-11　财政部门实施会计监督的主要内容

监督方向	具体内容
会计工作	是否依法设置会计账簿
	会计资料是否真实、完整
	会计核算是否符合《会计法》和国家统一的会计制度的规定
会计人员	是否具备专业能力、遵守职业道德

『老侯提示』没有对“税”的监督。

（2）查询权。

财政部门在实施监督检查中，发现重大违法嫌疑时，国务院财政部门及其派出机构可以向与被监督单位有经济业务往来的单位和被监督单位开立账户的金融机构“查询”有关情况，有关单位和金融机构应予以支持。

（3）保密义务。

财政部门对在监督检查中知悉的国家秘密和商业秘密负有保密的义务。

【例题9·多选题】下列政府部门中，依照法定的职责和权限，可以对有关单位的会计资料实施监督检查的有（　）。

A. 审计机关　　B. 税务机关

C. 人民银行　　D. 财政部门

答案▶ABCD

【例题10·多选题】根据会计法律制度的规定，下列各项中，属于财政部门实施会计监督检查的内容有（　）。

A. 是否依法设置会计账簿

B. 是否按时完成纳税申报

C. 是否按时足额缴纳税款

D. 从事会计工作的人员是否具备专业能力、遵守职业道德

解析▶选项BC，属于税务部门监督检查的内容。　答案▶AD

【例题11·判断题】财政部门在实施监督检查中，发现重大违法嫌疑时，国务院财政部门可以向被监督单位开立账户的金融机构查询有关情况，发现被监督单位有转移、隐匿财产迹象时，可以通知被监督单位开立账户的金融机构冻结该单位账户，金融机构应予以支持。（　）

解析▶财政部门只有账户查询权，无冻结权。　答案▶×

考验六　会计机构与代理记账（★★）

（一）会计机构的设置原则

各单位应依据“会计业务”的需要，设置会计机构，或者在有关机构中设置会计人员并指定会计主管人员；不具备设置条件的，应当委托经批准设立从事会计代理记账业务的“中介机构”代理记账。

『老侯提示』小型单位经过批准可以没有会计但要有账（个体工商户除外）；个人可以做兼职会计但不属于代理记账。

（二）代理记账

1. 行政许可

“除会计师事务所以外”的机构从事代理记账业务，应当经“县级”以上人民政府财政部门批准，并领取由“财政部统一规定样式”的代理记账许可证书。

『老侯提示』代理记账许可证书由“各地财政部门”根据财政部规定的统一样式自行印制。

2. 申请代理记账机构应当具备的条件（2022年新增）

（1）为依法设立的企业；

（2）专职从业人员不少于3名；

（3）主管代理记账业务的负责人具有会计师以上专业技术职务资格或者从事会计工作不少于3年，且为专职从业人员；

（4）有健全的代理记账业务内部规范。

3. 业务范围

（1）根据委托人提供的原始凭证和其他相关资料，按照国家统一的会计制度的规定进行会计核算，包括“审核”原始凭证、填制记账凭证、登记会计账簿、编制财务会计报告等。

（2）对外提供财务会计报告。

『老侯提示』由“代理记账机构负责人”和“委托人负责人”签名“并”盖章。

（3）向税务机关提供税务资料。

（4）委托人委托的其他会计业务。

4. 委托合同

（1）订立合同。

委托人委托代理记账机构代理记账，应当在相互协商的基础上，订立“书面”委托合同。

（2）合同应明确的内容。

①双方对会计资料真实性、完整性各自应当承担的责任；

②会计资料传递程序和签收手续；

③编制和提供财务会计报告的要求；

④会计档案的保管要求及相应的责任；

⑤终止委托合同应当办理的会计交接事宜。

5. 双方义务

委托合同双方义务见表2-12。

表2-12 委托合同双方义务

委托方（单位）	受托方（代理记账机构）
“填制或取得”符合国家统一的会计制度规定的原始凭证	遵守法规，按委托合同办理业务
配备专人负责“日常”货币收支和保管	对在执行业务中知悉的商业秘密予以“保密”
及时向代理记账机构提供真实、完整的“原始凭证”和其他相关资料	对委托人要求作出“不当”的会计处理，提供不实的会计资料等非法要求，予以拒绝
对于代理记账机构退回的，要求按规定“更正、补充”的原始凭证，应当及时予以处理	对委托人提出的有关会计处理相关问题予以解释

6. 代理记账机构管理（2022年新增）

（1）年检时应当报送的资料

①代理记账机构基本情况表；

②专职从业人员变动情况。

（2）县级以上人民政府财政部门对代理记账机构及其从事代理记账业务情况实施监督，随机抽取检查对象、随机选派执法检查人员，并将抽查情况及查处结果依法及时向社会公开。

（3）代理记账机构应当注销的情形

①代理记账机构依法终止的；

②代理记账资格被依法撤销或撤回的。

【例题1·判断题】设立代理记账机构，应当经县级以上人民政府财政部门批准，并领取由财政部统一印制的代理记账许可证书。（ ）

解析▶设立除会计师事务所以外的代理记账机构，应当经县级以上人民政府财政部门批准，并领取由财政部统一规定样式的代理记账许可证书。

答案▶×

【例题2·判断题】委托人委托代理记账机构代理记账，可以订立口头委托合同。（ ）

解析▶委托人委托代理记账机构代理记账，应当在相互协商的基础上，订立书面委托合同。

答案▶×

【例题3·单选题】根据会计法律制度的规定，下列各项中，不属于代理记账机构及其从业人员应当履行的义务是( )。

A. 配备专人负责委托方的日常货币收支和保管

B. 对在执行业务中知悉的商业秘密予以保密

C. 对委托人提出的有关会计处理相关问题予以解释

D. 对委托人要求其提供不实会计资料的，予以拒绝

解析 选项A，属于委托方的义务。

答案 A

【例题4·多选题】 下列各项中，属于申请代理记账机构应当具备的条件的有( )。

A. 申请人应当是依法设立的企业

B. 申请人的专职从业人员不少于2名

C. 主管代理记账业务的负责人具有会计师以上专业技术职务资格或者从事会计工作不少于3年，且为专职从业人员

D. 有健全的代理记账业务内部规范

解析 申请代理记账机构应当具备的条件之一是专职从业人员不少于3名。

答案 ACD

考验七 会计岗位设置(★★)

(一)主要会计工作岗位

主要会计工作岗位的内容见表2-13。

表2-13 主要会计工作岗位

属于会计岗位	不属于会计岗位
会计机构负责人(会计主管人员)	总会计师
总账报表	
稽核	内部审计
会计电算化	
出纳	
财产物资核算	
工资核算	
财务成果核算	
往来结算	
资金核算	
成本费用核算	
会计机构内的会计档案管理	档案机构内的会计档案管理

(二)会计工作岗位设置的要求

1. 按需设岗

会计工作岗位可以"一人一岗、一人多岗或者一岗多人"。

『老侯提示』 无"多人多岗"。

2. 符合内部牵制的要求

出纳人员不得兼任"稽核、会计档案保管和收入、支出、费用、债权债务账目"的登记工作。

『老侯提示』 出纳并非所有账簿都不能登记，除特种日记账必须由出纳登记外，还可以登记固定资产卡片等财产物资明细账。

3. 建立轮岗制度

【例题1·多选题】 根据会计法律制度的规定，下列各项中，属于会计岗位的有( )。

A. 财务成果核算

B. 档案管理部门的会计档案管理

C. 会计机构负责人

D. 单位内部审计

解析 选项 B，会计机构的会计档案管理属于会计岗位，档案部门的会计档案管理不属于会计岗位；选项 D，稽核属于会计岗位，单位内部审计不属于会计岗位。 **答案** AC

【例题 2 · 单选题】 甲公司的下列会计工作中，出纳人员宋某可以兼任的是(　)。

A. 会计档案保管

B. 应付账款明细账登记

C. 固定资产明细账登记

D. 管理费用明细账登记

解析 出纳人员不得兼任(兼管)稽核、会计档案保管和收入、支出、费用、债权债务账目的登记工作。 **答案** C

【例题 3 · 多选题】 根据会计法律制度的规定，下列关于会计岗位设置的表述中，正确的有(　)。

A. 会计工作岗位可以一岗多人

B. 出纳人员不得兼任债权债务账目的登记工作

C. 会计人员的工作岗位应当有计划地进行轮换

D. 档案管理部门的人员管理会计档案属于会计岗位

解析 会计机构的人员管理会计档案属于会计岗位，档案管理部门的人员管理会计档案不属于会计岗位。 **答案** ABC

考验八　会计人员(★★)

(一)会计人员包括的对象

出纳；稽核；资产、负债和所有者权益(净资产)的核算；收入、费用(支出)的核算；财务成果(政府预算执行结果)的核算；财务会计报告(决算报告)编制；会计监督；会计机构“内”会计档案管理、会计机构负责人(会计主管人员)、“总会计师”。

(二)会计人员的任用

1. 一般会计人员

(1)遵纪守法；

(2)具备良好的“**职业道德**”；

(3)按照国家有关规定参加“**继续教育**”；

(4)具备从事会计工作所需要的“**专业能力**”。

2. 会计机构负责人(会计主管人员)

(1)地位。

会计机构负责人(会计主管人员)，是在一个单位内“具体负责会计工作的中层领导”人员。

(2)任职资格。(2022 年调整)

①坚持原则，廉洁奉公；

②具备“会计师”以上专业技术职务资格“或者”从事会计工作“3 年”以上的经历；

③熟悉国家财经法律、法规、规章和方针、政策，掌握本行业业务管理的有关知识；

④有较强的组织能力；

⑤身体状况能够适应本职工作的要求。

3. 总会计师

(1)地位。

总会计师是主管本单位会计工作的“行政领导”，是单位行政领导成员，是单位“会计工作的主要负责人”，全面负责单位的财务会计管理和经济核算。

(2)设置。

“国有的和国有资产占控股地位的或者主导地位”的大、中型企业必须设置总会计师。

『老侯提示』 凡设置总会计师的单位，在单位行政领导成员中，不设与总会计师职权重叠的副职。

(3)职责。

组织领导本单位的财务管理、成本管理、预算管理、会计核算和会计监督等方面的工作，参与本单位重要经济问题的分析和决策。

4. 终身不得从事会计工作——反省“一辈子”

因有“与会计职务有关”的违法行为被依

法追究“刑事责任”的人员，不得再从事会计工作。

与会计职务有关的违法行为如下：

(1)提供虚假财务会计报告；

(2)做假账；

(3)隐匿或者故意销毁会计凭证、会计账簿、财务会计报告；

(4)贪污；

(5)挪用公款；

(6)职务侵占。

【例题1·多选题】甲公司因工作调整需招聘新的会计机构负责人。应聘的下列人员中，具备任职资格条件的有(　)。

A. 中专毕业从事会计工作2年的王某

B. 从事会计工作1年并取得初级会计专业技术资格的颜某

C. 从事会计工作10年的李某

D. 具有会计师专业技术职务资格的赵某

解析▶担任单位会计机构负责人(会计主管人员)的，应当具备会计师以上专业技术职务资格或者从事会计工作3年以上经历。

答案▶CD

【例题2·多选题】根据会计法律制度的规定，下列关于总会计师地位的表述中，正确的有(　)。

A. 是单位内部审计机构负责人

B. 是单位会计机构负责人

C. 是单位会计工作的主要负责人

D. 是单位行政领导成员

解析▶总会计师是主管本单位会计工作的行政领导，是单位行政领导成员，是单位会计工作的主要负责人，全面负责单位的财务会计管理和经济核算。 **答案**▶CD

【例题3·单选题】根据会计法律制度的规定，下列企业中，必须设置总会计师的是(　)。

A. 普通合伙企业

B. 个人独资企业

C. 外商独资企业

D. 国有大中型企业

解析▶国有的和国有资产占控股地位或者主导地位的大、中型企业必须设置总会计师，其他单位可以根据业务需要，自行决定是否设置总会计师。 **答案**▶D

【例题4·单选题】根据会计法律制度的规定，下列各项工作中，不属于总会计师组织领导本单位会计工作职责的是(　)。

A. 财务管理　　B. 预算管理

C. 成本管理　　D. 产品质量管理

解析▶总会计师负责组织领导本单位的财务管理、成本管理、预算管理、会计核算和会计监督等方面的工作，参与本单位重要经济问题的分析和决策。 **答案**▶D

【例题5·判断题】张某从事会计工作因挪用公款被判处有期徒刑，刑罚期满后5年，可以从事会计工作。(　)

解析▶因有提供虚假财务会计报告，做假账，隐匿或者故意销毁会计凭证、会计账簿、财务会计报告，贪污，挪用公款，职务侵占等与会计职务有关的违法行为被依法追究刑事责任的人员，不得再从事会计工作(终身)。 **答案**▶×

(三)会计人员回避制度

1. 适用范围

“国家机关、国有企业、事业单位”任用会计人员应当实行回避制度。

2. 内容

(1)单位负责人的“直系亲属”不得担任本单位的会计机构负责人、会计主管人员；

(2)会计机构负责人、会计主管人员的“直系亲属”不得在本单位会计机构中担任出纳工作。

『老侯提示』直系亲属：夫妻、直系血亲、三代以内旁系血亲、姻亲。

【例题6·单选题】按照会计法律制度的规定，下列单位中，任用会计人员应当实行回避制度的是(　)。

A. 国家机关、国有企业、事业单位

B. 国家机关、国有企业、企事业单位

C. 国有企业、企事业单位、外资企业

D. 国有企业、事业单位、外资企业

解析 国家机关、国有企业、事业单位任用会计人员应当实行回避制度。 **答案** A

【例题7·多选题】 根据会计法律制度的规定，下列关于会计人员回避制度的表述中，正确的有（ ）。

A. 单位负责人的直系亲属不得担任本单位的会计机构负责人

B. 单位负责人的直系亲属不得担任本单位的出纳工作

C. 会计机构负责人的直系亲属不得担任本单位的出纳工作

D. 会计机构负责人的直系亲属不得担任本单位的总账会计

解析 单位领导人的直系亲属不得担任本单位的会计机构负责人、会计主管人员。会计机构负责人、会计主管人员的直系亲属不得在本单位会计机构中担任出纳工作。

答案 AC

（四）会计工作交接

总原则：交接清楚，分清责任，谁的责任谁承担。

1. 适用情形——换人来做

（1）会计人员工作调动或者因故离职；

（2）会计人员临时离职或者因病不能工作且需要接替或者代理；

（3）临时离职或者因病不能工作的会计人员恢复工作。

『老侯提示1』 移交人员因病或者其他特殊原因不能亲自办理移交的，经单位负责人批准，可由移交人员委托他人代办移交，但委托人应当对所移交的会计资料的合法性、真实性负责。

『老侯提示2』 没有办清交接手续的，不得调动或者离职。

『老侯提示3』 单位撤销时，必须留有必要的会计人员，会同有关人员办理清理工作，编制决算。

2. 交接前的准备工作

（1）已经受理的经济业务尚未填制会计凭证的，应当填制完毕。

（2）尚未登记的账目，应当登记完毕，并在最后一笔余额后加盖经办人员印章。

（3）整理应该移交的各项资料，对未了事项写出书面材料。

（4）编制移交清册，列明应当移交的会计资料和物品等内容；实行会计电算化的单位，还应当列明会计软件及密码、会计软件数据磁盘（磁带等）及有关资料、实物等内容。

3. 交接——逐项移交、逐项核对点收

（1）库存现金、有价证券必须与会计账簿记录保持一致。不一致时，“**移交人员**”应当限期查清。

（2）会计资料必须完整无缺。如有短缺，“**移交人员**”应当查清原因，并在移交清册中注明。

（3）银行存款账户余额要与银行对账单核对，如不一致，应当编制银行存款余额调节表调节相符，各种财产物资和债权债务的明细账户余额要与总账有关账户余额核对相符。

（4）移交人员经管的票据、印章和其他实物等，必须交接清楚。

（5）移交人员从事会计电算化工作的，要对有关电子数据在“**实际操作**”状态下进行交接。

（6）会计机构负责人（会计主管人员）移交时，还应当将全部财务会计工作、重大财务收支和会计人员的情况等，向接替人员详细介绍。对需要移交的遗留问题，应当写出“**书面**”材料。

4. 监交——直接上级

（1）“一般会计人员”办理交接手续，由“会计机构负责人”（会计主管人员）监交。

（2）“会计机构负责人”（会计主管人员）办理交接手续，由“单位负责人”负责监交，必要时主管单位可以派人会同监交。

5. 交接后的有关事宜

（1）交接完毕后，交接双方和监交人要

在移交清册上签名"或"盖章。

(2)移交清册一般应当填制"一式三份"，交接双方各执一份，存档一份。

(3)接替人员应当继续使用移交的会计账簿，"不得自行另立新账"，以保持会计记录的连续性。

6. 交接责任

"移交人员"对所移交的会计凭证、会计账簿、会计报表和其他有关资料的合法性、真实性承担法律责任。

【例题8·单选题】根据会计法律制度的规定，下列关于会计人员工作交接的表述中，不正确的是(　)。

A. 会计人员因故离职，离职前应办清交接手续

B. 会计人员因病不能工作需要接替的，应由该会计人员直接指定有关人员接替

C. 会计人员工作调动，应对所移交会计资料的真实性和合法性承担法律责任

D. 单位撤销时，应留有必要的会计人员会同有关人员办理清理工作

解析 ▶ 选项B，应由会计机构负责人(会计主管人员)或者单位领导人指定有关人员接替或者代理，并办理交接手续。

答案 ▶ B

【例题9·单选题】甲公司出纳人员曾某因病住院不能亲自办理移交。经法定代表人批准，曾某委托李某将经管的会计资料等移交给接替人员王某，会计机构负责人宋某进行监交。王某事后发现曾某所移交的部分会计资料的合法性、真实性存在问题。下列人员中，应对该会计资料的合法性、真实性承担法律责任的是(　)。

A. 接替人员王某　B. 受托人李某

C. 监交人宋某　　D. 出纳人员曾某

解析 ▶ 移交人员因病或者其他特殊原因不能亲自办理移交的，经单位领导人批准，可由移交人员委托他人代办移交，但委托人应当承担对所移交的会计凭证、会计账簿、会计报表和其他有关资料的合法性、真实性的法律责任。

答案 ▶ D

【例题10·单选题】甲公司出纳人员张某因工作调动须办理会计工作移交。公司下列人员中，依法负责监督其办理交接手续的是(　)。

A. 单位负责人李某

B. 会计机构负责人王某

C. 审计机构负责人刘某

D. 人力资源部门负责人赵某

解析 ▶ 一般会计人员办理交接手续，由会计机构负责人(会计主管人员)监交。

答案 ▶ B

【例题11·单选题】会计人员宋某将其所经管的全部会计资料移交给接替人员王某，会计机构负责人孙某监交。事后王某发现该会计资料的真实性、合法性存在问题。下列人员中，应对该会计资料的真实性、合法性承担法律责任的是(　)。

A. 孙某　　B. 王某

C. 宋某　　D 宋某和王某

解析 ▶ 移交人员对所移交的会计凭证、会计账簿、会计报表和其他有关资料的合法性、真实性承担法律责任。

答案 ▶ C

(五)会计专业技术资格与职务

1. 会计专业技术资格与职务

会计专业技术资格与职务见表2-14。

表2-14　会计专业技术资格与职务

<table>
<tr><th colspan="2">会计专业职务(会计职称)</th><th colspan="2">会计专业技术资格</th></tr>
<tr><td>正高级职务</td><td>正高级会计师</td><td colspan="2">—</td></tr>
<tr><td>副高级职务</td><td>高级会计师</td><td>高级资格</td><td>考试与评审相结合</td></tr>
<tr><td>中级职务</td><td>会计师</td><td>中级资格</td><td rowspan="2">全国统一考试</td></tr>
<tr><td>初级职务</td><td>助理会计师</td><td>初级资格</td></tr>
</table>

2. 会计专业职务的任职要求(2022 年新增)

会计专业职务的任职要求见表 2-15。

表 2-15 会计专业职务的任职要求

<table>
<tr><th>职务</th><th colspan="3">任职要求</th></tr>
<tr><td rowspan="4">助理会计师</td><td>技能</td><td colspan="2">基本掌握会计基础知识和业务技能</td></tr>
<tr><td>政策</td><td colspan="2">能正确理解并执行财经政策、会计法律法规和规章制度</td></tr>
<tr><td>业务</td><td colspan="2">能独立处理一个方面或某个重要岗位的会计工作</td></tr>
<tr><td>学历</td><td colspan="2">“高中”以上学历</td></tr>
<tr><td rowspan="8">会计师</td><td>技能</td><td colspan="2">系统掌握会计基础知识和业务技能</td></tr>
<tr><td>政策</td><td colspan="2">掌握并能正确执行财经政策、会计法律法规和规章制度</td></tr>
<tr><td>业务</td><td colspan="2">具有扎实的专业判断和分析能力，能独立负责某领域会计工作</td></tr>
<tr><td rowspan="5">学历</td><td>大专学历</td><td>从事会计工作满 5 年</td></tr>
<tr><td>本科学历或学士学位</td><td>从事会计工作满 4 年</td></tr>
<tr><td>具备第二学士学位或研究生学历</td><td>从事会计工作满 2 年</td></tr>
<tr><td>硕士学位</td><td>从事会计工作满 1 年</td></tr>
<tr><td>博士学位</td><td>——</td></tr>
<tr><td rowspan="7">高级会计师</td><td>技能</td><td colspan="2">系统掌握和应用经济与管理理论、财务会计理论与实务</td></tr>
<tr><td>业务</td><td colspan="2">具有较高的政策水平和丰富的会计工作经验，能独立负责某领域或一个单位的财务会计管理工作</td></tr>
<tr><td>管理</td><td colspan="2">工作业绩较为突出，有效提高了会计管理水平或经济效益</td></tr>
<tr><td>科研</td><td colspan="2">有较强的科研能力，取得一定的会计相关理论研究成果，或主持完成会计相关研究课题、调研报告、管理方法或制度创新等</td></tr>
<tr><td rowspan="3">学历</td><td>大专学历</td><td>取得会计师职称后，从事与会计师职责相关工作满 10 年</td></tr>
<tr><td>硕士学位、第二学士学位、研究生学历、本科学历、学士学位</td><td>取得会计师职称后，从事与会计师职责相关工作满 5 年</td></tr>
<tr><td>博士学位</td><td>取得会计师职称后，从事与会计师职责相关工作满 2 年</td></tr>
<tr><td rowspan="5">正高级会计师</td><td>技能</td><td colspan="2">系统掌握和应用经济与管理理论、财务会计理论与实务，把握工作规律</td></tr>
<tr><td>政策</td><td colspan="2">政策水平高，工作经验丰富，能积极参与一个单位的生产经营决策</td></tr>
<tr><td>业务</td><td colspan="2">工作业绩突出，主持完成会计相关领域重大项目，解决重大会计相关疑难问题或关键性业务问题，提高单位管理效率或经济效益</td></tr>
<tr><td>科研</td><td colspan="2">科研能力强，取得重大会计相关理论研究成果，或其他创造性会计相关研究成果，推动会计行业发展</td></tr>
<tr><td>学历</td><td colspan="2">本科以上学历或学士以上学位，取得高级会计师职称后，从事与高级会计师职责相关工作满 5 年</td></tr>
</table>

【例题12·单选题】下列各项中，不属于会计专业职务的是（ ）。

A. 高级会计师 B. 助理会计师

C. 中级会计师 D. 总会计师

解析 会计专业职务分为正高级会计师、高级会计师、会计师、助理会计师。

答案 D

【例题13·多选题】下列各项中，符合聘任会计师的学历和工作经历要求的有（ ）。

A. 具备博士学位

B. 具备硕士学位，从事会计工作满1年

C. 具备本科学历，从事会计工作满2年

D. 具备专科学历，从事会计工作满4年

解析 选项C，聘任会计师要求具备本科学历，从事会计工作满4年；选项D，聘任会计师要求具备专科学历，从事会计工作满5年。

答案 AB

（六）会计专业技术人员继续教育

1. 谁应当参加

用人单位的“会计专业技术人员”应当接受继续教育。

“会计专业技术人员”包括：具有“会计专业技术资格”的人员+不具有会计专业技术资格但“从事会计工作”的人员。

2. 教育科目

（1）公需科目：包括法律法规、理论政策、职业道德、技术信息等基本知识。

（2）专业科目：包括财务会计、管理会计、财务管理、内部控制与风险管理、会计信息化、会计职业道德、财税金融、会计法律法规等相关专业知识。

3. 开始时间

（1）具有“会计专业技术资格”的人员：自取得“会计专业技术资格”的“次年”。

（2）不具有会计专业技术资格但“从事会计工作”的人员：自“从事会计工作”的“次年”。

4. 学习要求

（1）实行“学分”制管理。

（2）每年不少于“90学分”，其中，专业科目一般不少于总学分的“2/3”。

（3）继续教育学分“全国”范围内，“当年度”有效，不得结转以后年度。

5. 管理制度

对会计人员参加继续教育情况实行“登记”管理。

6. 单位责任

（1）应当保障会计专业技术人员参加继续教育的权利。

（2）应当建立本单位会计专业技术人员继续教育与使用、晋升相衔接的激励机制，将参加继续教育情况作为会计专业技术人员考核评价、岗位聘用的重要依据。

（3）会计专业技术人员参加继续教育情况，应当作为聘任会计专业技术职务或者申报评定上一级资格的重要条件。

【例题14·多选题】下列关于会计专业技术人员参加继续教育的说法中，正确的有（ ）。

A. 只有具有会计专业技术资格的人员才需要参加继续教育

B. 具有会计专业技术资格的人员自取得会计专业技术资格的次年开始参加继续教育

C. 单位应当保障会计专业技术人员参加继续教育的权利

D. 继续教育学分本省范围内，当年度有效，不得结转以后年度

解析 选项A，具有会计专业技术资格的人员和不具有会计专业技术资格但从事会计工作的人员均应当参加继续教育；选项D，继续教育学分全国范围内，当年度有效，不得结转以后年度。

答案 BC

【例题15·单选题】根据会计法律制度的规定，下列关于会计专业技术人员继续教育的表述中，正确的是（ ）。

A. 每年参加继续教育应取得不少于120学分

B. 参加继续教育当年度取得的学分可以结转以后年度

C. 用人单位不得将参加继续教育情况作

为会计专业技术人员岗位聘用的依据

D. 具有会计专业技术资格的，应当自取得资格次年开始参加继续教育

解析 选项A，会计专业技术人员每年参加继续教育取得的学分不少于90学分；选项B，会计专业技术人员参加继续教育取得的学分，在全国范围内当年度有效，不得结转以后年度；选项C，用人单位应当建立本单位会计专业技术人员继续教育与使用、晋升相衔接的激励机制，将参加继续教育情况作为会计专业技术人员考核评价、岗位聘用的重要依据。 **答案** D

考验九 违反会计法律制度的法律责任(★★★)

(一)违反国家统一的会计制度

1. 违法行为

违法行为见表2-16。

表2-16 违法行为

归类	记忆主线	具体违法行为
核算行为	凭证	(1)未按照规定填制、取得原始凭证或者填制、取得的原始凭证不符合规定
		(2)以未经审核的会计凭证为依据登记会计账簿或者登记会计账簿不符合规定
	账簿	(3)不依法设置会计账簿
		(4)私设会计账簿
	财务报告	(5)向不同的会计资料使用者提供的财务会计报告编制依据不一致
	会计档案	(6)未按照规定保管会计资料，致使会计资料毁损、灭失
	会计处理方法	(7)随意变更会计处理方法
	文字及本位币	(8)未按照规定使用会计记录文字或者记账本位币
监督行为	内控	(9)未按照规定建立并实施单位内部会计监督制度，或者拒绝依法实施的监督，或者不如实提供有关会计资料及有关情况
	人事	(10)任用会计人员不符合《会计法》规定

『老侯提示』不包括违反“税法”的行为。

2. 法律责任

法律责任见表2-17。

表2-17 法律责任

执法主体	法律责任	适用对象(情形)
县级以上财政部门	责令限期改正	
	罚款	单位、直接负责的主管人员和其他直接责任人员
	5年内不得从事会计工作	会计人员有上述行为之一，“且”情节严重
行为人所在单位	行政处分	行为人属于国家机关工作人员
司法机关	依法追究刑事责任	构成犯罪

【例题1·单选题】根据会计法律制度的规定，下列情形中，不属于会计违法行为的是（ ）。

A. 私设会计账簿

B. 拒绝接受金额错误的原始凭证

C. 未按照规定使用会计记录文字

D. 随意变更会计处理方法

解析▶选项B，对记载不准确、不完整的原始凭证予以退回，并要求按照国家统一的会计制度的规定更正、补充是会计人员的职责。

答案▶B

【例题2·多选题】某企业将出售废料的收入1万元不纳入企业统一的会计核算，而另设会计账簿进行核算，以解决行政管理部门的福利问题。则该企业及相关人员应承担的法律责任有（ ）。

A. 通报批评

B. 责令其限期改正

C. 对该企业处以相应的罚款

D. 对直接负责的主管人员处以相应的罚款

解析▶（1）该企业私设会计账簿，属于违反国家统一的会计制度规定行为；（2）上述情形，在责令限期改正的同时可以对单位及直接负责的主管人员，处以罚款。

答案▶BCD

（二）伪造、变造会计资料，编制虚假财务会计报告（见表2-18）

（三）隐匿或者故意销毁会计资料（见表2-18）

表2-18 伪造、变造会计资料，编制虚假财务会计报告和隐匿或者故意销毁会计资料的法律责任

<table>
<tr><th>执法主体</th><th colspan="2">法律责任</th><th>适用对象（情形）</th></tr>
<tr><td rowspan="3">县级以上财政部门</td><td colspan="2">通报</td><td></td></tr>
<tr><td colspan="2">罚款</td><td>单位、直接负责的主管人员和其他直接责任人员</td></tr>
<tr><td colspan="2">“5年”内不得从事会计工作</td><td>会计人员</td></tr>
<tr><td>行为人所在单位</td><td colspan="2">“撤职直至开除”的行政处分</td><td>行为人属于国家机关工作人员</td></tr>
<tr><td rowspan="2">司法机关</td><td rowspan="2">隐匿或者故意销毁依法应当保存的会计资料的刑事责任</td><td>个人犯罪</td><td>（1）处5年以下有期徒刑或者拘役；
（2）并处或者单处罚金</td></tr>
<tr><td>单位犯罪</td><td>（1）对单位判处罚金；
（2）对直接负责的主管人员和其他直接责任人的处理同个人犯罪</td></tr>
</table>

（四）授意、指使、强令会计机构及人员从事会计违法行为（见表2-19）

表2-19 授意、指使、强令会计机构及人员从事会计违法行为

执法主体	法律责任	对象（情形）
县级以上财政部门	罚款	
行为人所在单位	“降级、撤职、开除”的行政处分	行为人属于国家机关工作人员
司法机关	依法追究刑事责任	构成犯罪

【例题3·多选题】M市财政部门对甲公司会计资料检查时，发现甲公司以虚假的经济业务编制了会计凭证和会计账簿，并据此编制了财务会计报告。下列会计违法行为中，甲公司涉及的有( )。

A. 变造会计凭证

B. 编制虚假财务会计报告

C. 伪造会计凭证

D. 伪造会计账簿

解析 (1)伪造会计资料，包括伪造会计凭证和会计账簿，是以虚假的经济业务为前提来编制会计凭证和会计账簿，旨在以假充真；(2)以伪造、变造的会计凭证、会计账簿为依据编制财务会计报告属于编制虚假财务会计报告的行为。 **答案** BCD

【例题4·单选题】根据会计法律制度的规定，单位会计人员编制虚假财务会计报告，尚不构成犯罪的，除可以给予其罚款和行政处分外，还应当责令其一定期限内不得从事会计工作，该期限为( )年。

A. 10　　B. 15

C. 5　　D. 20

答案 C

【例题5·多选题】授意、指使、强令会计机构、会计人员及其他人员伪造、变造会计凭证、会计账簿，编制虚假财务报告，故意销毁依法应当保存的会计凭证、会计账簿、财务会计报告，尚不构成犯罪的除依法可处以规定数额的罚款外，对属于国家工作人员的还应当由其所在单位或者有关单位依法给予的行政处分有( )。

A. 降级　　B. 撤职

C. 开除　　D. 警告

解析 上述情形，属于国家工作人员的，还应当由其所在单位或者有关单位依法给予降级、撤职、开除的行政处分。

答案 ABC

(五)单位负责人打击报复会计人员

1. 刑事责任

情节恶劣的，处“3年”以下有期徒刑或者“拘役”。

2. 行政责任

情节轻微，危害性不大，不构成犯罪的，由其所在单位或者有关单位依法给予行政处分。

3. 对受打击报复的会计人员应“恢复名誉和原有职务、级别”

【例题6·多选题】甲公司2021年度经营不善，单位负责人赵某要求财务负责人冯某对财务报告进行“美化”，冯某明确表示拒绝，赵某遂安排会计人员高某替代冯某的职务，并以冯某工作懈怠、玩忽职守为由将其调去锅炉房烧锅炉，后冯某向当地财政部门举报了甲公司的违法行为。则下列说法中，正确的有( )。

A. 财政部门可以对甲公司处以罚款

B. 赵某上述行为如情节恶劣，可对其处以5年以下有期徒刑

C. 赵某上述行为如不构成犯罪的，由其所在单位给予行政处分

D. 应当恢复冯某的名誉和职务

解析 选项A，对编制虚假财务会计报告的单位，财政部门可以在通报的同时处以罚款；选项BC，公司领导人，对依法履行职责、抵制违反《会计法》行为的会计人员实行打击报复，情节恶劣的，处3年以下有期徒刑或者拘役，尚不构成犯罪的，由其所在单位或者有关单位依法给予行政处分；选项D，对受打击报复的会计人员，应当恢复其名誉和原有职务、级别。 **答案** ACD

(六)财政部门及有关行政部门工作人员职务违法行为

1. 上述人员滥用职权、玩忽职守、徇私舞弊或者泄露国家秘密、商业秘密，构成犯罪的，依法追究刑事责任，尚不构成犯罪的，依法给予行政处分。

2. 收到对违反《会计法》和国家统一的会计制度行为检举的部门及负责处理检举的部门，将检举人姓名和检举材料转给被检举单位和被检举人个人的，由所在单位或者有关单位依法给予行政处分。

心有灵犀 限时80分钟

一、单项选择题

1. 下列人员中，( )应当对甲公司的会计工作和会计资料的真实性、完整性负责。
   A. 甲公司的控股股东
   B. 甲公司的法定代表人
   C. 甲公司的会计机构负责人
   D. 甲公司的总会计师
2. 《会计法》规定，构成会计资料的各项要素都必须齐全，以使会计资料如实、全面地记录和反映经济业务发生情况，便于会计资料使用者全面、准确地了解经济活动情况。此项规定主要是保证会计资料的( )。
   A. 真实性
   B. 合法性
   C. 准确性
   D. 完整性
3. 下列关于会计凭证的说法中，错误的是( )。
   A. 结账的业务，记账凭证可以不附原始凭证
   B. 更正错误，记账凭证可以不附原始凭证
   C. 一张原始凭证所列的支出需要由两个以上的单位共同负担时，应当由保存该原始凭证的单位将该原始凭证的复印件给其他应负担的单位
   D. 原始凭证上的各项内容均不得涂改
4. 根据会计法律制度的规定，下列关于会计凭证保管的表述中，不正确的是( )。
   A. 会计凭证登记完毕后，应当按照分类和编号顺序保管，不得散乱丢失
   B. 原始凭证经本单位会计机构负责人批准，可以外借
   C. 存出保证金收据等重要原始凭证应当另编目录，单独登记保管
   D. 从外单位取得的原始凭证遗失无法取得证明的，当事人写出详细情况，由经办单位相关责任人批准后，代作原始凭证
5. 根据会计法律制度的规定，下列各项中，不属于企业财务会计报告组成部分的是( )。
   A. 会计报表
   B. 会计报表附注
   C. 财务情况说明书
   D. 审计报告
6. 根据《会计档案管理办法》的规定，下列说法中正确的是( )。
   A. 所有会计档案均可仅以电子形式保存
   B. 单位会计管理机构临时保管会计档案最长不超过1年
   C. 单位保存的会计档案一般不得对外借出
   D. 由档案机构编制会计档案保管清册
7. 下列关于会计档案管理的要求的说法中，正确的是( )。
   A. 银行对账单属于会计凭证类会计档案
   B. 会计档案移交清册由档案机构负责编制
   C. 单位之间的会计档案交接双方应当按照会计档案移交清册所列内容逐项交接，并由交接双方的单位有关负责人负责监督
   D. 出纳人员可以兼管会计档案

8. 根据会计法律制度的规定，下列会计档案中，属于定期保管的是( )。
   A. 会计档案鉴定意见书
   B. 年度财务会计报告
   C. 会计档案保管清册
   D. 原始凭证
9.《会计法》规定：审计、税务、人民银行、证券监管、保险监管等部门应当依照有关法律、行政法规规定的职责，对有关单位的( )实施监督检查。
   A. 会计工作
   B. 会计行为
   C. 会计资料
   D. 会计处理方法
10. 某单位赵某主要负责合同签订、业务经办等事项，按照会计内部控制制度的要求，下列赵某可以兼任的岗位是( )。
   A. 合同审批
   B. 稽核检查
   C. 商品保管
   D. 收入账目的登记
11. 各单位应依据( )，设置会计机构，或者在有关机构中设置会计人员并指定会计主管人员；不具备设置条件的，应当委托经批准设立从事会计代理记账业务的中介机构代理记账。
   A. 单位规模的大小
   B. 经济业务和财务收支的繁简
   C. 经营管理的需要
   D. 会计业务的需要
12. 甲代理记账机构接受乙公司委托为其办理代理记账业务。下列各项中，不属于甲代理记账机构业务范围的是( )。
   A. 日常货币收支和保管
   B. 填制记账凭证
   C. 对外提供财务会计报告
   D. 向税务机关提供税务资料
13. 关于会计人员的任职资格下列表述中错误的是( )。
   A. 从事会计工作应当具备所需要的专业能力，遵守职业道德
   B. 担任会计主管人员，应当具备会计师以上专业技术职务资格或者从事会计工作 3 年以上经历
   C. 2015 年因私设会计账簿行为受到行政处罚的会计赵某，2021 年可以担任甲公司会计人员
   D. 2012 年因提供虚假财务会计报告被判处有期徒刑的钱某，2014 年刑满释放，2021 年可以担任乙公司会计人员
14. 2021 年 4 月，甲公司内部机构调整，会计小张调离会计工作岗位，离岗前与接替者小江在会计机构负责人的监交下办理了会计工作交接手续。下列说法正确的为( )。
   A. 小张与小江办理会计工作交接时还应该有公司人事部门派人参加监交
   B. 小张与小江的会计工作交接还应当有上级主管单位派人参加监交
   C. 小张与小江的会计工作交接符合规定
   D. 小张与小江办理会计工作交接时还应该有单位负责人在场监交
15. 下列各项中，属于初级会计职务的是( )。
   A. 初级经济师
   B. 助理会计师
   C. 注册会计师
   D. 会计员
16. 下列各项中，不属于违反国家统一的会计制度的行为的是( )。
   A. 甲公司未按照规定使用会计记账本位币
   B. 乙公司与某演员签订阴阳合同，偷逃税款数千万元人民币
   C. 丙公司擅自销毁依法应当保存的会计资料
   D. 丁公司在账外设置小金库
17. 甲公司单位负责人高某，对依法履行职责的会计人员赵某打击报复，情节恶劣，构成犯罪，则可以判处的最高刑罚

是（ ）。

A. 管制

B. 拘役

C. 有期徒刑3年

D. 有期徒刑5年

18. 赵某故意销毁应予以保存的企业财务会计报告，情节恶劣触犯刑法，在法律许可范围内，可以对赵某判处有期徒刑最高为（ ）年。

A. 3

B. 5

C. 7

D. 10

19. 甲有限责任公司（下称“甲公司”）拟申请成为代理记账机构，甲公司目前有5名专职会计人员，聘请高级会计师赵某担任负责人主管代理记账业务，赵某目前同时担任乙上市公司财务负责人，经验丰富，在赵某的指导下，甲公司制定了健全的代理记账业务内部规范。目前构成甲公司申请代理记账机构障碍的是（ ）。

A. 甲公司为依法设立的企业不满足条件

B. 专职从业人员不满足条件

C. 赵某担任主管代理记账业务的负责人不满足条件

D. 代理记账业务内部规范不满足条件

二、多项选择题

1. 单位负责人在内部会计监督中的职责，下列表述正确的有（ ）。

A. 不得授意、指使、强令会计机构、会计人员违法办理会计事项

B. 应对本单位会计资料的真实性负责

C. 应对本单位会计资料的完整性负责

D. 应依法做好会计核算工作

2. 关于会计核算的基本要求，下列说法中，正确的有（ ）。

A. 会计核算必须以实际发生的经济业务事项为依据

B. 各单位都应当按照《会计法》的规定设置会计账簿，进行会计核算

C. 会计资料的真实性和完整性，是会计资料最基本的质量要求

D. 任何单位和个人不得伪造、变造会计凭证、会计账簿及其他会计资料，不得提供虚假的财务会计报告

3. 下列各项中，属于变造会计凭证行为的有（ ）。

A. 某公司为一客户虚开假发票一张，并按票面金额的10%收取好处费

B. 某业务员将购货发票上的金额50万元修改为80万元报账

C. 某企业出纳将一张报销凭证上的金额7 000元涂改为9 000元

D. 购货部门转来一张购货发票，商品名称有误，出票单位已作更正并加盖出票单位公章

4. 下列关于会计核算要求中，说法正确的有（ ）。

A. 我国的会计年度自公历1月1日起至12月31日止

B. 在民族自治地方，会计记录可以仅使用当地通用的一种民族文字

C. 业务收支以人民币以外的货币为主的单位，可以不选择人民币作为记账本位币

D. 使用电子计算机进行会计核算的单位，其会计软件，应当符合国家统一的会计制度的规定

5. 根据会计法律制度的规定，下列各项中，属于会计核算内容的有（ ）。

A. 递延税款的余额调整

B. 货物买卖合同的审核

C. 有价证券溢价的摊销

D. 资本公积的增减变动

6. 甲公司会计人员赵某审核原始凭证所采取的下列处理方式中，符合法律规定的有（ ）。

A. 退回记载不完整的原始凭证，要求补充

B. 发现原始凭证金额有错误，要求出具单位更正

C. 拒绝接受不真实的原始凭证，并向单位负责人报告

D. 发现原始凭证有涂改，要求出具单位重开

7. 下列关于原始凭证外借的要求中，说法错误的有(　)。

A. 原始凭证可以外借

B. 其他单位如因特殊原因需要使用原始凭证时，经本单位负责人批准，可以复制

C. 向外单位提供的原始凭证复制件，应当在专设的登记簿上登记

D. 向外单位提供的原始凭证复制件，应当由提供人员和收取人员共同签名或者盖章

8. 某单位会计人员夏某在填制记账凭证过程中发生了以下事项，错误的有(　)。

A. 根据若干张原始凭证进行汇总填制记账凭证

B. 一张更正错误的记账凭证未附原始凭证

C. 一笔经济业务需要填制两张记账凭证，采用了分数编号法编号

D. 填制记账凭证时，因出现文字错误，遂用划线更正法进行了更正

9. 记账人员与经办经济业务事项和会计事项的相关人员的职责权限应当明确，并相互分离、相互制约。下列各项中属于该相关人员的有(　)。

A. 审批人员

B. 经办人员

C. 出纳人员

D. 仓库保管人员

10. 根据会计法律制度的规定，下列关于登记会计账簿基本要求的表述中，正确的有(　)。

A. 在不设借贷等栏的多栏式账页中只登记增加数，不登记减少数

B. 会计账簿按页次顺序连续登记，不得跳行、隔页

C. 账簿中书写的文字和数字上面要留有适当空格，一般应占格距的二分之一

D. 按照红字记账凭证冲销错误记录时，可以用红色墨水记账

11. 下列关于会计账簿的说法中，错误的有(　)。

A. 会计账簿登记必须以记账凭证为依据

B. 会计账簿登记必须以会计凭证为依据

C. 账目核对包括账证核对、账账核对、账实核对

D. 各单位应当定期将会计账簿记录与实物、款项实有数相互核对，以保证账实相符

12. 根据会计法律制度的规定，下列人员中，应当在单位财务会计报告上签名并盖章的有(　)。

A. 单位负责人

B. 总会计师

C. 会计机构负责人

D. 出纳人员

13. 根据会计法律制度的规定，下列各项中，属于会计档案的有(　)。

A. 原始凭证

B. 记账凭证

C. 会计账簿

D. 年度预算

14. 下列关于会计档案的表述中，不符合《会计档案管理办法》规定的有(　)。

A. 会计档案保管期限分为10年、30年

B. 银行存款余额调节表的保管期限为30年

C. 单位会计档案销毁后单位负责人应在会计档案销毁清册上签署意见

D. 电子会计档案销毁，应当由档案机构、会计机构和电子信息管理机构共同派员监销

15. 下列情况下，不得销毁会计档案的有(　)。

A. 保管期未满的会计档案

B. 正在项目建设期间的建设单位，其保管期已满的会计档案
C. 未结清的债权债务的会计凭证
D. 涉及未了事项的会计凭证

16. 关于会计监督的监督主体及对象下列说法错误的有（ ）。
A. 单位内部会计监督的主体是单位负责人
B. 单位内部会计监督的对象是会计机构和会计人员
C. 财政部门是会计工作的政府监督的唯一主体
D. 社会监督的主要主体是注册会计师及其所在的会计师事务所

17. 下列各项中，属于财政部门实施会计监督检查的内容有（ ）。
A. 会计机构负责人是否具备专业能力、遵守职业道德
B. 会计核算是否符合会计法和国家统一的会计制度的规定
C. 营业执照是否在规定时间内进行了年检
D. 是否按照税法的规定按时进行纳税申报

18. 下列各项中，属于单位建立与实施内部控制应遵循的基本原则的有（ ）。
A. 全面性
B. 重要性
C. 成本效益
D. 实质重于形式

19. 下列各项中，属于行政事业单位内部控制措施的有（ ）。
A. 不相容岗位相互分离
B. 内部授权审批控制
C. 归口管理
D. 运营分析控制

20. 从事下列工作中，不属于会计工作岗位的有（ ）。
A. 稽核
B. 档案部门的会计档案管理人员
C. 会计电算化
D. 注册会计师

21. 2020年8月，公司负责存货明细账登记的会计张某因公外派，财务经理指定由出纳兼任张某的工作，并办理了交接手续。关于这一做法是否符合规定的下列表述中，正确的有（ ）。
A. 不符合规定，设置会计工作岗位的基本原则是一人一岗
B. 不符合规定，出纳人员不得兼管账目登记工作
C. 符合规定，设置会计工作岗位在符合内部牵制制度的情况下可以一人多岗
D. 符合规定，出纳人员可以负责存货明细账的登记工作

22. 甲公司是一家国有大型工业企业，2021年该公司对内部会计岗位进行了一系列调整，其中符合法律规定的有（ ）。
A. 单位负责人任命原从事出纳工作的小张担任往来款项核算会计
B. 单位负责人任命原从事总账会计工作的李某担任会计机构负责人，李某已在原岗位工作5年，并取得初级会计师资格
C. 不再设置总会计师职务，由副总经理赵某主管会计工作
D. 单位负责人任命原办公室职员小王(具备从事出纳岗位的专业知识)担任出纳工作，小王是单位负责人的妻子

23. 关于会计人员工作交接下列说法中正确的有（ ）。
A. 会计人员工作调动，应当与接替人员办理交接手续
B. 接替人员对所接受的相关资料应对照移交清册逐项点收
C. 办理会计工作交接时，必须由专人负责监交
D. 会计人员因病暂时不能工作，应当与接替人员办理交接手续

24. 根据会计法律制度的规定，关于会计人

员继续教育下列说法中，正确的有(　)。

A. 凡是用人单位的会计人员无论是否取得会计专业技术资格均应当接受会计人员继续教育

B. 会计人员继续教育的主要内容是加强会计职业道德的培训以提高会计人员职业道德水平

C. 用人单位应当保障会计人员参加会计继续教育的权利

D. 会计人员每年参加继续教育取得的学分不得少于 24 学分，其中专业科目一般不少于总学分的 2/3

25. 甲公司由于经营不善，连续亏损两年。为了避免第三年再次出现亏损，董事长赵某授意会计人员高某对财务报表进行“美化”，高某请示财务经理冯某后遵照办理。甲公司行为尚未构成犯罪，则财政部门对甲公司及相关人员的处罚正确的有(　)。

A. 对甲公司董事长赵某处以罚款

B. 会计高某终身不得从事会计工作

C. 对财务经理冯某处以罚款

D. 对甲公司予以通报的同时，并处以罚款

26. 下列各项中，在满足法律规定的其他条件的情况下，可以聘任会计师的有(　)。

A. 高某刚刚取得博士学位，从未从事过会计工作

B. 冯某取得硕士学位，从事会计工作 2 年

C. 李某本科毕业，从事会计工作 3 年

D. 赵某专科毕业，从事会计工作 4 年

三、判断题

1. 县级以上地方各级人民政府主管本行政区域内的会计工作。(　)

2. 各单位发生的经济业务事项应当在依法设置的会计账簿上统一登记、核算，不得私设账外账。(　)

3. 企业向不同的会计资料使用者提供的财务会计报告，其编制依据可以不一致。(　)

4. 国有企业应当至少每两年一次向本企业的职工代表大会公布财务会计报告。(　)

5. 甲公司向乙公司购买一批产品，取得增值税专用发票上注明的价款为 100 万元，税额为 13 万元，后发现合同约定价税合计金额为 100 万元，该发票不能更正，只能由乙公司重开。(　)

6. 单位合并后一方存续其他方解散的，各单位的会计档案应由合并方统一保管。(　)

7. 财政部门在实施监督检查中，发现重大违法嫌疑时，国务院财政部门可以通知被监督单位开立账户的金融机构冻结该单位的账户，金融机构应予以配合。(　)

8. 设立除会计师事务所以外的代理记账机构，应当经所在地的县级以上人民政府财政部门批准，并领取由财政部统一印制的代理记账许可证书。(　)

9. 国有企业、事业单位、股份制企业必须设置总会计师。(　)

10. 会计工作交接后，接替人员应当另立新账，以明确责任。(　)

11. 甲公司负责收入、费用核算的赵某离职后，将原会计工作交接给张某，后财政部门对甲公司进行检查时，发现其费用账目有伪造情形，经查是赵某工作期间所为，由于赵某已经离职，接替人员张某交接时的疏忽未发行上述问题，张某应当承担伪造会计资料的法律责任。(　)

12. 会计专业技术资格是指进入会计职业，从事会计工作的一种法定资质，是进入会计职业的“门槛”。(　)

13. 发生销货退回的，退款时，可以退货发票代替收据。(　)

14. 现金日记账和银行存款日记账必须逐月结出余额。(　)

15. 甲公司是一家大型国有企业，已经按照国家规定设置了总会计师，为了保证会计核算的真实、完整，该公司经董事会

决定，再设置一名副总会计师配合总会计师的工作，该做法符合法律规定。 （ ）

四、不定项选择题

【资料一】甲公司公开招聘会计机构负责人，录用张某接替即将退休的会计机构负责人陈某。

张某与陈某办理工作交接后，法定代表人刘某安排张某梳理检查公司的会计工作。在检查中，张某发现出纳王某错账更正的方法有误：账簿金额“78 900”被误登记为“79 800”，王某仅划红线更正了登记错误的百位和千位数字。张某指出此处的不当后，王某改正了此项登记。

检查完毕后，甲公司会计机构将临时保管期限届满的会计档案移交给公司档案管理机构保管。

要求：根据上述资料，不考虑其他因素，分析回答下列小题。

1. 张某具备的下列条件中，使其满足会计机构负责人任职资格的法定条件是（ ）。

   A. 会计专业硕士学位

   B. 会计师专业技术职务资格

   C. 注册会计师资格

   D. 2年会计工作经历

2. 张某与陈某办理工作交接手续的下列表述中，正确的是（ ）。

   A. 对需要移交的遗留问题，陈某应写出书面材料

   B. 陈某应将甲公司全部财务会计工作、会计人员的情况等向张某详细介绍

   C. 应由刘某负责监交

   D. 交接完毕后，张某、陈某和刘某应在移交清册上签名或盖章

3. 下列账簿登记的改正措施中，王某应采用的是（ ）。

   A. 将错误数字“79 800”全部消除字迹后填上正确数字，并加盖王某个人印章

   B. 在原更正处，补充加盖王某个人印章

   C. 在原更正处，补充加盖王某个人印章和公司印章

   D. 将错误数字“79 800”全部重新划红线更正，并在更正处加盖王某个人印章

4. 下列关于甲公司会计机构移交会计档案的表述中，正确的是（ ）。

   A. 公司档案管理机构接收电子会计档案时，应对其准确性、完整性、可用性和安全性进行检测

   B. 电子会计档案移交时应将电子会计档案及其元数据一并移交

   C. 会计机构应编制会计档案移交清册

   D. 纸质会计档案移交时应重新封装

【资料二】甲公司是一家口罩生产企业，2020年发生了以下事项：

(1)3月5日采购一批熔喷布后，采购人员张某将购货发票和仓库保管人员填制的入库单一并交给会计人员宋某。审核时，宋某发现入库单金额错误并根据规定进行了处理。

(2)5月11日宋某在填制一笔口罩销售业务的记账凭证时，将金额50 000元误写为5 000元，并据以登记入账。后在月末对账时，发现记账金额错误，会计科目正确。报经会计机构负责人邢某审批后，宋某作出更正处理。

(3)6月1日因口罩订单暴增，购买材料资金紧张，欲向银行贷款。为通过贷款审批，公司法定代表人赵某授意邢某对财务报表粉饰，邢某编制了虚假财务会计报告。后银行发现该公司所提供的财务会计报告虚假，故未批准该笔贷款，并向财政部门举报。财政部门核实后，对甲公司及相关人员进行处罚。

(4)6月30日销毁了一批保管期限届满且无保存价值的电子会计档案，公司相关机构派员监销。

要求：根据上述资料，不考虑其他因素，分析回答下列小题。

1. 对金额错误的入库单，宋某应采取的处理

方法是( )。

A. 自行更正并在更正处盖章

B. 退给张某，要求由仓库保管部门更正并在更正处盖章

C. 退给张某，要求由仓库保管部门重新开具

D. 退给张某，要求由张某更正并在更正处盖章

2. 对已登记入账但金额错误的记账凭证，宋某可采取的处理方法是( )。

A. 将登记错误的记账凭证撕毁并重新填制后登记入账

B. 在记账凭证的错误处更正并加盖公章，然后再登记入账

C. 将少记金额用蓝字填写调增差额的记账凭证，并据以补充登记入账

D. 用红字填写一张与原内容相同的记账凭证冲销此前账簿记录，再用蓝字重新填制一张正确的记账凭证登记入账

3. 对甲公司及相关责任人的违法行为，财政部门有权采取的处罚措施是( )。

A. 对赵某处以罚款

B. 责令邢某5年内不得从事会计工作

C. 对邢某处以罚款

D. 对甲公司予以通报

4. 甲公司销毁电子会计档案，应派员监销的内设机构是( )。

A. 信息系统管理机构

B. 会计管理机构

C. 人事管理机构

D. 档案管理机构

心有灵犀答案及解析

一、单项选择题

1. B 【解析】(1)单位负责人对本单位的会计工作和会计资料的真实性、完整性负责；(2)单位法定代表人属于单位负责人。

2. D

3. C 【解析】选项C，应当由保存该原始凭证的单位开具原始凭证分割单给其他应负担的单位。

4. B 【解析】原始凭证不得外借，其他单位如因特殊原因需要使用原始凭证时，经本单位会计机构负责人、会计主管人员批准，可以复制。

5. D 【解析】企业财务会计报告包括“四表一注一说明”，“凭证、账簿、计划、审计报告等”都不属于财务会计报告的组成部分。

6. C 【解析】选项A，仅以电子形式保存的会计档案，必须满足法定条件；选项B，**单位会计管理机构临时保管会计档案一般不超过1年，最长不超过3年；**选项D，由会计机构编制会计档案保管清册。

7. C 【解析】选项A，属于其他类会计档案；选项B，由会计机构负责编制；选项D，出纳人员不得兼管会计档案。

8. D 【解析】选项ABC，属于永久保存的会计档案。

9. C

10. C 【解析】不相容职务包括：授权批准与业务经办、业务经办与会计记录、会计记录与财产保管、业务经办与稽核检查、授权批准与监督检查。本题中，赵某属于业务经办人员，不能与选项A授权批准人员、选项B稽核检查人员、选项D会计记录人员相互兼任。

11. D

12. A 【解析】选项A，属于委托方的义务。

13. D 【解析】选项C，因违反国家统一的会计制度，受到行政处罚的会计人员，5年内不得从事会计工作，本题中，至2021年，已满5年；选项D，因有“提供虚假财务会计报告，做假账，隐匿或者

故意销毁会计凭证、会计账簿、财务会计报告，贪污，挪用公款，职务侵占”等与会计职务有关的违法行为被依法追究“刑事责任”的人员，不得再从事会计工作。

14. C 【解析】一般会计人员办理交接手续，由会计机构负责人(会计主管人员)监交。

15. B 【解析】初级会计职务称为助理会计师。

16. B 【解析】选项B，在违反税法的同时，构成逃税罪，属于犯罪行为。

17. C 【解析】本题所述行为，可以处以3年以下有期徒刑或者拘役。

18. B

19. C 【解析】申请代理记账机构应当具备的条件之一为主管代理记账业务的负责人具有会计师以上专业技术职务资格或者从事会计工作不少于3年，且为专职从业人员。

二、多项选择题

1. ABC 【解析】选项D，是会计机构、会计人员的职责。

2. ABCD

3. BC 【解析】选项A，属于伪造行为；选项D，属于对原始凭证错误的更正，不属于变造行为。

4. ACD 【解析】选项B，会计记录的文字应当使用中文，在民族自治地方，会计记录可以同时使用当地通用的一种民族文字。

5. ACD 【解析】选项B，在合同实际履行的时候进行会计核算。

6. ACD 【解析】选项AC，会计机构、会计人员必须按照国家统一的会计制度的规定对原始凭证进行审核，对不真实、不合法的原始凭证有权不予接受，并向单位负责人报告；对记载不准确、不完整的原始凭证予以退回，并要求按照国家统一的会计制度的规定更正、补充；选项B，原始凭证金额有错误的，应当由出具单位重开，不得在原始凭证上更正；选项D，首先原始凭证记载的各项内容均不得涂改；其次变造会计资料，包括变造会计凭证和会计账簿，是用涂改、挖补等手段改变会计凭证和会计账簿的真实内容，以歪曲事实真相；此选项表述虽然未明确涂改的原因是变造还是更正方法有误，无法判定是否应当向单位负责人报告，但本着会计资料的完整性，均应当要求出具单位重开。

7. AB 【解析】选项A，**原始凭证不得外借；**选项B，其他单位如因特殊原因需要使用原始凭证时，经本单位**“会计机构负责人(会计主管人员)”批准，可以复制。**

8. AD 【解析】选项A，记账凭证可以根据若干张“同类”原始凭证汇总填制，但不同内容和类别的原始凭证不得汇总在一张记账凭证上；选项B，更正错误的记账凭证可以不附原始凭证；选项C，一笔经济业务需要填制“两张以上”记账凭证的，可以采用“**分数编号法**”编号；选项D，如果在填制记账凭证时发生错误，应当重新填制。

9. ABCD 【解析】记账人员与经济业务事项和会计事项审批人员、经办人员、财物保管人员的职责权限应当明确，并相互分离、相互制约。选项CD，均属于财物保管人员。

10. BCD 【解析】选项A，在不设借贷等栏的多栏式账页中用红字登记减少数。

11. AB 【解析】选项AB，会计账簿登记必须以“经过审核”的会计凭证为依据。

12. ABC 【解析】对外提供的财务会计报告，应由单位负责人和主管会计工作的负责人、会计机构负责人(会计主管人员)**签名并盖章**。设置总会计师的单位，还须由总会计师签名并盖章。

13. ABC 【解析】选项D，各单位的预算、计划、制度等文件材料属于文书档案，不属于会计档案。

14. ABC 【解析】选项 A，会计档案的保管期限分为"永久"和定期两类，定期保管的会计档案保管期限分为 10 年、30 年两类；选项 B，保管期限为 10 年；选项 C，单位会计档案销毁后应当由监销人员在会计档案销毁清册上签名或盖章。

15. ABCD

16. ABC 【解析】选项 AB，单位内部会计监督的主体是会计机构和会计人员，对象是单位的经济活动；选项 C，除财政部门外，审计、税务、人民银行、证券监管、保险监管等部门依照有关法律、行政法规规定的职责和权限，可以对有关单位的会计资料实施监督检查。

17. AB 【解析】选项 C，是市场监督管理部门的检查内容；选项 D，是税务部门监督检查的内容。

18. ABC 【解析】选项 D，属于小企业内部控制的基本原则。

19. ABC 【解析】选项 D，属于企业内部控制措施。

20. BD 【解析】选项 B，档案部门的会计档案管理人员不属于会计岗位，会计机构内的会计档案管理属于会计岗位；选项 D，属于社会审计人员，不属于会计人员。

21. CD 【解析】会计工作岗位可以一人一岗、一人多岗或者一岗多人，但出纳人员不得兼管稽核、会计档案保管和收入、支出、费用、债权债务账目的登记工作。

22. ABD 【解析】选项 A，担任一般会计人员，应当具备从事会计工作所需要的"专业能力"，遵守职业道德；选项 B，担任会计机构负责人应当具备会计师以上专业技术职务资格或者从事会计工作 3 年以上的经历；选项 C，国有的和国有资产占控股地位的或者主导地位的大、中型企业必须设置总会计师；选项 D，单位负责人的直系亲属不得担任本单位的会计机构负责人(会计主管人员)。本题中，小王担任的是出纳工作而非会计机构负责人。

23. ABC 【解析】会计人员临时离职或者因病不能工作且需要接替或者代理的，会计机构负责人(会计主管人员)或者单位领导人必须指定有关人员接替或者代理，并办理交接手续。

24. AC 【解析】选项 B，会计职业道德只是专业科目之一，会计继续教育既包括公需科目也包括专业科目；选项 D，会计专业技术人员参加继续教育每年应取得不少于 90 学分。其中，专业科目一般不少于总学分的 2/3。

25. ACD 【解析】选项 A，赵某的行为属于指使会计人伪造、变造会计资料行为，可以处 5 000 元以上 5 万元以下的罚款；选项 B，高某属于伪造、变造会计资料的会计人员，5 年内不得从事会计工作；选项 C，冯某属于直接负责的主管人员，可以处 3 000 元以上 5 万元以下的罚款；选项 D，对伪造、变造会计资料的单位，在予以通报的同时可以并处 5 000 元以上 10 万元以下的罚款。

26. AB 【解析】选项 C，聘任会计师要求具备本科学历，从事会计工作满 4 年；选项 D，聘任会计师要求具备专科学历，从事会计工作满 5 年。

三、判断题

1. × 【解析】县级以上地方各级人民政府财政部门管理本行政区域内的会计工作。

2. √

3. × 【解析】企业向不同的会计资料使用者提供的财务会计报告，其编制依据应当一致。

4. × 【解析】该类企业，应当至少"每年一次”向本企业的职工代表大会公布财务会计报告。

5. √ 【解析】原始凭证金额错误不得更正，应由出具单位重开。

6. √

7. × 【解析】财政部门在实施监督检查中，发现重大违法嫌疑时，国务院财政部门及其派出机构可以向被监督单位开立账户的金融机构“查询”有关情况，金融机构应予以支持。

8. × 【解析】除会计师事务所以外的机构从事代理记账业务，应当经县级以上人民政府财政部门批准，并领取由财政部统一规定样式的代理记账许可证书。

9. × 【解析】国有的和国有资产占控股地位或者主导地位的大、中型企业必须设置总会计师，其他单位可以根据业务需要，自行决定是否设置总会计师。

10. × 【解析】接替人员应当继续使用移交的会计账簿，不得自行另立新账，以保持会计记录的连续性。

11. × 【解析】移交人员对所移交的会计凭证、会计账簿、会计报表和其他有关资料的合法性、真实性承担法律责任。

12. × 【解析】从事会计工作只要具备从事会计工作所需要的专业能力，遵守职业道德即可。

13. × 【解析】发生销货退回的，除填制退货发票外，还必须有“退货验收证明”；退款时，必须取得对方的“收款收据或者汇款银行的凭证”，不得以退货发票代替收据。

14. × 【解析】现金日记账和银行存款日记账必须“逐日”结出余额。

15. × 【解析】凡设置总会计师的单位，在单位行政领导成员中，不设与总会计师职权重叠的副职。

四、不定项选择题

【资料一】

1. B 【解析】担任单位会计机构负责人(会计主管人员)的，应当具备会计师以上专业技术职务资格或者从事会计工作 3 年以上经历。

2. ABCD 【解析】选项 AB，会计机构负责人(会计主管人员)移交时，应当将全部财务会计工作、重大财务收支和会计人员的情况等，向接替人员详细介绍。对需要移交的遗留问题，应当写出“书面”材料；选项 C，“会计机构负责人”(会计主管人员)办理交接手续，由“单位负责人”负责监交；选项 D，交接完毕后，交接双方和监交人要在移交清册上签名“或”盖章。

3. D 【解析】登记账簿时发生错误，应当将错误的文字或者数字划红线注销，但必须使原有字迹仍可辨认；然后在划线上方填写正确的文字或者数字，并由记账人员在更正处盖章。对于错误的数字，应当全部划红线更正，不得只更正其中的错误数字。

4. ABC 【解析】选项 D，纸质会计档案移交时，应当保持原卷的封装。

【资料二】

1. C 【解析】金额错误的原始凭证，只能由原出具单位重开。

2. CD 【解析】已经登记入账的记账凭证，在当年内发现填写错误时，可以用红字填写一张与原内容相同的记账凭证，在摘要栏注明“注销某月某日某号凭证”字样，同时再用蓝字重新填制一张正确的记账凭证，注明“订正某月某日某号凭证”字样。如果会计科目没有错误，只是金额错误，也可以将正确数字与错误数字之间的差额，另编一张调整的记账凭证，调增金额用蓝字，调减金额用红字。

3. ABCD 【解析】选项 A，授意会计人员编制虚假财务会计报告的，由县级以上财政部门处以罚款；选项 B，编制虚假财务会计报告尚不构成犯罪的，5 年内不得从事会计工作；选项 CD，编制虚假财务会计报告的由县级以上财政部门对单位给予通报的同时，对直接责任人员处以罚款。

4. ABD 【解析】电子会计档案的销毁由单位档案管理机构、会计管理机构和信息系统管理机构共同派员监销。

第三绝　“书”——支付结算法律制度

深闺书香

佳人“八绝”以“书”为魂。正所谓“铁画银钩书万古，春秋雅事一毫藏”。一如本章，支付结算既是会计工作的重点，也是考试的核心，是“非税法篇”最重要的部分，考试中分值占比一般为15%。

考生务必花费一定精力攻克“票据法”，你现在的付出会受益整个会计“考试”生涯。

2021年考试前8个批次题型题量

题型＼批次＼分值	5.15上	5.15下	5.16上	5.16下	5.17上	5.17下	5.18上	5.18下
单选题	2题4分	2题4分	3题6分	3题6分	2题4分	2题4分	3题6分	3题6分
多选题	1题2分	1题2分	2题4分	2题4分	1题2分	1题2分	2题4分	1题2分
判断题	1题1分	1题1分	1题1分	1题1分	1题1分	1题1分	2题2分	1题1分
不定项	1题8分	1题8分	——	——	1题8分	1题8分	——	1题8分
合计	5题15分	5题15分	6题11分	6题11分	5题15分	5题15分	7题12分	6题17分

2022年考试变化

新增：支付结算服务组织类型、境外机构可以开立基本存款账户及要求的证明资料、个人银行结算账户可以交易类型、商业汇票的信息披露、条码支付、网络支付。

调整：公示催告的公告刊登媒介及公示催告期间、票据追索中拒绝付款证明的种类、贷记卡透支利率管理。

删除：单位银行卡账户的使用规定、票据的特征与功能、票据交易的种类、单位银行卡申领要求、单位(个人)人民币卡及外币卡的使用规定、银行卡清算市场、第三方支付、国内信用证。

人生初见

第一部分　支付结算概述

考验一　支付结算概述(★)

(一)支付结算的概念

支付结算是指单位、个人在社会经济活动中使用“票据、银行卡和汇兑、托收承付、委托收款、电子支付”等结算方式进行货币给付及资金清算的行为。

『老侯提示』支付结算是指“转账结算”，不包括使用现金。

(二)支付结算服务组织(2022年新增)

中央银行、银行业金融机构、特许清算机构、非金融支付机构等。

(三)主要支付结算工具(见图3-1)

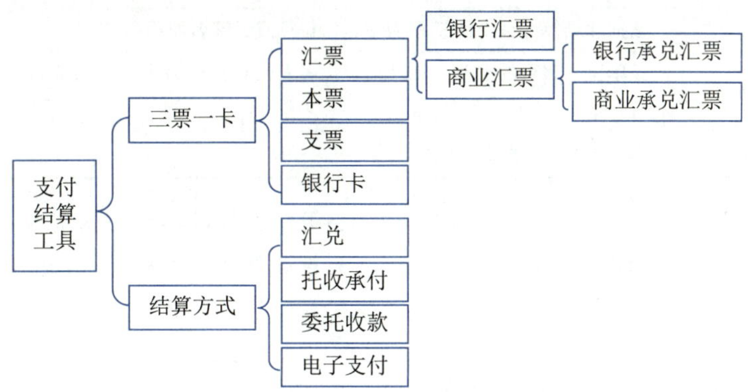

图3-1 支付结算工具

(四)办理支付结算的原则

1. 恪守信用，履约付款

2. 谁的钱进谁的账，由谁支配

3. 银行不垫款

【例题1·多选题】根据支付结算法律制度的规定，下列各项中，属于单位、个人在社会经济活动中使用的人民币非现金支付工具的有( )。

A. 股票　　B. 支票

C. 汇票　　D. 本票

解析 非现金支付工具主要包括“三票一卡”和结算方式。“三票一卡”是指汇票、本票、支票和银行卡，结算方式包括汇兑、托收承付和委托收款等。 答案 BCD

【例题2·多选题】下列各项中，属于支付结算应遵循的原则有( )。

A. 恪守信用，履约付款原则

B. 谁的钱进谁的账，由谁支配原则

C. 银行不垫款原则

D. 一个基本存款账户原则

解析 选项D，属于银行结算账户管理的原则。 答案 ABC

【例题3·判断题】根据支付结算法律制度的规定，付款人账户内资金不足的，银行应当为付款人垫付资金。 ( )

解析 支付结算遵循“银行不垫款”原则。 答案 ×

考验二 办理支付结算的基本要求(★★★)

(一)填写规范

1. 关于收款人名称

单位和银行的名称应当记载“全称”或“规范化简称”。

2. 关于出票日期

(1)出票日期“必须”使用“中文大写”。

(2)规范写法：在填写月、日时，月为壹、贰和壹拾的，日为壹至玖和壹拾、贰拾和叁拾的，应当在其前加零；日为拾壹至拾玖的，应当在其前加壹。

『老侯提示』日期写法应符合“汉语语言规律”并能够“防止涂改”。

【举例】1月15日，应写成零壹月壹拾伍日；10月20日，应写成零壹拾月零贰拾日。

3. 关于金额

票据和结算凭证金额以中文大写和阿拉

伯数码同时记载，二者“必须”一致。

『老侯提示』二者不一致的票据无效；二者不一致的结算凭证，银行不予受理。

（二）签章要求（见表 3-1）

表 3-1 签章要求

分类		具体要求
一般规定		票据和结算凭证上的签章为签名、盖章或者签名加盖章
具体规定	单位、银行	该单位、银行的盖章，加其法定代表人或其授权的代理人的签名“或者”盖章（预留银行签章）
	个人	本人的签名“或者”盖章

（三）更改要求

1.“金额、日期、收款人名称”不得更改，更改的票据无效；更改的结算凭证，银行不予受理

2. 对票据和结算凭证上的其他记载事项，“原”记载人可以更改，更改时应当由原记载人在更改处“签章”证明

（四）区分“伪造”与“变造”

“伪造”是指无权限人假冒他人或虚构他人名义“签章”的行为；

“变造”是指无权更改票据内容的人，对票据上“签章以外”的记载事项加以改变的行为。

『老侯提示』“伪造人”不承担“票据责任”，而应追究其“刑事责任”（附带民事赔偿）。

【例题 1·判断题】支票、汇票、本票的出票日期应当使用阿拉伯数码记载。（ ）

解析 出票日期必须使用中文大写。

答案 ×

【例题 2·单选题】张某于 2021 年 1 月 20 日签发一张支票，该支票出票日期的填写方式应当是（ ）。

A. 贰零贰壹年壹月贰拾日

B. 贰零贰壹年零壹月贰拾日

C. 贰零贰壹年壹月零贰拾日

D. 贰零贰壹年零壹月零贰拾日

解析 选项 AC，“1 月”前应当加“零”，因为不加零会导致变造行为的发生，即票据出票日期可能被变造为“壹拾壹月”；选项 B，“20 日”前应加“零”，因为不加零，票据出票日期可能被变造为“贰拾壹日”等。 答案 D

【例题 3·单选题】2021 年 8 月 18 日，甲公司向乙公司签发一张金额为 10 万元，用途为服务费的转账支票，发现填写有误，该支票记载的下列事项中，可以更改的是（ ）。

A. 用途 B. 收款人名称

C. 出票金额 D. 出票日期

解析 金额、日期、收款人名称不得更改，更改的票据无效。 答案 A

【例题 4·多选题】根据支付结算法律制度的规定，下列关于办理支付结算基本要求的表述中，正确的有（ ）。

A. 票据上的签章为签名、盖章或者签名加盖章

B. 结算凭证的金额以中文大写和阿拉伯数码同时记载，二者必须一致

C. 票据上出票金额、收款人名称不得更改

D. 办理支付结算时，单位和银行的名称应当记载全称或者简称

解析 选项 D，办理支付结算时，单位和银行的名称应当记载全称或者规范化简称。

答案 ABC

【例题 5·多选题】根据支付结算法律制度的规定，下列各项中，属于变造票据的行为有（ ）。

A. 原记载人更改付款人名称并在更改处签章证明

B. 剪接票据非法改变票据记载事项

C. 涂改出票金额

D. 假冒他人在票据上背书签章

解析 选项 A，属于依法更正票据行为；选项 D，属于伪造行为；选项 BC，对票据上“签章以外”的记载事项加以改变的是变

造行为。 答案 ▶ BC

【例题6·判断题】票据伪造和票据变造是欺诈行为，构成犯罪的，应追究刑事责任。 （ ）

答案 ▶ √

第二部分 银行结算账户

考验一 银行结算账户的分类（★）

（一）银行结算账户按存款人分类

单位银行结算账户和个人银行结算账户。

『老侯提示』个体工商户凭营业执照以字号或经营者姓名开立的银行结算账户纳入单位银行结算账户管理。

（二）单位银行结算账户按用途分类

基本存款账户、一般存款账户、专用存款账户和临时存款账户。

【例题1·判断题】个体工商户凭营业执照以字号或经营者姓名开立的银行结算账户纳入单位银行结算账户管理。 （ ）

答案 ▶ √

【例题2·多选题】根据支付结算法律制度的规定，下列单位银行结算账户中，属于按用途分类的有（ ）。

A. 一般存款账户

B. 预算单位零余额账户

C. 专用存款账户

D. 基本存款账户

解析 ▶ 单位银行结算账户按用途分为基本存款账户、一般存款账户、专用存款账户、临时存款账户。 答案 ▶ ACD

考验二 银行结算账户的开立、变更和撤销（★★★）

（一）开立

银行结算账户开立流程见图3-2。

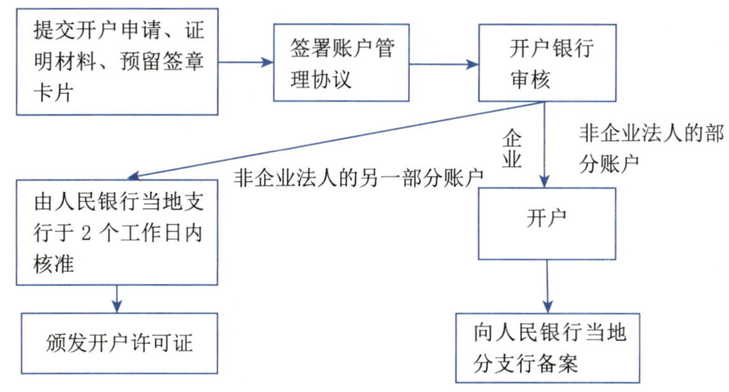

图3-2 银行结算账户开立的流程

1. 存款人自主原则

除国家法律、行政法规和国务院规定外，任何单位和个人不得强令存款人到指定银行开立银行结算账户。

2. 开户申请的签章及记载要求

（1）单位。

①单位“公章”和法定代表人或其授权代理人的签名或者盖章。

②存款人有统一社会信用代码、上级法

人或主管单位的，应在“开立单位银行结算账户申请书”上如实填写相关信息。

③存款人有关联企业的，应填写“关联企业登记表”。

(2)个人：个人本名的签名或盖章。

『老侯提示』单位在开户申请上的签章只能是“公章”而不是“财务专用章”，变更和撤销申请的签章要求与开户申请相同。

3. 签订银行结算账户管理协议——明确银企双方的权利与义务

(1)核实开户意愿。

①企业申请开立基本存款账户的，银行应当向企业法定代表人或单位负责人核实企业开户意愿，并留存相关工作记录。

②核实开户意愿，可采取“面对面、视频”等方式，具体方式由银行根据客户“风险程度”选择。

(2)异地开户。

对注册地和经营地均在“异地”的单位，银行应当与其法定代表人或者负责人“面签”银行结算账户管理协议。

(3)开通非柜面转账业务。

银行为存款人开通非柜面转账业务时，双方应签订协议，约定非柜面渠道向非同名银行账户和支付账户转账的日累计限额、笔数和年累计限额等，超出限额和笔数的，应到银行柜面办理。

4. 预留银行签章

(1)单位：公章或财务专用章加其法定代表人(单位负责人)或其授权的代理人的签名或者盖章。

(2)个人：本人的签名或者盖章。

5. 企业(在境内设立的企业法人、非法人企业和个体工商户)与非企业法人在开户制度上的区别(见表3-2)

表3-2 企业(在境内设立的企业法人、非法人企业和个体工商户)与非企业法人在开户制度上的区别

	非企业法人	企业
核准制账户	基本存款账户、临时存款账户(因注册验资和增资验资开立的临时存款账户除外)、预算单位专用存款账户、QFII专用存款账户	“基本存款账户、临时存款账户”改为执行备案制
开户许可证	有正本和副本之分，正本由“申请人”保管；副本由申请人“开户银行”留存	生成“基本存款账户编号”(无开户许可证) 『老侯提示』申请开立一般存款账户、专用存款账户、临时存款账户时，应当向银行提供基本存款账户编号
生效日	存款人开立单位银行结算账户，自正式开立之日起“3个工作日后”，方可办理“付款业务” 『老侯提示』注册验资的临时存款账户“转为”基本存款账户和因“借款转存”开立的一般存款账户除外	自开立之日即可办理收付款业务

【例题1·判断题】甲公司在A区市场监督管理局办理登记注册，为便于统一管理，A区市场监督管理局要求甲公司在工商银行开立基本存款账户，该做法符合法律规定。 ( )

解析 存款人开立银行结算账户遵循自主原则，除国家法律、行政法规和国务院规定外，任何单位和个人不得强令存款人到指定银行开立银行结算账户。 答案 ×

【例题2·多选题】乙公司为甲公司下属分公司，单位负责人王某到P银行申请开立单位银行结算账户。下列各项中，王某在开户申请书上应当填写的内容的有( )。

A. 加盖乙公司单位公章

B. 加盖甲公司单位公章

C. 填写甲公司相关信息

D. 加盖王某个人名章

解析 开立单位银行结算账户时，应填写“开立单位银行结算账户申请书”，并加盖单位公章（选项A）和法定代表人（单位负责人）或其授权代理人的签名或者盖章（选项D）。存款人有组织机构代码、上级法人或主管单位的，应在“开立单位银行结算账户申请书”上如实填写相关信息（选项C）。存款人有关联企业的，应填写“关联企业登记表”。 **答案** ACD

【例题3·判断题】 甲公司申请开立基本存款账户，其法定代表人应当配合银行做好开户意愿核实工作。（ ）

答案 √

【例题4·多选题】 根据支付结算法律制度的规定，关于开立企业银行结算账户办理事项的下列表述中，正确的有（ ）。

A. 银行为企业开通非柜面转账业务，应当约定通过非柜面渠道向非同名银行账户转账的日累计限额

B. 注册地和经营地均在异地的企业申请开户，法定代表人可授权他人代理签订银行结算账户管理协议

C. 银企双方应当签订银行结算账户管理协议，明确双方的权利和义务

D. 企业预留银行的签章可以为其财务专用章加其法定代表人的签名

解析 选项B，对注册地和经营地均在“异地”的单位，银行应当与其法定代表人或者负责人“面签”银行结算账户管理协议。

答案 ACD

【例题5·单选题】 根据支付结算法律制度的规定，下列存款人中，于2020年1月在银行开立基本存款账户，无需核发开户许可证的是（ ）。

A. 丁居民委员会

B. 丙市人民医院

C. 乙公司

D. 甲县市场监督管理局

解析 企业银行结算账户实行备案制，不再核发开户许可证；选项AD，属于特别法人，选项B，属于事业单位，其开立银行结算账户仍实行核准制。 **答案** C

【例题6·多选题】 2020年8月甲公司在P银行开立基本存款账户。甲公司申请开立下列银行结算账户时，应提供基本存款账户编号的有（ ）。

A. 因借款在Q银行开立一般存款账户

B. 因产能升级在R银行开立技术改造专用存款账户

C. 因异地临时经营在S银行开立临时存款账户

D. 因结算需要在T银行开立单位人民币卡账户

解析 持有基本存款账户编号的企业申请开立一般存款账户、专用存款账户、临时存款账户时，应当向银行提供基本存款账户编号。 **答案** ABCD

【例题7·判断题】 企业银行结算账户自开立之日即可办理收付款业务。（ ）

答案 √

（二）变更

1. 主动变更

存款人更改名称，但不改变开户银行及账号（或法定代表人、住址以及其他变更），应于5个工作日内向开户银行提出变更申请（或书面通知开户银行），并出具有关部门的证明文件。

2. 被动变更

（1）银行发现企业名称、法定代表人或单位负责人发生变更的，应及时通知企业办理变更手续；企业自通知送达之日起的合理期限内仍未办理变更手续，且未提出合理理由的，银行有权采取措施适当控制账户交易。

（2）企业营业执照、法定代表人或者单位负责人有效身份证件列明有效期限的，银行应当于到期日前提示企业及时更新，有效期到期后的合理期限内企业仍未更新，且未提出合理理由的，银行应当按规定中止其办理业务。

3. 原开户许可证的处理

(1)(对非企业)属于变更开户许可证记载事项的，存款人办理变更手续时，应交回开户许可证，由中国人民银行当地分支行换发新证。

(2)企业名称、法定代表人或单位负责人变更，账户管理系统"重新生成"新的基本存款账户编号，银行应当打印《基本存款账户信息》并交付企业。

【例题8·单选题】甲公司营业执照到期，经开户银行提示后在合理期限内仍未更新银行结算账户信息，且未提出合理理由。其开户银行应采取的措施是(　)。

A. 中止甲公司账户办理业务

B. 将甲公司账户内资金转入久悬未取专户管理

C. 请求主管部门给予甲公司行政处罚

D. 要求甲公司限期撤销账户

解析➡企业营业执照、法定代表人或者单位负责人有效身份证件列明有效期限的，银行应当于到期日前提示企业及时更新，有效期到期后，在合理期限内企业仍未更新，且未提出合理理由的，银行应当按规定中止其办理业务。 **答案**➡A

【例题9·判断题】甲公司法定代表人发生变更后，应在5个工作日内书面通知开户银行并提供证明，办理账户变更手续。(　)

解析➡单位的法定代表人或主要负责人、住址以及其他开户资料发生变更时，应于5个工作日内书面通知开户银行并提供有关证明。 **答案**➡√

(三)撤销

1. 应当撤销银行结算账户的法定情形

(1)被撤并、解散、宣告破产或关闭的；

(2)注销、被吊销营业执照的；

(3)因"迁址"需要变更开户银行的；

(4)因其他原因需要撤销银行结算账户的。

『老侯提示』存款人"迁址"视不同情况(是否变更开户行)分别适用"变更"或"撤销"的规定。

2. 撤销程序

(1)存款人撤销银行结算账户，必须与开户银行核对银行结算账户存款余额，交回各种重要空白票据及结算凭证，银行核对无误后方可办理销户手续。

(2)企业因转户原因撤销基本存款账户的，银行应打印"已开立银行结算账户清单"并交付企业。

3. 撤销顺序

撤销银行结算账户时，应当"先"撤销一般存款账户、专用存款账户、临时存款账户，将账户资金转入基本存款账户"后"，方可办理基本存款账户的撤销。

4. 不得撤销银行结算账户的情形

存款人"尚未清偿"其开户银行债务的，不得申请撤销该银行结算账户。

5. 强制撤销

银行对一年未发生收付活动且未欠开户银行债务的单位银行结算账户，应通知单位自发出通知之日起30日内办理销户手续，逾期视同自愿销户，未划转款项列入久悬未取专户管理。

【例题10·多选题】根据支付结算法律制度的规定，下列情形中，存款人应向开户银行提出撤销银行结算账户申请的有(　)。

A. 存款人被宣告破产的

B. 存款人因迁址需要变更开户银行的

C. 存款人被吊销营业执照的

D. 存款人被撤并的

答案➡ABCD

【例题11·单选题】根据支付结算法律制度的规定，下列关于银行结算账户管理的表述中，正确的是(　)。

A. 撤销基本存款账户，应当与开户银行核对银行结算账户存款余额

B. 撤销基本存款账户，可以保留未使用的空白支票

C. 单位的地址发生变更，不需要通知开户银行

D. 撤销单位银行结算账户应先撤销基本存款账户，再撤销其他类别账户

解析 选项AB，存款人撤销银行结算账户，必须与开户银行核对银行结算账户存款余额，交回各种重要空白票据及结算凭证，银行核对无误后方可办理销户手续；选项C，单位的地址发生变更应于5个工作日内书面通知开户银行并提供有关证明；选项D，撤销银行结算账户时，应先撤销一般存款账户、专用存款账户、临时存款账户，将账户资金转入基本存款账户后，方可办理基本存款账户的撤销。 **答案** A

【例题12·判断题】存款人未清偿其开户银行债务的，也可以撤销该银行结算账户。（ ）

解析 存款人未清偿其开户银行债务的，“不得撤销”该银行结算账户。 **答案** ×

【例题13·单选题】根据支付结算法律制度的规定，对于应撤销而未办理销户手续的单位银行结算账户，银行通知该账户的存款人在法定期限内办理销户手续，逾期视同自愿销户。该期限是（ ）。

A. 自银行发出通知之日起30日内

B. 自银行发出通知之日起10日内

C. 自银行发出通知之日起2日内

D. 自银行发出通知之日起5日内

答案 A

考验三 各类银行结算账户（★★★）

（一）基本存款账户（2022年调整）

1. 开户资格——13项，包括“境外机构”均可以开立

『老侯提示』非“个人”；够级别——“团级”以上军队、武警部队及分散执勤的支（分）队；非临时——异地“常设”机构；应独立——单位设立的“独立核算”的附属机构。

2. 证明文件

营业执照或批文或证明或登记证书。

『老侯提示』此外还需提供“法定代表人身份证件”，如授权他人办理，还需提供“授权书、被授权人的身份证件”，境外机构提供的证明文件等开户资料为非中文的，还应同时提供对应的中文翻译。

3. 使用规定

基本存款账户是存款人的主办账户，一个单位只能开立“一个”基本存款账户。

存款人日常经营活动的资金收付，以及存款人的工资、奖金和现金的支取，应通过该账户办理。

【例题1·单选题】根据支付结算法律制度的规定，下列首次申请开立单位银行结算账户的存款人中，不应开立基本存款账户的是（ ）。

A. 丙学校

B. 甲电影公司临时摄制组

C. 丁居民委员会

D. 乙公司

解析 选项B，临时机构不得开立基本存款账户，可以申请开立临时存款账户。

答案 B

【例题2·单选题】根据支付结算法律制度的规定，关于基本存款账户的下列表述中，不正确的是（ ）。

A. 基本存款账户是存款人的主办账户

B. 一个单位只能开立一个基本存款账户

C. 基本存款账户可以办理现金支取业务

D. 单位设立的独立核算的附属机构不得开立基本存款账户

解析 单位设立的独立核算的附属机构，可以申请开立基本存款账户。 **答案** D

（二）一般存款账户

1. 概念

一般存款账户是指存款人因借款或其他结算需要，在“基本存款账户开户银行以外”的银行营业机构开立的银行结算账户。

2. 开户要求——开户证明文件

（1）基本存款账户开户许可证或企业基

本存款账户编号；

(2)开立基本存款账户规定的证明文件；

(3)存款人因向银行借款需要，应出具借款合同；

(4)存款人因其他结算需要，应出具有关证明。

3. 使用范围

一般存款账户用于办理存款人借款转存、借款归还和其他结算的资金收付。

该账户“可以办理现金缴存”，但不得办理现金支取。

『老侯提示』开立一般存款账户“没有数量限制”。

【例题3·单选题】根据支付结算法律制度的规定，下列关于一般存款账户开立和使用的表述中，正确的是(　)。

A. 可以支取现金

B. 可以用于办理存款人借款转存和借款归还

C. 须经中国人民银行分支机构核准

D. 可以在基本存款账户开户银行申请开立

解析 选项AB，一般存款账户可以办理借款转存、借款归还，现金缴存，但不得办理现金支取；选项C，一般存款账户执行备案制；选项D，一般存款账户是在基本存款账户开户银行以外的银行营业机构开立的银行结算账户。

答案 B

(三)专用存款账户——12个(2022年调整)

1. 概念

专用存款账户是存款人按照法律、行政法规和规章，对其“特定”用途资金进行“专项”管理和使用而开立的银行结算账户。

2. 使用规定(见表3-3)

表3-3　专用存款账户使用规定

各类专用账户	具体使用规定
(1)“证券交易结算资金”账户； (2)“期货交易保证金”账户； (3)“信托基金”账户	“不得支取”现金
(1)基本建设资金账户； (2)更新改造资金账户； (3)政策性房地产开发资金账户	需要支取现金的，应在“开户时报中国人民银行当地分支行批准”
(1)粮、棉、油收购资金账户； (2)社会保障基金账户； (3)住房基金账户； (4)党、团、工会经费账户	支取现金应按照国家现金管理的规定办理
“收入汇缴”账户	除向其基本存款账户或预算外资金财政专用存款账户划缴款项外，“只收不付”，不得支取现金
“业务支出”账户	除从其基本存款账户拨入款项外，“只付不收”，可以按规定支取现金

3. 开户要求

出具其开立基本存款账户规定的证明文件、基本存款账户开户许可证或企业基本存款账户编号和各项专用资金的有关证明文件。

【例题4·单选题】根据支付结算法律制度的规定，下列各项中属于存款人按照法律、行政法规和规章，对其特定用途资金进行专项管理和使用而开立的银行结算账户是(　)。

A. 基本存款账户　B. 一般存款账户

C. 专用存款账户　D. 临时存款账户

答案 C

【例题5·单选题】甲地为完成棚户区改造工程，成立了W片区拆迁工程指挥部。为发放拆迁户安置资金，该指挥部向银行申请开立的存款账户的种类是(　)。

A. 基本存款账户 B. 临时存款账户

C. 一般存款账户 D. 专用存款账户

解析 发放拆迁户安置资金，开立专用存款账户，专款管理。 **答案** D

【例题6·单选题】根据支付结算法律制度的规定，下列专用存款账户中，不能支取现金的是(　)。

A. 证券交易结算资金专用存款账户

B. 社会保障基金专用存款账户

C. 住房基金专用存款账户

D. 工会经费专用存款账户

解析 证券交易结算资金、期货交易保证金和信托基金专用存款账户不得支取现金。

答案 A

(四)预算单位零余额账户

1. 审批

预算单位应当向“财政部门”提出设立零余额账户的申请，财政部门同意预算单位开设零余额账户后通知代理银行。

2. 开户要求

一个基层预算单位开设“一个”零余额账户。

3. 账户管理

(1)预算单位未开立基本存款账户，或者原基本存款账户在国库集中支付改革后已按照财政部门的要求撤销的：作为“**基本存款账户**”管理。

(2)除上述情况外，作为“**专用存款账户**”管理。

4. 使用规定

(1)用于财政“授权”支付；

(2)可以办理转账、“提取现金”等结算业务；

(3)可以向本单位按账户管理规定保留的相应账户划拨工会经费、住房公积金及提租补贴，以及财政部门批准的特殊款项；

(4)不得违反规定向“本单位其他账户”和“上级主管单位”“所属下级单位账户”划拨资金。

【例题7·单选题】根据支付结算法律制度的规定，预算单位应向(　)申请开立零余额账户。

A. 中国人民银行 B. 财政部门

C. 上级主管部门 D. 社保部门

答案 B

【例题8·单选题】未在银行开立账户的W市退役军人事务局，经批准在银行开立了预算单位零余额账户，下列账户种类中，该零余额账户应按其管理的是(　)。

A. 一般存款账户 B. 基本存款账户

C. 专用存款账户 D. 临时存款账户

解析 预算单位未开立基本存款账户，或者原基本存款账户在国库集中支付改革后已按照财政部门的要求撤销的，经同级财政部门批准，预算单位零余额账户作为基本存款账户管理。 **答案** B

【例题9·单选题】根据支付结算法律制度的规定，下列各项业务中，不得通过预算单位零余额账户办理的是(　)。

A. 划拨本单位工会经费

B. 向所属下级单位账户划拨资金

C. 转账

D. 提取现金

解析 选项A，预算单位零余额账户可以向本单位按账户管理规定保留的相应账户划拨工会经费、住房公积金及提租补贴，以及财政部门批准的特殊款项；选项B，预算单位零余额账户不得违反规定向“本单位其他账户”和“上级主管单位”“所属下级单位账户”划拨资金；选项CD，预算单位零余额账户可以办理“转账”“提取现金”等结算业务。

答案 B

(五)临时存款账户

1. 适用范围

(1)设立临时机构：如设立工程指挥部、摄制组、筹备领导小组等。

(2)异地临时经营活动：如建筑施工及安装单位等在异地的临时经营活动。

(3)注册验资、增资。

(4)军队、武警单位承担基本建设或者

异地执行作战、演习、抢险救灾、应对突发事件等临时任务。

2. 开户时“不需要提供”基本存款账户开户许可证(或企业基本存款账户编号)的情形

(1)设立临时机构;

(2)境外(含我国港、澳、台地区)机构在境内从事经营活动;

(3)军队、武警单位因执行作战、演习、抢险救灾、应对突发事件等任务需要开立银行账户;

(4)验资临时账户。

3. 使用规定

(1)临时存款账户的有效期最长不得超过“2年”。

(2)临时存款账户支取现金,应按照国家现金管理的规定办理。

(3)“注册验资”的临时存款账户在验资期间只收不付。

【例题10·单选题】某电影制作企业临时到外地拍摄,其在外地设立的摄制组可以开立的账户是(　)。

A. 基本存款账户

B. 一般存款账户

C. 专用存款账户

D. 临时存款账户

解析▶设立临时机构,如设立工程指挥部、摄制组、筹备领导小组等,可以开立临时存款账户。

答案▶D

【例题11·单选题】根据支付结算法律制度的规定,临时存款账户的有效期最长不得超过一定期限,该期限为(　)年。

A. 1　　B. 10

C. 5　　D. 2

答案▶D

(六)个人银行结算账户

1. 分类及功能(见表3-4)

表3-4　个人银行结算账户的分类及功能

<table>
<tr><th colspan="2">项目类型</th><th>Ⅰ类</th><th colspan="2">Ⅱ类</th><th colspan="2">Ⅲ类</th></tr>
<tr><td rowspan="2">转账业务</td><td>向非绑定账户转“出”</td><td>√</td><td colspan="2">限额</td><td colspan="2">限额</td></tr>
<tr><td>向非绑定账户转“入”</td><td>√</td><td>限额</td><td rowspan="3">经银行工作人员面对面确认身份</td><td>限额</td><td>经银行工作人员面对面确认身份</td></tr>
<tr><td rowspan="2">现金业务</td><td>存入</td><td>√</td><td>限额</td><td colspan="2">×</td></tr>
<tr><td>支取</td><td>√</td><td>限额</td><td colspan="2">×</td></tr>
<tr><td colspan="2">购买投资理财等金融产品</td><td>√</td><td colspan="2">√</td><td colspan="2">×</td></tr>
<tr><td colspan="2">消费和缴费</td><td>√</td><td colspan="2">限额</td><td colspan="2">限额</td></tr>
<tr><td colspan="2">“限额”</td><td>—</td><td colspan="2">日累计≤1万元
年累计≤20万元</td><td colspan="2">任一时点账户余额≤2 000元</td></tr>
<tr><td colspan="7">『老侯提示1』银行通过Ⅱ类账户放贷及个人通过Ⅱ类账户还贷,不受转账限额规定。
『老侯提示2』Ⅲ类账户不得发放实体介质(卡、折)</td></tr>
</table>

2. 不同开户方式可以开立的个人银行结算账户类型(见表3-5)

表3-5　不同开户方式可以开立的个人银行结算账户类型

方式	可开立账户
柜面开户	Ⅰ、Ⅱ、Ⅲ

续表

方式		可开立账户
自助机具开户	工作人员现场核验	Ⅰ、Ⅱ、Ⅲ
	工作人员未现场核验	Ⅱ、Ⅲ
电子渠道开户		Ⅱ、Ⅲ

3. 开户证明文件

(1)存款人申请开立个人银行账户时，应向银行出具本人“有效”身份证件，银行通过有效身份证件仍无法准确判断开户申请人身份的，应要求其出具“辅助”身份证明材料。

(2)中国大陆居民一般以“身份证”为有效身份证明，户口簿、护照、机动车驾驶证、居住证、社会保障卡、军人和武警身份证件、公安机关出具的户籍证明、工作证、完税证明、水电煤缴费单等税费凭证等可作为辅助身份证明。

(3)“不满16周岁”的以“户口簿”为有效身份证明。

4. 银行通过电子渠道非面对面为个人开立Ⅱ类户或Ⅲ类户的要求

(1)向绑定账户开户行验证Ⅱ类户或Ⅲ类户与绑定账户为同一人开立，且开户申请人登记验证的手机号码与绑定账户使用的手机号码保持一致。

(2)开立Ⅱ类户还应向绑定账户开户行验证绑定账户为Ⅰ类户或信用卡账户。

5. 代理开户

(1)出具证明。

①代理人应出具“代理人、被代理人的有效身份证件”以及合法的“委托书”等。

②银行认为有必要的，应要求代理人出具证明代理关系的“公证书”。

(2)单位代理。

①单位代理个人开立银行账户的，应提供单位证明材料、被代理人有效身份证件的复印件或影印件。

②单位代理开立的个人银行账户，在被代理人持本人有效身份证件到开户银行办理身份确认、密码设(重)置等激活手续前，只收不付。

(3)法定代理。

无民事行为能力或限制民事行为能力的开户申请人，由法定代理人或者人民法院等有关部门依法指定的人员代理办理。

『老侯提示』 无民事行为能力人或限制民事行为能力人，可以申请开立个人银行结算账户，但不得使用银行卡。

6. 可以转入个人银行结算账户的款项——一切个人合法所得

『老侯提示』 禁止“公款私存”。

7. 使用规定

(1)单位从其银行结算账户支付给个人银行结算账户的款项，每笔“超过5万元”的，应向其开户银行提供付款依据(如已在付款用途栏或备注栏注明用途的除外)。

(2)从单位银行结算账户支付给个人银行结算账户的款项应纳税的，税收代扣单位付款时应向其开户银行提供“完税证明”。

8. 可疑交易类型(2022年新增)

(1)账户资金集中转入，分散转出，跨区域交易；

(2)账户资金快进快出，不留余额或者留下一定比例余额后转出，过渡性质明显；

(3)拆分交易，故意规避交易限额；

(4)账户资金金额较大，对外收付金额与单位经营规模、经营活动明显不符。

『老侯提示』 上述可以交易类型出现，银行应要求存款人到柜台办理转账业务，并出具书面付款依据或相关证明文件。如存款人未提供相关依据或相关依据不符合规定的，银行应拒绝办理转账业务。

【例题12·判断题】 通过手机银行等电

子渠道受理开户申请的，银行可为开户申请人开立Ⅰ类账户。（ ）

解析 申请开立Ⅰ类账户必须有银行工作人员现场核验开户申请人的身份信息，通过网上银行和手机银行等电子渠道受理银行账户开户申请的，银行可为开户申请人开立Ⅱ类户或Ⅲ类户。

答案 ×

【例题13·单选题】 根据支付结算法律制度的规定，下列关于个人银行结算账户使用的表述，错误的是（ ）。

A. 银行可以通过Ⅱ类银行账户为存款人提供购买投资理财产品服务

B. 银行可以通过Ⅲ类银行账户为存款人提供限制金额的消费和缴费服务

C. 银行可以通过Ⅱ类银行账户为存款人提供单笔无限额的存取现金服务

D. 银行可以通过Ⅰ类银行账户为存款人提供购买投资理财产品服务

解析 银行可通过Ⅱ类户为存款人提供存款、购买投资理财产品等金融产品、限定金额的消费和缴费等服务，不得通过Ⅱ类户和Ⅲ类户为存款人提供无限额存取现金服务。

答案 C

【例题14·单选题】 根据个人银行结算账户实名制的要求，下列人员出具的身份证件中，不属于在境内银行申请开立个人银行账户的有效身份证件是（ ）。

A. 20周岁的吴某出具的机动车驾驶证

B. 定居美国的周某出具的中国护照

C. 25周岁的王某出具的居民身份证

D. 15周岁的学生赵某出具的户口簿

解析 选项A，属于辅助身份证明；选项B，国外的中国公民有效身份证件为中国护照；选项C，在中华人民共和国境内已登记常住户口的中国公民有效身份证件为居民身份证；选项D，不满16周岁的，可以使用居民身份证或户口簿作为有效身份证件。

答案 A

【例题15·判断题】 新入学大学生开立交学费的个人银行结算账户，可由所在大学代理。（ ）

解析 开立个人银行账户原则上应由本人办理，符合条件的可由他人代理。

答案 √

【例题16·判断题】 无民事行为能力或限制民事行为能力人，不得申请开立个人银行结算账户。（ ）

解析 无民事行为能力或限制民事行为能力的开户申请人，由法定代理人或者人民法院等有关部门依法指定的人员代理办理。

答案 ×

【例题17·多选题】 根据支付结算法律制度的规定，下列款项中，可以划转个人银行结算账户的有（ ）。

A. 债券投资的本金和收益

B. 保险理赔款项

C. 纳税退还款项

D. 工资、奖金收入

解析 个人的合法所得均可划转个人银行结算账户。

答案 ABCD

（七）异地银行结算账户

『老侯提示』上述各类账户开立在异地就是所谓的异地银行结算账户。

考验四　银行结算账户的管理（★）

（一）实名制管理

（1）存款人应当以"实名开立"银行结算账户，并对其出具的开户（变更、撤销）申请资料实质内容的真实性负责，但法律、行政法规另有规定的除外。

（2）不得出租、出借银行结算账户和利用银行结算账户套取银行信用或洗钱。

（二）资金管理

除国家法律、行政法规另有规定外，银行不得为任何单位或者个人查询账户情况，不得为任何单位或者个人冻结、扣划款项，不得停止单位、个人存款的正常支付。

（三）预留银行签章管理（略）

（四）可授权他人办理的事项

存款人申请“临时存款账户展期”“变更、撤销单位银行结算账户”“变更预留公章、财务章、个人签章”可由法定代表人或单位负责人直接办理，也可授权他人办理。

『老侯提示』对注册地和经营地均在“异地”的单位，银行应当与其法定代表人或者负责人“面签”银行结算账户管理协议。

（五）对账管理

银行结算账户的存款人收到对账单或对账信息后，应及时核对账务并在规定期限内向银行发出对账回单或确认信息。

【例题·单选题】根据支付结算法律制度的规定，关于银行结算账户管理的下列表述中，不正确的是（　）。

A. 存款人可以出借银行结算账户

B. 存款人不得出租银行结算账户

C. 存款人应当以实名开立银行结算账户

D. 存款人不得利用银行结算账户洗钱

解析 存款人不得出租、出借银行结算账户。

答案 A

第三部分　票据结算方式

考验一　票据的含义、种类（★）

（一）含义

票据是指出票人依法签发的，约定自己或者委托付款人在见票时或指定的日期向收款人或持票人无条件支付一定金额的有价证券。

（二）种类

《票据法》规定的票据包括：汇票、本票和支票。

【例题·单选题】下列票据中，不属于我国《票据法》所称票据的是（　）。

A. 本票　　B. 支票　　C. 汇票　　D. 股票

解析 我国《票据法》中规定的票据限于汇票、本票、支票。

答案 D

考验二　票据的当事人（★★★）

（一）基本当事人

1. 定义：在票据作成和交付“时”就已经存在的当事人。

2. 包括：出票人、付款人和收款人。

『老侯提示1』基本当事人是构成票据法律关系的必要主体。

『老侯提示2』本票的基本当事人无“付款人”。

（二）非基本当事人

1. 定义：在票据作成并交付“后”，通过一定的票据行为加入票据关系而享有一定权利、承担一定义务的当事人。

2. 包括：承兑人、背书人、被背书人和保证人。

票据的当事人见表3-6。

表 3-6　票据的当事人

类别	内容	界定	
基本当事人	出票人	依法定方式签发票据并将票据交付给收款人的人	
	收款人	票据正面记载的到期后有权收取票据所载金额的人	
	付款人	由出票人委托付款或自行承担付款责任的人	银行汇票的付款人为“出票”人(银行)
			商业承兑汇票的付款人是该汇票的“承兑”人
			银行承兑汇票的付款人是“承兑”银行
			支票的付款人是出票人的“开户”银行
非基本当事人	**承兑人**	接受汇票出票人的付款委托，同意承担支付票款义务的人	
	背书人	在转让票据时，在票据背面或粘单上签字或盖章，并将该票据交付给受让人的票据收款人或持有人	
	被背书人	被记名受让票据或接受票据转让的人	
	保证人	为票据债务提供担保的人，由票据债务人以外的第三人担当	

『老侯提示』承兑人只在“远期”商业汇票中出现，即付票据无须提示承兑。

【例题·多选题】下列各项中，属于票据基本当事人的有(　)。

A. 出票人　　B. 收款人　　C. 付款人　　D. 保证人

解析 ▶ 选项 D，属于票据的非基本当事人。　　**答案** ▶ ABC

考验三　票据权利(★★★)

(一)票据权利(见表 3-7)

表 3-7　票据权利

	付款请求权	追索权
概念	持票人向票据的主债务人，包括(汇票的承兑人、本票的出票人、支票的付款人)出示票据要求付款的权利	持票人行使付款请求权被拒绝或其他法定原因存在时，向其前手请求偿还票据金额及其他法定费用的权利
顺位	第一顺序	第二顺序
行使人	票据记载的“**收款人**”或“**最后的被背书人**”	票据记载的“**收款人**”“**最后的被背书人**”、代为清偿票据债务的“**保证人**”“**背书人**”

『老侯提示』票据的权利与其本身不可分割，谁持有票据，谁就可以行使相应权利。

【例题 1·判断题】代为清偿票据债务的保证人和背书人不是行使票据追索权的当事人。(　)

解析 ▶ 能够行使追索权的当事人包括：票据记载的“收款人”“最后的被背书人”，代为清偿票据债务的“保证人”“背书人”。

答案 ▶ ×

【例题 2·单选题】甲公司持有一张商业汇票，到期委托开户银行向承兑人收取票款。甲公司行使的票据权利是(　)。

A. 付款请求权

B. 利益返还请求权

C. 票据追索权

D. 票据返还请求权

解析 付款请求权，是指持票人向汇票的承兑人、本票的出票人、支票的付款人出示票据要求付款的权利，是第一顺序权利。

答案 A

(二)票据权利的取得

1. 票据的取得“必须”给付对价

2. 因“税收、继承、赠与”可以依法“无偿”取得票据的，不受给付对价之限制，但所享有的票据权利“不得优于前手”

3. 因“欺诈、偷盗、胁迫或明知有上述情形出于恶意”而取得票据的，不得享有票据权利。持票人因“重大过失”取得不符合票据法规定的票据的，也不得享有票据权利

【例题3·单选题】取得票据的下列情形中，享有票据权利的是(　)。

A. 甲公司收取货款接受乙公司签发的支票

B. 丙公司以欺诈手段骗取丁公司签发的汇票

C. 张某偷盗一张支票

D. 刘某明知李某诈骗得来的汇票仍接受其背书转让

解析 以欺诈、偷盗或者胁迫等手段取得票据的，或者明知有上述情形，出于恶意取得票据的不享有票据权利。 **答案** A

(三)票据权利的行使与保全

持票人对票据债务人行使票据权利，或者保全票据权利，应当在票据当事人的营业场所和营业时间内进行，票据当事人无营业场所的，应当在其住所进行。

(四)票据权利丧失的补救措施——“挂失止付、公示催告、普通诉讼”

1. 挂失止付

(1)概念。

丢失票据的权利人将情况通知付款人或代理付款人，由其审查后暂停对该票据的支付。

(2)可以挂失止付的票据种类。

①“已承兑”的商业汇票；

②支票；

③填明“现金字样和代理付款人”的银行汇票；

④填明“现金”字样的银行本票。

『老侯提示』只有确定付款人或代理付款人的票据丧失时才可进行挂失止付。

(3)挂失止付通知书的记载事项。

①票据丧失的时间、地点、原因；

②票据的种类、号码、金额、出票日期、付款日期、付款人名称、收款人名称；

③挂失止付人的姓名、营业场所或者住所以及联系方法。

(4)信息登记。

承兑人或承兑人开户银行收到挂失止付通知或公示催告等司法文书，并确认相关票据未付款的，应当于当日依法暂停支付并在中国人民银行指定的票据市场基础设施登记或委托开户银行在票据市场基础设施登记相关信息。

(5)止付期。

付款人或者代理付款人自收到挂失止付通知书之日起“12日”内没有收到人民法院的止付通知书的，自第13日起，不再承担止付责任，持票人提示付款即依法向持票人付款。

『老侯提示』挂失止付不是丧失票据后采取的必经措施，而是一种暂时的预防措施。

2. 公示催告

(1)概念。

丢失票据的权利人向“法院”申请，由法院以公告方式通知不确定的利害关系人在规定的期限内向法院申报票据权利，逾期无申报者，由法院通过除权判决宣告所丧失票据无效的程序。

(2)申请公示催告。

①申请时间。

失票人应当在通知挂失止付后的3日内，也可以在票据丧失后，依法向“票据支付地”人民法院申请公示催告。

『老侯提示1』“挂失止付”非“公示催告”的必经前置程序。

『老侯提示2』此处不包括“被告住所地”，因为利害关系人不明确。

『老侯提示3』申请公示催告的主体必须是可以背书转让的票据的最后持票人。

②申请书内容。

票面金额；出票人、持票人、背书人；申请的理由、事实；通知挂失止付的时间；付款人或代理付款人的名称、地址、电话。

(3)付款人与代理付款人止付期责任。

收到止付通知即行止付直至公示催告程序终结，非经法院许可擅自解付不免除票据责任。

(4)公告刊登媒介。(2022年调整)

“全国性”报纸或其他媒体，并于同日在人民法院公告栏内公布，人民法院所在地有证券交易所的，还应当同日在该交易所公布。

(5)公示催告的期间。(2022年调整)

公告期间不得少于60日，且公示催告期间届满日不得早于票据付款日后15日。

(6)公示催告期间的票据行为。

公示催告期间，转让票据权利的行为无效，以公示催告的票据质押、贴现而接受该票据的持票人主张票据权利的，人民法院不予支持，但公示催告期间届满以后人民法院作出除权判决以前取得该票据的除外。

3. 普通诉讼(略)

【例题4·多选题】根据票据法律制度的规定，下列各项中，属于票据丧失后可以采取的补救措施有(　)。

A. 挂失止付　　B. 公示催告

C. 普通诉讼　　D. 仲裁

解析 票据丧失后可以采取挂失止付、公示催告和普通诉讼三种形式进行补救。

答案 ABC

【例题5·单选题】根据支付结算法律制度的规定，失票后持有人可以办理挂失止付的是(　)。

A. 未承兑的商业汇票

B. 支票

C. 未填写代理付款行的银行汇票

D. 转账银行本票

解析 选项A，“已承兑”的商业汇票可以办理挂失止付；选项C，“填明”现金字样和代理付款人的银行汇票可以办理挂失止付；选项D，填明“现金”字样的银行本票可以办理挂失止付。

答案 B

【例题6·多选题】甲公司持有的一张现金支票不慎丢失，申请办理挂失止付。下列事项中，填写挂失止付通知书应记载的有(　)。

A. 付款人名称

B. 甲公司的名称、联系方法

C. 支票丢失的时间、地点

D. 支票号码、金额

解析 挂失止付通知书的记载事项包括：票据丧失的时间、地点、原因；票据的种类、号码、金额、出票日期、付款日期、付款人名称、收款人名称；挂失止付人的姓名、营业场所或者住所以及联系方法。

答案 ABCD

【例题7·判断题】挂失止付是票据丧失后采取的必经措施。(　)

解析 挂失止付并不是票据丧失后采取的必经措施，而只是一种暂时的预防措施，最终要通过申请公示催告或提起普通诉讼来补救票据权利。

答案 ×

【例题8·单选题】根据支付结算法律制度的规定，下列法院中，有权受理票据失票人公示催告申请的是(　)。

A. 收款人所在地法院

B. 票据出票地法院

C. 票据支付地法院

D. 失票人所在地法院

解析 失票人应当在通知挂失止付后的3日内，也可以在票据丧失后，依法向票据支付地人民法院申请公示催告。

答案 C

【例题9·多选题】下列选项关于票据权利丧失补救的表述中，正确的有(　)。

A. 未填明代理付款人的银行汇票不得挂失止付

B. 银行网点营业时间终止后，因为紧急情况可以到该银行网点负责人的家中提示付款

C. 公示催告可以在当地影响力较大的晚报上刊发

D. 公示催告期间，转让票据权利的行为无效

解析 选项B，持票人对票据债务人行使票据权利，或者保全票据权利，应当在票据当事人的营业场所和营业时间内进行，票据当事人无营业场所的，应当在其住所进行；选项C，公示催告应当在"全国性"的报刊上刊发。

答案 AD

(五)票据权利的时效(见表3-8)

表3-8 票据权利的时效

对象	票据	起算点	期限
对出票人或承兑人	商业汇票	自票据"到期日"起	2年
	银行汇票、本票	自出票日起	2年
	支票	自出票日起	6个月
追索与再追索	追索	自被拒绝承兑或者被拒绝付款之日起	6个月
	再追索	自清偿或者被提起诉讼之日起	3个月

『老侯提示1』 票据权利丧失但仍然享有民事权利。

『老侯提示2』 追索权和再追索权时效的适用对象，不包括追索"出票人、承兑人"。

【例题10·多选题】 根据支付结算法律制度的规定，下列关于票据权利时效的表述中，正确的有( )。

A. 持票人对前手的追索权，自被拒绝承兑或者拒绝付款之日起6个月

B. 持票人对银行汇票出票人的权利自出票日起1年

C. 持票人对商业汇票承兑人的权利自票据到期日起1年

D. 持票人对支票出票人的权利自出票日起6个月

解析 选项B，持票人对银行汇票出票人的权利自出票之日起2年；选项C，持票人对商业汇票承兑人的权利自票据到期日起2年。

答案 AD

【例题11·单选题】 甲公司将一张商业承兑汇票背书转让给乙公司，乙公司于汇票到期日2020年5月10日向付款人请求付款时遭到拒绝，乙公司向甲公司行使追索权的最后日期为( )。

A. 2020年8月10日

B. 2020年11月10日

C. 2020年10月10日

D. 2020年6月10日

解析 持票人对前手的追索权，自被拒绝承兑或者被拒绝付款之日起6个月。

答案 B

【例题12·单选题】 2020年6月5日，A公司向B公司开具一张金额为5万元的支票，B公司将支票背书转让给C公司。6月12日，C公司请求付款银行付款时，银行以A公司账户内只有5 000元为由拒绝付款。C公司遂要求B公司付款，B公司于6月15日向C公司付清了全部款项。根据票据法律制度的规定，B公司向A公司行使再追索权的期限为( )。

A. 2020年6月25日之前

B. 2020年8月15日之前

C. 2020年9月15日之前

D. 2020年12月5日之前

解析 B公司行使再追索权的对象是A公司，A公司是支票的出票人，持票人对支票出票人的权利，自出票日起6个月，出票日为2020年6月5日，所以B公司向A公司行使再追索权的期限是在2020年12月5日之前。

答案 D

【例题13·单选题】根据支付结算法律制度的规定，下列关于票据权利的表述中，正确的是( )。

A. 持票人对支票出票人和汇票出票人的票据权利时效相同

B. 票据权利包括付款请求权和追索权

C. 持票人行使票据权利无地点和时间限制

D. 持票人因超过票据权利时效而丧失票据权利的，同时丧失民事权利

解析 选项A，持票人对支票出票人的票据权利时效为自出票之日起6个月，对商业汇票出票人或承兑人的票据权利时效为自票据到期之日起2年，对见票即付的汇票和本票出票人的票据权利时效为自出票之日起2年；选项C，持票人对票据债务人行使票据权利，应当在票据当事人的营业场所和营业时间内进行；选项D，持票人因超过票据权利时效而丧失票据权利的，其仍享有民事权利，可以请求出票人或者承兑人返还其与未支付的票据款金额相当的利益。 答案 B

考验四 票据责任(★)

(一)责任人(见表3-9)

表3-9 票据的责任人

责任人	承担责任的原因	责任
汇票承兑人	因承兑	付款责任
本票的出票人	因出票	
支票的付款人	与出票人存在资金关系	
汇票、本票、支票的“背书人”，汇票、支票的出票人、保证人	票据不获承兑或不获付款	清偿责任

(二)提示付款(见后“具体票据的相关规定”)

(三)票据的抗辩

1. 对物的抗辩——“原子弹”(关键词：任何)

如果存在背书不连续等合理事由，票据债务人可以对票据权利人拒绝履行义务。

2. 对人的抗辩——“灭蟑灵”(关键词：特定)

(1)票据债务人可以对不履行约定义务的与自己有“直接”债权债务关系的持票人进行抗辩。

(2)票据债务人不得以自己与“出票人”或者与“持票人”的前手之间的抗辩事由对抗持票人。

『老侯提示』持票人明知存在抗辩事由而取得票据的除外。

【例题1·单选题】根据支付结算法律制度的规定，下列有关票据责任的说法中，正确的是( )。

A. 票据债务人可以以自己与出票人或者与持票人的前手之间的抗辩事由对抗持票人

B. 持票人未按照规定期限提示付款的，付款人的票据责任解除

C. 持票人委托的收款银行的责任，限于按照票据上记载事项将票据金额转入持票人账户

D. 付款人委托的付款银行的责任，限于按照票据上记载事项从付款人账户支付票据金额，不必审查背书连续

解析 选项A，票据债务人不得以自己与出票人或者与持票人的前手之间的抗辩事由对抗持票人；选项B，持票人未按照规定期限提示付款的，在作出说明后，承兑人或者付款人仍应当继续对持票人承担付款责任；选项D，付款人付款时需要审查背书连续。

答案 C

【例题2·多选题】 下列主体中，应当向持票人承担票据责任的有( )。

A. 空头支票出票人的开户行Q银行

B. 不获承兑的汇票出票人乙公司

C. 签发银行本票的P银行

D. 对汇票予以承兑的甲公司

解析 选项A，出票人签发空头支票的，出票人的开户行不承担票据责任。

答案 BCD

考验五 票据行为(★★★)

(一)出票

1. 票据的记载事项(见表3-10)

表3-10 票据的记载事项

事项	特征	举例
必须记载事项	不记载票据行为无效	出票人签章
相对记载事项	不记载按法律规定执行	付款地、出票地
任意记载事项	记载即产生法律效力，不记载不产生法律效力	"不得转让"字样
非法定记载事项	该记载事项不具有票据上的效力，银行不负审查责任	用途

2. 出票人的责任

出票人签发票据，则须保证该票据能够获得承兑或付款，否则应当向持票人承担清偿责任。

【例题1·单选题】 根据支付结算法律制度的规定，下列事项中，属于汇票任意记载事项的是( )。

A. 保证人在汇票上记载"保证"字样

B. 背书人在汇票上记载被背书人名称

C. 出票人在汇票上记载"不得转让"字样

D. 承兑人在汇票上签章

解析 选项ABD，属于保证、背书、承兑的必须记载事项，如果不记载会导致该项票据行为无效，其中被背书人名称可以授权被背书人补记；选项C，属于任意记载事项，不记载不产生法律效力，记载则票据丧失流通性。

答案 C

(二)背书

1. 背书的种类(见表3-11)

表3-11 背书的种类

<table>
<tr><th colspan="2">种类</th><th>具体要求</th></tr>
<tr><td colspan="2">转让背书</td><td>以背书方式转让票据权利
『老侯提示』票据"贴现"属于转让背书</td></tr>
<tr><td rowspan="2">非转让背书</td><td>委托收款背书</td><td>被背书人不得再以背书转让票据权利</td></tr>
<tr><td>质押背书</td><td>(1)为担保债务，以在票据上设定质权为目的；
(2)被背书人依法实现其质权时，可以行使票据权利；
(3)债务人履行债务，质权人只需返还票据，无须再次做成背书</td></tr>
</table>

2. 背书记载事项(见表3-12)

表3-12 背书记载事项

事项	具体内容	注意事项
必须记载事项	背书人签章	
	被背书人名称	【授权补记】背书人未记载被背书人名称即将票据交付他人的，持票人在被背书人栏内记载自己的名称与背书人记载具有“**同等法律效力**”
相对记载事项	背书日期	背书未记载日期的，视为在票据“**到期日前**”背书

3. 粘单的使用

粘单上的“第一记载人”，应当在票据和粘单的粘接处签章。

『老侯提示』粘单的第一记载人是指第一手使用粘单的“背书人”。

4. 背书连续

(1)背书连续，是指在票据转让中，转让票据的背书人与受让票据的被背书人在票据上的签章依次前后衔接。

(2)票据的第一背书人为票据“收款人”，最后的持票人为“最后背书的被背书人”，中间的背书人为前手背书的被背书人。

(3)以背书转让的票据，背书应当连续。持票人以背书的连续，证明其票据权利。

(4)非经背书转让，而以其他合法方式取得票据的，依法举证，证明其票据权利。

『老侯提示』非转让背书，不影响背书的连续性。

5. 背书特别规定

(1)条件背书——条件无效。

背书不得附有条件，背书附有条件的，所附条件“不具票据上的效力”。

(2)部分背书——背书无效。

部分背书是指将票据金额的一部分转让或者将票据金额分别转让给两人以上的背书。

(3)禁转背书。

“背书人”在汇票上记载“不得转让”字样，其后手再背书转让的，原背书人对后手的被背书人不承担保证责任，其只对直接的被背书人承担责任。

『老侯提示』背书人记载“不得转让”不属于背书附条件。

(4)期后背书。

“被拒绝承兑、被拒绝付款或者超过付款提示期限”，不得背书转让；背书转让的，背书人应当承担票据责任。

6. 背书效力

背书人以背书转让票据后，即承担保证其后手所持票据承兑和付款的责任。

【例题2·多选题】甲公司将一张银行承兑汇票转让给乙公司，乙公司以质押背书方式向W银行取得贷款。贷款到期，乙公司偿还贷款，收回汇票并转让给丙公司。票据到期后，丙公司作成委托收款背书，委托开户银行提示付款。根据票据法律制度的规定，下列背书中，属于非转让背书的有(　)。

A. 甲公司背书给乙公司

B. 乙公司质押背书给W银行

C. 乙公司背书给丙公司

D. 丙公司委托收款背书

解析▶转让背书是以转让票据权利为目的的背书，“委托收款”和“质押”背书并不以转让票据权利为目的，属于非转让背书。

答案▶BD

【例题3·判断题】背书人未记载被背书人名称即将票据交付他人的，持票人在票据被背书人栏内记载自己的名称与背书人记载具有同等法律效力。(　)

答案▶√

【例题4·单选题】根据支付结算法律制度的规定，关于票据背书效力的下列表述中，不正确的是(　)。

A. 背书人在票据上记载“不得转让”字样，其后手再背书转让的，原背书人对后手的被背书人不承担保证责任

B. 背书附有条件的，所附条件不具有票据上的效力

C. 背书人背书转让票据后，即承担保证其后手所得票据承兑和付款的责任

D. 背书未记载日期的，属于无效背书

解析 ▶ 选项D，背书未记载日期的，视为在票据到期日前背书。

答案 ▶ D

【例题5·单选题】根据支付结算法律制度的规定，票据凭证不能满足背书人记载事项的需要，可以加附粘单。粘单上的第一记载人，应当在票据和粘单的粘接处签章。该记载人是(　)。

A. 粘单上第一手背书的被背书人

B. 粘单上最后一手背书的背书人

C. 粘单上第一手背书的背书人

D. 票据持票人

答案 ▶ C

【例题6·判断题】图3-3为某银行转账支票背书签章的示意图。该转账支票背书连续，背书有效。(　)

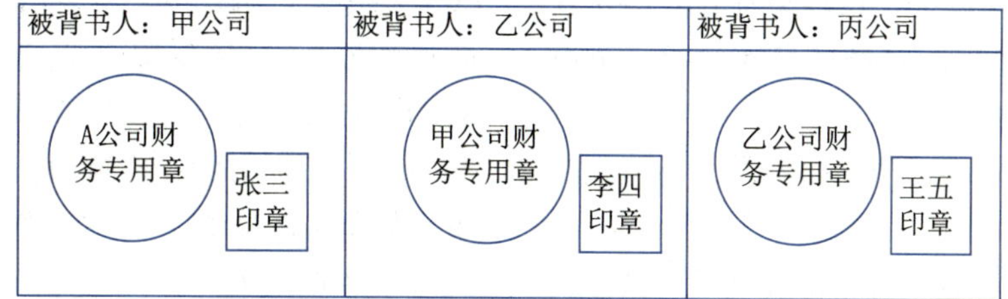

图3-3　某银行转账支票背书签章示意图

答案 ▶ √

【例题7·单选题】根据支付结算法律制度的规定，下列关于票据背书行为的表述中，正确的是(　)。

A. 可背书转让票据金额的50%

B. 未记载背书日期的，视为在票据到期日前背书

C. 背书附加的“货到背书有效”条件具有票据上的效力

D. 可于票据被拒绝付款后背书转让

解析 ▶ 选项A，将票据金额的一部分转让的背书或者将票据金额分别转让给两人以上的背书，属于无效背书；选项C，背书时附有条件的，所附条件不具有票据上的效力；选项D，票据被拒绝承兑、被拒绝付款或者超过付款提示期限的，不得背书转让。

答案 ▶ B

(三)承兑

1. 承兑仅适用于(远期)商业汇票

2. 提示承兑

(1)“定日”付款或者“出票后定期”付款：汇票“到期日前”提示承兑。

(2)“见票后定期”付款的汇票：自“出票日起1个月内”提示承兑。

『老侯提示』汇票未按照规定期限提示承兑的，丧失对其前手的“追索权”，但不丧失对“出票人”的权利。

3. 受理

(1)向持票人签发收到汇票的回单。

(2)付款人应当在自收到提示承兑的汇票之日起“3日内”承兑或拒绝承兑。

4. 承兑的记载事项

(1)必须记载事项：表明“承兑”的字样；承兑人签章。

(2)相对记载事项：承兑日期。

『老侯提示1』表明“承兑”的字样应当记载于票据的“正面”。

『老侯提示2』汇票上未记载承兑日期的，应当以收到提示承兑的汇票之日起3日内的最后1日为承兑日期。

『老侯提示3』见票后定期付款的汇票，

应当在承兑时记载“付款日期”。

5. 附条件的承兑

承兑不得附有条件，承兑附有条件的，视为“拒绝承兑”。

『老侯提示』与背书附有条件进行区分。

6. 出票人责任

(1)出票人应于汇票“到期日前”，将汇票款项存入承兑银行。

(2)出票人于汇票到期日未能足额交存票款，承兑银行除凭票向持票人无条件付款外，对出票人“尚未支付”的汇票金额按照每天“0.5‰”计收利息。

【例题8·单选题】根据支付结算法律制度的规定，持票人取得的下列票据中，须向付款人提示承兑的是(　)。

A. 丙公司取得的由P银行签发的一张银行本票

B. 戊公司向Q银行申请签发的一张银行汇票

C. 乙公司收到的由甲公司签发的一张支票

D. 丁公司收到的一张见票后定期付款的商业汇票

解析 提示承兑仅适用于商业汇票。

答案 D

【例题9·单选题】甲公司向乙公司签发了一张见票后3个月付款的银行承兑汇票。乙公司持该汇票向付款人提示承兑的期限是(　)。

A. 自出票日起10日内

B. 自出票日起1个月内

C. 自出票日起6个月内

D. 自出票日起2个月内

解析 见票后定期付款的商业汇票，持票人应当自出票日起1个月内向付款人提示承兑。

答案 B

【例题10·多选题】2020年12月15日，甲公司收到乙公司向其提示承兑的一张见票后定期付款的纸质商业承兑汇票。甲公司的下列做法中，符合法律规定的有(　)。

A. 在汇票正面记载“承兑”字样并签章

B. 在汇票上记载付款日期为2022年12月15日

C. 在汇票上记载承兑日期为2020年12月16日

D. 向乙公司签发收到汇票的回单

解析 选项A，付款人承兑汇票的，应当在汇票正面记载“承兑”字样和承兑日期并签章；选项B，见票后定期付款的纸质商业汇票，付款期限自承兑或拒绝承兑日起最长不超过6个月，本题中记载的付款期限为2年后，不符合法律规定；选项C，付款人对向其提示承兑的汇票，应当自收到提示承兑的汇票之日起3日内承兑或者拒绝承兑，本题汇票上记载的承兑日期为收到汇票的第二天，符合法律规定；选项D，付款人收到持票人提示承兑的汇票时，应当向持票人签发收到汇票的回单。

答案 ACD

【例题11·判断题】付款人对银行承兑汇票可以附条件承兑。(　)

解析 付款人承兑汇票，不得附有条件；承兑附有条件的，视为拒绝承兑。

答案 ×

【例题12·单选题】2020年12月15日，乙公司持一张由甲公司签发、P银行承兑，金额10万元的到期纸质汇票到银行提示付款。当日甲公司在P银行存款余额为8万元。甲公司于12月18日存入资金2万元。P银行符合法律规定的做法是(　)。

A. 12月18日向乙公司付款10万元

B. 12月15日向乙公司付款10万元

C. 12月15日向乙公司付款8万元，12月18日付款2万元

D. 12月15日向乙公司出具拒绝付款证明并退票

解析 P银行的身份为承兑人，是银行承兑汇票的“主债务人”，需承担“绝对”付款责任，即使出票人在票据到期时没有将款项存入承兑银行，承兑人仍然应当承担付款责任。

答案 B

【例题13·单选题】2019年12月25日，P银行支付一张由其承兑的到期汇票款项100万元，当日出票人乙公司在P银行存款为40万元。P银行为乙公司垫付资金当日应计收的利息是（ ）。

A.（1 000 000－400 000）×0.5‰＝300（元）

B. 1 000 000×0.5‰＝500（元）

C. 0

D. 400 000×0.5‰＝200（元）

解析 银行承兑汇票的出票人于汇票到期日未能足额交存票款时，承兑银行除凭票向持票人无条件付款外，对出票人尚未支付的汇票金额按照每天万分之五计收利息。

答案 A

（四）保证

1. 保证人（见表3-13）

表3-13 票据的保证人

分类	具体内容	
必备条件	保证人是票据债务人以外的人	
绝对禁止	以公益为目的的事业单位、社会团体作为票据保证人的，票据保证无效	
相对禁止	国家机关	经“**国务院批准**”为使用外国政府或者国际经济组织贷款进行转贷，国家机关提供票据保证的有效

2. 记载事项（见表3-14）

表3-14 保证的记载事项

分类	具体内容	
必须记载事项	表明“保证”的字样；保证人签章	
相对记载事项	保证人名称和住所	未记载的，以保证人的营业场所、住所地或者经常居住地为保证人住所
	被保证人的名称	未记载的，已承兑的汇票“承兑人”为被保证人；未承兑的汇票以“出票人”为被保证人
	保证日期	未记载的，出票日期为保证日期

3. 保证责任

（1）保证人对合法取得汇票的持票人所享有的汇票权利，承担保证责任。但是，被保证人的债务因汇票记载事项欠缺而无效的除外。

（2）被保证的汇票，保证人应当与被保证人对持票人承担“连带责任”。

（3）保证人为两人以上的，保证人之间承担连带责任。

4. 附条件的保证

保证不得附有条件，附有条件的，“不影响”对票据的保证责任。

『老侯提示』与背书附有条件、承兑附有条件进行区分。

5. 保证效力

保证人清偿汇票债务后，可以行使持票人对被保证人及其前手的追索权。

【例题14·多选题】下列关于保证人在票据或者粘单上未记载“被保证人名称”的说法正确的有（ ）。

A. 已承兑的票据，承兑人为被保证人

B. 已承兑的票据，出票人为被保证人

C. 未承兑的票据，出票人为被保证人

D. 未承兑的票据，该保证无效

答案 AC

【例题15·单选题】根据支付结算法律制度的规定，下列票据行为日期中，必须记载的是（ ）。

A. 承兑日期　　B. 保证日期

C. 出票日期　　D. 背书日期

解析 出票日期是票据的必须记载事项，欠缺必须记载事项的票据无效。选项ABD，均为相对记载事项。 **答案** C

【例题16·单选题】 根据支付结算法律制度的规定，下列关于票据保证行为的表述中，正确的是（　）。

A. 保证附有条件的，影响对票据的保证责任

B. 保证人在已承兑的票据上未记载被保证人名称的，承兑人为被保证人

C. 社会团体提供票据保证的，票据保证有效

D. 两个人共同在一张票据上提供保证的，票据保证无效

解析 选项A，保证附有条件的，不影响对票据的保证责任；选项B，保证人在票据或者粘单上未记载"被保证人名称"的，已承兑的票据，承兑人为被保证人；选项C，社会团体作为票据保证人的，票据保证无效；选项D，保证人为两人以上的，保证人之间承担连带责任。 **答案** B

考验六　票据的追索（★★★）

（一）适用情形

1. 到期后追索——到期后被拒绝付款

2. 到期前追索——被拒绝承兑；承兑人或付款人死亡、逃匿；承兑人或付款人被依法宣告破产等

『老侯提示』 行使追索权的前提是：能"证明"合法的"付款请求权"无法实现。

（二）被追索人的确定

1. 票据的出票人、背书人、承兑人和保证人对持票人承担连带责任

2. 持票人行使追索权，可以不按照票据债务人的先后顺序，对其中任何一人、数人或者全体行使追索权

3. 持票人对票据债务人中的一人或者数人已经进行追索的，对其他票据债务人仍可以行使追索权

（三）追索内容

1. 持票人的追索内容

（1）被拒绝付款的汇票"金额"；

（2）汇票金额从到期日或者提示付款日起至清偿日止，按照中国人民银行规定的利率计算的"利息"；

（3）取得有关拒绝证明和发出通知书的"费用"。

『老侯提示』 追索金额不包括持票人的"间接损失"。

2. 被追索人的再追索内容

（1）已经清偿的全部金额；

（2）再发生的利息；

（3）发出通知书的费用。

（四）行使追索权

1. 取得证明

（1）持票人行使追索权时，应当提供被拒绝承兑或者拒绝付款的有关证明。

（2）证明种类。（2022年调整）

①承兑人或者付款人的"**拒绝证明**"或"**退票理由书**"；②医院或者有关单位出具的承兑人、付款人"**死亡的证明**"；③司法机关出具的承兑人、付款人"**逃匿的证明**"；**④"公证机关出具的具有拒绝证明效力的文书"**；⑤人民法院出具的承兑人或者付款人依法宣告破产的"**司法文书**"；⑥行政部门对因违法被责令终止业务活动的承兑人或者付款人的"**处罚决定**"；⑦承兑人自己作出并发布的表明其没有支付票款能力的公告。

（3）"拒绝证明"和"退票理由书"应当包括的内容。

①"拒绝证明"应当包括：被拒绝承兑、付款的票据的种类及其主要记载事项；拒绝承兑、付款的事实依据和法律依据；拒绝承

兑、付款的时间；拒绝承兑人、拒绝付款人的签章。

②“退票理由书”应当包括：所退票据的种类；退票的事实依据和法律依据；退票时间；退票人签章。

(4)持票人不能出示拒绝证明的丧失对其前手的追索权。

2. 通知期限

得到证明之日起“3日内”。

3. 未通知责任

未按照规定期限通知，“仍可以行使追索权”，但应当赔偿因为迟延通知而给被追索人造成的损失，赔偿金额以汇票金额为限。

(五)清偿效力

被追索人依照规定清偿债务后，其责任解除，与持票人享有同一权利。

【例题1·单选题】根据支付结算法律制度的规定，关于票据追索权的下列表述中，不正确的是(　)。

A. 持票人不得在票据到期前行使追索权

B. 追索权是第二顺序票据权利

C. 持票人可以不按照票据债务人的先后顺序行使追索权

D. 持票人可以向全体债务人行使追索权

解析▶ 票据追索适用于两种情形，分别为到期后追索和到期前追索。 **答案**▶A

【例题2·判断题】付款人拒绝承兑商业汇票的，无须出具拒绝承兑的证明。(　)

解析▶ 付款人拒绝承兑商业汇票的，应当出具拒绝承兑的证明。 **答案**▶×

【例题3·单选题】根据支付结算法律制度的规定，票据的持票人行使追索权，应当将被拒绝事由书面通知其前手，通知的期限是自收到有关证明之日起(　)内。

A. 5日　　B. 7日

C. 3日　　D. 10日

答案▶C

【例题4·多选题】根据支付结算法律制度的规定，持票人行使票据追索权出具的下列证明中，具有法律效力的有(　)。

A. 法院关于承兑人被依法宣告破产的司法文书

B. 承兑人出具的拒绝证明

C. 医院出具的付款人死亡的证明

D. 司法机关出具的付款人逃匿的证明

解析▶ 选项A，承兑人或者付款人被人民法院依法宣告破产的，人民法院的有关司法文书具有拒绝证明的效力；选项B，持票人提示承兑或者提示付款被拒绝的，承兑人或者付款人必须出具拒绝证明，或者出具退票理由书；选项CD，持票人因承兑人或者付款人死亡、逃匿或者其他原因，不能取得拒绝证明的，可以依法取得其他有关证明，包括医院或者有关单位出具的承兑人、付款人死亡的证明；司法机关出具的承兑人、付款人逃匿的证明；公证机关出具的具有拒绝证明效力的文书。 **答案**▶ABCD

【例题5·多选题】根据支付结算法律制度的规定，下列各项中，票据持票人行使追索权时，可以请求被追索人支付的金额和费用有(　)。

A. 因汇票资金到位不及时，给持票人造成的税收滞纳金损失

B. 取得有关拒绝证明和发出通知书的费用

C. 票据金额自到期日或提示付款日起至清偿日止，按规定的利率计算的利息

D. 被拒绝付款的票据金额

解析▶ 选项A，税收滞纳金损失属于间接损失，持票人可以请求被追索人支付的金额和费用不包括间接损失。 **答案**▶BCD

考验七　银行汇票(★★)

(一)概念

银行汇票是出票银行签发的，由其在见票时按照实际结算金额无条件支付给收款人或者持票人的票据。

(二)适用范围

1. 银行汇票可用于转账，填明“现金”字样的银行汇票也可以支取现金

2. “单位和个人”各种款项结算，均可使用银行汇票

(三)申请

1. 填写“银行汇票申请书”

2. 申请“现金”银行汇票，申请人需在申请书上填明“代理付款人”名称

3. 申请人或者收款人有一方为“单位”的，不得申请“现金”银行汇票

(四)签发和交付

1. 出票银行受理银行汇票申请书，“收妥款项”后签发银行汇票，并将“银行汇票和解讫通知”一并交给申请人。

2. 必须记载事项

表明“银行汇票”的字样，无条件支付的“承诺”，出票金额，付款人名称，收款人名称，出票日期，出票人签章。

『老侯提示』与本票和支票进行区分，本票的必须记载事项无“付款人名称”，支票的必须记载事项无“收款人名称”。

(五)实际结算金额

1. “未填明”实际结算金额和多余金额或者实际结算金额“超过”出票金额的，银行不予受理

2. 实际结算金额一经填写不得更改，更改实际结算金额的银行汇票无效

3. 未填写实际结算金额或者实际结算金额超过出票金额的银行汇票不得背书转让

(六)提示付款

1. 提交联次

“银行汇票、解讫通知”两联。

2. 银行应审查的事项

(1)银行汇票和解讫通知是否齐全、汇票号码和记载的内容是否一致。

(2)收款人是否确为本单位或本人。

(3)银行汇票是否在提示付款期限内。

(4)必须记载的事项是否齐全。

(5)出票人签章是否符合规定，大小写出票金额是否一致。

(6)出票金额、出票日期、收款人名称是否更改，更改的其他记载事项是否由原记载人签章证明。

『老侯提示』收款人收到汇票时，也应当审核上述内容。

3. 提示付款期限

自“出票”之日起“1个月”。

4. 持票人超过付款期限提示付款

(1)“代理付款银行”不予受理。

(2)持票人可在票据权利期内，向出票银行作出说明并提供证件，持汇票和解讫通知向“出票行”请求付款。

5. 未开户个人的提示付款

未在银行开立存款账户的个人银行汇票持票人可以向“任何”一家银行机构提示付款。

6. 委托开户银行收款

(1)在汇票背面“持票人向银行提示付款签章”处签章，签章须与预留银行签章相同；

(2)将银行汇票和解讫通知、进账单送交开户银行。

(七)退款和丧失

1. 提交资料

(1)银行汇票和解讫通知。

(2)单位申请人的单位证明或个人申请人的身份证件。

2. 资金去向

(1)转账银行汇票：只能转入原申请人账户。

(2)“现金”银行汇票：退付现金。

3. 手续欠缺情况下的办理时间

申请人缺少解讫通知要求退款的，出票银行应于银行汇票“提示付款期满1个月后”办理。

4. 银行汇票丧失

失票人可以凭人民法院出具的其享有票据权利的证明，向出票银行请求付款或退款。

【例题1·多选题】侯某向P银行申请签发一张收款人为甲公司、金额为50万元的银行汇票。下列做法中符合法律规定的有(　)。

A. 侯某填写“银行汇票申请书”

B. P银行将银行汇票和解讫通知一并交付侯某

C. P银行先收妥侯某50万元款项再签发银行汇票

D. 侯某申请签发现金银行汇票

解析 选项ABC，出票银行受理银行汇票申请书，收妥款项后签发银行汇票，并将银行汇票和解讫通知一并交给申请人；选项D，现金银行汇票的申请人和收款人必须为个人。

答案 ABC

【例题2·多选题】郑某为支付甲公司货款，向银行申请签发了一张金额为60万元的银行汇票。甲公司受理该汇票时，应当审查的内容有(　)。

A. 银行汇票和解讫通知是否齐全

B. 该银行汇票是否在提示付款期内

C. 收款人是否确为甲公司

D. 必须记载的事项是否齐全

答案 ABCD

【例题3·单选题】根据支付结算法律制度的规定，下列关于银行汇票使用的表述中，正确的是(　)。

A. 银行汇票不能用于个人款项结算

B. 银行汇票不能支取现金

C. 银行汇票的提示付款期限为自出票日起1个月

D. 银行汇票必须按出票金额付款

解析 选项A，单位和个人各种款项结算，均可使用银行汇票；选项B，银行汇票可用于转账，填明“现金”字样的银行汇票也可以支取现金；选项D，银行汇票按不超过出票金额的实际结算金额办理结算。

答案 C

【例题4·判断题】未填写实际结算金额的银行汇票不得背书转让。　(　)

答案 √

【例题5·单选题】2020年10月12日，申请人甲公司发现一张出票日期为2020年10月9日的银行汇票的解讫通知丢失，立即向签发银行出具单位证明请求退回汇票款项。甲公司提出的下列请求符合法律规定的是(　)。

A. 请求退款至法定代表人个人账户

B. 请求银行在3日内办理退款事宜

C. 请求退款至甲公司银行结算账户

D. 请求退回现金

解析 (1)签发现金银行汇票，申请人和收款人必须均为个人。本题中，申请人甲公司只能申请转账银行汇票。选项ACD，出票银行对于转账银行汇票的退款，只能转入原申请人账户，对于符合规定填明“现金”字样银行汇票的退款，才能退付现金；(2)选项B，申请人缺少解讫通知要求退款的，出票银行应于银行汇票提示付款期满1个月后办理，本题中出票日为2020年10月9日，提示付款期满日为2020年11月9日，办理退款事宜应当在2020年12月9日后。

答案 C

考验八 商业汇票(★★★)

(一)概念、种类和适用范围

1. 概念

是出票人签发的，委托付款人在指定日期无条件支付确定的金额给收款人或者持票人的票据。

2. 适用范围

在银行开立存款账户的法人以及其他组织之间，才能使用商业汇票。

『老侯提示』只有单位才能使用的支付结算方式包括：国内信用证和商业汇票。

3. 分类——根据“承兑人”的不同(见表3-15)

表3-15 商业汇票的分类

分类标准	票据类别
由“银行以外”的付款人承兑	(电子)商业承兑汇票
由“银行”(包括银行业金融机构和财务公司)承兑	(电子)银行承兑汇票

『老侯提示』商业汇票的承兑人为其付款人。

【例题1·判断题】个人与个人之间的资金结算，可以使用商业汇票。 ( )

解析 在银行开立存款账户的法人及其他组织之间的结算，才能使用商业汇票。

答案 ×

【例题2·单选题】根据支付结算法律制度的规定，下列各项中，可以作为电子银行承兑汇票的承兑人的是( )。

A. 房地产开发公司

B. 航空公司

C. 财务公司

D. 路桥公司

解析 电子银行承兑汇票由银行业金融机构、财务公司承兑。

答案 C

【例题3·判断题】银行承兑汇票由承兑银行签发。 ( )

解析 银行承兑汇票应由在承兑银行开立存款账户的存款人签发。银行为承兑人而非出票人。

答案 ×

(二)出票

1. 出票人的资格(见表3-16)

表3-16 出票人的资格

票据类型	企业条件
纸质商业汇票	(1)在(承兑)银行开立存款账户； (2)与付款人(承兑银行)具有真实的委托付款关系； (3)有支付汇票金额的可靠资金来源
电子商业汇票	签约开办对公业务的企业网银等电子服务渠道
	与银行签订《电子商业汇票业务服务协议》

2. 电子商业汇票的强制使用

(1)相对强制。

单张出票金额在“100万元”以上的商业汇票“原则上”应全部通过电子商业汇票办理。

(2)绝对强制。

单张出票金额在“300万元”以上的商业汇票应全部通过电子商业汇票办理。

3. 出票人的确定

（1）商业承兑汇票可以由“付款人签发”并承兑，也可以由“收款人签发”交由付款人承兑；

（2）银行承兑汇票应由在承兑银行开立存款账户的存款人签发。

4. 必须记载事项

（1）纸质商业汇票——7项。

表明“商业承兑汇票”或“银行承兑汇票”的字样；无条件支付的“委托”；确定的金额；付款人名称；收款人名称；出票日期；出票人签章。

（2）电子商业汇票——9项。

『老侯提示』比纸质汇票多“票据到期日、出票人名称”两项。

【例题4·多选题】出票人办理电子商业汇票业务，应同时具备（　）等条件。

A. 签约开办对公业务的企业网银等电子服务渠道

B. 与银行签订《电子商业汇票业务服务协议》

C. 与付款人具有真实的委托付款关系

D. 有支付汇票金额的资金

解析 选项D，商业汇票的出票人要求有支付汇票金额的“可靠资金来源”即可。

答案 ABC

【例题5·判断题】甲公司为支付货款向乙公司签发一张500万元的纸质商业汇票，该做法符合法律规定。（　）

解析 单张出票金额在100万元以上的商业汇票原则上应全部通过电子商业汇票办理；单张出票金额在300万元以上的商业汇票应全部通过电子商业汇票办理。**答案** ×

【例题6·判断题】商业承兑汇票可以由付款人签发并承兑，也可以由收款人签发交由付款人承兑。（　）

答案 √

【例题7·多选题】根据支付结算法律制度的规定，下列各项中，属于电子商业汇票的必须记载事项的有（　）。

A. 出票人签章

B. 无条件支付的委托

C. 出票人名称

D. 票据到期日

解析 电子商业汇票的必须记载事项共9项，比纸质商业汇票多“票据到期日”“出票人名称”。

答案 ABCD

（三）承兑

1. 商业汇票可以在出票时向付款人提示承兑后使用，也可以在出票后先使用再向付款人提示承兑

2. 银行承兑汇票的承兑程序

（1）银行的信贷部门应审查出票人的资格、资信、购销合同和汇票记载的内容，并可以要求出票人提供担保。“资信良好的企业、电子商务企业”申请电子商业汇票承兑的，金融机构可进行“在线”审核。

『老侯提示』考试中题目如“未刻意强调”资信问题即可以理解为该企业资信良好。

（2）与出票人签订承兑协议。

（3）承兑银行按照“市场调节价”向出票人收取承兑手续费。

（四）票据信息登记与电子化

【说明】援引自《票据交易管理办法》的纸质票据电子化内容，在考试中极少涉及，2022年本书相关部分均“略”。

（五）商业汇票的信息披露（2022年新增）

1. 首次披露

（1）披露时间

承兑人应当于承兑完成日次一个工作日内，在中国人民银行认可的票据信息披露平台披露每张票据的承兑相关信息。

（2）披露内容

出票日期、承兑日期、票据号码、出票人名称、承兑人名称、承兑人社会信用代码、票面金额、票据到期日等。

2. 持续披露

（1）披露时间

承兑人应当于每月前10日内披露承兑信用信息。

(2)披露内容

累计承兑发生额、承兑余额、累计逾期发生额、逾期余额等。

(六)商业汇票的贴现

1. 概念

持票人在票据“到期日前”，将票据权利背书转让给金融机构，由其扣除一定利息后，将约定金额支付给持票人的票据行为。

2. 分类

按交易方式，贴现分为“买断式”贴现、“回购式”贴现。

3. 当事人

转让票据的：贴出人。

受让票据的：贴入人。

4. 贴现条件

(1)票据未到期；

(2)未记载“不得转让”字样；

(3)持票人是在银行开立存款账户的企业法人以及其他组织；

(4)持票人与出票人或者直接前手之间具有真实的商品交易关系。

『老侯提示』不要求提供“增值税发票和商品发运单据复印件”。

5. 电子商业汇票贴现的必须记载事项

贴出人名称、贴入人名称、贴现日期、贴现类型、贴现利率、实付金额、“贴出人”签章。

『老侯提示』电子商业汇票回购式贴现赎回时应做成背书，并记载原贴出人名称、原贴入人名称、赎回日期、赎回利率、赎回金额、“原贴入人”签章。

6. 票据信息登记与电子化前提下纸质票据贴现的特殊规定(略)

7. 贴现保证(略)

8. 贴现票据的付款确认(略)

9. 贴现利息的计算

贴现利息=票面金额×日贴现率×贴现期

日贴现率=年贴现率/360

贴现期：自“贴现日”起至“票据到期日”止

『老侯提示1』实付贴限期为贴现日至汇票到期前1日。

『老侯提示2』承兑人在异地的，贴现的期限应“另加3天”的划款日期。

10. 贴现收款

(1)贴现到期，贴现银行应向付款人收取票款；

(2)不获付款的，贴现银行应向其前手追索票款；

(3)贴现银行追索票款时可从申请人的存款账户“直接”收取票款。

『老侯提示』电子商业汇票当事人在办理回购式贴现业务时应明确赎回开放日、赎回截止日。

【例题8·单选题】根据支付结算法律制度的规定，下列票据中，可以办理贴现的是(　)。

A. 银行承兑汇票　　B. 银行汇票

C. 转账支票　　D. 银行本票

解析 选项BCD，即付票据可以直接持票据向付款人提示付款，无须办理贴现。

答案 A

【例题9·多选题】关于商业汇票贴现的下列表述中，正确的有(　)。

A. 贴现是一种非票据转让行为

B. 贴现申请人与出票人或直接前手之间具有真实的商品交易关系

C. 贴现申请人是在银行开立存款账户的企业法人以及其他组织

D. 贴现到期不获付款的，贴现银行可从贴现申请人的存款账户直接收取票款

解析 选项A，贴现是票据持票人在票据未到期前为获得现金向“银行”贴付一定利息而发生的票据转让行为。　答案 BCD

【例题10·多选题】关于电子商业汇票贴现的下列表述中，正确的有(　)。

A. 电子商业汇票贴现必须记载的事项中包括贴入人名称及贴入人签章

B. 电子商业汇票回购式贴现赎回时应做成背书，并记载原贴入人名称及原贴入人签章

C. 贴现到期，贴现银行应向付款人收取票款

D. 电子商业汇票当事人在办理回购式贴现业务时应明确赎回开放日、赎回截止日

解析 选项A，电子商业汇票贴现应由“贴出人”签章。 **答案** BCD

【例题11·判断题】 商业汇票贴现的期限从其贴现之日起至汇票到期日止。（ ）

解析 贴现的期限从其贴现之日起至汇票到期日止。实付贴现金额按票面金额扣除贴现日至汇票到期前1日的利息计算。

答案 √

【例题12·多选题】 2020年5月13日，甲公司持一张出票日期为2020年3月11日、到期日为2020年9月11日、金额500万元的银行承兑汇票向P银行申请贴现。双方约定贴现利率为3%。关于该汇票贴现的下列表述中，正确的有（ ）。

A. 汇票上应未记载“不得转让”事项

B. 必须记载贴现利率3%

C. 贴现的期限自2020年3月11日起至2020年9月11日止

D. P银行应向甲公司实付贴现资金500万元

解析 选项A，贴现属于票据转让行为，因此要求汇票上应未记载“不得转让”事项；选项B，贴现必须记载的事项包括贴出人名称、贴入人名称、贴现日期、贴现类型、贴现利率、实付金额、贴出人签章；选项C，贴限期为自贴现日起自票据到期日止，即2020年5月13日起至2020年9月11日止；选项D，实付贴现资金应当扣除贴现利息。

答案 AB

（七）商业汇票的付款期限与提示付款期限

商业汇票的付款期限与提示付款期限见表3-17。

表3-17 付款期限与提示付款期限

两个“期限”	票据种类	起算点及长度
“付款”期限	“纸质”商业汇票	自“出票日”起最长不得超过“6个月”
	“电子”商业汇票	自“出票日”起最长不得超过“1年”
“提示付款”期限	“远期”商业汇票	自汇票“到期日”起“10日”
	“即付”商业汇票	自“出票日”起“1个月”

『老侯提示』 持票人未按规定期限提示付款，持票人开户银行不予受理，但在作出说明后，承兑人或者付款人仍应当继续对持票人承担付款责任。

【例题13·单选题】 根据支付结算法律制度的规定，电子承兑汇票的付款期限自出票日至到期日不能超过一定期限。该期限为（ ）。

A. 1年　　B. 3个月　　C. 2年　　D. 6个月

答案 A

考验九 银行本票（★）

（一）概念和适用范围

1. 概念

银行本票是出票人（银行）签发的，承诺自己在见票时无条件支付确定的金额给收款人或持票人的票据。

『老侯提示』 其基本当事人只有出票人和收款人。

2. 适用范围

（1）单位和个人在“同一票据交换区域”支付各种款项时，均可以使用银行本票。

(2)银行本票可以用于转账，注明“现金”字样的银行本票可以用于支取现金。

(二)出票

1. 申请人或收款人

申请人或收款人为“单位”的，不得申请签发“现金”银行本票。

2. 必须记载事项

表明“银行本票”的字样、无条件支付的“承诺”、确定的金额、收款人名称、出票日期、出票人签章。

『老侯提示』本票的必须记载事项中，无付款人名称。

3. 交收款人

(1)申请人应将银行本票交付给本票上记明的收款人。

(2)收款人受理银行本票时，应审查下列事项：

①收款人是否确为本单位或本人；

②银行本票是否在提示付款期限内；

③必须记载的事项是否齐全；

④出票人签章是否符合规定，大小写出票金额是否一致；

⑤出票金额、出票日期、收款人名称是否更改，更改的其他记载事项是否由原记载人签章证明。

(三)付款

提示付款期限：自“出票日”起最长不得超过“2个月”。

『老侯提示』持票人超过提示付款期限不获付款的，在票据权利时效内向出票银行作出说明，并提供本人身份证件或单位证明，可持银行本票向出票银行请求付款。

(四)退款和丧失

1. 提交资料

单位申请人的单位证明或个人申请人的身份证件。

2. 资金去向

(1)“在本行开立存款账户”的申请人：只能转入原申请人账户。

(2)“现金”银行本票和“未在本行开立存款账户”的申请人：退付现金。

3. 本票丧失

失票人可以凭人民法院出具的其享有票据权利的证明，向出票银行请求付款或退款。

【例题1·多选题】甲公司向P银行申请签发一张银行本票交付乙公司。下列票据事项中，乙公司在收票时应当审查的有(　)。

A. 大小写金额是否一致

B. 出票金额是否更改

C. 银行本票是否在提示付款期限内

D. 收款人是否为乙公司

答案 ▶ ABCD

【例题2·单选题】根据支付结算法律制度的规定，关于银行本票使用的下列表述中，不正确的是(　)。

A. 银行本票的出票人在持票人提示见票时，必须承担付款的责任

B. 注明“现金”字样的银行本票可以用于支取现金

C. 银行本票只限于单位使用，个人不得使用

D. 收款人可以将转账银行本票背书转让给被背书人

解析 ▶ 选项C，“单位和个人”在同一票据交换区域需要支付各种款项，均可以使用银行本票。 答案 ▶ C

【例题3·判断题】甲公司向开户银行P银行申请签发的本票超过提示付款期限后，甲公司申请退款，P银行只能将款项转入甲公司的账户，不能退付现金。(　)

解析 ▶ (1)出票银行对于在本行开立存款账户的申请人，只能将款项转入原申请人账户，对于现金银行本票和未在本行开立存款账户的申请人，才能退付现金；(2)申请人或收款人为单位的，银行不得为其签发现金银行本票；(3)本题中，甲公司申请签发的本票不能是现金银行本票，同时向开户银行P银行申请，属于在本行开立存款账户的申请人，因此，P银行只能将款项转入原申请人账户，不能退付现金。 答案 ▶ √

考验十 支票(★★★)

(一)概念、种类及适用范围

1. 概念

支票是出票人签发的、委托办理支票存款业务的银行在见票时无条件支付确定的金额给收款人或者持票人的票据。

2. 种类(见表3-18)

表3-18 支票的种类

种类		用途
现金支票		只能用于支取现金
转账支票		只能用于转账
普通支票	一般情况	可以用于支取现金，也可用于转账
	划线支票	只能用于转账，不能支取现金

『老侯提示』划线支票属于普通支票的特殊形式。

3. 适用范围

(1)“单位和个人”的各种款项结算，均可以使用支票。

(2)全国支票影像系统支持“全国”使用。

【例题1·多选题】根据支付结算法律制度的规定，支票可以分为(　)。

A. 现金支票　B. 转账支票

C. 普通支票　D. 划线支票

解析▶支票分为现金支票、转账支票和普通支票。选项D，为普通支票中的一种。

答案▶ABC

【例题2·多选题】根据支付结算法律制度的规定，下列各项中，可用于转账的有(　)。

A. 现金支票　B. 转账支票

C. 普通支票　D. 划线支票

解析▶选项A，现金支票只能用于支取现金；选项B，转账支票只能用于转账；选项C，普通支票可以用于支取现金，也可用于转账；选项D，划线支票只能用于转账，不能支取现金。

答案▶BCD

(二)出票

1. 必须记载事项

表明“支票”的字样、无条件支付的“委托”、确定的金额、付款人名称、出票日期、出票人签章。

『老侯提示』支票的必须记载事项中，无收款人名称。

2. 授权补记事项

(1)金额；

(2)收款人名称。

『老侯提示1』未补记前不得“背书转让”和“提示付款”。

『老侯提示2』出票人可以在支票上记载“自己”为收款人。

3. 相对记载事项

(1)付款地。

支票上未记载付款地的，付款地为付款人的营业场所。

(2)出票地。

支票上未记载出票地的，出票地为出票人的营业场所、住所地或经常居住地。

『老侯提示』支票的相对记载事项付款地只有一个，且无“付款日期”。

【例题3·单选题】根据支付结算法律制度的规定，支票的下列记载事项中，可由出票人授权补记的是(　)。

A. 收款人名称　B. 付款行名称

C. 出票日期　D. 出票人账号

解析 支票的"金额和收款人名称"可由出票人授权补记。 **答案** A

（三）签发要求

1. 支票的出票人签发支票的金额不得超过"付款时"在付款人处实有的金额。禁止签发空头支票。

『老侯提示1』陷阱：出票时、签发时、开具时。

『老侯提示2』与银行承兑汇票进行区分。

2. 签发空头支票的罚则

（1）由"中国人民银行"处以票面金额"5%"但"不低于1 000元"的罚款。

（2）持票人有权要求出票人赔偿支票金额"2%"的赔偿金。

（3）对"屡次"签发的，（开户）银行应停止其签发支票。

【例题4·多选题】2020年10月9日，甲公司签发一张现金支票。关于签发该支票的下列表述中，正确的有（ ）。

A. 出票日期须使用阿拉伯数码记载

B. 支票金额须以中文大写与阿拉伯数码同时记载且保持一致

C. 应避免签发空头支票

D. 支票上不得记载甲公司为收款人

解析 选项A，票据的出票日期必须使用中文大写；选项D，支票的出票人可以记载自己为收款人。 **答案** BC

【例题5·单选题】2020年12月10日，张某持甲公司签发的一张金额10万元的现金支票到P银行提示付款。甲公司当日在P银行存款余额为8万元，于12月14日存入3万元资金。下列做法中，P银行应采用的是（ ）。

A. 12月10日向张某付款10万元

B. 12月10日向张某付款8万元，12月14日付款2万元

C. 12月10日受理支票，12月14日向张某付款10万元

D. 12月10日向张某出具退票理由书并退回支票

解析 出票人签发的支票金额超过其付款时在付款人处实有的存款金额的，为空头支票。出票人签发空头支票的，银行应予以退票。 **答案** D

【例题6·单选题】甲公司向乙公司签发金额为200 000元的支票，用于支付货款，乙公司按期提示付款时被告知甲公司在付款人处实有的存款金额仅为100 000元，乙公司有权要求甲公司支付的赔偿金是（ ）。

A. 100 000×5%＝5 000（元）

B. 100 000×2%＝2 000（元）

C. 200 000×5%＝10 000（元）

D. 200 000×2%＝4 000（元）

解析 出票人签发空头支票，持票人有权要求出票人赔偿支票金额2%的赔偿金。

答案 D

【例题7·判断题】单位或个人签发空头支票的，由其开户银行处以罚款。（ ）

解析 单位或个人签发空头支票的，由中国人民银行处以罚款，并不是开户银行。

答案 ×

（四）付款

1. 提示付款期限

支票的持票人应当自出票日起"10日内"提示付款。

2. 转账支票的提示付款

（1）持票人可以委托开户银行收款或直接向付款人提示付款；

（2）持票人委托开户银行收款时，应作委托收款背书，在支票背面背书人签章栏签章、记载"委托收款"字样、背书日期，在被背书人栏记载开户银行名称，并将支票和填制的进账单送交开户银行。

3. 现金支票的提示付款

（1）用于支取现金的支票仅限于收款人向付款人提示付款；

（2）收款人应在支票背面"收款人签章"处签章，持票人为个人的，还需交验本人身份证件，并在支票背面注明证件名称、号码及发证机关。

4. 超期提示付款的法律后果。

（1）支票的持票人超过提示付款期限提

示付款的，持票人的开户银行不予受理，付款人不予付款。

(2)支票的持票人超过提示付款期限提示付款的，丧失对前手的追索权，但出票人仍应当承担付款责任。

【例题8·单选题】 郑某持有一张出票日期为2020年12月14日的现金支票。下列日期中，郑某提示付款时银行有权拒绝付款的是(　)。

A. 2020年12月23日

B. 2020年12月18日

C. 2020年12月14日

D. 2021年1月14日

解析 支票的提示付款期限为自出票之日起10天。本题中出票日为2020年12月14日，持票人最晚应当于2020年12月23日提示付款。 **答案** D

【例题9·多选题】 郭某持一张现金支票到付款银行提示付款，应当办理的手续有(　)。

A. 填制进账单

B. 向银行交验本人身份证件

C. 在支票背面注明身份证件名称、号码及发证机关

D. 在支票背面“收款人签章”处签章

解析 选项A，是转账支票提示付款应当办理的手续。 **答案** BCD

【例题10·多选题】 甲公司持有一张付款行为P银行的转账支票，财务人员到P银行提示付款时应当办理的手续有(　)。

A. 向P银行出示甲公司营业执照

B. 将支票交付P银行

C. 填制进账单

D. 在支票背面背书人签章栏加盖甲公司印章

解析 持票人持用于转账的支票向付款人提示付款时，应在支票背面背书人签章栏签章，并将支票和填制的进账单送交出票人开户银行。 **答案** BCD

第四部分　非票据结算方式

考验一　银行卡(★★★)

(一)银行卡的概念和分类

1. 概念

银行卡是指经批准由商业银行向社会发行的具有“消费信用、转账结算、存取现金”等全部或部分功能的信用支付工具。

2. 分类(见表3-19)

表3-19　银行卡的分类

分类标准	类别	分类标准	类别
是否可以透支	信用卡	按是否向发卡银行交存备用金	贷记卡
			准贷记卡
	借记卡	按功能	转账卡、专用卡、储值卡
币种	人民币卡		
	外币卡	国内商户可受理的	维萨、万事达、美国运通、大来
信息载体	磁条卡、芯片卡		

续表

分类标准	类别	分类标准	类别
发行对象	单位卡、个人卡		
联名(认同)卡是商业银行与营利性机构/非营利性机构合作发行的银行卡附属产品			

【例题1·单选题】根据支付结算法律制度的规定，下列各项中，按是否具有透支功能对银行卡分类的是(　)。

A. 信用卡和借记卡

B. 磁条卡和芯片卡

C. 单位卡和个人卡

D. 人民币卡和外币卡

解析 选项B，是按“信息载体”分类；选项C，是按“发行对象”分类；选项D，是按“币种”分类。 **答案** A

【例题2·单选题】刘某在P银行申领了一张信用额度为1万元的银行卡，P银行与刘某约定，刘某需存入备用金5 000元，当备用金余额不足支付时，刘某可在1万元的信用额度内透支，该银行卡是(　)。

A. 储蓄卡　　B. 借记卡

C. 贷记卡　　D. 准贷记卡

解析 准贷记卡是指持卡人须先按发卡银行要求交存一定金额的备用金，当备用金账户余额不足支付时，可在发卡银行规定的信用额度内透支的信用卡。 **答案** D

【例题3·多选题】王某持有一张P银行发行的借记卡。下列各项中，属于该卡具备的功能有(　)。

A. 消费　　B. 网上支付

C. 透支　　D. 存取款

解析 借记卡不具备透支功能。

答案 ABD

(二)银行卡的申领、注销、挂失和追偿

1. 个人贷记卡的申领条件

(1)年满“18周岁”；

(2)有“固定”职业和“稳定”收入；

(3)工作单位和户口在“常住地”；

(4)填写申请表，并在持卡人处“亲笔签字”；

(5)提供“本人及附属卡持卡人、担保人”的身份证“复印件”。

2. 注销

(1)持卡人在还清全部交易款项、透支本息和有关费用后，可申请办理销户。

(2)发卡行受理注销之日起“45天后”，被注销信用卡账户方能清户。

3. 挂失

向发卡银行或代办银行申请挂失。

4. 发卡银行追偿透支款项和诈骗款项的途径

(1)扣减持卡人保证金；

(2)依法处理抵押物和质物；

(3)向保证人追偿透支款项；

(4)通过司法机关的诉讼程序进行追偿。

【例题4·多选题】关于刘某欲向P银行申领信用卡的下列表述中，正确的有(　)。

A. 应有稳定收入

B. 须年满18周岁

C. 应向P银行提供刘某的有效身份证件

D. 可委托他人代理签字申领

解析 个人贷记卡申请的基本条件：(1)年满18周岁，有固定职业和稳定收入，工作单位和户口在常住地的城乡居民；(2)填写申请表，并在持卡人处“亲笔签字”；(3)向发卡银行提供本人及附属卡持卡人、担保人的身份证复印件。 **答案** ABC

【例题5·多选题】根据支付结算法律制度的规定，下列各项中，属于发卡银行追偿透支款项和诈骗款项的途径的有(　)。

A. 冻结持卡人账户

B. 通过司法机关的诉讼程序进行追偿

C. 依法处理抵押物和质物

D. 向保证人追索透支款项

解析▶ 发卡银行通过下列途径追偿透支款项和诈骗款项：扣减持卡人保证金；依法处理抵押物和质物；向保证人追索透支款项；通过司法机关的诉讼程序进行追偿。选项A，仅为止损手段，而非追偿途径。**答案**▶ BCD

(三)贷记卡

1. 特点

先消费后还款。

『老侯提示』 区别"准贷记卡"的开卡时缴存备用金规定。

2. "非现金交易"优惠政策

(1)免息还款期。

期间：银行记账日至到期还款日。

(2)最低还款额。

『老侯提示』 "现金交易"(如贷记卡提现)不享受上述优惠政策。

3. 透支利率(2022年调整)

(1)取消上下限管理，由发卡机构与持卡人"自主协商"确定。

(2)利率调整。

发卡机构至少提前"45日"通知，持卡人有权在新利率生效"前"选择销户。

4. 发卡机构在信用卡协议中以显著方式提示，确保持卡人充分知悉并确认接受的事项

(1)信用卡利率标准和计结息方式；

(2)免息还款期和最低还款额待遇的条件和标准；

(3)向持卡人收取违约金的详细情形和收取标准等。

『老侯提示』 信用卡协议中应同时注明"日利率"和"年利率"。

5. 信用卡预借现金业务

(1)业务种类。

①现金提取：持卡人通过柜面和自动柜员机等自助机具，以现钞形式获得信用卡预借现金额度内资金。

②现金转账：持卡人将信用卡预借现金额度内资金划转到本人银行结算账户。

③现金充值：持卡人将信用卡预借现金额度内资金划转到本人在非银行支付机构开立的支付账户。

『老侯提示』 发卡机构不得将持卡人信用卡预借现金额度内资金划转至其他信用卡，以及非持卡人的银行结算账户或支付账户。

(2)风险控制。

①持卡人通过"柜面"办理现金提取业务，通过各类渠道办理"现金转账业务"的每卡每日限额，由发卡机构与持卡人通过"协议约定"。

②"信用卡"持卡人通过ATM等自助机具办理现金提取业务，每卡每日累计不得超过人民币"1万元"。

③"借记卡"持卡人通过ATM等自助机具办理现金提取业务，每卡每日累计不得超过人民币"2万元"。

④储值卡面值或卡内币值不得超过"1 000元"。

6. 由发卡机构自主决定的事项

(1)免息还款期和最低还款额待遇的条件和标准；

(2)信用卡透支的计结息方式；

(3)信用卡溢缴款收费计付利息及利率标准；

(4)持卡人违约逾期未还款是否收取违约金；

(5)是否提供信用卡现金充值服务。

7. 不得收取的款项

(1)滞纳金；

(2)发卡机构向持卡人提供超过授信额度用卡的，不得收取"超限费"；

(3)发卡机构对向持卡人收取的"违约金和年费、取现手续费、货币兑换费等服务费用"不得计收"利息"。

【例题6·单选题】 根据支付结算法律制度的规定，关于信用卡透支利率及利息管理的下列表述中，正确的是(　)。

A. 透支的计结息方式由发卡机构自主确定

B. 透支的利率标准由发卡机构与申请人协商确定

C. 透支利率实行下限管理

D. 透支利率实行上限管理

解析 ▶ 选项AB，信用卡透支的计结息方式，以及对信用卡溢缴款是否计付利息及其利率标准，由发卡机构自主确定；选项CD，发卡银行对信用卡透支利率取消上下限管理，由发卡机构与持卡人“自主协商”确定。

答案 ▶ A

【例题7·多选题】徐女士在P银行申请一张信用卡，关于该信用卡计息和收费的下列表述中，符合法律规定的有(　)。

A. 若徐女士欠缴信用卡年费，P银行可对该欠费计收利息

B. P银行应在信用卡协议中以显著方式提示信用卡利率标准和计结息方式，并经徐女士确认接受

C. P银行应在信用卡协议中同时注明日利率和月利率

D. 若P银行要调整信用卡利率，应至少提前45个自然日按照约定方式通知徐女士

解析 ▶ 选项A，发卡机构对向持卡人收取的年费等服务费用不得计收利息；选项C，信用卡协议中应同时注明日利率和“年利率”。

答案 ▶ BD

【例题8·单选题】张某3月1日向银行申请了一张贷记卡，6月1日取现2 000元，对张某的上述做法，说法正确的是(　)。

A. 张某取现2 000元符合法律规定

B. 张某取现2 000元可享受免息还款期

C. 张某申请贷记卡需要向银行交存一定金额的备用金

D. 张某取现2 000元可享受最低还款额

解析 ▶ 选项BD，免息还款期和最低还款额待遇是贷记卡“非现金交易”的优惠政策，取现不能享受；选项C，贷记卡先消费后还款，准贷记卡应在开卡时交存一定备用金。

答案 ▶ A

【例题9·单选题】张某在P银行申领一张信用卡，并被授权办理预借现金业务。下列关于张某信用卡预借现金业务的表述中，正确的是(　)。

A. 张某通过P银行柜面提取信用卡预借现金的限额由双方协议约定

B. P银行可将张某信用卡预借现金额度内资金划转至张某其他信用卡

C. P银行可将张某信用卡预借现金额度内资金划转至他人的支付账户

D. 张某使用信用卡预借现金不得通过ATM机提取

解析 ▶ 选项A，持卡人通过柜面办理现金提取业务，通过各类渠道办理现金转账业务的每卡每日限额，由发卡机构与持卡人通过协议约定；选项BC，发卡机构不得将持卡人信用卡预借现金额度内资金划转至其他信用卡，以及非持卡人的银行结算账户或支付账户；选项D，信用卡持卡人通过ATM机等自助机具办理现金提取业务，每卡每日累计不得超过人民币1万元。

答案 ▶ A

【例题10·单选题】根据支付结算法律制度的规定，下列信用卡的相关款项中，发卡机构可向持卡人计收利息的是(　)。

A. 透支的款项　　B. 货币兑换费

C. 取现手续费　　D. 违约金

解析 ▶ 发卡机构对向持卡人收取的“违约金和年费、取现手续费、货币兑换费等服务费用”不得计收“利息”。

答案 ▶ A

(四)银行卡收单

1. 概念

持卡人刷卡消费后，银行在约定期限内与特约商户进行结算，并向其收取一定比例手续费的行为。

2. 收单程序(略)

3. 银行卡收单机构及特约商户(见表3-20)

表3-20　银行卡收单机构及特约商户

收单机构	特约商户
从事银行卡收单业务的银行业金融机构	—

续表

收单机构	特约商户
获得银行卡收单业务许可、为实体特约商户提供收单服务的支付机构	实体特约商户
为网络特约商户提供收单服务的支付机构	网络特约商户

4. 管理规定

(1)特约商户管理(见表3-21)。

表3-21 特约商户管理

商户管理		具体内容
“实名制”管理		—
签订银行卡受理协议		①可受理银行卡种类；②开通的交易类型；③收单银行结算账户的设置和变更；④资金结算周期；⑤结算手续费标准；⑥差错和纠纷处置
确定特约商户的收单银行结算账户	单位	①同名单位银行结算账户；②其指定的与其存在合法资金管理关系的单位银行结算账户
	个体户或自然人	同名个人银行结算账户
“**本地化**”管理		收单机构应当对实体特约商户收单业务进行“本地化”经营和管理，不得跨省开展收单业务

(2)业务与风险管理。

①风险应对措施(见表3-22)。

表3-22 风险应对措施

时点	措施
认定为风险等级较高商户时	对开通的受理卡种和交易类型进行限制、强化交易监测、设置交易限额、延迟结算、增加检查频率、建立风险准备金 『老侯提示』并不停止其交易
发生风险事件时	延迟资金结算、**暂停银行卡交易、回收受理终端、关闭网络支付接口、涉嫌违法及时报案** 『老侯提示』收单机构承担因未采取措施导致的风险损失

②风险事件。

套现、洗钱、欺诈、移机、留存或泄露持卡人账户信息。

③资金结算。

收单机构应及时与特约商户结算资金，资金结算时间最迟不得超过“持卡人确认可直接向特约商户付款的支付指令生效日”(刷卡日)后“30个自然日”，因涉嫌违法违规等风险交易需延迟结算的除外。

④差错及退货处理。

收单机构应当根据交易发生时的“原”交易信息发起银行卡交易差错处理、退货交易，将资金退至持卡人“原”银行卡账户。

『老侯提示』若持卡人原银行卡账户已撤销的，退至持卡人指定的本人其他银行账户。

5. 结算收费(见表3-23)

表3-23 结算收费

收费项目	收费方式	费率及封顶标准
收单服务费	收单机构向商户收取	实行市场调节价
发卡行服务费	发卡机构向收单机构收取	借记卡：不高于0.35%(封顶13元)
		贷记卡：不高于0.45%
网络服务费	银行卡清算机构向发卡机构、收单机构分别收取	

『老侯提示』对非营利性的医疗机构、教育机构、社会福利机构、养老机构、慈善机构刷卡交易，发卡行服务费、网络服务费全额减免。

【例题11·多选题】根据支付结算法律制度的规定，下列关于银行卡收单机构对特约商户管理的表述中，正确的有(　)。

A. 特约商户是单位的，其收单银行结算账户可以使用个人银行结算账户

B. 对特约商户实行实名制管理

C. 对实体特约商户与网络特约商户分别进行风险评级

D. 对实体特约商户收单业务实行本地化经营，不得跨省域开展收单业务

解析▶选项A，特约商户的收单银行结算账户应当为其同名单位银行结算账户，或其指定的、与其存在合法资金管理关系的单位银行结算账户。 **答案**▶BCD

【例题12·多选题】收单机构应当强化业务和风险管理措施，建立对特约商户的风险评级制度，对于风险等级较高的特约商户，收单机构应当采取的措施有(　)。

A. 限制开通的受理卡种和交易类型

B. 强化交易检测

C. 设置交易限额

D. 关闭网络支付接口

解析▶选项D，属于发生风险事件时的应对措施。 **答案**▶ABC

【例题13·多选题】下列各项中，属于银行卡收单业务风险事件的有(　)。

A. 洗钱

B. 套现

C. 移机

D. 留存持卡人账户信息

答案▶ABCD

【例题14·单选题】根据支付结算法律制度的规定，银行卡收单服务费是由(　)收取。

A. 收单机构向持卡人

B. 收单机构向商户

C. 发卡机构向收单机构

D. 银行卡清算机构向收单机构

答案▶B

【例题15·单选题】甲医院属于非营利性医疗机构，为银行卡收单业务特约商户。下列关于甲医院银行卡收单业务服务费率的表述中，正确的是(　)。

A. 发卡行服务费率为交易金额的0.35%

B. 实行政府指导价，下限管理

C. 发卡行服务费、网络服务费全额减免

D. 网络服务费率为交易金额的0.45%

解析▶对非营利性的医疗机构、教育机构、社会福利机构、养老机构、慈善机构刷卡交易，实行发卡行服务费、网络服务费全额减免。 **答案**▶C

考验二 汇兑(★)

(一)分类

信汇、电汇。

(二)适用范围

单位、个人的各种款项结算均可使用。

(三)汇兑的记载事项——9 项

表明“信汇”或“电汇”的字样；无条件支付的委托；确定的金额；收款人名称；汇款人名称；汇入地点、汇入行名称；汇出地点、汇出行名称；委托日期；汇款人签章。

『老侯提示』汇兑凭证记载的汇款人、收款人在银行“开立存款账户”的，必须记载其“账号”。

(四)“汇款回单”VS“收账通知”

1. 汇款回单

汇款回单只能作为汇出银行“受理”汇款的依据，不能作为该笔汇款已转入收款人账户的证明。

2. 收账通知

收账通知是银行将款项“确已收入”收款人账户的凭据。

(五)撤汇

汇款人对汇出银行“尚未汇出”的款项可以申请撤销。

【例题 1·多选题】根据支付结算法律制度的规定，汇款人、收款人均在银行开立存款账户的，汇款人签发汇兑凭证必须记载的事项有(　)。

A. 收款人名称及账号

B. 汇入银行名称

C. 确定的金额

D. 汇款人名称及账号

答案 ABCD

【例题 2·单选题】根据支付结算法律制度的规定，下列关于汇兑业务办理的表述中，正确的是(　)。

A. 汇兑凭证记载的汇款人、收款人在银行开立存款账户的，必须记载其账号

B. 汇入银行向收款人发出的收账通知不能作为银行将款项转入收款人账户的凭证

C. 汇出银行签发的汇款回单，不能作为汇出银行受理汇款的依据

D. 汇出银行签发的汇款回单，可以作为该笔汇款已转入收款人账户的证明

解析 选项 BCD，汇款回单只能作为汇出银行“受理”汇款的依据，不能作为该笔汇款已转入收款人账户的证明；收账通知是银行将款项“确已收入”收款人账户的凭据

答案 A

【例题 3·单选题】5 月 20 日，甲报社以汇兑方式向李某支付稿费 2 000 元。下列情形中，甲报社可以申请撤销汇款的是(　)。

A. 银行已经汇出但李某尚未领取

B. 银行尚未汇出

C. 银行已向李某发出收账通知

D. 拒绝领取

解析 汇款人对汇出银行尚未汇出的款项可以申请撤销。

答案 B

考验三 委托收款(★)

(一)适用范围

单位和个人凭“已承兑商业汇票、债券、存单等付款人债务证明”办理款项的结算，均可以使用委托收款结算方式。同城异地均可使用。

(二)程序

1. 签发委托收款凭证必须记载的事项

表明“委托收款”的字样；确定的金额；付款人名称；收款人名称；委托收款凭据名称及附寄单证张数；委托日期；收款人签章。

2. 签发托收凭证

(1)委托收款以“银行以外的单位为付款人”的，委托收款凭证必须记载“付款人开户银行”名称；

(2)以“银行以外的单位”或在“银行开立存款账户的个人”为“收款人”的，委托收款凭证必须记载“收款人开户银行”名称；

(3)“未在银行开立存款账户的个人为收款人”，委托收款凭证必须记载“被委托银行”名称。

3. 委托

收款人办理委托收款应向银行提交委托收款凭证和有关债务证明。

4. 付款

(1)以银行为付款人的，银行应当在当日将款项主动支付给收款人。

(2)以单位为付款人的，银行应及时通知付款人，付款人应于接到通知的当日书面通知银行付款，如果付款人未在接到通知的次日起3日内通知银行付款的，视为同意付款。

【例题1·多选题】根据支付结算法律制度的规定，下列债务证明中，办理款项结算可以使用委托收款结算方式的有(　)。

A. 已承兑的商业汇票

B. 转账支票

C. 到期的债券

D. 到期的存单

解析▶单位和个人凭已承兑商业汇票、债券、存单等付款人债务证明办理款项的结算，均可以使用委托收款结算方式。选项B，也属于付款人债务证明，也可以使用委托收款方式结算。 **答案▶**ABCD

【例题2·单选题】2020年1月15日，甲公司持一张到期银行承兑汇票到P银行办理委托收款，该汇票由Q银行承兑。甲公司在委托收款凭证上可以不记载的事项是(　)。

A. 付款人Q银行　　B. 收款人甲公司

C. 委托日期　　D. 甲公司地址

解析▶签发委托收款凭证必须记载下列事项：表明“委托收款”的字样；确定的金额；付款人名称(选项A)；收款人名称(选项B)；委托收款凭据名称及附寄单证张数；委托日期(选项C)；收款人签章。 **答案▶**D

【例题3·多选题】根据支付结算法律制度的规定，关于委托收款结算方式的下列表述中，正确的有(　)。

A. 银行在为单位办理划款时，付款人存款账户不足支付的，应通知付款人交足存款

B. 单位凭已承兑的商业汇票办理款项结算，可以使用委托收款结算方式

C. 以银行以外的单位为付款人的，委托收款凭证必须记载付款人开户银行名称

D. 委托收款仅限于异地使用

解析▶选项A，银行在办理划款时，付款人存款账户不足支付的，应通过被委托银行向收款人发出未付款项通知书；选项D，委托收款在同城、异地均可以使用。

答案▶BC

【例题4·判断题】委托收款以单位为付款人的，银行收到委托收款凭证及债务说明，审查无误后应于当日将款项主动支付给收款人。(　)

解析▶委托收款以银行为付款人的，银行应当在当日将款项主动支付给收款人；以单位为付款人的，银行应及时通知付款人，付款人应于接到通知的当日书面通知银行付款。 **答案▶**×

【例题5·判断题】未在银行开立存款账户的个人，不能办理委托收款业务。(　)

解析▶未在银行开立存款账户的个人为收款人，委托收款凭证必须记载被委托银行名称。 **答案▶**×

考验四 银行电子支付(★★★)(2022年调整)

(一)电子支付的概念、提供方和电子支付的方式

1. 电子支付的概念

电子支付是指单位、个人通过计算机、手机等电子终端发出支付指令，依托网络系统以电子信息传递形式进行的货币支付与资金转移。

2. 电子支付服务的主要提供方

银行和支付机构。

3. 银行的电子支付方式

(1)银行的电子支付方式：网上银行、手机银行和条码支付等；

(2)支付机构的电子支付方式：网络支付、条码支付等。

(二)网上银行(网络银行、3A银行)

1. 特点

能够在任何时间、任何地点、以任何方式为客户提供金融服务。

2. 分类(见表3-24)

表3-24 网上支付的分类

分类标准	具体内容
按服务对象	企业网上银行、个人网上银行
按经营组织	分支型网上银行、纯网上银行

3. 功能(见表3-25)

表3-25 网上支付的功能

企业网上银行子系统	个人网上银行子系统
账户信息查询	账户信息查询
支付指令	人民币转账业务
B2B 网上支付	银证转账业务
批量支付	外汇买卖业务
	账户管理业务
	B2C 网上支付

【例题1·多选题】 下列业务中，李某使用在P银行开通的个人网上银行可以办理的有(　)。

A. 股票交易　　B. 外汇买卖

C. 期货交易　　D. B2C网上支付

解析 上述四项均为个人网银的主要功能。

答案 ABCD

(三)条码支付(2022年新增)

1. 条码支付的概念、种类和许可

(1)概念。

银行、支付机构应用条码技术，实现收付款人之间货币资金转移的业务活动。

(2)种类。

付款扫码、收款扫码。

(3)许可。

①支付机构向客户提供服务：网络支付业务许可；

②支付机构为实体特约商户和网络特约商户提供服务：银行卡收单业务许可、网络支付业务许可。

2. 条码支付的交易验证方式(见表3-26)

表3-26 条码支付的交易验证方式

验证方式	举例
仅客户本人知悉的要素	静态密码
仅客户本人持有并特有的，不可复制或者不可重复利用的要素	数字证书、电子签名、通过安全渠道生成和传输的一次性密码(动态验证码)
客户本人生物特征要素	指纹

3. 条码支付交易限额(见表3-27)

表3-27 条码支付交易限额

风险防范等级	验证方式	单日累计限额
A级	“包括”数字证书或电子签名在内的两类以上有效要素	银行、支付机构可与客户自主约定
B级	“不包括”数字证书、电子签名在内的两类以上有效要素	≤5 000元
C级	不足两类要素	≤1 000元
D级	使用静态条码	≤500元

『老侯提示』银行、支付机构提供收款扫码服务，应当使用“动态条码”，设置使用次数及有效期。

4. 条码支付的商户管理

(1)实名制管理。

(2)审核资料及交易限额。(见表3-28)

表3-28 审核资料及交易限额

企业类型	审核资料	交易限额
一般企业	营业执照、法定代表人或负责人的有效身份证件 『老侯提示』应当留存申请材料的复印件	——
小微商户(免于办理工商注册登记的实体特约商户)	主要负责人身份证明文件和辅助证明材料(营业场所租赁协议或者产权证明、集中经营场所管理方出具的证明文件)	日累计≤1 000元月累计≤1万元

5. 条码支付的风险管理

①风险应对措施(见表3-29)。

表3-29 风险应对措施

时点	措施
认定为风险等级较高商户时	强化交易监测、延迟清算、建立风险准备金 『老侯提示』并不停止其交易
发生风险事件时	延迟资金结算、暂停交易、冻结账户、发现涉嫌违法及时报案 『老侯提示』银行、支付机构应承担因未采取措施导致的风险损失

②风险事件。

套现、洗钱、恐怖融资、欺诈、留存或泄露账户信息。

【例题2·多选题】根据支付结算法律制度的规定，下列各项中，属于条码支付的交易验证方式的有（ ）。

A. 静态密码　　B. 数字证书

C. 电子签名　　D. 单位证明

解析▶ 选项A，属于仅客户本人知悉的要素；选项BC，仅客户本人持有并特有的，不可复制或者不可重复利用的要素。除上述三项外，还包括客户本人生物特征要素，如指纹，均属于条码支付的交易验证方式。

答案▶ ABC

【例题3·单选题】根据支付结算法律制度的规定，下列关于条码支付交易限额的表述中，不正确的是（ ）。

A. 采用包括数字证书或电子签名在内的两类以上有效要素对交易进行验证的，银行、支付机构可与客户通过协议自主约定单日累计限额

B. 采用包括数字证书、电子签名在内的两类以上有效要素对交易进行验证的，同一客户单个银行账户或所有支付账户单日累计交易金额不能超过5 000元

C. 采用不足两类要素对交易进行验证的，同一客户单个银行账户或所有支付账户单日累计交易金额不能超过1 000元

D. 使用静态条码的，同一客户单个银行账户或所有支付账户单日累计交易金额不能超过500元

解析▶ 选项B，采用“不包括”数字证书、电子签名在内的两类以上有效要素对交易进行验证的，同一客户单个银行账户或所有支付账户单日累计交易金额不能超过5 000元。

答案▶ B

【例题4·多选题】银行、支付机构应提升风险识别能力，采取有效措施防范风险，及时发现、处理可疑交易信息及风险事件，对于风险等级较高的特约商户，应当采取的措施有（ ）。

A. 建立特约商户风险准备金

B. 强化交易检测

C. 延迟清算

D. 冻结账户

解析▶ 选项D，属于发生风险事件时的应对措施。

答案▶ ABC

（四）网络支付（2022年新增）

1. 概念收款人或付款人通过计算机、移动终端等电子设备，依托公共网络信息系统远程发起支付指令，且付款人电子设备不与收款人特定专属设备交互，由支付机构为收、付款人提供货币资金转移服务的活动。

2. 网络支付机构

（1）金融型支付企业。

特点：“无担保功能”，仅提供支付产品和支付系统解决方案，立足于企业端。

（2）互联网支付企业。

特点：依托自有电子商务网站，“提供担保功能”，立足于个人消费者端。

3. 支付账户

（1）开户要求。

①实名制管理：登记并验证客户身份基本信息，留存有效身份证件复印件；建立客户唯一识别编码；在与客户业务关系存续期间采取持续的身份识别措施。

②签订协议：约定支付账户与支付账户、支付账户与银行账户之间的日累计转账限额和笔数。

③核实开户意愿：支付机构可以采取面对面、视频等方式向单位法定代表人或负责人核实开户意愿，具体方式由支付机构根据客户风险评级情况确定。

（2）支付机构为个人开立支付账户的分类及功能（见表3-30）。

表 3-30 支付机构为个人开立支付账户的分类及功能

项目类型	Ⅰ类	Ⅱ类	Ⅲ类
转账	自账户开立起累计≤1 000 元	年累计≤10 万元	年累计≤20 万元
消费			
购买投资理财等金融产品	×	×	

『老侯提示』Ⅰ类账户的限额“包括”支付账户向客户本人同名银行账户转账；Ⅱ、Ⅲ类账户的限额“不包括”。

(3)不同支付账户的开户要求(见表 3-31)。

表 3-31 不同支付账户的开户要求

支付账户类型	开户要求
Ⅰ类	“首次”在该支付机构开立支付账户，以“非面对面方式”通过至少“一个”合法安全的外部渠道进行身份基本信息验证
Ⅱ类	①以“面对面方式”核实身份； ②以“非面对面方式”通过至少“三个”合法安全的外部渠道进行身份基本信息多重交叉验证
Ⅲ类	①以“面对面方式”核实身份； ②以“非面对面方式”通过至少“五个”合法安全的外部渠道进行身份基本信息多重交叉验证

『老侯提示』客户身份基本信息外部验证渠道：政府部门数据库、商业银行信息系统(Ⅰ类银行账户或信用卡)、商业化数据库。

(4)支付账户的使用要求。

①不得透支；

②不得出借、出租、出售；

③不得利用支付账户从事或协助他人从事非法活动。

4. 支付机构风险管理

(1)支付机构可以代替银行进行交易验证的业务：

单笔金额≤200 元的小额支付业务，公共事业缴费、税费缴纳、信用卡还款。

『老侯提示』除上述“收款人固定且定期发生的支付业务”，支付机构不得代替银行进行交易验证。

(2)建立客户风险评级管理制度、交易风险管理制度和交易监测系统，动态调整客户风险评级及相关风险控制措施。

(3)对疑似“风险事件”，及时采取“调查核实、延迟结算、终止服务”等措施。

(4)充分提示网络支付业务的潜在风险，对高风险业务在操作前、操作中进行风险警示。

(5)不得存储客户银行卡的磁道信息或芯片信息、验证码、密码，原则上不得存储银行卡有效期。

【例题 5·判断题】金融型支付企业依托于自有的电子商务网站并提供担保功能的第三方支付模式。 ( )

解析▶ 互联网型支付企业依托于自有的电子商务网站并提供担保功能的第三方支付模式；金融型支付企业不负有担保功能，仅仅为用户提供支付产品和支付系统解决方案。

答案▶×

【例题 6·多选题】根据支付结算法律制度的规定，下列各项中，支付机构可以为个人客户开立Ⅲ类支付账户的有( )。

A. 以面对面方式核实身份

B. 以非面对面方式通过 1 个合法安全的外部渠道进行身份基本信息验证

C. 以非面对面方式通过 3 个合法安全的外部渠道进行身份基本信息多重交叉验证

D. 以非面对面方式通过5个合法安全的外部渠道进行身份基本信息多重交叉验证

解析 选项B，可以开立Ⅰ类个人支付账户；选项C，可以开立Ⅱ类个人支付账户。

答案 AD

【例题7·判断题】 Ⅱ类支付账户，账户余额可以用于消费、转账以及购买投资理财等金融类产品，所有支付账户的余额付款交易年累计不超过20万元。（ ）

解析 Ⅲ支付账户，账户余额可以用于消费、转账以及购买投资理财等金融类产品，所有支付账户的余额付款交易年累计不超过20万元；Ⅱ类支付账户，账户余额可用于消费和转账，所有支付账户的余额付款交易年累计不超过10万元。

答案 ×

【例题8·多选题】 根据支付结算法律制度的规定，下列各项中，支付机构可以代替银行进行交易验证的有（ ）。

A. 单笔金额500元的支付业务

B. 公共事业缴费

C. 税费缴纳

D. 信用卡还款

解析 选项A，单笔金额不超过200元的小额支付业务，支付机构可以代替银行进行交易验证。

答案 BCD

考验五 预付卡（★★★）

（一）单用途预付卡与多用途预付卡

1. 单用途预付卡

商业企业发行，只在本企业或同一品牌连锁商业企业购买商品、服务。

2. 多用途预付卡

专营发卡机构发行，可跨地区、跨行业、跨法人使用。

（二）记名预付卡与不记名预付卡（见表3-32）

表3-32 记名预付卡与不记名预付卡

	记名预付卡	不记名预付卡
区分标准	记载持卡人身份信息	不记载持卡人身份信息
单张限额	**5 000元**	**1 000元**
挂失	可挂失	不可挂失
赎回	购卡后3个月可赎回	不可赎回
有效期	无	不得低于3年 超期可延期、激活、换卡
提供身份证	**需要**	**一次性购买1万元以上需要**
使用信用卡购买及充值	×	×

（三）实名购买预付卡的登记信息（见表3-33）

表3-33 实名购买预付卡的登记信息

登记对象	具体内容
购卡人	姓名或单位名称
单位经办人	姓名、有效身份证件名称和号码、联系方式
其他相关内容	购卡数量、购卡日期、购卡总金额、预付卡卡号及金额

（四）转账购买与充值

1. 转账购买

（1）“单位”一次性购买“5 000 元”以上；

（2）“个人”一次性购买“5 万元”以上。

2. 转账充值

一次性充值“5 000 元”以上。

（五）使用规定

1. 人民币计价

2. 无透支功能

3. 特约商户中使用

4. 不得用于或变相用于提现

5. 不得用于购买非本机构发行的预付卡

6. 卡内资金不得向银行账户或非本发卡机构开立的网络支付账户转移

（六）赎回记名卡时应提供的资料（见表 3-34）

表 3-34 赎回记名卡时应提供的资料

办理人	提供资料
持卡人办理	预付卡、持卡人和购卡人的有效身份证件
他人代理赎回	持卡人办理时应提供的资料、代理人和被代理人的有效身份证件

『老侯提示』单位购买的记名预付卡，只能由单位办理赎回。

（七）发卡机构

1. 性质

预付卡发卡机构必须是经中国人民银行核准，取得《支付业务许可证》的支付机构。

2. 要求

（1）采取有效措施加强对购卡人和持卡人信息的保护，确保信息安全，防止信息泄露和滥用。

（2）严格发票管理，按照规定开具发票。

（3）对客户备付金需 100% 集中交存中国人民银行。

【例题 1·多选题】根据支付结算法律制度的规定，关于预付卡的下列表述中，正确的有（ ）。

A. 单张记名预付卡资金限额不得超过 5 000 元

B. 个人购买记名预付卡可不使用实名

C. 预付卡以人民币计价，不具有透支功能

D. 单张不记名预付卡资金限额不得超过 1 000 元

解析 选项 AD，单张记名预付卡资金限额不得超过 5 000 元，单张不记名预付卡资金限额不得超过 1 000 元；选项 B，个人购买记名预付卡应出示预付卡及持卡人和购卡人的有效身份证件；选项 C，预付卡以人民币计价，不具有透支功能。 答案 ACD

【例题 2·单选题】根据支付结算法律制度的规定，下列关于记名预付卡的表述中，正确的是（ ）。

A. 不得设置有效期

B. 不可赎回

C. 卡内资金无限额

D. 不可挂失

解析 选项 ABD，记名预付卡可挂失、可赎回，不得设置有效期。选项 C，单张记名预付卡资金限额不得超过 5 000 元。

答案 A

【例题 3·单选题】张某购买的一张不记名预付卡已超过有效期，但尚有资金余额。下列表述中正确的是（ ）。

A. 张某可申请将卡内资金余额划转银行卡

B. 可通过延期、激活、换卡方式继续使用

C. 充值后方可继续使用

D. 张某可申请将卡内资金余额提取现金

解析 不记名预付款有效期不得低于 3 年。超过有效期尚有资金余额的预付卡，可通过延期、激活、换卡等方式继续使用。

答案 B

【例题 4·多选题】甲公司一次性购买

8 000 元预付卡，可使用的支付方式有(　)。

A. 通过网上银行转账 8 000 元

B. 使用单位人民币卡支付 8 000 元

C. 使用现金支付 8 000 元

D. 使用信用卡透支 8 000 元

解析 选项 ABC，单位一次性购买预付卡 5 000 元以上，应当通过银行转账等非现金结算方式购买，不得使用现金；选项 D，购卡人不得使用信用卡购买预付卡。

答案 AB

【例题 5 · 多选题】 郑某个人一次性购买不记名预付卡 2 000 元，一次性充值记名预付卡 3 000 元，下列表述中，符合法律规定的有(　)。

A. 郑某可以使用信用卡购买预付卡

B. 郑某可以使用现金 3 000 元为预付卡充值

C. 郑某购买预付卡时应提供有效身份证件

D. 郑某可以使用现金 2 000 元购买不记名预付卡

解析 选项 A，购卡人不得使用信用卡购买预付卡；选项 B，一次性充值金额 5 000 元以上的，不得使用现金；选项 C，个人或单位购买记名预付卡或一次性购买不记名预付卡 1 万元以上的，应当使用实名并向发卡机构提供有效身份证件，郑某购买不记名预付卡可以不提供有效身份证件；选项 D，单位一次性购买预付卡 5 000 元以上，个人一次性购买预付卡 5 万元以上的，应当通过银行转账等非现金结算方式购买，不得使用现金。

答案 BD

【例题 6 · 单选题】 王某使用甲支付机构发行的记名预付卡，可以办理的业务是(　)。

A. 在甲支付机构签约的特约商户消费

B. 提取现金

C. 将卡内资金转入信用卡还款

D. 购买其他商业预付卡

解析 预付卡在发卡机构拓展、签约的特约商户中使用，不得用于或变相用于提取现金，不得用于购买、交换非本发卡机构发行的预付卡、单一行业卡及其他商业预付卡或向其充值，卡内资金不得向银行账户或向非本发卡机构开立的网络支付账户转移。

答案 A

【例题 7 · 多选题】 根据支付结算法律制度的规定，下列关于预付卡发卡机构的表述中，正确的有(　)。

A. 应防止泄露购卡人和持卡人的信息

B. 应将客户备付金存放在商业银行

C. 必须取得《支付业务许可证》

D. 应按规定开具发票

解析 选项 B，发卡机构对客户备付金需 100%集中交存中国人民银行，而非商业银行。

答案 ACD

心有灵犀 限时 120 分钟

扫我做试题

一、单项选择题

1. 某票据的出票日期为“2021 年 7 月 15 日”，其规范写法是(　)。

A. 贰零贰壹年零柒月壹拾伍日

B. 贰零贰壹年柒月壹拾伍日

C. 贰零贰壹年零柒月拾伍日

D. 贰零贰壹年柒月拾伍日

2. 保卫萝卜公司与保卫土豆公司都是保卫蔬菜公司的分公司，保卫萝卜公司准备开立银行结算账户，下列说法中错误的是(　)。

A. 保卫萝卜公司开户时应在关联企业登记表中如实填写保卫土豆公司的信息

B. 保卫萝卜公司开户时应在开立单位银行结算账户申请书上如实填写保卫蔬菜公司的信息

C. 银行在核实保卫萝卜公司开户意愿时，可采取面对面、视频等方式，具体方式由银行与客户协商确定

D. 银行为保卫萝卜公司开通非柜面转账业务时，双方应签订协议，约定非柜面渠道向非同名银行账户和支付账户转账的日累计限额、笔数和年累计限额等

3. 甲公司法定代表人赵某因病辞去职务，公司法定代表人变更为其妻子张某，则甲公司应于(　)内书面通知开户银行并提供有关证明。

A. 2个工作日　　B. 5个工作日

C. 10日　　D. 15日

4. 甲公司因效益持续走低被总公司撤并。甲公司拟采取的下列账户管理方案中，正确的是(　)。

A. 申请撤销一般存款账户，基本存款账户变更为总公司专用存款账户

B. 申请撤销基本存款账户，一般存款账户变更为总公司专用存款账户

C. 先撤销基本存款账户，再申请撤销一般存款账户

D. 先撤销一般存款账户，再申请撤销基本存款账户

5. 根据支付结算法律制度的规定，关于存款人基本存款账户的下列表述中，不正确的是(　)。

A. 设立临时机构可以开立基本存款账户

B. 一个单位只能开立一个基本存款账户

C. 基本存款账户是存款人的主办账户

D. 存款人日常经营活动的资金收付应通过基本存款账户办理

6. 存款人不得申请开立临时存款账户的情形是(　)。

A. 设立临时机构

B. 异地临时经营活动

C. 临时借款

D. 注册验资

7. 甲拟通过电子渠道申请开立两个个人银行存款账户，根据规定，下列选项中，甲可以成功开立的是(　)。

A. Ⅰ类银行账户和Ⅱ类银行账户

B. Ⅰ类银行账户和Ⅲ类银行账户

C. Ⅱ类银行账户和Ⅲ类银行账户

D. 两个均为Ⅰ类银行账户

8. 赵某在某银行开立一个Ⅲ类个人银行结算账户，则其可以使用该账户办理(　)业务。

A. 存入现金

B. 支取现金

C. 购买投资理财产品

D. 小额转账消费

9. 下列人员在中国境内开立个人银行结算账户，提供的下列证明文件中，属于有效身份证件的是(　)。

A. 户口所在地在北京的侯某提供的护照

B. 户口所在地在石家庄的高某提供的机动车驾驶证

C. 15周岁的赵某提供的户口簿

D. 户口所在地在天津的罗某提供的完税凭证

10. 接受汇票出票人的付款委托，同意承担支付票款义务的人是票据的(　)。

A. 出票人　　B. 背书人

C. 收款人　　D. 承兑人

11. 根据票据法律制度的规定，票据的公示催告期间为自公告发布之日起的一定期限内，该期限为(　)日。

A. 30　　B. 60

C. 90　　D. 180

12. 甲公司于2020年2月10日签发一张汇票

给乙公司，付款日期为同年3月20日。乙公司将该汇票提示承兑后背书转让给丙公司，丙公司又将该汇票背书转让给丁公司。丁公司于同年3月23日向承兑人请求付款时遭到拒绝。根据《票据法》的规定，丁公司向甲公司行使追索权的期限是（ ）。

A. 自2020年2月10日至2022年2月10日

B. 自2020年3月20日至2022年3月20日

C. 自2020年3月23日至2020年9月23日

D. 自2020年3月23日至2020年6月23日

13. 甲在将一汇票背书转让给乙时，未将乙的姓名记载于被背书人栏内。乙发现后将自己的姓名填入被背书人栏内。下列关于乙填入自己姓名的行为效力的表述中，正确的是（ ）。

A. 经甲追认后有效

B. 无效

C. 有效

D. 可撤销

14. 根据支付结算法律制度的规定，下列各项中，属于背书相对记载事项的是（ ）。

A. 不得转让

B. 背书日期

C. 被背书人名称

D. 背书人签章

15. 根据支付结算法律制度的规定，下列各项中，（ ）是票据的第一背书人。

A. 出票人　　B. 付款人

C. 收款人　　D. 承兑人

16. 甲公司在向乙银行申请贷款时以一张银行承兑汇票作质押担保。下列关于甲公司汇票质押的表述中，不符合票据法律制度规定的是（ ）。

A. 甲公司将票据质押给乙银行应做成背书

B. 甲公司背书时须在该汇票上记载“质押”字样

C. 甲公司的质押背书属于转让背书

D. 甲公司到期无力偿还贷款，乙银行依法实现其质权时，可以行使票据权利

17. 甲公司于2021年3月18日，签发一张见票后3个月付款的商业汇票给乙公司，则乙公司应于（ ）前向承兑人提示承兑。

A. 2021年4月18日

B. 2021年5月18日

C. 2021年6月18日

D. 2021年6月28日

18. 2021年12月13日，乙公司持一张汇票向承兑银行P银行提示付款，该汇票出票人为甲公司，金额为100万元，到期日为2021年12月12日。已知12月13日，甲公司账户余额为10万元。后又于12月18日存入100万元。P银行拟对该汇票采取的下列处理方式中，正确的是（ ）。

A. 于12月18日向乙公司付款100万元

B. 于12月13日拒绝付款，退回汇票

C. 于12月13日向乙公司付款100万元

D. 于12月13日向乙公司付款10万元

19. 下列各项中，持票人不可以行使追索权的是（ ）。

A. 票据到期后被拒绝付款

B. 票据被拒绝承兑

C. 票据到期前，承兑人被依法宣告破产

D. 票据到期前，前手背书人被依法宣告破产

20. 下列关于银行汇票的说法中，错误的是（ ）。

A. 申请人或者收款人有一方为单位的不得申请现金银行汇票

B. 申请银行汇票，申请人需在申请书上填明代理付款人名称

C. 出票银行收妥款项后签发银行汇票，需将银行汇票联和解讫通知联交给申请人

D. 实际结算金额一经填写不得更改，更改实际结算金额的银行汇票无效

21. 根据支付结算法律制度的规定，下列各项中，不属于支票的必须记载事项的是（ ）。
A. 无条件支付的委托
B. 出票人签章
C. 付款人名称
D. 收款人名称

22. 根据支付结算法律制度的规定，下列关于支票的表述中，不正确的是（ ）。
A. 现金支票可以采用委托收款方式提示付款
B. 申请人开立支票存款账户必须使用本名
C. 出票人在付款人处的存款足以支付支票金额时，付款人应当在见票当日足额付款
D. 转账支票的持票人委托开户银行收款时，应作委托收款背书，并将支票和填制的进账单送交开户银行

23. 根据支付结算法律制度的规定，下列支付工具中，可以透支的是（ ）。
A. 储蓄卡　　B. 信用卡
C. 预付卡　　D. 储值卡

24. 根据支付结算法律制度规定，关于信用卡计息和收费的下列表述中，正确的是（ ）。
A. 发卡机构向信用卡持卡人按约定收取的违约金，不计收利息
B. 发卡机构向信用卡持卡人提供超过授信额度用卡的，应收取超限费
C. 发卡机构向信用卡持卡人收取的取现手续费，计收利息
D. 发卡机构向信用卡持卡人收取的年费，计收利息

25. 个人网上银行具体业务功能不包括（ ）。
A. 个人余额查询
B. 信用卡的购物明细查询
C. B2C 网上支付
D. B2B 网上支付

26. 根据支付结算法律制度的规定，关于汇兑结算方式的下列表述中，不正确的是（ ）。
A. 汇款人在银行开立存款账户的，在汇兑凭证上必须记载其账号
B. 汇款人对汇出银行尚未汇出的款项不得申请撤销
C. 单位和个人的款项结算均可使用
D. 收款人在银行开立存款账户的，在汇兑凭证上必须记载其账号

27. 根据支付结算法律制度的规定，下列关于不记名预付卡的表述中，正确的是（ ）。
A. 可以挂失
B. 不得设置有效期
C. 不得使用信用卡购买
D. 可以随时赎回

28. 根据支付结算法律制度的规定，下列关于预付卡使用的表述中，正确的是（ ）。
A. 超过有效期尚有资金余额的预付卡，可通过延期、激活等方式继续使用
B. 可用于交换非本发卡机构发行的预付卡
C. 可以提现
D. 可以透支

29. 根据支付结算法律制度的规定，下列各项关于预付卡的说法中，正确的是（ ）。
A. 单张不记名预付卡资金限额不得超过 5 000 元
B. 购买不记名预付卡不需要提供购买人身份证件
C. 为预付卡一次性充值金额在 5 000 元以上的不允许使用现金
D. 可以用于购买非本发卡机构发行的预付卡

30. 根据支付结算法律制度的规定，下列支付结算方式中，不得用于异地结算的是（ ）。
A. 银行卡　　B. 商业汇票

C. 本票　　D. 支票

31. 根据支付结算法律制度的规定，下列结算方式中，只能单位使用的是(　)。

A. 银行卡　　B. 委托收款

C. 商业汇票　　D. 支票

32. 根据支付结算法律制度的规定，下列关于签发空头支票但尚未构成犯罪行为后果的表述中，正确的是(　)。

A. 出票人屡次签发空头支票，中国人民银行有权停止其开户银行办理支票业务

B. 出票人不以骗取财产为目的，应处以票面金额10%但不低于1万元的罚款

C. 出票人不以骗取财产为目的，持票人有权要求其赔偿支票余额10%的赔偿金

D. 出票人不以骗取财产为目的，应由中国人民银行给予处罚

33. 根据支付结算法律制度的规定，在条码支付业务中，采用不包括数字证书、电子签名在内的两类以上有效要素对交易进行验证的，同一客户单个银行账户或所有支付账户单日累计交易金额不能超过一定金额。该金额是(　)。

A. 500元　　B. 1 000元

C. 2 000元　　D. 5 000元

34. 根据支付结算法律制度的规定，下列关于支付机构为客户开立支付账户的说法中不正确的是(　)。

A. 支付机构应当对客户实行实名制管理

B. 支付机构应当登记并采取有效措施验证客户身份基本信息

C. 支付机构应当建立客户唯一识别编码

D. 支付机构在与客户业务关系存续期间不再需要采取持续的身份识别措施

35. 根据支付结算法律制度的规定，下列关于支付账户的使用要求的说法中，不正确的是(　)。

A. 支付账户不得出借

B. 支付账户不得出售

C. 支付账户可以透支

D. 不得利用支付账户从事非法活动

二、多项选择题

1. 根据支付结算法律制度的规定，下列关于支付结算基本要求的表述中，正确的有(　)。

A. 票据和结算凭证上的签章和其他记载事项应当真实，不得伪造、变造

B. 票据上的出票金额、出票日期、收款人名称不得更改

C. 票据和结算凭证金额以中文大写和阿拉伯数码同时记载，二者必须一致

D. 票据的出票日期必须用中文大写和阿拉伯数码同时记载，二者必须一致

2. 下列各项中，属于支付结算时应遵循的原则有(　)。

A. 恪守信用，履约付款原则

B. 谁的钱进谁的账，由谁支配原则

C. 存款信息保密原则

D. 银行不垫款原则

3. 甲公司私刻乙公司的印章，将一张记载乙公司为收款人的票据背书转让给丙公司，并在背书人栏签乙公司章，则下列说法中错误的有(　)。

A. 甲公司的行为是票据的伪造行为

B. 甲公司的行为是票据的变造行为

C. 甲公司的该项行为属于欺诈行为，应追究甲公司的票据责任

D. 乙公司因对自己的票据保管不善，也应承担相应的票据责任

4. 下列存款人中，于2020年1月在银行开立的基本存款账户实行备案制的有(　)。

A. 丁个体工商户

B. 丙市职业技术学院

C. 甲太极拳研究会

D. 乙房地产公司

5. 根据人民币银行结算账户管理的有关规定，下列关于银行结算账户开立、变更和撤销的说法中，错误的有(　)。

A. 开立单位银行结算账户，应填写“开立单位银行结算账户申请书”，并加盖单位

公章或财务专用章和法定代表人或授权代理人的签名或盖章

B. 银行发现企业名称发生变更，通知企业办理变更手续后企业在合理期限内未办理变更手续，且未提出合理理由的，银行有权采取措施适当控制账户交易

C. 存款人迁址应办理银行结算账户的撤销

D. 对按规定应撤销而未办理销户手续的单位银行结算账户，银行应通知存款人，自发出通知之日起30日内到开户银行办理销户手续

6. 根据支付结算法律制度的规定，下列关于预算单位零余额账户的使用，表述正确的有(　)。

A. 从零余额账户提取现金

B. 向本单位按账户管理规定保留的相应账户划拨工会经费、住房公积金及提租补贴

C. 通过零余额账户向下级单位划转资金，为下级单位购买设备

D. 通过零余额账户向本单位基本户划转资金，用于本单位日常零星支出

7. 下列关于各类银行结算账户的表述中，错误的有(　)。

A. 预算单位零余额账户的开设没有数量限制

B. 一般存款账户的开设没有数量限制

C. 临时存款账户的有效期最长不超过1年

D. 注册验资的临时存款账户在验资期间只付不收

8. 下列关于个人银行结算账户的说法中，正确的有(　)。

A. 赵某开立的Ⅰ类账户可以存取现金

B. 钱某开立的Ⅱ类账户可以存取现金

C. 银行可以为钱某开立Ⅱ类账户配发实体卡片

D. 孙某开立的Ⅲ类账户任一时点的余额不得超过1 000元

9. 下列关于个人银行结算账户的说法中，正确的有(　)。

A. 个人水电煤气缴费单等税费凭证也可作为开立个人银行结算账户的辅助身份证明

B. 他人代理开立个人银行结算账户，银行认为有必要的，应要求代理人出具证明代理关系的公证书

C. 单位代理开立的个人银行账户，在被代理人持本人有效身份证件到开户银行办理身份确认、密码重置等激活手续前，只收不付

D. 无民事行为能力人不能申请开立个人银行结算账户

10. 下列银行结算账户中，可以支取现金的有(　)。

A. 因设立临时机构而开立的临时存款账户

B. 收入汇缴专用存款账户

C. 一般存款账户

D. Ⅱ类个人银行结算账户

11. 根据《票据法》的规定，票据持有人有下列(　)情形，不得享有票据权利。

A. 以欺诈、偷盗、胁迫等手段取得票据的

B. 明知前手欺诈、偷盗、胁迫等手段取得票据而出于恶意取得票据的

C. 因重大过失取得不符合《票据法》规定的票据的

D. 自合法取得票据的前手处因赠与取得票据的

12. 根据支付结算法律制度的规定，下列选项所述票据丢失后，可以挂失止付的有(　)。

A. 未承兑的商业汇票

B. 转账支票

C. 现金支票

D. 填明“现金”字样的银行本票

13. 下列关于公示催告的说法中，正确的有(　)。

A. 失票人可以在票据丧失后，依法向票据支付地或被告住所地人民法院申请公示催告

B. 公示催告申请书的内容应包括票面金额；出票人、持票人、背书人；申请的理由、事实；通知挂失止付的时间；付款人或代理付款人的名称、地址、电话等

C. 公示催告应当在本地影响力较大的报纸上刊登

D. 公示催告期间，转让票据权利的行为无效，以公示催告的票据质押、贴现而接受该票据的持票人主张票据权利的，人民法院不予支持

14. 根据支付结算法律制度的规定，关于票据权利时效的下列表述中，不正确的有(　)。

A. 持票人对前手的追索权，自被拒绝承兑或被拒绝付款之日起 3 个月内不行使的，该权利丧失

B. 持票人对票据承兑人的权利自票据到期日起 6 个月内不行使的，该权利丧失

C. 持票人对支票出票人的权利自出票日起 3 个月内不行使的，该权利丧失

D. 持票人在票据权利时效期间内不行使票据权利的，该权利丧失

15. 下列关于票据的记载事项的表述中，错误的有(　)。

A. 背书人未签章，会导致背书行为无效

B. 支票未记载付款日期的，视为见票即付

C. 出票人在票据上记载的“不得转让”字样为相对记载事项

D. 对票据上的所有记载事项，银行均应认真审查并承担相应的实质审查责任

16. 根据支付结算法律制度的规定，下列关于票据背书的说法中，正确的有(　)。

A. 使用粘单的背书人均应当在票据和粘单的粘接处签章

B. 以背书转让的票据，持票人以背书的连续，证明其票据权利

C. 非经背书转让，持票人依法举证，证明其票据权利

D. 将票据金额的一部分转让或者将票据金额分别转让给两人以上的背书无效

17. 下列关于票据承兑的说法中，符合票据法规定的有(　)。

A. 承兑银行受理承兑申请时应当向持票人签发收到汇票的回单

B. 见票后定期付款的汇票，承兑人应当在承兑时记载付款日期

C. 付款人承兑汇票的，应当在汇票背面记载“承兑”字样和承兑日期并签章

D. 银行承兑汇票的出票人应于汇票到期前将票款足额交存其开户银行

18. 根据支付结算法律制度的规定，下列各项关于票据记载的说法中，正确的有(　)。

A. 承兑附条件的，所附条件不具票据上的效力

B. 背书附条件的，所附条件不具票据上的效力

C. 保证附条件的，视为拒绝承担保证责任

D. 支票另行记载付款日期的，该记载无效

19. A 公司向 B 公司开具一张金额为 5 万元的银行承兑汇票，由甲银行承兑，票据到期前 B 公司将该票据背书转让给 C 公司，赵某作为保证人在票据上签章。票据到期的第二天，C 公司请求甲银行付款时，甲银行以 A 公司账户内只有 5 000 元为由拒绝付款，则 C 公司可以向(　)追索。

A. A 公司　　B. B 公司

C. 甲银行　　D. 赵某

20. 下列关于票据保证的说法中，正确的有(　)。

A. 公立医院可以作为票据的保证人

B. 保证没有记载保证日期的，出票日期

为保证日期

C. 保证没有记载被保证人名称的，出票人为被保证人

D. 保证人为两人以上的，保证人之间承担连带责任

21. 甲公司签发一张以A银行为付款人的支票给乙公司，乙公司将该票据背书转让给丙公司，同时在该票据的背面注明“不得转让”，丙公司又将其背书转让给丁公司，丁公司向A银行提示付款被拒，则丁公司可以向（　）追索。

A. 甲公司　　B. 乙公司

C. 丙公司　　D. A银行

22. 甲公司签发一张商业汇票给乙公司，乙公司将其背书转让给了丙公司，丙公司又将其背书转让给了丁公司，丁公司到期提示付款被拒绝，于是向丙公司行使了追索权，丙公司清偿后取得该票据并向出票人甲公司追索，则丙公司可以要求甲公司支付（　）。

A. 本公司向丁公司支付的全部金额

B. 本公司自取得票据后到甲公司清偿前发生的利息

C. 本公司向甲公司发出通知书的费用

D. 本公司自取得票据后到甲公司清偿前因资金周转不足造成的停工待料损失

23. 根据支付结算法律制度的规定，关于票据追索权行使的下列表述中，正确的有（　）。

A. 持票人收到拒绝证明后，应当将被拒绝事由书面通知其前手

B. 持票人不能出示拒绝证明的仍然可以行使追索权，但应当赔偿因为无法出具证明而给被追索人造成的损失

C. 被追索人依照规定清偿债务后，其责任解除，与持票人享有同一权利

D. 拒绝证明上，拒绝承兑人无需签章

24. 下列关于银行汇票和银行本票的退款以及丧失的说法中，正确的有（　）。

A. 对银行汇票来说，只有符合规定填明“现金”的银行汇票的退款，才能退付现金

B. 对银行本票来说，只有现金银行本票的申请人申请退款，才能退付现金

C. 因超过提示付款期限或其他原因要求退款时，无论银行汇票还是本票，单位申请人均应当提供单位证明

D. 银行汇票和本票丧失的，失票人均可以凭人民法院出具的其享有票据权利的证明，向出票银行请求付款或退款

25. 下列关于电子商业汇票的说法中，正确的有（　）。

A. 电子商业汇票按承兑人的不同可以分为电子商业承兑汇票、电子银行承兑汇票

B. 单张出票金额在100万元以上的商业汇票应全部通过电子商业汇票办理

C. 电子商业汇票的必须记载事项包括票据到期日、出票人名称等

D. 电子商业汇票的付款期限，自出票日至到期日最长不得超过1年

26. 关于电子商业汇票贴现的下列表述中，正确的有（　）。

A. 电子商业汇票贴现必须记载的事项中包括贴入人名称及贴入人签章

B. 电子商业汇票回购式贴现赎回时应做成背书，并记载原贴出人名称及原贴出人签章

C. 办理电子商业汇票贴现及提示付款业务，可选择同城票据交换方式清算票据资金

D. 电子商业汇票当事人在办理回购式贴现业务时应明确赎回开放日、赎回截止日

27. 根据支付结算法律制度的规定，下列关于票据提示付款期限的表述中，不正确的有（　）。

A. 支票的提示付款期限是自出票日起1个月

B. 银行汇票的提示付款期限是自出票日

起1个月

C. 商业汇票的提示付款期限是自到期日起1个月

D. 银行本票的提示付款期限是自出票日起1个月

28. 下列关于支票的说法中，错误的有(　)。

A. 支票的基本当事人包括出票人、付款人、收款人

B. 支票的种类包括现金支票、转账支票、普通支票和划线支票

C. 出票人不得在支票上记载自己为收款人

D. 支票的出票人签发支票的金额不得超过签发时在付款人处实有的金额

29. 下列关于支票记载事项的说法中错误的有(　)。

A. 付款日期为支票的相对记载事项，支票未记载付款日期的，视为见票即付

B. 付款地为支票的相对记载事项，支票未记载付款地的，以付款人的营业场所、住所地或者经常居住地为付款地

C. 出票地为支票的相对记载事项，支票未记载出票地的，以出票人的营业场所、住所地或者经常居住地为出票地

D. 付款人名称为支票的授权补记事项

30. 根据支付结算法律制度的规定，下列关于个人申请贷记卡条件的说法中，正确的有(　)。

A. 年满16周岁，有固定职业和稳定收入，工作单位和户口在常住地的城乡居民

B. 填写申请表，并在持卡人处亲笔签字

C. 向发卡银行提供本人及附属卡持卡人、担保人的身份证复印件

D. 向发卡银行提供本人有效身份证件

31. 根据支付结算法律制度的规定，下列关于银行卡风险控制的说法中，正确的有(　)。

A. 信用卡持卡人通过ATM机办理现金提取业务，每卡每日累计不得超过人民币2万元

B. 借记卡持卡人通过ATM机办理现金提取业务，每卡每日累计不得超过人民币1万元

C. 储值卡面值或卡内币值不得超过1 000元

D. 发卡机构可自主确定是否提供现金充值服务，并与持卡人协议约定每卡每日限额

32. 根据支付结算法律制度的规定，下列关于银行卡的说法中，错误的有(　)。

A. 赵某持贷记卡刷卡消费，可享受免息还款期待遇

B. 钱某持贷记卡通过ATM机办理现金提取业务后，可享受最低还款额待遇

C. 孙某持单位人民币卡与甲公司交易，透支2万元

D. 李某到银行办理信用卡，可以与发卡银行协商确定透支利率

33. 根据支付结算法律制度的规定，关于银行卡收单业务的下列表述中，正确的有(　)。

A. 特约商户为个体工商户或自然人的，可以使用其同名个人结算账户作为收单银行结算账户

B. 特约商户使用单位银行结算账户作为收单银行结算账户的，收单机构应当审核其合法拥有该账户的证明文件

C. 收单机构向特约商户收取的收单服务费由收单机构与特约商户协商确定具体费率

D. 收单机构应当对实体特约商户收单业务进行本地化经营和管理，不得跨省(自治区、直辖市)域开展收单业务

34. 个体工商户赵某向某银行申请银行卡收单业务，该银行将赵某认定为风险等级较高的特约商户，则银行有权采取的措施有(　)。

A. 对开通的受理卡种和交易类型进行限制

B. 强化交易监测

C. 设置交易限额

D. 暂停银行卡交易

35. 甲公司的下列行为中，属于银行卡特约商户风险事件的有(　)。

A. 移机

B. 银行卡套现

C. 留存持卡人账户信息

D. 延迟结算

36. 根据支付结算法律制度的规定，下列行业刷卡交易，发卡行服务费、网络服务费全额减免的有(　)。

A. 公立学校

B. 私人诊所

C. 养老院

D. 水电煤气缴费

37. 根据支付结算法律制度的规定，下列关于办理汇兑业务的表述中，正确的有(　)。

A. 汇款回单可以作为该笔汇款已转入收款人账户的证明

B. 汇兑凭证记载的汇款人、收款人在银行开立存款账户的，必须记载其账号

C. 汇款回单是汇出银行受理汇款的依据

D. 收款通知单是银行将款项确已转入收款人账户的凭据

38. 下列关于委托收款的说法中，正确的有(　)。

A. 单位和个人均可以使用

B. 委托收款以银行以外的单位为付款人的，委托收款凭证必须记载付款人开户银行名称

C. 委托收款以银行以外的单位为收款人的，委托收款凭证必须记载收款人开户银行名称

D. 未在银行开立存款账户的个人，不能办理委托收款业务

39. 赵某到发卡机构一次性购买4万元不记名预付卡，则下列说法中正确的有(　)。

A. 发卡机构应当要求赵某提供身份证件

B. 赵某可以使用现金购买

C. 赵某可以使用信用卡购买

D. 赵某可以使用借记卡购买

40. 根据支付结算法律制度的规定，承兑人应当于承兑完成日次一个工作日内，在中国人民银行认可的票据信息披露平台披露每张票据的承兑相关信息，下列各项中，属于应当披露的内容的有(　)。

A. 出票日期　　B. 承兑日期

C. 票据到期日　　D. 持票人名称

41. 条码支付有多种交易验证方式，其中包括使用仅客户本人持有并特有的，不可复制或者不可重复利用的要素的方式。下列各项中，属于该方式的有(　)。

A. 数字证书

B. 电子签名

C. 通过安全渠道生成和传输的一次性密码

D. 指纹

42. 根据支付结算法律制度的规定，下列关于支付机构为个人开立不同类型支付账户功能的说法中，正确的有(　)。

A. Ⅰ类支付账户，账户余额可用于消费和转账

B. Ⅰ类支付账户，余额付款交易自账户开立起累计不超过1 000元

C. Ⅱ类支付账户，账户余额可以用于消费、转账以及购买投资理财等金融类产品

D. Ⅲ类支付账户，余额付款交易年累计不超过20万元

43. 根据支付结算法律制度的规定，下列各项中，支付机构可以为个人客户开立Ⅱ类支付账户的有(　)。

A. 以面对面方式核实身份

B. 以非面对面方式通过1个合法安全的外部渠道进行身份基本信息验证

C. 以非面对面方式通过2个合法安全的外部渠道进行身份基本信息多重交叉验证

D. 以非面对面方式通过3个合法安全的外部渠道进行身份基本信息多重交叉验证

三、判断题

1. 单位和银行在票据上记载的名称可以是全称也可以是简称。（ ）
2. 除国家法律、行政法规和国务院规定外，任何单位和个人不得强令存款人到指定银行开立银行结算账户。（ ）
3. 赵某拟向招商银行某支行借款40万元用于个人购房，已知赵某在该支行未开立任何银行结算账户，则赵某应当在该支行开立一般存款账户，用于借款转存。（ ）
4. 财政部门为预算单位在商业银行开设的零余额账户，作为临时存款账户管理。（ ）
5. 单位存款人申请变更预留银行印章，由法定代表人直接办理，不得授权他人。（ ）
6. 甲公司签发一张支票给乙公司，保证人为丙公司，乙公司将其背书转让给丁公司，则可以行使付款请求权的为乙公司和丁公司。（ ）
7. 当事人丢失票据后申请挂失止付时，填写的挂失止付通知书应记载挂失止付人的姓名、营业场所或者住所以及联系方法等内容。（ ）
8. 失票人申请挂失止付，付款人或者代理付款人自收到挂失止付通知书之日起12日内没有收到人民法院的止付通知书的，自第13日起，不再承担止付责任，持票人提示付款即依法向持票人付款。（ ）
9. 在票据丧失后，可以不进行挂失止付，但必须进行公示催告程序，若直接针对该票据的承兑人或出票人提起普通诉讼，法院不予受理。（ ）
10. 甲公司从乙公司处购买一批原材料，为支付货款，向乙公司签发一张3个月后到期的银行承兑汇票，票据到期的第二天，乙公司持该汇票向承兑人提示付款，承兑人以甲公司账户余额不足为由拒绝付款，承兑人拒绝付款的做法符合法律规定。（ ）
11. 甲公司从乙公司处购买一批原材料，为支付货款，向乙公司签发一张3个月后到期的商业承兑汇票，乙公司将该汇票背书转让给丙公司以支付欠款，票据到期的第二天，丙公司持该汇票向甲公司提示付款，甲公司以乙公司所发材料为残次品，双方已经解除合同为由拒绝付款，甲公司拒绝付款的做法符合法律规定。（ ）
12. 以下为某银行转账支票背面背书签章的示意图。该转账支票背书连续，背书有效。（ ）

被背书人：乙公司	被背书人：丙公司	被背书人：丁公司	被背书人：丁公司开户银行
甲公司签章	乙公司签章	乙公司签章	丁公司签章 委托收款

13. 汇票上未记载承兑日期的，承兑行为无效。（ ）
14. 银行汇票的提示付款期限为自出票之日起1个月，持票人超过付款期限提示付款的，出票银行不予受理。（ ）
15. 申请人缺少解讫通知要求退款的，出票银行应于银行汇票提示付款期满后办理。（ ）
16. 甲公司持商业承兑汇票向乙银行办理票据贴现时，应当提供与其直接前手之间进行商品交易的增值税发票和商品发运单据复印件。（ ）
17. 贴现银行追索票款时可从申请人的存款账户直接收取票款。（ ）
18. 北京的甲公司为履行与乙公司的买卖合同，签发一张由本公司承兑的商业汇票交付乙公司，汇票收款人为乙公司，到期日为4月6日。2月16日，乙公司将该汇票背书转让给南京的丙公司，3 月 18 日，丙公司持该汇票向其开户银行办理贴现，该汇票的贴现天数是 19 天。（ ）

19. 全国支票影像系统支持支票全国使用。（ ）

20. 商业汇票的出票人使用商业汇票时银行账户必须具有足额的资金，以保证票据到期时能够支付汇票金额。（ ）

21. 发卡银行应在与持卡人签订的信用卡协议中同时注明日利率和月利率。（ ）

22. 金融型支付企业依托自有电子商务网站，提供担保功能，以在线支付为主，立足于个人消费者端。（ ）

23. 票据的公示催告期间自公告发布之日起 60 日，且公示催告期间届满日不得晚于票据付款日后 15 日。（ ）

24. 支付机构为实体特约商户提供条码支付收单服务的，只需要取得银行卡收单业务许可；为网络特约商户提供条码支付收单服务的，应当分别取得银行卡收单业务许可和网络支付业务许可。（ ）

四、不定项选择题

【资料一】2019 年 1 月甲公司注册成立，法定代表人为李某，在 P 银行申请开立了基本存款账户；2 月甲公司与 P 银行签订非柜面转账业务协议开通企业网上银行。

2020 年 6 月甲公司换发营业执照，法定代表人由李某变更为任某，任某到 P 银行办理账户变更手续。

因经营不善，2021 年 2 月任某注销甲公司，剩余空白支票 20 张未使用。

要求：根据上述资料，不考虑其他因素，分析回答下列小题。

1. 下列事项中，甲公司申请开立基本存款账户需办理的是（ ）。

A. 向 P 银行出具甲公司营业执照

B. 李某配合 P 银行完成企业开户意愿核实

C. 在 P 银行预留甲公司签章

D. 与 P 银行签订银行结算账户管理协议

2. 甲公司开通企业网上银行转账业务，下列内容中，P 银行应与其协议约定的是（ ）。

A. 向非甲公司银行账户的日转账笔数、累计限额

B. 向甲公司同名账户的年转账累计限额

C. 向甲公司同名账户的日转账笔数、累计限额

D. 向非甲公司支付账户的年转账累计限额

3. 甲公司基本存款账户信息变更，下列各项中，任某应当办理的手续是（ ）。

A. 向 P 银行出具李某关于不再担任法定代表人的说明

B. 在变更银行结算账户申请书上加盖本人签章

C. 在变更银行结算账户申请书上加盖甲公司财务专用章

D. 向 P 银行出具新换发的甲公司营业执照

4. 甲公司注销后，任某的下列做法中，正确的是（ ）。

A. 申请撤销甲公司基本存款账户

B. 将甲公司基本存款账户出租他人使用

C. 自行销毁剩余未使用支票

D. 与 P 银行核对甲公司账户存款余额

【资料二】2020 年 5 月 6 日，甲公司为满足采购原材料需要，委派财务人员杨某到 P 银行申请签发一张金额为 120 万元、收款人为乙公司的银行汇票。5 月 8 日采购人员李某与乙公司财务人员张某共同核实原材料实际货款金额为 116 万元，张某收票后在汇票上填写了实际结算金额。5 月 12 日张某持票向乙公司开户银行 Q 银行提示付款。

要求：根据上述资料，不考虑其他因素，分析回答下列小题。

1. 关于甲公司申请签发该银行汇票的下列表

述中，正确的是(　)。

A. 杨某应填写“银行汇票申请书”

B. P 银行应将签发的银行汇票和解讫通知一并交给杨某

C. P 银行签发银行汇票，应先收妥甲公司 120 万元款项

D. 杨某应向 P 银行交验本人的身份证件

2. 下列各项中，张某受理该银行汇票时应审查的事项是(　)。

A. 银行汇票与解讫通知记载的内容是否一致

B. 收款人是否为乙公司

C. 大小写金额是否一致

D. 银行汇票是否在提示付款期限内

3. 张某填写实际结算金额的正确方式是(　)。

A. 实际结算金额填写 120 万元，多余金额填写为零

B. 实际结算金额填写 120 万元，多余金额填写 4 万元

C. 实际结算金额填写 116 万元，多余金额填写 4 万元

D. 实际结算金额填写 116 万元，多余金额不填写

4. 关于该银行汇票提示付款的下列表述中，正确的是(　)。

A. 张某应向 Q 银行出具乙公司法定代表人授权书

B. 应在汇票背面加盖乙公司预留 Q 银行签章

C. 张某应将银行汇票、解讫通知和进账单送交 Q 银行

D. 张某应向 Q 银行交验本人身份证件

【资料三】甲公司成立于 2020 年 1 月，在 P 银行申请开立了基本存款账户。2020 年 3 月 16 日，甲公司签发并由 P 银行承兑一张电子商业汇票用于支付乙公司防疫物资货款，该汇票金额为 500 万元、到期日为 2021 年 3 月 16 日。2020 年 6 月 26 日，乙公司为缓解资金压力，将该汇票在 Q 银行办理了贴现。

已知：贴现年利率为 2.34%。

要求：根据上述资料，不考虑其他因素，分析回答下列小题。

1. 下列关于甲公司基本存款账户的表述中，正确的是(　)。

A. 甲公司日常经营活动的资金收付应通过该账户办理

B. 该账户不得支取现金

C. 甲公司可根据需要在他行另开立基本存款账户

D. 该账户是甲公司的主办账户

2. 下列各项中，属于甲公司应具备的该汇票出票人资格条件的是(　)。

A. 资信状况良好

B. 与 P 银行签订《电子商业汇票业务服务协议》

C. 未对外提供担保

D. 具备签约开办对公业务的电子服务渠道

3. P 银行承兑该汇票办理的下列事项中，符合法律规定的是(　)。

A. 与甲公司签订承兑协议

B. 免收甲公司承兑手续费

C. 在线审核该汇票真实交易关系

D. 将承兑信息传送至票据市场基础设施

4. Q 银行应向乙公司支付的票据贴现金额是(　)。

A. 500(万元)

B. $500\times[1-2.34\%\div360\times(263+3)]=491.355$(万元)

C. $500\times(1-2.34\%\div360\times263)=491.4525$(万元)

D. $500\times(1-2.34\%)=488.3$(万元)

【资料四】2020 年 10 月甲公司成立，为便于资金结算，向 P 银行申请开立支票存款账户并领取支票。2020 年 12 月 16 日，甲公司向客户乙公司签发一张金额为 50 万元的转账支票。12 月 17 日乙公司财务人员李某委托开户银行 Q 银行收取该支

票款项。12 月 18 日 Q 银行通过支票影像系统向 P 银行提示付款，P 银行出具退票理由书拒绝付款，退票的依据是甲公司存款余额不足。

要求：根据上述资料，不考虑其他因素，分析回答下列小题。

1. 关于甲公司申请开立支票存款账户的下列表述中，正确的是(　)。
   A. 应在 P 银行预留甲公司印鉴
   B. 应使用甲公司本名申请开户
   C. 应向 P 银行提交甲公司营业执照
   D. 该账户需经中国人民银行分支机构核准
2. 下列事项中，甲公司签发该支票必须记载的是(　)。
   A. 出票金额
   B. “不得转让”字样
   C. 出票日期
   D. 付款行 P 银行
3. 下列各项中，委托 Q 银行收取支票款项时，李某应当办理的手续是(　)。
   A. 向 Q 银行出具乙公司营业执照
   B. 向 Q 银行交验本人的身份证件
   C. 填制进账单
   D. 在支票上作委托收款背书
4. 关于甲公司存款余额不足的下列表述中，正确的是(　)。
   A. 乙公司有权要求甲公司支付赔偿金
   B. 该支票是空头支票
   C. P 银行有权给予甲公司行政处罚
   D. Q 银行应举报甲公司的违规行为

【资料五】2020 年 10 月 16 日，甲公司为方便各部门购买零星办公用品，委派财务人员高某到乙支付机构购买了 5 万元的记名预付卡。当日，高某本人购买 2 万元的不记名预付卡用于家庭消费。甲公司员工用卡后，2020 年 12 月 28 日，高某为其中 2 张余额为零的记名预付卡进行最高限额充值。

要求：根据上述资料，不考虑其他因素，分析回答下列小题。

1. 乙支付机构发售预付卡的下列做法中，符合法律规定的是(　)。
   A. 将收取甲公司的 5 万元购卡资金全额交存中国人民银行
   B. 加强信息保护，确保甲公司和高某的信息安全
   C. 将收取高某的 2 万元购卡资金用于购置固定资产
   D. 按高某要求为甲公司开具 10 万元的购卡发票
2. 按实名制要求，下列各项中，乙支付机构向甲公司发售预付卡应当登记的是(　)。
   A. 预付卡卡号
   B. 购卡数量
   C. 甲公司的名称
   D. 高某的姓名和有效身份证件号码
3. 购买预付卡的下列资金结算方式中，高某可以采用的是(　)。
   A. 使用本人信用卡透支 2 万元
   B. 使用甲公司转账支票支付 5 万元
   C. 使用本人手机银行转账 2 万元
   D. 使用甲公司现金支付 5 万元
4. 关于高某为甲公司预付卡充值的下列表述中，正确的是(　)。
   A. 高某可使用本人的预付卡为甲公司预付卡充值
   B. 高某可通过甲公司网上银行转账充值
   C. 高某本次可充值 2 万元
   D. 高某可使用甲公司单位人民币卡充值

心有灵犀答案及解析

一、单项选择题

1. B 【解析】选项AC，"7月"前无须加"零"，因为不加零也不会导致变造行为的发生，即票据出票日期不可能被变造为"壹拾柒月"；选项D，"15日"前应加"壹"，因为不加壹，票据出票日期很容易被变造为"贰拾伍日"。
2. C 【解析】选项A，存款人有关联企业的，应填写"关联企业登记表"；选项B，存款人有上级法人或主管单位的，应在"开立单位银行结算账户申请书"上如实填写相关信息；选项C，核实开户意愿，可采取"面对面、视频"等方式，具体方式由银行根据客户"风险程度"选择。
3. B
4. D 【解析】(1)被撤并、解散、宣告破产或关闭的存款人应向开户银行提出撤销银行结算账户的申请；(2)**撤销银行结算账户时，应先撤销一般存款账户、专用存款账户、临时存款账户，将账户资金转入基本存款账户后，方可办理基本存款账户的撤销。**
5. A 【解析】选项A，可以开立临时存款账户。
6. C 【解析】因借款而开立的银行结算账户属于一般存款账户。
7. C 【解析】申请开立Ⅰ类账户必须有银行工作人员现场核验开户申请人的身份信息，银行工作人员未现场核验开户申请人身份信息的，通过网上银行和手机银行等电子渠道受理银行账户开户申请的，银行可为开户申请人开立Ⅱ类户或Ⅲ类户。
8. D 【解析】Ⅲ类个人银行结算账户，可以办理**"限额"消费和缴费**、限额向非绑定账户转出资金业务。**不得存取现金和购买投资理财产品。**
9. C 【解析】选项ABC，中国境内已登记常住户口的中国公民，有效身份证件为居民身份证，不满16周岁的，可以使用居民身份证或户口簿；选项D，个人的完税证明、水电煤缴费单等税费凭证可作为辅助身份证明。
10. D
11. B
12. B 【解析】丁公司行使追索权的对象是甲公司，甲公司是汇票的出票人，持票人对商业汇票出票人的权利，自票据到期日起2年，该汇票的付款日期为同年3月20日，行使追索权的期限自2020年3月20日至2022年3月20日之前。
13. C 【解析】背书人未记载被背书人名称即将票据交付他人的，持票人在被背书人栏内记载自己的名称与背书人记载具有同等法律效力。
14. B 【解析】选项A，"不得转让"字样为任意记载事项；选项B，背书日期为相对记载事项，不记载视为在票据到期日前背书；选项CD，为背书的必须记载事项。
15. C
16. C 【解析】质押背书属于"非转让"背书。
17. A 【解析】见票后定期付款的汇票，持票人应自出票日起1个月内提示承兑。
18. C 【解析】银行承兑汇票的提示付款期限，自汇票到期日起10日内。持票人依照规定提示付款的，承兑银行必须在当日足额付款。银行承兑汇票的出票人于汇票到期日未能足额交存票款时，承兑银行除凭票向持票人无条件付款外，对出票人尚未支付的汇票金额按照每天0.5‰计收利息。
19. D 【解析】选项D，承兑人或者付款人被依法宣告破产的或者因违法被责令终止业务活动的，出票人可以行使追索权。

20. B 【解析】选项B，由于现金银行汇票不得背书转让，因此申请“现金”银行汇票，申请人需在申请书上填明“代理付款人”名称。

21. D

22. A 【解析】选项A，用于支取现金的支票仅限于收款人向付款人提示付款。

23. B 【解析】按是否具有透支功能银行卡分为信用卡和借记卡，其中信用卡可以透支。

24. A 【解析】单位人民币卡账户的资金一律从其基本存款账户转账存入。不得存取现金，不得将销货收入存入单位卡账户。单位人民币卡可办理商品交易和劳务供应款项的结算，但不得透支。

25. D 【解析】B2B网上支付是企业网上银行子系统的功能。

26. B 【解析】选项AD，汇兑凭证记载的汇款人、收款人在银行开立存款账户的，必须记载其账号；选项B，汇款人对汇出银行尚未汇出的款项可以申请撤销；选项C，单位和个人各种款项的结算，均可使用汇兑结算方式。

27. C 【解析】选项ABD，不记名预付卡，不可挂失、不可赎回、有效期不得低于3年。

28. A 【解析】选项B，预付卡不得用于购买、交换非本发卡机构发行的预付卡；选项C，预付卡不得用于或变相用于提取现金；选项D，预付卡以人民币计价，不具有透支功能。

29. C 【解析】选项A，**单张不记名预付卡资金限额不得超过1 000元；**选项B，一次性购买不记名预付卡1万元以上的，应当使用实名并向发卡机构提供有效身份证件；选项D，不得用于购买非本机构发行的预付卡。

30. C 【解析】选项ABD，同城、异地均可使用；选项C，只能用于同一票据交换区域。

31. C 【解析】选项C，只能单位使用，个人不能使用；选项ABD，单位和个人均可使用。

32. D 【解析】选项A，对“屡次”签发的，(开户)银行应停止其签发支票；选项B，由中国人民银行处以票面金额5%但不低于1 000元的罚款；选项C，持票人有权要求出票人赔偿支票金额2%的赔偿金。

33. D

34. D 【解析】支付机构在与客户业务关系存续期间应当采取持续的身份识别措施。

35. C 【解析】支付账户不得透支。

二、多项选择题

1. ABC 【解析】选项D，票据的出票日期必须使用中文大写。

2. ABD 【解析】选项C，属于银行结算账户管理的原则。

3. BCD 【解析】选项AB，伪造是指无权限人假冒他人或虚构他人名义签章的行为；变造是指无权更改票据内容的人，对票据上签章以外的记载事项加以改变的行为。甲公司的行为属于伪造乙公司签章的行为。选项C，票据是文义证券，以签章为权利义务构成要件，票据上并无伪造人甲公司签章，因此甲公司不承担票据责任。选项D，票据上被伪造人乙公司的签章，并非其真实意思表示，因此乙公司不承担票据责任。

4. AD 【解析】选项AD，企业银行结算账户实行备案制，不再核发开户许可证；选项BC，属于非营利法人，其开立银行结算账户仍实行核准制。

5. AC 【解析】选项A，“开立单位银行结算账户申请书”上应加盖单位公章而非“单位公章或财务专用章”；选项C，存款人迁址需要变更开户银行的，才应办理银行结算账户的撤销。

6. AB 【解析】选项AB，预算单位零余额账户可以办理转账、“提取现金”等结算业务，可以向本单位按账户管理规定保留的相应账户划拨工会经费、住房公积金及提租补贴，以及财政部门批准的特殊款项；选项CD，预算单位零余额账户不得违反规定向“本单位其他账户”和“上级主管单位”“所属下级单位账户”划拨资金。

7. ACD 【解析】选项A，一个基层预算单位开设一个零余额账户；选项C，临时存款账户的有效期限最长不得超过2年；选项D，注册验资的临时存款账户在验资期间只收不付。

8. ABC 【解析】选项AB，Ⅰ、Ⅱ类账户均可办理现金存取业务，只是Ⅰ类账户无限额要求，Ⅱ类账户有限额要求；选项C，Ⅰ、Ⅱ类账户均可配发实体卡片；选项D，Ⅲ类账户任一时点的余额不得超过2 000元。

9. ABC 【解析】选项D，无民事行为能力人可以申请开立个人银行结算账户，由法定代理人代理开立。

10. AD 【解析】选项A，临时存款账户可以支取现金，但应按照国家现金管理的规定办理；选项B，收入汇缴账户除向其基本存款账户或预算外资金财政专用存款账户划缴款项外，只收不付，不得支取现金；选项C，一般存款账户不得办理现金支取；选项D，银行可通过Ⅱ类户为存款人提供限额支取现金的服务。

11. ABC 【解析】选项D，因税收、继承、赠与可以依法无偿取得票据的，不受给付对价之限制，但所享有的票据权利不得优于前手。本题中因前手合法取得票据，故持票人虽未支付对价依然享有票据权利。

12. BCD 【解析】选项A，**已承兑的商业汇票、支票、填明“现金”字样和代理付款人的银行汇票以及填明“现金”字样的银行本票丧失，可以由失票人通知付款人或者代理付款人挂失止付。**

13. BD 【解析】选项A，失票人可以在票据丧失后，依法向票据支付地人民法院申请公示催告，公示催告是非诉程序，没有被告；选项C，公示催告应当在全国性的报纸上刊登。

14. ABC 【解析】选项A，持票人对前手的追索权，自被拒绝承兑或被拒绝付款之日起6个月内不行使的，该权利丧失；选项B，持票人对票据承兑人的权利自票据到期日起2年内不行使的，该权利丧失；选项C，持票人对支票出票人的权利自出票日起6个月内不行使的，该权利丧失。

15. BCD 【解析】选项A，背书人签章是背书的必须记载事项，未记载则背书行为无效；选项B，支票限于见票即付，不得另行记载付款日期，另行记载的该记载无效；选项C，“不得转让”字样，属于票据的任意记载事项；选项D，票据上的非法定记载事项不具有票据上的效力，银行对该类事项不负审查责任。

16. BCD 【解析】选项A，粘单上的“第一记载人”，应当在票据和粘单的粘接处签章。

17. ABD 【解析】选项C，付款人承兑汇票的，应当在汇票正面记载“承兑”字样和承兑日期并签章。

18. BD 【解析】选项A，承兑附条件的，视为拒绝承兑；选项C，保证不得附有条件，附有条件的，不影响对汇票的保证责任。

19. ABCD 【解析】A公司是出票人，B公司为前手背书人，甲银行为承兑人，赵某为保证人，持票人合法的付款请求权无法实现，票据的出票人、背书人、承兑人和保证人对持票人承担连带责任，持票人可以不按照票据债务人的先后顺序，对其中任何一人、数人或者全体行使追索权。

20. BD 【解析】选项A，以公益为目的的事业单位、社会团体作为票据保证人的，票据保证无效；选项C，保证没有记载被保证人名称的，已承兑的汇票承兑人为被保证人，未承兑的汇票出票人为被保证人。

21. AC 【解析】选项B，背书人在票据上记载**“不得转让”**字样，其后手再背书转让的，原背书人(乙公司)对后手的被背书人(丁公司)不承担保证责任；选项D，支票的付款人并非票据的主债务人，只承担相对付款义务，不能向其追索。

22. ABC 【解析】选项D，可以追索的金额不包括持票人的间接损失。

23. AC 【解析】选项B，持票人不能出示拒绝证明的丧失对其前手的追索权；选项D，“拒绝证明”应当包括拒绝承兑人、拒绝付款人的签章。

24. ACD 【解析】选项B，对银行本票来说，只有“现金”银行本票和“未在本行开立存款账户”的申请人，才能退付现金。

25. ACD 【解析】选项B，单张出票金额在“300万元”以上的商业汇票应全部通过电子商业汇票办理。

26. CD 【解析】选项A，电子商业汇票贴现应由“贴出人”签章；选项B，电子商业汇票回购式贴现赎回时应由“原贴入人”签章。

27. ACD 【解析】选项A，支票的提示付款期限自出票日起10日；选项C，商业汇票的提示付款期限自到期日起10日；选项D，银行本票的提示付款期限自出票日起2个月。

28. BCD 【解析】选项B，划线支票仅为普通支票的特殊形式，不包括在支票的种类当中；选项C，出票人可以在支票上记载自己为收款人；选项D，出票人签发的支票金额超过其“付款时”在付款人处实有的存款金额的，为空头支票。

29. ABD 【解析】选项A，支票限于见票即付，不能另行记载付款日期，另行记载的，该记载无效；选项B，付款地为支票的相对记载事项，支票未记载付款地的，以付款人的营业场所为付款地；选项D，金额、收款人名称为支票的授权补记事项。

30. BCD 【解析】选项A，年满18周岁，有固定职业和稳定收入，工作单位和户口在常住地的城乡居民可以申请贷记卡。

31. CD 【解析】选项AB，**信用卡持卡人**通过ATM等**自助机具**办理现金提取业务，**每卡每日累计不得超过人民币1万元；**借记卡持卡人通过ATM等自助机具办理现金提取业务，每卡每日累计不得超过人民币2万元。

32. BC 【解析】选项AB，贷记卡非现金交易可以享受免息还款期和最低还款额待遇；选项C，单位人民币卡不得透支；选项D，信用卡透支利率取消上下限管理，由发卡机构与持卡人自主协商确定。

33. ABCD

34. ABC 【解析】选项D，属于发生风险事件时的应对措施。

35. ABC 【解析】选项D，属于银行发现特约商户风险等级较高时采取的应对措施之一。

36. AC 【解析】选项AC，非营利性的教育机构、社会福利机构刷卡交易，发卡行服务费、网络服务费全额减免；选项B，非营利性的医疗机构刷卡交易，发卡行服务费、网络服务费全额减免，显然私人诊所不属于非营利性的医疗机构；选项D，水电煤气缴费发卡行服务费、网络服务费优惠。

37. BCD 【解析】选项A，**汇款回单只能作为汇出银行受理汇款的依据，不能作为该笔汇款已转入收款人账户的证明。**

38. ABC 【解析】选项D，未在银行开立存款账户的个人为收款人，委托收款凭证必须记载被委托银行名称。

39. ABD 【解析】选项A，一次性购买1万元以上的不记名预付卡需要提供身份证件；选项 BD，**个人一次性购买预付卡5万元以上的，应通过银行转账等**非现金结算方式购买，不得使用现金，本题中购买金额为 4 万元未达到法定标准；选项 C，购买预付卡不能通过信用卡付款。

40. ABC 【解析】应当披露的内容包括：出票日期(选项 A)、承兑日期(选项 B)、票据号码、出票人名称、承兑人名称、承兑人社会信用代码、票面金额、票据到期日(选项 C)等。

41. ABC 【解析】选项 D，属于客户本人生物特征要素。

42. ABD 【解析】选项 C，Ⅱ类支付账户，账户余额可用于消费和转账；Ⅲ类支付账户，账户余额可以用于消费、转账以及购买投资理财等金融类产品。

43. AD 【解析】选项 BC，可以开立Ⅰ类个人支付账户。

三、判断题

1. × 【解析】单位和银行的名称应当记载全称或者“规范化”简称。
2. √
3. × 【解析】一般存款账户属于单位银行结算账户，个人不能开立。
4. × 【解析】应该按基本存款账户或专用存款账户管理。
5. × 【解析】单位存款人申请变更预留公章或财务专用章，可由法定代表人或单位负责人直接办理，也可授权他人办理。
6. × 【解析】付款请求权是持票人向支票的付款人出示票据要求付款的权利。丁公司是最后的被背书人，是票据持票人，可以行使付款请求权。
7. √
8. √
9. × 【解析】挂失止付并不是票据丧失后采取的必经措施，而只是一种暂时的预防措施；如果与票据上的权利有利害关系的人是明确的，无须公示催告，可按一般的票据纠纷向法院提起诉讼。
10. × 【解析】票据债务人不得以自己与出票人之间的抗辩事由对抗善意持票人。
11. × 【解析】票据债务人不得以自己与持票人的前手之间的抗辩事由对抗善意持票人。
12. × 【解析】该票据第二次背书的被背书人(丙公司)与第三次背书的背书人(乙公司)不是同一人，该票据背书不连续。
13. × 【解析】汇票上未记载承兑日期的，应当以收到提示承兑的汇票之日起三日内的最后一日为承兑日期。
14. × 【解析】银行汇票持票人超过提示付款期限，必须在票据权利时效内向出票银行作出说明，并提供本人身份证件或单位证明，持银行汇票和解讫通知向出票银行请求付款，出票银行应当付款。
15. × 【解析】申请人缺少解讫通知要求退款的，出票银行应于银行汇票提示付款期满 1 个月后办理。
16. × 【解析】贴现申请人无须提供发票、合同等资料。
17. √
18. × 【解析】贴现的期限从其贴现之日起至汇票到期的前一日，承兑人在异地的，贴现的期限应另加 3 天的划款日期，贴现期 = 19+3 = 22(天)。
19. √
20. × 【解析】商业承兑汇票的出票人只要具有支付汇票金额的“可靠资金来源”即可使用商业汇票。
21. × 【解析】信用卡协议中应同时注明“日利率”和“年利率”。
22. × 【解析】金融型支付企业无担保功能，仅为用户提供支付产品和支付系统解决方案，侧重行业需求和开拓行业应用，立足于企业端。
23. × 【解析】公示催告期间届满日不得“早于”票据付款日后 15 日。
24. × 【解析】支付机构为实体特约商户和网络特约商户提供条码支付收单服务的，

应当分别取得银行卡收单业务许可和网络支付业务许可。

四、不定项选择题

【资料一】

1. ABCD 【解析】选项 A，企业法人开立基本存款账户，应出具企业法人营业执照；选项 B，企业申请开立基本存款账户的，银行应当向企业法定代表人或单位负责人核实企业开户意愿，并留存相关工作记录；选项 C，开立银行结算账户时，银行应建立存款人预留签章卡片，并将签章式样和有关证明文件的原件或复印件留存归档；选项 D，开立银行结算账户时，银行应与存款人签订银行结算账户管理协议，明确双方的权利与义务。
2. AD 【解析】银行为存款人开通非柜面转账业务时，双方应签订协议，约定非柜面渠道向非同名银行账户和支付账户转账的日累计限额、笔数和年累计限额等，超出限额和笔数的，应到银行柜面办理。
3. ABD 【解析】选项 AD，单位的法定代表人或主要负责人、住址以及其他开户资料发生变更时，应于 5 个工作日内书面通知开户银行并提供有关证明；选项 BC，属于申请变更单位银行结算账户的，应加盖单位公章和法定代表人(单位负责人)或其授权代理人的签名或者盖章。
4. AD 【解析】选项 A，注销、被吊销营业执照的，应当办理银行结算账户的撤销；选项 B，存款人不得出租、出借银行结算账户；选项 CD，存款人撤销银行结算账户，必须与开户银行核对银行结算账户存款余额，交回各种重要空白票据及结算凭证和开户许可证，银行核对无误后方可办理销户手续。

【资料二】

1. ABC 【解析】选项 ABC，出票银行受理银行汇票申请书，收妥款项后签发银行汇票，并将银行汇票和解讫通知一并交给申请人；选项 D，申请银行汇票原则上只需证明申请人的身份即可，票据法并未要求交验经办人员身份，通常在个人持票据支取现金时才需要校验本人身份。
2. ABCD 【解析】收款人受理银行汇票时，应审查事项为：银行汇票和解讫通知是否齐全、汇票号码和记载的内容是否一致(选项 A)；收款人是否确为本单位或本人(选项 B)；银行汇票是否在提示付款期限内(选项 D)；必须记载的事项是否齐全；出票人签章是否符合规定，大小写出票金额是否一致(选项 C)；出票金额、出票日期、收款人名称是否更改，更改的其他记载事项是否由原记载人签章证明。
3. C 【解析】据实填写。
4. BC 【解析】在银行开立存款账户的持票人向开户银行提示付款时，应在汇票背面“持票人向银行提示付款签章”处签章，签章须与预留银行签章相同，并将银行汇票和解讫通知、进账单送交开户银行。

【资料三】

1. AD 【解析】基本存款账户是存款人的主办账户，一个单位只能开立一个基本存款账户。存款人日常经营活动的资金收付及其工资、奖金和现金的支取，应通过基本存款账户办理。
2. ABD 【解析】商业承兑汇票的出票人，要求与付款人具有真实的委托付款关系，具有支付汇票金额的可靠资金来源(选项 A)。出票人办理电子商业汇票业务，还应同时具备签约开办对公业务的企业网银等电子服务渠道(选项 D)、与银行签订《电子商业汇票业务服务协议》(选项 B)。
3. ACD 【解析】选项 B，银行承兑汇票的承兑银行，应按票面金额的一定比例向出票人收取手续费，银行承兑汇票手续费为市场调节价。
4. C 【解析】实付贴现金额=票面金额-贴现利息；贴现利息=票面金额×日贴现率×贴现期；日贴现率=年贴现率/360；贴现

期为自贴现日起至票据到期的前1日，承兑人在异地的纸质商业汇票，贴现的期限应“另加3天”的划款日期。本题中为电子商业汇票，贴现日为2020年6月26日，到期日为2021年3月16日，因此贴限期为263天。

【资料四】

1. ABC 【解析】选项D，企业开立银行结算账户，需要向中国人民银行分支机构备案。
2. ACD 【解析】选项B，属于任意记载事项。
3. CD 【解析】持票人委托开户银行收款时，应作委托收款背书，在支票背面背书人签章栏签章、记载“委托收款”字样、背书日期，在被背书人栏记载开户银行名称，并将支票和填制的进账单送交开户银行。
4. AB 【解析】出票人签发的支票金额超过其付款时在付款人处实有的存款金额的，为空头支票；签发空头支票，不以骗取财物为目的的，由中国人民银行给予罚款的行政处罚；持票人有权要求出票人赔偿。

【资料五】

1. AB 【解析】选项AC，发卡机构对客户备付金需100%集中交存中国人民银行；选项B，发卡机构要采取有效措施加强对购卡人和持卡人信息的保护，确保信息安全，防止信息泄露和滥用；选项D，属于虚开发票的违法行为。
2. ABCD 【解析】使用实名购买预付卡的，发卡机构应当登记购卡人姓名或单位名称(选项C)、单位经办人姓名(选项D)、有效身份证件名称和号码(选项D)、联系方式、购卡数量(选项B)、购卡日期、购卡总金额、预付卡卡号(选项A)及金额等信息。
3. BC 【解析】选项A，购卡人不得使用信用卡购买预付卡；选项BCD，单位一次性购买预付卡5 000元以上，个人一次性购买预付卡5万元以上的，应当通过银行转账等非现金结算方式购买，不得使用现金。
4. BD 【解析】选项A，不得使用个人预付卡为单位预付卡充值；选项BD，预付卡只能通过现金或银行转账方式进行充值，不得使用信用卡为预付卡充值(单位人民币卡为借记卡)；选项C，记名预付卡单张最高限额为5 000元，2张卡最多充值1万元。

第四绝　“画”——劳动合同与社会保险法律制度

深闺画风

佳人“八绝”以“画”入微。正所谓“云雨山川素纸装，晓风残月入华章”。一如本章，涉及内容之广为各章之最。既有带薪年休假、试用期、医疗期等大量时间性规定需要加以记忆，同时还有劳动补偿、保险缴费金额等内容，需要准确理解并会计算。但好在本章内容贴近生活、贴近工作理解起来并不困难。同时学好本章对考生帮助尤深，无论是现在，还是遥远的未来，谁又能真正躲得开这份“合同”。

从考核上看，本章命题案例较多，尤其注重细节考察，在考试中所占分值13%。

2021年考试前8个批次题型题量

题型＼批次（分值）	5.15上	5.15下	5.16上	5.16下	5.17上	5.17下	5.18上	5.18下
单选题	3题6分	3题6分	2题4分	2题4分	3题6分	3题6分	4题8分	2题4分
多选题	2题4分	2题4分	1题2分	1题2分	2题4分	2题4分	2题4分	2题4分
判断题	1题1分	1题1分	1题1分	1题1分	1题1分	1题1分	1题1分	1题1分
不定项	——	——	1题8分	1题8分	——	——	——	——
合计	6题11分	6题11分	5题15分	5题15分	6题11分	6题11分	7题13分	5题9分

2022年考试变化

新增：劳动者非因本人原因从原用人单位被安排到新用人单位工作的具体情形、不属于劳动争议纠纷的具体情形、对劳动争议仲裁裁决人民法院裁定不予执行的具体情形。

人生初见

第一部分　劳动合同法律制度

考验一　劳动合同的订立(★★★)

(一)订立原则

1. 合法原则
2. 公平原则
3. 平等自愿原则
4. 协商一致原则
5. 诚实信用原则

(二)订立主体

1. 资格要求(见表4-1)

表 4-1 劳动合同订立主体的资格要求

订立主体	资格要求	
劳动者	一般情况	年满“16 周岁” 『老侯提示 1』劳动者就业，不因民族种族、性别、宗教信仰不同而受歧视； 『老侯提示 2』妇女享有与男子“平等”的就业权利。除国家规定的不适合妇女的工种或岗位外，不得以性别为由拒绝或提高对妇女的录用标准
	特殊情况	(1)“文艺、体育和特种工艺”不受年满 16 周岁限制，必须遵守国家有关规定，并保障其接受义务教育的权利； (2)残疾人、少数民族人员、退役军人就业，法律、法规有特别规定的，从其规定
用人单位	一般情况	有营业执照或登记证书
	特殊情况	无营业执照或登记证书，受用人单位“委托”可与劳动者订立劳动合同

2. 双方义务(见表 4-2)

表 4-2 劳动合同订立主体的双方义务

订立主体	义务	
劳动者	实话实说	如实说明与劳动合同“直接相关”的基本情况
用人单位	实话实说	如实告知工作内容、工作条件、工作地点、职业危害、安全生产状况、劳动报酬等
	不得扣押证件	(1)由劳动行政部门责令限期退还劳动者本人； (2)依照有关法律规定给予处罚
	不得要求提供担保和收取财物	(1)由劳动行政部门责令限期退还劳动者本人； (2)以“每人”500 元以上 2 000 元以下的标准处以罚款； (3)给劳动者造成损害的，应当承担赔偿责任

【例题 1·多选题】根据劳动合同法律制度的规定，用人单位招用未满 16 周岁的未成年人应遵守国家相关规定并保障其接受义务教育的权利。下列用人单位中，可招用未满 16 周岁未成年人的有(　)。

A. 文艺单位　　B. 物流配送单位

C. 体育单位　　D. 餐饮单位

解析 ▶ 文艺、体育、特种工艺单位招用未满 16 周岁的未成年人，必须遵守国家有关规定，并保障其接受义务教育的权利。　**答案** ▶ AC

【例题 2·单选题】下列情形中，用人单位招用劳动者符合法律规定的是(　)。

A. 甲公司设立的分公司已领取营业执照，该分公司与张某订立劳动合同

B. 乙公司以只招男性为由拒绝录用应聘者李女士从事会计工作

C. 丙超市与刚满 15 周岁的初中毕业生赵某签订劳动合同

D. 丁公司要求王某提供 2 000 元保证金后才与其订立劳动合同

解析 ▶ 选项 B，在录用职工时，除国家规定的不适合妇女的工种或岗位外，不得以性别为由拒绝录用妇女，“会计工作”显然不属于国家规定的不适合妇女的工种或岗位；选项 C，《劳动法》禁止用人单位招用未满 16 周岁的未成年人，但文艺、体育和特种工艺单位除外，丙超市显然不属于上述单位；选项 D，用人单位招用劳动者，不得要求劳动者提供担保或者以其他名义向劳动者收取财物。　**答案** ▶ A

【例题 3·多选题】某化妆品公司招聘了 10 名销售人员，在签订劳动合同时，要求员工缴纳 300 元的制服押金，等员工离职时再予以返还。根据《劳动合同法》的规定，下列

对化妆品公司应承担的法律责任的表述中，正确的有(　)。

A. 劳动行政部门可以责令该公司限期返还押金

B. 劳动行政部门可以对该公司处以500元的罚款

C. 劳动行政部门可以对该公司处以2 000元的罚款

D. 如果该公司的行为给员工造成损害的，应当承担赔偿责任

解析▶ 选项BC，用人单位以担保或者其他名义向劳动者收取财物的，由劳动行政部门责令限期退还劳动者本人，并以每人500元以上2 000元以下的标准处以罚款。本题中，该化妆品公司向10名销售人员收取了财物，劳动行政部门可以对该公司处以5 000元以上2万元以下的罚款。 **答案**▶ AD

(三)建立劳动关系

用人单位自"用工之日"起即与劳动者建立劳动关系。

『**老侯提示**』无论劳动者与用人单位是否签订劳动合同、何时签订劳动合同，劳动关系的建立时间都为用工之日。

【**例题4·单选题**】2020年11月2日，甲公司与李某签订劳动合同，约定2020年11月9日李某到公司上班。合同期限2年，试用期1个月。2020年11月5日，李某接甲公司通知并于当日到岗工作。甲公司与李某劳动关系建立的时间是(　)。

A. 2020年11月2日

B. 2020年11用9日

C. 2020年11月5日

D. 2020年12月9日

解析▶ 用人单位自"用工之日"起即与劳动者建立劳动关系。2020年11月5日，李某到岗工作即为用工之日。 **答案**▶ C

(四)签订劳动合同

1. 形式

建立劳动关系应当订立"书面"劳动合同。

『**老侯提示**』"非全日制用工"双方当事人可以订立"口头"协议。

2. 订立时间

(1)用人单位应当自用工之日起"1个月"内与劳动者订立书面劳动合同。

(2)未签订劳动合同的法律规定(见表4-3)。

表4-3　未签订劳动合同的法律规定

时间	具体情形	法律后果
用工之日起**"1个月"**内	双方订立书面劳动合同的	依约履行
	经用人单位书面通知后，劳动者不与用人单位订立书面劳动合同的	(1)终止劳动关系； (2)按实际工作时间向劳动者支付报酬； (3)无须向劳动者支付经济补偿
用工之日起**"超过1个月""不满1年"**	经单位提出，双方订立书面劳动合同的	用人单位应当自**"用工之日起满1个月的次日起至补订书面劳动合同的前1日"**，向劳动者每月支付2倍的工资 『**老侯提示**』2倍的工资是指：正常支付工资+额外一个月工资的补偿金
	经单位提出，劳动者不同意与用人单位订立书面劳动合同的	(1)终止劳动关系； (2)支付(离职)经济补偿
用工之日起"满1年"	用人单位仍未与劳动者订立书面劳动合同	(1)自用工之日起满1个月的次日至满1年的前1日应当向劳动者每月支付2倍的工资，即补偿劳动者**"11个月"**工资； (2)视为自用工之日起满1年的当日已经与劳动者订立无固定期限劳动合同，应当立即与劳动者补订书面劳动合同

续表

时间	具体情形	法律后果
用工之日起“超过1年”	仍未与劳动者“**补订**”书面劳动合同	履行补订书面无固定期限劳动合同义务 『**老侯提示**』此时因视为双方已订立无固定期限劳动合同，所以用人单位只需履行补订合同责任，不再支付双倍工资。**即超过1年后无论双方何时补订书面劳动合同，劳动者均只能获得11个月的工资补偿**

【例题5·单选题】2018年6月1日，刘某到甲公司上班。2019年6月1日，甲公司尚未与刘某签订劳动合同，下列关于甲公司未与刘某签订书面劳动合同法律后果的表述中，正确的是( )。

A. 视为双方自2019年6月1日起已经订立无固定期限劳动合同

B. 甲公司应向刘某支付2018年6月1日至2019年5月31日期间的2倍工资

C. 双方尚未建立劳动关系

D. 视为2018年6月1日至2019年5月31日为试用期

解析▶ 选项A，自用工之日起满1年的，用人单位仍未与劳动者订立书面劳动合同，视为自用工之日起满1年的当日已经与劳动者订立无固定期限劳动合同；选项B，2倍工资的支付起算点为用工之日起满1个月的次日(2018年7月1日)；选项C，劳动关系自用工之日(2018年6月1日)起建立；选项D，试用期为劳动合同的可备条款，应当由合同双方依法进行约定。 **答案**▶A

【例题6·单选题】2020年7月1日，甲公司书面通知张某被录用，7月6日张某到甲公司上班，11月15日甲公司与张某签订书面劳动合同，因未及时签订书面劳动合同，甲公司应向张某支付一定期间的2倍工资，该期间为( )。

A. 自2020年8月1日至2020年11月14日

B. 自2020年7月1日至2020年11月15日

C. 自2020年7月6日至2020年11月15日

D. 自2020年8月6日至2020年11月14日

解析▶ 用人单位自用工之日起超过1个月不满1年未与劳动者订立书面劳动合同的，应当向劳动者每月支付2倍的工资，并与劳动者补订书面劳动合同；用人单位向劳动者每月支付2倍工资的起算时间为用工之日起满1个月的次日，截止时间为补订书面劳动合同的前一日。 **答案**▶D

（五）合同的效力

1. 生效

双方协商一致，签字盖章依法订立即生效。

『**老侯提示**』劳动合同是否生效，不影响劳动关系的建立。

2. 劳动合同无效或者部分无效的情形

(1)以欺诈、胁迫的手段或者乘人之危，使对方在违背真实意思的情况下订立或者变更劳动合同的；

(2)用人单位免除自己的法定责任、排除劳动者权利的；

(3)违反法律、行政法规强制性规定的。

3. 合同效力争议的认定

对劳动合同的无效或者部分无效有争议的，由“仲裁机构”或者“人民法院”确认。

4. 无效劳动合同的法律后果

(1)无效劳动合同，从“订立时”起就没有法律约束力。

(2)劳动合同“部分无效”，不影响其他部分效力的，其他部分仍然有效。

(3)劳动合同被确认无效，劳动者已付出劳动的，用人单位应当向劳动者支付劳动报酬。

(4)劳动合同被确认无效，给对方造成损失的，“有过错的一方”应当承担赔偿责任。

【例题7·单选题】2020年6月19日，孙某被甲公司口头聘用，7月1日收到书面录用通知书，7月15日与甲公司在劳动合同文本上签章，7月21日上岗工作。孙某与甲公司所签劳动合同的生效时间为( )。

A. 2020年6月19日

B. 2020年7月1日

C. 2020年7月15日

D. 2020年7月21日

解析 劳动合同是“诺成”合同，双方当事人在合同上签名、盖章或按指印时合同生效。

答案 C

【例题8·多选题】根据劳动合同法律制度的规定，下列情形中，可导致劳动合同无效或者部分无效的有( )。

A. 一方当事人以胁迫手段，使对方在违背真实意思的情况下订立的

B. 劳动合同条款违反法律、行政法规强制性规定的

C. 劳动合同签订后，用人单位发生分立的

D. 劳动合同欠缺必备条款的

解析 选项C，用人单位发生合并或者分立等情况，原劳动合同继续有效，劳动合同由承继其权利和义务的用人单位继续履行；选项D，用人单位提供的劳动合同文本未载明《劳动合同法》规定的劳动合同必备条款的，由劳动行政部门责令改正；给劳动者造成损害的，应当承担赔偿责任。 **答案** AB

【例题9·多选题】根据劳动合同法律制度的规定，下列关于无效劳动合同法律后果的表述中，正确的有( )。

A. 劳动合同被确认无效，给对方造成损害的，有过错的一方应当承担赔偿责任

B. 劳动者已付出劳动的，不得请求支付劳动报酬

C. 无效劳动合同从订立时起就没有法律约束力

D. 劳动合同部分无效，不影响其他部分效力的，其他部分仍然有效

解析 选项B，劳动合同无效，劳动者已付出劳动的，可以请求支付劳动报酬。

答案 ACD

考验二　劳动合同的主要内容(★★★)

(一)劳动合同条款的分类

1. 必备条款

用人单位的名称、住所、法定代表人；劳动者的姓名、住址、身份证；劳动合同期限；工作内容和地点；工作时间和休息、休假；劳动报酬；社会保险；劳动保护、劳动条件和职业危害防护。

2. 可备条款

试用期、培训、保守秘密、补充保险和福利待遇等。

【例题1·多选题】根据劳动合同法律制度的规定，下列各项中，属于劳动合同必备条款的有( )。

A. 工作内容　　B. 服务期　　C. 补充保险　　D. 劳动合同期限

解析 选项BC，属于劳动合同的可备条款。 **答案** AD

(二)必备条款

1. 劳动合同期限

(1)劳动合同期限的种类(见表4-4)。

表 4-4　劳动合同期限的种类

种类	具体内容
以完成一定工作任务为期限的劳动合同	(1)以完成单项工作任务为期限的劳动合同； (2)以项目承包方式完成承包任务的劳动合同； (3)因季节原因用工的劳动合同
固定期限劳动合同	双方明确约定合同终止时间
无固定期限劳动合同	双方约定合同无确定终止时间

(2)无固定期限劳动合同。

视为：用人单位自用工之日起满 1 年不与劳动者订立书面劳动合同的，视为用人单位自用工之日起满 1 年的当日已经与劳动者订立无固定期限劳动合同。

约定：用人单位与劳动者协商一致，可以订立无固定期限劳动合同。

法定：有“下列情形”之一，劳动者提出或者同意续订、订立劳动合同的，除劳动者提出订立固定期限劳动合同外，应当订立无固定期限劳动合同。

『老侯提示』 出现法定情形，劳动者有选择权，而用人单位无选择权。

①劳动者在“该”用人单位“连续工作”满“10 年”的。

②用人单位初次实行劳动合同制度或者国有企业改制重新订立劳动合同时，劳动者在“该”用人单位连续工作“满 10 年”“且”距法定退休年龄“不足 10 年”的。

『老侯提示』 关于“连续工作满 10”年(见表 4-5)

表 4-5　关于“连续工作满 10”年

考点	具体内容
起算点	用人单位用工之日
合并计算	劳动者“非因本人原因”从原用人单位被安排到新用人单位工作，原用人单位的工作年限合并计算为新用人单位的工作年限
非本人原因工作调动(2022 年新增)	a. 劳动者仍在原工作场所、工作岗位工作，劳动合同主体由原用人单位变更为新用人单位；b. 用人单位以组织委派或任命形式对劳动者进行工作调动；c. 因用人单位合并、分立等原因导致劳动者工作调动；d. 用人单位及其关联企业与劳动者轮流订立劳动合同

③连续订立 2 次固定期限劳动合同，且劳动者没有“下述情形”，续订劳动合同的：

a. 严重违反用人单位的规章制度的；

b. 严重失职，营私舞弊，给用人单位造成重大损害的；

c. 劳动者同时与其他用人单位“建立劳动关系”，对完成本单位的工作任务造成严重影响，或者经用人单位提出，拒不改正的；

d. 劳动者以欺诈、胁迫的手段或者乘人之危，使用人单位在违背真实意思的情况下订立或者变更劳动合同，致使劳动合同无效的；

e. 被依法追究“刑事责任”的；

f. 劳动者“患病或者非因工负伤”，在规定的医疗期满后不能从事原工作，也不能从事由用人单位另行安排的工作的；

g. 劳动者不能胜任工作，经过培训或者调整工作岗位，仍不能胜任工作的。

『老侯提示』 用人单位违反规定不与劳动者订立无固定期限劳动合同的，自应当订立无固定期限劳动合同之日起向劳动者每月支付 2 倍的工资(不受最多 11 个月的限制)。

【例题 2·多选题】 2008 年以来，甲公司与下列职工均已连续订立 2 次固定期限劳动合同，再次续订劳动合同时，除职工提出订立固定期限劳动合同外，甲公司应与之订立无固定期限劳动合同的有(　)。

A. 不能胜任工作，经过培训能够胜任的李某

B. 因交通违章承担行政责任的范某

C. 患病休假，痊愈后能继续从事原工作的王某

D. 同时与乙公司建立劳动关系，经甲公司提出立即改正的张某

解析 选项A，劳动者不能胜任工作，经过培训或者调整工作岗位，仍“不能”胜任工作。本题中，李某经过培训能够胜任。选项B，被依法追究“刑事责任”。本题中，范某被追究的是行政责任。选项C，劳动者“患病或者非因工负伤”，在规定的医疗期满后不能从事原工作，也不能从事由用人单位另行安排的工作。本题中，王某痊愈后能继续从事原工作。选项D，劳动者同时与其他用人单位建立劳动关系，经用人单位提出拒不改正。本题中，张某同时与乙公司建立劳动关系，但经甲公司提出立即改正。上述选项，劳动者均无“法定不得订立无固定期限劳动合同的情形”，用人单位应与之订立无固定期限劳动合同。 **答案** ABCD

【例题3·多选题】 下列各项中，除劳动者提出订立固定期限劳动合同外，用人单位与劳动者应当订立无固定期限劳动合同的情形有(　)。

A. 劳动者在该用人单位连续工作满10年的

B. 连续订立2次固定期限劳动合同，且劳动者无法定不得订立无固定期限劳动合同的情形继续续订的

C. 国有企业改制重新订立劳动合同，劳动者在该用人单位连续工作满5年且距法定退休年龄不足15年的

D. 用人单位初次实行劳动合同制度，劳动者在该用人单位连续工作满10年且距法定退休年龄不足10年的

解析 选项C，国有企业改制重新订立劳动合同时，劳动者在该用人单位连续工作满10年且距法定退休年龄不足10年的，应当订立无固定期限劳动合同。 **答案** ABD

2. 工作时间与休息、休假

(1)工作时间(见表4-6)。

表4-6　工作时间的总结

工时制度	基本规定(H)	加班(H)
标准工时制	D=8，W=40	『老侯提示』用人单位与工会和劳动者“协商”后可延长工作时间 (1)一般：D≤1； (2)特殊：D≤3，M≤36
不定时工作制	D≤8，W≤40；至少休息1天/W	
综合计算工时制	以周、月、季、年为周期总和计算，但平均工时同标准工时制	
【说明】H小时；D天；W周；M月		

(2)休息VS休假(见表4-7)。

表4-7　休息VS休假

项目	分类	具体内容
休息	工作日内的间歇时间	工作日的中午时间
	工作日之间的休息时间	工作日与工作日之间
	公休假日	周末
休假	法定假日	元旦、春节、清明节、劳动节、端午节、中秋节、国庆节
	带薪年休假	见下

(3)带薪年休假。

①概念。

机关、团体、企业、事业单位、民办非企业单位、有雇工的个体工商户等单位的职工“连续工作1年以上”的,享受带薪年休假。

『老侯提示1』“连续工作”是指劳动者“参加工作”的时间,而非在本单位的工作时间。

『老侯提示2』职工在年休假期间享受与正常工作期间相同的工资收入。

②带薪年休假的适用(见表4-8)。

表4-8 带薪年休假的适用

累计工作年限	享受时长	排除事项		
		病假	带薪事假	寒暑假
满1年不满10年	5天	累计≥2个月	累计≥20天	假期天数>年休假天数
满10年不满20年	10天	累计≥3个月		
满20年	15天	累计≥4个月		

『老侯提示1』国家法定休假日、休息日不计入年休假的假期。

『老侯提示2』年休假在1个年度内可以集中安排,也可以分段安排,一般不跨年度安排,但因特殊原因(生产、工作特点等)可跨1个年度安排。

『老侯提示3』职工新进用人单位且符合享受带薪年休假条件的,当年度休假天数按照在本单位剩余日历天数折算确定,折算后不足1整天的部分不享受年休假。

剩余年休假天数=(当年度在本单位剩余日历天数/365天)×职工本人全年应当享受的年休假天数

【例题4·单选题】下列关于标准工时制的表述中,正确的是( )。

A. 每日工作8小时,每周工作40小时

B. 每日工作8小时,每周工作48小时

C. 每日工作10小时,每周工作40小时

D. 每日工作10小时,每周工作50小时

答案 A

【例题5·单选题】至2019年1月,甲公司职工黄某累计工作已满12年,在甲公司工作满3年。2019年黄某可享受的年休假天数为( )。

A. 10天　　B. 15天

C. 0　　D. 5天

解析 职工“累计”(而非在本单位)工作已满10年不满20年的,年休假10天。

答案 A

【例题6·单选题】赵某工作已满6年,2020年在甲公司已休带薪年休假5天,2020年7月1日调到乙公司工作,提出补休年休假的申请。乙公司对赵某补休年休假申请符合法律规定的答复是( )天。

A. 0　　B. 2

C. 5　　D. 10

解析 职工累计工作已满1年不满10年的,年休假5天。赵某工作已满6年,可享受年休假5天。赵某7月1日调到乙公司,还可在新单位享受的年休假=(当年度在本单位剩余日历天数/365天)×职工本人全年应当享受的年休假天数=(184/365)×5=2.5(天),折算后不足1整天的部分不享受年休假,则赵某可以享受的带薪年休假为2天。

答案 B

【例题7·多选题】下列关于职工带薪年休假制度的表述中,正确的有( )。

A. 职工连续工作1年以上方可享受年休假

B. 机关、团体、企业、事业单位、民办非企业单位、有雇工的个体工商户等单位的职工均可依法享受年休假

C. 国家法定休假日、休息日不计入年休假的假期

D. 职工在年休假期间享受与正常工作期间相同的工资收入

答案 ▶ ABCD

【例题 8·单选题】根据劳动合同法律制度的规定，下列情形中，职工不能享受当年年休假的是(　)。

A. 已享受 40 天寒暑假的

B. 累计工作满 5 年，当年请病假累计 15 天的

C. 累计工作满 20 年，当年请病假累计 1 个月的

D. 请事假累计 10 天且单位按照规定不扣工资的

解析 ▶ 选项 A，职工依法享受寒暑假，其休假天数多于年休假天数，不能享受当年年休假；选项 B，累计工作满 1 年不满 10 年的职工，请病假累计 2 个月以上的，不能享受当年年休假；选项 C，累计工作满 20 年以上的职工，请病假累计 4 个月以上的，不能享受当年年休假；选项 D，职工请事假累计 20 天以上且单位按照规定不扣工资的，不能享受当年年休假。

答案 ▶ A

3. 劳动报酬

(1)工资支付。

①应当以法定货币支付，不得以实物、有价证券代替；

②必须在约定日期支付，遇休息日、休假日“提前”支付；

③至少“每月”支付一次，实行周、日、小时工资制的，可按周、日、小时支付工资；

④对完成一次性临时劳动或某项具体工作的劳动者，用人单位应在其完成劳动任务后即支付；

⑤用人单位应当依法支付劳动者在“法定休假日”和“婚丧假期间”以及“依法参加社会活动”期间的工资。

(2)加班工资(见表 4-9)。

表 4-9　加班工资支付标准的总结

加班日	工资支付标准
部分公民放假的节日	有工资，无加班费
平时加班	≥150%
周末加班	≥200%(或补休)
法定休假日加班	≥300%

(3)最低工资制度。

①最低工资不包括“加班工资、补贴、津贴和保险”。

②最低工资的具体标准由省、自治区、直辖市人民政府规定，报国务院备案。

③劳动合同履行地与用人单位注册地不一致的，最低工资标准、劳动保护、劳动条件、职业危害防护和本地区上年度职工月平均工资标准等事项，按照劳动合同“履行地”的有关规定执行；用人单位注册地的标准“高于”劳动合同履行地的标准，“且”用人单位与劳动者“约定”按照用人单位注册地的有关规定执行的，从其约定。

(4)扣工资。

因劳动者本人原因给用人单位造成经济损失的，用人单位可按照劳动合同的约定要求其赔偿经济损失。

经济损失的赔偿，可从劳动者本人的工资中扣除。但“每月”扣除的部分不得超过劳动者当月工资的“20%”。若扣除后的剩余工资部分低于当地月最低工资标准，则按“最低工资标准”支付。

『老侯提示』“每月”扣除的部分≤20%；剩余部分≥当地月最低工资标准。

(5)未及时足额支付劳动报酬的处罚规定(见表 4-10)。

表 4-10 未及时足额支付劳动报酬的处罚规定

适用情形	处罚规定
未按规定及时足额支付劳动报酬的	劳动行政部门责令限期支付(低于最低工资的应支付差额部分)，逾期按应付金额"50%以上 100%以下""加付"赔偿金
低于当地最低工资标准支付劳动者工资的	
安排加班不支付加班费的	

【例题 9·多选题】根据劳动合同法律制度的规定，下列关于劳动报酬支付的表述中，正确的有(　)。

A. 用人单位应当向劳动者支付婚丧假期间的工资

B. 用人单位不得以实物及有价证券代替货币支付工资

C. 用人单位与劳动者约定的支付工资日期遇节假日的，应顺延至最近的工作日支付

D. 对在"五四"青年节(工作日)照常工作的青年职工，用人单位应支付工资报酬但不支付加班工资

解析 ▶ 选项 C，工资的发放如遇节假日或休息日，则应提前在最近的工作日支付。

答案 ▶ ABD

【例题 10·单选题】2020 年 10 月份甲公司依法安排职工邹某于 10 月 1 日(国庆节)加班 1 天，于 10 月 17 日(周六)加班 1 天，之后未安排补休。已知甲公司实行标准工时制，邹某的日工资为 300 元。计算甲公司依法支付邹某 10 月份最低加班工资的下列算式中，正确的是(　)。

A. 300×300%×1+300×200%×1=1 500(元)

B. 300×200%×1+300×150%×1=1 050(元)

C. 300×300%×1+300×150%×1=1 350(元)

D. 300×200%×1+300×200%×1=1 200(元)

解析 ▶ ①用人单位依法安排劳动者在休息日工作，不能安排补休的，按照不低于劳动合同规定的劳动者本人日或小时工资标准的 200%支付劳动者工资；②用人单位依法安排劳动者在法定休假日工作的，按照不低于劳动合同规定的劳动者本人日或小时工资标准的 300%支付劳动者工资。 答案 ▶ A

【例题 11·多选题】下列关于最低工资制度的说法中，错误的有(　)。

A. 最低工资包括延长工作时间的工资报酬

B. 最低工资的具体标准由省、自治区、直辖市人民政府规定，报国务院批准

C. 劳动合同履行地与用人单位注册地不一致的，最低工资标准按照劳动合同履行地的有关规定执行

D. 用人单位注册地的最低工资标准高于劳动合同履行地的标准，按照用人单位注册地的有关规定执行

解析 ▶ 选项 A，最低工资不包括延长工作时间的工资报酬；选项 B，最低工资的具体标准由省、自治区、直辖市人民政府规定，报国务院备案；选项 D，用人单位注册地的最低工资标准高于劳动合同履行地的标准，且用人单位与劳动者约定按照用人单位注册地的有关规定执行的，从其约定。

答案 ▶ ABD

【例题 12·判断题】最低工资标准包括以货币形式发放的住房补贴。(　)

解析 ▶ 最低工资不包括以货币形式支付的住房补贴和用人单位支付的伙食补贴，中班、夜班、高温、低温、井下、有毒、有害等特殊工作环境和劳动条件下的津贴，国家法律、法规、规章规定的社会保险福利待遇。

答案 ▶×

【例题 13·单选题】2019 年 8 月 6 日，甲公司职工张某因违反操作流程导致产品报废给公司造成经济损失 3 万元，公司按照约

定要求其赔偿并每月从其工资中扣除。已知张某2019年9月工资为2 700元。当地月最低工资标准为2 200元。甲公司可从张某当月工资中扣除的最高限额为(　)。

A. 2 200元　　B. 540元

C. 500元　　D. 2 700元

解析▶ 月工资2 700元的20%=2 700×20%=540(元)，扣除后剩余部分=2 700-540=2 160(元)<当地月最低工资标准2 200元，则每月准予扣除的最高限额=2 700-2 200=500(元)。 **答案**▶C

【例题14·多选题】 关于用人单位未按照劳动合同约定或者国家规定支付劳动者劳动报酬应承担法律责任的下列表述中，正确的有(　)。

A. 由用人单位向劳动者支付违约金

B. 劳动报酬低于当地最低工资标准的，用人单位应当支付其差额的部分

C. 用人单位按照应付劳动报酬金额200%的标准向劳动者加付赔偿金

D. 由劳动行政部门责令用人单位限期支付劳动报酬

解析▶ 选项A，违约金是劳动者违反服务期和竞业限制的约定向用人单位支付的违约补偿；选项C，责令用人单位按照应付金额50%以上100%以下的标准向劳动者加付赔偿金。 **答案**▶BD

(三)可备条款

1. 试用期

(1)试用期期限的强制性规定(见表4-11)。

表4-11　试用期期限的强制性规定

劳动合同期限	试用期
非全日制用工	不得约定
以完成一定工作任务为期限	
不满3个月	
3个月以上，不满1年	不得超过1个月
1年以上，不满3年	不得超过2个月
3年以上固定期限	不得超过6个月
无固定期限	

『老侯提示1』同一用人单位与同一劳动者"只能"约定一次试用期。

『老侯提示2』劳动合同"仅约定"试用期的，试用期不成立，该期限为劳动合同期限。

『老侯提示3』试用期"包含"在劳动合同期限内。

(2)违法约定试用期的法律责任。

①由劳动行政部门责令改正；

②违法约定的试用期已经履行的，由用人单位以劳动者试用期满月工资为标准，按已经履行的超过法定试用期的期间向劳动者支付赔偿金。

(3)试用期工资的强制性规定。

劳动者在试用期的工资不得低于本单位"相同岗位最低档工资的80%"或者不得低于"劳动合同约定工资的80%"，并不得低于用人单位所在地的"最低工资标准"。

【例题15·单选题】 用人单位与劳动者签订劳动合同时，对试用期期限的下列约定中，符合法律规定的是(　)。

A. 甲公司与王某签订非全日制用工劳动合同，双方约定1个月试用期

B. 丁公司与赵某签订为期3年的劳动合同，双方约定6个月试用期

C. 乙公司与李某签订以完成一定工作任务为期限的劳动合同，双方约定2个月试用期

D. 丙公司与张某签订为期2年的劳动合

同，双方约定3个月试用期

解析▶ 选项AC，非全日制用工、以完成一定工作任务为期限的劳动合同、不满3个月的固定期限劳动合同，不得约定试用期；选项B，3年以上固定期限劳动合同和无固定期限劳动合同，约定的试用期不能超过6个月；选项D，1年以上不满3年的固定期限劳动合同，约定的试用期不能超过2个月。

答案▶ B

【例题16·单选题】 甲公司与张某签订劳动合同，未约定劳动合同期限，仅约定试用期8个月，下列关于该试用期的表述中，正确的是(　)。

A. 试用期约定有效

B. 试用期超过6个月部分视为劳动合同期限

C. 试用期不成立，8个月为劳动合同期限

D. 试用期不成立，应视为试用期1个月，剩余期限为劳动合同期限

解析▶ 劳动合同仅约定试用期的，试用期不成立，该期限为劳动合同期限。 **答案**▶ C

【例题17·多选题】 根据劳动合同法律制度的规定，下列关于试用期约定的表述中，正确的有(　)。

A. 订立固定期限劳动合同应当约定试用期

B. 同一用人单位与同一劳动者只能约定一次试用期

C. 试用期包含在劳动合同期限内

D. 订立无固定期限劳动合同不应约定试用期

解析▶ 选项A，试用期属于劳动合同的可备条款，订立固定期限劳动合同可以不约定试用期；选项D，订立无固定期限劳动合同，约定的试用期不得超过6个月。

答案▶ BC

【例题18·单选题】 甲公司与刘某签订劳动合同，约定劳动合同期限1年，月工资2 500元，试用期1个月。已知甲公司职工月平均工资4 000元；当地月最低工资标准2 200元。甲公司依法向刘某支付的试用期工资最低不得低于(　)。

A. 2 000元　　B. 3 200元

C. 1 760元　　D. 2 200元

解析▶ 劳动者在试用期的工资不得低于本单位相同岗位最低档工资或者劳动合同约定工资的80%，并不得低于用人单位所在地的最低工资标准。本题中，甲公司职工的月平均工资并非相同岗位最低档工资，与计算试用期工资标准无关。约定工资的80%＝2 500×80%＝2 000元＜当地月最低工资标准2 200元，因此甲公司依法向刘某支付的试用期工资最低不得低于2 200元。 **答案**▶ D

【例题19·单选题】 2019年3月1日，甲公司聘用赵某并与其订立了2年期限劳动合同。约定试用期4个月，试用期月工资3 600元。试用期满月工资4 500元，试用期间，甲公司依照约定向赵某支付了试用期工资。2019年11月4日。赵某以试用期约定违法为由，要求甲公司支付赔偿金。已知甲公司所在地月最低工资标准为2 000元。甲公司依法应向赵某支付的赔偿金数额为(　)。

A. 4 000元　　B. 7 200元

C. 1 800元　　D. 9 000元

解析▶ 违法约定的试用期已经履行的，由用人单位以劳动者试用期满月工资为标准，按已经履行的超过法定试用期的期间向劳动者支付赔偿金。本题中，劳动者试用期满月工资为4 500元，2年期劳动合同试用期最多为2个月，已经履行的超过法定试用期的期间为2个月，因此应支付的赔偿金＝4 500×2＝9 000(元)。 **答案**▶ D

2. 服务期

(1)服务期的适用范围。

用人单位为劳动者“提供专项培训费用”，对其进行专业技术培训的，可以与该劳动者订立协议，约定服务期。

(2)服务期期间。

服务期超过合同期的，合同期顺延，双

方另有约定，从其约定。

『老侯提示』约定服务期，不影响按照正常的工资调整机制提高劳动者在服务期期间的劳动报酬。

(3)违约责任。

①劳动者违反服务期约定的，应当按照约定向用人单位支付“违约金”。

②约定的违约金不得超过用人单位提供的培训费用。

③用人单位要求劳动者支付的违约金不得超过服务期“尚未履行部分”所应分摊的培训费用。

(4)解除劳动合同后的违约金问题。

①服务期满，劳动合同期亦满，劳动者解除劳动关系无须支付违约金。

②劳动合同期满，服务期未满，劳动合同应顺延，若劳动者解除劳动关系则需支付违约金。

③劳动者因违纪等“重大过错”行为而被用人单位解除劳动关系，用人单位仍“有权要求”其支付违约金。

④由于“用人单位过错”导致劳动者解除劳动合同的，用人单位“不得要求”劳动者支付违约金。

【例题20·单选题】甲公司安排职工陈某参加专项技术培训并支付培训费用20万元。双方约定陈某自培训结束后5年内不得辞职，否则应向公司支付违约金40万元。陈某完成专项技术培训后在甲公司工作满3年时辞职，甲公司要求陈某支付违约金。陈某依法应支付的违约金不得超过(　)。

A. 8万元　　B. 40万元

C. 20万元　　D. 16万元

解析▶已履行部分服务期限的，用人单位要求劳动者支付的违约金不得超过服务期尚未履行部分所应分摊的培训费用。本题中，违约金的最高数额=(20÷5)×(5-3)=8(万元)。

答案▶A

【例题21·单选题】甲公司通过签订服务期协议将尚有4年劳动合同期限的职工刘某派出参加6个月的专业技术培训，甲公司提供10万元专项培训费用。双方约定，刘某培训结束后须在甲公司工作满5年，否则应向公司支付违约金。刘某培训结束工作2年时因个人原因向公司提出解除劳动合同。下列关于刘某服务期约定及劳动合同解除的表述中，正确的是(　)。

A. 双方不得在服务期协议中约定违约金

B. 5年服务期的约定因超过劳动合同剩余期限而无效

C. 刘某可以解除劳动合同，但甲公司有权要求其支付违约金

D. 服务期约定因限制了刘某的自主择业权而无效

解析▶选项A，服务期和竞业限制协议中可以约定违约金；选项B，劳动合同期满，但是用人单位与劳动者约定的服务期尚未到期的，劳动合同应当续延至服务期满，双方另有约定的，从其约定；选项D，服务期约定在限制了劳动者自主择业权的同时，用人单位也付出了培训费用，因此不属于用人单位免除自己的法定责任、排除劳动者权利的劳动合同无效情形。

答案▶C

3. 保守商业秘密和竞业限制

(1)适用人群。

竞业限制的人员限于用人单位的高级管理人员、高级技术人员和其他负有保密义务的人员，而非所有的劳动者。

『老侯提示』用人单位要求劳动者签订竞业限制条款，必须给予相应的经济补偿，否则该条款“无效”。

(2)竞业限制期限。

竞业限制期限不得超过“2年”，否则“超过部分”无效。

(3)违约责任。

劳动者违反竞业限制约定的，应当按照约定向用人单位支付“违约金”。

『老侯提示』用人单位只能在“服务期”及“竞业限制”中与劳动者约定由劳动者承担“违约金”。

(4)司法解释(见表4-12)。

表4-12 竞业限制司法解释

	用人单位	劳动者	竞业限制约定
订立时	约定补偿金		有效
	未约定补偿金		无效
	约定的竞业限制期限超过2年的		超过部分无效
履行时	订立时未约定补偿金	实际履行了竞业限制约定可要求按合同解除或终止前12个月平均工资的30%或当地最低工资标准中较高者按月支付经济补偿	有效
	向法院主张解除	可额外要求3个月补偿金	解除
	单位原因不支付补偿金时间不满3个月	可要求单位支付已履行的竞业限制期间的补偿金	有效
	单位原因导致3个月不支付补偿金	可请求法院解除; 可要求单位支付已履行的竞业限制期间的补偿金	解除
	要求劳动者支付违约金、赔偿金后可要求劳动者继续履行竞业限制协议	不履行竞业限制协议在先	有效

【例题22·多选题】关于用人单位和劳动者对竞业限制约定的下列表述中,正确的有( )。

A. 竞业限制约定适用于用人单位与其高级管理人员、高级技术人员和其他负有保密义务的人员之间

B. 用人单位应按照双方约定在竞业限制期限内按月给予劳动者经济补偿

C. 用人单位和劳动者约定的竞业限制期限不得超过2年

D. 劳动者违反竞业限制约定的,应按照约定向用人单位支付违约金

答案 ABCD

【例题23·多选题】下列各项中,用人单位不能在劳动合同中和劳动者约定由劳动者承担违约金的有( )。

A. 竞业限制　　B. 工作时间

C. 休息休假　　D. 试用期

解析《劳动合同法》规定禁止用人单位对劳动合同中“服务期和竞业禁止”以外的其他事项约定劳动者承担违约金责任。答案 BCD

【例题24·多选题】刘某原是甲公司的技术总监,公司与他签订竞业限制协议,约定合同解除或终止后3年内,刘某不得在本行业从事相关业务,公司每月支付其补偿金2万元。但在刘某离职后,公司只在第一年按时给予了补偿金,此后一直没有支付,刘某遂在离职1年半后到甲公司的竞争对手乙公司上班。甲公司得知后要求刘某支付违约金。则下列说法中正确的有( )。

A. 双方约定的竞业限制期限不符合法律规定

B. 刘某可以提出请求解除竞业限制约定,人民法院应予支持

C. 刘某可以要求甲公司支付竞业限制期间内未支付的补偿金,人民法院应予支持

D. 对甲公司要求刘某支付违约金的请求,人民法院应予支持

解析 选项A,竞业限制期限不得超过2年;选项B,因用人单位原因导致3个月未支付经济补偿的,劳动者请求解除竞业限制,人民法院应予支持;选项C,劳动者履行了竞业限制义务后要求用人单位支付经济补偿的,人民法院应予支持;选项D,用人单位违约在先,其请求人民法院不予支持。

答案 ABC

考验三　劳动合同的履行和变更(★)

(一)劳动合同的履行

(1)用人单位拖欠或者未足额支付劳动者报酬的，劳动者可以依法向当地“人民法院”申请支付令，人民法院应当依法发出支付令。

(2)劳动者拒绝用人单位管理人员违章指挥、强令冒险作业的，不视为违反劳动合同。

(3)劳动者对危害生命安全和身体健康的劳动条件，有权对用人单位提出批评、检举和控告。

(4)用人单位变更名称、法定代表人、主要负责人或者投资人等事项，不影响劳动合同的履行。

(5)用人单位发生合并分立等情况，原劳动合同继续有效，劳动合同由承继其权利和义务的用人单位继续履行。

(二)用人单位的规章制度

(1)单位制定的合法有效的劳动规章制度是劳动合同的组成部分，对用人单位和劳动者均具有法律约束力。

(2)单位在制定、修改或者决定有关“劳动报酬、工作时间、休息休假、劳动安全卫生、保险福利、职工培训、劳动纪律以及劳动定额管理”等直接涉及劳动者切身利益的规章制度和重大事项时，应当经职工代表大会或全体职工讨论。

(3)用人单位的规章制度未经公示或者未告知劳动者，该规章制度对劳动者不生效。

(三)劳动合同的变更

变更劳动合同应当采用书面形式，未采用书面形式，但“已经实际履行了口头变更的劳动合同超过1个月”，变更后的劳动合同内容不违反法律、行政法规、公序良俗，当事人以未采用书面形式为由主张劳动合同变更无效的，人民法院不予支持。

【例题1·单选题】 2020年10月，张某到甲公司工作。2021年11月，甲公司与张某口头商定将其月工资由原来的4 500元提高至5 400元。双方实际履行3个月后，甲公司法定代表人变更。新任法定代表人认为该劳动合同内容变更未采用书面形式，变更无效，决定仍按原每月4 500元的标准向张某支付工资。张某表示异议并最终提起诉讼。关于双方口头变更劳动合同效力的下列表述中，正确的是(　)。

A. 双方口头变更劳动合同且实际履行已超过1个月，该劳动合同变更有效

B. 劳动合同变更在实际履行3个月期间有效，此后无效

C. 因双方未采取书面形式，该劳动合同变更无效

D. 双方口头变更劳动合同但实际履行未超过6个月，该劳动合同变更无效

解析 (1)变更劳动合同未采用书面形式，但已经实际履行了口头变更的劳动合同超过1个月，变更后的劳动合同内容不违反法律、行政法规、公序良俗，当事人以未采用书面形式为由主张劳动合同变更无效的，人民法院不予支持；(2)用人单位变更名称、法定代表人等事项，不影响劳动合同的履行。

答案 A

【例题2·多选题】 关于劳动合同的履行与变更，下列各项中说法正确的有(　)。

A. 劳动者拒绝用人单位管理人员违章指挥作业的，不视为违反劳动合同

B. 用人单位变更投资人不影响劳动合同的履行

C. 用人单位发生合并原劳动合同继续有效

D. 用人单位的加班时间及加班费可以随意制定

解析 选项D，用人单位由于生产经营需要，经与工会和劳动者协商后可以延长工作时间，一般每日不得超过1小时；因特殊

原因需要延长工作时间的，在保障劳动者身体健康的条件下延长工作时间，每日不得超过3小时，每月不得超过36小时。加班工资，按照法律规定的标准向劳动者支付，不得低于该标准。 答案 ABC

【例题3·判断题】用人单位应当将直接涉及劳动者切身利益的规章制度和重大事项决定公示，或者告知劳动者。 （ ）

答案 √

考验四 劳动合同的解除和终止(★★★)

（一）劳动合同的解除

1. 协商解除（约定解除）

（1）劳动者主动辞职：与单位协商一致可解除劳动合同，单位无须向劳动者支付经济补偿。

（2）单位提出解除劳动合同：与劳动者协商一致可解除劳动合同，单位必须依法向劳动者支付经济补偿。

2. 法定解除

（1）劳动者单方解除劳动合同的情形（见表4-13）。

表4-13 劳动者单方解除劳动合同的情形

解除类型	满足条件	经济补偿金
“**提前通知**”解除（另谋高就）	（1）劳动者在“**试用期**”内“**提前3日**”通知用人单位； （2）劳动者“**提前30日**”以“**书面形式**”通知用人单位 『**老侯提示1**』试用期提前3天通知，不一定以书面形式，正式员工必须提前30天以书面形式通知 『**老侯提示2**』程序必须合法（履行提前告知义务），否则对用人单位造成损失的，要承担赔偿责任	× 【原因】（1）试用期内；（2）劳动者主动提出解除
“**随时通知**”解除（你“不仁”则我“不义”）	（1）用人单位未按照劳动合同约定提供劳动保护或者劳动条件； （2）用人单位未及时足额支付劳动报酬； （3）用人单位未依法为劳动者缴纳社会保险费； （4）用人单位的规章制度违反法律、法规的规定，损害劳动者权益； （5）用人单位以欺诈、胁迫的手段或者乘人之危，使劳动者在违背真实意思的情况下订立或者变更劳动合同致使劳动合同无效； （6）用人单位在劳动合同中免除自己的法定责任、排除劳动者权利； （7）用人单位违反法律、行政法规强制性规定 『**老侯提示**』用人单位有过错但该过错并未危及劳动者的人身安全，则劳动者履行“**通知**”义务即可解除合同，而无须履行“**提前**”义务	√ 【原因】用人单位过错在先
“**不需事先告知**”即可解除（“尿遁”）	（1）用人单位以暴力、威胁或者非法限制人身自由的手段强迫劳动者劳动； （2）用人单位违章指挥、强令冒险作业危及劳动者人身安全 『**老侯提示**』当人身权与财产权同时受到侵害，法律优先保护人身权，上述情况劳动者无须履行“告知”义务	√ 【原因】用人单位过错在先

（2）用人单位可以单方面解除劳动合同的情形（见表4-14）。

表 4-14　用人单位可以单方面解除劳动合同的情形

解除类型	满足条件	经济补偿金
“提前通知”解除（无过失性辞退，也称预告解除）	(1)劳动者“患病或者非因工负伤”，在规定的医疗期满后不能从事原工作，也不能从事由用人单位另行安排的工作； (2)劳动者不能胜任工作，“经过培训或者调整工作岗位”，仍不能胜任工作； (3)劳动合同订立时所依据的客观情况发生重大变化，致使劳动合同无法履行，经用人单位与劳动者协商，未能就变更劳动合同内容达成协议 『老侯提示1』用人单位“提前30日”以书面形式通知劳动者本人“或”额外支付劳动者“1个月”工资后，可以解除劳动合同 『老侯提示2』无过失性辞退，用人单位不得以“代通知金（解约替代通知金，即1个月工资）”替代“补偿金”	√ 【原因】用人单位主动提出解除
“随时通知”解除（你“不义”则我“不仁”）	(1)劳动者在“试用期间”被证明不符合录用条件； (2)劳动者严重违反用人单位的规章制度； (3)劳动者严重失职，营私舞弊，给用人单位造成重大损害； (4)劳动者同时与其他用人单位“建立劳动关系”，对完成本单位的工作任务造成严重影响，或者经用人单位提出，拒不改正； (5)劳动者以欺诈、胁迫的手段或者乘人之危，使用人单位在违背真实意思的情况下，订立或者变更劳动合同致使劳动合同无效； (6)劳动者被依法追究“刑事责任” 『老侯提示』在试用期间劳动者不想干了须提前3天通知；用人单位不想用了，可以随时通知	× 【原因】(1)试用期内；(2)劳动者有过错
“经济性”裁员（弃“车”保“帅”）	(1)依照《企业破产法》规定进行重整； (2)生产经营发生严重困难； (3)企业转产、重大技术革新或者经营方式调整，经变更劳动合同后，仍需裁减人员 需要裁减人员“20人”以上或者裁减不足20人但占企业职工总数“10%”以上的，用人单位提前30日向工会或者全体职工说明情况，听取工会或者职工的意见后，裁减人员方案经向劳动行政部门报告 『老侯提示1』优先留用：与本单位订立较长期限的固定期限劳动合同或无固定期限劳动合同的；家庭无其他就业人员，有需要扶养的老人或未成年人的 『老侯提示2』裁员后在6个月内重新招用人员的，应当通知被裁人员，并在同等条件下优先招用	√ 【原因】用人单位主动提出解除

【例题1·单选题】甲公司与张某签订3年期限劳动合同。劳动合同履行2年后，张某欲到乙公司工作，向甲公司提出辞职。下列关于劳动合同解除及方式的表述中，正确的是(　)。

A. 张某需经甲公司同意方可解除劳动合同

B. 劳动合同期限未届满，张某不得解除劳动合同

C. 张某可随时通知甲公司而解除劳动合同

D. 张某解除劳动合同需提前30日以书面形式通知甲公司

解析 劳动合同履行期限内，劳动者可以提前30日以书面形式通知用人单位，即可单方解除劳动合同，无需经过用人单位同意。

答案 D

【例题2·多选题】用人单位存在的下列

情形中，劳动者可随时通知用人单位解除劳动合同的有(　)。

A. 丁公司未按照劳动合同约定为谢某提供劳动条件的

B. 丙公司生产经营发生严重困难的

C. 乙公司未依法给李某缴纳社会保险费的

D. 甲公司未及时足额支付张某劳动报酬的

解析 选项B，属于经济性裁员的条件。

答案 ACD

【例题3·多选题】 甲公司职工王某因病住院，医疗期满后不能从事原工作，也不能从事公司为其另行安排的工作，甲公司欲解除与王某的劳动合同。下列关于甲公司解除劳动合同采用方式的表述中，正确的有(　)。

A. 甲公司不需额外支付1个月工资可直接解除

B. 甲公司可提前30日以书面形式通知王某解除

C. 甲公司与王某协商一致可以解除

D. 甲公司可额外支付王某1个月工资解除

解析 选项C，用人单位与劳动者协商一致，可以解除劳动合同；选项ABD，劳动者患病或者非因工负伤，在规定的医疗期满后不能从事原工作，也不能从事由用人单位另行安排的工作的，用人单位提前30日以书面形式通知劳动者本人或者额外支付劳动者1个月工资后，可以解除劳动合同。

答案 BCD

【例题4·多选题】 根据劳动合同法律制度的规定，劳动者存在的下列情形中，用人单位可随时通知劳动者而单方面解除劳动合同的有(　)。

A. 不能胜任工作，经用人单位调整工作岗位后能够胜任的

B. 严重违反用人单位规章制度的

C. 因患病处于医疗期的

D. 在试用期间被证明不符合录用条件的

解析 选项A，劳动者不能胜任工作，经用人单位调整工作岗位后仍然不能胜任的，用人单位可以提前30天通知或额外支付1个月工资解除劳动合同；选项C，医疗期期间用人单位不得与劳动者解除劳动合同。

答案 BD

【例题5·多选题】 根据劳动合同法律制度的规定，下列各项中，属于用人单位可依据法定程序进行经济性裁员的情形有(　)。

A. 企业转产，经变更劳动合同后，仍需裁减人员的

B. 依照企业破产法规定进行重整的

C. 企业重大技术革新，经变更劳动合同后，仍需裁减人员的

D. 生产经营发生严重困难的

答案 ABCD

【例题6·单选题】 根据劳动合同法律制度的规定，用人单位裁减人员达到一定人数或者一定比例，应向工会或者全体职工说明情况，听取工会或者职工的意见，并将裁减人员方案向劳动行政部门报告。甲公司现有职工100人，因生产经营发生严重困难需要裁减人员，若甲公司不执行该程序，则裁减人员的最多数量是(　)人。

A. 8　　B. 9

C. 10　　D. 11

解析 用人单位生产经营发生严重困难需要裁减人员20人以上或者裁减不足20人但占企业职工总数10%以上的，应向工会或者全体职工说明情况，听取工会或者职工的意见后，裁减人员方案经向劳动行政部门报告，可以裁减人员。若不执行该程序，则甲公司裁员人数应$<100\times10\%=10$人，则最多为9人。

答案 B

【例题7·多选题】 根据劳动合同法律制度的规定，用人单位进行经济性裁员时，应优先留用具有法定情形的人员。下列各项中，属于该法定情形的有(　)。

A. 与本单位订立较长期限的固定期限劳

动合同的

B. 家庭无其他就业人员，有需要扶养的未成年人的

C. 家庭无其他就业人员，有需要扶养的老人的

D. 与本单位订立无固定期限劳动合同的

解析 裁减人员时，应当优先留用下列人员：(1)与本单位订立较长期限的固定期限劳动合同的；(2)与本单位订立无固定期限劳动合同的；(3)家庭无其他就业人员，有需要扶养的老人或者未成年人的。

答案 ABCD

【例题 8·判断题】 用人单位裁减人员后，在6个月内重新招用人员的，应当通知被裁减的人员，并在同等条件下优先招用被裁减的人员。 ( )

答案 √

【例题 9·多选题】 根据劳动合同法律制度的规定，下列各项中，用人单位需要支付经济补偿的有( )。

A. 劳动者在试用期间被证明不符合录用条件，用人单位要求解除劳动合同的

B. 劳动者不能胜任工作，经过培训仍不能胜任工作，用人单位要求解除劳动合同的

C. 劳动者提前30日以书面形式通知用人单位解除劳动合同的

D. 用人单位提出解除并与劳动者协商一致而解除劳动合同的

解析 选项A，属于因劳动者过错解除劳动合同，用人单位无需支付经济补偿；选项C，劳动者主动提出解除劳动合同，用人单位无需支付经济补偿。 **答案** BD

(二)劳动合同的终止

1. 终止事项法定

劳动合同的终止主要是基于某种法定事实的出现，一般“不涉及双方意思表示”，法定情形出现，双方劳动关系消灭。

『老侯提示』 用人单位与劳动者不得约定劳动合同终止条件，即使约定也无效。

2. 导致劳动合同终止的具体情形(见表4-15)

表4-15 导致劳动合同终止的具体情形

<table>
<tr><th>记忆方向</th><th colspan="2">具体内容</th><th>经济补偿金</th></tr>
<tr><td rowspan="4">履行完毕</td><td rowspan="3">劳动合同期满</td><td>用人单位“维持或者提高”劳动合同约定条件续订劳动合同，劳动者不同意续订</td><td>×
【原因】劳动者主动终止</td></tr>
<tr><td>用人单位“降低”劳动合同约定条件续订劳动合同，劳动者不同意续订</td><td rowspan="3">√
【原因】劳动者被动终止</td></tr>
<tr><td>用人单位不再续订</td></tr>
<tr><td colspan="2">以完成一定工作任务为期限的劳动合同任务完成</td></tr>
<tr><td rowspan="3">劳动者有“长期饭票”了</td><td colspan="2">劳动者开始依法享受基本养老保险待遇</td><td rowspan="2">×
【原因】劳动者有能力生存</td></tr>
<tr><td rowspan="2">劳动者达到法定退休年龄</td><td>用人单位“正常”缴纳社会保险(默认情形)</td></tr>
<tr><td>用人单位“未”缴纳社会保险</td><td>√
【原因】用人单位有过错</td></tr>
<tr><td rowspan="3">一方“驾鹤西游”</td><td colspan="2">劳动者死亡，或者被人民法院宣告死亡或者宣告失踪</td><td>×
【原因】劳动者不需要了</td></tr>
<tr><td colspan="2">用人单位被依法宣告破产</td><td rowspan="2">√
【原因】劳动者被动终止</td></tr>
<tr><td colspan="2">用人单位被吊销营业执照、责令关闭、撤销或者用人单位决定提前解散</td></tr>
</table>

『老侯提示』解除和终止劳动合同时用人单位向劳动者支付“经济补偿”，是用人单位的一项社会义务，其目的是保障劳动者在开始从事新的工作前能够生存，不以用人单位有过错为前提。因此“以完成一定工作任务为期限的劳动合同因任务完成而终止劳动关系”“固定期限劳动合同到期在用人单位‘降低报酬’的前提下终止劳动关系”都是劳动者“被动”终止劳动关系，在法律上要求由企业支付补偿金，承担相应的社会义务。

(三)不得解除和终止劳动合同的情形

(1)从事接触职业病危害作业的劳动者未进行离岗前职业健康检查，或者疑似职业病病人在诊断或者医学观察期间的。

(2)在本单位患职业病或者因工负伤并被确认丧失或者部分丧失劳动能力的。

(3)患病或者非因工负伤，在规定的“医疗期内”的。

(4)女职工在孕期、产期、哺乳期的。

(5)在本单位连续工作满“15年”，且距法定退休年龄不足“5年”的。

『老侯提示』在本单位连续工作满10年，且距法定退休年龄不足10年的，应订立无固定期限劳动合同(针对国企和首次)。

【例题10·多选题】根据劳动合同法律制度的规定，下列情形中，可导致劳动合同终止的有(　)。

A. 劳动者被人民法院宣告失踪的

B. 劳动者怀孕，在孕期内劳动合同期满的

C. 劳动者患病，在规定的医疗期内劳动合同期满的

D. 劳动者开始依法享受基本养老保险待遇的

解析 选项B，孕期、产期、哺乳期不得解除和终止劳动合同；选项C，医疗期内不得解除和终止劳动合同，医疗期内劳动合同期满的，必须延续至医疗期满。

答案 AD

【例题11·多选题】根据劳动合同法律制度的规定，下列情形中，用人单位应当向劳动者支付经济补偿的有(　)。

A. 固定期限劳动合同期满，用人单位维持或者提高劳动合同约定条件续订劳动合同，劳动者不同意续订的

B. 用人单位被依法宣告破产而终止劳动合同的

C. 以完成一定工作任务为期限的劳动合同因任务完成而终止的

D. 由用人单位提出并与劳动者协商一致而解除劳动合同的

解析 选项A，用人单位维持或者提高劳动合同约定条件续订劳动合同，劳动者不同意续订，属于劳动者主动终止，这一情况下用人单位无须向劳动者支付经济补偿。

答案 BCD

(四)劳动合同解除和终止的经济补偿

计算公式：经济补偿金=工作年限×月工资

1. 确定工作年限

(1)一般情况。

①按劳动者在“本单位”工作的年限，每满1年支付1个月工资的标准向劳动者支付；

②6个月以上不满1年的，按1年计算；

③不满6个月的，向劳动者支付半个月工资标准的经济补偿。

(2)对高薪职工的限制。

支付经济补偿的年限“最高不超过12年”。

『老侯提示』高薪职工是指月工资“超过所在地区上年度职工月平均工资3倍的职工”。

2. 确定月工资

(1)一般情况。

劳动者在劳动合同解除或终止前12个月的平均工资。

(2)对低收入者的照顾。

平均工资低于当地最低工资标准的劳动者，按当地“最低工资标准”计算。

(3)对高薪职工的限制。

计算基数按“所在地区上年度职工月平

均工资的3倍”计算。

【例题12·单选题】2008年3月5日，方某入职甲公司。2020年12月1日，甲公司提出并与方某协商一致解除了劳动合同。已知方某在劳动合同解除前12个月的平均工资为20 000元。当地上年度职工月平均工资为5 500元。计算甲公司依法支付方某经济补偿的下列算式中，正确的是(　)。

A. 20 000×12=240 000(元)

B. 5 500×3×12=198 000(元)

C. 20 000×13=260 000(元)

D. 5 500×3×13=214 500(元)

解析(1)劳动者月工资高于用人单位所在直辖市、设区的市级人民政府公布的本地区上年度职工月平均工资3倍的，向其支付经济补偿的标准按职工月平均工资3倍的数额支付，向其支付经济补偿的年限最高不超过12年；(2)方某本人月平均工资20 000元，高于当地上年度职工月平均工资的3倍，应以当地上年度职工月平均工资的3倍计算经济补偿金，工作年限超过12年，应当按照12年计算。甲公司依法应向方某支付经济补偿金=5 500×3×12=198 000(元)。

答案 B

【例题13·单选题】孙某于2016年7月1日入职甲公司，双方签订了5年期限的劳动合同。2019年7月15日，甲公司提出并与孙某协商解除了劳动合同。已知孙某在劳动合同解除前12个月的平均工资为5 000元。甲公司所在地上年度职工月平均工资为5 500元。劳动合同解除时，甲公司应向孙某支付的经济补偿为(　)。

A. 17 500元　　B. 16 500元

C. 20 000元　　D. 15 000元

解析孙某在甲公司的工作年限为2016年7月1日至2019年7月15日，共计3年零15天，补偿年限不满6个月的按半年计算，6个月以上不满1年的按1年计算，因此应支付孙某3.5个月的工资作为补偿，孙某的月平均工资5 000元，虽然低于平均工资，但明显高于当地最低工资标准，因此应以本人月工资作为计算基数。经济补偿金=5 000×3.5=17 500(元)。

答案 A

【例题14·单选题】赵某在甲公司已工作15年，经甲公司与其协商同意解除劳动合同。已知赵某在劳动合同解除前12个月平均工资为1 000元，当地最低月工资标准为1 200元，上年度职工月平均工资为3 000元。甲公司应向赵某支付的经济补偿金额是(　)元。

A. 12 000　　B. 15 000

C. 14 400　　D. 18 000

解析赵某在劳动合同解除前12个月平均工资为1 000元，低于当地最低月工资标准1 200元，因此补偿金的计算基数为1 200元，其在甲公司已工作15年，应支付15个月的工资作为补偿，经济补偿金=1 200×15=18 000(元)。

答案 D

(五)劳动合同解除和终止的法律后果

(1)双方劳动关系消灭。

(2)用人单位应出具解除、终止劳动合同的证明，并在“15日内”为劳动者办理档案和社会保险关系转移手续。

(3)用人单位对已经解除或终止的劳动合同文本，至少保存“2年”备查。

【例题15·判断题】用人单位对已经解除或者终止的劳动合同文本，至少保存2年备查。(　)

答案 √

【例题16·判断题】用人单位和劳动者解除或终止劳动合同的，用人单位应当在解除或终止劳动合同时出具解除或终止劳动合同的证明。(　)

答案 √

（六）违法解除和终止劳动合同的法律责任

1. 用人单位的法律责任（见图 4-1）

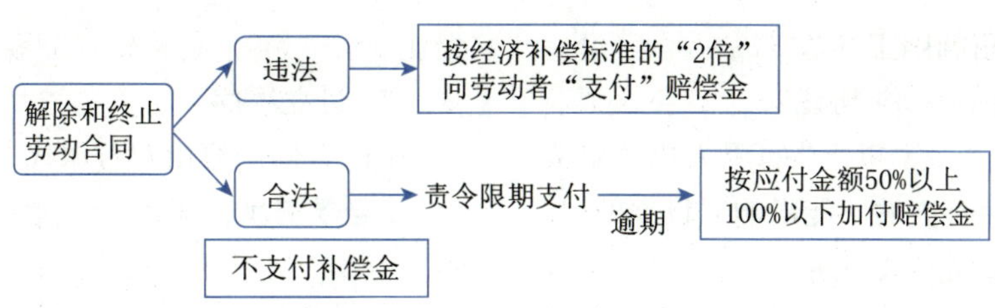

图 4-1 用人单位的法律责任

2. 劳动者法律责任

劳动者违法解除劳动合同，给用人单位造成损失的，应承担赔偿责任。

『老侯提示』用人单位招用与其他用人单位尚未解除或者终止劳动合同的劳动者，给其他用人单位造成损失的，应当承担连带赔偿责任。

【例题 17·多选题】乙公司明知王某系甲公司技术人员，仍与其协商后加以聘用。后因王某忙于乙公司的技术研发对完成甲公司的工作任务造成严重影响，并给甲公司造成经济损失。关于王某与甲、乙公司同时建立劳动关系后果的下列表述中，正确的有（　）。

A. 甲公司解除劳动合同应向王某支付经济补偿

B. 甲公司可随时通知王某解除劳动合同

C. 甲公司有权要求王某赔偿经济损失

D. 甲公司的经济损失应当由乙公司与王某承担连带赔偿责任

解析▶选项 AB，劳动者同时与其他用人单位建立劳动关系，对完成本单位的工作任务造成严重影响，或者经用人单位提出，拒不改正的，用人单位可以随时通知劳动者解除劳动合同，不需向劳动者支付经济补偿；选项 C，因劳动者本人原因给用人单位造成经济损失的，用人单位可按照劳动合同的约定要求其赔偿经济损失；选项 D，用人单位招用与其他用人单位尚未解除或者终止劳动合同的劳动者，给其他用人单位造成损失的，应当承担连带赔偿责任。

答案▶BCD

【例题 18·多选题】根据劳动合同法律制度的规定，下列关于用人单位违法解除劳动合同法律后果的表述中正确的有（　）。

A. 用人单位支付了赔偿金的，不再支付经济补偿

B. 违法解除劳动合同赔偿金的计算年限自用工之日起计算

C. 劳动者要求继续履行且劳动合同可以继续履行的，用人单位应当继续履行

D. 劳动者不要求继续履行劳动合同的，用人单位应当按经济补偿标准的 2 倍向劳动者支付赔偿金

解析▶用人单位违反规定解除或者终止劳动合同，劳动者要求继续履行劳动合同的，用人单位应当继续履行；劳动者不要求继续履行劳动合同或者劳动合同已经不能继续履行的，用人单位应当依照《劳动合同法》规定的经济补偿标准的 2 倍向劳动者支付赔偿金。用人单位支付了赔偿金的，不再支付经济补偿。赔偿金的计算年限自用工之日起计算。

答案▶ABCD

考验五　特殊劳动合同(★★★)

(一)非全日制用工

(1)可以订立"口头协议"。

(2)可以与"一家以上"的用人单位订立劳动合同，但后订立的不能影响先订立的。

(3)"不得约定"试用期。

(4)劳动者在同一用人单位一般平均每日工作时间不超过4小时，每周工作时间累计不超过24小时。

(5)任何一方都可以"随时通知"对方终止用工。

(6)解除和终止非全日制用工劳动合同时，用人单位"无须"向劳动者支付经济补偿。

(7)报酬标准不得低于用人单位所在地最低小时工资标准，结算周期最长不得超过"15日"。

【例题1·单选题】甲公司聘用林某从事保洁工作，双方约定林某每天工作3小时，每周工作5天。下列关于甲公司与林某之间劳动关系的表述中，正确的是(　)。

A. 甲公司可以按月向林某结算支付劳动报酬

B. 任何一方终止用工需提前3日通知对方

C. 林某不得再与其他用人单位订立劳动合同

D. 甲公司与林某可以订立口头协议

解析▶ 甲公司的行为属于非全日制用工，其报酬结算周期不能超过15日(选项A,)；任何一方都可以"随时通知"对方终止用工(选项B)；可以与"一家以上"的用人单位订立劳动合同，但后订立的不能影响先订立的(选项C)；可以订立"口头协议"(选项D)。

答案▶ D

(二)集体合同

1. 订立主体

(1)工会与企业；

(2)在上级工会指导下的劳动者代表与企业。

2. 订立程序

(1)合同内容由双方派代表协商。

『老侯提示』双方的代表人数应当对等，每方至少3人，并各确定1名首席代表。

(2)协商一致的合同草案应当提交职工代表大会或者全体职工讨论。

(3)讨论会议应当有"2/3以上"职工代表或者职工"出席"，且须经"全体职工代表半数以上"或者全体职工半数以上"同意"，方获通过。

(4)通过后，由"双方首席代表"签字。

3. 合同生效

集体合同订立后，应当报送劳动行政部门，劳动行政部门自"收到"集体合同文本之日起"15日内未提出异议"的，集体合同即行生效。

4. 两个不低于

(1)集体合同中劳动报酬和劳动条件等标准不得低于当地人民政府规定的最低标准；

(2)单位与劳动者订立的劳动合同中劳动报酬和劳动条件等标准不得低于集体合同规定的标准。

5. 争议的解决

因履行集体合同发生争议，经协商解决不成的，"工会"可以依法申请仲裁、提起诉讼。

【例题2·多选题】根据劳动合同法律制度的规定，下列关于集体合同的表述中，正确的有(　)。

A. 用人单位与劳动者订立的劳动合同中的劳动报酬和劳动条件等标准可以低于集体合同规定的标准

B. 集体合同内容由用人单位和职工通过各自派出代表集体协商(会议)的方式协商确定

C. 依法订立的集体合同仅对劳动者具有约束力

D. 劳动行政部门自收到集体合同文本之日起15日内未提出异议的，集体合同即行生效

解析 选项A，用人单位与劳动者订立的劳动合同中的劳动报酬和劳动条件等标准不得低于集体合同规定的标准；选项C，依法订立的集体合同对劳动者和用人单位具有约束力。

答案 BD

(三)劳务派遣(人事外包、人才租赁)

劳务派遣的三方关系见图4-2。

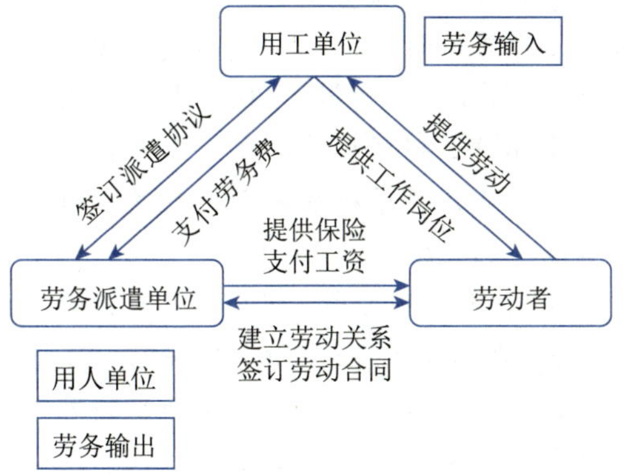

图4-2 劳务派遣的三方关系

『老侯提示』劳务派遣用工是补充形式，只能在"临时性(存续时间不超过6个月的)、辅助性或者替代性"的工作岗位上实施——三性原则。

1. 劳动合同与派遣协议(见表4-16)

表4-16 劳动合同与派遣协议

文件	包括内容
劳动合同	劳动合同的必备条款、用工单位、派遣期限、工作岗位
派遣协议	派遣岗位和人员数量、派遣期限、劳动报酬和社会保险费的数额与支付方式、违反协议的责任

2. 对劳务派遣单位(劳务输出单位、用人单位)的要求

(1)劳务派遣单位应当与被派遣劳动者订立"2年以上"的固定期限劳动合同，按月支付"劳动报酬"。

『老侯提示1』劳务派遣单位不得以非全日制用工形式招用被派遣劳动者。

『老侯提示2』向劳动者支付"劳动报酬"是派遣单位的义务。

(2)被派遣劳动者在"无工作期间"，劳务派遣单位应当按照所在地人民政府规定的"最低工资标准"，向其"按月"支付报酬。

(3)劳务派遣单位应当将劳务派遣协议的内容告知被派遣劳动者，不得克扣用工单位按协议支付给劳动者的劳动报酬。

『老侯提示』用人单位不得设立劳务派遣单位向本单位或者所属单位派遣劳动者。

3. 对用工单位(劳务输入单位)的要求

(1)用工单位使用的被派遣劳动者数量不得超过其用工总量的10%，该用工总量是指用工单位订立劳动合同人数与使用的被派遣劳动者人数之和。

『老侯提示』[派遣员工/(正式员工+派遣员工)]≤10%。

(2)用工单位应当根据工作岗位的实际需要与劳务派遣单位确定派遣期限，不得将连续用工期限分割订立数个短期劳务派遣协议。

(3)用工单位不得将被派遣劳动者再派遣到其他单位。

『老侯提示』劳务派遣单位和用工单位均不得向被派遣劳动者收取费用。

4. 劳动者权利

(1)享有与用工单位的劳动者同工同酬的权利。

(2)有权在劳务派遣单位或者用工单位依法参加或者组织工会，维护自身的合法权益。

5. 补充内容——劳动合同解除、终止的经济补偿

劳务派遣单位与被派遣劳动者之间是劳动合同关系，"劳务派遣单位"应承担向劳动者依法支付解除或终止劳动合同后的经济补

偿金或者赔偿金的义务。

【例题3·多选题】根据劳动合同法律制度的规定，下列关于不同用工形式劳动报酬结算支付周期的表述中，正确的有（ ）。

A. 非全日制用工劳动者的劳动报酬结算支付周期最长不得超过15日

B. 全日制用工劳动者的劳动报酬至少每周支付一次

C. 被派遣劳动者的劳动报酬，在结束劳务派遣用工时支付

D. 对完成一次性临时劳动或某项具体工作的劳动者，用人单位应按有效协议或者合同规定其完成劳动任务后即支付劳动报酬

解析▶选项B，全日制用工工资至少每月支付一次；选项C，劳务派遣按月支付劳动报酬。 **答案**▶AD

【例题4·多选题】下列劳务派遣用工形式中，不符合法律规定的有（ ）。

A. 丙劳务派遣公司以非全日制用工形式招用被派遣劳动者

B. 乙公司将使用的被派遣劳动者又派遣到其他公司工作

C. 丁公司使用的被派遣劳动者数量达到其用工总量的5%

D. 甲公司设立劳务派遣公司向其所属分公司派遣劳动者

解析▶选项A，劳务派遣单位不得以"非全日制用工"形式招用被派遣劳动者；选项B，用工单位不得将被派遣劳动者再派遣到其他用人单位；选项C，用工单位使用的被派遣劳动者数量不得超过其用工总量的10%；选项D，用人单位不得设立劳务派遣单位向本单位或者所属单位派遣劳动者。

答案▶ABD

【例题5·多选题】下列工作岗位中，企业可以采用劳务派遣用工形式的有（ ）。

A. 主营业务岗位 B. 替代性岗位

C. 临时性岗位 D. 辅助性岗位

答案▶BCD

【例题6·判断题】劳务派遣用工中的临时性工作岗位是指存续时间最长不超过1年的岗位。 （ ）

解析▶临时性工作岗位是指存续时间不超过6个月的岗位。 **答案**▶×

【例题7·单选题】2021年1月15日，甲劳务派遣公司将林某派往乙公司从事辅助性工作。下列关于林某劳动关系建立的表述中，正确的是（ ）。

A. 林某与甲劳务派遣公司建立劳动关系

B. 林某与乙公司建立劳动关系

C. 林某与甲劳务派遣公司和乙公司同时建立劳动关系

D. 林某可选择与甲劳务派遣公司或者乙公司建立劳动关系

解析▶劳务派遣的劳动合同关系存在于劳务派遣单位与被派遣劳动者之间。

答案▶A

考验六 劳动争议的解决（★★★）

（一）劳动争议的范围

1. 属于劳动争议范围（具体内容略）

2. 不属于劳动争议范围（2022年新增）

（1）劳动者请求社会保险经办机构发放社会保险金的纠纷；

（2）劳动者与用人单位因住房制度改革产生的公有住房转让纠纷；

（3）劳动者对劳动能力鉴定委员会的伤残等级鉴定结论或对职业病诊断鉴定委员会的职业病诊断鉴定结论的异议纠纷；

（4）家庭或个人与家政服务人员之间的纠纷；

（5）个体工匠与帮工、学徒之间的纠纷；

（6）农村承包经营户与受雇人之间的纠纷。

【例题1·多选题】用人单位与劳动者之

间发生的下列纠纷中，属于劳动争议的有（ ）。

A. 丙公司与职工王某因解除劳动合同发生的纠纷

B. 甲公司与职工徐某因确认劳动关系发生的纠纷

C. 丁公司与职工吴某因变更劳动合同发生的纠纷

D. 乙公司与职工李某因休息休假发生的纠纷

解析 劳动争议是指劳动关系当事人之间因实现劳动权利、履行劳动义务发生分歧而引起的争议也称劳动纠纷、劳资争议。

答案 ABCD

（二）劳动争议的解决方式

劳动争议的解决方式见表 4-17。

表 4-17 劳动争议的解决方式

方式	具体内容
协商和解	劳动者可以与单位协商，也可以请“工会或者第三方”共同与单位协商，达成和解协议
调解	当事人不愿协商、协商不成或者达成和解协议后不履行的，可以向“调解组织”申请调解。 『老侯提示』自劳动争议调解组织收到调解申请之日起“15 日”内未达成调解协议的，当事人可以依法申请仲裁
劳动仲裁	不愿调解、调解不成或者达成调解协议后不履行的，可以向劳动争议仲裁委员会申请仲裁。 『老侯提示』双方可不经和解、调解，直接提起劳动仲裁
劳动诉讼	对“仲裁裁决不服”的，除《劳动争议调解仲裁法》另有规定的以外，可以向人民法院提起诉讼。 『老侯提示』劳动仲裁是向人民法院提起诉讼的“必经程序”，其遵循“先裁后审”原则

【例题 2 · 单选题】 根据劳动争议调解仲裁法律制度的规定，下列关于劳动争议解决方式的表述中，正确的是（ ）。

A. 应先向劳动争议调解组织申请调解，调解不成的，再申请劳动争议仲裁

B. 应先向劳动行政部门申请行政复议，对复议决定不服的，再申请劳动争议仲裁

C. 可直接向劳动争议仲裁机构申请劳动仲裁

D. 可直接向人民法院提起行政诉讼

解析 选项 A，申请调解非必经程序，当事人不愿意调解的，可以直接申请劳动仲裁；选项 BD，劳动争议属于平等主体之间的纠纷，不能申请行政复议也不能提起行政诉讼。

答案 C

（三）劳动仲裁

1. 劳动仲裁的基本规定

（1）劳动仲裁是劳动争议当事人向人民法院提起诉讼的“必经程序”。

（2）劳动仲裁“不收费”，劳动争议仲裁委员会的经费由财政予以保障。

2. 劳动仲裁的参加人（见表 4-18）

表 4-18 劳动仲裁的参加人

参加人	具体对象	
当事人	一般情况	发生争议的劳动者和用人单位
	劳务派遣	劳务派遣单位和用工单位为共同当事人
	个人承包经营	发包的组织和个人承包经营者为共同当事人
	用人单位被吊销营业执照等	出资人、开办单位或主管部门作为共同当事人
当事人代表	发生争议的劳动者一方在“10 人以上”，并有共同请求的，劳动者可以推举“3 至 5 名”代表参加仲裁活动	

续表

参加人	具体对象	
代理人	委托代理	当事人可以委托代理人参加仲裁活动
	法定代理	(1)丧失或部分丧失民事行为能力的劳动者，由其法定代理人代为参加仲裁活动； (2)劳动者死亡的，由其近亲属或代理人参加仲裁活动
第三人	与劳动争议双方有利害关系，可以申请参加或由劳动争议仲裁委员会通知其参加	

【例题3·判断题】 劳动者与用人单位发生劳动争议申请仲裁时，用人单位被吊销营业执照或者决定提前解散、歇业，不能承担相关责任的，其出资人、开办单位或者主管部门应作为共同当事人。（ ）

答案 ▶√

3. 劳动仲裁管辖

(1)劳动争议由劳动"合同履行地"或者"用人单位所在地"的劳动争议仲裁委员会管辖。

(2)"双方当事人"分别向两地申请仲裁的，由劳动"合同履行地"的劳动争议仲裁委员会管辖。

(3)有"多个"劳动合同履行地的，由"最先受理"的仲裁委员会管辖。

(4)劳动合同履行地"不明确"的，由用人单位所在地的仲裁委员会管辖。

【例题4·判断题】 劳动合同履行地不明确的，劳动争议由用人单位所在地的劳动争议仲裁委员会管辖。（ ）。

答案 ▶√

4. 仲裁程序

(1)申请和受理。

①仲裁时效。劳动争议申请仲裁的时效期间为"1年"，从当事人"知道或者应当知道"其权利被侵害之日起计算。

劳动关系存续期间因"拖欠劳动报酬"发生争议的，劳动者申请仲裁不受1年仲裁时效期间的限制；但是，劳动关系终止的，应当自"劳动关系终止之日"起"1年"内提出。

②仲裁申请。可以书面申请也可以"口头"申请。

③仲裁受理。劳动争议仲裁委员会收到仲裁申请之日起5日内决定是否受理，受理的告知申请人，不受理的，须书面通知申请人并告知理由。

对劳动争议仲裁委员会"不予受理"或者"逾期未作出决定"的，申请人可就该争议向人民法院提起"诉讼"。

(2)开庭。

①劳动争议仲裁"公开进行"，但当事人协议不公开进行或者涉及商业秘密、个人隐私的，经相关当事人书面申请，仲裁委员会应当不公开审理。

②执行仲裁庭制度。

③执行回避制度。

④和解与调解。仲裁庭在作出裁决前，"应当"先行调解。

『老侯提示』 区别"劳动调解"（"可以"向调解组织申请调解，并非申请劳动仲裁的必经程序）；"劳动仲裁的调解"是作出裁决前的必经程序。

(3)裁决(见表4-19)。

表 4-19 裁决

裁决类型	具体事项	对裁决不服	
		用人单位	劳动者
终局裁决	(1)追索劳动报酬、工伤医疗费、经济补偿金或者赔偿金，不超过当地月最低工资标准12个月金额的争议； (2)因执行国家的劳动标准在工作时间、休息休假、社会保险等方面发生的争议	应当自收到裁决书之日起“30日”内向仲裁委员会所在地“中级”人民法院“申请撤销”该裁决，不能直接起诉	可直接起诉
非终局裁决	除适用终局裁以外的其他争议	可直接起诉	

『老侯提示1』 如果仲裁裁决涉及“数项”，对单项裁决数额不超过上述标准，应当适用终局裁决。

『老侯提示2』 裁决内容同时涉及终局裁决和非终局裁决的，应当分别制作裁决书，并告知当事人相应的救济权利。

(4)执行。

①仲裁庭对追索劳动报酬、工伤医疗费、经济补偿金或者赔偿金的案件，根据当事人的申请，可以裁决“先予执行”，移送人民法院执行，劳动者申请先予执行的，可以不提供担保。

仲裁庭裁决先予执行的，应当符合以下条件：当事人之间权利义务关系明确；不先予执行将严重影响申请人的生活。

②生效不履行可以向“人民法院”申请强制执行。

③人民法院不予执行的情形(2022年新增)。

a. 裁决的事项不属于劳动争议仲裁范围，或者劳动争议仲裁机构无权仲裁的；

b. 适用法律、法规确有错误的；

c. 违反法定程序的；

d. 裁决所根据的证据是伪造的；

e. 对方当事人隐瞒了足以影响公正裁决的证据的；

f. 仲裁员在仲裁该案时有索贿受贿、徇私舞弊、枉法裁决行为的；

g. 人民法院认定执行该劳动争议仲裁裁决违背社会公共利益的。

『老侯提示』 人民法院裁定不予执行的，当事人可以在收到裁定书之次日起30日内，向人民法院起诉。

【例题5·单选题】 职工方某因旷工被甲公司解除劳动合同。方某认为公司违法解除劳动合同，拟申请劳动仲裁，请求公司支付违法解除劳动合同的赔偿金。方某申请劳动争议仲裁的时效期间为(　)。

A. 2年　　B. 3年

C. 1年　　D. 6个月

解析 劳动争议申请仲裁的时效期间为1年。

答案 C

【例题6·单选题】 根据劳动争议调解仲裁法律制度的规定，下列关于劳动仲裁申请的表述中，正确的是(　)。

A. 申请人申请劳动仲裁，不得以口头形式提出

B. 申请仲裁的时效期间为3年

C. 申请人应预交仲裁申请费用

D. 申请人应向劳动合同履行地或者用人单位所在地的劳动仲裁机构申请仲裁

解析 选项A，劳动争议仲裁可以书面申请，也可以口头申请；选项B，劳动争议申请仲裁的时效期间为1年；选项C，劳动争议仲裁不收费，仲裁委员会的经费由财政予以保障。

答案 D

【例题7·多选题】 根据劳动争议调解仲裁法律制度的规定，下列劳动争议中，劳动仲裁机构作出的仲裁裁决，除劳动者提起诉讼外，该裁决为终局裁决的有(　)。

A. 因执行国家的劳动标准在工作时间方

面发生的争议

B. 因变更劳动合同发生的争议

C. 因确认劳动关系发生的争议

D. 追索赔偿金，不超过当地月最低工资标准 12 个月金额的争议

解析 追索劳动报酬、工伤医疗费、经济补偿或者赔偿金，不超过当地月最低工资标准 12 个月金额的争议；因执行国家的劳动标准在工作时间、休息休假、社会保险等方面发生的争议，劳动仲裁机构作出的仲裁裁决为终局裁决。 **答案** AD

【例题 8 · 单选题】 根据劳动争议调解仲裁法律制度的规定，下列关于劳动争议终局裁决效力的表述中，正确的是( )。

A. 劳动者对终局裁决不服的，不得向人民法院提起诉讼

B. 一方当事人逾期不履行终局裁决的，另一方当事人可以向劳动仲裁委员会申请强制执行

C. 用人单位对终局裁决不服的，应向基层人民法院申请撤销

D. 终局裁决被人民法院裁定撤销的，当事人可以自收到裁定书之日起 15 日内向人民法院提起诉讼

解析 选项 A，劳动者对劳动争议的终局裁决不服的，可以自收到仲裁裁决书之日起 15 日内向人民法院提起诉讼；选项 B，一方当事人逾期不履行终局裁决的，另一方当事人可以向法院申请强制执行；选项 C，用人单位对终局裁决不服的，可以自收到裁决书之日起 30 日内向仲裁委员会所在地“中级”人民法院申请撤销该裁决。 **答案** D

第二部分 社会保险法律制度

考验一 基本养老保险(★★★)

(一)基本养老保险的覆盖范围

基本养老保险的覆盖范围见表 4-20。

表 4-20 基本养老保险的覆盖范围

种类	对象
职工基本养老保险	包括：所有类型的企业及其职工(包括实行“企业化管理”的事业单位及其职工)
	不包括：公务员和参照公务员管理的工作人员，其养老办法由国务院规定
	『老侯提示』“灵活就业人员”可以参加“基本养老保险”和“基本医疗保险”，由个人缴纳保险费。灵活就业人员包括：无雇工的个体工商户、未在用人单位参加社保的非全日制从业人员等
城乡居民基本养老保险	年满 16 周岁的非在校学生；非公务员；非职工

『老侯提示』除“公务员”和“在校生”以外与基本医疗保险的覆盖范围相同，在校学生可通过学校缴纳基本医疗保险，属于城乡居民基本医疗保险的覆盖范围。

【例题 1 · 多选题】 根据社会保险法律制度的规定，下列各项中，属于职工基本养老保险费征缴范围的有( )。

A. 国有企业及其职工

B. 实行企业化管理的事业单位及其职工

C. 外商投资企业及其职工

D. 城镇私营企业及其职工

答案 ABCD

【例题 2 · 多选题】 参加职工基本养老保险的下列人员中，基本养老保险费全部由个

人缴纳的有(　)。

A. 城镇私营企业的职工

B. 无雇工的个体工商户

C. 未在用人单位参加基本养老保险的非全日制从业人员

D. 实行企业化管理的事业单位职工

解析 无雇工的个体工商户、未在用人单位参加基本养老保险的非全日制从业人员以及其他灵活就业人员可以参加基本养老保险，由个人缴纳基本养老保险费。

答案 BC

(二)基本养老保险基金的组成

基本养老保险基金的组成见表4-21。

表4-21　基本养老保险基金的组成

组成	具体规定
单位缴费	记入基本养老保险“统筹”基金
个人缴费	记入“个人”账户 『老侯提示』个人账户不得提前支取(有例外)、记账利率不得低于银行“定期”存款利率，免征利息税，死亡可继承
政府补贴	基本养老保险基金出现支付不足时

『老侯提示』个人跨统筹地区就业的，其基本养老保险关系随本人转移，缴费年限累计计算(同医疗保险)。达到法定退休年龄时，基本养老金分段计算、统一支付。

【例题3·判断题】参加职工基本养老保险的个人跨统筹地区就业的，其基本养老保险关系随本人转移，缴费年限累计计算。　(　)

答案 √

(三)缴费计算

1. 计算公式

个人养老账户月存储额=本人月缴费工资×缴费比例

2. 缴费比例

(1)单位：16%。

(2)个人：8%。

3. 工资基数

(1)一般情况：职工本人“上年度”月平均工资(新职工第一年以起薪当月工资作为缴费基数)。

(2)特殊情况：

①过低。低于当地职工月平均工资“60%”的，按当地职工月平均工资的60%作为缴费基数。

『老侯提示』区别劳动合同解除和终止的经济补偿金计算，计算经济补偿金工资基数的底线为当地最低工资标准。

②过高。高于当地职工月平均工资“300%”的，按当地职工月平均工资的300%作为缴费基数。

4. 灵活就业人员缴费

缴费基数：允许缴费人在当地职工月平均工资60%至300%“选择”适当的缴费基数。

比例：20%(其中的8%记入个人账户)

【例题4·单选题】甲公司职工孙某已参加职工基本养老保险，月工资15 000元。已知甲公司所在地职工月平均工资为4 000元，月最低工资标准为2 000元。计算甲公司每月应从孙某工资中扣缴基本养老保险费的下列算式中，正确的是(　)。

A. 15 000×8%=1 200(元)

B. 4 000×3×8%=960(元)

C. 2 000×3×8%=480(元)

D. 4 000×8%=320(元)

解析 职工个人按照本人缴费工资的8%缴费。本人月平均工资高于当地职工月工资300%的，按当地职工月平均工资的300%作为缴费基数。在本题中，孙某应当缴纳的基本养老保险费为4 000×3×8%=960(元)。

答案 B

【例题5·单选题】某企业职工王某的月

工资为 1 200 元，当地社会平均工资为 2 400 元，最低工资为 1 100 元，王某每月应由个人缴纳的基本养老保险费为(　)元。

A. 88　　B. 96

C. 115.2　　D. 192

解析▶职工工资低于当地职工月平均工资"60%"的，按当地职工月平均工资的 60% 作为缴费基数。则王某应缴纳的基本养老保险费为 2 400×60%×8% = 115.2(元)。

答案▶C

【例题 6·多选题】根据社会保险法律制度的规定，下列各项中，表述正确的有(　)。

A. 职工按照国家规定的本人工资的比例缴纳基本养老保险费，可以全额记入个人账户

B. 灵活就业人员按照国家规定缴纳基本养老保险费全部记入个人账户

C. 职工按照国家规定的本人工资的比例缴纳基本养老保险费，记入个人账户的免征利息税

D. 职工按照国家规定的本人工资的比例缴纳基本养老保险费，不得提前支取

解析▶选项 B，灵活就业人员缴费比例为 20%，其中 8%记入个人账户。

答案▶ACD

(四)职工基本养老保险享受条件

1. 年龄条件：达到法定退休年龄(见表 4-22)

表 4-22　职工基本养老保险享受的年龄条件

适用范围	性别	退休年龄
一般情况	男	60
	女	50
	女干部	55
从事"井下、高温、高空、特别繁重体力劳动或其他有害身体健康工作"的	男	55
	女	45
"因病或非因工致残"，由"医院证明并经劳动鉴定委员会确认完全丧失劳动能力"的	男	50
	女	45

2. 缴费年限：累计缴费满"15 年"

【例题 7·单选题】根据社会保险法律制度的规定，参加职工基本养老保险的个人，达到法定退休年龄且累计缴费满一定年限的方可享受，该年限为(　)年。

A. 5　　B. 15

C. 20　　D. 10

答案▶B

【例题 8·多选题】女性职工年满 45 周岁，缴费满 15 年即可享受职工基本养老保险的情况有(　)。

A. 担任干部

B. 从事空乘工作

C. 从事农药灌装工作

D. 因病经确认完全丧失劳动能力

解析▶选项 A，女干部的法定退休年龄为 55 岁；选项 BCD，从事"井下、高温、高空、特别繁重体力劳动或其他有害身体健康工作"的以及"因病或非因工致残"，由"医院证明并经劳动鉴定委员会确认完全丧失劳动能力"的女性职工的法定退休年龄是 45 周岁。

答案▶BCD

(五)职工基本养老保险待遇

1. 基本养老保险金

由统筹养老金和个人账户养老金组成，按月支付。

2. 丧葬补助金和遗属抚恤金

(1)参加基本养老保险的个人，"因病或非因工"死亡的，其遗属可以领取丧葬补助金和抚恤金。

(2)同时符合领取基本养老保险丧葬补助金、工伤保险丧葬补助金、失业保险丧葬补助金条件的，遗属只能选择领取其一。

(3)参保个人死亡后，其“个人账户”中的余额可以全部依法继承。

3. 病残津贴

参保人未达到法定退休年龄时“因病或非因工致残完全丧失劳动能力”的，可以领取病残津贴，所需资金从基本养老保险基金中支付。

『老侯提示』“因工致残”的，在评定伤残等级后可以领取“伤残津贴”，由工伤保险基金支付。

【例题9·多选题】下列关于职工基本养老保险待遇的表述中，正确的有( )。

A. 参保职工未达到法定退休年龄时因病完全丧失劳动能力的，可以领取病残津贴

B. 参保职工死亡后，其个人账户中的余额可以全部依法继承

C. 参保职工达到法定退休年龄时累计缴费满15年，按月领取基本养老金

D. 参保职工死亡同时符合领取基本养老保险丧葬补助金、工伤保险丧葬补助金和失业保险丧葬补助金条件的，其遗属可以同时领取

解析 选项D，个人死亡同时符合领取基本养老保险丧葬补助金、工伤保险丧葬补助金和失业保险丧葬补助金条件的，其遗属只能选择领取其中的一项。 **答案** ABC

【例题10·多选题】参加基本养老保险的个人，因病或者非因工死亡，下列各项中，其遗属可以领取的有( )。

A. 一次性工亡补助金

B. 抚恤金

C. 伤残津贴

D. 丧葬补助金

解析 选项A，参加工伤保险的职工，因工死亡，可以领取一次性工亡补助金；选项C，参加工伤保险的职工因工致残，其中1至6级伤残，可以领取伤残津贴。 **答案** BD

考验二 基本医疗保险(★★★)

(一)基本医疗保险的覆盖范围

基本医疗保险的覆盖范围见表4-23。

表4-23 基本医疗保险的覆盖范围

<table>
<tr><th>种类</th><th colspan="2">对象</th></tr>
<tr><td>职工基本医疗保险</td><td>『老侯提示』包括公务员</td><td rowspan="2">其他与基本养老保险的覆盖范围一致</td></tr>
<tr><td>城乡居民基本医疗保险</td><td>『老侯提示』包括学生</td></tr>
</table>

【例题1·多选题】下列人员中，属于基本医疗保险覆盖范围的有( )。

A. 大学生

B. 国有企业职工

C. 城镇私营企业职工

D. 灵活就业人员

解析 基本医疗保险包括职工基本医疗保险和城乡居民基本医疗保险，选项BCD属于职工基本医疗保险的覆盖范围；选项A，属于城乡居民基本医疗保险的覆盖范围。

答案 ABCD

(二)保险费的缴纳

1. 单位缴费

职工工资总额的6%。

2. 个人账户资金来源

(1)个人缴费：本人工资收入的2%。

(2)单位缴费划入：单位缴费的30%。

3. 退休人员基本医疗保险费的缴纳

(1)参加职工基本医疗保险的个人，达

到法定退休年龄时累计缴费达到国家规定年限的，退休后“不再缴纳”基本医疗保险费，按照国家规定“享受”基本医疗保险待遇。

(2)未达到国家规定缴费年限的，可以缴费至国家规定年限。

(3)基本医疗保险最低缴费年限“没有全国统一的规定”，由各统筹地区根据本地情况确定。

【例题2·单选题】甲公司职工周某的月工资为6 800元。已知当地职工基本医疗保险的单位缴费率为6%，职工个人缴费率为2%，用人单位所缴医疗保险费划入个人医疗账户的比例为30%。关于周某个人医疗保险账户每月存储额的下列计算中，正确的是(　)。

A. 6 800×2%=136(元)

B. 6 800×2%+6 800×6%×30%=258.4(元)

C. 6 800×2%+6 800×6%=544(元)

D. 6 800×6%×30%=122.4(元)

解析▶除个人缴费部分外，单位缴费的30%记入个人账户。本题中周某个人医疗保险账户每月存储额为：6 800×2%+6 800×6%×30%=258.4(元)(不考虑利息)。　**答案**▶B

(三)职工基本医疗费用的结算

1. 享受条件——定点、定围

(1)参保人员必须到基本医疗保险的“定点”医疗机构就医购药或“定点”零售药店购买药品。

(2)参保人员在看病就医过程中所发生的医疗费用必须符合基本医疗保险药品目录、诊疗项目、医疗服务设施标准的范围和给付标准。

『老侯提示』“急诊、抢救”除外。

2. 支付标准

(1)支付“区间”：当地职工年平均工资10%(起付线)～年平均工资6倍(封顶线)。

(2)支付比例：90%。

『老侯提示』自付费部分由四块组成：①起付线以下的部分；②区间内自己负担的比例部分；③封顶线以上的部分；④非“定点”“定围”部分。

(四)基本医疗保险基金不支付的医疗费用

(1)应当从工伤保险基金中支付的。

(2)应当由第三人负担的。

(3)应当由公共卫生负担的。

(4)在境外就医的。

『老侯提示』医疗费应当由第三人负担，第三人不支付或者无法确定第三人的，由基本医疗保险基金先行支付，然后向第三人追偿。

【例题3·多选题】如发生以下情况，则该医疗费不由基本医疗保险基金支付的为(　)。

A. 赵某需进行外科手术的原因是工伤

B. 钱某需进行外科手术的原因是被赵某驾驶的汽车撞伤

C. 孙某需进行外科手术的原因是非因公负伤

D. 李某需进行外科手术的原因是患病

解析▶选项A，因工负伤，其医疗费用应当由工伤保险支付；选项B，因第三人原因负伤，医疗费用应当由第三人负担。　**答案**▶AB

(五)医疗期

1. 概念

职工因“患病或非因工负伤”停止工作，治病休息，但不得解除劳动合同的期间。

『老侯提示』停工留薪期：因工负伤。

2. 医疗期期间——由“累计工作年限”和“本单位工作年限”同时决定(见表4-24)

表4-24　医疗期期间的计算

累计工作年限(年)	本单位工作年限(年)	享受医疗期(月)	累计计算期(月)	
Y<10	X<5	3	6	医疗期×2
	X≥5	6	12	

续表

累计工作年限(年)	本单位工作年限(年)	享受医疗期(月)	累计计算期(月)	
Y≥10	X<5	6	12	医疗期+6
	5≤X<10	9	15	
	10≤X<15	12	18	
	15≤X<20	18	24	
	X≥20	24	30	

『老侯提示』医疗期从病休第一天开始累计计算，病休期间公休、假日和法定节日包括在内。

3. 医疗期待遇

(1)医疗期内工资标准最低为“当地最低工资的80%”。

(2)医疗期“内”不得解除劳动合同，除非满足用人单位“随时通知”解除的相关条件。

(3)医疗期内合同期满，合同必须延续至医疗期满，职工在此期间仍然享受医疗期内待遇。

(4)对医疗期“满”尚未痊愈者，或者医疗期满后不能从事原工作，也不能从事用人单位另行安排的工作，被解除劳动合同的，用人单位需按经济补偿规定给予其经济补偿。

【例题4·判断题】医疗期是指企业职工因工负伤停止工作，治病休息的期限。( )

解析 医疗期是指企业职工因患病或非因工负伤停止工作，治病休息，但不得解除劳动合同的期限；本题表述内容为停工留薪期的定义。

答案 ×

【例题5·判断题】计算职工病休期间的医疗期时，公休、假日和法定节日不包括在内。( )

解析 病休期间，公休、假日和法定节日包括在内。

答案 ×

【例题6·单选题】2018年12月31日，甲公司职工周某实际工作年限已满8年，在甲公司工作年限已满3年。2019年2月15日，周某因病住院治疗而开始第一次病休。计算周某依法享受医疗期的累计病休的时间段为( )。

A. 自2019年2月15日至2019年5月14日

B. 自2019年2月15日至2019年8月14日

C. 自2019年1月1日至2019年12月31日

D. 自2019年1月1日至2019年6月30日

解析 实际工作年限不满10年，在本单位工作不满5年，可享受的医疗期为3个月，累计计算期为6个月，从第一次病休之日起计算。

答案 B

【例题7·多选题】2013年张某初次就业到甲公司工作。2020年年初，张某患重病向公司申请病休。关于张某享受医疗期待遇的下列表述中，正确的有( )。

A. 医疗期内，甲公司应按照张某病休前的工资待遇向其支付病假工资

B. 张某可享受不超过6个月的医疗期

C. 公休、假日和法定节日不包括在医疗期内

D. 医疗期内，甲公司不得单方面解除劳动合同

解析 选项A，医疗期内工资标准最低为当地最低工资的80%；选项B，实际工作年限不足10年的，在本单位工作年限5年以上的享受的医疗期为6个月；选项C，病休期间，公休、假日和法定节日包括在内；选项D，医疗期内不得解除劳动合同，医疗期内合同期满，合同必须延续至医疗期满。

答案 BD

考验三　工伤保险(★★★)

(一)工伤保险费的缴纳

1. 缴纳方

工伤保险费由“用人单位缴纳”，职工不缴纳。

『老侯提示1』 社会保险中只有“工伤保险”仅由用人单位缴纳。

『老侯提示2』 职工(包括非全日制从业人员)在两个或者两个以上用人单位同时就业的，各用人单位应当分别为职工缴纳工伤保险费。职工发生工伤，由职工受到伤害时工作的单位依法承担工伤保险责任。

2. 用人单位

企业、事业单位、社会团体、民办非企业单位、基金会、律师事务所、会计师事务所等组织和有雇工的个体工商户。

【例题1·多选题】 根据社会保险法律制度的规定，下列人员中，属于工伤保险覆盖范围的有(　)。

A. 国有企业职工

B. 民办非企业单位职工

C. 个体工商户的雇工

D. 事业单位职工

答案 ABCD

【例题2·多选题】 下列社会保险中应由用人单位和职工共同缴纳的有(　)。

A. 基本养老保险　B. 基本医疗保险

C. 工伤保险　　　D. 失业保险

解析 基本养老保险、基本医疗保险、失业保险由用人单位和个人共同缴纳，工伤保险仅由用人单位缴纳。 **答案** ABD

【例题3·判断题】 职工在两个用人单位同时就业的，各用人单位应当分别为职工缴纳工伤保险费。(　)

答案 √

(二)工伤认定与劳动能力鉴定

1. 工伤的判定标准及内容(见表4-25)

表4-25　工伤的判定标准及内容

是否认定	判定标准	具体内容
应当认定	与工作有直接因果关系	(1)在工作时间和工作场所内，因工作原因受到事故伤害； (2)工作时间前后在工作场所内，从事与工作有关的预备性或收尾性工作受到事故伤害； (3)在工作时间和工作场所内，因履行工作职责受到暴力等意外伤害； (4)患职业病； (5)因工外出期间，由于工作原因受到伤害或者发生事故下落不明； (6)在上下班途中，受到非本人主要责任的交通事故或者城市轨道交通、客运轮渡、火车事故伤害
视同工伤	与工作有间接因果关系	(1)在工作时间和工作岗位，突发疾病“死亡”或者在“48小时”内经抢救无效“死亡”； (2)在抢险救灾等维护国家利益、公共利益活动中受到伤害； (3)原在军队服役，因战、因公负伤致残，已取得革命伤残军人证，到用人单位后旧伤复发
不认定工伤	自找	(1)故意犯罪；(2)醉酒或者吸毒；(3)自残或者自杀

2. 劳动能力鉴定

(1)劳动功能障碍分十个伤残等级，最重为一级；

(2)生活自理障碍分为三个等级；

(3)自劳动能力鉴定结论“作出之日起1年后”“工伤职工或者其近亲属、所在单位或者经办机构”认为伤残情况发生变化的，可以申请劳动能力复查鉴定。

【例题4·单选题】 根据社会保险法律制度的规定，职工发生伤亡的下列情形中，视同工伤的是(　)。

A. 因工外出期间，由于非工作原因受到伤害的

B. 在下班途中受到非本人负主要责任的交通事故伤害的

C. 在抢险救灾等维护国家利益、公共利益活动中受到伤害的

D. 在工作时间和工作岗位，突发疾病虽经抢救但在72小时后死亡的

解析 ▶ 选项A，因工外出期间，由于工作原因受到伤害或者发生事故下落不明的，应当认定为工伤，但非工作原因不认定为工伤；选项B，应当认定为工伤；选项D，在工作时间和工作岗位，突发疾病死亡或者在48小时内经抢救无效死亡的视同工伤，72小时后死亡的，不视同工伤。 **答案** ▶ C

(三)工伤保险待遇

工伤保险待遇见图4-3。

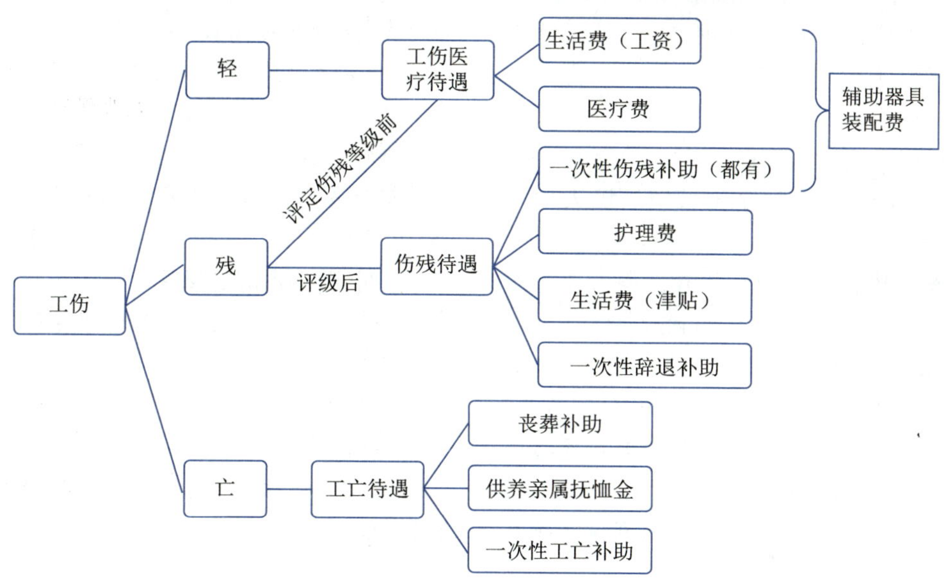

图4-3 工伤保险待遇

1. 工伤医疗待遇

(1)停工留薪期工资福利待遇。

①工资福利待遇“不变”，由所在单位按月支付；

②生活不能自理需要护理，费用由所在单位负责；

③时间一般不超过12个月；特殊情况需延长，延长期不超过12个月；

④评定伤残等级后，停止享受停工留薪期待遇，转为享受伤残待遇；

⑤停工留薪期满后仍需治疗，继续享受工伤医疗待遇。

(2)其他工伤医疗待遇：医疗费用；住院伙食补助、交通食宿费；康复性治疗费。

『老侯提示』工伤职工治疗“非工伤”引发的疾病，不享受工伤医疗待遇，按照基本医疗保险办法处理。

2. 辅助器具装配费

3. 伤残待遇

(1)一次性伤残补助金。

(2)生活护理费。

『老侯提示』评定伤残等级前由用人单位支付，评定伤残等级后由工伤保险支付。

(3)伤残津贴(见表4-26)。

表4-26 伤残津贴

伤残等级	伤残津贴
1~4级	工伤保险支付

续表

伤残等级	伤残津贴
5、6级	用人单位支付
7~10级	无

(4)一次性工伤医疗补助金和一次性伤残就业补助金。

4. 工亡待遇

前提条件：职工“因工”死亡和伤残职工在停工留薪期“内”因工伤原因导致死亡。

(1)丧葬补助金：6个月工资(统筹地区上年度职工月平均工资)；

(2)供养亲属抚恤金；

(3)一次性工亡补助金。

标准为上一年度“全国城镇居民人均可支配收入”的“20倍”。

『老侯提示』1~4级伤残，停工留薪期“满”死亡，可以享受(1)(2)两项。

【例题5·多选题】甲公司职工钱某在上班期间因操作失误致使手臂损伤而住院治疗。下列关于钱某住院治疗期间享受工资福利待遇的表述中，正确的有(　)。

A. 甲公司应当按照原工资福利待遇按月向其支付工资

B. 甲公司可以按照当地最低工资标准的80%按月向其支付工资

C. 钱某应享受医疗期待遇

D. 钱某应享受停工留薪期待遇

解析 选项AD，在工作时间和工作场所内，因工作原因受到事故伤害的应当认定为工伤；工伤职工在工伤期间享受停工留薪期待遇；停工留薪期工资福利待遇不变，由所在单位按月支付。选项BC，是因病或非因工负伤的情况下，享受医疗期待遇的情形。

答案 AD

【例题6·单选题】根据社会保险法律制度的规定，一次性工亡补助金标准为上一年度全国城镇居民人均可配收入的一定倍数，该倍数为(　)。

A. 10　　B. 20

C. 15　　D. 5

答案 B

【例题7·多选题】参加工伤保险的伤残职工，在停工留薪期内因工伤导致死亡的，其近亲属按照规定可从工伤保险基金领取的工亡待遇有(　)。

A. 供养亲属抚恤金

B. 丧葬补助金

C. 停工留薪期的工资福利

D. 一次性工亡补助金

解析 选项C，属于工伤医疗待遇，不属于工亡待遇。

答案 ABD

(四)劳动合同的解除

(1)1~4级伤残，保留劳动关系，退出劳动岗位。

(2)5级、6级伤残，经职工本人提出，可以与用人单位解除或者终止劳动关系。

(3)7~10级伤残，劳动合同期满终止，或者职工本人提出可以解除劳动合同。

(4)解除或终止劳动关系的由工伤保险基金支付一次性工伤医疗补助金，由用人单位支付一次性伤残就业补助金。

【例题8·多选题】根据社会保险法律制度的规定，参保职工因工伤发生的下列费用中，由用人单位支付的有(　)。

A. 一次性伤残补助金

B. 终止或者解除劳动合同时，应当享受的一次性伤残就业补助金

C. 五级、六级伤残职工按月领取的伤残津贴

D. 治疗工伤期间的工资福利

解析 选项A，由工伤保险支付。

答案 BCD

(五)特别规定

1. 工伤职工停止享受工伤保险待遇的情形

(1)丧失享受待遇条件的；

(2)拒不接受劳动能力鉴定的;

(3)拒绝治疗的。

2. 工伤职工退休

因工致残享受伤残津贴的职工达到退休年龄并办理退休手续后,停发伤残津贴,改为享受基本养老保险待遇。被鉴定为1~4级伤残的职工,基本养老保险待遇低于伤残津贴的,由工伤保险基金补足差额。

3. 单位未缴纳工伤保险

职工所在用人单位未依法缴纳工伤保险费,发生工伤事故的,由用人单位支付工伤保险待遇。用人单位不支付的,从工伤保险基金中先行支付,由用人单位偿还。用人单位不偿还的,社会保险经办机构可以追偿。

4. 第三人原因

由于第三人的原因造成工伤,第三人不支付工伤医疗费用或者无法确定第三人的,由工伤保险基金先行支付。工伤保险基金先行支付后,有权向第三人追偿。

【例题9·判断题】职工发生工伤事故但所在用人单位未依法缴纳工伤保险费的,不享受工伤保险待遇。 ( )

解析 上述情形,由用人单位支付工伤保险待遇。

答案 ×

考验四 失业保险(★★)

(一)保险费的缴纳

1. 单位费率:1%

2. 个人费率:不得超过单位费率

『老侯提示』在省(区、市)行政区域内,单位及个人的费率应当统一。

(二)失业保险待遇

1. 享受条件——必须同时满足

(1)失业前用人单位和本人已经缴纳失业保险费“满1年”。

(2)“非”因本人意愿中断就业(具体情形可通过常识判定)。

(3)已经进行失业“登记”,并有求职要求。

2. 单位备案及个人申请

(1)用人单位应当自终止或解除劳动关系之日起7日内将失业人员的名单报受理其失业保险业务的经办机构备案。

(2)失业保险金自办理失业登记之日起计算。

3. 领取期限(见表4-27)

表4-27 失业保险金领取期限

缴费期限(年)	领取期限(月)
1≤X<5	12
5≤X<10	18
X≥10	24

『老侯提示1』失业保险金领取期限自办理失业“登记”之日起计算。

『老侯提示2』领取失业保险金期满仍未就业且距法定退休年龄不足1年的,可继续发放失业保险金至法定退休年龄。

4. 发放标准

不低于当地“最低生活保障”标准,不高于当地“最低工资”标准。

5. 失业保险待遇

(1)失业保险金。

(2)享受基本医疗保险待遇。

『老侯提示』失业人员应当缴纳的基本医疗保险费从失业保险金中支付,个人不缴纳基本医疗保险费。

(3)死亡补助。失业人员领取失业保险金期间死亡,向遗属发放一次性丧葬补助金和抚恤金,由失业保险基金支付。

(4)职业介绍与职业培训补贴。

(三)停止领取的情形——满足其一

1. 重新就业的

2. 应征服兵役的

3. 移居境外的

4. 享受基本养老保险待遇的

5. 被判刑收监执行的

6. 无正当理由,拒不接受当地人民政府

指定部门或者机构介绍的适当工作或者提供的培训的

【例题1·多选题】根据社会保险法律制度的规定，参加失业保险的失业人员非因本人意愿中断就业且符合其他法定条件的，可以享受失业保险待遇。下列情形中，属于非因本人意愿中断就业的有( )。

A. 用人单位以暴力手段强迫劳动，劳动者解除劳动合同的

B. 用人单位未按照劳动合同约定支付劳动报酬，劳动者解除劳动合同的

C. 用人单位解除劳动合同的

D. 劳动者因出国留学而解除劳动合同的

解析 选项D，属于劳动者本人主动中断就业。 答案 ABC

【例题2·单选题】甲公司职工李某(28岁)因劳动合同终止而失业。已知失业前甲公司和李某已累计缴纳失业保险费满4年并符合其他申领条件。李某可领取失业保险金的期限最长为( )。

A. 18个月 B. 24个月

C. 12个月 D. 9个月

解析 用人单位和本人的累计缴费年限满1年不足5年的，领取失业保险金的期限最长为12个月。 答案 C

【例题3·判断题】自2019年12月起，对领取失业保险金期满仍未就业且距法定退休年龄不足1年的失业人员，可继续发放失业保险金至法定退休年龄。 ( )

答案 √

【例题4·单选题】下列关于失业保险待遇的表述中，正确的是( )。

A. 失业人员领取失业保险金期间不享受基本医疗保险待遇

B. 失业人员领取失业保险金期间重新就业的，停止领取失业保险金并同时停止享受其他失业保险待遇

C. 失业保险金的标准可以低于城市居民最低生活保障标准

D. 失业前用人单位和本人已经累计缴纳失业保险费满6个月的，失业人员可以申请领取失业保险金

解析 选项A，失业人员领取失业保险金期间享受基本医疗保险待遇；选项C，失业保险金的标准不得低于城市居民最低生活保障标准；选项D，失业前用人单位和本人已经累计缴纳失业保险费满1年的，失业人员可以申请领取失业保险金。 答案 B

【例题5·多选题】领取失业保险金的下列人员中，应当停止领取失业保险金，并同时停止享受其他失业保险待遇的有( )。

A. 重新就业的李某

B. 移居境外的孙某

C. 应征服兵役的张某

D. 被行政拘留10日的王某

解析 选项D，被判刑收监执行的应当停止领取失业保险金。 答案 ABC

考验五 社保制度的其他考点(★)

(一)社保登记

1. 用人单位的社会保险登记

(1)“企业”在办理登记注册时，同步办理社会保险登记(多证合一)。

(2)“企业以外的缴费单位”应当自成立之日起“30日”内，向当地社会保险经办机构申请办理社会保险登记。

2. 个人社会保险登记

职工：用人单位自用工之日起“30日”内为其职工向社保经办机构申办社保登记。

灵活就业人员：自行向社保经办机构申办。

【例题1·单选题】用人单位应当自用工之日起( )日内为其职工向社会保险经办机构申请办理社会保险登记。

A. 60　　　　B. 30

C. 45　　　　D. 90

答案 B

（二）缴费（见表 4-28）

表 4-28 缴费主体与方法

缴费者	缴费方法
单位	自行申报、足额缴纳，非因不可抗力等法定事由，不得缓缴、减免
职工	由单位代扣代缴，并“按月”告知本人
灵活就业人员	自行缴纳

『老侯提示』现阶段由税务部门统一征收各项社会保险费。

【例题 2·多选题】根据社会保险法律制度的规定，下列关于社会保险费征缴的表述中，正确的有（ ）。

A. 职工应当缴纳的社会保险费由用人单位代扣代缴

B. 用人单位未按时足额缴纳社会保险费的，由社会保险费征收机构责令其限期缴纳或者补足

C. 未在用人单位参加社会保险的非全日制从业人员可以直接向社会保险征收机构缴纳社会保险费

D. 用人单位应当自用工之日起 30 日内为其职工向社会保险经办机构申请办理社会保险登记

答案 ABCD

【例题 3·多选题】下列关于社会保险费缴纳的表述中，正确的有（ ）。

A. 用人单位应当自行申报、按时足额缴纳社会保险费

B. 职工应当缴纳的社会保险费由用人单位代扣代缴

C. 无雇工的个体工商户可以直接向社会保险费征收机构缴纳社会保险费

D. 用人单位应当按季度将缴纳社会保险费的明细情况告知职工本人

解析 选项 D，用人单位应当按月将缴纳社会保险费的明细情况告知本人。

答案 ABC

（三）社保基金管理运营

1. 除“**基本医疗保险基金与生育保险基金**”合并建账及核算外，其他各项社会保险基金按险种分别建账，分别核算，执行国家统一的会计制度

2. 专款专用，不得侵占挪用

3. 社保基金存入财政专户，通过预算实现收支平衡

4. 社保基金的投资与使用

（1）允许：保证安全的前提下，按国务院规定投资运营。

（2）禁止：违规投资运营；平衡其他政府预算；兴建、改建办公场所；支付人员经费、运行费用、管理费用；挪作其他用途。

【例题 4·多选题】根据社会保险法律制度的规定，关于社会保险基金管理运营的下列表述中，正确的有（ ）。

A. 社会保险基金专款专用

B. 除基本医疗保险基金与生育保险基金合并建账及核算外，其他各项社会保险基金按照社会保险险种分别建账、分账核算

C. 社会保险基金存入财政专户，通过预算实现收支平衡

D. 社会保险机构的人员经费、运营经费、管理费用由社会保险基金支付

解析 选项 D，社会保险基金在保证安全的前提下，按照国务院规定投资运营实现保值增值。不得用于兴建、改建办公场所和支付人员经费、运营费用、管理费用，或者违反法律、法规规定挪作其他用途。

答案 ABC

心有灵犀 限时 90 分钟

一、单项选择题

1.《劳动法》规定，禁止用人单位招用未满16周岁的未成年人。但某些特殊单位如果能够遵守国家有关规定，并保障劳动者接受义务教育的权利就可以招用未满16周岁的未成年人。下列各项中不属于特殊单位的是（　）。

A. 文艺　　B. 体育

C. 特种工艺　　D. 军队

2. 根据劳动合同法律制度的规定，用人单位在与劳动者订立劳动合同时，下列做法中，正确的是（　）。

A. 告知劳动者工作内容、工作条件、工作地点、职业危害、安全生产状况、劳动报酬等

B. 为调查劳动者的身份，暂时扣押劳动者相关证件

C. 为提供培训和制作统一上岗服装而向劳动者索取财物

D. 要求新招聘的出纳人员提供担保

3. 根据劳动合同法律制度的规定，下列各项中，属于劳动合同必备条款的是（　）。

A. 劳动保护　　B. 服务期

C. 补充保险　　D. 保守秘密

4. 为更好地帮助考生通过夏季初级会计职称考试，赵某与某网络培训机构签订一份授课合同，双方约定由赵某负责讲授“量子力学与广义相对论在初级会计实务课程中的指导与应用”，由培训机构支付劳动报酬。赵某用三个月的时间完成了该门课程的讲授和录制工作。赵某与某培训机构签订的该合同属于（　）。

A. 无固定期限劳动合同

B. 为期三个月的固定期限劳动合同

C. 以完成单项工作任务为期限的劳动合同

D. 因季节原因用工的劳动合同

5. 赵某是某中学体育教师，参加工作已经12年，2021年上半年享受寒假20天；下半年享受暑假35天，则赵某2021年可以享受的带薪年休假为（　）天。

A. 0　　B. 5

C. 10　　D. 15

6. 方某工作已满15年，2021年上半年在甲公司已休带薪年休假（以下简称年休假）3天；下半年调到乙公司工作，提出补休年休假的申请。乙公司对方某补休年休假申请符合法律规定的答复是（　）。

A. 不可以补休年休假

B. 可补休5天年休假

C. 可补休10天年休假

D. 可补休7天年休假

7. 某年5月甲公司安排李某于5月1日（国际劳动节）、5月7日（周六）分别加班1天，事后未安排补休，已知甲公司实行标准工时制，李某的日工资为200元。计算甲公司应支付李某5月最低加班工资的下列算式中，正确的是（　）。

A. 200×300%+200×200%＝1 000（元）

B. 200×200%+200×150%＝700（元）

C. 200×100%+200×200%＝600（元）

D. 200×300%+200×300%＝1 200（元）

8. 甲公司职工吴某因违章操作给公司造成

8 000元的经济损失，甲公司按照双方劳动合同的约定要求吴某赔偿，并每月从其工资中扣除。已知吴某月工资 2 600 元，当地月最低工资标准为 2 200 元，甲公司每月可以从吴某工资中扣除的法定最高限额为(　)。

A. 520 元　　B. 440 元

C. 400 元　　D. 2 600 元

9. 赵某应聘到甲公司工作，与甲公司签订的劳动合同中约定，合同期限 2 年，试用期 4 个月，试用期工资 3 500 元，试用期满月工资 4 000 元。4 个月后，赵某通过学习《劳动合同法》知道甲公司与自己约定的试用期期间不符合法律规定，遂要求甲公司支付试用期赔偿金。赵某可以主张的试用期赔偿金是(　)元。

A. 4 000　　B. 8 000

C. 500　　D. 1 000

10. 甲公司为员工张某支付培训费用 3 万元，约定服务期 3 年。2 年后，张某以公司自他入职起从未按照合同约定提供劳动保护为由，向单位提出解除劳动合同。以下说法正确的是(　)。

A. 张某违反了服务期的约定

B. 公司可以要求张某支付 3 万元违约金

C. 公司可以要求张某支付 1 万元违约金

D. 张某无须支付违约金

11. 甲公司在与赵某签订的劳动合同中约定，月工资为 8 000 元，赵某从甲公司辞职 2 年内不得在其他企业担任同类职务，但双方并未在劳动合同中约定经济补偿。1 年后，赵某从甲公司辞职，离职半年后赵某通过学习劳动合同法得知自己的权利受到侵害，于是向法院主张，要求甲公司支付经济补偿。已知当地最低工资标准为 2 000 元，则下列说法中正确的是(　)。

A. 赵某可以要求甲公司按每月 8 000 元支付 6 个月的竞业限制补偿金

B. 赵某可以要求甲公司按每月 2 400 元支付 6 个月的竞业限制补偿金

C. 赵某只能要求甲公司按每月 2 000 元支付 6 个月的竞业限制补偿金

D. 赵某无权要求甲公司支付竞业限制补偿金

12. 张某于 2008 年 2 月 1 日到甲公司工作。2021 年 3 月 1 日，甲公司提出并与张某协商解除劳动合同。已知张某在劳动合同解除前 12 个月的平均工资为 20 000 元，当地上年度职工月平均工资为 5 000 元。计算甲公司应向张某支付经济补偿的下列算式中，正确的是(　)。

A. 5 000×3×13.5＝202 500（元）

B. 20 000×13.5＝270 000(元)

C. 5 000×3×12＝180 000(元)

D. 20 000×12＝240 000(元)

13. 2015 年 9 月 1 日，王某进入甲公司工作。2019 年 11 月 1 日，因公司未及时足额支付劳动报酬，王某解除了劳动合同并要求甲公司支付经济补偿。已知王某在劳动合同解除前 12 个月的平均工资为 5 000 元。当地上年度职工月平均工资为 5 500 元。计算甲公司应向王某支付经济补偿的下列算式中，正确的是(　)。

A. 5 500×4＝22 000(元)

B. 5 000×4.5＝22 500(元)

C. 5 000×5＝25 000(元)

D. 5 000×4＝20 000(元)

14. 天津的赵某与北京的 A 公司签订劳动合同，担任 A 公司驻深圳办事处联络员职位，后 A 公司以赵某违反公司制度利用职务之便收取位于上海的 B 公司回扣，以采购高价商品为由与赵某解除劳动合同并拒绝支付经济补偿。赵某认为自己只是与客户进行正常业务往来，采购价格虽然略高于同类产品市场价格，但质量也是同类产品中最好的，并非恶意采购质次价高的产品，于是向深圳劳动争议仲裁委员会申请劳动仲裁，A 公司则向北京劳动争议仲裁委员会申请劳动仲裁，则该争议应由( )的劳动争议仲裁委员会管辖。

A. 北京市　　B. 天津市

C. 深圳市　　D. 上海市

15. 2016年7月10日，刘某到甲公司上班，公司自9月10日起一直拖欠其劳动报酬，直至2017年1月10日双方劳动关系终止。下列关于刘某就甲公司拖欠其劳动报酬申请劳动仲裁时效期间的表述中，正确的是( )。

A. 应自2016年9月10日起3年内提出申请

B. 应自2016年7月10日起3年内提出申请

C. 应自2016年9月10日起1年内提出申请

D. 应自2017年1月10日起1年内提出申请

16. 根据劳动争议仲裁法律制度的规定，除另有规定外，劳动争议仲裁机构对下列劳动争议所做裁定具有终局效力的是( )。

A. 解除劳动关系争议

B. 确定劳动关系争议

C. 追索劳动报酬不超过当地最低工资标准12个月金额的争议

D. 终止合同合同争议

17. 根据社会保险法律制度的规定，下列关于基本养老保险的表述中，正确的是( )。

A. 企业职工与单位缴纳的养老保险金全部划入个人账户

B. 个人账户不得提前支取

C. 个人账户记账利率不得低于银行活期存款利率

D. 参加职工基本养老保险的个人死亡后，其统筹账户中的余额可以全部依法继承

18. 某企业职工赵某的月工资为1 600元，当地社会平均工资为4 000元，最低工资为1 700元，已知职工基本养老保险个人缴费的比例为工资的8%，根据《社会保险法》的有关规定，赵某每月应由个人缴纳的基本养老保险费为( )。

A. 128元　　B. 136元

C. 192元　　D. 320元

19. 下列关于基本养老保险待遇的表述中，正确的是( )。

A. 符合基本养老保险享受条件的人员，国家按年支付基本养老金

B. 参加基本养老保险的个人，因工死亡的，其遗属可以领取丧葬补助金和抚恤金，所需资金从基本养老保险金中支付

C. 个人死亡同时符合领取基本养老保险丧葬补助金、工伤保险丧葬补助金和失业保险丧葬补助金条件的，其遗属只能选择领取其中的一项

D. 参加基本养老保险的个人，未达法定退休年龄时因工致残完全丧失劳动能力的，可以领取病残津贴，所需资金从基本养老保险金中支付

20. 某企业刘某的月工资为8 000元。已知，基本医疗保险单位缴费比例为6%，个人缴费比例为2%，划入个人医疗账户的比例为30%。根据社会保险法的规定，当月应记入刘某个人医疗保险账户的储存额为( )。

A. 48元　　B. 160元

C. 190元　　D. 304元

21. 2019年9月甲公司职工张某在周末郊游时不慎摔伤而住院治疗。已知张某实际工作年限为9年，在本单位工作年限为4年。张某依法可享受的医疗期为( )。

A. 9个月　　B. 3个月

C. 6个月　　D. 12个月

22. 根据社会保险法律制度的规定，职工出现伤亡的下列情形中，视同工伤的是( )。

A. 在工作时间和工作场所内，因履行工作职责受到暴力伤害的

B. 下班途中受到交通事故伤害，本人负非主要责任的

C. 因工外出期间，由于工作原因受到伤害的

D. 在工作时间和工作岗位，突发疾病死亡的

23. 根据社会保险法律制度的规定，劳动者因工致残的下列情形中，用人单位不得与劳动者解除或终止劳动关系的是(　)。

A. 一级伤残　　B. 五级伤残

C. 六级伤残　　D. 十级伤残

24. 一次性工亡补助金标准为上一年度(　)的20倍。

A. 当地最低工资标准

B. 城市居民最低生活保障标准

C. 统筹地区职工平均工资

D. 全国城镇居民人均可支配收入

二、多项选择题

1. 2019年7月5日王某到甲公司上班，但甲公司未与其签订书面合同。对甲公司该行为法律后果的下列表述中，正确的有(　)。

A. 甲公司与王某之间尚未建立劳动关系

B. 甲公司应在2019年8月5日前与王某签订书面劳动合同

C. 若甲公司在2019年10月5日与王某补订书面劳动合同，王某有权要求甲公司向其支付2个月的双倍工资

D. 若甲公司在2020年10月5日与王某补订书面劳动合同，王某有权要求甲公司向其支付11个月的双倍工资

2. 赵某因工作较忙无暇打理家务，遂与吴某口头约定，由吴某每周来赵某家两次，每次整理家务3小时，每次工资100元，试用一次，试用期工资80元，工资每月支付一次。3个月后赵某发现，吴某同时在为多个家庭打理家务，为赶时间工作比较马虎，遂通知吴某解除约定，吴某要求赵某多支付一次的工资作为经济补偿。已知，当地每小时最低工资标准为24元，根据劳动合同法律制度的有关规定，下列说法中错误的有(　)。

A. 赵某可以与吴某订立口头劳动合同

B. 赵某可以与吴某约定试用期

C. 工资的支付标准符合规定

D. 吴某只能跟一家订立非全日制用工合同

3. 题干接上题，下列说法中错误的有(　)。

A. 吴某可以与赵某约定每次整理家务3小时

B. 工资结算周期符合规定

C. 赵某可以随时通知吴某解除合同

D. 吴某可以要求经济补偿

4. 某公司招聘，王某凭借伪造的毕业证书及其他与岗位要求相关的资料，骗得公司的信任，与其签订了为期三年的劳动合同。半年后，公司发现王某伪造学历证书及其他资料的事实，提出劳动合同无效，王某应退还公司所发工资，并支付经济赔偿。王某申请劳动仲裁，认为公司违反《劳动合同法》规定，擅自解除劳动合同，应承担违约责任。则下列说法中错误的有(　)。

A. 王某伪造学历及其他资料与公司签订的劳动合同无效

B. 王某应退还公司所发工资

C. 公司如能证明王某的欺诈行为给公司造成损害，可要求王某承担赔偿责任

D. 劳动合同被认定为无效的，自被认定时起不再具有法律约束力

5. 下列各项中，除劳动者提出订立固定期限劳动合同外，用人单位与劳动者应当订立无固定期限劳动合同的情形有(　)。

A. 赵某在甲公司连续工作15年

B. 钱某与乙公司连续订立2次固定期限劳动合同，且钱某无法定不得订立无固定期限劳动合同的情形，继续续订

C. 丙国有企业改制与孙某重新订立劳动合同，孙某在丙企业连续工作12年且距

法定退休年龄 8 年

D. 丁公司初次实行劳动合同制度，李某在丁公司连续工作 10 年且距法定退休年龄不足 15 年

6. 赵某与甲公司签订一份劳动合同，双方在合同中约定执行标准工时制，并约定甲公司根据生产经营需要可以直接安排赵某加班，但每月安排加班时间合计不得超过 48 小时，工资每月 15 日支付，遇法定休假日顺延至工作日支付。根据劳动合同法的有关规定，下列说法中正确的有(　)。

A. 标准工时制是指每天工作 8 小时，每周工作 5 天

B. 双方有关加班的约定符合法律规定

C. 双方约定每月 15 日支付工资符合法律规定

D. 双方约定工资遇法定休假日顺延至工作日支付符合法律规定

7. 甲公司与其职工对试用期期限的下列约定中，符合法律规定的有(　)。

A. 夏某的劳动合同期限 4 年，双方约定的试用期为 4 个月

B. 周某的劳动合同期限 1 年，双方约定的试用期为 1 个月

C. 刘某的劳动合同期限 2 年，双方约定的试用期为 3 个月

D. 林某的劳动合同期限 5 个月，双方约定的试用期为 5 日

8. 赵某 2019 年与甲公司签订了为期三年的劳动合同，甲公司与其约定了 3 个月的试用期。2020 年赵某离职自谋发展但并不顺利。2021 年甲公司因业务发展邀请赵某担任分公司经理，赵某欣然同意，与甲公司重新签订了为期三年的劳动合同，并约定试用期 1 个月。下列说法中正确的有(　)。

A. 2019 年甲公司的做法符合劳动合同法的有关规定

B. 2019 年甲公司的做法不符合劳动合同法的有关规定

C. 2021 年甲公司的做法符合劳动合同法的有关规定

D. 2021 年甲公司的做法不符合劳动合同法的有关规定

9. 甲公司与赵某签订了为期 3 年的固定期限劳动合同，并为其支付培训费 10 000 元，双方约定服务期为 5 年。3 年后，赵某以劳动合同期满为由，不肯再续签合同，甲公司认为服务期未满不同意赵某离职，于是赵某开始无故迟到早退，并经常旷工，后甲公司将赵某辞退并要求其支付违约金 10 000 元，赵某不服且要求甲公司支付辞退补偿金，双方申请劳动仲裁，则下列说法中错误的有(　)。

A. 甲公司将赵某辞退的做法符合法律规定

B. 甲公司将赵某辞退的做法不符合法律规定

C. 甲公司要求赵某支付违约金 10 000 元劳动争议仲裁委员会应予支持

D. 赵某要求甲公司支付补偿金劳动争议仲裁委员会应予支持

10. 刘某原是甲公司的技术总监，公司与他签订竞业限制协议，约定合同解除或终止后 3 年内，刘某不得在本行业从事相关业务，公司每月支付其补偿金 2 万元。在刘某离职后，公司只在第一年按时给予了补偿金，此后一直没有支付，刘某遂在离职 1 年零两个月后到甲公司的竞争对手乙公司上班。甲公司得知后要求刘某支付违约金。则下列说法中正确的有(　)。

A. 双方约定的竞业限制期限不符合法律规定

B. 刘某可以提出请求解除竞业限制约定，人民法院应予支持

C. 刘某可以要求甲公司支付竞业限制期间内未支付的补偿金，人民法院应予支持

D. 对甲公司要求刘某支付违约金的请

求，人民法院应予支持

11. 下列关于劳动合同违约金的约定，不符合法律规定的有（ ）。
A. 甲公司与赵某约定服务期5年，若服务期未满赵某提出离职则须向甲公司支付违约金
B. 乙公司与钱某约定劳动合同期限3年，若劳动合同期未满钱某提出离职则须向乙公司支付违约金
C. 丙公司与孙某约定竞业限制期2年，竞业限制期内若孙某违反约定则须向丙公司支付违约金
D. 丁公司与李某签订劳动合同，双方约定李某应服从丁公司的劳务派遣安排，若李某不服从派遣安排则须向丁公司支付违约金

12. 根据劳动合同法律制度的规定，下列关于劳动合同履行的表述中，正确的有（ ）。
A. 用人单位拖欠劳动报酬的，劳动者可以依法向人民法院申请支付令
B. 用人单位发生合并或者分立等情况，原劳动合同不再继续履行
C. 劳动者拒绝用人单位管理人员违章指挥、强令冒险作业的，不视为违反劳动合同
D. 用人单位变更名称的，不影响劳动合同的履行

13. 甲公司承接一仓库建设工程，为缩减工程成本，脚手架未设防护栏及防护网。甲公司安排其员工赵某进行施工作业，赵某以施工设施不安全为由拒绝作业，公司领导为保证工程进度要求赵某必须进行施工作业，否则将对赵某进行毒打。根据规定下列说法中正确的有（ ）。
A. 赵某可以提前30天书面通知甲公司解除劳动合同
B. 赵某可以随时通知甲公司解除劳动合同
C. 赵某无须通知甲公司即可解除劳动合同
D. 赵某与甲公司解除劳动合同甲公司应当支付补偿金

14. 下列各项中，甲公司可以随时通知劳动者，解除劳动合同的有（ ）。
A. 赵某在试用期间被证明不符合录用条件的
B. 钱某不能胜任工作，经过培训或者调整工作岗位，仍不能胜任工作的
C. 孙某因酒驾受到行政拘留7天、罚款2 000元并吊销驾驶证的行政处罚
D. 李某与乙公司建立劳动关系，经甲公司提出但拒不改正

15. 根据劳动合同法律制度的规定，下列职工中，属于用人单位经济性裁员应优先留用的有（ ）。
A. 与本单位订立无固定期限劳动合同的
B. 与本单位订立较短期限的固定期限劳动合同的
C. 与本单位订立较长期限的固定期限劳动合同的
D. 家庭无其他就业人员，有需要扶养的老人或者未成年人的

16. 下列情形中，用人单位不得与劳动者解除劳动合同的有（ ）。
A. 员工赵某从事农药的灌装工作，其未进行离岗前职业健康检查
B. 员工钱某在工作期间生病，医疗期满后不能从事原工作，经调岗后仍然无法胜任
C. 员工孙某处于哺乳期
D. 员工李某在本单位连续工作满10年，且距法定退休年龄不足10年

17. 劳动合同解除和终止的下列情形中，用人单位应当向劳动者支付经济补偿的有（ ）。
A. 劳动者因用人单位未按照劳动合同约定提供劳动保护解除劳动合同的
B. 3年期劳动合同期满，用人单位不再与劳动者续签

C. 劳动者开始依法享受基本养老保险待遇的

D. 劳动者在试用期间提前3日通知用人单位解除劳动合同的

18. 下列情形中，可导致劳动合同关系终止的有(　)。

A. 劳动者患病在规定的医疗期满后不能从事原工作，也不能从事由用人单位另行安排的工作

B. 劳动者死亡

C. 劳动合同期满

D. 劳动者因工负伤并被确认丧失劳动能力

19. 甲公司在职职工王某怀孕期间提出解除劳动合同，则下列说法中正确的有(　)。

A. 甲公司不能解除劳动合同

B. 甲公司可以解除劳动合同

C. 如果甲公司提出解除劳动合同，王某提出继续履行劳动合同的，应当继续履行

D. 如果甲公司提出解除劳动合同，王某也同意不继续履行劳动合同的，解除劳动合同后，甲公司应当向王某支付经济补偿金

20. 下列关于劳务派遣合同的表述中，正确的有(　)。

A. 劳务派遣单位应当与被派遣劳动者订立3年以上的固定期限劳动合同

B. 用工单位的正式员工为100人，则其使用的被派遣劳动者不能超过10人

C. 被派遣劳动者在无工作期间，劳务派遣单位应当按照所在地人民政府规定的最低工资标准，向其按月支付报酬

D. 劳务派遣单位和用工单位均不得向被派遣劳动者收取费用

21. 2021年2月，甲公司与乙公司签订劳务派遣协议，派遣赵某到乙公司从事临时性工作。2021年6月，临时性工作结束，两公司未再给赵某安排工作，也未再向其支付任何报酬。2021年8月，赵某得知自2021年2月被派遣以来，两公司均未为其缴纳社会保险费，遂提出解除劳动合同，则下列说法中，正确的有(　)。

A. 赵某与甲公司建立劳动关系

B. 赵某无工作期间享受报酬的标准为乙公司所在地的最低工资标准

C. 赵某得知两公司均未为其缴纳社会保险费时可随时通知乙公司解除劳动合同

D. 赵某提出解除劳动合同，甲公司应向其支付经济补偿金

22. 下列关于劳动争议解决方式的表述中，正确的有(　)。

A. 劳动者可以与单位协商，达成和解协议

B. 用人单位不愿协商，劳动者可以向工会申请调解

C. 劳动者可以直接向劳动争议仲裁委员会申请仲裁

D. 劳动者可以直接向法院提起诉讼

23. 根据劳动争议调解仲裁法律制度的有关规定，下列关于劳动仲裁的说法中正确的有(　)。

A. 劳动仲裁是劳动争议当事人向人民法院提起诉讼的必经程序

B. 劳动仲裁可以口头申请

C. 劳动争议仲裁公开进行

D. 用人单位对终局裁决不服可以自收到裁决书之日起15日内向仲裁委员会所在地中级人民法院申请撤销该裁决

24. 下列各项中，属于基本养老保险覆盖范围的有(　)。

A. 大学生

B. 国有企业职工

C. 国家机关工作人员

D. 私营企业职工

25. 根据社会保险法律制度的规定，下列关于基本养老保险制度的表述中，正确的有(　)。

A. 职工基本养老保险实行社会统筹和个人账户相结合

B. 灵活就业人员的缴费基数为本人上年度月平均收入

C. 职工基本养老保险基金由用人单位和个人缴费以及政府补贴等组成

D. 个人跨统筹地区就业的，其基本养老保险关系随本人转移，缴费年限累计计算

26. 无雇工的个体工商户可自行购买的保险包括(　)。

A. 失业保险　　B. 基本养老保险

C. 基本医疗保险　D. 工伤保险

27. 下列关于职工退休年龄的说法中，正确的有(　)。

A. 赵某，男，系某煤矿从事井下作业的工人，其法定退休年龄为55周岁

B. 钱某，女，系某航空公司空乘人员，其法定退休年龄为50周岁

C. 孙某，男，因生病经有关部门鉴定完全丧失劳动能力，其法定退休年龄为50周岁

D. 李某，女，因外出旅游发生交通事故经有关部门鉴定完全丧失劳动能力，其法定退休年龄为45周岁

28. 下列关于基本医疗保险的缴纳说法中，正确的有(　)。

A. 参加职工基本医疗保险的个人，达到法定退休年龄时累计缴费达到国家规定年限的，退休后不再缴纳基本医疗保险费

B. 参加职工基本医疗保险的个人，达到法定退休年龄时累计缴费未达到国家规定缴费年限的，可以缴费至国家规定年限

C. 医疗保险的最低缴费年限为15年

D. 个人跨统筹地区就业的，其基本医疗保险关系随本人转移，缴费年限累计计算

29. 下列关于医疗期待遇的说法中，正确的有(　)。

A. 医疗期内工资标准最低为个人上年度平均工资的80%

B. 病休期间，公休、假日和法定节日包括在内

C. 医疗期内不得解除劳动合同

D. 医疗期满解除或终止劳动关系的由用人单位向劳动者支付一次性伤残就业补助金

30. 下列关于停工留薪期待遇的说法中，错误的有(　)。

A. 在停工留薪期内原工资福利待遇不变，由工伤保险基金按月支付

B. 停工留薪期一般不超过24个月

C. 工伤职工评定伤残等级后，继续享受停工留薪期待遇

D. 工伤职工停工留薪期满后仍需治疗，继续享受停工留薪期待遇

31. 赵某不幸因工去世，根据社会保险法律制度的规定，其近亲属可以获得(　)。

A. 一次性伤残补助金

B. 遗属抚恤金

C. 丧葬补助金

D. 一次性工亡补助金

32. 根据社会保险法律制度的规定，工伤期间应由用人单位支付的费用有(　)。

A. 治疗工伤期间的工资、福利

B. 一至四级伤残职工按月领取的伤残津贴

C. 终止或者解除劳动合同时，应当享受的一次性伤残就业补助金

D. 终止或者解除劳动合同时，应当享受的一次性工伤医疗补助金

33. 甲公司职工曾某因公司解散而失业。已知曾某系首次就业，失业前甲公司与其已累计缴纳失业保险费5年，则下列关于曾某享受失业保险待遇的表述中，正确的有(　)。

A. 曾某在领取失业保险金期间，参加职工基本医疗保险，享受基本医疗保险待遇

B. 曾某领取失业保险金的期限最长为

12个月

C. 曾某领取失业保险金的标准可以低于城市居民最低生活保障标准

D. 曾某领取失业保险金期限自办理失业登记之日起计算

34. 下列各项中，属于享受失业保险必须满足的条件有(　)。

A. 失业前用人单位和本人已经缴纳失业保险费满1年

B. 因本人意愿中断就业

C. 已经进行失业登记

D. 有求职要求

35. 根据社会保险法律制度的规定，参加失业保险的失业人员非因本人意愿中断就业且符合其他法定条件的，可以享受失业保险待遇。下列情形中，属于非因本人意愿中断就业的有(　)。

A. 用人单位未按照劳动合同约定提供劳动条件，劳动者解除劳动合同的

B. 劳动者被用人单位辞退的

C. 劳动者因自主创业而解除劳动合同的

D. 用人单位以非法限制人身自由的手段强迫劳动，劳动者解除劳动合同的

36. 根据社会保险法律制度的规定，失业人员在领取失业保险金期间发生特定情形时，停止领取失业保险金，并同时停止享受其他失业保险待遇。下列各项中，属于该特定情形的有(　)。

A. 重新就业的

B. 享受基本养老保险待遇的

C. 被判刑收监执行的

D. 应征服兵役的

37. 下列关于社会保险费缴纳的说法中，正确的有(　)。

A. 用人单位应当自行申报、按时足额缴纳社会保险费

B. 职工应当自行申报、按时足额缴纳社会保险费

C. 无雇工的个体工商户可以直接向社会保险费征收机构缴纳社会保险费

D. 用人单位应当在年度终了后1个月内将缴纳社会保险费的明细情况告知职工本人

38. 根据社会保险法律制度的规定，社会保险基金的用途不包括(　)。

A. 平衡其他政府预算

B. 兴建、改建社保机构办公场所

C. 支付社保机构人员经费

D. 支付社保机构运行经费

三、判断题

1. 取得营业执照的甲公司分支机构可以作为用人单位与劳动者订立劳动合同。(　)

2. 劳动合同法律制度规定，劳动者在该用人单位连续工作满10年的，劳动者提出续订无固定期限劳动合同，用人单位应当与劳动者订立无固定期限劳动合同。其中劳动者因本人原因从原用人单位被安排到新用人单位工作，原用人单位的工作年限应当合并计算为新用人单位的工作年限。(　)

3. 用人单位违反规定不与劳动者订立无固定期限劳动合同的，自应当订立无固定期限劳动合同之日起向劳动者每月支付2倍的工资，但最多不超过11个月。(　)

4. 带薪年休假在1个年度内可以集中安排，也可以分段安排，一般不跨年度安排，但因生产、工作特点等可跨2个年度安排。(　)

5. 甲公司在与赵某签订的劳动合同中约定，合同期限3年，试用期3个月，试用期工资3 000元，转正后工资4 000元，上述约定符合法律规定。(　)

6. 劳动合同仅约定试用期没有约定劳动合同期限的，劳动合同无效。(　)

7. 变更劳动合同应当采用书面形式，未采用书面形式，但已经实际履行了口头变更的劳动合同超过3个月，变更后的劳动合同内容不违反法律、行政法规、公序良俗，当事人以未采用书面形式为由主张劳动合同变更无效的，人民法院不予支持。(　)

8. 由劳动者主动辞职而与用人单位协商一致解除劳动合同的，用人单位无须向劳动者支付经济补偿。（ ）
9. 甲公司生产经营发生严重困难需要裁减人员20人，裁减人员方案已向劳动行政部门报告，并提前30日向工会说明情况，但未经工会同意，则甲公司不可以裁减人员。（ ）
10. 集体合同订立后，应当报送劳动行政部门，劳动行政部门自收到集体合同文本之日起15日内审查同意，集体合同生效。（ ）
11. 用人单位与劳动者订立的劳动合同中劳动条件和劳动报酬等标准不得低于集体劳动合同规定的标准。（ ）
12. 用人单位以担保或者其他名义向劳动者收取财物的，由劳动行政部门责令限期退还劳动者本人，并对用人单位处以500元以上2 000元以下的罚款，给劳动者造成损害的，应当承担赔偿责任。（ ）
13. 当事人申请劳动仲裁，仲裁庭受理后在作出裁决前，可以先行调解。（ ）
14. 男性职工年满60周岁，达到法定的企业职工退休年龄即可领取职工基本养老保险。（ ）
15. 失业保险仅由用人单位缴纳，职工无需缴纳。（ ）
16. 根据社会保险法律制度的规定，工伤职工治疗非工伤引发的疾病，应当享受工伤医疗待遇。（ ）
17. 用人单位应当自用工之日起15日内为其职工向社会保险经办机构申请办理社会保险登记。（ ）
18. 社会保险基金专款专用，任何组织和个人不得侵占或者挪用。（ ）

四、不定项选择题

【资料一】2020年9月21日，技术人员张某到甲公司应聘成功，约定于次日上岗工作。后因公司原因张某于2020年9月25日到岗工作。2020年9月30日，双方订立了3年期劳动合同。

2020年11月甲公司出资安排张某外出参加专项技术培训，双方签订了服务期协议，对相关事项进行了约定。

服务期内，张某在工作中严重失职、营私舞弊，给公司造成重大损害。公司据此解除了劳动合同并要求张某支付违反服务期的违约金并赔偿损失。张某对此不服，认为公司违法解除劳动合同，要求公司支付经济补偿和赔偿金。

已知：张某在甲公司实行标准工时制。

要求：根据上述资料，不考虑其他因素，分析回答下列小题。

1. 甲公司与张某建立劳动关系的时间是（ ）。
A. 2020年9月30日
B. 2020年9月21日
C. 2020年9月25日
D. 2020年9月22日
2. 甲公司与张某对服务期协议内容的下列约定中，符合法律规定的是（ ）。
A. 服务期内按照公司正常工资调整机制提高劳动报酬
B. 劳动合同期限延续至服务期满
C. 服务期期限5年
D. 公司承担张某的专项技术培训费用
3. 甲公司解除劳动合同方式的下列表述中，正确的是（ ）。
A. 无需通知张某即可解除
B. 需提前30日以书面形式通知张某解除
C. 可随时通知张某解除
D. 需提前3日通知张某解除
4. 甲公司与张某劳动争议的下列表述中，正确的是（ ）。
A. 甲公司有权要求张某赔偿公司的经济损失
B. 张某无权要求甲公司支付解除劳动合同的经济补偿
C. 甲公司无权要求张某支付违约金
D. 张某有权要求甲公司支付违法解除赔

偿金

【资料二】2017 年 3 月 1 日，甲公司聘请魏某为公司技术部门经理，双方在劳动合同中约定，劳动合同期限 2 年，月工资 9 000 元，魏某在职期间及离职后 3 年内不得从事与甲公司相竞争的业务，公司在其离职后按月向其支付经济补偿 3 500 元，若魏某违反该约定，则一次性向公司支付违约金 10 万元。

2019 年 1 月，魏某在上班途中遭遇非本人主要责任交通事故受伤住院治疗，2019 年 2 月 28 日，甲公司以劳动合同期满为由向仍在住院治疗的魏某提出终止劳动合同，魏某拒绝，双方发生争议。

已知：魏某实际工作年限 8 年，甲公司所在地月最低工资标准 2 120 元。

要求：根据上述资料。不考虑其他因素，分析回答下列问题。

1. 甲公司与魏某约定的下列条款中，符合法律规定的是(　)。

A. 魏某离职后 3 年内不得从事与甲公司相竞争的业务

B. 魏某离职后甲公司按月向其支付经济补偿 3 500 元

C. 魏某在职期间不得从事与甲公司相竞争的业务

D. 若魏某违反约定，则一次性向甲公司支付违约金 10 万元

2. 魏某所受伤害及享受待遇的下列表述中，正确的是(　)。

A. 魏某治疗期间，甲公司每月应按 9 000 元的标准向其支付工资

B. 魏某伤情应当认定为工伤，享受工伤保险待遇

C. 魏某属于非因工负伤，应享受医疗期待遇

D. 魏某治疗期间，甲公司每月向其支付的工资福利待遇最低不得低于 1 696 元

3. 甲公司能否终止劳动合同的下列表述中，正确的是(　)。

A. 因魏某尚处停工留薪期，甲公司无权终止劳动合同

B. 因劳动合同期满，甲公司有权终止劳动合同

C. 魏某住院治疗不能从事原工作，甲公司可以终止劳动合同

D. 因医疗期尚未届满，甲公司应将劳动合同期限续延至魏某医疗期满

4. 魏某解决与甲公司之间劳动争议时，可采取的方式是(　)。

A. 申请劳动争议仲裁

B. 直接向人民法院提起民事诉讼

C. 向劳动争议调解组织申请调解

D. 与甲公司协商解决

【资料三】2020 年 3 月，甲劳务派遣公司与乙公司签订劳务派遣协议，将张某派遣到乙公司工作。

2020 年 7 月，张某在乙公司的工作结束。此后甲、乙未给张某安排工作，也未向其支付任何报酬。

2020 年 9 月，张某得知自 2020 年 3 月被派遣以来，甲乙均未为其缴纳社会保险费，遂提出解除劳务合同。

要求：根据上述资料，不考虑其他因素，分析回答下列小题。

1. 下列各项中，属于甲劳务派遣公司和乙公司签订劳务派遣协议中应当约定的是(　)。

A. 派遣岗位　　B. 派遣期限

C. 派遣人员数量　　D. 劳动报酬

2. 关于张某无工作期间报酬支付及标准的表述中正确的是(　)。

A. 张某无权要求支付报酬

B. 乙公司应向其按月支付报酬

C. 张某报酬标准为支付单位所在地的最低工资标准

D. 甲公司应向其按月支付报酬

3. 关于张某解除劳动合同的方式中，正确的是(　)。

A. 不需事先告知公司即可解除劳动合同

B. 可随时通知公司解除劳动合同

C. 应提前30日以书面形式提出方能解除劳动合同

D. 应提前3日通知公司方能解除劳动合同

4. 关于张某解除劳动合同的法律后果的表述中，正确的是( )。

A. 张某无权要求经济补偿

B. 甲公司应向张某支付经济补偿

C. 甲公司可要求张某支付违约金

D. 乙公司应向张某支付违约金

心有灵犀答案及解析

一、单项选择题

1. D

2. A 【解析】选项BCD，用人单位招用劳动者，不得扣押劳动者的居民身份证和其他证件，不得要求劳动者提供担保或者以其他名义向劳动者收取财物。

3. A 【解析】选项BCD，属于可备条款。

4. C 【解析】以完成一定工作任务为期限的劳动合同，指用人单位与劳动者约定以某项工作的完成为合同期限的劳动合同。

5. A 【解析】(1)职工累计工作已满10年不满20年的，年休假10天；(2)职工依法享受“寒暑假”，其假期天数多于年休假天数的不享受带薪年休假。

6. B 【解析】职工累计工作已满10年不满20年的，年休假10天。方某工作已满15年，可享受年休假10天，下半年调到乙公司，还可在新单位享受的年休假=(当年度在本单位剩余日历天数/365天)×职工本人全年应当享受的年休假天数=(184÷365)×10=5(天)。

7. A 【解析】①用人单位依法安排劳动者在休息日工作，不能安排补休的，按照不低于劳动合同规定的劳动者本人日或小时工资标准的200%支付劳动者工资；②用人单位依法安排劳动者在法定休假日工作的，按照不低于劳动合同规定的劳动者本人日或小时工资标准的300%支付劳动者工资。

8. C 【解析】月工资2 600元的20%=2 600×20%=520(元)，扣除后剩余部分=2 600-520=2 080(元)<当地月最低工资标准2 200元，则每月准予扣除的最高限额=2 600-2 200=400(元)。

9. B 【解析】违法约定的试用期已经履行的，由用人单位以劳动者试用期满月工资为标准，按已经履行的超过法定试用期的期间向劳动者支付赔偿金。本题中，劳动者试用期满月工资为4 000元，已经履行的超过法定试用期的期间为2个月，因此应当支付8 000元的试用期赔偿金。

10. D 【解析】用人单位与劳动者约定了服务期，由于用人单位过错(如未按照合同约定提供劳动保护等)导致劳动者解除劳动合同的，不属于违反服务期的约定，用人单位不得要求劳动者支付违约金。

11. B 【解析】当事人在劳动合同或者保密协议中约定了竞业限制，但“未约定经济补偿”，劳动者“履行了”竞业限制义务，要求用人单位按照劳动者在劳动合同解除或者终止“前12个月平均工资的30%”按月支付经济补偿的，人民法院应予支持。月平均工资的30%低于劳动合同履行地最低工资标准的，按照劳动合同履行地“最低工资标准”支付。

12. C 【解析】张某本人月工资20 000元，高于当地上年度职工月平均工资的3倍，**应以当地上年度职工月平均工资(5 000元)的3倍计算经济补偿金，补偿年限最高不超过12年**。张某的工作年限为13年零1个月，因此，甲公司应支付12个月的经济补偿金。

13. B 【解析】经济补偿按劳动者在本单位

工作的年限，每满1年支付1个月工资的经济补偿，不满6个月的，向劳动者支付半个月工资的经济补偿。王某在甲公司工作4年零2个月，应支付4.5个月的工资作为补偿。

14. C 【解析】双方当事人分别向劳动合同履行地和用人单位所在地的劳动争议仲裁委员会申请仲裁的，由劳动合同履行地的劳动争议仲裁委员会管辖。本题中，劳动合同履行地为深圳。

15. D 【解析】**劳动仲裁申请仲裁的时效期间为1年。**劳动关系存续期间因拖欠劳动报酬发生争议的，劳动者申请仲裁不受1年仲裁时效期间的限制，但是，劳动关系终止的，应当自劳动关系终止之日起1年内提出。

16. C 【解析】(1)追索劳动报酬、工伤医疗费、经济补偿金或者赔偿金，不超过当地月最低工资标准12个月金额的争议；(2)因执行国家的劳动标准在工作时间、休息休假、社会保险等方面发生的争议，仲裁裁决为终局裁决。

17. B 【解析】选项A，基本养老保险单位缴费部分记入统筹账户，个人缴费部分记入个人账户；选项C，个人账户记账利率不得低于银行定期存款利率；选项D，参加职工基本养老保险的个人死亡后，其个人账户中的余额可以全部依法继承。

18. C 【解析】职工工资低于当地职工月平均工资"60%"的，按当地职工月平均工资的60%作为缴费基数。则赵某应缴纳的基本养老保险费为4 000×60%×8%＝192(元)。

19. C 【解析】选项A，基本养老金按月支付；选项B，参加基本养老保险的个人，**因"工"死亡的，其遗属可以领取丧葬补助金和抚恤金，由工伤保险支付**；选项D，因工致残，由工伤保险负责。

20. D 【解析】除个人缴费部分外，单位缴费的30%记入个人账户。刘某个人医疗保险账户的储存额＝8 000×2%＋8 000×6%×30%＝304(元)。

21. B 【解析】累计工作年限不满10年，本单位工作年限不满5年，可以享受的医疗期为3个月。

22. D 【解析】选项ABC，应当认定为工伤。

23. A 【解析】职工因工致残被鉴定为一级至四级伤残的，保留劳动关系，退出劳动岗位。

24. D

二、多项选择题

1. BCD 【解析】选项A，用人单位自**"用工之日"**起即与劳动者建立劳动关系。2019年7月5日王某到甲公司上班即为用工之日。选项B，用人单位应当自用工之日起"1个月"内与劳动者订立书面劳动合同。选项C，用人单位自用工之日起超过1个月不满1年未与劳动者订立书面劳动合同的，应当向劳动者每月支付2倍的工资，起算时间为用工之日起满1个月的次日，截止时间为补订书面劳动合同的前1日。王某双倍工资应该自2019年8月5日开始计算，到2019年10月4日，共计2个月。选项D，用工之日起"超过1年"仍未与劳动者"补订"书面劳动合同，无论双方何时补订书面劳动合同，劳动者均只能获得11个月的工资补偿。

2. BD 【解析】关于非全日制用工：选项A，双方当事人可以订立口头协议；选项B，不得约定试用期；选项C，小时计酬标准不得低于用人单位所在地人民政府规定的最低小时工资标准；选项D，劳动者可以与一家以上单位订立劳动合同，但后订立的不能影响先订立的劳动合同的履行。

3. BD 【解析】关于非全日制用工：选项A，劳动者在同一用人单位一般平均每日工作时间不超过4小时，每周工作时间累计不超过24小时；选项B，结算周期最长不得超过15日；选项C，双方当事人任何一方都可以随时通知对方终止用工；选项D，双方均可随时通知解除合同，劳动者不得要求经济补偿。

4. BD 【解析】选项A，以欺诈的手段使对方在违背真实意思的情况下订立的劳动合同无效；选项B，劳动合同被确认无效，劳动者已付出劳动的，用人单位应当向劳动者支付劳动报酬；选项C，劳动合同被确认无效，给对方造成损害的，有过错一方应当承担赔偿责任；选项D，无效劳动合同，从订立时起就没有法律约束力。

5. ABC 【解析】选项D，用人单位初次实行劳动合同制度或者国有企业改制重新订立劳动合同时，劳动者在该用人单位连续工作满10年且距法定退休年龄不足10年的，用人单位与劳动者应当订立无固定期限劳动合同。

6. AC 【解析】选项B，用人单位由于生产经营需要，经与工会和劳动者协商后可以延长工作时间，每日不得超过3小时，每月不得超过36小时；选项D，工资必须在用人单位与劳动者约定的日期支付，如遇节假日或休息日，则应提前在最近的工作日支付。

7. ABD 【解析】选项A，3年以上固定期限的劳动合同，试用期不得超过6个月；选项BC，劳动合同期限1年以上不满3年的，试用期不得超过2个月；选项D，劳动合同期限3个月以上不满1年的，试用期不得超过1个月。

8. AD 【解析】选项B，用人单位与劳动者订立劳动合同期限在3年以上(包括3年)，试用期不得超过6个月；选项C，同一用人单位与同一劳动者只能约定一次试用期。

9. BCD 【解析】选项BD，赵某过错在先，用人单位解除劳动合同符合法律规定，而无须支付经济补偿；选项C，用人单位要求劳动者支付的违约金不得超过服务期尚未履行部分所应分摊的培训费用，培训期培训费10 000元，双方约定服务期为5年，赵某履行3年，所以违约金=10 000÷5×2=4 000(元)。

10. ACD 【解析】选项A，**竞业限制期限不得超过2年**；选项BC，因用人单位原因不支付补偿金时间不满3个月，劳动者只能要求单位支付已履行的竞业限制期间的补偿金，不能主张解除竞业限制约定；选项D，由于尚处于竞业限制之内，刘某离职到竞争对手公司上班，则应支付违约金。

11. BD 【解析】用人单位只能在服务期和竞业限制两项内容上与劳动者约定违约金。

12. ACD 【解析】选项B，用人单位发生合并或者分立等情况，原劳动合同继续有效，劳动合同由承继其权利和义务的用人单位继续履行。

13. CD 【解析】用人单位以暴力、威胁或者非法限制人身自由的手段强迫劳动者劳动的，劳动者不需事先告知即可解除劳动合同，用人单位应当向劳动者支付经济补偿。

14. AD 【解析】选项B，属于用人单位应当提前30天或额外支付劳动者1个月工资可以解除劳动合同的情形；选项C，劳动者被依法追究"刑事责任"的，用人单位可以随时通知劳动者解除劳动合同，本题中，孙某受到的是行政处罚。

15. ACD 【解析】裁减人员时，应当优先留用下列人员：与本单位订立较长期限的固定期限劳动合同的；与本单位订立无固定期限劳动合同的；家庭无其他就业人员，有需要扶养的老人或者未成年人的。

16. AC 【解析】选项B，医疗期满后，经调岗后仍然无法胜任可以解除劳动合同；选项D，**在本单位连续工作满15年，且距法定退休年龄不足5年的不得解除劳**

动合同。

17. AB 【解析】选项A，用人单位过错在先，应当向劳动者支付经济补偿；选项B，劳动者被动终止劳动合同，用人单位应当支付经济补偿；选项C，劳动者开始依法享受基本养老保险待遇的，劳动合同解除，这种情况下用人单位无须向劳动者支付经济补偿；选项D，试用期间辞退，用人单位无须支付经济补偿。
18. BC 【解析】选项A，属于用人单位可以单方面解除劳动合同的情形；选项D，用人单位不得解除劳动合同。
19. AC 【解析】选项ABC，女职工在孕期、产期、哺乳期，用人单位不得解除和终止劳动合同；选项D，用人单位违法解除或终止合同，应按照经济补偿金标准的2倍向劳动者支付赔偿金，支付了赔偿金的不再支付经济补偿金。
20. CD 【解析】选项A，劳务派遣单位应当与被派遣劳动者订立2年以上的固定期限劳动合同，按月支付劳动报酬；选项B，用工单位应当严格控制劳务派遣用工数量，使用的被派遣劳动者数量不得超过其用工总量的10%。用工单位正式员工为100人，则使用劳务派遣人数不得超过100/(1-10%)×10%=11(人)。
21. AD 【解析】甲公司为劳务派遣单位，与劳动者建立劳动关系，劳动者无工作期间应由甲公司按所在地最低工资标准按月向其支付报酬，并为劳动者缴纳社会保险。劳动者解除劳动合同应通知甲公司，因甲公司过错在先，则解除合同时应由甲公司向劳动者支付经济补偿金。
22. AC 【解析】选项B，当事人不愿协商、协商不成或者达成和解协议后不履行的，可以向“调解组织”申请调解；选项D，申请劳动仲裁是提起诉讼的必经程序，劳动者不能直接向法院起诉。
23. ABC 【解析】选项D，用人单位对终局裁决不服可以自收到裁决书之日起“30日”内向仲裁委员会所在地中级人民法院申请撤销该裁决。
24. BD 【解析】选项A，年满16周岁的在校学生不参加基本养老保险；选项C，国家机关工作人员依据公务员法执行。
25. ACD 【解析】选项B，城镇个体工商户和灵活就业人员的缴费基数为当地上年度在岗职工月平均工资的60%~300%。
26. BC 【解析】无雇工的个体工商户可以参加基本养老保险、职工基本医疗保险，所需费用由个人缴纳。
27. ACD 【解析】选项B，从事井下、高温、高空、特别繁重体力劳动或者其他有害身体健康工作的，退休年龄男年满55周岁，女年满45周岁。
28. ABD 【解析】选项C，基本医疗保险目前对最低缴费年限没有全国统一的规定，由各统筹地区根据本地情况确定。
29. BC 【解析】选项A，医疗期待遇可以低于当地最低工资标准，但最低不得低于最低工资标准的80%；选项D，应由单位支付经济补偿。
30. ABCD 【解析】选项A，在停工留薪期内原工资福利待遇不变，由所在单位按月支付；选项B，停工留薪期一般不超过12个月；选项C，工伤职工评定伤残等级后，停止享受停工留薪期待遇，转为享受伤残待遇；选项D，工伤职工停工留薪期满后仍需治疗，继续享受工伤医疗待遇。
31. BCD 【解析】选项A，劳动者因工受伤，评定伤残等级后，享受一次性伤残补助金。
32. AC 【解析】选项BD由工伤保险基金支付。
33. AD 【解析】选项B，失业人员失业前用人单位和本人累计缴费满5年不足10年的，领取失业保险金的期限最长为18个月；选项C，失业保险金的标准，不得低于城市居民最低生活保障标准。

34. ACD 【解析】选项B，享受失业保险必须满足的条件之一是"非因本人意愿"中断就业。
35. ABD 【解析】选项C，属于本人主动中断就业。
36. ABCD
37. AC 【解析】选项B，职工应当缴纳的社会保险费由用人单位代扣代缴；选项D，用人单位应当按月将缴纳社会保险费的明细情况告知本人。
38. ABCD

三、判断题

1. √ 【解析】用人单位设立的分支机构，依法取得营业执照或者登记证书的，可以作为用人单位与劳动者订立劳动合同。
2. × 【解析】合并计算工作年限的前提是劳动者"非"因本人原因从原用人单位被安排到新用人单位工作。
3. × 【解析】用人单位未在法定期限内与劳动者订立书面劳动合同，其支付双倍工资的惩罚，受到11个月的限制，而违规不订立无固定期限劳动合同，支付双倍工资的惩罚，不受11个月的限制。
4. × 【解析】因特殊原因可跨1个年度安排。
5. × 【解析】①双方约定的试用期期间符合法律规定，劳动合同期限3年以上固定期限可以约定的试用期，最长不得超过6个月；②双方约定的试用期工资不符合法律规定，试用期3 000元<约定工资的80% = 4 000×80% = 3 200(元)。
6. × 【解析】劳动合同"仅约定"试用期的，试用期不成立，该期限为劳动合同期限。
7. × 【解析】人民法院不予支持的前提是口头变更的劳动合同已经实际履行超过"1个月"。
8. √
9. × 【解析】本题所述情形只需听取工会的意见，无须经过工会同意。
10. × 【解析】只要在15日内"未提出异议"即可，无须经其审查同意。
11. √
12. × 【解析】应对用人单位处以"每人"500元以上2 000元以下的罚款。
13. × 【解析】仲裁庭在作出裁决前，"应当"先行调解。
14. × 【解析】除本题所述条件外还需累计缴费满15年。
15. × 【解析】工伤保险仅由用人单位缴纳，职工无须缴纳。
16. × 【解析】工伤职工治疗"非工伤"引发的疾病，不享受工伤医疗待遇，按照基本医疗保险办法处理。
17. × 【解析】办理社保登记的时间为用工之日起"30日"内。
18. √

四、不定项选择题

【资料一】

1. C 【解析】用人单位自用工之日起即与劳动者建立劳动关系。
2. ABCD 【解析】选项A，用人单位与劳动者约定服务期的，不影响按照正常的工资调整机制提高劳动者在服务期期间的劳动报酬；选项BC，劳动合同期满但是用人单位与劳动者约定的服务期尚未到期的，劳动合同应当续延至服务期满；选项D，用人单位为劳动者提供专项培训费用，对其进行专业技术培训的，可以与该劳动者订立协议，约定服务期。
3. C 【解析】劳动者严重失职，营私舞弊，给用人单位造成重大损害的，用人单位可以随时通知劳动者解除合同。
4. AB 【解析】劳动者严重失职，营私舞弊，给用人单位造成重大损害的，用人单位可以要求劳动者赔偿损失(选项A)，可以要求随时通知劳动者解除合同并且不需要支付经济补偿金(选项B)，仍有权要求劳动者支付服务期违约金(选项C)。

【资料二】

1. BCD 【解析】选项A，竞业限制期限，不得超过2年；选项C，约定在职期间劳动者不得从事与甲公司相竞争的业务，不属于限制劳动者择业权的情形，符合法律规定。

2. AB 【解析】选项AC，在上下班途中，受到非本人主要责任的交通事故或者城市轨道交通、客运轮渡、火车事故伤害的应当认定为工伤，享受停工留薪期待遇。在停工留薪期期间，原工资福利待遇不变；选项B，经工伤认定的，享受工伤保险待遇。

3. A 【解析】职工因工作遭受事故伤害或者患职业病进行治疗享受停工留薪期工资福利待遇，停工留薪治疗期间用人单位不得以劳动合同到期为由解除劳动合同。

4. ACD 【解析】劳动争议解决的方法有协商、调解、仲裁和诉讼。选项B，对仲裁裁决不服的，除《调解仲裁法》另有规定的以外，可以向人民法院提起诉讼。

【资料三】

1. ABCD 【解析】劳务派遣协议应当约定派遣岗位和人员数量、派遣期限、劳动报酬和社会保险费的数额与支付方式以及违反协议的责任。

2. CD 【解析】被派遣劳动者在无工作期间，劳务派遣单位应当按照所在地人民政府规定的最低工资标准，向其按月支付报酬。

3. B 【解析】用人单位未依法为劳动者缴纳社会保险费的，劳动者可“随时通知”用人单位解除劳动合同。

4. B 【解析】劳务派遣单位与被派遣劳动者之间是劳动合同关系，“劳务派遣单位”应承担向劳动者依法支付解除或终止劳动合同后的经济补偿金或者赔偿金的义务。

第五绝　“诗”——增值税、消费税法律制度

深闺诗语

佳人“八绝”以“诗”为冠。正所谓“春花秋雨尽成韵，晓月寒霜皆入联”。一如本章，作为税法开篇章节，一方面介绍税法基本原理，以便为后续各章学习打下基础，另一方面介绍了“十八税”中最重要的两大流转税。可谓处处是重点，在考试中所占分值23%。

2021 年考试前 8 个批次题型题量

批次 题型　分值	5. 15 上	5. 15 下	5. 16 上	5. 16 下	5. 17 上	5. 17 下	5. 18 上	5. 18 下
单选题	5 题 10 分	5 题 10 分	5 题 10 分	5 题 10 分	5 题 10 分	5 题 10 分	5 题 10 分	5 题 10 分
多选题	2 题 4 分	2 题 4 分	2 题 4 分	2 题 4 分	2 题 4 分	2 题 4 分	2 题 4 分	2 题 4 分
判断题	1 题 1 分	1 题 1 分	1 题 1 分	1 题 1 分	1 题 1 分	1 题 1 分	1 题 1 分	1 题 1 分
不定项	1 题 8 分	1 题 8 分	1 题 8 分	1 题 8 分	1 题 8 分	1 题 8 分	1 题 8 分	1 题 8 分
合计	9 题 23 分	9 题 23 分	9 题 23 分	9 题 23 分	9 题 23 分	9 题 23 分	9 题 23 分	9 题 23 分

2022 年考试变化

1. 税法概述部分：实体税法的构成要素由 10 个调整为 9 个(删除税目)。

2. 增值税新增：适用 5%的征收率并减按 1. 5%征收的规定、销售二手车减按 0. 5%征收的规定、无偿转让股票的计税规定、新办纳税人实行“增值税电子专用发票”规定。

3. 增值税调整：劳务派遣服务计税规定、部分税收优惠政策。

【说明】2022 年考试大纲依旧未收录“部分生产、生活服务行业增值税进项税额加计抵扣政策；增值税留抵退税政策”本书亦不予赘述。

人生初见

第一部分　税法基础

考验一　税收与税法(★)

(一)税收的特征

1. 强制性

税收是国家为实现其职能，凭借政治权力征收。

2. 无偿性

税收是国家无偿取得财政收入的一种特

定分配形式。

3. 固定性

税收是国家按照法定标准征收的。

(二)税收法律关系的主体

1. 征税主体：国家各级税务机关、海关。

2. 纳税主体：纳税人、扣缴义务人。

『老侯提示』不包括"纳税担保人、代理人"。

【例题·多选题】2021 年 9 月主管税务机关对甲公司 2021 年度企业所得税纳税情况进行检查，要求甲公司补缴企业所得税税款 56 万元，并在规定时限内申报缴纳。甲公司以 2021 年企业所得税税款是聘请乙税务师事务所计算申报为由，请求主管税务机关向乙税务师事务所追缴税款。主管税务机关未接受甲公司的请求，并依照法律规定责令甲公司提供纳税担保。甲公司请丙公司提供纳税担保并得到税务机关的确认。上述事件中涉及的机关和企业中，属于税收法律关系主体的有(　)。

A. 乙税务师事务所

B. 主管税务机关

C. 甲公司

D. 丙公司

解析 ▶ 选项 B，属于征税主体；选项 C，属于纳税主体。

答案 ▶ BC

考验二　税收实体法的构成要素(★)(2022 年调整)

(一)纳税人(纳税主体)

1. 概念

纳税人是指法律、行政法规规定负有纳税义务的单位和个人。

2. 区别负税人与扣缴义务人

(1)负税人：税收的实际负担者；

(2)扣缴义务人：法律、行政法规规定负有代扣代缴、代收代缴税款义务的单位和个人。

(二)征税对象(课税对象)：区别不同税种的重要标志

(三)税率：计算税额的尺度

1. 比例税率

不论征税对象数量或金额的多少，统一按同一百分比征税的税率。

2. 定额税率(固定税额)

按征税对象的数量单位，直接规定的征税数额。

3. 累进税率

根据征税对象数量或金额的多少，分等规定递增的多级税率。应税数量越多或金额越大，适用税率也越高。

(1)超额累进税率：把征税对象按数额大小划分为若干个等级，每一等级规定一个税率，税率依次提高，每一纳税人的征税对象依所属等级同时适用几个税率分别计算，将计算结果相加后得出应纳税款。

代表税种：个人所得税中的"综合所得"。

【举例】赵某本月取得劳务报酬所得应纳税所得额为 28 000 元，其适用下表中所列的超额累进预扣率，根据超额累进税率的定义计算赵某本月应预缴的个人所得税。

劳务报酬所得三级超额累进预扣率表

级数	全"月"(或次)应纳税所得额	预扣率
1	不超过 20 000 元的	20%
2	超过 20 000 元至 50 000 元的部分	30%
3	超过 50 000 元的部分	40%

【答案】该纳税人本月应预缴税额 = 20 000×20%+8 000×30% = 6 400(元)

(2)超率累进税率：以征税对象数额的相对率划分若干级距，分别规定相应的差别税率，相对率每超过一个级距的，对超过的部分就按高一级的税率计算征税。

代表税种：土地增值税。

(四)计税依据

1. 从价计征

应纳税额 = 计税金额×适用税率

2. 从量计征

应纳税额 = 计税数量×单位适用税额

『老侯提示』我国执行的计税依据中，还包括“复合计征”。

(五)纳税环节：征税对象流转过程中应当缴纳税款的环节

(六)纳税期限：依法缴纳税款的期限

(七)纳税地点：具体申报缴纳税款的地点

(八)税收优惠：国家运用税收政策在税收法律、行政法规中规定对某一部分特定纳税人和课税对象给予减轻或免除税收负担的一种措施。

1. 减税与免税

(1)减税是对应纳税款少征一部分税款；

(2)免税是对应纳税额全部免征；

(3)类型：长期减免税项目、一定期限内的减免税措施。

2. 起征点与免征额

(1)起征点。

税法规定对征税对象开始征税的起点数额。征税对象的数额“达到或超过”起征点的就“全部数额”征税，“未达到”起征点的“不征税”。

(2)免征额。

征税对象全部数额中免予征税的部分，只就“超过”免征额的部分计征税款。

【举例】假设某税种，税率为 10%，A、B、C 三位纳税人的征税对象数额分别为：999 元、1 000 元、1 001 元。

①假设：该税种起征点为 1 000 元，达到即征税。

A 应纳税额 = 0(元)

B 应纳税额 = 1 000×10% = 100(元)

C 应纳税额 = 1 001×10% = 100.1(元)

②假设上例中的 1 000 元为免征额，则：

A 应纳税额 = 0(元)

B 应纳税额 = 0(元)

C 应纳税额 = (1 001 - 1 000)×10% = 0.1(元)

(九)法律责任

违反税法规定的行为人(征税主体或纳税主体)对违法行为所应承担的具有强制性的法律后果。

【例题 1·单选题】下列税法要素中，可以作为区别不同税种的重要标志的是(　)。

A. 纳税环节　　B. 税目

C. 税率　　D. 征税对象

答案 ▶ D

【例题 2·多选题】下列各项中，属于税法要素的有(　)。

A. 纳税环节　　B. 税收优惠

C. 纳税人　　D. 税率

答案 ▶ ABCD

【例题 3·单选题】我国个人所得税中的综合所得采取的税率形式是(　)。

A. 比例税率　　B. 超额累进税率

C. 超率累进税率　D. 定额税率

答案 ▶ B

【例题 4·单选题】下列税种中，采用超率累进税率的是(　)。

A. 土地增值税

B. 印花税

C. 城镇土地使用税

D. 个人所得税

解析 ▶ 选项 A，采用超率累进税率。选项 B，采用比例税率和定额税率两种形式；选项 C，采用定额税率；选项 D，采用超额累进税率与比例税率两种形式。　答案 ▶ A

【例题 5·判断题】如果税法规定某一税

种的起征点是800元，那么超过起征点的，只对超过800元的部分征税。 ( )

解析 超过起征点则全额征税。

答案 ×

考验三 现行税种与征收机关(★★★)

(一)由税务机关负责征收的税种(略)

『老侯提示』除绝大多数税收收入外，由税务机关负责征收的还包括"非税收入"和"社会保险费"。

(二)由海关负责征收的税种

1. 征收

关税、船舶吨税。

2. 委托代征

"进口环节"增值税和消费税。

【例题·单选题】下列税种中，由海关负责征收和管理的是( )。

A. 关税 B. 车辆购置税 C. 环境保护税 D. 资源税

解析 选项BCD，由税务机关负责征收和管理。

答案 A

第二部分 增值税

考验一 增值税的纳税人与扣缴义务人(★)

(一)纳税人

1. 概念

增值税的纳税人是指在我国境内从事增值税应税行为的单位和个人。

增值税应税行为：

(1)销售和进口货物。

(2)销售劳务。

(3)销售服务。

(4)销售无形资产。

(5)销售不动产。

2. 特殊情况下纳税人的确定

(1)单位以承包、承租、挂靠方式经营的。

①一般情况：以承包人为纳税人。

②承包人**以发包人名义对外经营并由发包人承担相关法律责任**：以该发包人为纳税人。

(2)资管产品运营过程中发生的增值税应税行为，以"**资管产品管理人**"为增值税纳税人。

3. 一般纳税人与小规模纳税人

(1)分类标准。

区分纳税人的标准包括："经营规模"和"会计核算的健全程度"。

(2)具体分类(见表5-1)。

表5-1 一般纳税人与小规模纳税人的具体分类

	小规模纳税人	一般纳税人
标准	年应税销售额"500万元以下"	超过小规模纳税人标准

续表

	小规模纳税人	一般纳税人
特殊情况	(1)其他个人(非个体户); (2)非企业性单位; (3)不经常发生应税行为的企业 『老侯提示』(1)"必须"按小规模纳税人纳税,(2)、(3)"可选择"按小规模纳税人纳税	小规模纳税人"会计核算健全",可以申请登记为一般纳税人
计税规定	简易征税;使用增值税普通发票 『老侯提示』小规模纳税人(其他个人除外)也可以自行开具增值税专用发票	执行税款抵扣制;可以使用增值税专用发票

4. 纳税人登记的不可逆性

除国家税务总局另有规定外,纳税人一经登记为一般纳税人后,不得转为小规模纳税人。

(二)扣缴义务人

境外单位或个人在境内销售劳务,在境内未设有经营机构的,以其境内代理人为扣缴义务人;在境内没有代理人的,以购买方为扣缴义务人。

【例题1·单选题】根据增值税法律制度的规定,关于增值税纳税人的下列表述中,正确的是( )。

A. 转让无形资产,以无形资产受让方为纳税人

B. 提供建筑安装服务,以建筑安装服务接收方为纳税人

C. 资管产品运营过程中发生的增值税应税行为,以资管产品管理人为纳税人

D. 单位以承包、承租、挂靠方式经营的,一律以承包人为纳税人

解析 选项A,转让方为纳税人;选项B,提供建筑安装服务方为纳税人;选项D,单位以承包、承租、挂靠方式经营的,承包人以发包人名义对外经营并由发包人承担相关法律责任的,以该发包人为纳税人,否则,以承包人为纳税人。 答案 C

【例题2·单选题】根据增值税法律制度的规定,年应税销售额在一定标准以下的纳税人为小规模纳税人。该标准是( )万元。

A. 50　　B. 80

C. 500　　D. 1 000

答案 C

【例题3·判断题】甲酒店为增值税小规模纳税人,其提供住宿服务需要开具增值税专用发票,可以自愿使用增值税发票管理系统自行开具。 ( )

解析 小规模纳税人(其他个人除外)发生应税行为需要开具增值税专用发票,可以自愿使用增值税发票管理系统自行开具。

答案 √

【例题4·判断题】中国境外单位或者个人在境内发生应税劳务,在境内未设有经营机构的,以境内代理人为增值税扣缴义务人。 ( )

答案 √

考验二 增值税的征税范围(★★★)

(一)征税范围的一般规定

在我国境内"销售或者进口货物,提供加工、修理修配劳务"及"销售应税服务、无形资产或者不动产"。

1. 销售或者进口货物

(1)货物:指"有形动产",包括电力、热力、气体。

(2)有偿:指从购买方取得货币、货物

或者“其他经济利益”。

(3)进口：指申报进入中国海关境内的货物。

2. 销售劳务：提供加工、修理修配劳务

『老侯提示』加工、修理的对象为“有形动产”。

3. 销售服务

(1)交通运输服务。

包括：陆路运输、水路运输、航空运输、管道运输。

『注意1』出租车公司向使用本公司自有出租车的出租车司机收取的管理费用，属于“陆路运输服务”。

『注意2』水路运输的“程租”“期租”业务属于“水路运输服务”；航空运输的“湿租”业务属于“航空运输服务”。

『注意3』水路运输的“光租”业务、航空运输的“干租”业务属于“现代服务—租赁服务”。

『老侯提示』实质重于形式：程租、期租、湿租是连人带交通工具一起租，实质是提供运输服务；干租、光租是只租交通工具不带人，实质是租赁。

【举例】某运输公司发生两项业务：①承接了某公司年会租车业务，提供车辆及司机；②提供五一黄金周自驾游车辆出租业务。

业务①按“交通运输服务”征收增值税；

业务②按“现代服务—租赁服务(有形动产租赁服务)”征收增值税。

『注意4』“航天运输”属于“航空运输服务”，但适用“零税率”。

(2)邮政服务(见表5-2)。

表5-2 邮政服务

子目	具体项目
邮政普遍服务	函件、包裹等邮件寄递，以及邮票发行、报刊发行和邮政汇兑
邮政特殊服务	义务兵平常信函、机要通信、盲人读物和革命烈士遗物的寄递
其他邮政服务	邮册等邮品销售、邮政代理

『注意』“邮政储蓄业务”按“金融服务”缴纳增值税。

(3)电信服务。

①“基础”电信服务：通话、出租带宽等；

②“增值”电信服务：短(彩)信、互联网接入、卫星电视信号落地转接等。

(4)建筑服务(见表5-3)。

表5-3 建筑服务

子目	具体项目
工程服务	新建、改建各种建筑物、构筑物的工程作业
安装服务	生产设备、动力设备、起重设备、运输设备、传动设备、医疗实验设备以及其他各种设备、设施的装配、安置工程作业 『注意』“固定电话、有线电视、宽带、水、电、燃气、暖气”等经营者向用户收取的“安装费、初装费、开户费、扩容费”以及类似收费，按照“建筑服务—安装服务”缴纳增值税
修缮服务	对建筑物、构筑物进行修补、加固、养护、改善，使之恢复原来的使用价值或者延长其使用期限的工程作业 『老侯提示』区别有形动产的“加工、修理修配劳务”
装饰服务	对建筑物、构筑物进行修饰装修，使之美观或者具有特定用途的工程作业

续表

子目	具体项目
其他建筑服务	钻井(打井)、拆除建筑物或者构筑物、平整土地、园林绿化、疏浚、建筑物平移、搭脚手架、爆破、矿山穿孔、表面附着物(包括岩层、土层、沙层等)剥离和清理等 『注意1』“疏浚”属于“建筑服务—其他建筑服务”，但“航道疏浚”属于“现代服务—物流辅助服务”； 『注意2』“建筑物平移”属于“建筑服务—其他建筑服务”

(5)金融服务(见表5-4)。

表5-4 金融服务

子目	具体项目
贷款服务	金融商品持有期间(含到期)利息(保本收益、报酬、资金占用费、补偿金等)收入、信用卡透支利息收入、买入返售金融商品利息收入、融资融券收取的利息收入，以及融资性售后回租、押汇、罚息、票据贴现、转贷等业务取得的利息及利息性质的收入 『老侯提示』区别“贷款服务”与其他金融服务，贷款服务的收入为各种占用、拆借资金而取得的“利息”。 『注意1』以“货币投资”收取“固定利润或保底利润”按照“金融服务—贷款服务”缴纳增值税； 『注意2』“融资性售后回租”属于“金融服务—贷款服务”；“融资租赁”属于“现代服务—租赁服务”
直接收费金融服务	提供货币兑换、账户管理、电子银行、信用卡、信用证、财务担保、资产管理、信托管理、基金管理、金融交易场所(平台)管理、资金结算、资金清算、金融支付等服务，而直接取得的收入 【举例】银行卡收单业务手续费
保险服务	人身保险服务和财产保险服务
金融商品转让	转让外汇、有价证券、非货物期货和其他金融商品(基金、信托、理财产品等各类资产管理产品和各种金融衍生品)的“所有权”取得的收入

(6)现代服务(见表5-5)。

表5-5 现代服务

子目	具体项目	
研发和技术服务	研发服务、合同能源管理服务、工程勘察勘探服务、专业技术服务	
信息技术服务	软件服务、电路设计及测试服务、信息系统服务、业务流程管理服务和信息系统增值服务	
文化创意服务	设计服务、知识产权服务、广告服务和会议展览服务	
物流辅助服务	航空服务、港口码头服务、货运客运场站服务、打捞救助服务、仓储服务、装卸搬运服务和收派服务 『老侯提示』与“交通运输服务”作准确区别	
租赁服务	融资租赁服务	有形动产融资租赁、不动产融资租赁
	经营租赁服务	有形动产经营租赁、不动产经营租赁
	『老侯提示』“租赁服务”分为“动产租赁”和“不动产租赁”分别适用不同税率。 『注意1』“车辆停放服务”“道路通行服务(过路、过桥、过闸费)”属于“不动产经营租赁服务”； 『注意2』将动产、不动产上的广告位出租，属于“经营租赁服务”； 『注意3』“融资性售后回租”属于“金融服务—贷款服务”	

续表

子目	具体项目
鉴证咨询服务	认证服务、鉴证服务和咨询服务 『注意』“翻译服务、市场调查服务”属于“咨询服务”
广播影视服务	广播影视节目的制作服务、发行服务和播映服务 『注意』“广告的制作、发布”均属于“文化创意服务—广告服务”
商务辅助服务	企业管理服务、经纪代理服务、人力资源服务、安全保护服务 『注意1』“货物运输代理”属于“经纪代理服务”，而“无运输工具承运”属于“交通运输服务”； 『注意2』“物业管理”属于“企业管理服务”
其他现代服务	除上述8项以外的现代服务

(7)生活服务。

文化体育服务、教育医疗服务、旅游娱乐服务、餐饮住宿服务、居民日常服务、其他生活服务。

『老侯提示』居民日常服务包括：市容市政管理、家政、婚庆、养老、殡葬、照料和护理、救助救济、美容美发、按摩、桑拿、氧吧、足疗、沐浴、洗染、摄影扩印等。

4. 销售无形资产(见表5-6)

表5-6　销售无形资产

子目	具体项目
技术	专利技术、非专利技术
商标	—
著作权	—
商誉	—
自然资源使用权	土地使用权、海域使用权、探矿权、采矿权、取水权和其他自然资源使用权
其他权益性无形资产	基础设施资产经营权、公共事业特许权、配额、经营权(包括特许经营权、连锁经营权、其他经营权)、经销权、分销权、代理权、会员权、席位权、网络游戏虚拟道具、域名、名称权、肖像权、冠名权、转会费等

5. 销售不动产

『注意』单独转让“土地使用权”，按照“销售无形资产”缴纳增值税；转让不动产时“一并”转让其所占土地的使用权的，按照“销售不动产”缴纳增值税。

【例题1·多选题】下列各项中，按照“销售货物”征收增值税的有(　)。

A. 销售电力　B. 销售热力

C. 销售天然气　D. 销售商品房

解析 ▶ 选项ABC，货物指“有形动产”，包括电力、热力、气体；选项D，按照“销售不动产”征收增值税。

答案 ▶ ABC

【例题2·单选题】☆根据增值税法律制度的规定，下列情形中，应按“加工、修理修配劳务”缴纳增值税的是(　)。

A. 平整土地　B. 加固桥梁

C. 修理小汽车　D. 修补建筑物

解析 ▶ 加工、修理修配的对象为有形动产。选项ABD，应按“建筑服务”缴纳增值税。

答案 ▶ C

【例题3·单选题】☆根据增值税法律制度的规定，下列各项中，应按“现代服务—租赁服务”缴纳增值税的是(　)。

A. 水路运输的程租业务

B. 车辆停放服务

C. 航空运输的湿租业务

D. 融资性售后回租

解析 选项AC，按“交通运输服务”缴纳增值税；选项D，按“金融服务—贷款服务”缴纳增值税。 **答案** B

【例题4·判断题】 出租车公司向使用本公司自有出租车的出租车司机收取的管理费用，按照“现代服务”缴纳增值税。（ ）

解析 出租车公司向使用本公司自有出租车的出租车司机收取的管理费用，属于陆路运输服务。 **答案** ×

【例题5·单选题】 下列各项中，应按照“金融服务—贷款服务”税目计缴增值税的是（ ）。

A. 融资性售后回租

B. 账户管理服务

C. 金融支付服务

D. 资金结算服务

解析 选项BCD，按照“金融服务—直接收费金融服务”缴纳增值税。 **答案** A

【例题6·单选题】 下列各项中，应按照“现代服务”税目计缴增值税的是（ ）。

A. 经营租赁服务

B. 融资性售后回租

C. 保险服务

D. 文化体育服务

解析 选项B，按照“金融服务—贷款服务”缴纳增值税；选项C，按照“金融服务”缴纳增值税；选项D，按照“生活服务”缴纳增值税。 **答案** A

【例题7·单选题】 ☆根据增值税法律制度的规定，下列各项中，应按“生活服务”缴纳增值税的是（ ）。

A. 道路通行服务 B. 安全保护服务

C. 教育医疗服务 D. 广播影视服务

解析 选项A，按“现代服务—租赁服务（不动产经营租赁服务）”缴纳增值税；选项B，按“现代服务—商务辅助服务”缴纳增值税；选项D，按“现代服务—广播影视服务”缴纳增值税。 **答案** C

【例题8·单选题】 下列行为中，不属于销售无形资产的是（ ）。

A. 转让专利权

B. 转让建筑永久使用权

C. 转让网络游戏虚拟道具

D. 转让采矿权

解析 选项A，属于“技术”；选项B，属于“销售不动产”；选项C，属于“其他权益性无形资产”；选项D，属于“自然资源使用权”。 **答案** B

【例题9·单选题】 下列行为中，应按照“销售不动产”税目计缴增值税的是（ ）。

A. 将建筑物广告位出租给其他单位用于发布广告

B. 销售底商

C. 转让高速公路经营权

D. 转让国有土地使用权

解析 选项A，按“现代服务—租赁服务”计缴增值税；选项CD，按照“销售无形资产”计缴增值税，其中选项C属于其他权益性无形资产中的基础设施资产经营权，选项D属于无形资产中的自然资源使用权。

答案 B

【例题10·判断题】 外购报关进口的原属于中国境内的货物，不征收进口环节增值税。（ ）

解析 只要是报关进口的应税货物（不看原产地），均属于增值税的征税范围，除享受免税政策外，在进口环节缴纳增值税。

答案 ×

（二）视同销售

1. 视同销售货物

（1）委托代销行为。

①将货物交付其他单位或者个人代销；

②销售代销货物。

（2）货物异地移送。

设有两个以上机构并实行统一核算的纳税人，将货物从一个机构移送至其他机构用于销售，但相关机构设在同一县（市）的除外。

(3)自产、委托加工、购进的货物用于“**非生产性**”支出。

①将自产、委托加工的货物用于集体福利或者个人消费;

②将自产或者委托加工的货物用于非增值税应税项目;

③将自产、委托加工或者“**购进**”的货物作为投资,提供给其他单位或者个体工商户;

④将自产、委托加工或者“**购进**”的货物分配给股东或者投资者;

⑤将自产、委托加工或者“**购进**”的货物无偿赠送其他单位或者个人。

『老侯提示』 自产和委托加工货物的视同销售体现了税收公平原则;外购货物的视同销售是为了保证纳税链条的完整;考核点为结合“进项税额不得抵扣”考核外购货物的“内外有别”。

2. 视同销售服务、无形资产或不动产

(1)单位或者个体工商户向其他单位或者个人“无偿”提供服务;

(2)单位或者个人向其他单位或者个人“无偿”转让无形资产或者不动产。

『老侯提示』 用于“公益事业”或者以“社会公众”为对象的除外。

【例题11·单选题】 ☆根据增值税法律制度的规定,下列各项中,不属于视同销售货物行为的是( )。

A. 商场将购进的化妆品作为福利发给职工

B. 服装厂将购进的小汽车分配给股东

C. 空调厂将自产的空调用于职工食堂

D. 电视机厂将自产的电视机无偿赠送其他单位

解析 选项CD,自产货物用于非生产性支出,无论“对内(集体福利)、对外(无偿赠送)”均视同销售;购进货物用于非生产性支出,“对外”(分配给股东)视同销售,“对内”(集体福利)进项税额不得抵扣。

答案 A

(三)混合销售与兼营(见表5-7)

表5-7 混合销售与兼营

	行为特征	判定标准	税务处理	典型案例
混合销售	“**一项**”销售行为	“**经营主体**”从事货物生产、批发或零售	按销售货物缴纳增值税	超市销售货物同时提供送货上门服务
		“**经营主体**”从事其他行业	按销售服务缴纳增值税	娱乐场所提供娱乐服务同时销售烟、酒、饮料
兼营	“**多元化**”经营	增值税不同税目混业经营,不发生在同一项销售行为中	分别核算分别缴纳;未分别核算“**从高**”适用税率	商场销售商品,并经营美食城

『注意』 纳税人销售活动板房、机器设备、钢结构件等自产货物的同时提供建筑、安装服务,不属于混合销售,应“分别核算”货物和建筑服务的销售额,“分别适用”不同的税率或者征收率。

『老侯提示』 在“经济法基础”考试中,判断混合销售的关键是“同时”;判断兼营的关键是“并”。

【例题12·单选题】 ☆根据增值税法律制度的规定,下列混合销售行为中,应按“销售货物”缴纳增值税的是( )。

A. 歌舞厅在销售娱乐服务的同时销售食品

B. 商场在销售电器的同时提供送货服务

C. 饭店在销售餐饮服务的同时销售烟酒

D. 美容院在销售美容服务的同时销售美容产品

解析 选项ACD,提供娱乐(餐饮、美容)服务属于“生活服务”,销售食品(烟酒、美容产品)属于“销售货物”,但提供娱乐(餐饮、美容)服务和销售食品(烟酒、美容产品)为一项业务，同时发生，有从属关系，属于混合销售，经营主体歌舞厅(饭店、美容院)以提供娱乐(餐饮、美容)服务为主，应当按照“生活服务”缴纳增值税；选项B，销售电器属于“销售货物”，提供送货服务属于“交通运输服务”，但销售货物和提供运输服务为一项业务，同时发生，有从属关系，属于混合销售，经营主体商场以销售货物为主，应当按照“销售货物”缴纳增值税。

答案 ▶B

(四)不征收增值税的特殊规定

1. 资产重组

纳税人在资产重组过程中，通过合并、分立、出售、置换等方式，将全部或者部分实物资产以及与其相关联的债权、负债和劳动力一并转让给其他单位和个人，不属于增值税的征税范围，其中涉及的“货物、不动产、土地使用权”转让，不征收增值税。

2. 非营业活动

(1)行政单位收取的“满足条件”的政府性基金或者行政事业性收费。

①够级别：由国务院或者财政部批准设立的政府性基金，由国务院或者省级人民政府及其财政、价格主管部门批准设立的行政事业性收费。

②有证据：收取时开具省级以上财政部门印制的财政票据。

③全上缴：所收款项全额上缴财政。

(2)单位或者个体工商户聘用的“**员工**”为本单位或者雇主提供取得工资的服务。

(3)单位或者个体工商户为聘用的员工提供“**服务**”。

3. 非在境内提供应税服务

(1)境外单位或者个人向境内单位或者个人销售“完全在境外”发生的服务；

(2)境外单位或者个人向境内单位或者个人销售“完全在境外”使用的无形资产；

(3)境外单位或者个人向境内单位或者个人出租“完全在境外”使用的有形动产。

『老侯提示』 必须同时满足“提供方在境外”并“完全在境外发生或使用”两个条件。

4. 其他不征收增值税的项目

(1)根据国家指令无偿提供的铁路运输服务、航空运输服务，属于《营业税改征增值税试点实施办法》规定的用于公益事业的服务。

(2)存款利息。

『老侯提示』 区别“贷款利息”。

(3)被保险人获得的保险赔付。

(4)房地产主管部门或者其指定机构、公积金管理中心、开发企业以及物业管理单位代收的住宅专项维修资金。

【例题13·单选题】 根据增值税法律制度的规定，下列各项中，应按照“提供应税劳务”税目计缴增值税的是(　)。

A. 制衣厂员工为本厂提供的加工服装服务

B. 有偿提供安装空调服务

C. 有偿修理机器设备服务

D. 有偿提供出租车服务

解析 ▶选项A，单位或者个体工商户聘用的员工为本单位或者雇主提供加工、修理修配劳务，不征收增值税。选项B，按照“建筑服务—安装服务”缴纳增值税；选项D，按照“现代服务—租赁服务”缴纳增值税。

答案 ▶C

【例题14·判断题】 ☆单位为聘用的员工提供服务，视同销售服务，征收增值税。(　)

解析 ▶单位为聘用的员工提供服务，不征收增值税。

答案 ▶×

【例题15·多选题】 ☆根据增值税法律制度的规定，下列各项中，属于不征收增值税项目的有(　)。

A. 物业管理单位代收的住宅专项维修资金

B. 基础电信服务

C. 被保险人获得的保险赔付

D. 存款利息

解析 ▶选项B，按“电信服务”征收增值税。

答案 ▶ACD

【例题16·判断题】 根据国家指令无偿提供用于公益事业的铁路运输服务应征收增

值税。（ ）

解析▶ 根据国家指令无偿提供的铁路运输服务、航空运输服务，属于《营业税改征增值税试点实施办法》规定的用于公益事业的服务，不征收增值税。 **答案**▶×

【例题17·多选题】 根据增值税法律制度的规定，下列情形中，属于在境内销售服务的有（ ）。

A. 境外会计师事务所向境内单位销售完全在境内发生的会计咨询服务

B. 境内语言培训机构向境外单位销售完全在境外发生的培训服务

C. 境内广告公司向境外单位销售完全在境内发生的广告服务

D. 境外律师事务所向境内单位销售完全在境外发生的法律咨询服务

解析▶ 选项A，虽然提供方在境外，但不满足"完全在境外使用"这一条件，因此属于在我国境内提供增值税应税服务；选项B，虽然完全发生在境外或在境外使用，但不满足"提供方在境外"这一条件，因此属于在我国境内提供增值税应税服务；选项C，提供方和服务均发生在境内，属于在我国境内提供增值税应税服务；选项D，为境外单位向境内单位或者个人销售"完全在境外"发生的服务，不属于在我国境内提供增值税应税服务。

答案▶ABC

考验三 增值税的税率与征收率（★）

『老侯提示』"经济法基础"历年计算型考题均会直接给出相应的税率及征收率。

（一）税率

1."13%"

（1）销售和进口除执行9%低税率的货物以外的货物；

（2）提供加工、修理修配劳务；

（3）有形动产租赁服务。

2."9%"

（1）货物。

①粮食等农产品、食用植物油、食用盐；

②自来水、暖气、冷气、热水、煤气、石油液化气、天然气、二甲醚、沼气、居民用煤炭制品；

③图书、报纸、杂志、音像制品、电子出版物；

④饲料、化肥、农药、农机、农膜。

『老侯提示』 销售货物设置低税率的根本目的是鼓励并保证消费者对基本生活必需品的消费。

『注意1』 关于"农产品"：必须是销售"外购的初级"农产品。

『注意2』"食用盐、食用植物油、居民用煤炭制品"必须表述清楚，如表述为"盐、植物油、煤炭制品"均不属于。

（2）销售服务、无形资产和不动产。

交通运输、邮政、基础电信、建筑、不动产租赁服务、销售不动产、转让土地使用权。

3."6%"

增值电信、金融、现代服务（租赁除外）、生活服务、销售无形资产（转让土地使用权除外）。

4."0"

（1）纳税人"出口"货物，税率为零；但是，国务院另有规定的除外。

（2）境内单位和个人"跨境销售"国务院规定范围内的"服务、无形资产"，税率为零。

【"跨境"行为"零税率"项目】（见表5-8）

表5-8 "跨境"行为"零税率"项目

服务项目	具体内容
国际运输服务	—

续表

服务项目	具体内容	
航天运输服务	—	
向境外单位提供的完全在境外消费的部分服务	研发和技术服务	研发服务；合同能源管理服务
	信息技术服务	软件服务；电路设计及测试服务；信息系统服务；业务流程管理服务；离岸服务外包业务
	文化创意服务	设计服务
	广播影视服务	广播影视节目(作品)的**制作**和**发行**服务
	销售无形资产	转让技术
	『提示』现代服务和销售无形资产中“**技术含量较高**”的部分服务、无形资产	

【例题1·单选题】 下列各项增值税服务中，增值税税率为13%的是(　)。

A. 邮政服务　　B. 交通运输服务

C. 有形动产租赁服务　　D. 增值电信服务

解析 选项AB，适用9%的税率；选项D，适用6%的税率。　**答案** C

【例题2·多选题】 根据增值税法律制度的规定，一般纳税人销售的下列购进货物中，适用9%税率的有(　)。

A. 洗衣液　　B. 文具盒

C. 农产品　　D. 图书

解析 选项AB，非增值税暂行条例中列举的执行低税率的货物，适用13%的税率；选项CD，适用9%的低税率。　**答案** CD

【例题3·单选题】 下列项目中，适用增值税零税率的是(　)。

A. 国际运输服务

B. 在境外提供的广播影视节目的播映服务

C. 工程项目在境外的建筑服务

D. 存储地点在境外的仓储服务

解析 选项BCD，适用免税规定。　**答案** A

(二)征收率

1. “3%”

(1)小规模纳税人。

除“销售旧货、销售自己使用过的物品、销售和出租不动产、进口货物”外的一般应税行为。

『老侯提示』 “抗疫期间”减按1%征收的优惠政策，延续至2021年底。

(2)一般纳税人(见表5-9)。

表5-9　一般纳税人的适用情形

适用情形	具体内容
只能适用3%征收率	寄售商店代销寄售物品、典当业销售死当物品

续表

适用情形	具体内容	
销售自产货物"可选择"按照3%征收率纳税的货物	(1)自来水； (2)县级及以下小型水力发电单位生产的电力； (3)用微生物、血液或组织等制成的生物制品； (4)建筑用和生产建筑材料所用的砂、土、石料； (5)以自己采掘的砂、土、石料或其他矿物连续生产的砖、瓦、石灰； (6)商品混凝土	选择简易办法后，"36个月"内不得变更
"可选择"按照3%征收率纳税的服务	(1)公共交通运输服务； (2)动漫产品的设计、制作服务，以及在境内转让动漫版权； (3)电影放映服务； (4)仓储服务； (5)装卸搬运服务； (6)收派服务； (7)文化体育服务； (8)以营改增试点前取得的有形动产，提供的"有形动产经营租赁服务"； (9)营改增试点前签订的，尚未执行完毕的"有形动产租赁"合同	

『老侯提示』可选择适用3%的征收率的(如自来水)，纳税人可以选择执行9%的税率，也可以执行3%的征收率。执行9%的税率可以抵扣进项税额，执行3%的征收率则按简易办法征税。

2. 销售"旧货"与"自己使用过的物品"(2022年调整)

(1)"旧货"与"自己使用过的物品"。

旧货，是指进入二次流通的具有部分使用价值的货物，但不包括自己使用过的物品。

(2)销售旧货(见表5-10)。

表5-10 销售旧货

旧货种类	适用征收率	计算公式
从事二手车经销的纳税人销售其收购的二手车	0.5%	应纳税额=含税售价÷(1+0.5%)×0.5%
销售其他旧货	适用3%并减按2%	应纳税额=含税售价÷(1+3%)×2%

(3)销售自己使用过的物品(见表5-11)。

表5-11 销售自己使用过的物品

<table>
<tr><th>纳税人</th><th colspan="3">物品种类</th><th>适用税率或征收率</th></tr>
<tr><td rowspan="2">小规模纳税人</td><td colspan="3">固定资产</td><td>适用3%并减按2%</td></tr>
<tr><td colspan="3">非固定资产</td><td>3%</td></tr>
<tr><td rowspan="4">一般纳税人</td><td rowspan="3">固定资产</td><td rowspan="2">购入时未抵扣过进项税额</td><td>(1)2009年以前购入的固定资产；
(2)购入时不得抵扣且未抵扣过进项税额的固定资产</td><td>适用3%并减按2%</td></tr>
<tr><td>购入时取得普通发票</td><td>适用税率</td></tr>
<tr><td colspan="2">抵扣过进项税额</td><td>适用税率</td></tr>
<tr><td colspan="3">非固定资产</td><td>适用税率</td></tr>
</table>

3. "5%"

(1)不动产业务(见表5-12)。

表5-12 "5%"征收率适用情况

身份		项目		
小规模纳税人	非房地产开发企业	转让、出租其"**取得**"的不动产(不含个人出租住房)		
	房地产开发企业	销售"**自行开发**"的房地产项目		
一般纳税人	非房地产开发企业	转让、出租其2016年4月30日前"**取得**"的不动产且选择简易方法计税的		
	房地产开发企业	销售"**自行开发**"的房地产老项目且选择简易方法计税的		
个人出售住房		购买年限<2年		全额
		购买年限≥2年	北、上、广、深非普通住房	差额
			其他	免征
		『老侯提示』目前，"上、广、深"的购买年限调整为5年		

(2)纳税人提供"劳务派遣服务"(2022年调整)。

①可以选择按照一般计算方法全额计算纳税(执行购进扣税法，适用6%的税率)。

②可以选择简易计税方式适用5%的征收率差额纳税。

应纳税额=(全部价款+价外费用-工资-福利-社会保险费-住房公积金)÷(1+5%)×5%

4. 适用5%并减按1.5%征收(2022年新增)

(1)住房租赁企业中的"一般纳税人"向个人出租住房。

①可以选择按照一般计算方法全额计算纳税(执行购进扣税法，适用9%的税率)。

②可以选择简易计税方式适用5%的征收率并减按1.5%征收。

应纳税额=全部租金收入÷(1+5%)×1.5%

(2)住房租赁企业中的"小规模纳税人"向个人出租住房。

应纳税额=全部租金收入÷(1+5%)×1.5%

【例题4·单选题】☆根据增值税法律制度的规定，一般纳税人发生的下列应税行为中，可以选择适用简易计税方法计税的是(　)。

A. 餐饮服务　　B. 公交客运服务

C. 贷款服务　　D. 航空运输服务

解析 公共交通运输服务可以选择适用简易计税方法计税。

答案 B

【例题5·多选题】根据增值税法律制度的规定，一般纳税人销售的下列货物中，可以选择简易计税方法计缴增值税的有(　)。

A. 食品厂销售的食用植物油

B. 县级以下小型水力发电单位生产的自产电力

C. 自来水公司销售自产的自来水

D. 煤气公司销售的煤气

解析 选项AD，适用9%的增值税税率。

答案 BC

【例题6·单选题】一般纳税人销售自产的特殊货物，可选择按照简易办法计税，选择简易办法计算缴纳增值税后一定期限内不得变更，该期限是(　)个月。

A. 24　　B. 12

C. 36　　D. 18

答案 C

【例题7·单选题】甲企业为增值税小规模纳税人。2022年1月，甲企业销售自己使用过3年的机器设备，取得含税销售额41 200元；销售自己使用过的包装物，取得含税销售额82 400元。已知小规模纳税人适用的征收率为3%，销售自己使用过的固定资产适用3%的征收率并减按2%征收。甲企业当月应缴纳的增值税税额的下列计算列式正确的是（　）。

A. 41 200÷(1+3%)×3%+82 400÷(1+3%)×2%=2 800(元)

B. (41 200+82 400)÷(1+3%)×3%=3 600(元)

C. 41 200÷(1+3%)×2%+82 400÷(1+3%)×3%=3 200(元)

D. (41 200+82 400)÷(1+3%)×2%=2 400(元)

解析 (1)小规模纳税人销售自己使用过的固定资产，依照3%征收率减按2%征收增值税：41 200÷(1+3%)×2%=800(元)；(2)小规模纳税人销售自己使用过非固定资产，按3%的征收率征收：82 400÷(1+3%)×3%=2 400(元)，应纳税额=800+2 400=3 200(元)。

答案 C

【例题8·单选题】 甲公司是从事旧货交易的一般纳税人，2021年5月销售二手车取得含增值税的销售额502.5万元，销售二手汽车零部件取得含增值税的销售额206万元，已知：销售二手车减按0.5%的征收率征收；销售其他旧货适用3%的征收率并减按2%征收，则甲公司当月应缴纳的增值税税额的下列计算列式正确的是（　）。

A. 502.5×0.5%+206×2%=6.63(万元)

B. 502.5÷(1+3%)×0.5%+206÷(1+3%)×2%=6.44(万元)

C. 502.5÷(1+0.5%)×0.5%+206÷(1+2%)×2%=6.54(万元)

D. 502.5÷(1+0.5%)×0.5%+206÷(1+3%)×2%=6.5(万元)

解析 (1)本题给出的销售额为含税销售额应当换算为不含税销售额；(2)销售二手车减按0.5%的征收率征收，应纳税额=502.5÷(1+0.5%)×0.5%=2.5(万元)；(3)销售其他旧货适用3%的征收率并减按2%征收，应纳税额=206÷(1+3%)×2%=4(万元)；(4)适用简易征税办法的纳税人不得抵扣进项税额，本月应纳税额=2.5+4=6.5(万元)。

答案 D

【例题9·判断题】 小规模纳税人，转让其取得的不动产，按照3%的征收率征收增值税。（　）

解析 上述情形按5%的征收率征收增值税。

答案 ×

【例题10·单选题】 甲房地产中介公司(下称“甲公司”)属于增值税一般纳税人，2021年11月向个人出租住房，取得含增值税的租金收入1 050万元，已知该公司对向个人出租住房的业务分别核算，并选择简易计税方法，适用5%的征收率并减按1.5%计算纳税。则甲公司2021年11月该项业务应缴纳增值税的下列计算列式中，正确的是（　）。

A. 1 050÷(1+5%)×5%=50万元

B. 1 050÷(1+1.5%)×1.5%=15.52万元

C. 1 050÷(1+5%)×1.5%=15万元

D. 1 050÷(1+1.5%)×5%=51.72万元

解析 (1)本题给出的销售额为含税销售额应当换算为不含税销售额；(2)根据已知条件，应纳税额=1050÷(1+5%)×1.5%=15万元。

答案 C

考验四　一般纳税人应纳税额计算(★★★)

应纳税额=销项税额-进项税额

(一)销项税额

销项税额=不含税销售额×税率

1. 销售额

(1)销售额=全部价款+**价外费用**

(2)价外费用(见表5-13)。

表 5-13 价外费用

包括	不包括	
手续费、补贴、基金、集资费、返还利润、奖励费、违约金、滞纳金、延期付款利息、赔偿金、代收款项、代垫款项、包装费、包装物租金、储备费、优质费、运输装卸费以及其他各种性质的价外收费	向购买方收取的“**销项税额**”	
	受托加工应征消费税的消费品所“**代收代缴**”的消费税	
	同时符合条件的“**代垫**”运费	①承运者的运费发票开给购货方； ②纳税人将该项发票转交给购货方
	符合条件的“**代为收取**”的政府性基金或者行政事业性收费	
	销售货物的同时“**代办**”保险等而向购买方收取的保险费，以及向购买方收取的“代”购买方缴纳的车辆购置税、车辆牌照费	
	以委托方名义开具发票“**代**”委托方收取的款项	

『老侯提示1』交易中“合理的代收款项”，确非企业收入，不作为价外费用。

『老侯提示2』价外费用全部为价税合计金额，需进行价税分离。

2. 含税销售额的换算(见表5-14)

(1)除明确告知外，判断题目中的金额是否含税。

表 5-14 含税销售额的换算

不含税金额	含税金额
增值税专用发票上注明的金额	价外费用
免税货物的销售额	以旧换新(零售业务)
	金融商品转让
	购入旅客运输服务

(2)换算公式。

不含税销售额=含税销售额÷(1+适用税率)

【例题1·多选题】☆根据增值税法律制度的规定，下列各项中，不计入增值税销售额的有(　)。

A. 销售货物的同时向购买方收取的包装费

B. 受托加工应征消费税的消费品所代收代缴的消费税

C. 销售货物的同时代办保险而向购买方收取的保险费

D. 以委托方名义开具发票代委托方收取的款项

解析➡ 选项BCD，属于合理的代收款项，不作为价外费用，不计入增值税销售额。

答案➡ BCD

【例题2·单选题】☆甲公司为增值税一般纳税人，2019年10月提供咨询服务取得含增值税价款212万元，同时获得优质费10.6万元。已知增值税税率为6%。计算甲公司当月提供咨询服务增值税销项税额的下列算式中，正确的是(　)。

A. (212+10.6)×6%=13.356(万元)

B. (212+10.6)÷(1+6%)×6%=12.6(万元)

C. 212×6%=12.72(万元)

D. 212÷(1+6%)×6%=12(万元)

解析➡ (1)咨询服务取得的价款含增值税应当换算为不含税销售额；(2)优质费属于价外费用，为含增值税销售额应当换算为不含税销售额。

答案➡ B

3. 视同销售货物行为销售额的确定

纳税人销售价格明显“**偏低**”且无正当理由或者“**偏高**”且不具有合理商业目的的，或“**视同销售**”货物而无销售额的，按下列“顺序”确定销售额：

『老侯提示』偏低调整是防止少纳增值税；偏高调整是防止出口虚报价格，骗取退税款。

(1)按纳税人最近时期同类货物的“**平均**”销售价格确定；

(2)按其他纳税人最近时期同类货物的平均销售价格确定(市场价格)；

(3)按“**组成计税价格**”确定：

应纳税额=组成计税价格×增值税税率。

『老侯提示』考题中，必须按上述“**顺序**”判定销售额，不能直接组价。

4. 组成计税价格

(1)非应税消费品的组价公式:

组成计税价格=成本×(1+成本利润率)

(2)从价计征应税消费品的组价公式:

组成计税价格=成本×(1+成本利润率)÷(1-消费税税率)

【例题3·单选题】 甲服装厂为增值税一般纳税人,2021年10月将100件自产服装发给职工作为福利。该批服装成本904元/件,甲服装厂同类服装含增值税单价1 356元/件。已知,增值税税率为13%,计算甲服装厂当月该笔业务增值税销项税额的下列算式中,正确的是( )。

A. 100×1 356×13%=17 628(元)

B. 100×1 356÷(1+13%)×13%=15 600(元)

C. 100×904×13%=11 752(元)

D. 100×904÷(1+13%)×13%=10 400(元)

解析 将自产货物用于集体福利或个人消费视同销售,纳税人视同销售货物而无销售额的,应首先按纳税人最近时期同类货物的"平均"销售价格确定,其次按市场价格确定,再次按组成计税价格确定,本题中,纳税人最近时期同类货物的含税售价为1 356元/件是明确的,应当使用同类货物价格计税,不需要组成计税价格;同类服装的单价含增值税需要换算为不含税金额。 **答案** B

【例题4·单选题】 甲公司为增值税一般纳税人,2021年12月将新研制的产品1 000件赠送给顾客试用,生产成本为113元/件,无同类产品销售价格。已知,增值税税率为13%,成本利润率为10%。计算甲公司当月该笔业务增值税销项税额的下列算式中,正确的是( )。

A. 1 000×113×(1+10%)×13%=16 159(元)

B. 1 000×113×13%=14 690(元)

C. 1 000×113×(1+10%)÷(1+13%)×13%=14 300(元)

D. 1 000×113÷(1+13%)×13%=13 000(元)

解析 将自产货物对外无偿赠送,视同销售货物,应当于移送时确认销项税额;无同类货物销售价格的,按组成计税价格计算,应纳税额=成本×(1+成本利润率)×适用税率。 **答案** A

【例题5·单选题】 甲公司为增值税一般纳税人,本月将一批新研制的高档美白化妆品赠送给老顾客使用,甲公司并无同类产品销售价格,其他公司也无同类货物,已知该批产品的生产成本为10万元,甲公司的成本利润率为10%,高档化妆品的消费税税率为15%,增值税税率为13%,则甲公司当月该笔业务增值税销项税额的下列计算中,正确的是( )。

A. 100 000×13%=13 000(元)

B. 100 000×(1+10%)÷(1-15%)×13%=16 823.53(元)

C. 100 000×(1+10%)×13%=14 300(元)

D. 100 000×(1+10%)÷(1+15%)×13%=12 434.78(元)

解析 化妆品为应缴纳消费税的货物,本题中,无纳税人最近时期同类货物的"平均"售价,也无市场价格,只能组价,应税消费品的组成计税价格=成本×(1+成本利润率)÷(1-消费税税率),增值税销项税额=组成计税价格×13%。 **答案** B

5. 特殊销售方式下销售额的确定

(1)包装物押金(见表5-15)。

表5-15 包装物押金计税规则

产品	取得时	逾期时
除酒类产品以外的其他货物	×	√
白酒、其他酒	√	×
啤酒、黄酒	×	√

『老侯提示1』“逾期”是指超过合同约定的期限或者虽未超过合同约定期限，但已经超过1年的。

『老侯提示2』与“包装费、包装物租金”进行区分，“包装费、包装物租金”属于价外费用，包装物押金不一定属于价外费用。

(2)折扣销售、销售折让与销售退回(见表5-16)。

表5-16 折扣、折让与退回的税务处理

考点	具体规定		
折扣销售	销售额和折扣额在“同一张发票”上分别注明	均记录在金额栏	按折扣后的销售额征收增值税
		销售额记录在“金额”栏，折扣额记录在“备注”栏	不得从销售额中减除折扣额
	销售额和折扣额分别开具发票		不得从销售额中减除折扣额
销售折让与退回	按规定开具红字增值税专用发票		从发生退回或折让当期的销项税额中扣减
	未按规定开具红字增值税专用发票的		增值税额不得从销项税额中扣减

(3)以旧换新。

①非金银首饰。

按“**新货物**”的同期销售价格确定销售额。

『老侯提示』不得扣减旧货物回收价格。

新货物的销售价格=实际收取的价款+旧货物的收购价格

②金银首饰。

按销售方“**实际收取**”的不含增值税的全部价款确定销售额。

实际收取的价款=新货物的销售价格-旧货物的收购价格

(4)以物易物。

以物易物，交易双方均作为两笔业务处理，即购入货物的同时销售货物。以销售货物的销售额为计税依据计算销项税额，以购进货物的交易额为计税依据核算进项税额。

(5)还本销售。

销售额=货物销售价格(不得在销售额中减除还本支出)

『老侯提示』还本销售税法上按正常销售处理。

(6)余额计税(无法凭票抵扣的情况下为了避免重复征税)(见表5-17)。

表5-17 增值税的余额计税

项目		计算公式	适用范围
金融商品转让	一般情况	销售额=(卖出价-买入价-上期交易负差)÷(1+6%) 『老侯提示』如年末时仍出现负差，不得结转下一会计年度	适用一般纳税人，但不得开具增值税专用发票
	无偿转让股票(2022年新增)	(1)无偿转让时，转出方以该股票的买入价为卖出价，按照“金融商品转让”计算纳税； (2)转入方将上述股票再转让时，以原转出方的卖出价为买入价，按照“金融商品转让”计算纳税	
旅游服务		销售额=(全部价款+价外费用-住宿费、餐饮费、交通费、签证费、门票费、地接费)÷(1+6%)	
销售不动产		销售额=(全部价款+价外费用-土地出让金)÷(1+9%)	适用房地产开发企业中的一般纳税人(选择简易计税方法的房地产老项目除外)

续表

项目	计算公式	适用范围
建筑服务	销售额=(全部价款+价外费用-分包费)÷(1+3%)	适用执行“简易征收”办法的纳税人
『老侯提示』除上述内容外“经纪代理服务”扣除行政事业性收费和政府基金；“航空运输企业”扣除代收的民航发展基金等；“客运场站服务”扣除支付给承运方的运费，均属于合理的代收款项，不作为价外费用处理，此处不再赘述		

【例题6·单选题】☆甲酒厂为增值税一般纳税人，2019年10月销售自产白酒取得不含增值税价款100 000元，同时收取包装物租金4 520元、包装物押金12 430元。已知增值税税率为13%。计算甲酒厂当月销售自产白酒增值税销项税额的下列算式中，正确的是(　)。

A. [100 000+(4 520+12 430)÷(1+13%)]×13%=14 950(元)

B. [100 000+4 520÷(1+13%)]×13%=13 520(元)

C. (100 000+12 430)×13%=14 615.9(元)

D. 100 000×13%=13 000(元)

解析▶包装物租金属于价外费用，白酒的包装物押金在收取时属于价外费用，上述费用需要计入销售额计算增值税，价外费用为含增值税价款，需换算为不含税价款。

答案▶A

【例题7·单选题】☆甲公司为增值税一般纳税人，2019年10月采取折扣方式销售货物一批，不含增值税销售额10万元，由于购买方购买数量较大给予10%的折扣，销售额和折扣额在同一张发票上(金额栏)分别注明。已知增值税税率为13%。计算甲公司当月该笔业务增值税销项税额的下列算式中，正确的是(　)。

A. 10×(1-10%)×13%=1.17(万元)

B. 10×13%=1.3(万元)

C. 10×10%×13%=0.13(万元)

D. 10×(1+13%)×13%=1.469(万元)

解析▶纳税人采取折扣方式销售货物，销售额和折扣额在同一张发票的金额栏中分别注明，按折扣后的销售额征收增值税。

答案▶A

【例题8·单选题】☆甲公司为增值税一般纳税人，2019年10月采用以旧换新方式销售手机。新手机含增值税售价395.5万元，回收的旧手机折价56.5万元。实际收取含增值税价款339万元。已知增值税税率为13%。计算甲公司当月上述业务增值税销项税额的下列算式中，正确的是(　)。

A. 395.5÷(1+13%)×13%=45.5(万元)

B. 339÷(1+13%)×13%=39(万元)

C. 395.5×13%=51.415(万元)

D. 339×13%=44.07(万元)

解析▶纳税人采取以旧换新方式销售货物的(金银首饰除外)，应按新货物的同期销售价格确定销售额，不得扣减旧货物的收购价格。本题中的含增值税销售收入应当换算为不含增值税的销售收入。

答案▶A

【例题9·单选题】甲首饰店是增值税一般纳税人。2021年11月采取“以旧换新”方式销售一批金项链。该批金项链含增值税售价为135 600元，换回的旧项链作价124 300元，甲首饰店实际收取差价款11 300元。已知增值税税率为13%。甲首饰店当月该笔业务增值税销项税额的下列计算中，正确的是(　)。

A. 135 600÷(1+13%)×13%=15 600(元)

B. 124 300÷(1+13%)×13%=14 300(元)

C. 135 600×13%=17 628(元)

D. 11 300÷(1+13%)×13%=1 300(元)

解析▶纳税人采取以旧换新方式销售金银首饰，按销售方“实际收取”的不含增值税

的全部价款确定销售额。 **答案** D

【例题10·单选题】 甲银行为增值税一般纳税人，2021年第三季度转让金融商品卖出价为1 060万元，所转让金融商品买入价为901万元，上一纳税期转让金融商品出现负差63.6万元。已知，增值税税率为6%。计算甲银行金融商品转让增值税销项税额的下列算式中，正确的是（ ）。

A. 1 060÷(1+6%)×6%=60(万元)

B. (1 060-901-63.6)÷(1+6%)×6%=5.4(万元)

C. (1 060-901)×6%=9.54(万元)

D. 1 060×6%=63.6(万元)

解析 金融商品转让按照卖出价扣除买入价后的余额为销售额；转让金融商品的负差可以结转下一纳税期，但不得转入下一会计年度；本题中，第三季度的上一纳税期属于年内纳税期，负差可以结转至本期。采用余额计税方式，因无增值税专用发票，则卖出价和买入价均含增值税，应当换算为不含税销售额。 **答案** B

【例题11·判断题】 航空运输企业的增值税销售额包括代收的民航发展基金和代售其他航空运输企业客票而代收转付的价款。 （ ）

解析 航空运输企业的销售额，不包括代收的民航发展基金和代售其他航空运输企业客票而代收转付的价款。 **答案** ×

（二）进项税额

1. 准予抵扣的进项税额

(1)凭票抵扣。

①从销售方取得的“**增值税专用发票**”(含税控机动车销售统一发票)上注明的增值税额。

②从海关取得的“**海关进口增值税专用缴款书**”上注明的增值税额。

③纳税人从境外单位或者个人购进劳务、服务、无形资产或者境内的不动产，从税务机关或者扣缴义务人取得的代扣代缴税款的“完税凭证”上注明的增值税额。

(2)“农产品”的抵扣政策。

①购进农产品取得增值税专用发票或海关进口增值税专用缴款书的，“凭票抵扣”进项税额；

②从适用“**3%征收率**”的小规模纳税人处购入农产品，取得(3%税率的)“**增值税专用发票**”以及购进免税农产品，开具或取得“农产品收购(销售)发票”根据用途分别适用规定的扣除率计算抵扣进项税额。

后续用于生产或委托加工13%税率的货物：适用10%的扣除率。

后续用于生产或委托加工9%税率的货物或6%税率的服务：适用9%的扣除率。

进项税额计算公式为：进项税额=买价(金额)×扣除率(9%或10%)。

【举例】 甲公司从乙公司购入一批橙子(单位：万元)

<table>
<tr><th rowspan="2">乙公司性质</th><th rowspan="2">取得凭证</th><th rowspan="2">金额</th><th colspan="2">准予抵扣税额</th></tr>
<tr><th>清洗包装后直接出售</th><th>加工成橙汁出售</th></tr>
<tr><td>一般纳税人</td><td>增值税专用发票</td><td rowspan="2">价款10
税款0.9</td><td rowspan="2">凭票抵扣0.9</td><td rowspan="2">凭票抵扣0.9
(实际执行时还有1%的加计扣除，初级考试不涉及，此处不予赘述)</td></tr>
<tr><td>境外机构</td><td>进口增值税专用缴款书</td></tr>
<tr><td>小规模纳税人</td><td>增值税专用发票</td><td>价款10
税款0.3</td><td rowspan="2">10×9%=0.9</td><td rowspan="2">10×10%=1</td></tr>
<tr><td>农业生产者</td><td>农产品收购(销售)发票</td><td>买价10</td></tr>
</table>

(3)购进国内旅客运输服务"未取得增值税专用发票"的抵扣政策(见表5-18)。

表5-18 购进国内旅客运输服务"未取得增值税专用发票"的抵扣政策

取得的抵扣凭证	抵扣政策
增值税电子普通发票	发票上注明的税额(凭票抵扣)
注明旅客身份信息的航空运输电子客票行程单	(票价+燃油附加费)÷(1+9%)×9% 『老侯提示』不包括代收的"民航发展基金"
注明旅客身份信息的铁路车票	票面金额÷(1+9%)×9%
注明旅客身份信息的公路、水路等其他客票	票面金额÷(1+3%)×3%

『老侯提示』可以用于抵扣的凭证包括：增值税专用发票、机动车销售统一发票、海关进口增值税专用缴款书、农产品收购发票、农产品销售发票、完税凭证、符合规定的国内旅客运输发票(注明旅客身份信息的航空运输电子客票行程单、铁路车票、公路水路等其他客票、国内旅客运输服务的增值税电子普通发票)。

【例题12·单选题】☆甲公司为增值税一般纳税人，2019年7月从小规模纳税人乙公司购进一批农产品用于生产食用植物油，取得增值税专用发票注明金额10 000元、税额300元。甲公司购进的该批农产品当月申报抵扣进项税额。已知农产品扣除率为9%。甲公司当月购进该批农产品准予抵扣的进项税额为(　)。

A. 300元　　B. 927元

C. 900元　　D. 873元

解析 纳税人购进农产品，从按照简易计税方法依照3%征收率计算缴纳增值税的小规模纳税人取得增值税专用发票的，(用于生产或委托加工适用9%税率的货物的)以增值税专用发票上注明的金额和9%的扣除率计算进项税额。准予抵扣的进项税额=10 000×9%=900(元)。

答案 C

【例题13·单选题】☆甲公司为增值税一般纳税人，2019年4月组织一批员工到国内W地参加的业务培训，取得注明员工身份信息的铁路车票，票面金额83 167元，取得注明员工身份信息的航空运输电子客票行程单，票价130 691元、民航发展基金5 450元。已知铁路车票、航空运输电子客票行程单按照9%计算进项税额。计算甲公司当月上述业务增值税进项税额的下列算式中，正确的是(　)。

A. 83 167×9%+(130 691+5 450)×9%=19 737.72(元)

B. 83 167÷(1+9%)×9%+130 691÷(1+9%)×9%=17 658(元)

C. 83 167÷(1+9%)×9%+(130 691+5 450)÷(1+9%)×9%=18 108(元)

D. 83 167×9%+130 691×9%=19 247.22(元)

解析 (1)取得注明旅客身份信息的航空运输电子客票行程单，以票价和燃油附加费为计税依据，不包括代收的民航发展基金；(2)航空运输电子客票行程单和铁路车票注明的金额均含增值税，应当换算为不含税的销售额。

答案 B

【例题14·多选题】根据增值税法律制度的规定，一般纳税人购进货物、服务取得的下列合法凭证中，属于增值税扣税凭证的有(　)。

A. 农产品销售发票

B. 增值税专用发票

C. 注明旅客身份信息的国内航空运输电子客票行程单

D. 海关进口增值税专用缴款书

解析 可以用于抵扣的凭证包括：增值税专用发票、机动车销售统一发票、海关进口增值税专用缴款书、农产品收购发票、农产品销售发票、完税凭证、收费公路通行费

增值税电子普通发票、国内旅客运输服务的增值税电子普通发票。 答案 ▶ ABCD

2. 不得抵扣的进项税额

(1)不再产生后续销项税额(纳税链条终止)。

用于简易计税方法计税项目、免征增值税项目、集体福利或者个人消费的购进货物、劳务、服务、无形资产和不动产。

①固定资产、无形资产、不动产。

不得抵扣的固定资产、无形资产、不动产，仅指“专用”于上述项目的固定资产、无形资产(不包括其他权益性无形资产)、不动产。

『老侯提示』无论“购入”或“租入”固定资产、不动产，“既”用于一般计税方法计税项目，“又”用于简易计税方法计税项目、免征增值税项目、集体福利或者个人消费的，其进项税额“准予全额抵扣”。

【举例】某企业购入(或租入)一栋楼房，既用于生产经营，又用于职工宿舍，进项税额准予抵扣；某企业购入(或租入)一栋楼房，专门用于职工宿舍，进项税额不得抵扣。

②货物。

一般纳税人“兼营”简易计税方法计税项目、免税项目而无法划分不得抵扣的进项税额的，按照下列公式计算不得抵扣的进项税额：

不得抵扣的进项税额=当期无法划分的全部进项税额×(当期简易计税方法计税项目销售额+免征增值税项目销售额)÷当期全部销售额

(2)非正常损失。

①“非正常损失”的购进货物，以及相关的加工修理修配劳务和交通运输服务。

②“非正常损失”的在产品、产成品所耗用的购进货物(不包括固定资产)、加工修理修配劳务和交通运输服务。

③非正常损失的不动产，以及该不动产所耗用的购进货物、设计服务和建筑服务。

④非正常损失的不动产在建工程(纳税人新建、改建、扩建、修缮、装饰不动产)所耗用的购进货物、设计服务和建筑服务。

『老侯提示1』非正常损失，是指因“管理不善”造成被盗、丢失、霉烂变质的损失及被执法部门“依法没收、销毁、拆除”的货物或不动产。

『老侯提示2』因地震等“自然灾害”造成的损失，以及生产经营过程中的“合理损耗”进项税额准予抵扣。

(3)营改增特殊项目。

①购进的“贷款服务、餐饮服务、居民日常服务和娱乐服务”。

②纳税人接受贷款服务向贷款方支付的与该笔贷款直接相关的投融资顾问费、手续费、咨询费等，其进项税额不得从销项税额中抵扣。

『老侯提示』购进的“住宿服务”进项税额准予抵扣。

(4)会计核算不健全。

一般纳税人“会计核算不健全”，不能够准确提供税务资料，或应当办理一般纳税人资格登记而未办理，按照适用税率征收增值税，不得抵扣进项税额，不得使用增值税专用发票。

【例题15·多选题】☆根据增值税法律制度的规定，一般纳税人购进货物用于下列情形中，进项税额不得从销项税额中抵扣的有(　)。

A. 交际应酬　　B. 用于投资

C. 集体福利　　D. 用于销售

解析 ▶ 用于简易计税方法计税项目、免征增值税项目、集体福利(选项C)或者个人消费(选项A)的购进货物进项税额不得从销项税额中抵扣。 答案 ▶ AC

【例题16·单选题】☆甲公司为增值税一般纳税人，2019年8月购进生产设备租赁服务取得增值税专用发票注明税额900元。购进餐饮服务取得增值税普通发票注明税额60元，购进贷款服务取得增值税普通发票注明税额720元。甲公司进项税额当月已申报抵扣。甲公司当月上述业务准予抵扣的进项税额为( )。

A. 1 620元　　B. 1 680元

C. 780元　　D. 900元

解析▶ 纳税人购进贷款服务、餐饮服务(且取得普通发票),进项税额不得抵扣。

答案▶ D

【例题17·单选题】☆甲公司为增值税一般纳税人,2019年8月向农民收购一批玉米,收购发票注明买价10 000元,其中1 000元玉米在运输途中因自然灾害毁损,500元玉米入库后因管理不善造成霉烂变质损失,已知农产品按9%的扣除率计算进项税额。计算甲公司该笔业务准予抵扣进项税额的下列算式中,正确的是( )。

A. 10 000×9%=900(元)

B. (10 000-1 000-500)×9%=765(元)

C. (10 000-500)×9%=855(元)

D. (10 000-1 000)×9%=810(元)

解析▶ (1)因"管理不善"造成"非正常损失"的购进货物进项税额不得抵扣;(2)因地震等"自然灾害"造成的损失,进项税额准予抵扣。

答案▶ C

【例题18·单选题】某制药厂为增值税一般纳税人,2021年8月份销售抗生素药品不含增值税的销售额为100万元,销售免税药品销售额为50万元,当月购入生产用原材料一批,取得增值税专用发票上注明税款6.8万元,已知抗生素药品与免税药品无法划分耗料情况,抗生素药品适用税率为13%,则该制药厂当月应纳增值税的下列计算列式中,正确的是( )。

A. 100×13%-6.8=6.2(万元)

B. 100×13%-6.8×100÷(100+50)=8.47(万元)

C. (100+50)×13%-6.8=12.7(万元)

D. (100+50)×13%-6.8×100÷(100+50)=14.97(万元)

解析▶ 纳税人兼营免税项目或免征增值税项目无法准确划分不得抵扣的进项税额部分,按公式计算不得抵扣的进项税额=当月无法划分的全部进项税额×(当期简易计税方法计税项目销售额+免征增值税项目销售额)÷当月全部销售额,不得抵扣的进项税额=6.8×50÷(100+50)=2.27(万元),应纳税额=100×13%-(6.8-2.27)=8.47(万元)。

答案▶ B

3. 扣减进项税额的规定(进项税额转出)(略)

4. 转增进项税额的规定(进项税额转入)(略)

【说明】上述"3、4"两项,非"经济法基础"基本计算的考核范围,本书不再赘述。

考验五　小规模纳税人应纳税额计算(★★)

(一)一般业务

1. 征收率

小规模纳税人执行简易征收办法,征收率为3%。

2. 计算公式

应纳税额=不含税销售额×征收率

不含税销售额=含税销售额÷(1+征收率)

(二)折让、退回

小规模纳税人因销售货物退回或者折让退还给购买方的销售额,应从发生销售货物退回或者折让当期的销售额中扣减。

『老侯提示』小规模纳税人发生销售折让、中止或者退回,同样应当开具"红字增值税发票"。

【例题1·单选题】☆甲公司为增值税小规模纳税人,2020年第三季度销售货物取得含增值税销售额50.5万元,购进货物取得增值税普通发票注明税额0.39万元。已知增值税征收率为1%。计算甲公司第三季度应缴纳增值税税额的下列算式中，正确的是（ ）。

A. 50.5÷(1+1%)×1%=0.5(万元)

B. 50.5÷(1+1%)×1%-0.39=0.11(万元)

C. 50.5×1%-0.39=0.115(万元)

D. 50.5×1%=0.505(万元)

解析 (1)小规模纳税人适用简易征收办法，零售商品销售额为含税销售额，应当换算为不含税销售额，购入商品取得普通发票不得抵扣；(2)该业务发生于"抗疫期间"，有相关税收优惠政策，延期至2021年12月31日。 **答案** A

【例题2·单选题】 甲设计公司为增值税小规模纳税人，2021年6月提供设计服务取得含增值税价款202 000元；因服务终止，退还给客户含增值税价款10 100元。已知小规模纳税人增值税征收率为1%，甲设计公司当月应缴纳增值税税额的下列计算中，正确的是（ ）。

A. 202 000÷(1+1%)×1%=2 000(元)

B. 202 000×1%=2 020(元)

C. (202 000-10 100)÷(1+1%)×1%=1 900(元)

D. (202 000-10 100)×1%=1 919(元)

解析 纳税人适用简易计税方法计税的，因服务终止而退还给购买方的销售额，应当从当期销售额中扣减。 **答案** C

考验六 进口货物应纳税额计算(★★★)

(一)"不区分"一般纳税人和小规模纳税人

(二)采用组成计税价格，无任何抵扣

应纳税额=组成计税价格×增值税税率

(三)组成计税价格

1. 一般货物组成计税价格

组成计税价格=关税完税价格+关税

2. "从价计征应税消费品"组成计税价格

组成计税价格=(关税完税价格+关税)÷(1-消费税比例税率)

『老侯提示』 进口环节缴纳的增值税取得的"进口增值税专用缴款书"可以作为国内销售环节的进项税额抵扣凭证。

【例题1·单选题】 ☆甲公司为增值税一般纳税人，2019年8月进口一批运动鞋，海关审定的关税完税价格226万元。缴纳关税22.6万元。已知增值税税率为13%。计算甲公司当月进口运动鞋应缴纳增值税税额的下列算式中，正确的是（ ）。

A. (226+22.6)×13%=32.318(万元)

B. 226÷(1+13%)×13%=26(万元)

C. (226-22.6)×13%=26.442(万元)

D. 226×13%=29.38(万元)

解析 进口一般货物应纳税额=(关税完税价格+关税)×增值税税率。 **答案** A

【例题2·单选题】 甲外贸公司为增值税一般纳税人，2021年9月进口一批高档手表，海关审定关税完税价格100万元，已缴纳关税10万元。已知，增值税税率为13%，消费税税率为20%。计算甲外贸公司当月该笔业务应缴纳增值税税额的下列算式中，正确的是（ ）。

A. (100+10)÷(1-20%)×13%=17.875(万元)

B. 100÷(1-20%)×13%=16.25(万元)

C. 100×13%=13(万元)

D. (100+10)×13%=14.3(万元)

解析 进口应税消费品增值税应纳税额=组成计税价格×税率=(关税完税价格+关税税额)÷(1-消费税税率)×增值税税率。

答案 A

考验七　增值税的税收优惠(★★★)

【思考】国家为什么要制定减免税规定？

①鼓励；②照顾；③用于非经营项目；④成本效益原则。

『老侯提示』应对各个税种的优惠政策时，请同学们尽量从上述四个角度进行思考，以避免死记硬背。

(一)法定免税项目

(1)农业生产者销售的“自产”农产品；

(2)避孕药品和用具；

(3)“古旧”图书；

(4)直接用于“科学研究、科学试验和教学”的进口仪器、设备；

(5)“外国政府、国际组织”(不包括外国企业)无偿援助的进口物资和设备；

(6)由“残疾人的组织”直接进口供残疾人专用的物品；

(7)对“残疾人个人”提供的加工、修理修配劳务；

(8)销售的自己(指“其他个人”)使用过的物品。

『老侯提示1』纳税人兼营免税、减税项目的，应当分别核算免税、减税项目的销售额；未分别核算销售额的，不得免税、减税。

『老侯提示2』纳税人销售货物或者应税劳务适用免税规定的可以放弃免税，放弃免税后“36个月”内不得再申请免税。

【例题1·单选题】根据增值税法律制度的规定，下列各项中，免征增值税的是(　)。

A. 李某销售1年内购进的住房

B. 王某销售自己使用过的手机

C. 医疗设备公司进口供残疾人使用的轮椅

D. 超市销售购进的大米

解析 选项A，个人将购买不足2年的住房对外销售的，按照5%的征收率全额缴纳增值税；选项B，销售的自己(指“其他个人”)使用过的物品免征增值税；选项C，由“残疾人的组织”直接进口供残疾人专用的物品免征增值税，营利性企业进口不免征；选项D，农业生产者销售的“自产”农产品免征增值税，一般纳税人销售非自产农产品适用9%的税率征税。

答案 B

【例题2·单选题】根据增值税法律制度的规定，纳税人销售货物适用免税规定的，可以放弃免税。放弃免税后，在一定期限内不得再申请免税。该期限为(　)。

A. 36个月　　B. 48个月

C. 42个月　　D. 54个月

答案 A

(二)营改增“境内”服务免税项目——“赵某”辉煌的一生

(1)医疗机构提供的医疗服务；——出生

(2)托儿所、幼儿园提供的保育和教育服务；——上幼儿园

(3)从事学历教育的学校提供的教育服务；——上学

(4)纪念馆、博物馆、文化馆、文物保护单位管理机构、美术馆、展览馆、书画院、图书馆在自己的场所提供文化体育服务取得的第一道门票收入；——上学期间的课外活动

(5)学生勤工俭学提供的服务；——上学期间赚外快

(6)家政服务企业由员工制家政服务员提供家政服务取得的收入；——毕业后找到工作

(7)农业机耕、排灌、病虫害防治、植物保护、农牧保险以及相关技术培训业务，家禽、牲畜、水生动物的配种和疾病防治；——被开除回家务农

(8)婚姻介绍服务；——要结婚了

(9)“个人”销售“自建自用住房”；——为结婚卖了老家的房子

(10)“四技”合同(技术转让、技术开发、技术咨询、技术服务);——努力研究技术

(11)“个人”转让著作权;——努力创作

(12)福利彩票、体育彩票的发行收入;——买彩票发财

(13)残疾人员本人为社会提供的服务;——发财后出轨被媳妇把腿打折

(14)残疾人福利机构提供的育养服务;——残疾后的生活

(15)养老机构提供的养老服务;——晚年的生活

(16)殡葬服务。——结束辉煌的一生

【例题3·多选题】☆根据增值税法律制度的规定,纳税人发生的下列业务中,免征增值税的有( )。

A. 其他个人销售自己使用过的物品

B. 提供婚姻介绍服务

C. 提供技术开发

D. 进口直接用于科学研究的设备

答案 ABCD

(三)增值税即征即退

一般纳税人提供“**管道运输**服务、**有形动产融资租赁**服务与**有形动产融资性售后回租**”服务,“实际税负超过3%的部分”实行增值税即征即退政策。

(四)增值税的起征点

1. 适用对象

增值税起征点不适用于登记为一般纳税人的个体工商户。

2. 起征点

(1)按期纳税:月销售额5 000元至20 000元(含本数)。

(2)按次纳税:每次(日)销售额300元至500元(含本数)。

【例题4·判断题】☆增值税起征点适用于登记为一般纳税人的个体工商户。 ( )

解析 增值税起征点的适用范围限于个人且不适用于登记为一般纳税人的个体工商户。

答案 ×

(五)小微企业免税规定(2022年调整)

增值税小规模纳税人,月销售额不超过“15万元”(按季纳税,季销售额不超过45万元)免征。

【例题5·判断题】增值税小规模纳税人月销售额不超过15万元(含15万元)的,免征增值税。 ( )

答案 √

考验八 增值税的征收管理(★★)

(一)增值税纳税义务发生时间(见表5-19)

表5-19 增值税纳税义务发生时间

销售方式		纳税义务发生时间
直接收款		收到销售款或取得索取销售款凭据的当天
托收承付、委托收款		发出货物“**并**”办妥托收手续的当天
赊销、分期收款		书面合同约定的收款日期的当天 『老侯提示』无合同或有合同无约定,**为货物发出的当天**
预收款	货物	货物发出的当天 『老侯提示』生产工期超过12个月的,为收到预收款或书面合同约定的收款日期的当天
	租赁服务	收到预收款的当天

续表

销售方式	纳税义务发生时间
委托代销	收到代销清单或全部、部分货款的当天 『老侯提示』未收到代销清单及货款，为发出货物满180天的当天
金融商品转让	所有权转移的当天
视同销售	货物移送、转让完成或权属变更的当天
进口	报关进口的当天
扣缴义务	纳税义务发生的当天
先开发票	开具发票的当天

【例题1·多选题】☆根据增值税法律制度的规定，下列关于增值税纳税义务发生时间的表述中，正确的有(　)。

A. 纳税人提供租赁服务采取预收款方式的，为交付租赁物的当天

B. 纳税人进口货物的，为报关进口的当天

C. 纳税人从事金融商品转让的，为收到销售款的当天

D. 纳税人采取委托银行收款方式销售货物的，为发出货物并办妥托收手续的当天

解析▶选项A，为收到预收款的当天；选项C，为金融商品所有权转移的当天。

答案▶BD

【例题2·单选题】2021年8月甲公司采用直接收款方式销售货物给乙公司，9日签订合同，13日开具发票，20日发出货物，28日收到货款。甲公司该笔业务的增值税纳税义务发生时间为(　)。

A. 8月13日　　B. 8月20日

C. 8月9日　　D. 8月28日

解析▶采取直接收款方式销售货物，不论货物是否发出，均为收到销售款或取得索取销售款凭据的当天。先开具发票的，为发票开具的当天。在本题中，甲公司于8月13日先开具发票，其增值税纳税义务发生时间应为8月13日。

答案▶A

【例题3·判断题】增值税扣缴义务发生时间为纳税人增值税纳税义务发生的当天。(　)

答案▶√

(二)纳税地点(见表5-20)

表5-20　纳税地点

业户			申报纳税地点
固定户	一般情况		机构所在地
	总分机构不在同一县(市)		分别申报
			经批准，可以由总机构汇总向总机构所在地的税务机关申报
	外出经营	报告外出经营事项	机构所在地
		未报告	销售地或劳务发生地；没申报的，由其“**机构所在地**”税务机关补征税款
非固定户			销售地或劳务发生地
其他个人提供建筑服务，销售或者租赁不动产，转让自然资源使用权			建筑服务发生地、不动产所在地、自然资源所在地
进口			报关地海关

【例题4·多选题】☆根据增值税法律制度的规定，下列关于增值税纳税地点的表述中，正确的有（ ）。

A. 扣缴义务人应当向其机构所在地或者居住地的税务机关申报缴纳其扣缴的税款

B. 其他个人提供建筑服务，应当向其居住地税务机关申报纳税

C. 进口货物，应当向报关地海关申报纳税

D. 其他个人转让自然资源使用权，应当向自然资源所在地税务机关申报纳税

解析 选项B，其他个人提供建筑服务，应当向建筑服务发生地税务机关申报纳税。

答案 ACD

【例题5·单选题】李某户籍所在地在Q市，居住地在L市，工作单位在M市。2018年9月李某将位于N市的住房出售，则出售该住房增值税的纳税地点是（ ）。

A. Q市税务机关

B. L市税务机关

C. M市税务机关

D. N市税务机关

解析 其他个人销售不动产，应向不动产所在地税务机关申报纳税。 答案 D

（三）纳税期限

1. 纳税期限

增值税的纳税期限分别为1日、3日、5日、10日、15日、1个月或1个季度，不能按期纳税的，可以按次纳税。

『老侯提示』以1个季度为纳税期限：小规模纳税人、银行、财务公司、信托投资公司、信用社。

2. 纳税申报

（1）以1个月或1个季度为纳税期。

期满之日起"15日内"申报纳税。

（2）以1日、3日、5日、10日、15日为纳税期。

期满之日起5日内预缴税款，于次月1日起"15日内"申报纳税并结清上月税款。

（3）纳税人进口货物。

自海关填发海关进口增值税专用缴款书之日起"15日内"缴纳税款。

【例题6·判断题】银行增值税的纳税期限为1个月。 （ ）

解析 银行增值税的纳税期限为1个季度。 答案 ×

考验九 增值税专用发票的使用规定（★★）

（一）联次及用途（见表5-21）

表5-21 增值税专用发票联次及用途

基本联次	持有方	用途
发票联	购买方	核算采购成本和增值税进项税额的记账凭证
抵扣联	购买方	报送税务机关认证和留存备查的扣税凭证
记账联	销售方	核算销售收入和增值税销项税额的记账凭证

（二）一般纳税人不得领购开具增值税专用发票的情形

（1）会计核算不健全，不能向税务机关准确提供增值税销项税额、进项税额、应纳税额数据及其他有关增值税税务资料的。

（2）有《税收征收管理法》规定的税收违法行为，拒不接受税务机关处理的。

（3）有涉及发票的税收违法行为，经税务机关责令限期改正而仍未改正的。

（三）一般纳税人不得开具增值税专用发票的情形

1. 向消费者个人销售货物或者应税劳务

2. 销售货物或者应税劳务适用免税规定

『老侯提示1』一般纳税人向小规模纳税

人销售货物可以开具增值税专用发票。

『老侯提示2』原则上自己不能用，则“不能领购”；对方不能抵扣则“不得开具”。

（四）新办纳税人实行“增值税电子专用发票”（2022年新增）

电子专票由各省税务局监制，采用电子签名代替发票专用章，属于增值税专用发票，其法律效力、基本用途、基本使用规定等与增值税纸质专用发票相同。

【例题1·单选题】根据增值税法律制度的规定，下列关于增值税专用发票记账联用途的表述中正确的是（　）。

A. 作为购买方报送税务机关认证和留存备查的扣税凭证

B. 作为销售方核算销售收入和增值税销项税额的记账凭证

C. 作为购买方核算采购成本的记账凭证

D. 作为购买方核算增值税进项税额的记账凭证

解析 选项A，是“抵扣联”的用途；选项CD，是“发票联”的用途。 答案 B

【例题2·多选题】☆根据增值税法律制度的规定，一般纳税人发生的下列销售行为中，不得开具增值税专用发票的有（　）。

A. 商场向一般纳税人零售劳保用品

B. 超市向消费者个人零售食品

C. 农机厂向农场提供免税的农业机耕业务

D. 律师事务所向消费者个人提供法律咨询服务

解析 选项BD，向消费者个人销售货物或者应税服务，不得开具增值税专用发票；选项C，销售货物或者应税服务适用免税规定，不得开具增值税专用发票。 答案 BCD

第三部分　消费税

【消费税的纳税人】

在我国境内“生产、委托加工和进口”《消费税暂行条例》（以下简称“本条例”）规定的“消费品”的单位和个人，以及国务院确定的“销售”本条例规定的“消费品”的其他单位和个人，为消费税的纳税人。

【增值税VS消费税】（见表5-22）

表5-22　增值税与消费税的区别

税种	目的	对象	计税基础	纳税环节
增值税	避免重复征税	所有货物	价外税	多环节
消费税	限制生产或消费	特定货物	价内税	单一环节

考验一　消费税税目（★★★）

（一）消费税税目概览

烟、酒、高档化妆品、贵重首饰及珠宝玉石、鞭炮和焰火、成品油、小汽车、摩托车、高尔夫球及球具、高档手表、游艇、木制一次性筷子、实木地板、涂料、电池。

（二）消费税税目的主要考点（见表 5-23）

表 5-23 消费税税目的主要考点

税目	考点	
烟	包括	卷烟、雪茄烟、烟丝
	不包括	**烟叶**
酒	包括	白酒、黄酒、啤酒和其他酒
	不包括	**调味料酒**
高档化妆品	包括	高档美容、修饰类化妆品、高档护肤类化妆品和成套化妆品
	不包括	演员用的**油彩、上妆油、卸妆油**
贵重首饰及珠宝玉石	包括	（1）金银首饰、铂金首饰和钻石及钻石饰品； （2）其他贵重首饰和珠宝玉石； （3）宝石坯
鞭炮和焰火	不包括	**体育上用的发令纸、鞭炮药引线**
高尔夫球及球具	包括	球包（袋）、球、球杆（杆头、杆身、握把）
	不包括	球帽、球衣、球鞋
成品油	包括	（1）汽油、柴油、石脑油、溶剂油、航空煤油、润滑油、燃料油； （2）甲醇汽油、乙醇汽油、生物柴油、矿物性润滑油、矿物性润滑油基础油、植物性润滑油、动物性润滑油、化工原料合成润滑油、催化料、焦化料
小汽车	包括	乘用车、中轻型商用客车、超豪华小汽车、乘用车和中轻型商用客车的改装车
	不包括	**（1）大客车、大货车、厢式货车；** **（2）电动汽车；** **（3）沙滩车、雪地车、卡丁车、高尔夫车；** **（4）企业购进货车或厢式货车改装生产的商务车、卫星通讯车等“专用汽车”**
电池	免征	无汞原电池、金属氢化物镍蓄电池、锂原电池、锂离子蓄电池、太阳能电池、燃料电池和全钒液流电池
涂料	免征	施工状态下挥发性有机物含量低于 420 克/升（含）的涂料
『老侯提示 1』“木制一次性筷子”在考题中出现时，注意其表述的完整性； **『老侯提示 2』**现行消费税税目不包括**“汽车轮胎、酒精、气缸容量<250 毫升的摩托车”**		

【例题 1·单选题】☆根据消费税法律制度的规定，下列各项中，不属于应税消费品的是（ ）。

A. 调味料酒

B. 高档美容类化妆品

C. 烟丝

D. 润滑油

解析➠调味料酒不征消费税。**答案**➠A

【例题 2·多选题】☆根据消费税法律制度的规定，下列各项中，属于消费税征税范围的有（ ）。

A. 高尔夫车

B. 中轻型商用客车

C. 沙滩车

D. 超豪华小汽车

解析➠选项 AC，沙滩车、雪地车、卡丁车、高尔夫车不属于消费征收范围，不征收消费税。

答案➠BD

考验二　消费税的征税范围(纳税环节)(★★★)

(一)消费税征税范围概览(见表5-24)

表5-24　消费税征税范围概览

情形	纳税环节		适用应税消费品	是否单一环节纳税
一般情况	生产		除"金银首饰、铂金首饰、钻石及钻石饰品"以外的其他应税消费品	√
	委托加工			
	进口			
特殊规定	销售	零售	金银首饰、铂金首饰、钻石及钻石饰品	√
			超豪华小汽车	×(加征)
		批发	卷烟	×(加征)

(二)消费税征税范围的具体规定

1. 生产应税消费品

(1)直接对外销售，于"**销售时**"纳税。

(2)移送使用：

①用于连续生产"**应税消费品**"，移送使用时不纳税，待生产的最终应税消费品"销售时"纳税。

②用于连续生产"**非应税消费品**""**移送使用时**"纳税，生产的最终非应税消费品销售时不再纳税。

③用于其他方面(在建工程、管理部门、非生产机构、提供劳务、馈赠、赞助、集资、广告、样品、职工福利、奖励)，视同销售，于"**移送使用时**"纳税。

2. 委托加工应税消费品

(1)委托加工行为判定(见表5-25)。

表5-25　委托加工行为判定

应税行为	判定依据
委托加工	委托方提供原料和主要材料，受托方只收取加工费和代垫部分辅助材料
"受托方"销售自产应税消费品	①由受托方提供原材料生产的应税消费品； ②受托方先将原材料卖给委托方，然后再接受加工的应税消费品； ③由受托方以委托方名义购进原材料生产的应税消费品

(2)委托加工业务的税务处理(见表5-26)。

表5-26　委托加工业务的税务处理

受托方身份	税务处理
单位	由"**受托方**"在向委托方交货时代收代缴消费税
个人	由"**委托方**"收回后自行缴纳消费税

(3)委托方收回后的税务处理(见表5-27)。

表5-27　委托方收回后的税务处理

用途	税务处理
用于连续生产应税消费品	所缴纳的消费税税款准予"按规定"抵扣
直接出售("**不高于**"受托方的计税价格)	不再缴纳消费税

续表

用途	税务处理
以高于受托方的计税价格出售	按规定申报缴纳消费税，在计税时准予扣除受托方已代收代缴的消费税

3. 进口应税消费品

进口的应税消费品，于报关进口时纳税。

4. 销售应税消费品

(1)零售环节“征收”消费税——金银首饰、铂金首饰、钻石及钻石饰品。

①金银首饰仅限于金、银以及金基、银基合金首饰和金基、银基合金的镶嵌首饰，不包括镀金首饰和包金首饰。

②金银首饰在零售环节缴纳消费税，生产环节不再缴纳。

③对既销售金银首饰，又销售非金银首饰的生产、经营单位，应将两类商品划分清楚，分别核算销售额。凡划分不清楚或不能分别核算的，在生产环节销售的，一律从高适用税率征收消费税；在零售环节销售的，一律按金银首饰征收消费税。

【举例1】某首饰加工厂，既生产销售“金银首饰”又生产销售“珠宝玉石首饰”，未分别核算，则全部销售额按生产销售“珠宝玉石首饰”计征消费税。

【举例2】某商场既销售“金银首饰”又销售“珠宝玉石首饰”，未分别核算，则全部销售额按销售“金银首饰”计征消费税。

④金银首饰连同“包装物”一起销售的，“无论包装物是否单独计价”，也无论会计上如何核算，均应并入金银首饰的销售额，计征消费税。

⑤带料加工的金银首饰，应按“**受托方**”销售同类金银首饰的销售价格确定计税依据征收消费税，没有同类金银首饰销售价格的，按照组成计税价格计算纳税。

(2)零售环节“**加征**”消费税——超豪华小汽车(单一环节纳税的例外)。

①界定：单价在130万元(不含增值税)以上；

②纳税人：将超豪华小汽车销售给消费者的单位和个人；

③税务处理：对超豪华小汽车，在生产(进口)环节按现行税率征收消费税的基础上，在零售环节加征消费税，税率为10%。

(3)批发环节“**加征**”消费税——卷烟(单一环节纳税的例外)。

①烟草批发企业将卷烟销售给“**零售单位**”的，要再征一道消费税。

『老侯提示1』烟草批发企业将卷烟销售给其他烟草批发企业的，不缴纳消费税。

『老侯提示2』纳税人兼营卷烟批发和零售业务的应当分别核算，未分别核算的按照全部销售额、销售数量计征批发环节消费税。

②加征税率——复合计征。

比例税率：11%；

定额税率：0.005元/支。

【例题1·多选题】☆根据消费税法律制度的规定，下列情形中，应征收消费税的有(　)。

A. 丙超市零售卷烟

B. 甲游艇公司销售自产游艇

C. 乙轮胎厂委托加工汽车轮胎

D. 丁外贸公司进口小汽车

解析▶选项A，在生产、委托加工和进口环节缴纳消费税，在批发环节加征消费税，在零售环节不征收消费税；选项BD，在生产、委托加工和进口环节缴纳消费税；选项C，汽车轮胎不属于应税消费品，不征收消费税。

答案▶BD

【例题2·单选题】☆根据消费税法律制度的规定，下列情形中，应征收消费税的是(　)。

A. 化妆品厂移送自产高档香水用于连续生产高档化妆品

B. 黄金首饰加工厂将自产黄金项链批发给商业零售公司

C. 手机厂将自产智能手机赠送给客户

D. 酒厂将自产白酒销售给商场

解析▶ 选项A，自产应税消费品移送用于连续生产“应税消费品”，移送使用时不纳税，待生产的最终应税消费品“销售时”纳税；选项B，金银首饰在零售环节纳税，批发环节不缴纳消费税；选项C，智能手机不属于应税消费品不缴纳消费税；选项D，白酒在生产、委托加工和进口环节缴纳消费税。

答案▶ D

【例题3·单选题】☆根据消费税法律制度的规定，下列各项中，应作为委托加工应税消费品缴纳消费税的是(　)。

A. 由委托方提供原料和主要材料，受托方只收取加工费加工的应税消费品

B. 受托方以委托方名义购进原材料生产的应税消费品

C. 由受托方提供原材料生产的应税消费品

D. 受托方先将原材料卖给委托方，然后再接受加工的应税消费品

解析▶ 选项BCD，按照受托方直接向委托方销售应税消费品缴纳消费税。 **答案**▶ A

【例题4·判断题】委托加工的应税消费品，除受托方为个人之外，应由受托方在向委托方交货时代收代缴消费税。(　)

答案▶√

【例题5·单选题】☆根据消费税法律制度的规定，下列各项中，应在零售环节缴纳消费税的是(　)。

A. 珍珠项链　　B. 玉石手镯

C. 黄金戒指　　D. 人造水晶

解析▶ 金银首饰、铂金首饰、钻石和钻石饰品在零售环节缴纳消费税。 **答案**▶ C

【例题6·单选题】☆甲汽车经销商为增值税一般纳税人，2019年10月零售超豪华小汽车11辆。取得含增值税销售额2 034万元。已知增值税税率为13%，消费税率为10%。计算甲汽车经销商当月零售超豪华小汽车应缴纳消费税税额的下列算式中，正确的是(　)。

A. 2 034÷(1-10%)×10%=226(万元)

B. 2 034÷(1+13%)×10%=180(万元)

C. 2 034×10%=203.4(万元)

D. 2 034÷(1+13%)÷(1-10%)×10%=200(万元)

解析▶ 超豪华小汽车的销售额含增值税，应当换算为不含增值税的销售额。

答案▶ B

【例题7·单选题】2019年10月，甲烟草批发企业向乙卷烟零售店销售卷烟200标准条，取得不含增值税销售额20 000元；向丙烟草批发企业销售卷烟300标准条，取得不含增值税销售额为30 000元。已知卷烟批发环节消费税比例税率为11%，定额税率为0.005元/支；每标准条200支卷烟。甲烟草批发企业上述业务应缴纳消费税税额的下列计算列式中，正确的是(　)。

A. 20 000×11%+200×200×0.005=2 400(元)

B. 20 000×11%+200×200×0.005+30 000×11%+300×200×0.005=6 000(元)

C. 20 000×11%+30 000×11%=5 500(元)

D. 30 000×11%+300×200×0.005=3 600(元)

解析▶ 甲烟草批发企业向乙卷烟零售店销售卷烟，属于烟草批发企业将卷烟销售给“零售单位”，要加征一道消费税；甲烟草批发企业向丙烟草批发企业销售卷烟，属于烟草批发企业将卷烟销售给其他烟草批发企业，不缴纳消费税。

答案▶ A

考验三 消费税的税率(★★★)

(一)基本规定

1. 比例税率

绝大多数应税消费品。

2. 定额税率

黄酒、啤酒、成品油。

3. 执行“复合计征”的特殊应税消费品

卷烟(包括“批发”环节)、白酒。

(二)会计核算水平要求

纳税人兼营不同税率的应税消费品，应当分别核算不同税率应税消费品的销售额、销售数量。“**未分别核算**”销售额、销售数量，“**从高**”适用税率。

(三)“套装”与“礼盒”

(1)纳税人将不同税率的应税消费品“**组成成套消费品销售**”的，“**从高**”适用税率。

(2)纳税人将“非应税消费品”与应税消费品“组成成套消费品销售”的，依销售额全额计算消费税。

『**老侯提示**』“套装”与“礼盒”无单独核算要求，均从高适用税率。

【**例题1·多选题**】根据消费税制度的规定，下列应税消费品中，采取比例税率和定额税率复合征收形式的有( )。

A. 白酒　　B. 雪茄烟

C. 卷烟　　D. 黄酒

解析 选项B，执行比例税率；选项D，执行定额税率。　**答案** AC

【**例题2·多选题**】根据消费税法律制度的规定，下列应税消费品中，采用从量计征办法计缴消费税的有( )。

A. 黄酒　　B. 葡萄酒

C. 啤酒　　D. 药酒

解析 选项BD，属于其他酒，采用从价定率办法计征消费税。　**答案** AC

【**例题3·多选题**】下列各项中，采取从价计征消费税的有( )。

A. 高档手表　　B. 高尔夫球

C. 烟丝　　D. 黄酒

解析 选项C，注意区别烟丝与卷烟，烟丝从价计征消费税，卷烟复合计征消费税；选项D，从量定额征收消费税。　**答案** ABC

【**例题4·单选题**】☆甲酒厂为增值税一般纳税人，2019年8月销售用自产葡萄酒和外购月饼组成的“中秋”礼盒500套，每套含增值税售价565元，其中葡萄酒含增值税售价339元。已知增值税税率为13%，消费税税率为10%。计算甲酒厂当月销售“中秋”礼盒应缴纳消费税税额的下列算式中，正确的是( )。

A. 500×565×10%＝28 250(元)

B. 500×339÷(1＋13%)×10%＝15 000(元)

C. 500×565÷(1＋13%)×10%＝25 000(元)

D. 500×339×10%＝16 950(元)

解析 纳税人将“非应税消费品”与应税消费品“组成成套消费品销售”的，依销售额全额计算消费税。题目中的销售额含增值税应当换算为不含税销售额。　**答案** C

考验四 消费税应纳税额的计算(★★★)

(一)基本计算

1. 从价定率

(1)计算公式。

应纳税额＝销售额×税率

(2)销售额的确定。

销售额为纳税人销售应税消费品向购买方收取的全部价款和价外费用。

『**老侯提示**』不包括向购买方收取的增

值税税款。

【例题1·单选题】☆甲金店为增值税一般纳税人，2019年11月将金银首饰连同包装物零售给消费者，取得含增值税销售额118 650元，其中金银首饰含增值税售价113 000元，包装物含增值税售价5 650元。已知增值税税率为13%，消费税税率为5%。计算甲金店当月上述业务应缴纳消费税税额的下列算式中，正确的是（ ）。

A. (113 000－5 650)÷(1＋13%)×5%＝4 750(元)

B. 118 650÷(1+13%)×5%＝5 250(元)

C. (118 650+5 650)÷(1＋13%)×5%＝5 500(元)

D. 113 000÷(1+13%)×5%＝5 000(元)

解析▶（1）应税消费品连同包装销售的，无论包装物是否单独计价以及在会计上如何核算，均应并入应税消费品的销售额中缴纳消费税；（2）消费税的计税依据为不含增值税的销售额，题目中的销售额含增值税，应当换算为不含税的销售额。 **答案**▶B

【例题2·单选题】2021年12月，甲公司销售自产的高尔夫球杆3 000支，不含增值税单价1 500元/支；销售自产的高尔夫球包500个，不含增值税单价1 000元/个；销售自产的高尔夫球帽100顶，不含增值税单价150元/顶。已知，高尔夫球及球具消费税税率为10%，计算甲公司当月上述业务应缴纳消费税税额的下列算式中，正确的是（ ）。

A. (3 000×1 500＋100×150)×10%＝451 500(元)

B. (3 000×1 500＋500×1 000)×10%＝500 000(元)

C. (3 000×1 500+500×1 000+100×150)×10%＝501 500(元)

D. 3 000×1 500×10%＝450 000(元)

解析▶高尔夫球及球具的消费税征税范围包括高尔夫球、高尔夫球杆及高尔夫球包(袋)、高尔夫球杆的杆头、杆身和握把，不包括高尔夫球帽。 **答案**▶B

2. 从量定额

(1)计算公式。

应纳税额＝应税消费品的销售数量×单位税额

(2)销售数量的确定。

①"销售"应税消费品的，为应税消费品的"**销售**"数量；

②"自产自用"应税消费品的，为应税消费品的"**移送使用**"数量；

③"委托加工"应税消费品的，为纳税人"**收回**"的应税消费品数量；

④"进口"应税消费品的，为海关核定的应税消费品"**进口**"征税数量。

【例题3·多选题】☆根据消费税法律制度的规定，下列关于确定从量计征销售数量的表述中，正确的有（ ）。

A. 进口应税消费品的，为海关核定的应税消费品进口征税数量

B. 委托加工应税消费品的，为纳税人收回的应税消费品数量

C. 销售应税消费品的，为应税消费品的销售数量

D. 自产自用应税消费品的，为应税消费品的移送使用数量

答案▶ABCD

【例题4·单选题】2021年5月甲石化公司销售自产汽油800吨，办公用小汽车领用自产汽油1吨，向子公司无偿赠送自产汽油0.5吨。已知汽油的消费税税率为1.52元/升，1吨＝1 388升。计算甲石化公司当月上述业务应缴纳消费税税额的下列算式中，正确的是（ ）。

A. (800+0.5)×1 388×1.52＝1 688 862.88(元)

B. 800×1 388×1.52＝1 687 808(元)

C. (800＋1＋0.5)×1 388×1.52＝1 690 972.64(元)

D. (800+1)×1 388×1.52＝1 689 917.76(元)

解析▶自产应税消费品除用于连续生产

应税消费品外，其他情况下使用均应视同销售，计算缴纳消费税。本题中，办公用小汽车领用的汽油和向子公司无偿赠送的汽油都应缴纳消费税。

答案 C

3. 复合计征

应纳税额＝销售额×比例税率＋销售数量×定额税率

【例题5·单选题】2019年9月甲酒厂销售自产M型白酒20吨，取得含增值税销售额2 260 000元。已知，增值税税率为13%，消费税比例税率为20%，定额税率为0.5元/500克。计算甲酒厂当月销售自产M型白酒应缴纳消费税税额的下列算式中，正确的是（　）。

A. 2 260 000×20%＋20×2 000×0.5＝472 000（元）

B. 2 260 000÷（1＋13%）×20%＝400 000（元）

C. 2 260 000×20%＝452 000（元）

D. 2 260 000÷（1＋13%）×20%＋20×2 000×0.5＝420 000（元）

解析 白酒复合计征消费税，应纳税额＝销售额×比例税率＋销售数量×定额税率；题目中的销售额含增值税，应当换算为不含税金额。

答案 D

（二）特殊情况下销售额的确定

（1）纳税人通过自设"**非独立核算**"门市部销售的自产应税消费品，应当按照"**门市部**"对外销售额或者销售数量征收消费税。

（2）纳税人用于"**换**取生产资料和消费资料、**投**资入股和**抵**偿债务"等方面的应税消费品，应当以纳税人同类应税消费品的"**最高销售价格**"作为计税依据计算消费税。

『老侯提示』上述业务同时属于增值税视同销售行为，在计算增值税时须按"平均销售价格"。

3. 包装物押金的税务处理（见表5-28）

表5-28　包装物押金的税务处理

包装物押金	增值税		消费税	
	取得时	逾期时	取得时	逾期时
一般货物	×	√	×	√
白酒、其他酒	√	×	√	×
啤酒、黄酒	×	√	×	×

4. 品牌使用费

白酒生产企业向商业销售单位收取的"品牌使用费"应并入白酒的销售额中缴纳消费税。

5. 以旧换新

（1）非金银首饰。

以"**新货物的销售额**"作为消费税的计税基础，不扣减旧货物的回收价格。

（2）金银首饰。

按"**实际收取**"的不含增值税的全部价款征收消费税。

【例题6·单选题】某摩托车生产企业为增值税一般纳税人，2021年6月份将生产的某型号摩托车30辆，以每辆出厂价12 000元（不含增值税）给自设非独立核算的门市部；门市部又以每辆15 820元（含增值税）全部销售给消费者。已知：摩托车适用消费税税率10%，则该摩托车生产企业6月份应缴纳消费税的下列计算中正确的是（　）。

A. 12 000×30×10%＝36 000（元）

B. 15 820÷（1＋13%）×30×10%＝42 000（元）

C. 15 820×（1＋13%）×30×10%＝53 629.8（元）

D. 15 820×30×10%＝47 460（元）

解析 纳税人通过自设非独立核算门市部销售的自产应税消费品，应当按照门市部对外销售额或者销售数量征收消费税，消费税的计税销售额为不含增值税的销售额。

答案 B

【例题7·单选题】☆2019年10月甲酒厂将自产的4吨白酒用于抵偿债务，该白酒生产成本50 000元/吨，当月同类白酒不含增值税平均售价80 000元/吨、最高售价90 000元/吨。已知消费税比例税率为20%，定额税率为0.5元/500克，1吨=1 000千克。计算甲酒厂当月该笔业务应缴纳消费税税额的下列算式中，正确的是（　）。

A. 4×90 000×20%+4×1 000×2×0.5=76 000(元)

B. (4×50 000+4×1 000×2×0.5)÷(1-20%)×20%+4×1 000×2×0.5=55 000(元)

C. 4×80 000×20%+4×1 000×2×0.5=68 000(元)

D. 4×50 000×(1+20%)×20%+4×1 000×2×0.5=52 000(元)

解析 “换(换取生产资料或消费资料)、抵(抵偿债务)、投(投资入股)”按最高销售价格计征消费税。 **答案** A

【例题8·多选题】根据消费税法律制度的规定，纳税人销售下列酒类产品同时收取的包装物押金，无论是否返还均应并入当期销售额计征消费税的有（　）。

A. 葡萄酒　　B. 黄酒

C. 啤酒　　D. 白酒

解析 选项BC，属于从量计征消费税，包装物押金不影响啤酒、黄酒的销售量，因此也不会影响消费税税额。 **答案** AD

【例题9·单选题】☆甲酒厂为增值税一般纳税人，2019年11月销售自产白酒50吨，取得不含增值税价款2 200 000元。同时收取包装物押金45 200元，当月不予退还3个月前销售自产白酒时收取的包装物押金33 900元。已知增值税税率为13%；消费税比例税率为20%，定额税率为0.5元/500克；1吨=1 000千克。计算甲酒厂当月上述业务应缴纳消费税税额的下列算式中，正确的是（　）。

A. [2 200 000+45 200÷(1+13%)]×20%+50×1 000×2×0.5=498 000(元)

B. [2 200 000+33 900÷(1+13%)]×20%+50×1 000×2×0.5=496 000(元)

C. (2 200 000+33 900)×20%+50×1 000×2×0.5=496 780(元)

D. (2 200 000+45 200)×20%=449 040(元)

解析 (1)白酒的包装物押金在收取时属于价外费用，需要计入销售额计算增值税，逾期时不再计算缴纳增值税；价外费用含增值税，需换算为不含税价款。(2)白酒复合计征消费税，应纳税额=销售额×比例税率+销售数量×定额税率。 **答案** A

【例题10·单选题】☆甲金店为增值税一般纳税人，2019年11月采取以旧换新方式零售一批金项链，该批金项链含增值税售价101 700元，换回的旧金项链作价73 450元，实际收取含增值税价款28 250元。已知增值税税率为13%，消费税税率为5%。计算甲金店当月该业务应缴纳消费税税额的下列算式中，正确的是（　）。

A. 73 450×5%=3 672.5(元)

B. (101 700+28 250)×5%=6 497.5(元)

C. 101 700÷(1+13%)×5%=4 500(元)

D. 28 250÷(1+13%)×5%=1 250(元)

解析 纳税人采取以旧换新方式销售金银首饰，按销售方“实际收取”的不含增值税的全部价款确定销售额。题目中的销售额含增值税，应当换算为不含税销售额。 **答案** D

(三)组成计税价格

1. 自产自用

(1)按照纳税人生产的“同类”消费品的销售价格计算纳税；

『老侯提示』“**一般**”情况按“**平均**”销售价格；“**换、抵、投**”按“**最高**”销售价格。

(2)没有同类消费品销售价格的，按照组成计税价格计算纳税。

①从价计征应税消费品的组成计税价格公式：

组成计税价格=成本×(1+成本利润率)÷

(1-消费税比例税率)

应纳消费税=组成计税价格×消费税比例税率

②复合计征应税消费品组成计税价格公式：

组成计税价格=[成本×(1+成本利润率)+自产自用数量×消费税定额税率]÷(1-消费税比例税率)

应纳消费税=组成计税价格×消费税比例税率+自产自用数量×消费税定额税率

『老侯提示』自产自用应税消费品同时涉及缴纳增值税，组成计税价格与消费税的组价相同。

2. 委托加工

(1)按照“受托方”的同类消费品的销售价格计算纳税；

(2)没有同类消费品销售价格的，按照组成计税价格计算纳税。

①一般应税消费品组成计税价格公式：

组成计税价格=(材料成本+加工费)÷(1-消费税比例税率)

应纳消费税=组成计税价格×消费税比例税率

②复合计征应税消费品组成计税价格公式：

组成计税价格=(材料成本+加工费+委托加工数量×消费税定额税率)÷(1-消费税比例税率)

应纳消费税=组成计税价格×消费税比例税率+委托加工数量×消费税定额税率

『老侯提示』委托加工应税消费品，委托方不涉及缴纳增值税的问题。

3. 进口

按照组成计税价格计算纳税。

(1)一般应税消费品组成计税价格公式：

组成计税价格=(关税完税价格+关税)÷(1-消费税比例税率)

应纳消费税=组成计税价格×消费税比例税率

(2)复合计征应税消费品组成计税价格公式：

组成计税价格=(关税完税价格+关税+进口数量×消费税定额税率)÷(1-消费税比例税率)

应纳消费税=组成计税价格×消费税比例税率+进口数量×消费税定额税率

『老侯提示』进口应税消费品同时涉及缴纳进口环节增值税，组成计税价格与消费税的组价相同。

【例题11·单选题】甲化妆品公司为增值税一般纳税人，2021年12月销售自产的高档化妆品元旦套装400套，每套含增值税售价678元，将同款元旦套装30套用于对外赞助，已知增值税税率为13%，消费税税率为15%，计算甲化妆品公司当月元旦套装应缴纳消费税税额的下列算式中，正确的是(　)。

A. 400×678÷(1+13%)×15%=36 000(元)

B. 400×678×15%=40 680(元)

C. (400+30)×678÷(1+13%)×15%=38 700(元)

D. (400+30)×678×15%=43 731(元)

解析将自产应税消费品用于赞助等行为于移送使用时缴纳消费税，本题中，用于对外赞助的30套高档化妆品应当视同销售缴纳消费税；纳税人视同销售应税消费品，应当按照纳税人生产的同类消费品的销售价格计算纳税；消费税从价计征的计税基础为不含税销售额，本题中每套含增值税售价678元，应当进行价税分离。应缴纳的消费税=(400+30)×678÷(1+13%)×15%=38 700(元)。

答案C

【例题12·单选题】☆2019年9月甲礼花厂受托加工一批焰火，委托方提供原材料成本255 000元。甲礼花厂收取不含增值税加工费42 500元。甲礼花厂无同类焰火销售价格。已知消费税税率为15%。计算甲礼花厂受托加工焰火应代收代缴消费税税额的下列算式中，正确的是(　)。

A. 255 000÷(1－15%)×15%＝45 000(元)

B. (255 000+42 500)÷(1－15%)×15%＝52 500(元)

C. 42 500×15%＝6 375(元)

D. 255 000×15%＝38 250(元)

解析 委托加工的应税消费品，按照“受托方”的同类消费品的销售价格计算纳税，没有同类消费品销售价格的，按照组成计税价格计算纳税，故本题按照组成计税价格计算；组成计税价格＝(材料成本＋加工费)÷(1－消费税比例税率)。 **答案** B

【例题13·单选题】☆甲公司为增值税一般纳税人，2019年9月进口白酒3吨，海关核定的关税完税价格为900 000元。已知关税税率为10%；消费税比例税率为20%，定额税率为0.5元/500克；1吨＝1 000千克。计算甲公司当月该笔业务应缴纳消费税税额的下列算式中，正确的是(　)。

A. [900 000×(1＋10%)＋3×1 000×2×0.5]÷(1－20%)×20%＋3×1 000×2×0.5＝251 250(元)

B. 900 000÷(1－20%)×20%＝225 000(元)

C. [900 000×(1＋10%)＋3×1 000×2×0.5]÷(1－20%)×20%＝248 250(元)

D. 900 000÷(1－20%)×20%＋3×1 000×2×0.5＝228 000(元)

解析 进口复合计征消费税的应税消费品，进口环节应缴纳的消费税＝组成计税价格×消费税比例税率+销售数量×消费税定额税率；组成计税价格＝[关税完税价格×(1＋关税税率)＋销售数量×消费税定额税率]÷(1－消费税比例税率)。 **答案** A

(四)已纳消费税的扣除

用“**外购**”和“**委托加工收回**”应税消费品，“**连续生产应税消费品**”，在计征消费税时，可以按“**当期生产领用数量**”计算准予扣除外购和委托加工的应税消费品已纳消费税税款。

『老侯提示』区别用“自产”的应税消费品，连续生产应税消费品。

1. 扣除范围—9项

(1)以外购或委托加工收回的已税烟丝为原料生产的卷烟；

(2)以外购或委托加工收回的已税高档化妆品为原料生产的高档化妆品；

(3)以外购或委托加工收回的已税珠宝、玉石为原料生产的贵重首饰及珠宝、玉石；

(4)以外购或委托加工收回的已税鞭炮、焰火为原料生产的鞭炮、焰火；

(5)以外购或委托加工收回的已税杆头、杆身和握把为原料生产的高尔夫球杆；

(6)以外购或委托加工收回的已税木制一次性筷子为原料生产的木制一次性筷子；

(7)以外购或委托加工收回的已税实木地板为原料生产的实木地板；

(8)以外购或委托加工收回的已税石脑油、润滑油、燃料油为原料生产的成品油；

(9)以外购或委托加工收回的已税汽油、柴油为原料生产的汽油、柴油。

『老侯提示』掌握下列不得扣除的项目，采用排除法应对此知识点更加容易(见表5-29)。

表5-29　已纳消费税的扣税总结

“**不得扣除**”的原因	具体内容
“**特殊**”应税消费品	酒类产品(不包括葡萄酒、啤酒)、高档手表、烧油的(小汽车、摩托车、游艇)、电池、涂料
纳税环节“**不同**”	如用已税“珠宝玉石”加工“金银镶嵌首饰”
用于生产“**非应税消费品**”	如用已税“高档化妆品”连续生产“普通化妆品”

2. 计算公式

当期准予扣除的应税消费品已纳税款=当期生产领用数量(金额)×消费税固定税额(税率)

【例题14·单选题】☆根据消费税法律制度的规定，企业发生的下列经营行为中，在计算应纳消费税税额时，准予扣除外购应税消费品已纳消费税税款的是(　)。

A. 外购已税珠宝生产高档手表

B. 外购已税烟丝生产卷烟

C. 外购已税黄酒生产泡制酒

D. 外购已税玉石生产金银镶嵌首饰

解析 选项AC，允许进行已纳消费税扣除的税目不包括酒、摩托车、小汽车、高档手表、游艇、电池、涂料；选项D，纳税环节不同，玉石为生产环节纳税，金银首饰为零售环节纳税，不得扣除。 答案 B

【例题15·单选题】☆甲化妆品厂2019年10月初库存外购已税高档化妆品原料买价20万元，当月购进已税高档化妆品原料买价50万元，月末库存外购已税高档化妆品原料买价10万元。当月领用的高档化妆品原料全部用于生产高档美容类化妆品。生产的高档美容类化妆品当月全部销售，取得不含增值税销售额400万元。已知消费税税率为15%。计算甲化妆品厂当月销售高档美容类化妆品应缴纳消费税税额的下列算式中，正确的是(　)。

A. 400×15%-(10+50-20)×15%=54(万元)

B. 400×15%=60(万元)

C. 400×15%-(20+50-10)×15%=51(万元)

D. 400×15%-50×15%=52.5(万元)

解析 (1)用外购应税消费品，连续生产应税消费品，在计征消费税时，可以按“当期生产领用数量”计算准予扣除外购应税消费品已纳消费税税款。本题中，10月初库存已税高档化妆品原料为20万元，本月购进50万元，月末库存为10万元，则生产领用=20+50-10=60(万元)；(2)应纳税额=(400-60)×15%=51(万元)。 答案 C

考验五　消费税的征收管理(★)

(一)纳税义务发生时间

(1)纳税人销售应税消费品的，其纳税义务发生时间“同**增值税销售货物**”。

(2)纳税人自产自用应税消费品的，为“移送使用”的当天。

(3)纳税人委托加工应税消费品的，为纳税人“**提货**”的当天。

(4)纳税人进口应税消费品的，为“报关进口”的当天。

【例题1·多选题】☆根据消费税法律制度的规定，下列关于消费税纳税义务发生时间的表述中，正确的有(　)。

A. 纳税人委托加工应税消费品的，为纳税人提货的当天

B. 纳税人自产自用应税消费品的，为移送使用的当天

C. 纳税人采取委托银行收款方式销售应税消费品的，为银行收到销售款的当天

D. 纳税人采取分期收款方式销售应税消费品的，为购买方收到应税消费品的当天

解析 选项C，为发出应税消费品并办妥托收手续的当天；选项D，为书面合同约定的收款日期的当天。 答案 AB

(二)纳税地点

1. 委托加工的应税消费品

(1)受托方为“**单位**”：“**受托方**”向机构所在地或居住地的税务机关解缴。

(2)受托方为“**个人**”：“**委托方**”向机构所在地的税务机关解缴。

2. 纳税人到外县(市)销售或者委托外县(市)代销自产应税消费品的，于应税消费品销售后，向“**机构所在地或者居住地**”税务机关申报纳税。

『老侯提示』消费税的纳税地点一般情

况下与增值税相同，考生只需注意上述两点与增值税不同的规定即可。

【例题2·多选题】甲公司为增值税一般纳税人，机构所在地在S市。2021年2月，在S市销售货物一批；在W市海关报关进口货物一批；接受Y市客户委托加工应缴纳消费税的货物一批。下列关于甲公司上述业务纳税地点的表述中，正确的有(　)。

A. 委托加工货物应向Y市税务机关申报缴纳增值税

B. 委托加工货物应向S市税务机关解缴代收的消费税

C. 进口货物应向W市海关申报缴纳增值税

D. 销售货物应向S市税务机关申报缴纳增值税

解析▶ 选项AB，委托加工应税消费品除受托方是个人外，由受托方(甲公司)向机构所在地(S市)税务机关解缴税款；选项C，进口货物应向报关地海关(W市)申报纳税；选项D，固定业户(甲公司)应当向其机构所在地(S市)或者居住地税务机关申报纳税。

答案▶ BCD

【例题3·单选题】下列关于消费税纳税地点的表述中，正确的是(　)。

A. 纳税人销售的应税消费品，除另有规定外，应当向纳税人机构所在地或者居住地的税务机关申报纳税

B. 纳税人的总机构与分支机构不在同一省的，由总机构汇总向总机构所在地的税务机关申报缴纳消费税

C. 进口的应税消费品，由进口人或者其代理人向机构所在地的税务机关申报纳税

D. 委托加工的应税消费品，受托方为个人的，由受托方向居住地的税务机关申报纳税

解析▶ 选项B，应当分别向各自机构所在地的主管税务机关申报纳税；选项C，向报关地海关申报纳税；选项D，由委托方向机构所在地的主管税务机关申报纳税。　**答案**▶ A

心有灵犀 限时167分钟

扫我做试题

一、单项选择题

1. 下列各项中，不属于税收的特征的是(　)。

A. 自愿性　　B. 固定性

C. 无偿性　　D. 强制性

2. 根据税收征收管理法律制度的规定，下列税款中，由海关代征的是(　)。

A. 在境内未设立机构、场所的非居民企业来源于境内的股息所得应缴纳的企业所得税

B. 提供研发服务，但在境内未设有经营机构的企业应缴纳的增值税

C. 进口货物的企业在进口环节应缴纳的增值税

D. 从境外取得所得的居民应缴纳的个人所得税

3. 下列税法要素中，可以作为区别不同税种的重要标志的是(　)。

A. 税收优惠　　B. 纳税期限

C. 征税对象　　D. 税率

4. 下列关于增值税纳税人的说法中，错误的是(　)。

A. 年应税销售额在500万元(含)以下的企业，为小规模纳税人

B. 小规模纳税人会计核算健全，能提供

准确税务资料，可申请不作为小规模纳税人

C. 除国家税务总局另有规定外，已登记为小规模纳税人的企业不得再转为一般纳税人

D. 个体工商户以外的其他个人不得申请登记为一般纳税人

5. 根据增值税法律制度的规定，关于增值税纳税人的下列表述中，错误的是(　)。

A. 销售货物，以销售方为纳税人

B. 提供运输服务，以运输服务提供方为纳税人

C. 资管产品运营过程中发生的增值税应税行为，以资管产品委托人为纳税人

D. 单位以承包、承租、挂靠方式经营的，承包人以发包人名义对外经营并由发包人承担相关法律责任的，以该发包人为纳税人

6. 下列行为中，应当一并按销售货物征收增值税的是(　)。

A. 银行从事贷款服务并销售投资金条

B. 百货商店销售商品同时负责运输

C. 建筑公司提供建筑服务的同时销售自产水泥预制构件等建筑材料

D. 餐饮公司提供餐饮服务的同时销售酒水

7. 下列各项中，应征收增值税的是(　)。

A. 被保险人获得的保险赔付

B. 航空公司根据国家指令无偿提供用于公益事业的航空运输服务

C. 存款人取得的存款利息

D. 母公司向子公司出售不动产

8. 一般纳税人销售下列外购货物，增值税税率为13%的是(　)。

A. 农产品　　B. 图书

C. 暖气　　D. 电力

9. 下列各项中，增值税税率为13%的是(　)。

A. 不动产租赁服务

B. 建筑安装工程作业

C. 有形动产租赁服务

D. 基础电信服务

10. 甲公司为增值税一般纳税人，2021年8月销售空调取得含增值税价款610.2万元，另收取包装物押金5.8万元，约定3个月内返还；当月确认逾期不予退还的包装物押金为11.3万元。已知增值税税率为13%。计算甲公司当月上述业务增值税销项税额的下列算式中，正确的是(　)。

A. (610.2+5.8+11.3)×13%=81.55(万元)

B. (610.2+11.3)÷(1+13%)×13%=71.5(万元)

C. (610.2+5.8+11.3)÷(1+13%)×13%=72.17(万元)

D. (610.2+11.3)×13%=80.80(万元)

11. 甲公司为增值税一般纳税人，2021年10月采取折扣方式销售货物一批，该批货物不含税销售额90 000元，折扣额9 000元，销售额和折扣额在同一张发票的金额栏分别注明。已知增值税税率为13%。甲公司当月该笔业务增值税销项税额的下列计算列式中，正确的是(　)。

A. (90 000-9 000)÷(1+13%)×13%=9 318.58(元)

B. 90 000×13%=11 700(元)

C. 90 000÷(1+13%)×13%=10 353.98(元)

D. (90 000-9 000)×13%=10 530(元)

12. 某橡胶制品厂为增值税一般纳税人，2021年8月份销售生活用橡胶制品不含增值税的销售额为200万元，销售避孕用具销售额为100万元，当月购入生产用原材料一批，取得增值税专用发票上注明税款13.6万元，生活用橡胶制品与避孕用品无法划分耗料情况，生活用橡胶制品适用税率为13%，则该橡胶制品厂当月应纳增值税的下列计算列式中，正确的是(　)。

A. 200×13%−13.6=12.4(万元)

B. 200×13%−13.6×200÷(200+100)=16.93(万元)

C. (200+100)×13%−13.6=25.4(万元)

D. (200+100)×13%−13.6×200÷(200+100)=29.93(万元)

13. 甲手机专卖店为增值税一般纳税人，2021年10月采用以旧换新方式销售某型号手机100部，该型号新手机的含税销售单价为3 164元，回收的旧手机每台折价226元，已知增值税税率为13%，则甲手机专卖店当月该笔业务增值税销项税额的下列计算列式中，正确的是(　)。

A. 3 164×100÷(1+13%)×13%=36 400(元)

B. 3 164×100×13%=41 132(元)

C. (3 164−226)×100÷(1+13%)×13%=33 800(元)

D. (3 164−226)×100×13%=38 194(元)

14. 某金店为增值税一般纳税人，为吸引更多的顾客光临，特推出"以旧换新"的方式向消费者销售金项链。2019年12月份销售金项链实际收取不含增值税差价款220 000元，换回的旧项链作价80 000元(不含增值税)，另收取回炉费共11 300元。已知增值税税率为13%，该金店当月该笔业务增值税销项税额的下列计算中，正确的是(　)。

A. (220 000−80 000)×13%=18 200(元)

B. (220 000−80 000)×13%+11 300÷(1+13%)×13%=19 500(元)

C. 220 000×13%=28 600(元)

D. 220 000×13%+11 300÷(1+13%)×13%=29 900(元)

15. 甲公司为增值税一般纳税人，2019年7月将自产的100件新产品赠送给乙公司，生产成本为50元/件，无同类产品销售价格，已知增值税税率为13%，成本利润率为10%。计算甲公司当月该笔业务增值税销项税额的下列算式中，正确的是(　)。

A. 100×50×13%=650(元)

B. 100×50×(1−10%)×13%=585(元)

C. 100×50×10%×(1+13%)=565(元)

D. 100×50×(1+10%)×13%=715(元)

16. 某公司为增值税一般纳税人，2019年5月从国外进口一批高档化妆品，海关核定的关税完税价格为70万元，进口环节缴纳的关税为7万元，消费税为13.59万元。已知增值税税率为13%。则该公司进口环节应缴纳增值税的下列计算中正确的是(　)。

A. (70+7)×13%=10.01(万元)

B. 70×13%=9.1(万元)

C. (70+13.59)×13%=10.87(万元)

D. (70+7+13.59)×13%=11.78(万元)

17. 甲商业银行M分行为增值税一般纳税人，2021年第二季度销售一批股票，卖出价为1 272万元，该批股票买入价为636万元，除此之外无其他金融商品买卖业务，上一纳税期金融商品买卖销售额为正差且已纳税。已知金融商品转让适用的增值税税率为6%，M分行该笔业务增值税的销项税额的下列计算列式，正确的是(　)。

A. 1 272×6%=76.32(万元)

B. (1 272−636)×(1+6%)×6%=40.45(万元)

C. (1 272−636)×6%=38.16(万元)

D. (1 272−636)÷(1+6%)×6%=36(万元)

18. 甲便利店为增值税小规模纳税人，2021年第四季度零售商品取得收入1 010 000元，将一批外购商品无偿赠送给物业公司用于社区活动，该批商品的含税价格为7 070元。已知增值税征收率为1%。计算甲便利店第四季度应缴纳增值税税额的下列算式中，正确的是(　)。

A. [1 010 000+7 070÷(1+1%)]×1%=10 170(元)

B. (1 010 000+7 070)×1% = 10 170.7(元)

C. [1 010 000÷(1+1%)+7 070]×1% = 10 070.7(元)

D. (1 010 000+7 070)÷(1+1%)×1% = 10 070(元)

19. 某企业为增值税小规模纳税人，主营旧货交易，2022 年 5 月取得含税销售额 41.2 万元；除上述收入外，该企业当月又将本企业于 2007 年 6 月购入自用的旧货翻新设备和 2010 年 10 月购入自用的一台旧货翻新设备分别以 10.3 万元和 35.1 万元的含税价格出售，已知小规模纳税人销售旧货和自己使用过的固定资产适用 3%的征收率并减按 2%征收，则该企业当月应纳增值税的下列计算中，正确的是(　)。

A. (41.2+10.3+35.1)÷(1+3%)×3% = 2.52(万元)

B. (41.2+10.3+35.1)÷(1+3%)×2% = 1.68(万元)

C. 41.2÷(1+3%)×2%+10.3÷(1+3%)×2%+35.1÷(1+3%)×3% = 2.02(万元)

D. 41.2÷(1+3%)×2%+(10.3+35.1)÷(1+3%)×3% = 2.12(万元)

20. 甲超市为增值税一般纳税人，2021 年 3 月从农业生产者处购入一批有机蔬菜开具的农产品收购发票上注明的买价为 16 万元，该批蔬菜经简单包装后全部直接销售，取得含增值税的销售额 32.7 万元。已知：农产品的扣除率为 9%，销售农产品适用的增值税税率为 9%。则甲超市本月上述业务增值税应纳税额的下列计算，正确的是(　)。

A. 32.7×9%-16×9% = 1.5(万元)

B. 32.7÷(1+9%)×9%-16×9% = 1.26(万元)

C. 32.7×9%-16÷(1+9%)×9% = 1.62(万元)

D. 32.7÷(1+9%)×9%-16÷(1+9%)×9% = 1.38(万元)

21. 根据增值税法律制度的规定，下列一般纳税人中，进项税额可以抵扣的是(　)。

A. 甲公司因管理不善导致的原材料被盗损失

B. 乙公司销售二手车并委托 M 公司提供运输，取得的增值税专用发票

C. 丙公司接受 A 银行的贷款服务

D. 丁公司将外购的房屋一部分用于生产经营，一部分作为集体宿舍，以福利方式供员工居住

22. 2021 年 10 月，甲公司员工赵某出差乘坐飞机取得航空运输电子客票行程单上注明票价 6 004 元，燃油附加费 100 元，代收的民航发展基金 50 元。已知航空运输电子客票行程单适用的增值税税率为 9%。则甲公司本月准予抵扣的进项税额的下列计算中，正确的是(　)。

A. (6 004+100)÷(1+9%)×9% = 504(元)

B. (6 004+100)×9% = 549.36(元)

C. (6 004+100+50)÷(1+9%)×9% = 508.13(元)

D. 6 004×9%+100÷(1+9%)×9% = 548.62(元)

23. 根据增值税法律制度的规定，下列各项中，不属于免税项目的是(　)。

A. 家政服务企业由员工制家政服务员提供家政服务取得的收入

B. 学生勤工俭学提供的服务

C. 个人转让著作权

D. 非学历教育收取的学费

24. 甲公司为增值税一般纳税人，于 2021 年 7 月 10 日与乙公司签订货物买卖合同，2021 年 7 月 15 日甲公司收到乙公司预付的货款，2021 年 7 月 20 日甲公司给乙公司开具发票，2021 年 8 月 10 日甲公司向乙公司发出货物，则甲公司对该批货物的增值税纳税义务发生时间为(　)。

A. 2021 年 7 月 10 日

B. 2021 年 7 月 15 日

C. 2021 年 7 月 20 日

D. 2021 年 8 月 10 日

25. 根据消费税法律制度的规定，下列商品中，不属于消费税征税范围的是( )。

A. 金银首饰　　B. 调味料酒

C. 汽油　　D. 烟丝

26. 根据消费税法律制度的规定，下列应税消费品中，在零售环节加征消费税的是( )。

A. 金银首饰　　B. 超豪华小汽车

C. 卷烟　　D. 白酒

27. 对超豪华小汽车，在生产(进口)环节按现行税率征收消费税的基础上，在零售环节加征消费税，税率为( )。

A. 5%　　B. 10%

C. 11%　　D. 15%

28. 甲酒厂为增值税一般纳税人，2021 年 5 月销售果木酒，取得不含增值税销售额 10 万元，同时收取包装物租金 0.565 万元、优质费 2.26 万元。已知果木酒增值税税率为 13%，消费税税率为 10%，则甲酒厂当月销售果木酒应缴纳消费税税额的下列计算中，正确的是( )。

A. (10+0.565+2.26)×10%=1.28(万元)

B. (10+0.565)×10%=1.06(万元)

C. [10+(0.565+2.26)÷(1+13%)]×10%=1.25(万元)

D. [10+0.565÷(1+13%)]×10%=1.05(万元)

29. 某啤酒厂为增值税一般纳税人，2021 年 8 月份销售乙类啤酒 400 吨，销售价格为不含增值税 2 800 元/吨，本月啤酒包装物押金逾期收入 6 000 元。已知乙类啤酒适用的增值税税率为 13%，消费税税额为 220 元/吨，则 8 月该啤酒厂应纳的增值税及消费税税额合计的下列计算中正确的是( )。

A. 400×220=88 000(元)

B. 400×2 800×13%=145 600(元)

C. 400×220+[400×2 800+6 000÷(1+13%)]×13%=234 290.27(元)

D. 400×220+(400×2 800+6 000)×13%=234 380(元)

30. 某卷烟生产企业为增值税一般纳税人，本月销售乙类卷烟 1 500 标准条，取得含增值税销售额 87 000 元。已知乙类卷烟适用的消费税比例税率为 36%，定额税率为 0.003 元/支，1 标准条有 200 支；增值税税率为 13%。则该企业本月应纳消费税税额的下列计算中，正确的是( )。

A. [87 000÷(1+13%)]×36%=27 716.81(元)

B. 1 500×200×0.003=900(元)

C. 87 000×36%+1 500×200×0.003=32 220(元)

D. [87 000÷(1+13%)]×36%+1 500×200×0.003=28 616.81(元)

31. 甲公司是一家化妆品生产企业，属于增值税一般纳税人，2021 年 8 月，该厂销售高档化妆品取得不含增值税销售收入 100 万元，销售普通化妆品取得不含增值税销售收入 80 万元，将高档化妆品与普通化妆品组成礼盒成套销售，取得不含增值税销售额 50 万元，已知高档化妆品的消费税税率为 15%，增值税税率为 13%。则该企业当月应纳消费税的下列计算中正确的是( )。

A. 100×15%=15(万元)

B. 100×13%=13(万元)

C. (100+50)×15%=22.5(万元)

D. (100+50)×13%=19.5(万元)

32. 2021 年 9 月甲酒厂将自产的 1 吨药酒用于抵偿债务，该批药酒生产成本 35 000 元/吨，甲酒厂同类药酒不含增值税最高销售价格 62 000 元/吨，不含增值税平均销售价格 60 000 元/吨，不含增值税最低销售价格 59 000 元/吨，已知消费税税率 10%，计算甲酒厂当月该笔业务应缴纳消费税税额的下列算式中，正确的是(　)。

A. 59 000×10%＝5 900(元)

B. 60 000×10%＝6 000(元)

C. 62 000×10%＝6 200(元)

D. 35 000×10%＝3 500(元)

33. 2021年11月甲卷烟厂受托为乙卷烟厂加工卷烟2 200标准条，取得不含增值税加工费44 000元，乙卷烟厂提供原材料成本176 000元。甲卷烟厂无同类卷烟销售价格。已知消费税比例税率为56%，定额税率为0.003元/支，每标准条为200支。计算甲卷烟厂该笔业务应代收代缴消费税税额的下列算式中，正确的是(　)。

A. (176 000+44 000)÷(1−56%)×56%＋2 200×200×0.003＝281 320(元)

B. (176 000+44 000)÷(1−56%)×56%＝280 000(元)

C. (176 000+44 000+2 200×200×0.003)÷(1−56%)×56%＋2 200×200×0.003＝283 000(元)

D. (176 000＋44 000＋2 200×200×0.003)×56%＝123 939.2(元)

34. 某公司为增值税一般纳税人，外购高档护肤类化妆品，生产高档修饰类化妆品，2016年10月份生产销售高档修饰类化妆品取得不含税销售收入100万元。该公司10月初库存的高档护肤类化妆品0万元，10月购进高档护肤类化妆品100万元，10月底库存高档护肤类化妆品10万元，已知高档化妆品适用的消费税税率为15%。则该公司当月应缴纳消费税的下列计算中，正确的是(　)。

A. 100×15%−100×15%＝0

B. 100×15%−(100−10)×15%＝1.5(万元)

C. 100×15%−10×15%＝13.5(万元)

D. 100×15%＝15(万元)

35. 下列关于消费税纳税义务发生时间的表述中，不正确的是(　)。

A. 纳税人自产自用应税消费品的，为移送使用的当天

B. 纳税人进口应税消费品的，为报关进口的当天

C. 纳税人委托加工应税消费品的，为支付加工费的当天

D. 纳税人采取预收货款结算方式销售应税消费品的，为发出应税消费品的当天

36. 根据消费税法律制度的规定，下列各项中，可以按当期生产领用数量计算准予扣除外购的应税消费品已纳消费税税款的是(　)。

A. 外购已税白酒生产的药酒

B. 外购已税烟丝生产的卷烟

C. 外购已税翡翠生产加工的金银翡翠首饰

D. 外购已税钻石生产的高档手表

37. 甲公司为增值税一般纳税人，主营二手车交易。2021年8月销售二手车取得含增值税的销售额301.5万元，销售自己使用过的一批包装物，取得含增值税的销售额22.6万元。已知：一般纳税人适用的增值税税率为13%，销售二手车减按0.5%的征收率征收。则甲公司当月应缴纳的增值税税额的下列计算列式正确的是(　)。

A. 301.5×0.5%＋22.6×13%＝4.45(万元)

B. 301.5×0.5%+22.6÷(1+13%)×13%＝4.11(万元)

C. 301.5÷(1＋0.5%)×0.5%＋22.6×13%＝4.44(万元)

D. 301.5÷(1+0.5%)×0.5%＋22.6÷(1+13%)×13%＝4.1(万元)

二、多项选择题

1. 下列各项中，属于我国税收法律关系主体的有(　)。

A. 税务机关　　B. 海关

C. 纳税人　　D. 扣缴义务人

2. 下列各项中，属于我国税率形式的有(　)。

A. 比例税率

B. 定额税率

C. 全额累进税率

D. 全率累进税率

3. 根据增值税法律制度的规定，下列各项中，应按照“金融服务”税目计算缴纳增值税的有(　)。

A. 转让外汇

B. 融资性售后回租

C. 货币兑换服务

D. 财产保险服务

4. 下列各项中按照“交通运输服务”缴纳增值税的有(　)。

A. 管道运输服务

B. 水路运输的程租、期租

C. 航空服务

D. 货物运输代理服务

5. 下列关于增值税征税范围的说法中正确的有(　)。

A. 邮政储蓄服务按“邮政服务”征收增值税

B. 基础电信服务按“电信服务”征收增值税

C. 以货币投资收取的固定利润或保底利润按“金融服务—贷款服务”征收增值税

D. 鉴证咨询服务按“现代服务”征收增值税

6. 下列各项中，属于“电信服务—增值电信服务”的有(　)。

A. 语音通话服务和出租带宽服务

B. 短信和彩信服务

C. 互联网接入服务

D. 卫星电视信号落地转接服务

7. 下列关于增值税征税范围的说法中错误的有(　)。

A. 出租车公司向使用本公司自有出租车的出租车司机收取的管理费用，按“交通运输服务”征收增值税

B. 固定电话安装费按“电信服务”征收增值税

C. 邮政代理按“现代服务”征收增值税

D. 邮政汇兑按“邮政服务”征收增值税

8. 下列关于增值税征税范围的说法中错误的有(　)。

A. 融资租赁按“金融服务”征收增值税

B. 专利技术转让按“现代服务—研发和技术服务”征收增值税

C. 商标和著作权转让按“现代服务—文化创意服务”征收增值税

D. 代理报关服务按“现代服务—物流辅助服务”征收增值税

9. 下列关于增值税征税范围的说法中错误的有(　)。

A. 技术咨询服务按“现代服务—鉴证咨询服务”征收增值税

B. 广告的发布按“现代服务—广播影视服务”征收增值税

C. 代理记账服务按“现代服务—商务辅助服务”征收增值税

D. 无运输工具承运按“现代服务—商务辅助服务”征收增值税

10. 下列关于增值税征税范围的说法中错误的有(　)。

A. 航道疏浚服务按“建筑服务”征收增值税

B. 工程勘察勘探服务按“建筑服务”征收增值税

C. 车辆停放服务按“物流辅助服务”征收增值税

D. 道路通行服务按“交通运输服务”征收增值税

11. 下列各项中，按照“金融服务—直接收费金融服务”缴纳增值税的有(　)。

A. 销售金融产品

B. 银行卡收单业务手续费

C. 转让外汇

D. 承兑银行承兑汇票，收取的手续费

12. 下列各项中，按照“生活服务”缴纳增值

税的有( )。

A. 市容市政管理服务

B. 物业管理服务

C. 文化创意服务

D. 家政服务

13. 增值税一般纳税人的下列行为中，应视同销售货物，征收增值税的有( )。

A. 食品厂将自产的月饼发给职工作为中秋节的福利

B. 商场将购进的服装发给职工用于运动会入场式

C. 计算机生产企业将自产的计算机分配给投资者

D. 纺织厂将自产的窗帘用于职工活动中心

14. 根据增值税法律制度的规定，下列各项中，属于在我国境内销售服务的有( )。

A. 法国航空公司将中国公民赵某从法国运送至美国

B. 日本某公司为中国境内某企业设计时装

C. 法国某公司出租设备给中国境内某企业使用

D. 美国某公司出租一栋别墅给中国境内某企业，用于其美国分公司办公使用

15. 根据增值税法律制度的规定，下列各项服务中，适用9%税率的有( )。

A. 邮政服务

B. 有形动产融资租赁服务

C. 增值电信服务

D. 建筑服务

16. 纳税人提供的下列应税服务，适用增值税零税率的有( )。

A. 国际运输服务

B. 国际货物运输代理服务

C. 在境外提供的研发服务

D. 在境外提供的广播影视节目的播映服务

17. 增值税一般纳税人提供下列应税服务，可以选择使用简易计税方法计税的有( )。

A. 交通运输服务

B. 电影发行服务

C. 装卸搬运服务

D. 收派服务

18. 根据增值税法律制度的规定，下列各项中适用5%征收率征收增值税的有( )。

A. 从事房地产开发的甲公司为小规模纳税人，其销售自建的房地产项目

B. 从事化妆品销售的乙公司为小规模纳税人，其出租闲置仓库

C. 从事房地产开发的丙公司为一般纳税人，其销售自行开发的房地产老项目，不选择简易方法计税

D. 从事劳务派遣业务的丁公司，选择差额纳税

19. 根据增值税法律制度的规定，纳税人销售货物向购买方收取的下列款项中，属于价外费用的有( )。

A. 包装物租金

B. 手续费

C. 违约金

D. 受托加工应征税消费品所代收代缴的消费税

20. 根据增值税法律制度的规定，下列各项中可以作为增值税扣税凭证的有( )。

A. 增值税专用发票

B. 农产品收购发票

C. 二手车销售统一发票

D. 海关进口增值税专用缴款书

21. 根据增值税法律制度的规定，增值税一般纳税人购进的下列服务，不得抵扣进项税额的有( )。

A. 娱乐服务

B. 居民日常服务

C. 餐饮服务

D. 贷款服务

22. 根据增值税法律制度的规定，下列各项中，免征增值税的有( )。

A. 农业生产者销售的自产农产品

B. 企业销售自己使用过的固定资产

C. 由残疾人的组织直接进口供残疾人专用的物品

D. 外国政府无偿援助的进口物资

23. 一般纳税人提供(　)服务，实际税负超过3%的部分实行增值税即征即退政策。

A. 管道运输服务

B. 有形动产融资租赁服务

C. 不动产融资租赁服务

D. 有形动产融资性售后回租服务

24. 下列关于增值税免税政策的说法中正确的有(　)。

A. 纳税人兼营免税、减税项目的，应当分别核算免税、减税项目的销售额

B. 纳税人适用免税规定的，可以选择某一免税项目放弃免税权

C. 纳税人适用免税规定的，可以根据不同的销售对象选择部分货物或劳务放弃免税权

D. 纳税人适用免税规定的，可以放弃免税，放弃后36个月内不得再申请免税

25. 下列关于增值税纳税义务发生时间的表述中，正确的有(　)。

A. 采取托收承付方式销售货物，为办妥托收手续的当天

B. 采取分期收款方式销售货物，为书面合同约定的收款日期的当天

C. 纳税人从事金融商品转让的，为金融商品所有权转移的当天

D. 委托他人代销货物，为收到代销清单或者收到全部或部分货款的当天

26. 下列各项中，属于增值税专用发票“发票联”用途的有(　)。

A. 购买方核算采购成本的记账凭证

B. 购买方报送税务机关认证和留存备查的扣税凭证

C. 购买方核算增值税进项税额的记账凭证

D. 销售方核算销售收入和增值税销项税额的记账凭证

27. 一般纳税人发生的下列业务中，不得开具增值税专用发票的有(　)。

A. 房地产开发企业向消费者个人销售房屋

B. 甲公司向乙公司销售货物

C. 商业企业批发避孕药品和用具

D. 某旧货市场销售二手设备

28. 根据消费税法律制度的规定，下列应税消费品在零售环节征收消费税的有(　)。

A. 金银首饰　　B. 珍珠项链

C. 铂金首饰　　D. 钻石戒指

29. 下列关于金银首饰零售环节缴纳消费税的说法中正确的有(　)。

A. 金银首饰仅限于金、银以及金基、银基合金首饰和金基、银基合金的镶嵌首饰

B. 对既销售金银首饰，又销售非金银首饰的生产、经营单位，应将两类商品划分清楚，分别核算销售额，凡划分不清楚或不能分别核算的一律按金银首饰征收消费税

C. 金银首饰连同包装物一起销售的，无论包装物是否单独计价，均应并入金银首饰的销售额，计征消费税

D. 带料加工的金银首饰，应按委托方销售同类金银首饰的销售价格确定计税依据征收消费税，没有同类金银首饰销售价格的，按照组成计税价格计算纳税

30. 下列各项中，不属于消费税征税范围的有(　)。

A. 高尔夫球包

B. 电动汽车

C. 体育上用的发令纸

D. 植物性润滑油

31. 下列各项中，不属于消费税征税范围的有(　)。

A. 施工状态下挥发性有机物含量低于420克/升的涂料

B. 太阳能电池

C. 汽车轮胎

D. 酒精

32. 根据消费税法律制度的规定，下列情形中，应缴纳消费税的有(　)。

A. 金银饰品店将购进的黄金首饰用于奖励员工

B. 摩托车厂将自产的气缸容量250毫升以上的摩托车用于广告样品

C. 筷子厂将自产的木制一次性筷子用于本厂食堂

D. 化妆品公司将自产的高档化妆品用于赠送客户

33. 下列各项中，纳税人应缴纳消费税的有(　)。

A. 将自产的网球及球拍作为福利发放给本企业职工

B. 销售白酒同时收取的包装物押金，合同约定3个月后到期

C. 将自产的实木地板用于本企业职工宿舍装修

D. 使用自产高档香水生产高档化妆品

34. 下列应税消费品中，实行从量定额计征消费税的有(　)。

A. 涂料　　B. 柴油

C. 电池　　D. 黄酒

35. 下列消费品中，实行从量定额与从价定率相结合的复合计征办法征收消费税的有(　)。

A. 白酒　　B. 卷烟

C. 啤酒　　D. 烟丝

三、判断题

1. 征税对象的数额未达到起征点的不征税，达到或超过起征点的就其全部数额征税。(　)

2. 根据增值税法律制度的规定，境外单位或个人在境内提供应税劳务，在境内未设有经营机构的，以其境内代理人为扣缴义务人；在境内没有代理人的，由境外单位自行缴纳。(　)

3. 进口原产于我国的货物，无须缴纳进口环节增值税。(　)

4. 纳税人转让不动产时一并转让其所占土地的使用权的，按照“销售不动产”缴纳增值税。(　)

5. 物业管理单位代收的住宅专项维修资金应征收增值税。(　)

6. 单位或个体工商户聘用的员工为本单位或雇主提供加工、修理修配劳务，不征收增值税。(　)

7. 个人将购买2年以上的非普通住房对外销售，除北京、上海、广州、深圳外，免征增值税。(　)

8. 纳税人用以物易物方式销售货物，双方都作购销处理。(　)

9. 根据增值税法律制度的规定，固定业户应当向其机构所在地的税务机关申报纳税，如总机构和分支机构不在同一县(市)，则应由总机构汇总向总机构所在地的税务机关申报纳税。(　)

10. 其他个人提供建筑服务、销售或者租赁不动产、转让自然资源使用权，应当向其居住地税务机关申报缴纳增值税。(　)

11. 纳税人进口货物，应当自海关填发进口增值税专用缴款书之日起10日内缴纳税款。(　)

12. 根据增值税法律制度的规定，保险公司以一个季度为纳税期限。(　)

13. 企业购进货车或厢式货车改装生产的商务车，应按规定征收消费税。(　)

14. 某卷烟厂通过自设独立核算门市部销售自产卷烟，应当按照门市部对外销售额或销售数量计算征收消费税。(　)

15. 白酒生产企业向商业销售单位收取的“品牌使用费”，应并入白酒的销售额缴纳消费税。(　)

16. A市甲企业委托B市乙企业加工一批应税消费品，该批消费品应缴纳的消费税税款应由乙企业向B市税务机关解缴。(　)

17. 甲企业3月受托加工一批烟丝，已收到由委托方提供的材料及加工费，该烟丝计划于4月10日加工完成并交付。则甲企业应于4月15日前向税务机关缴纳代收代缴的委托加工环节消费税。（ ）

四、不定项选择题

【资料一】☆甲建筑公司为增值税一般纳税人，主要从事房屋建筑工程施工业务。2019年9月有关经营情况如下：

(1)所承建的W住宅工程项目竣工，取得含增值税价款7 630 000元，同时收取提前竣工奖励22 890元。

(2)承建的Y写字楼工程项目，本月取得含增值税价款1 030 000元，向分包方支付分包款309 000元。甲建筑公司选择适用简易计税方法计税。

(3)购进用于W住宅工程项目材料，取得增值税专用发票注明税额13 000元；购进用于Y写字楼工程项目材料，取得增值税专用发票注明税额39 000元；租入一台施工设备共用于W住宅工程项目和Y写字楼工程项目，支付租金，取得增值税专用发票注明税额15 600元；支付银行贷款利息，取得增值税普通发票注明税额1 305元。

(4)向境外乙公司购买一项建筑设计服务，与境外乙公司签订的书面合同约定设计费106 000元。境外乙公司在境内未设有经营机构。

已知：销售建筑服务增值税税率为9%，增值税征收率为3%。取得的增值税扣税凭证均符合抵扣规定。

要求：根据上述资料，不考虑其他因素，分析回答下列小题。

1. 计算甲建筑公司承建W住宅工程项目当月增值税销项税额的下列算式中，正确的是（ ）。

A. 7 630 000×9%＝686 700(元)

B. 7 630 000×9%+22 890÷(1+9%)×9%＝688 590(元)

C. (7 630 000+22 890)÷(1+9%)×9%＝631 890(元)

D. (7 630 000+22 890)×9%＝688 760.1(元)

2. 计算甲建筑公司承建Y写字楼工程项目当月应缴纳增值税税额的下列算式中，正确的是（ ）。

A. (1 030 000+309 000)÷(1+3%)×3%＝39 000(元)

B. (1 030 000－309 000)×3%＝21 630(元)

C. (1 030 000－309 000)÷(1+3%)×3%＝21 000(元)

D. 1 030 000×3%＝30 900(元)

3. 甲建筑公司下列进项税额中，准予从销项税额中抵扣的是（ ）。

A. 购进用于W住宅工程项目材料的进项税额13 000元

B. 租入施工设备的进项税额15 600元

C. 支付银行贷款利息的进项税额1 305元

D. 购进用于Y写字楼工程项目材料的进项税额39 000元

4. 甲建筑公司向境外乙公司购买建筑设计服务的下列税务处理中，正确的是（ ）。

A. 应缴纳关税

B. 应代扣代缴增值税

C. 应代扣代缴消费税

D. 应缴纳印花税

【资料二】☆甲公司为增值税一般纳税人，主要从事贵重首饰及珠宝玉石的零售业务。2019年11月有关经营情况如下：

(1)进口一批珠宝玉石，海关核定的关税完税价格为90万元，缴纳关税3.6万元。

(2)采取以旧换新方式销售一批金手镯，该批金手镯含增值税售价203 400元，扣减旧手镯折价后实际收取含增值税价款113 000元。

(3)购进国内旅客运输服务，取得注明员工身份信息的航空运输电子客票行程单，票价合计98 100元，民航发展基金合计

5 450 元；取得注明员工身份信息的公路客票，票面金额合计 10 300 元。

(4)购进一批取暖器，取得增值税专用发票注明税额 1 300 元，全部作为福利发给职工。

(5)购进一批珍珠耳钉，取得增值税专用发票注明税额 650 元，全部赠送给乙歌剧团。

(6)购进一台鉴定设备，取得增值税专用发票注明税额 62 400 元，因管理不善被盗。

(7)购进一批办公桌椅，取得增值税专用发票注明税额 10 400 元，因自然灾害导致全部毁损。

已知：销售货物增值税税率为 13%，进口货物增值税税率为 13%，珠宝玉石消费税税率为 10%；航空运输电子客票行程单按照 9%计算进项税额，公路客票按照 3%计算进项税额。取得的增值税扣税凭证均符合抵扣规定。

要求：根据上述资料，不考虑其他因素，分析回答下列小题。

1. 计算甲公司当月进口珠宝玉石应缴纳增值税税额的下列算式中，正确的是(　)。

A. (90+3.6)×13% = 12.168(万元)

B. 90÷(1−10%)×13% = 13(万元)

C. (90+3.6)÷(1−10%)×13% = 13.52(万元)

D. 90×13% = 11.7(万元)

2. 计算甲公司当月采取以旧换新方式销售金手镯增值税销项税额的下列算式中，正确的是(　)。

A. 113 000÷(1+13%)×13% = 13 000(元)

B. 113 000×13% = 14 690(元)

C. 203 400÷(1+13%)×13% = 23 400(元)

D. 203 400×13% = 26 442(元)

3. 计算甲公司当月购进国内旅客运输服务准予抵扣进项税额的下列算式中，正确的是(　)。

A. (98 100+5 450)÷(1+9%)×9%+10 300÷(1+3%)×3% = 8 850(元)

B. 98 100÷(1+9%)×9%+10 300÷(1+3%)×3% = 8 400(元)

C. (98 100+5 450)×9%+10 300÷(1+3%)×3% = 9 619.5(元)

D. 98 100÷(1+9%)×9%+10 300×3% = 8 409(元)

4. 甲公司当月下列进项税额中，不得从销项税额中抵扣的是(　)。

A. 因管理不善被盗的鉴定设备的进项税额 62 400 元

B. 赠送乙歌剧团的珍珠耳钉的进项税额 650 元

C. 发给职工的取暖器的进项税额 1 300 元

D. 因自然灾害毁损的办公桌椅的进项税额 10 400 元

【资料三】☆甲酒厂为增值税一般纳税人，主要从事白酒的生产和销售业务。2019 年 11 月有关经营情况如下：

(1)进口酿酒设备 6 套，取得海关进口增值税专用缴款书注明税额 7 800 元。

(2)购进机械化生产线 1 套，取得增值税专用发票注明税额 19 500 元。

(3)购进水泥建造蒸馏灶，取得增值税专用发票注明税额 5 200 元；另支付运费，取得增值税普通发票注明税额 300 元。

(4)受托为乙酒厂加工高纯度粮食白酒 1 吨，收取不含增值税加工费 20 000 元，乙酒厂移送的原材料成本 120 000 元，甲酒厂无同类粮食白酒销售价格。

(5)采取赊销方式向丙公司销售自产薯类白酒 2 吨，本月 3 日签订的书面合同约定收款日期为本月 27 日。甲酒厂本月 7 日发出薯类白酒，本月 30 日收到丙公司支付的全部款项，其中含增值税价款 339 000 元、品牌使用费 56 500 元、包装物押金 22 600 元。

已知：增值税税率为 13%；消费税比例税率为 20%，定额税率为 0.5 元/500 克；1 吨 = 1 000 千克。取得的增值税扣税凭证均符合抵扣规定。

要求：根据上述资料，不考虑其他因素，分析回答下列小题。

1. 甲酒厂支付的下列进项税额中，准予从销项税额中抵扣的是(　)。

A. 运费的进项税额 300 元

B. 进口酿酒设备的进项税额 7 800 元

C. 购进水泥建造蒸馏灶的进项税额 5 200 元

D. 购进机械化生产线的进项税额 19 500 元

2. 计算甲酒厂受托加工粮食白酒应代收代缴消费税税额的下列算式中，正确的是(　)。

A. (120 000+1×1 000×2×0.5)÷(1-20%)×20%+1×1 000×2×0.5=31 250(元)

B. 120 000×20%+1×1 000×2×0.5=25 000(元)

C. (120 000+20 000)÷(1-20%)×20%+1×1 000×2×0.5=36 000(元)

D. (120 000+20 000+1×1 000×2×0.5)÷(1-20%)×20%+1×1 000×2×0.5=36 250(元)

3. 计算甲酒厂向丙公司销售自产薯类白酒应缴纳消费税税额的下列算式中，正确的是(　)。

A. (339 000+56 500)÷(1+13%)×20%+2×1 000×2×0.5=72 000(元)

B. [339 000÷(1+13%)+2×1 000×2×0.5]×20%+2×1 000×2×0.5=62 400(元)

C. [339 000÷(1+13%)+22 600]×20%+2×1 000×2×0.5=66 520(元)

D. (339 000+56 500+22 600)÷(1+13%)×20%+2×1 000×2×0.5=76 000(元)

4. 甲酒厂采用赊销方式向丙公司销售自产薯类白酒，其消费税纳税义务发生时间是(　)。

A. 11 月 27 日　　B. 11 月 30 日

C. 11 月 7 日　　D. 11 月 3 日

【资料四】☆甲红酒厂为增值税一般纳税人，主要从事红酒的生产和销售业务。2019 年 6 月有关经营情况如下：

(1)以 100 箱自产 M 品牌红酒换入一套酿酒设备。M 品牌红酒生产成本 1 200 元/箱，不含增值税平均销售价格 1 800 元/箱，不含增值税最高销售价格 2 400 元/箱。

(2)将 500 箱自产 N 品牌红酒移送自设在本县的非独立核算门市部用于销售。N 品牌红酒生产成本 600 元/箱，该门市部对外销售 400 箱，不含增值税销售价格 900 元/箱。

(3)将 30 箱自产新型红酒作为福利发给职工。该新型红酒生产成本 1 500 元/箱，无同类产品销售价格。

已知：红酒消费税税率为 10%，成本利润率为 5%。

要求：根据上述资料，不考虑其他因素，分析回答下列小题。

1. 计算甲红酒厂当月以自产 M 品牌红酒换入酿酒设备应缴纳消费税税额的下列算式中，正确的是(　)。

A. 100×1 200×10%=12 000(元)

B. 100×1 200×(1+5%)×10%=12 600(元)

C. 100×1 800×10%=18 000(元)

D. 100×2 400×10%=24 000(元)

2. 计算甲红酒厂当月通过自设非独立核算门市部对外销售 N 品牌红酒应缴纳消费税税额的下列算式中，正确的是(　)。

A. 500×600×10%=30 000(元)

B. 500×(600+900)÷2×10%=37 500(元)

C. 500×900×10%=45 000(元)

D. 400×900×10%=36 000(元)

3. 计算甲红酒厂当月将自产新型红酒作为福利发给职工应缴纳消费税税额的下列算式中，正确的是(　)。

A. 30×1 500×(1+5%)÷(1-10%)×10%=5 250(元)

B. 30×1 500×10%=4 500(元)

C. 30×1 500×(1+5%)×(1-10%)×10%=

4 252.5(元)

D. 30×1 500×(1+5%)×10%=4 725(元)

4. 甲红酒厂当月下列业务中，应缴纳增值税的是( )。

A. 将500箱自产N品牌红酒移送自设非独立核算门市部用于销售

B. 以100箱自产M品牌红酒换入一套酿酒设备

C. 通过自设非独立核算门市部对外销售N品牌红酒400箱

D. 将30箱自产新型红酒作为福利发给职工

心有灵犀答案及解析

一、单项选择题

1. A 【解析】税收是国家为实现其职能，凭借政治权力“强制”征收的，其特征为强制性而非自愿性。

2. C 【解析】选项AB，执行源泉扣缴，由境内代理人或购买方为扣缴义务人；选项C，进口环节缴纳的增值税和消费税由海关代征；选项D，由境内居民自行申报。

3. C

4. C 【解析】除国家税务总局另有规定外，纳税人一经登记为一般纳税人后，不得转为小规模纳税人。

5. C 【解析】选项C，资管产品运营过程中发生的增值税应税行为，以资管产品管理人为纳税人。

6. B 【解析】选项A，银行主要从事“金融服务”，销售金银属于“销售货物”，银行提供“金融服务”和销售金银属于“多元化”经营，两者并非一项业务，既不同时发生，也无从属关系，属于兼营行为，应当分别核算，分别纳税；选项B，销售商品属于“销售货物”，运输商品属于“交通运输服务”，但销售商品和提供运输属于一项业务，同时发生，有从属关系，经营主体百货商店以从事货物批发或零售为主，应当按“销售货物”缴纳增值税；选项C，纳税人销售活动板房、机器设备、钢结构件等自产货物的同时提供建筑、安装服务，不属于混合销售，应分别核算货物和建筑服务的销售额，分别适用不同的税率或者征收率；选项D，提供餐饮服务属于“生活服务”，销售酒水属于“销售货物”，但提供餐饮服务和销售酒水属于一项业务，同时发生，有从属关系，经营主体餐饮公司以提供餐饮服务为主，应当按“生活服务”缴纳增值税。

7. D 【解析】选项A，被保险人获得的保险赔付，不征收增值税；选项B，根据国家指令无偿提供的铁路运输服务、航空运输服务，属于《营业税改征增值税试点实施办法》规定的用于公益事业的服务，不征收增值税；选项C，存款利息，不征收增值税；选项D，照章缴纳增值税。

8. D 【解析】选项ABC，适用9%的税率。

9. C 【解析】选项ABD，适用9%的税率。

10. B 【解析】非酒类产品的包装物押金5.8万元，收取时不作为价外费用；当月确认逾期不予退还的包装物押金为11.3万元，应作为价外费用并入销售额计算缴纳增值税；价外费用为含税销售额须进行价税分离，甲公司当月上述业务增值税销项税额=(610.2+11.3)÷(1+13%)×13%=71.5(万元)。

11. D 【解析】纳税人采取折扣方式销售货物，如果销售额和折扣额在同一张发票的金额栏上分别注明，可以按折扣后的销售额征收增值税。

12. B 【解析】纳税人兼营免税项目或免征增值税项目无法准确划分不得抵扣的进项税额部分，按公式计算不得抵扣的进项税额=当月无法划分的全部进项税额×(当期简易计税方法计税项目销售额+免征增值税项目销售额)÷当月全部销售额，不得抵扣的进项税额=13.6×100÷(200+100)=4.53(万元)，应纳税额=200×13%-(13.6-4.53)=16.93(万元)。

13. A 【解析】纳税人采取以旧换新方式销售货物(非金银首饰)的，应当按新货物的同期销售价格确定销售额，不得扣减旧货物的收购价格。

14. D 【解析】金银首饰的以旧换新业务，按照销售方实际收取的不含增值税的全部价款征收增值税。注意回炉费为含税价格，需换算为不含税价格。

15. D 【解析】将自产货物无偿赠送给其他单位或个人属于视同销售，纳税人视同销售货物而无销售额的，应首先按纳税人最近时期同类货物的"平均"销售价格确定，其次按市场价格确定，再次按组成计税价格确定。本题中，无纳税人最近时期同类货物的"平均"售价，也无市场价格，只能按组成计税价格计算，非应税消费品的组成计税价格=成本×(1+成本利润率)，增值税销项税额=组成计税价格×13%。

16. D 【解析】进口"从价计征应税消费品"的组成计税价格=关税完税价格+关税+消费税，应纳税额=组成计税价格×13%。

17. D 【解析】金融商品转让无法取得增值税专用发票，为避免重复征税，采用差额计税方式，因无增值税专用发票，则卖出价和买入价均为含税销售额，应当换算为不含税销售额。

18. D 【解析】小规模纳税人适用简易征收办法，零售商品销售额为含税销售额，外购货物"对外"(用于投资、赠送、分配股利)视同销售。疫情期间适用1%的优惠政策延期至2021年12月31日。

19. B 【解析】小规模纳税人销售除二手车以外的旧货依照3%征收率减按2%征收增值税：41.2÷(1+3%)×2%=0.8(万元)；小规模纳税人销售自己使用过的固定资产，依照3%征收率减按2%征收增值税：(10.3+35.1)÷(1+3%)×2%=0.88(万元)；应纳税额=0.8+0.88=1.68(万元)。

20. B 【解析】从农业生产者手中购入免税农产品，计算抵扣的进项税额为"买价×规定的扣除率"，销售额为含税销售额的应当换算为不含税销售额。该超市本月应纳增值税=含税销售额÷(1+税率)×税率-买价×扣除率。

21. D 【解析】选项A，生产经营过程中，因管理不善造成的非正常损失进项税额不得抵扣；选项B，用于简易计税方法计税项目的购进服务，进项税额不得抵扣；选项C，购入的贷款服务进项税额不得抵扣；选项D，用于集体福利的购进不动产，进项税额不得抵扣，但不得抵扣的不动产，仅指"专用"于上述项目的不动产。

22. A 【解析】取得航空运输电子客票行程单可抵扣的进项税额=(6 004+100)÷(1+9%)×9%=504(元)。

23. D 【解析】选项D，学历教育收取的学费，免征增值税；非学历教育收取的学费，需要征收增值税。

24. C 【解析】采用预收货款方式销售货物的，增值税纳税义务发生时间为发出货物的当天；先开发票的为开具发票的当天。

25. B 【解析】消费税税目中的"酒"，包括白酒、啤酒、黄酒、其他酒，不包括"调味料酒"。

26. B 【解析】选项A，在零售环节征收消费税(非加征)；选项C，在批发环节加征消费税；选项D，在生产环节征收消费税。

27. B

28. C 【解析】果木酒从价计征消费税，计税基础包括向购买方收取的全部价款和价外费用，但不包括向购货方收取的增值税税款。本题中，包装物租金、优质费属于价外费用，在计入销售额的时候需要换算为不含增值税的价款。

29. C 【解析】啤酒从量定额计征消费税，计税数量为啤酒的"销售"数量，则消费税 = 400×220 = 88 000(元)；啤酒的包装物押金在逾期时应作为价外费用并入销售额计征增值税，价外费用为含税销售额应换算为不含税销售额。则增值税 = [400×2 800+6 000÷(1+13%)]×13% = 146 290.27(元)；增值税及消费税税额合计 = 146 290.27+88 000 = 234 290.27(元)。

30. D 【解析】卷烟的消费税执行复合计征，从价计征部分适用的销售额为不含增值税的销售额，该企业本月应纳消费税税额 = [87 000÷(1+13%)]×36%+1 500×200×0.003 = 28 616.81(元)。

31. C 【解析】将高档化妆品与普通化妆品组成礼盒成套销售的，依销售额全额计算消费税。

32. C 【解析】"换、抵、投"按最高销售价格计征消费税。

33. C 【解析】(1)委托加工的应税消费品，按照"**受托方"的同类消费品**的销售价格计算纳税，没有同类消费品销售价格的，按照组成计税价格计算纳税，故本题按照"组成计税价格"计算从价计征部分的消费税；(2)复合计征消费税的应税消费品，应代收代缴的消费税 = 组成计税价格×消费税比例税率+销售数量×消费税定额税率；组成计税价格 = (材料成本+加工费+加工数量×消费税定额税率)÷(1-消费税比例税率)。

34. B 【解析】用外购应税消费品，连续生产应税消费品，在计征消费税时，可以按"**当期生产领用数量**"计算准予扣除外购应税消费品已纳消费税税款。本题中，10月初库存高档护肤类化妆品为0，本月购进100万元，10月底库存10万元，则生产领用为90万元。

35. C 【解析】纳税人委托加工应税消费品的，消费税纳税义务发生时间为纳税人提货的当天。

36. B 【解析】选项A，用自酒连续生产白酒不得抵扣已纳消费税；选项C，金银镶嵌首饰在零售环节纳税，不能抵扣翡翠已纳消费税税款；选项D，高档手表属于特殊应税消费品，不得扣除已纳消费税。

37. D 【解析】(1)本题给出的销售额含增值税，应当换算为不含税销售额；(2)销售二手车减按0.5%的征收率征收，应纳税额 = 301.5÷(1+0.5%)×0.5% = 1.5(万元)；(3)销售自己使用过的非固定资产适用13%的税率，应纳税额 = 22.6÷(1+13%)×13% = 2.6(万元)；(4)本月应纳税额 = 1.5+2.6 = 4.1(万元)。

二、多项选择题

1. ABCD 【解析】税收法律关系主体包括征税主体和纳税主体，其中选项AB，属于征税主体；选项CD，属于纳税主体。

2. AB 【解析】我国的税率形式包括"超额累进税率、超率累进税率"。

3. ABCD 【解析】选项A，转让外汇属于"金融服务—金融商品转让服务"；选项B，融资性售后回租属于"金融服务—贷款服务"；选项C，货币兑换服务属于"金融服务—直接收费金融服务"；选项D，财产保险服务属于"金融服务—保险服务"。

4. AB 【解析】选项A，属于"交通运输服务—管道运输服务"；选项B，属于"交通运输服务—水路运输服务"；选项C，属于"现代服务—物流辅助服务"；选项D，属于"现代服务—商务辅助服务(经纪代理服务)"。

5. BCD 【解析】选项A，属于“金融服务”。

6. BCD 【解析】选项A，属于“电信服务—基础电信服务”。

7. BC 【解析】选项B，属于“建筑服务—安装服务”；选项C，属于“邮政服务”。

8. ABCD 【解析】选项A，属于“现代服务—租赁服务”；选项BC，属于“销售无形资产”；选项D，属于“现代服务—商务辅助服务(经纪代理服务)”。

9. BD 【解析】选项B，属于“现代服务—文化创意服务(广告服务)”；选项D，属于“交通运输服务”。

10. ABCD 【解析】选项A，属于“现代服务—物流辅助服务”；选项B，属于“现代服务—研发和技术服务”；选项CD，属于“现代服务—租赁服务(不动产经营租赁服务)”。

11. BD 【解析】选项AC，属于“金融服务—金融商品转让”；选项BD，银行提供信用卡、资金结算、资金清算、金融支付等服务，而直接取得的收入按照“金融服务—直接收费的金融服务”缴纳增值税。

12. AD 【解析】选项AD，属于“生活服务—居民日常服务”；选项B，属于“现代服务—商务辅助服务(企业管理服务)”；选项C，属于“现代服务—文化创意服务”。

13. ACD 【解析】选项ACD，自产和委托加工的货物，无论“对内”“对外”均视同销售；选项B，外购货物“对内”(用于集体福利)，进项税额不得抵扣。

14. BC 【解析】选项AD，为境外单位向境内单位或者个人销售“完全在境外”发生的服务，不属于在我国境内提供增值税应税服务；选项BC，虽然提供方在境外，但不满足“完全在境外使用”这一条件，因此属于在我国境内提供增值税应税服务。

15. AD 【解析】选项B，执行13%的税率；选项C，执行6%的税率。

16. AC 【解析】选项A，适用“零税率”；选项C，属于适用“零税率”的跨境行为；选项BD，属于适用“免税”规定的跨境行为。

17. CD 【解析】选项AB，**公共交通运输服务、电影放映服务**可以选择使用**简易计税方法**计税。

18. ABD 【解析】选项C，适用9%的增值税税率。

19. ABC 【解析】选项ABC，销售货物时，价外向买方收取的手续费、违约金、包装物租金等均属于价外费用，无论会计上如何核算，均应计入销售额计税；选项D，受托加工应征消费税的消费品所代收代缴的消费税不属于价外费用，不计入增值税的应税销售额。

20. ABD 【解析】选项C，机动车销售统一发票视同增值税专用发票管理；二手车销售统一发票属于普通发票，不得作为增值税扣税凭证。

21. ABCD 【解析】一般纳税人购进的**贷款**服务、**餐饮**服务、**居民日常**服务和**娱乐**服务不得抵扣进项税额。

22. ACD 【解析】其他个人销售自己使用过的物品，免征增值税；企业销售自己使用过的固定资产，按照适用税率征收增值税。

23. ABD

24. AD 【解析】选项BC，纳税人一经放弃免税权，其生产销售的全部增值税应税货物或劳务均应按照适用税率征税，不得选择某一免税项目放弃免税权，也不得根据不同的销售对象选择部分货物或劳务放弃免税权。

25. BCD 【解析】选项A，为发出货物并办妥托收手续的当天。

26. AC 【解析】选项B，是抵扣联的用途；选项D，是记账联的用途。

27. ACD 【解析】选项A，向消费者个人销售货物不得开具增值税专用发票；选项C，销售适用免税规定的货物不得开具增值税专用发票；选项D，纳税人销售旧货按照简易办法依照3%征收率减按2%征收，不得开具增值税专用发票。

28. ACD 【解析】选项B，在生产销售、委托加工和进口环节征收消费税。

29. AC 【解析】选项B，凡划分不清楚或不能分别核算的，在生产环节销售的，一律从高适用税率征收消费税；在零售环节销售的，一律按金银首饰征收消费税；选项D，应按“受托方”销售同类金银首饰的销售价格确定计税依据征收消费税，没有同类金银首饰销售价格的，按照组成计税价格计算纳税。

30. BC 【解析】选项A，属于“高尔夫球及球具”类，征收消费税；选项B，电动汽车不属于“小汽车”类，不征消费税；选项C，体育上用的发令纸、鞭炮药引线，不属于“鞭炮、焰火”类，不征消费税；选项D，属于“成品油—润滑油”类，征收消费税。

31. CD 【解析】选项AB，免征消费税；选项CD，不属于消费税征税范围。

32. ABCD 【解析】金银首饰在零售环节纳税；**纳税人自产自用的应税消费品，用于奖励、馈赠、广告、管理部门、非生产机构、职工福利等，于移送使用时，缴纳消费税**。

33. BC 【解析】选项A，不属于消费税征税范围；选项B，对酒类(啤酒、黄酒除外)收取的包装物押金，无论押金是否返还，均应并入酒类产品销售额，征收消费税；选项C，视同销售缴纳消费税；选项D，将自产应税消费品连续生产应税消费品，不缴纳消费税。

34. BD 【解析】选项AC，从价定率征收消费税。

35. AB 【解析】选项AC，酒类应税消费品中，白酒执行复合计征，啤酒、黄酒从量定额计征，其他酒从价计征；选项BD，烟类产品中，卷烟执行复合计征，雪茄烟和烟丝从价计征。

三、判断题

1. √

2. × 【解析】在境内没有代理人的，以购买方为扣缴义务人。

3. × 【解析】只要是报关进口的应税货物，均属于增值税的征税范围，除享受免税政策外，在进口环节缴纳增值税。

4. √

5. × 【解析】房地产主管部门或者其指定机构、公积金管理中心、开发企业以及物业管理单位代收的住宅专项维修资金，不征收增值税。

6. √

7. √

8. √

9. × 【解析】固定业户应当向其机构所在地的税务机关申报纳税，总机构和分支机构不在同一县(市)，应当分别向各自所在地的税务机关申报纳税；经国务院财政、税务部门或者其授权的财政、税务机关批准，可以由总机构汇总向总机构所在地的税务机关申报纳税。

10. × 【解析】上述情形，应当向建筑服务发生地、不动产所在地、自然资源所在地主管税务机关申报缴纳增值税。

11. × 【解析】纳税人进口货物，应当自海关填发进口增值税专用缴款书之日起15日内缴纳税款。

12. × 【解析】保险公司以1个月为纳税期限。

13. × 【解析】**企业购进货车或厢式货车改装生产的商务车，不征收消费税。**

14. × 【解析】纳税人通过自设“非独立核算”门市部销售自产应税消费品，应当按照门市部对外销售额或销售数量计算征收消费税。

15. √

16. √ 【解析】委托加工的应税消费品，受托方为单位的，由受托方向机构所在地或居住地的主管税务机关解缴。

17. × 【解析】纳税人委托加工应税消费品的，其纳税义务发生时间为纳税人“提货”的当天。

四、不定项选择题

【资料一】

1. C 【解析】(1)提前竣工奖励属于价外费用，应当并入销售额征收增值税；(2)价外费用及题目中给出的W项目价款均为含增值税销售额，应当换算为不含增值税的销售额。

2. C 【解析】(1)纳税人提供建筑服务适用简易计税方法的，以取得的全部价款和价外费用扣除支付的分包款后的余额为销售额；(2)简易计税方法的销售额为含增值税销售额，应当换算为不含增值税的销售额。

3. AB 【解析】选项B，纳税人**租入固定资产，既用于一般计税方法计税项目，又用于简易计税方法计税项目，其进项税额准予从销项税额中全额抵扣**；选项C，购入的贷款服务(且取得普通发票)，进项税额不得抵扣；选项D，用于简易计税方法计税项目的购进货物，进项税额不得抵扣。

4. BD 【解析】选项A，关税是对进出国境或关境的货物、物品征收的一种税，不包括进口服务；选项B，境外单位或个人在境内销售应税服务，在境内未设有经营机构的，以购买方为增值税扣缴义务人；选项C，设计服务不属于应税消费品，不征收消费税；选项D，在国外书立、领受，但在国内使用建筑工程设计合同的单位和个人，应当按照建设工程合同缴纳印花税。

【资料二】

1. C 【解析】进口应税消费品增值税应纳税额=组成计税价格×税率=(关税完税价格+关税税额)÷(1-消费税税率)×增值税税率。

2. A 【解析】纳税人采取以旧换新方式销售金银首饰，按销售方“实际收取”的不含增值税的全部价款确定销售额。

3. B 【解析】(1)**航空旅客运输进项税额=(票价+燃油附加费)÷(1+9%)×9%**，不包括代收的民航发展基金；(2)公路、水路等其他旅客运输进项税额=票面金额÷(1+3%)×3%。

4. AC 【解析】选项A，因“管理不善”造成“非正常损失”的购进货物进项税额不得抵扣；选项B，购进货物“对外”(用于赠送)，视同销售同时进项税额准予抵扣；选项C，购进货物“对内”(用于集体福利)进项税额不得抵扣；选项D，因地震等“自然灾害”造成的损失，进项税额准予抵扣。

【资料三】

1. BCD 【解析】选项A，取得“普通发票”不能从销项税额中抵扣。

2. D 【解析】(1)委托加工的应税消费品，按照“受托方”的同类消费品的销售价格计算纳税，没有同类消费品销售价格的，按照组成计税价格计算纳税，故本题按照“组成计税价格”计算从价计征部分的消费税；(2)复合计征消费税的应税消费品，应代收代缴的消费税=组成计税价格×消费税比例税率+销售数量×消费税定额税率；组成计税价格=(材料成本+加工费+加工数量×消费税定额税率)÷(1-消费税比例税率)。

3. D 【解析】(1)白酒的包装物押金在收取时点同品牌使用费一样作为价外费用，价外费用为含增值税销售额，应当换算为不含增值税销售额；(2)复合计征的消费税=销售价格×消费税比例税率+销售数量×消费税定额税率。

4. A 【解析】纳税人采取赊销和分期收款

方式销售货物，消费税纳税义务发生时间为书面合同约定的收款日期的当天，本题中收款日期为本月 27 日，本月发生纳税义务；

【资料四】

1. D 【解析】“换（换取生产资料或消费资料）、抵（抵偿债务）、投（投资入股）”按最高销售价格计征消费税。

2. D 【解析】纳税人通过自设“非独立核算”门市部销售的自产应税消费品，应当按照“门市部”对外销售额或者销售数量征收消费税。

3. A 【解析】自产的应税消费品用于集体福利的，于移送使用时缴纳消费税；纳税人视同销售应税消费品，应当按照纳税人生产的同类消费品的销售价格计算纳税，没有同类消费品销售价格的，按照组成计税价格计算纳税。从价计征消费税的组成计税价格＝成本×（1+成本利润率）÷（1－消费税比例税率）；应纳消费税＝组成计税价格×消费税比例税率。

4. BCD 【解析】选项 A，设有两个以上机构并实行统一核算的纳税人，将货物从一个机构移送至其他机构用于销售应当视同销售缴纳增值税，但相关机构设在同一县（市）的除外，本题中，甲红酒厂是将自产 N 品牌红酒移送至设在本县的非独立核算门市部，因此不视同销售；选项 B，以物易物“双方都应作购销处理”，以各自发出的货物核算销售额并计算增值税销项税额，以各自收到的货物按规定核算购货额并计算增值税进项税额；选项 C，按“销售货物”缴纳增值税；选项 D，自产货物用于非生产性支出，无论“对内（用于集体福利）、对外”均应当视同销售缴纳增值税。

第六绝 “酒”——企业所得税、个人所得税法律制度

深闺酒醇

佳人“八绝”以“酒”醉人。正所谓“淡淡馨香微透光，杏花村外送芬芳”。一如本章，初学时感觉轻松愉悦，细品时发现后劲十足。只因企业所得税本就为“十八税”中底蕴最深的税种。个人所得税在进行综合所得税制改革后难度亦是有所提升，各类所得均有不同的计税规则。本书中，我们将按“个人所得项目”归类后，分别加以介绍。

本章在考试中所占分值为21%。学习中务求“二税并重”，把握住基本概念和基本计算，是应对本章、保持“清醒”的关键，切勿“酒不醉人人自醉”。

2022 年考试变化

1. 新增：公益性捐赠中其他相关支出的扣除规定

2. 新增：关联企业广宣费的扣除规定

3. 新增和调整多项税收优惠政策包括：制造业企业研发费用加计扣除比例、小微企业应纳税所得额减免、海南自贸港企业系列税收优惠、芯片制造和配套软件开发企业系列税收优惠、生产和装配伤残人员用品企业的税收优惠

4. 调整《个人所得税》工资薪金所得累计预扣预缴制度累计减除费用的扣除规定

5. 新增学生实习取得劳务报酬的计税规定

6. 新增经营所得税收优惠政策

7. 删除《个人所得税》全年一次性奖金单独计税的规定

2021 年考试前 8 个批次题型题量

题型 \ 分值 \ 批次	5.15 上	5.15 下	5.16 上	5.16 下	5.17 上	5.17 下	5.18 上	5.18 下
单选题	4 题 8 分	4 题 8 分	4 题 8 分	4 题 8 分	4 题 8 分	4 题 8 分	4 题 8 分	4 题 8 分
多选题	2 题 4 分	2 题 4 分	2 题 4 分	2 题 4 分	2 题 4 分	2 题 4 分	2 题 4 分	2 题 4 分
判断题	1 题 1 分	1 题 1 分	1 题 1 分	1 题 1 分	1 题 1 分	1 题 1 分	1 题 1 分	1 题 1 分
不定项	1 题 8 分	1 题 8 分	1 题 8 分	1 题 8 分	1 题 8 分	1 题 8 分	1 题 8 分	1 题 8 分
合计	8 题 21 分	8 题 21 分	8 题 21 分	8 题 21 分	8 题 21 分	8 题 21 分	8 题 21 分	8 题 21 分

人生初见

第一部分 企业所得税

考验一 纳税人(★★)

(一)纳税人

我国境内的“企业”和其他取得收入的“组织”。

『老侯提示』“个体工商户、个人独资企业、合伙企业”不属于企业所得税纳税人。

(二)分类——属人+属地(见表6-1)

表6-1 企业所得税纳税人分类

类型	判定标准
居民企业	在中国境内成立
	依照外国(地区)法律成立但实际管理机构在中国境内
非居民企业	依据外国(地区)法律成立且实际管理机构不在中国境内,但在中国境内设立机构、场所
	在中国境内未设立机构、场所,但有来源于中国境内所得

『老侯提示』非居民企业委托营业代理人在中国境内从事生产经营活动的,包括委托单位或者个人经常代其签订合同,或者储存、交付货物等,该营业代理人视为非居民企业在中国境内设立的机构、场所。

(三)纳税义务(见表6-2)

表6-2 企业所得税纳税人的纳税义务

<table>
<tr><th colspan="2">企业类型</th><th>纳税义务</th></tr>
<tr><td colspan="2">居民企业</td><td>来源于中国境内、境外的所得</td></tr>
<tr><td rowspan="3">非居民企业</td><td>设立机构、场所</td><td>(1)所设机构、场所取得的来源于中国境内的所得;
(2)发生在中国“境外”但与其所设机构、场所有实际联系的所得</td></tr>
<tr><td>设立机构、场所,但取得的所得与所设机构、场所没有实际联系</td><td rowspan="2">来源于中国境内的所得</td></tr>
<tr><td>未设立机构、场所</td></tr>
</table>

(四)所得“来源”地(见表6-3)

表6-3 所得“来源”地

所得	来源
销售货物	交易活动或劳务发生地
提供劳务	

续表

所得	来源	
转让财产	不动产转让所得	“**不动产**”所在地
	动产转让所得	“**转让**”动产的企业或机构、场所所在地
	权益性投资资产转让所得	“**被投资企业**”所在地
股息、红利等权益性投资	“**分配**”所得的企业所在地	
利息、租金、特许权使用费	“**负担、支付所得**”的企业或者个人的机构、场所所在地、住所地	

【例题1·多选题】☆根据企业所得税法律制度的规定，下列各项中，属于企业所得税纳税人的有(　)。

A. 乙合伙企业　B. 丙股份有限公司

C. 丁个体工商户　D. 甲有限责任公司

解析▶ 选项BD，属于法人，缴纳企业所得税；选项AC，属于非法人企业，缴纳个人所得税。

答案▶ BD

【例题2·单选题】根据企业所得税法律制度的规定，以下属于非居民企业的是(　)。

A. 根据中国法律成立，实际管理机构在境内的丙公司

B. 根据外国法律成立，实际管理机构在境内的甲公司

C. 根据外国法律成立且实际管理机构在国外，在境内设立机构场所的丁公司

D. 根据中国法律成立，在国外设立机构场所的乙公司

解析▶ 选项AD，满足“依法在中国境内成立”标准，属于居民企业；选项B，满足“实际管理机构在中国境内”标准，属于居民企业；选项C，不满足“依法在中国境内成立”标准，也不满足“实际管理机构在中国境内”标准，但在中国境内设立了机构场所，属于非居民企业。

答案▶ C

【例题3·判断题】企业所得税非居民企业委托营业代理人在中国境内从事生产经营活动经常代其签订合同，该营业代理人视为非居民企业在中国境内设立的机构、场所。(　)

答案▶√

【例题4·多选题】根据企业所得税法律制度的规定，下列所得中，属于企业所得税征税对象的有(　)。

A. 在中国境内设立机构、场所的非居民企业，其机构、场所来源于中国境内的所得

B. 居民企业来源于中国境外的所得

C. 在中国境内未设立机构、场所的非居民企业来源于中国境外的所得

D. 居民企业来源于中国境内的所得

解析▶ 选项C，不属于我国境内所得，不是企业所得税征税范围。

答案▶ ABD

【例题5·判断题】居民企业就其来源于中国境内、境外的全部所得缴纳企业所得税，非居民企业仅就来源于中国境内的所得缴纳企业所得税。(　)

解析▶ 非居民企业包括两类，一类为在中国境内设立了机构场所的非居民企业，另一类为未设立机构场所，但有来源于中国境内所得的企业。未设立机构场所的非居民企业仅就来源于中国境内的所得缴纳企业所得税；设立了机构场所的非居民企业除就其所设机构、场所取得的来源于中国境内的所得缴纳企业所得税外，还应当就其发生在中国“境外”但与其所设机构、场所有实际联系的所得，缴纳企业所得税。

答案▶×

【例题6·多选题】☆根据企业所得税法律制度的规定，下列关于确定所得来源地的表述中，正确的有(　)。

A. 不动产转让所得按照不动产所在地确定

B. 销售货物所得按照交易活动发生地确定

C. 提供劳务所得按照劳务发生地确定

D. 股息所得按照取得股息的企业所在地确定

解析▶ 股息、红利等权益性投资所得，按照分配所得的企业所在地确定。

答案▶ ABC

考验二 税率(★)

企业所得税税率(见表6-4)。

表6-4 企业所得税税率

税率		适用对象
25%		居民企业
		在中国境内设立机构场所且取得所得与所设机构场所有实际联系的非居民企业
20%		在中国境内未设立机构、场所的非居民企业
		虽设立机构、场所，但取得的所得与其所设机构、场所没有实际联系的非居民企业
优惠税率	10%	执行20%税率的非居民企业
	15%	高新技术企业、技术先进型服务企业、设在西部地区的鼓励类产业企业、注册在海南自由贸易港并实质性运营的鼓励类产业企业(2022年新增) 『老侯提示』鼓励类产业企业标准：以《鼓励类产业目录》中规定的产业项目为主营业务，且其主营业务收入占企业收入总额“60%”以上的企业(2022年调整)
	20%	小型微利企业(2022年调整) 『老侯提示』年应纳税所得额不超过100万元的部分，减按12.5%计入应纳税所得额，超过100万元但不超过300万元的部分，减按50%计入应纳税所得额

【例题1·判断题】 在中国境内设立机构、场所且取得的所得与其所设机构、场所有实际联系的非居民企业，适用的企业所得税税率为20%。 ( )

解析▶ 在中国境内设立机构、场所且取得的所得与其所设机构、场所有实际联系的非居民企业，适用的企业所得税税率为25%。

答案▶×

【例题2·单选题】 根据企业所得税法律制度的规定，对高新技术企业，优惠税率为( )。

A. 10%　　B. 15%

C. 20%　　D. 25%

答案▶ B

【例题3·单选题】 ☆甲公司2021年度为符合条件的小型微利企业，当年企业所得税应纳税所得额为100万元。已知小型微利企业减按20%的税率征收企业所得税。甲公司2021年度应缴纳企业所得税税额为( )。

A. 2.5万元　　B. 25万元

C. 5万元　　D. 20万元

解析▶ (1)对小型微利企业年应纳税所得额不超过100万元的部分，减按12.5%计入应纳税所得额，按20%的税率计算企业所得税；(3)应纳税额=100×12.5%×20%=2.5(万元)。

答案▶ A

考验三 应纳税所得额(★★★)

【说明】“企业所得税应纳税额=应纳税所得额×税率-减免税额-抵免税额”，其中计算“应纳税所得额”是计算“应纳税额”的“**核心**”，也是企业所得税部分的考核重心所在，其计算分为“直接法”和“间接法”两种方式，本部分内容按“直接法”展开，其计算公式如下：

应纳税所得额=收入总额-不征税收入-免税收入-各项扣除-准予弥补的以前年度亏损

应纳税所得额的计算(见图6-1)。

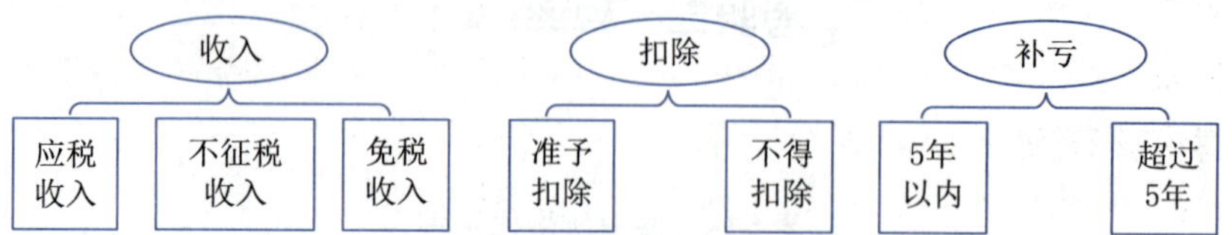

图6-1 应纳税所得额的计算

『老侯提示』考试中，在按照“直接法”计算收入总额时，应税收入、不征税收入、免税收入均应当计入其中。

(一)收入总额

1. 收入的形式(略)

2. 收入的类别(略)

【说明】上述两项在“经济法基础”考试中极少涉及，本书不再赘述。

3. 收入确认的时间(见表6-5)

表6-5 收入确认的时间

收入类别			确认时间
销售货物	采用托收承付方式		“**办妥托收手续**”时
	采用预收款方式		发出商品时
	需要安装和检验	一般	购买方接受商品以及安装和检验完毕时
		安装程序简单	发出商品时
	采用支付手续费方式委托代销		收到代销清单时
	采用分期收款方式		合同约定的收款日期
	采取产品分成方式		分得产品的日期
提供劳务			在各个纳税期末(采用完工百分比法)
股息、红利等权益性投资			被投资方作出利润分配决定日期
利息、租金、特许权使用费			合同约定的债务人应付利息、承租人应付租金或特许权使用人应付特许权使用费的日期
接受捐赠			实际收到捐赠资产的日期

『老侯提示』区别采用托收承付方式销售货物，“**企业所得税收入确认时间**”与“**增值税纳税义务发生时间**”：严格上来说办妥托收手续的前提是发出货物并有发货单作为凭证，但试题会依据不同税种的法律条文直接命题，因此在回答增值税纳税义务发生时间的题目，选项中如没有“发出货物”而只说“办妥托收手续”应判断为错误；回答所得税收入确认时间的题目，选项中只说“办妥托收手续”应判断为正确。

4. 特殊销售方式下收入金额的确认

(1)销售货物。

①售后回购。

销售的商品按“**售价**”确认收入，回购的商品作为购进商品处理。

『老侯提示』有证据表明不符合销售收入确认条件的，如以销售商品方式进行融资，收到的款项应确认为负债，回购价格大于原售价的，差额应在回购期间确认为利息费用。

②以旧换新。

销售的商品应当按照销售商品收入确认条件确认收入，回收的商品作为购进商品处理。

③商业折扣。

按照扣除商业折扣“后”的金额确定销售商品收入金额。

④现金折扣。

按扣除现金折扣“前”的金额确定销售商品收入金额，现金折扣在实际发生时作为财务费用扣除。

⑤销售折让、销售退回。

在“发生当期”冲减当期销售商品收入。

⑥买一赠一。

赠品不属于捐赠，应将总的销售金额按各项商品“公允价值”的比例来“分摊”确认各项销售收入。

『老侯提示』买赠行为增值税的处理与所得税的处理不同。

【举例】某企业以“买一赠一”的方式销售货物，2021年6月销售甲商品40件，取得不含增值税销售额28万元，同时赠送乙商品40件，乙商品不含增值税的市场价格为7.2万元。

税种	计税基础（万元）	
增值税	销售甲产品收入=28	合计=28+7.2=35.2
	视同销售乙产品收入=7.2	
所得税	销售甲产品收入=28×28/(28+7.2)	合计=28
	销售乙产品收入=28×7.2/(28+7.2)	

⑦产品分成。

采取产品分成方式取得收入的，其收入额按照产品的公允价值确定。

(2)提供劳务。

企业在各个纳税期末，提供劳务交易的结果能够可靠估计的，应采用完工进度(完工百分比)法确认提供劳务收入。

(3)租金。

交易合同或协议中规定租赁期限“跨年度”，且租金“提前一次性支付”的，根据规定的收入与费用配比原则，出租人可对上述已确认的收入，在租赁期内“分期”均匀计入相关年度收入。

『老侯提示』区别租金收入“企业所得税收入确认时间及金额”与“增值税纳税义务发生时间及计税基础”，增值税中采用预收款方式提供租赁服务的其纳税义务发生时间为“收到”预收款的当天，计税基础为租金收入的“全额”；企业所得税中采用预收款方式提供租赁服务的其纳税义务发生时间为“合同约定”的收款日期，收入确认遵循“权责发生制”。

【举例】2020年11月15日，甲公司和乙公司签订租赁合同，双方约定，甲公司出租仓库给乙公司使用，租赁期限为2020年12月1日至2021年11月30日，乙公司应于2020年12月1日前，向甲公司一次性支付12个月的租金120万元。乙公司实际于2021年1月5日向甲公司支付了120万元租金。

税种	纳税义务发生(收入确认)时间	计税基础(收入金额)	
		2020年	2021年
增值税	2021年1月5日	——	120万元
所得税	2020年12月1日	10万元	110万元

5. 视同销售

企业发生"**非货币性资产交换**"，以及将货物、财产、劳务用于捐赠、偿债、赞助、集资、广告、样品、职工福利或者利润分配等用途的，应当视同销售货物、转让财产或者提供劳务，但国务院财政、税务主管部门另有规定的除外。

【例题1·多选题】根据企业所得税法律制度的规定，下列各项中，在计算企业所得税应纳税所得额时，应计入收入总额的有(　)。

A. 企业资产溢余收入

B. 逾期未退包装物押金收入

C. 确实无法偿付的应付款项

D. 汇兑收益

解析▶上述选项均属于"其他收入"，应计入企业所得税的收入总额。

答案▶ABCD

【例题2·单选题】☆根据企业所得税法律制度的规定，下列关于收入确认时间的表述中，正确的是(　)。

A. 租金收入，按照承租人实际支付租金的日期确认

B. 股息、红利等权益性投资收益，按照投资方实际收到投资收益的日期确认

C. 利息收入，按照合同约定的债务人应付利息的日期确认

D. 接受捐赠收入，按照合同约定的捐赠日期确认

解析▶选项A，租金收入，按照合同约定的承租人应付租金的日期确认；选项B，股息、红利等权益性投资收益，按照被投资方作出利润分配决定的日期确认；选项D，接受捐赠收入，按照实际收到捐赠资产的日期确认。 **答案**▶C

【例题3·多选题】根据企业所得税法律制度的规定，下列关于收入确认的表述中，正确的有(　)。

A. 销售商品采用预收款方式的，在收到预收款时确认收入

B. 销售商品采用托收承付方式的，在办妥托收手续时确认收入

C. 销售商品采用支付手续费方式委托代销的，在收到代销清单时确认收入

D. 销售商品需要安装和检验的，在收到款项时确认收入

解析▶选项A，在发出商品时确认收入；选项D，在购买方接受商品以及安装和检验完毕时确认收入，如果安装程序比较简单，可在发出商品时确认收入。 **答案**▶BC

【例题4·单选题】根据企业所得税法律制度的规定，下列关于企业销售货物收入确认的表述中，正确的是(　)。

A. 企业已经确认销售收入的售出商品发生销售折让，不得冲减当期销售商品收入

B. 销售商品以旧换新的，应当以扣除回收商品价值后的余额确定销售商品收入金额

C. 销售商品涉及现金折扣的，应当以扣除现金折扣后的金额确定销售商品收入金额

D. 销售商品采用支付手续费方式委托代销的，在收到代销清单时确认收入

解析▶选项A，企业已经确认销售收入的售出商品发生销售折让和销售退回，应当在发生当期冲减当期销售商品收入；选项B，销售商品以旧换新的，销售商品应当按照销售商品收入确认条件确认收入，回收的商品作为购进商品处理；选项C，销售商品涉及现金折扣的，应当按扣除现金折扣前的金额确定销售商品收入金额，现金折扣在实际发生时作为财务费用扣除。 **答案**▶D

【例题5·单选题】甲电子公司2021年9月销售一批产品，含增值税价格为45.2万元。由于购买数量多，甲电子公司给予9折优惠，购买发票上在金额栏已分别注明。已知增值税税率为13%。甲电子公司在计算企业所得税应纳税所得额时，应确认的产品销售收入是(　)。

A. 36万元　　B. 40万元

C. 40.68万元　　D. 45.20万元

解析▶商业折扣，按照扣除商业折扣后

的金额确定销售商品收入金额；销售价格含增值税，应当进行价税分离。应确认的产品销售收入=45.20÷(1+13%)×90%=36(万元)。

答案 A

【例题6·判断题】☆企业采取产品分成方式取得收入的，在计算企业所得税应纳税所得额时，按照企业分得产品的日期确认收入的实现，其收入额按照产品的公允价值确定。 ( )

答案 √

(二)不征税收入

1. 财政拨款

『老侯提示』县级以上人民政府将国有资产无偿划入企业，凡“指定专门用途”并“按规定进行管理”的，企业可作为不征税收入进行企业所得税处理。

2. 依法收取并纳入财政管理的行政事业性收费、政府性基金

『老侯提示』企业的不征税收入用于支出所形成的费用或者财产，不得扣除或者计算对应的折旧、摊销扣除。

(三)免税收入

1. 国债“利息”收入

『老侯提示』国债“转让”收入不免税。

2. 符合条件的居民企业之间的股息、红利等权益性投资收益

3. 在中国境内设立机构、场所的非居民企业从居民企业取得与该机构、场所有实际联系的股息、红利等权益性投资收益

『老侯提示』“2和3”所指的权益性投资收益，投资方须“连续持有12个月以上”。

4. 符合条件的非营利组织的收入

『老侯提示1』不包括非营利组织从事“营利性活动”取得的收入。

『老侯提示2』区别“不征税收入”与“免税收入”的关键在于判定是否为“经营行为”带来的收益。①不是企业经营行为带来的收益，不列入征税范围，为“不征税收入”，不征税收入往往用于特定用途，因此其支出所形成的费用或者财产，不得扣除或者计算对应的折旧、摊销扣除。②是企业经营行为带来的收益，列入征税范围，但分两种情形：其一符合国家鼓励、照顾的政策或方向，予以减免，属于“免税收入”，免税收入属于税收优惠政策，随着国家税收政策的调整可能恢复征税；其二，不满足享受税收优惠的条件，为应税收入，依法缴纳企业所得税。

【例题7·多选题】☆根据企业所得税法律制度的规定，下列各项中，属于不征税收入的有( )。

A. 依法收取并纳入财政管理的政府性基金

B. 接受捐赠收入

C. 国债利息收入

D. 财政拨款

解析 选项B，属于应税收入；选项C，属于免税收入。

答案 AD

(四)税前扣除项目概述

1. 成本

2. 费用(见下文“各类费用的具体扣除规定”)

3. 税金

(1)不得扣除的税金：

“准予抵扣的”增值税、“预缴”的企业所得税。

(2)准予扣除的税金：

其他税金，包括“不得抵扣”计入产品成本的增值税。

【说明】准予扣除的税金又进一步分为计入税金及附加科目“直接扣除的税金”和计入相关资产成本，通过折旧或摊销方式扣除的税金，如不得抵扣的增值税即属于此类，但《经济法基础》考试未做要求，此处不再赘述。

『老侯提示』考试中对“增值税”未做特别说明的，默认为“准予抵扣的增值税”。

4. 损失(略)

【说明】损失在“经济法基础”考试中主要以后续知识点“不得扣除”中的罚款等为主，准予扣除的损失本书不再赘述。

【例题8·多选题】☆根据企业所得税法律制度的规定，企业按照规定缴纳的下列税金中，在计算企业所得税应纳税所得额时准予扣除的有（　）。

A. 土地增值税　B. 印花税

C. 企业所得税　D. 增值税

解析 (预缴的)企业所得税、(准予抵扣的)增值税，不得在计算企业所得税应纳税所得额时扣除。

答案 AB

（五）各类费用的具体扣除规定

【说明】为降低考试难度，“经济法基础”的计算型考题，所有的费用扣除比例均直接给出，考生只需要掌握基本的计算规则。

1. 三项经费（见表6-6）

表6-6　三项经费的税务处理

经费名称	计算基数	扣除比例	特殊规定
职工福利费	实发工资薪金总额	14%	—
工会经费		2%	—
职工教育经费		8%	超过部分，准予在以后纳税年度“结转”扣除

『老侯提示』莫偷懒，三项经费要分别计算扣除限额，不能合并。

【例题9·单选题】某化妆品生产企业，2021年计入成本、费用中的合理的实发工资540万元，当年发生的工会经费15万元、职工福利费80万元、职工教育经费40万元。已知，在计算企业所得税应纳税所得额时，工会经费、职工福利费、职工教育经费的扣除比例分别为2%、14%、8%，则该企业在计算2021年应税所得时准予扣除的职工工会经费、职工福利费、职工教育经费合计金额的下列计算中，正确的是（　）。

A. 15+80+40=135(万元)

B. 540×2%+540×14%+40=126.40(万元)

C. 540×2%+540×14%+540×8%=129.60(万元)

D. 15+80+540×8%=138.20(万元)

解析

单位：万元

项目	限额	实际发生额	可扣除额	超支额
工会经费	540×2%=10.8	15	10.8	4.2
职工福利费	540×14%=75.6	80	75.6	4.4
职工教育经费	540×8%=43.2	40	40	0
合计		135	126.4	8.6

答案 B

【例题10·单选题】☆2019年度甲公司发生合理的工资、薪金支出300万元，发生职工教育经费支出3万元，上年度未在税前扣除的职工教育经费支出22万元。已知职工教育经费支出，不超过工资薪金总额8%的部分，准予在计算企业所得税应纳税所得额时扣除；超过部分，准予在以后纳税年度结转扣除。在计算甲公司2019年度企业所得税应纳税所得额时，准予扣除的职工教育经费支出为（　）。

A. 25万元　B. 24万元

C. 3万元　D. 46万元

解析 上年结转的职工教育经费支出22万元，准予在本年扣除，本年职工教育经费支出的实际发生额为3万元，合计为22+3=25(万元)>扣除限额=300×8%=24(万元)，准予扣除的职工教育经费支出为24万元，剩余1万元，准予结转下年扣除。

答案 B

2. 保险费(见表 6-7)

表 6-7 保险费的税务处理

保险名称	扣除规定
“五险一金”	准予扣除
补充养老保险 补充医疗保险	“分别”不超过工资薪金总额“5%”的部分准予扣除
企业财产保险	准予扣除
雇主责任险、公众责任险	准予扣除
特殊工种人身安全保险	准予扣除
职工因公出差乘坐交通工具发生的人身意外保险费	准予扣除
其他商业保险	不得扣除

【例题 11·多选题】根据企业所得税法律制度的规定，企业依照国务院有关主管部门或省级人民政府规定的范围和标准为职工缴纳的下列社会保险费中，在计算企业所得税应纳税所得额时准予扣除的有(　)。

A. 基本养老保险费

B. 工伤保险费

C. 失业保险费

D. 基本医疗保险费

解析 企业为职工缴纳的“五险一金”，准予在企业所得税前扣除。 **答案** ABCD

【例题 12·判断题】企业职工因公出差乘坐交通工具发生的人身意外保险费支出，不得在计算企业所得税的应纳税所得额时扣除。(　)

解析 企业职工因公出差乘坐交通工具发生的人身意外保险费支出，准予企业在计算应纳税所得额时扣除。 **答案** ×

【例题 13·单选题】某公司 2021 年度支出合理的工资薪金总额 1 000 万元，按规定标准为职工缴纳基本社会保险费 150 万元，为受雇的全体员工支付补充养老保险费 80 万元，为公司高管缴纳商业保险费 30 万元。根据企业所得税法律制度的规定，该公司 2021 年度发生的上述保险费在计算应纳税所得额时准予扣除数额的下列计算中，正确的是(　)。

A. 150+80+30=260(万元)

B. 150+1 000×5%+30=230(万元)

C. 150+1 000×5%=200(万元)

D. 150(万元)

解析 (1)基本社会保险费：全额扣除；(2)补充养老保险费：税法规定的扣除限额=1 000×5%=50(万元)<实际发生额 80(万元)，故补充养老保险费税前可以扣除 50 万元；(3)为高管缴纳的商业保险费：不得扣除；(4)准予扣除的数额合计=150+50=200(万元)。 **答案** C

3. 利息费用(见表 6-8)

表 6-8 非关联方借款的税务处理

借款方	出借方	扣除标准
非金融企业	金融企业	准予扣除
非金融企业	非金融企业	不超过金融企业“同期同类”贷款利率部分准予扣除

『老侯提示』上述利息费用是指费用化的利息支出，如借款利息为资本化支出则应计入相应资产成本，以折旧或摊销方式扣除。

【例题 14·单选题】2021 年 8 月，甲公司向金融企业借入流动资金借款 900 万元，期限 3 个月，年利率为 6%；向非关联企业乙公司借入同类借款1 800万元，期限3个月，年利率为12%。计算甲公司2021年度企业所得税应纳税所得额时准予扣除的利息费用的下列算式中，正确的是(　)。

A. 1 800×12%÷12×3=54(万元)

B. 900×6%÷12×3+1 800×12%÷12×3=67.5(万元)

C. 900×6%÷12×3=13.5(万元)

D. 900×6%÷12×3+1 800×6%÷12×3=40.5(万元)

解析 向金融企业借款的利息支出，准予据实扣除，可扣除金额=900×6%÷12×3=13.5(万元)；向非金融企业(非关联方)借款的利息支出，不超过同期同类贷款利率计算的数额的部分，准予在税前扣除，可扣除金额=1 800×6%÷12×3=27(万元)。 **答案** D

4. 公益性捐赠

(1)判定。

企业通过"**公益性社会组织(包括公益性群众团体)或者县级以上人民政府及其部门**"，用于"**慈善活动、公益事业**"的捐赠。

(2)税务处理。

①限额扣除。

公益性捐赠支出，不超过"**年度利润总额**"12%的部分，准予扣除；超过部分，准予结转以后"**3年**"内扣除。

『老侯提示』 公益性捐赠的计算基数为年度利润总额而非销售(营业)收入，"非公益性捐赠"一律不得扣除。

②全额扣除。

企业用于"**目标脱贫地区的扶贫**"公益性捐赠支出，准予在计算企业所得税应纳税所得额时"**据实扣除**"。

③其他相关支出的扣除(2022年新增)

企业在非货币性资产捐赠过程中发生的"运费、保险费、人工费"用等相关支出，凡纳入国家机关、公益性社会组织开具的公益捐赠"票据记载"的数额中的，作为公益性捐赠支出按照规定在税前扣除；上述费用未纳入公益性捐赠票据记载的数额中的，作为企业相关费用按照规定在税前扣除。

【例题15·单选题】 甲公司2021年度的利润总额为1 000万元，通过民政部门向目标脱贫地区捐赠60万元，另通过公益性社会组织向卫生事业捐赠75万元，已知公益性捐赠支出不超过利润总额12%的部分准予扣除。则甲公司当年度可以在企业所得税税前扣除的捐赠金额是(　)。

A. 135万元　　B. 75万元

C. 120万元　　D. 60万元

解析 企业通过公益性社会组织或者县级(含县级)以上人民政府及其组成部门，用于目标脱贫地区的扶贫捐赠支出，准予在计算企业所得税应纳税所得额时据实扣除。企业同时发生扶贫捐赠支出和其他公益性捐赠支出，在计算公益性捐赠支出年度扣除限额时，符合条件的扶贫捐赠支出不计算在内，企业发生的公益性捐赠75万元<限额1 000×12%，准予全额扣除，因此准予扣除的捐赠支出=75+60=135(万元)。 **答案** A

5. 业务招待费

企业发生的与经营活动有关的业务招待费支出，按照"实际发生额的60%"扣除，但最高不得超过当年"销售(营业)收入的5‰"。

『老侯提示1』 "销售(营业)收入"的判定

一般企业：主营业务收入+其他业务收入+视同销售收入

创投企业：主营业务收入+其他业务收入+视同销售收入+"投资收益"

『老侯提示2』 企业在筹建期间，发生的与筹办活动有关的业务招待费支出，可按实际发生额的60%计入企业筹办费，并按有关规定在税前扣除。

【例题16·单选题】 ☆甲公司2019年度取得销售收入5 000万元，发生与生产经营活动有关的业务招待费支出30万元。已知业务招待费支出按照发生额的60%扣除，但最高不得超过当年销售(营业)收入的5‰。在计算甲公司2019年度企业所得税应纳税所得额时，准予扣除的业务招待费支出为（ ）。

A. 18 万元　　B. 30 万元

C. 25 万元　　D. 24.85 万元

解析 业务招待费发生额的 60% = 30×60% = 18（万元）< 销售（营业）收入的 5‰ = 5 000×5‰ = 25（万元），准予扣除的业务招待费为 18 万元。　**答案** A

6. 广告费和业务宣传费（下称“广宣费”）

（1）不同行业企业广宣费的扣除规定

不同行业企业广宣费的扣除规定，见表 6-9。

表 6-9 广告费和业务宣传费的扣除规定

行业	扣除标准
一般企业	不超过当年“销售（营业）收入 15%”的部分准予扣除；超过部分，准予在以后纳税年度“结转”扣除
化妆品制造或销售	不超过当年“销售（营业）收入 30%”的部分准予扣除；超过部分，准予在以后纳税年度“结转”扣除
医药制造	
饮料制造（不含酒类制造）	
烟草企业	不得扣除

『老侯提示 1』 企业在筹建期间，发生的广告费和业务宣传费，可按实际发生额计入企业筹办费用，并按有关规定在税前扣除。

『老侯提示 2』 考试中“广告费、业务宣传费”金额分别给出的，必须合并计算扣除限额。

（2）关联企业广宣费的扣除规定（2022 年新增）

对签订广宣费分摊协议的关联企业，其中一方发生的不超过当年销售（营业）收入税前扣除限额比例内的广宣费支出可以在本企业扣除，也可以将其中的部分或全部按照分摊协议归集至另一方扣除。另一方在计算本企业广宣费支出企业所得税税前扣除限额时，可将按照上述办法归集至本企业的广宣费“不计算在内”。

【举例】 甲公司和乙公司为关联企业，双方签订的广宣费分摊协议约定，甲公司广宣费发生额的 40%，在乙公司扣除。已知甲公司 2021 年销售收入为 2 000 万元，发生广宣费 200 万元；乙公司 2021 年销售收入为 8 000 万元，发生广宣费 1 400 万元；甲、乙公司广宣费适用的企业所得税前扣除比例均为销售收入的 15%。计算甲、乙公司 2021 年广宣费准予在计算企业所得税时扣除的金额。

【答案】 甲公司：销售收入的 15% = 2 000×15% = 300 万元 > 实际发生额 200 万元，因此原本 200 万元均可以扣除，但根据分摊协议，甲公司自己扣除的部分为 60%，则甲公司 2021 年广宣费准予在计算企业所得税时扣除的金额 = 200×60% = 120 万元。

乙公司：销售收入的 15% = 8 000×15% = 1 200 万元 < 实际发生额 1 400 万元，因此原本可以扣除的广宣费为 1200 万元，但根据分摊协议，还应负担甲公司发生额的 40%，这一部分并不计入乙公司自己的扣除限额，则乙公司 2021 年广宣费准予在计算企业所得税时扣除的金额 = 8 000×15% + 200×40% = 1 280 万元。

【例题 17 · 多选题】 根据企业所得税法律制度的规定，下列各项费用，超过税法规定的扣除标准后，准予在以后纳税年度结转扣除的有（ ）。

A. 工会经费

B. 职工教育经费

C. 广告费和业务宣传费

D. 职工福利费

解析 选项 ABD，三项经费中，只有职工教育经费准予结转以后纳税年度扣除；选项 C，广告费和业务宣传费准予结转以后纳

税年度扣除。 **答案** BC

【例题18·单选题】根据企业所得税法律制度的规定，下列企业发生的广告费和业务宣传费一律不得扣除的是（ ）。

A. 化妆品制造企业的化妆品广告费

B. 医药制造企业的药品广告费

C. 饮料制造企业的饮料广告费

D. 烟草企业的烟草广告费

解析 选项ABC，不超过当年销售（营业）收入30%的部分，准予扣除；超过部分，准予在以后纳税年度结转扣除。选项D，不得在计算应纳税所得额时扣除。 **答案** D

【例题19·单选题】☆甲公司2019年度取得销售收入8 000万元，发生符合条件的广告费支出1 000万元，上年度未在税前扣除的符合条件的广告费和业务宣传费支出300万元。已知广告费和业务宣传费支出不超过当年销售（营业）收入15%的部分，准予扣除。在计算甲公司2019年度企业所得税应纳税所得额时，准予扣除的广告费和业务宣传费支出为（ ）。

A. 1 200万元　　B. 700万元

C. 1 300万元　　D. 1 000万元

解析 上年结转的广告费300万元，准予在本年扣除，本年广告费的实际发生额为1 000万元，合计为1 000+300=1 300（万元）>扣除限额=8 000×15%=1 200（万元），准予扣除的广告费为1 200万元，剩余100万元，准予结转下年扣除。 **答案** A

7. 租赁费用

（1）经营租赁：按照租赁期限"**均匀**"扣除；

（2）融资租赁：计提折旧扣除。

【例题20·多选题】甲企业2021年利润总额为2 000万元，工资薪金支出为1 500万元，已知在计算企业所得税应纳税所得额时，公益性捐赠支出、职工福利费支出、职工教育经费支出的扣除比例分别不超过12%、14%和8%，下列支出中，允许在计算2021年企业所得税应纳税所得额时全额扣除的有（ ）。

A. 公益性捐赠支出200万元

B. 职工福利支出160万元

C. 职工教育经费支出125万元

D. 2021年7月至2022年6月的厂房租金支出50万元

解析 选项A，公益性捐赠支出扣除限额=2 000×12%=240（万元）>实际捐赠额200万元，可以全额税前扣除；选项B，职工福利费扣除限额=1 500×14%=210（万元）>实际支出160万元，可以全额税前扣除；选项C，职工教育经费扣除限额=1 500×8%=120（万元）<实际支出125万元，不得全额扣除，可扣除金额为120万元，剩余的5万元可以结转以后年度扣除；选项D，厂房租金支出，因其租赁期限跨年度，不能全额扣除，2021年可扣除的租赁费用=50÷12×6=25（万元）。 **答案** AB

8. 手续费及佣金（见表6-10）

表6-10 手续费及佣金的税务处理

企业类型	手续费及佣金扣除标准
保险企业	按当年全部保费收入扣除退保金等后余额的"**18%**"计算限额扣除 『老侯提示』超过部分准予结转以后年度扣除
从事代理服务，主营业务收入为手续费、佣金的企业（证券、期货、保险代理）	据实扣除
其他企业	按与具有合法经营资格"**中介服务机构和个人**"所签订合同确认收入金额的"**5%**"计算限额

『老侯提示』"职工教育经费、公益性捐赠、广告和业务宣传费"准予结转以后年度扣除。

【例题21·单选题】2021年5月，甲生产企业因业务需要，经某具有合法经营资格的中介机构介绍与乙企业签订了一份买卖合同，合同金额为20万元。甲生产企业向该中介机构支付佣金2万元。已知佣金支出的扣除限额为收入金额的5%，甲生产企业在计算当年企业所得税应纳税所得额时，该笔佣金准予扣除的数额是(　)。

A. 0.5万元　　B. 1.5万元

C. 1万元　　D. 2万元

解析 准予在企业所得税前扣除的佣金=20×5%=1(万元)。　**答案** C

9. 党组织工作经费

不超过职工年度工资薪金总额1%的部分可以扣除。

10. 其他准予扣除项目

(1)环境保护、生态恢复等方面的专项资金。

按规定提取时准予扣除，但提取后改变用途的不得扣除。

(2)劳动保护支出。

准予据实扣除。

(3)汇兑损失。

除已经计入有关资产成本以及与向所有者进行利润分配相关的部分外，准予扣除。

(4)总机构分摊的费用。

能够提供总机构出具的证明文件，并合理分摊的，准予扣除。

【例题22·单选题】 下列关于企业所得税税前扣除的表述中，不正确的是(　)。

A. 企业发生的合理的工资薪金的支出，准予扣除

B. 企业发生的职工福利费支出超过工资薪金总额的14%的部分，准予在以后纳税年度结转扣除

C. 企业发生的合理的劳动保护支出，准予扣除

D. 企业参加财产保险，按照规定缴纳的保险费，准予扣除

解析 选项B，准予结转以后年度扣除的，包括职工教育经费、广告费和业务宣传费、公益性捐赠支出(3年内)、保险企业的手续费及佣金支出，不包括职工福利费。　**答案** B

(六)不得扣除的支出

1. 向投资者支付的股息、红利等权益性投资收益款项

2. 企业所得税税款

3. 税收滞纳金

4. 罚金、罚款和被没收财物的损失

(1)刑事责任以及行政处罚中的财产罚，包括“罚金、罚款、没收违法所得、没收财产”等不得在税前扣除，如纳税人签发空头支票，银行按规定处以“**罚款**”。

(2)民事责任中的“赔偿损失、支付违约金”以及法院判决由企业承担的“诉讼费用”等准予在税前扣除，如纳税人逾期归还银行贷款，银行按规定加收的“**罚息**”。

5. 超过规定标准的公益性捐赠支出及所有非公益性捐赠支出

6. 赞助支出

7. “**未经核定**”的准备金支出

8. 企业之间支付的管理费、企业内营业机构之间支付的租金和特许权使用费，以及非银行企业内营业机构之间支付的利息

【例题23·多选题】 ☆根据企业所得税法律制度的规定，下列各项中，在计算企业所得税应纳税所得额时，不得扣除的有(　)。

A. 向银行支付的逾期罚息

B. 向税务机关缴纳的税收滞纳金

C. 向投资者支付的股息

D. 向市场监督管理局缴纳的罚款

解析 选项A，属于民事责任的违约金性质的费用，准予在计算企业所得税应纳税所得额时扣除。　**答案** BCD

(七)资产类不得扣除项目

1. 固定资产和生产性生物资产——以折旧方式扣除

(1)不得在税前计算折旧扣除的固定资产：

①“**房屋、建筑物以外**”未投入使用的固定资产；

②以“经营租赁”方式“租入”的固定资产；

③以“融资租赁”方式“租出”的固定资产；

④已足额提取折旧仍继续使用的固定资产；

⑤与经营活动无关的固定资产；

⑥单独估价作为固定资产入账的土地。

『老侯提示』“①⑤”是企业所得税的特别规定，不适用“初级会计实务”考试。

(2)固定资产的计税基础(见表6-11)。

表6-11　固定资产的计税基础

取得方式		计税基础
外购		购买价款+支付的相关税费+直接归属于使该资产达到预定用途发生的其他支出
自行建造		竣工结算前发生的支出
融资租入	租赁合同约定付款总额	合同约定的付款总额+签订合同中发生的相关费用
	租赁合同未约定付款总额	该资产的公允价值+签订合同中发生的相关费用
盘盈		同类固定资产的“重置完全价值”
捐赠、投资、非货币性资产交换、债务重组		公允价值+支付的相关税费
改建		以改建支出增加计税基础

(3)折旧计提方式——直线法。

当月增加当月不提折旧，当月减少当月照提折旧。

(4)区分生产性生物资产和消耗性生物资产。

生产性生物资产指为生产农产品、提供劳务或者出租等目的持有的生物资产，包括“经济林、薪炭林、产畜和役畜”等。

【举例】下蛋的鸡——生产性生物资产；吃肉的鸡——消耗性生物资产。

(5)生产性生物资产的计税基础。

①外购：购买价款+支付的相关税费；

②捐赠、投资、非货币性资产交换、债务重组：公允价值+支付的相关税费。

(6)固定资产和生产性生物资产的最低折旧年限(见表6-12)。

表6-12　固定资产和生产性生物资产的最低折旧年限

固定资产类型	最低折旧年限(年)
房屋、建筑物	20
飞机、火车、轮船、机器、机械和其他生产设备	10
林木类生产性生物资产	
器具、工具、家具	5
飞机、火车、轮船以外的运输工具	4
电子设备	3
畜类生产性生物资产	

『老侯提示』考生应当熟练掌握“初级会计实务”关于直线法计提折旧的计算。

【例题24·单选题】☆根据企业所得税法律制度的规定，下列固定资产中，在计算企业所得税应纳税所得额时不得计算折旧扣除的是（ ）。

A. 已足额提取折旧仍继续使用的运输工具

B. 以经营租赁方式租出的运输工具

C. 未投入使用的厂房

D. 以融资租赁方式租入的厂房

解析 选项BD，“经营租入”和“融资租出”的固定资产，不得计提折旧；选项C，“房屋、建筑物以外”未投入使用的固定资产，不得计提折旧。 答案 A

【例题25·单选题】根据企业所得税法律制度的规定，下列各项中，应以同类固定资产的重置完全价值为计税基础的是（ ）。

A. 盘盈的固定资产

B. 自行建造的固定资产

C. 外购的固定资产

D. 通过捐赠取得的固定资产

解析 选项B，以竣工结算前发生的支出为计税基础；选项C，以购买价款和支付的相关税费以及直接归属于使该资产达到预定用途发生的其他支出为计税基础；选项D，以该资产的公允价值和支付的相关税费为计税基础。 答案 A

【例题26·单选题】甲企业为增值税小规模纳税人，2021年11月购入一台生产用机器设备，取得普通发票上注明的价款为60万元，税额为7.8万元；支付安装费，取得普通发票上注明的价款为2万元，税额为0.18万元，计算甲企业当年度企业所得税计税基础的下列算式中，正确的是（ ）。

A. 60+2=62（万元）

B. 60+7.8=67.8（万元）

C. 60+7.8+2+0.18=69.98（万元）

D. 60+7.8+2=69.8（万元）

解析 外购的固定资产，以“购买价款”和“支付的相关税费”以及直接归属于使该资产达到预定用途发生的“其他支出”为计税基础，本题中企业性质为“小规模纳税人”，购买设备和支付安装费取得的均为“普通发票”，进项税额不得抵扣应计入资产成本作为所得税的计税基础。 答案 C

【例题27·多选题】生产性生物资产指为生产农产品、提供劳务或者出租等目的持有的生物资产。下列各项中，属于生产性生物资产的有（ ）。

A. 经济林　　B. 薪炭林

C. 产畜　　D. 役畜

答案 ABCD

【例题28·单选题】根据企业所得税法律制度的规定，运输货物的大卡车，税法规定的最低折旧年限是（ ）年。

A. 10　　B. 5

C. 4　　D. 3

解析 飞机、火车、轮船以外的运输工具税法规定的折旧年限为4年。 答案 C

2. 无形资产——以摊销方式扣除

（1）不得计算摊销扣除的无形资产。

①自行开发的支出已在计算应纳税所得额时扣除的无形资产；

②自创商誉；

③与经营活动无关的无形资产。

『老侯提示』外购商誉的支出，在企业“整体转让或者清算”时，准予扣除。

（2）无形资产的计税基础（见表6-13）。

表6-13 无形资产的计税基础

取得方式	计税基础
外购	购买价款+支付的相关税费+直接归属于使该资产达到预定用途发生的其他支出
自行开发	符合资本化条件后至达到预定用途前发生的支出

续表

取得方式	计税基础
捐赠、投资、非货币性资产交换、债务重组	公允价值+支付的相关税费

(3)摊销方法——直线法。

当月增加当月摊销，当月减少当月不摊销。

(4)摊销年限——不得低于"10 年"。

【例题 29·多选题】☆根据企业所得税法律制度的规定，下列各项中，在计算企业所得税应纳税所得额时，不得计算摊销费用扣除的有(　)。

A. 为扩大经营规模而购置的土地使用权

B. 自行开发的支出已在计算应纳税所得额时扣除的专利权

C. 与生产经营活动无关的非专利技术

D. 外购的商标权

解析 ▶ 选项 B，已经在管理费用中扣除，不得再计算摊销；选项 C，与生产经营活动无关，不得计算摊销。　答案 ▶ BC

【例题 30·多选题】根据企业所得税法律制度的规定，下列无形资产中，应当以该资产的公允价值和支付的相关税费为计税基础的有(　)。

A. 通过债务重组取得的无形资产

B. 自行开发的无形资产

C. 接受投资取得的无形资产

D. 接受捐赠取得的无形资产

解析 ▶ 选项 B，自行开发的无形资产，以开发过程中该资产符合资本化条件后至达到预定用途前发生的支出为计税基础。答案 ▶ ACD

3. 长期待摊费用(略)

4. 投资资产(略)

5. 存货计价(略)

『老侯提示』上述内容，在"经济法基础"考试中极少涉及，本书不再赘述。

(八)亏损的弥补(见表 6-14)

表 6-14　亏损弥补的税务处理

企业类型	亏损弥补年限
一般企业	企业纳税年度发生的亏损，准予向以后年度结转，用以后年度的所得弥补，但结转年限最长不得超过"5 年"
高新技术企业	自 2018 年 1 月 1 日起，当年具备资格的企业，其具备资格年度之前 5 个年度发生的尚未弥补完的亏损，准予结转以后年度弥补，最长结转年限由 5 年延长至"10 年"
科技型中小企业	

『老侯提示 1』弥补期内不论是盈利或亏损，都作为实际弥补期限计算。

『老侯提示 2』境外机构的亏损，不得抵减境内机构的盈利。

【例题 31·单选题】甲居民企业 2013 年设立，2017~2021 年年末弥补亏损前的所得情况如下：

年份	2017	2018	2019	2020	2021
未弥补亏损前的所得(单位：万元)	-20	100	-220	180	200

假设无其他纳税调整项目，甲居民企业 2021 年度企业所得税应纳税所得额为(　)万元。

A. 200　　B. 160

C. 210　　D. 260

解析 ▶ (1)2017 年亏损的 20 万元，可以以 2018 年的利润进行弥补；(2)2019 年亏损的 220 万元，以 2020 年的利润 180 万元进行弥补，弥补后尚有 40 万元亏损；(3)2019 年尚未弥补的 40 万元亏损，可以用 2021 年的利润 200 万元进行弥补；(4)弥补以前年度亏损后 2021 年应纳税所得额＝200－

40=160(万元)。 答案 B

【例题32·判断题】居民企业在汇总计算缴纳企业所得税时，其境外营业机构的亏损可以抵减境内营业机构的盈利。 ( )

解析 企业在汇总计算缴纳企业所得税时，其境外营业机构的亏损不得抵减境内营业机构的盈利。

答案 ×

考验四 税收优惠(★★★)

(一)税收优惠的形式

免税收入、可以减免税的所得(免征、减半征收、二免三减半、三免三减半、五免、五免五减半、十免)、优惠税率、民族自治地方的减免税、加计扣除、抵扣应纳税所得额、加速折旧、减计收入、抵免应纳税额和其他专项优惠政策。

(二)可以“计算”形式在不定项选择题中考核的税收优惠(见表6-15)

表6-15 企业所得税的税收优惠(1)

优惠	项目		
加计扣除	研发费用	一般行业	未形成无形资产加计扣除“75%”；形成无形资产按175%摊销
		制造业	未形成无形资产加计扣除“100%”；形成无形资产按200%摊销(2022年调整)
		烟草制造业、住宿和餐饮业、批发和零售业、房地产业、租赁和商务服务业、娱乐业	不得加计扣除
	残疾人工资		加计扣除100%
抵扣应纳税所得额	创投企业投资未上市的中小高新技术企业两年以上的，按照其投资额的“70%”在股权持有满“两年”的当年抵扣该创业投资企业的应纳税所得额；当年不足抵扣的，可以在以后纳税年度结转抵扣		
应纳税额抵免	购置并实际使用规定的“环境保护、节能节水、安全生产”等“专用设备”，投资额的“10%”可以在应纳税额中抵免；当年不足抵免的，可以在以后5个纳税年度结转抵免		

(三)“直接”考核的税收优惠(见表6-16)

表6-16 企业所得税的税收优惠(2)

优惠政策	项目
税率优惠	见“税率”
免税收入	见“应纳税所得额”(三)不征税收入和免税收入
免征	农、林、牧、渔；居民企业“500万元”以内的“技术转让”所得；企业取得的地方政府债券利息收入；合格境外机构投资者境内转让股票等权益性投资资产所得；境外机构投资境内债券市场取得的债券利息收入；生产和装配“伤残人员专门用品”的居民企业；海南自由贸易港设立的旅游业、现代服务业、高新技术产业企业新增境外直接投资取得的所得(2022年新增) 『老侯提示』“农”不包括部分“经济作物”；“渔”不包括“养殖”
减半征收	花卉、茶以及其他饮料作物和香料作物的种植；海水养殖、内陆养殖；居民企业超过500万元的技术转让所得的“超过部分”；企业投资持有“铁路债券”取得的利息收入

续表

优惠政策	项目	
加速折旧	(1)技术进步，产品更新换代较快； (2)常年处于强震动、高腐蚀状态； (3)制造业企业购入(包括自行建造)固定资产 (4)海南自由贸易港设立的企业，新购置(含自建、自行开发)，固定资产或无形资产，单价超过500万元(2022年新增)	缩短折旧年限(≥60%)； 采用加速折旧计算方法
	(1)所有企业购进的“设备、器具”，单价不超过“500万元” (2)海南自由贸易港设立的企业，新购置(含自建、自行开发)，固定资产或无形资产，单价不超过500万元(2022年新增)『老侯提示』设备、器具，是指除“房屋、建筑物”以外的固定资产	允许一次性扣除
减计收入	(1)综合利用资源，生产的产品取得的收入； (2)社区提供养老、托育、家政等服务的机构，提供社区养老、托育、家政服务取得的收入	减按90%计入收入总额

【说明】“二免三减半、三免三减半、五免”在“经济法基础考试”中极少涉及，本书“略”。

【例题1·单选题】☆根据企业所得税法律制度的规定，企业从事下列项目取得的所得中，减半征收企业所得税的是(　)。

A. 林木的培育

B. 远洋捕捞

C. 牲畜的饲养

D. 香料作物的种植

解析▶选项ABC，免征企业所得税。

答案▶D

【例题2·判断题】企业持有的中国铁路建设债券取得的利息收入免征企业所得税。(　)

解析▶企业投资者持有2019~2023年发行的铁路债券取得利息收入，减半征收企业所得税。

答案▶×

【例题3·单选题】☆甲公司2019年度转让一项专利技术，取得符合税收优惠条件的技术转让收入800万元，发生转让成本及相关税费100万元，甲公司2019年度利润总额为2 000万元，除上述技术转让所得外无其他纳税调整事项。计算甲公司2019年度企业所得税应纳税所得额的下列算式中，正确的是(　)。

A. 2 000-800×50%=1 600(万元)

B. 2 000-[500+(800-100-500)×50%]=1 400(万元)

C. 2 000-[500+(800-500)×50%]=1 350(万元)

D. 2 000-(800-100)=1 300(万元)

解析▶(1)技术转让所得=收入-成本=800-100=700(万元)；(2)应当计入应纳税所得额的金额=(700-500)×50%=100(万元)；(3)应纳税所得额=2 000-700+100=1 400(万元)。

答案▶B

【例题4·单选题】☆根据企业所得税法律制度的规定，下列行业中，适用研究开发费用税前加计扣除政策的是(　)。

A. 房地产业　　B. 餐饮业

C. 零售业　　D. 医药制造业

解析▶烟草制造业；住宿和餐饮业；批发和零售业；房地产业；租赁和商务服务业；娱乐业不适用税前加计扣除政策。

答案▶D

【例题5·单选题】甲机械厂2021年度利润总额500万元，实际发生未形成无形资产计入当期损益的研究开发费用100万元，无其他纳税调整项目。计算甲机械厂2021年度企业所得税应纳税所得额的下列算式中，正确的是(　)。

A. 500-100×75%=425(万元)

B. 500-100=400(万元)

C. 500-100×100%=400(万元)

D. 500+100=600(万元)

解析 ▶ 制造业企业未形成无形资产计入当期损益的符合规定的研究开发费用，在按照规定据实扣除的基础上，可以再按照实际发生额的100%在税前加计扣除，因此需要纳税调减100×100%=100(万元)。 答案 ▶ C

【例题6·单选题】根据企业所得税法律制度的规定，企业中符合条件的固定资产可以缩短计提折旧年限，但不得低于税法规定折旧年限的一定比例，该比例最高为(　)。

A. 30%　　B. 40%

C. 50%　　D. 60%

解析 ▶ 采取缩短折旧年限方法的，最低折旧年限不得低于税法规定折旧年限的60%。

答案 ▶ D

【例题7·单选题】甲企业为创业投资企业，2019年2月采取股权投资方式向乙公司(未上市的中小高新技术企业)投资300万元，至2021年12月31日仍持有该股权。甲企业2021年在未享受股权投资应纳税所得额抵扣的税收优惠政策前的企业所得税应纳税所得额为2 000万元。已知企业所得税税率为25%，甲企业享受股权投资应纳税所得额抵扣的税收优惠政策。计算甲企业2021年度应缴纳企业所得税税额的下列算式中，正确的是(　)。

A. (2 000-300)×25%=425(万元)

B. (2 000-300×70%)×25%=447.5(万元)

C. 2 000×70%×25%=350(万元)

D. (2 000×70%-300)×25%=275(万元)

解析 ▶ 创业投资企业采取股权投资方式投资于未上市的中小高新技术企业2年以上的，可以按照其投资额的70%在股权持有满2年的当年抵扣该创业投资企业的应纳税所得额；当年不足抵扣的，可以在以后纳税年度结转抵扣。

答案 ▶ B

【例题8·单选题】☆甲公司2019年度企业所得税应纳税所得额为3 000万元。当年购置并实际使用一台符合《安全生产专用设备企业所得税优惠目录》规定的安全生产专用设备，该设备的投资额为600万元。甲公司享受应纳税额抵免优惠政策。已知企业所得税税率为25%。甲公司2019年度应缴纳企业所得税税额为(　)。

A. 690万元　　B. 600万元

C. 735万元　　D. 750万元

解析 ▶ 企业购置并实际使用安全生产专用设备投资额的10%可以从企业当年的应纳税额中抵免。甲公司2019年度应缴纳企业所得税税额=3 000×25%-600×10%=690(万元)。

答案 ▶ A

【例题9·判断题】企业以《资源综合利用企业所得税优惠目录》规定的资源作为主要原材料，生产国家非限制和禁止并符合国家和行业相关标准的产品取得的收入，免征企业所得税。(　)

解析 ▶ 上述收入，减按90%计入收入总额。

答案 ▶ ×

考验五　境外所得抵免税额的计算(★★)

企业取得的所得已在境外缴纳的所得税税额，可以从其当期应纳税额中抵免，抵免限额为该项所得依照《企业所得税法》规定计算的应纳税额。

(一)抵免限额

抵免限额=境外税前所得额×25%

【举例】A企业2020年在国外取得税前利润100万元，假设该地区所得税税率分别为20%及30%，已经缴纳过所得税，已知该企业适用的国内所得税税率为25%，计算抵免限额及抵免额。

	计算公式	①20%	②30%
抵免限额	境外所得×国内税率	25 万元	**25 万元**
境外已纳税款	境外所得×境外税率	**20 万元**	30 万元
抵免额	抵免限额与已纳税款孰低原则	**20 万元**	**25 万元**
境内应纳税款	境外所得×国内税率	25 万元	25 万元
是否补税	境内应纳税款-抵免额	**5 万元**	0

(二)境外税前所得额的确定

1. 题目直接给出税前所得：直接使用

2. 题目给出分回的利润和国外已纳的税款

境外税前所得额=分回利润+境外已纳税款

3. 题目给出分回的利润和国外所得税税率

境外税前所得额=分回利润÷(1-国外所得税税率)

(三)计算方式

可以选择**“分国不分项”或“不分国不分项”**计算，但一经选择 5 年内不得变更。

(四)补税原则

多不退少要补。

考验六　应纳税额的计算(★★★)

(一)计算应纳税所得额

1. 直接法

应纳税所得额=收入总额-不征税收入-免税收入-各项扣除-允许弥补的以前年度亏损

2. 间接法

(1)应纳税所得额=年度利润总额+纳税调整增加额-纳税调整减少额

(2)应纳税所得额的调增与调减(见表 6-17)。

表 6-17　应纳税所得额的调增与调减

项目	会计准则	税法	纳税调整	举例
收入、利得	√	×	↓	国债利息收入
	×	√	↑	非货币性资产投资
费用、损失	√	×	↑	税收滞纳金
	×	√	↓	无形资产研发

(二)计算应纳税额

应纳税额=应纳税所得额×适用税率-减免税额-抵免税额

『老侯提示』此公式是把国内和国外所得混在一起计算，考试中也可以分开计算。

应纳税额=国内应纳税所得额×适用税率-减免税额+国外所得补缴税额

【例题 1·单选题】甲公司 2021 年应纳税所得额为 1 000 万元，减免税额为 10 万元，抵免税额为 20 万元。已知甲公司适用的所得税税率为 25%，则下列甲公司 2021 年度企业所得税应纳税额的计算中，正确的是(　)。

A. 1 000×25%-20=230(万元)

B. 1 000×25%-10-20=220(万元)

C. 1 000×25%-10=240(万元)

D. 1 000×25%=250(万元)

解析▶ 应纳税额=应纳税所得额×税率-减免税额-抵免税额。 **答案**▶ B

【例题2·单选题】☆甲公司为居民企业，2019年度取得境内所得1 000万元，境外所得200万元。已在境外实际缴纳企业所得税性质的税款40万元。已知企业所得税税率为25%。计算甲公司2019年度应缴纳企业所得税税额的下列算式中，正确的是( )。

A. (1 000+200)×25%-40=260(万元)

B. (1 000+200)×25%=300(万元)

C. 1 000×25%=250(万元)

D. (1 000-200)×25%=200(万元)

解析▶ (1)境外所得抵免限额=200×25%=50(万元)>在境外已缴税额40万元，境外所得抵免额为40万元；(2)应纳税额=(1 000+200)×25%-40=260(万元)。

答案▶ A

【例题3·单选题】甲公司2021年实现会计利润总额600万元，预缴企业所得税税额120万元，在“营业外支出”账目中列支了通过公益性社会团体向灾区的捐款76万元。已知企业所得税税率为25%，公益性捐赠支出不超过年度利润总额12%的部分，准予在计算企业所得税应纳税所得额时扣除，计算甲公司当年应补缴企业所得税税额的下列算式中，正确的是( )。

A. (600+76)×25%-120=49(万元)

B. 600×25%-120=30(万元)

C. (600+600×12%)×25%-120=48(万元)

D. [600+(76-600×12%)]×25%-120=31(万元)

解析▶ (1)公益性捐赠税前扣除限额=600×12%=72(万元)<实际发生额76万元，故税前可以扣除72万元，需要纳税调增4万元；(2)应纳企业所得税税额=[600+(76-600×12%)]×25%-120=31(万元)。 **答案**▶ D

考验七 源泉扣缴(★★)

(一)适用范围

“非居民企业”在中国境内“没有设立”机构场所或者虽然设立机构场所但取得的所得与所设立的机构场所“无关”。

(二)非居民企业应纳税所得额

1. 全额计税

利息、股息、红利、租金、特许权使用费。

2. 余额计税

财产转让。

(三)税率

适用“10%”的优惠税率。

【例题1·单选题】☆根据企业所得税法律制度的规定，在中国境内未设立机构、场所的非居民企业取得的来源于中国境内的下列所得中，以收入全额减除财产净值后的余额为应纳税所得额的是( )。

A. 利息所得

B. 租金所得

C. 股息、红利等权益性投资收益

D. 转让财产所得

解析▶ 选项ABC，以收入全额为应纳税所得额。 **答案**▶ D

【例题2·单选题】2021年6月甲公司向境外乙公司分配股息折合人民币1 000万元。已知预提所得税税率为10%，计算甲公司应代扣代缴企业所得税税款的下列算式中，正确的是( )。

A. 1 000×10%×50%=50(万元)

B. 1 000×10%=100(万元)

C. 1 000×(1-25%)×10%=75(万元)

D. 1 000×(1-25%)×10%×50%=37.5(万元)

解析▶ 在中国境内未设立机构、场所的非居民企业取得的股息、红利等权益性投资收益和利息、租金、特许权使用费所得，以“收入全额”为应纳税所得额。 **答案**▶ B

考验八　征收管理(★)

(一)纳税地点(见表 6-18)

表 6-18　企业所得税的纳税地点

企业类型	纳税地点
居民企业	登记注册地
	登记注册地在境外的，以实际管理机构所在地为纳税地点
	『老侯提示』居民企业在中国境内设立“不具有法人资格”的营业机构的，应当汇总计算并缴纳企业所得税
非居民企业	有场所，有联系——机构场所所在地
	有两个以上场所——经批准选择其主要场所汇总缴纳
	没场所或有场所但没联系——扣缴义务人所在地

(二)纳税期限

企业所得税按年计征，分月或者分季预缴，年终汇算清缴，多退少补。

1. 一般情况

纳税年度为公历 1 月 1 日至 12 月 31 日。

2. 特殊情况

(1)开业当年，实际经营期不足 12 个月，以实际经营期为一个纳税年度；

(2)依法清算，以清算期间作为一个纳税年度。

(三)纳税申报

1. 分月或分季预缴

应当自月份或者季度终了之日起“15 日内”，向税务机关报送预缴企业所得税纳税申报表，预缴税款。

2. 汇算清缴

企业应当自年度终了后“5 个月内”向税务机关报送年度企业所得税纳税申报表，并汇算清缴，结清应缴或应退税款。

3. 企业在年度中间终止经营活动的，应当自实际经营终止之日起“60 日内”，向税务机关办理当期企业所得税汇算清缴。

4. 企业在报送企业所得税纳税申报表时，应当按照规定附送财务会计报告和其他有关资料。

【例题 1·单选题】☆根据企业所得税法律制度的规定，企业在年度中间终止经营活动的，应当自实际经营终止之日起一定期限内向税务机关办理当期企业所得税汇算清缴。该期限为(　)。

A. 60 日　　B. 360 日

C. 90 日　　D. 180 日

答案 A

【例题 2·判断题】在中国境内未设立机构、场所的非居民企业取得来源于中国境内的所得，以扣缴义务人所在地为企业所得税纳税地点。(　)

答案 √

第二部分 个人所得税

考验一 纳税人和征税对象(★★)

(一)纳税人

个人所得税的纳税人包括中国公民，又包括“**自然人性质的特殊主体**”，如个体工商户、个人独资企业的投资人、合伙企业的合伙人。

(二)纳税人分类及纳税义务——属人+属地(见表6-19)

表6-19 个人所得税纳税人的区分

纳税人	判定标准	纳税义务
居民	有住所	无限纳税义务
	无住所而“**一个纳税年度内**”在中国境内居住“**满183天**”	
非居民	无住所又不居住	有限纳税义务
	无住所而“**一个纳税年度内**”在中国境内居住“**不满183天**”	

(三)所得“来源”地

(1)因任职、受雇、履约等而在中国境内提供劳务取得的所得；

(2)将财产出租给承租人在中国境内使用而取得的所得；

(3)许可各种特许权在中国境内使用而取得的所得；

(4)转让中国境内的不动产等财产或者在中国境内转让其他财产取得的所得；

(5)从中国境内企、事业单位和其他经济组织以及居民个人取得的利息、股息、红利所得。

【例题1·多选题】☆根据个人所得税法律制度的规定，下列各项中，属于个人所得税纳税人的有(　)。

A. 合伙企业自然人合伙人

B. 一人有限责任公司

C. 个体工商户

D. 个人独资企业投资人

解析▶选项B，属于法人，缴纳企业所得税；选项ACD，属于非法人企业，缴纳个人所得税。 **答案**▶ACD

【例题2·多选题】☆根据个人所得税法律制度的规定，下列在中国境内无住所的外籍人员中，属于2019年度居民个人的有(　)。

A. 亨利2019年7月11日来到中国境内，2020年1月11日离开中国境内

B. 玛莉2019年9月1日来到中国境内，2019年12月31日离开中国境内

C. 约翰2019年4月1日来到中国境内，2019年12月1日离开中国境内

D. 罗斯2018年9月1日来到中国境内，2019年8月1日离开中国境内

解析▶选项AB，亨利在2019年和2020年两个会计年度、玛莉2019年度，在中国境内居住累计均不满183天，属于非居民个人；选项CD，约翰、罗斯2019年度在中国境内居住累计满183天，均属于居民个人。 **答案**▶CD

【例题3·多选题】☆根据个人所得税法律制度的规定，下列所得中，属于来源于中国境内所得的有(　)。

A. 转让中国境内的不动产取得的所得

B. 将财产出租给承租人在中国境内使用而取得的所得

C. 许可特许权在中国境内使用而取得的所得

D. 因受雇在中国境内提供劳务取得的所得

答案 ▶ ABCD

考验二　综合所得(★★★)

(一)综合所得概述

1. 综合所得项目

(1)工资、薪金所得;

(2)劳务报酬所得;

(3)稿酬所得;

(4)特许权使用费所得。

2. 计税规定

居民个人按纳税年度"**合并计算**"个人所得税，非居民个人按月或者按次分项计算个人所得税。

【例题1·单选题】☆根据个人所得税法律制度的规定，居民个人的下列所得中，不属于综合所得的是(　)。

A. 特许权使用费所得

B. 偶然所得

C. 劳务报酬所得

D. 稿酬所得

解析 ▶ 综合所得项目包括：工资、薪金所得；劳务报酬所得；稿酬所得；特许权使用费所得。

答案 ▶ B

(二)综合所得税目

1. "工资、薪金所得"税目

(1)基本规定。

工资、薪金所得是指个人因"**任职或者受雇**"而取得的所得，属于"**非独立**"个人劳动所得。

(2)特殊规定(见表6-20)。

表6-20　个人所得税工资、薪金所得征税范围的特殊规定

所得项目			是否按工资薪金纳税
特殊所得	独生子女补贴；托儿补助费；差旅费津贴、误餐补助		×(不征税)
	公务交通、通信补贴		√(扣除一定标准的公务费)
	股票期权、股票增值权、限制性股票、股权奖励		√
保险	三险一金	规定比例部分	免税
		超过规定比例部分	√
	"三险一金"外的其他保险		√
离开工作岗位所得	辞退补偿一次性收入		√
	离退休人员	离退休工资或养老金	免税
		其他补贴、奖金、实物	√
	内部退养	达到法定离退休年龄前从原任职单位取得的工资、薪金	√
	提前退休	一次性所得	√
	上述人员**再就业**取得工资		√
特殊职业	"**兼职**"律师，按月计算不扣生计费，自行申报时扣除		√
科研奖励	非营利性科研机构和高校给予科技人员的现金奖励		√(减半计入)

2. "劳务报酬所得"税目

(1)基本规定。

劳务报酬所得是指个人独立从事“**非雇佣**”的各种劳务所得。

(2)“劳务报酬所得”VS“工资、薪金所得”(见表6-21)。

表6-21 不同项目劳务报酬所得与工资薪金所得的区分

职业	收入来源	税目
老师、演员	在单位授课、演出取得所得	工资、薪金所得
	在外授课、演出取得所得	劳务报酬所得或经营所得
个人	兼职所得	劳务报酬所得
受雇于律师个人	为律师个人工作取得所得	劳务报酬所得(由该律师代扣代缴)
证券经纪人、保险营销员	取得佣金	劳务报酬所得(扣除25%的展业成本)

3.“稿酬所得”税目

(1)基本规定。

稿酬所得是指个人因其作品以图书、报刊形式“**出版、发表**”而取得的所得。

(2)遗作稿酬。

作者去世后，财产继承人取得的遗作稿酬，也应征收个人所得税。

4.“特许权使用费所得”税目

(1)基本规定。

特许权使用费所得是指个人提供“**专利权、商标权、著作权、非专利技术**”以及其他特许权的“**使用权**”所得。

『老侯提示』“无形资产”所有权转让，在“企业所得税”中归属于“转让财产收入”。

(2)特别规定。

①作者将自己的文字作品“**手稿原件或复印件**”公开拍卖取得的所得，按“特许权使用费所得”计税。

②个人取得特许权的“**经济赔偿收入**”，按“特许权使用费所得”计税。

③编剧从影视制作单位取得的“**剧本使用费**”，按“特许权使用费所得”计税，无论剧本使用方是否为其任职的单位。

【例题2·多选题】☆根据个人所得税法律制度的规定，下列各项中，属于“工资、薪金所得”的有(　)。

A. 个人因公出差取得的符合标准的差旅费津贴

B. 个人因公务用车改革而取得的公务用车补贴收入

C. 保险营销员取得的佣金收入

D. 退休人员再任职取得的收入

解析▶选项A，不属于工资、薪金性质的津贴，不征收个人所得税；选项C，属于“劳务报酬所得”。　**答案**▶BD

【例题3·单选题】根据个人所得税法律制度的规定，下列所得中，属于免税项目的是(　)。

A. 提前退休取得的一次性补贴

B. 退休人员从原任职单位取得的补贴

C. 内部退养的个人在其办理内部退养手续后至法定离退休年龄之间从原任职单位取得的工资、薪金

D. 按国家统一规定发放的退休工资

解析▶按国家统一规定发给干部、职工的退休工资，免征个人所得税。　**答案**▶D

【例题4·单选题】☆根据个人所得税法律制度的规定，下列情形中，属于“工资、薪金所得”的是(　)。

A. 在校大学生被律师以个人名义聘请为其工作而取得的报酬

B. 演员以个人名义应邀参加某电视台综艺节目取得的报酬

C. 教师以个人名义到外校进行学术讲座获得的报酬

D. 研究人员从任职单位取得的科研奖励收入

解析▶选项ABC，属于“劳务报酬所得”。

答案▶D

【例题5·判断题】作者去世后其财产继

承人的遗作稿酬免征个人所得税。 （ ）

解析 ▶ 上述稿酬，应征收个人所得税。

答案 ▶×

【例题6·单选题】 ☆根据个人所得税法律制度的规定，下列各项中，不属于“特许权使用费所得”的是（ ）。

A. 演员许可企业在平面广告中使用其肖像取得的所得

B. 画家将自己的书画作品发表在报纸上取得的所得

C. 作者将自己的文字作品手稿原件拍卖取得的所得

D. 剧本作者从所任职的电视剧制作单位取得的剧本使用费

解析 ▶ 选项B，属于“稿酬所得”。

答案 ▶ B

【例题7·多选题】 下列收入中，按照“特许权使用费所得”税目缴纳个人所得税的有（ ）。

A. 提供商标权的使用权收入

B. 转让土地使用权收入

C. 转让著作权收入

D. 转让专利权收入

解析 ▶ 选项ACD，“无形资产”（除土地使用权外）的“使用权”与“所有权”转让，按照“特许权使用费所得”税目征税；选项B，土地使用权转让，按照“财产转让所得”税目征税。

答案 ▶ ACD

（三）居民个人“综合所得”计税方法的一般规定

居民纳税人的综合所得按“年”计征，分月或分次预缴，年终汇算清缴。

（四）居民个人“综合所得”年终汇算清缴应纳税额计算

1. 适用税率

综合所得执行3%～45%七级超额累进税率（见表6-22）。

表6-22 “综合所得”个人所得税税率表（一）（按年）

级数	全“年”应纳税所得额 含税级距	税率（%）	速算扣除数
1	不超过36 000元的	3	0
2	超过36 000元至144 000元的部分	10	2 520
3	超过144 000元至300 000元的部分	20	16 920
4	超过300 000元至420 000元的部分	25	31 920
5	超过420 000元至660 000元的部分	30	52 920
6	超过660 000元至960 000元的部分	35	85 920
7	超过960 000元的部分	45	181 920

2. 应纳税所得额——采用“定额扣除”与“附加扣除”相结合的方式

应纳税所得额＝每年收入额－生计费－专项扣除－专项附加扣除－其他扣除

（1）综合所得汇算清缴收入额的确定。

①工资薪金所得以全额为收入额。

②劳务报酬所得、特许权使用费所得以减除20%的费用后的余额为收入额。

劳务报酬所得、特许权使用费所得收入额＝所得×（1－20%）

③稿酬所得以减除20%的费用后的余额为收入额，并减按70%计算。

稿酬所得收入额＝所得×（1－20%）×70%

『老侯提示』 综合所得汇算清缴收入额＝工资＋劳务报酬×80%＋特许权使用费×80%＋稿酬×80%×70%

（2）生计费。

每“年”扣除限额为“60 000元”。

(3)专项扣除。

个人按照国家或省级政府规定的缴费比例或办法实际缴付的“三险一金”，允许在个人应纳税所得额中扣除，超过规定比例和标准缴付的，超过部分并入个人当期的工资、薪金收入，计征个人所得税。

(4)专项附加扣除(见表6-23)。

表6-23 专项附加扣除

项目	考点
子女教育	(1)子女的年龄要求年满“**3岁**”； (2)在满足年龄要求的前提下，“**按子女人数加倍**”扣除
赡养老人	(1)老人的年龄要求年满“**60岁**”，父母有一人满足即可； (2)赡养2个及以上老人的，“**不按老人人数加倍**”扣除
其他项目	继续教育、大病医疗、住房贷款利息、住房租金

【说明】“经济法基础”考题会给出具体的扣除标准；其他项目除名称以外，具体内容均不予考核，本书“略”。

(5)其他扣除。

企业年金、职业年金、**商业健康保险**、税收递延型商业养老保险。

『老侯提示1』购买符合规定的商业健康保险产品的支出在当年(月)计算应纳税所得额时予以税前扣除，扣除限额为2 400元/年(200元/月)。

『老侯提示2』专项扣除、专项附加扣除和依法确定的其他扣除，以居民个人一个纳税年度的应纳税所得额为限额。一个纳税年度扣除不完的，“**不结转**”以后年度扣除。

3. 应纳税额

应纳税额=应纳税所得额×适用税率-速算扣除数

【举例】赵某是我国公民，独生子、单身、父母均已年满60岁，在甲公司工作。2021年取得工资收入80 000元，在某大学授课取得收入40 000元，出版著作一部，取得稿酬60 000元，转让商标使用权，取得特许权使用费收入20 000元。已知：赵某个人缴纳“三险一金”20 000元，赡养老人支出税法规定的扣除金额为24 000元，假设无其他扣除项目，计算赵某本年应缴纳的个人所得税。

【计算过程】(1)工资薪金、劳务报酬、稿酬、特许权使用费为综合所得；(2)劳务报酬所得、稿酬所得、特许权使用费所得以收入减除20%的费用后的余额为收入额。稿酬所得的收入额减按70%计算；(3)应纳税所得额=80 000+40 000×(1-20%)+60 000×(1-20%)×70%+20 000×(1-20%)-60 000-20 000-24 000=57 600(元)。可以用两种方法计算应纳所得税额。

第一种方法是按照速算扣除数简易计算法计算：

应纳税额=57 600×10%-2 520(速算扣除数)=3 240(元)。

第二种方法是按照超额累进税率定义分解计算：

应纳税额=36 000×3%+(57 600-36 000)×10%=1 080+2 160=3 240(元)。

【速算扣除数的由来】(见图6-2)

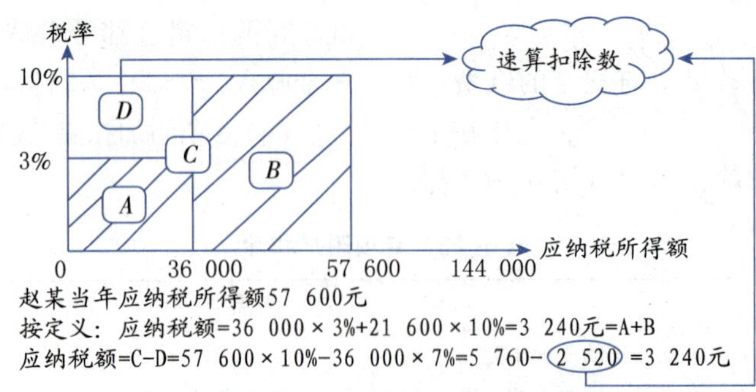

图6-2 速算扣除数的由来

【例题8·单选题】☆根据个人所得税法律制度的规定，下列各项中，属于专项扣除的是（ ）。

A. 个人缴付的符合国家规定的企业年金

B. 个人按国家规定的范围和标准缴纳的住房公积金

C. 个人缴付的符合国家规定的职业年金

D. 个人购买符合国家规定的商业健康保险的支出

解析 专项扣除，包括基本养老保险、基本医疗保险、失业保险等社会保险费和住房公积金等。 **答案** B

【例题9·多选题】☆根据个人所得税法律制度的规定，下列各项中，属于专项附加扣除的有（ ）。

A. 子女教育支出

B. 购车贷款利息

C. 大病医疗支出

D. 上下班交通费

解析 专项附加扣除，包括子女教育、继续教育、大病医疗、住房贷款利息或者住房租金、赡养老人等支出。 **答案** AC

【例题10·单选题】☆中国居民李某每月工资20 000元。李某为独生子，父母均已年满60岁，女儿正在上小学，儿子未满3岁。已知子女教育专项附加扣除由李某按照每个子女每月1 000元的标准定额扣除；赡养老人专项附加扣除标准为2 000元/月。李某每月可享受的个人所得税专项附加扣除总金额为（ ）。

A. 6 000元 B. 4 000元

C. 3 000元 D. 5 000元

解析 （1）子女教育支出要求子女年满3周岁，本题中，李某的女儿上小学满足条件，儿子未满3周岁不满足条件，因此子女教育支出的每月扣除标准为1 000×1＝1 000（元）；（2）赡养老人支出要求父母其中一方年满60周岁，本题中，李某的父母均已年满60周岁，满足条件可以按月扣除2 000元；（3）李某每月可享受的个人所得税专项附加扣除总金额＝1 000×1＋2 000＝3 000（元）。 **答案** C

【例题11·单选题】根据个人所得税法律制度的规定，个人购买符合规定的商业健康保险产品的支出，允许在当年计算工资、薪金所得应纳税所得额时在一定限额内予以税前扣除，该限额为（ ）。

A. 3 600元/年 B. 2 400元/年

C. 3 200元/年 D. 2 800元/年

答案 B

（五）居民个人“综合所得”分月或分次预扣预缴个人所得税计税规定

1. 工资、薪金所得

（1）“**按月**”取得工资、薪金所得。

①适用税率。

执行“**累计预扣预缴制**”，适用“七级超额累进预扣率”。

“综合所得”个人所得税预扣率表（一）（见表6-24）。

表 6-24 “综合所得”个人所得税预扣率表(一)(按年)

级数	累计应纳税所得额 含税级距	预扣率(%)	速算扣除数
1	不超过 36 000 元的	3	0
2	超过 36 000 元至 144 000 元的部分	10	2 520
3	超过 144 000 元至 300 000 元的部分	20	16 920
4	超过 300 000 元至 420 000 元的部分	25	31 920
5	超过 420 000 元至 660 000 元的部分	30	52 920
6	超过 660 000 元至 960 000 元的部分	35	85 920
7	超过 960 000 元的部分	45	181 920

②累计预扣预缴应纳税所得额。

累计预扣预缴应纳税所得额=累计收入-累计免税收入-累计减除费用-累计专项扣除-累计专项附加扣除-累计依法确定的其他扣除

『老侯提示 1』累计减除费用自 2021 年 1 月份起直接按照全年 6 万元计算扣除。(2022 年调整)

『老侯提示 2』居民个人向扣缴义务人提供专项附加扣除信息的，扣缴义务人按月预扣预缴税款时应当按照规定予以扣除，不得拒绝。

③本期应预扣预缴税额。

本期应预扣预缴税额=(累计预扣预缴应纳税所得额×预扣率-速算扣除数)-累计减免税额-累计已预扣预缴税额

【举例】北京某公司职员赵某，2021 年前 9 个月每月取得工资、薪金收入 13 000 元，生计费 60 000 元，专项扣除 2 600 元，专项附加扣除 3 000 元(父母年满 60 岁，育有一子 6 岁)，其他扣除 0 元。

10 月份赵某工资调整为 21 000 元，其他不变。

已知：2021 年前 8 个月赵某预缴的个人所得税为 0 元。

要求：计算赵某 9 月、10 月、11 月分别应预缴的个人所得税税额。

【答案】(1)9 月应预缴的个人所得税：

①累计应纳税所得额=13 000×9-60 000-2 600×9-3 000×9=6 600(元)；

②经查预扣率表累计应纳税所得额不超过 36 000 元，适用税率为 3%；

③本期应预扣预缴税额=6 600×3%=198(元)。

(2)10 月应预缴的个人所得税：

①累计应纳税所得额=13 000×9+21 000-60 000-2 600×10-3 000×10=22 000(元)；

②经查预扣率表累计应纳税所得额不超过 36 000 元，适用税率为 3%；

③累计应预扣预缴税额=22 000×3%=660(元)；

④本期应预扣预缴税额=660-198=462(元)。

(3)11 月应预缴的个人所得税：

①累计应纳税所得额=13 000×9+21 000×2-60 000-2 600×11-3 000×11=37 400(元)；

②经查预扣率表累计应纳税所得额超过 36 000 元至 144 000 元的，适用税率为 10%，速算扣除数 2 520；

③累计应预扣预缴税额=37 400×10%-2 520=1 220(元)；

④本期应预扣预缴税额=1 220-660=560(元)。

(2)单位低价向职工售房。(略)

(3)企业年金、职业年金。(略)

【说明】上述(4)~(6)项，在“经济法基础”考试中极少涉及，本书不再赘述。

2. 劳务报酬所得、稿酬所得、特许权使用费所得

(1)适用税率：

①劳务报酬所得适用3级超额累进预扣率。

“综合所得”个人所得税预扣率表(二)(见表6-25)。

表6-25 “综合所得”个人所得税预扣率表(二)

级数	全“月”(或次)应纳税所得额	预扣率	速算扣除数
1	不超过20 000元的	20%	0
2	超过20 000元至50 000元的部分	30%	2 000
3	超过50 000元的部分	40%	7 000

『老侯提示』正在接受全日制学历教育的学生因实习取得劳务报酬所得的，扣缴义务人预扣预缴个人所得税时，可按照累计预扣法计算并预扣预缴税款。(2022年新增)

②稿酬所得、特许权使用费所得适用20%的比例税率。

(2)应纳税所得额——采用定额和定率相结合的扣除方式：

①每次收入额≤4 000元的：

应纳税所得额=每次收入额-800

②每次收入额>4 000元的：

应纳税所得额=每次收入额×(1-20%)

『老侯提示』稿酬所得减按70%计算。

(3)预缴税额=应纳税所得额×适用税率-速算扣除数

【举例1】我国居民赵某2021年内共取得4次劳务报酬，分别为3 000元；22 000元；30 000元；100 000元。要求计算各次应缴纳的所得税税额。

【答案】第一次：3 000<4 000，费用扣除：800，应纳税所得额：2 200。

应纳税额=2 200×20%=440(元)

第二次：22 000>4 000，费用扣除：20%，应纳税所得额：17 600。

应纳税额=17 600×20%=3 520(元)

第三次：30 000>4 000，费用扣除：20%，应纳税所得额：24 000。

应纳税额=24 000×30%-2 000=5 200(元)

第四次：100 000>4 000，费用扣除：20%，应纳税所得额：80 000。

应纳税额=80 000×40%-7 000=25 000(元)

【举例2】2021年3月我国居民李某出版一部小说，取得稿酬10 000元。计算李某当月稿酬所得应缴纳个人所得税税额。

【计算过程】①应纳税所得额=10 000×(1-20%)×70%=5 600(元)

②应纳税额=5 600×20%=1 120(元)

【举例3】2021年5月我国居民张某转让一项专利权，取得转让收入150 000元，专利开发支出10 000元。计算张某当月特许权使用费所得应缴纳个人所得税税额。

【计算过程】①应纳税所得额=150 000×(1-20%)=120 000(元)

②应纳税额=120 000×20%=24 000(元)

(六)非居民个人“出卖劳动力所得”应纳税额(略)

【说明】此内容，在“经济法基础”考试中极少涉及，本书不再赘述。

【例题12·单选题】☆2021年1月中国居民李某取得工资20 000元。李某当月专项扣除4 000元、专项附加扣除3 000元。已知工资、薪金所得累计预扣预缴应纳税所得额不超过36 000元的部分，预扣率为3%。预扣预缴个人所得税减除费用为60 000元/年。计算李某当月工资应预扣预缴个人所得税税额的下列算式中，正确的是(　)。

A. (20 000−5 000−3 000)×3%=360(元)

B. (20 000−5 000−4 000)×3%=330(元)

C. 0

D. (20 000−60 000÷12−4 000−3 000)×3%=240(元)

解析 (1)累计预扣预缴应纳税所得额=累计收入(20 000)−累计免税收入−累计减除费用(60 000)−累计专项扣除(4 000)−累计专项附加扣除(3 000)−累计依法确定的其他扣除;(2)本期应预扣预缴税额=(累计预扣预缴应纳税所得额[(1)]×预扣率−速算扣除数)−累计减免税额−累计已预扣预缴税额。本题中,因累计收入额低于生计费的扣除标准,本月应预缴税额为0。 **答案** C

【例题13·单选题】 ☆2020年8月李某为甲公司提供咨询服务,取得劳务报酬3 000元。已知劳务报酬所得预扣预缴个人所得税适用20%的预扣率。每次收入不超过4 000元的,减除费用按800元计算。计算李某该笔劳务报酬所得应预扣预缴个人所得税税额的下列算式中,正确的是( )。

A. (3 000−800)×(1−20%)×20%=352(元)

B. 3 000×20%=600(元)

C. (3 000−800)×20%=440(元)

D. 3 000×(1−20%)×20%=480(元)

解析 根据已知条件列式计算。

答案 C

【例题14·单选题】 ☆2019年9月李某出版小说取得稿酬40 000元。为创作该小说,李某发生资料购买费等各种费用5 000元。已知稿酬所得个人所得税预扣率为20%;每次收入4 000元以上的,减除费用按20%计算,收入额减按70%计算。计算李某该笔稿酬所得应预扣预缴个人所得税税额的下列算式中,正确的是( )。

A. (40 000−5 000)×(1−20%)×20%=5 600(元)

B. 40 000×(1−20%)×20%=6 400(元)

C. (40 000−5 000)×(1−20%)×70%×20%=3 920(元)

D. 40 000×(1−20%)×70%×20%=4 480(元)

解析 依据题干给出的已知条件计算即可,稿酬所得按照税法规定的标准进行费用扣除,资料费5 000元不得单独扣除。

答案 D

【例题15·单选题】 ☆2019年1月中国居民张某将一项专利权的使用权提供给甲公司,取得收入50 000元。已知特许权使用费所得个人所得税预扣率为20%。每次收入4 000元以上的,减除费用按20%计算。张某该笔所得应预扣预缴个人所得税税额为( )。

A. 12 500元　　B. 8 000元

C. 7 360元　　D. 9 200元

解析 特许权使用费所得应预扣预缴个人所得税税额=50 000×(1−20%)×20%=8 000(元)。 **答案** B

【例题16·单选题】 赵某是我国公民,独生子、单身、父母均已年满60周岁,在甲公司工作。2021年取得工资收入80 000元,在某大学授课取得收入40 000元,出版著作一部,取得稿酬60 000元,转让商标使用权,取得特许权使用费收入20 000元。已知赵某个人缴纳“三险一金”20 000元,赡养老人支出等专项附加扣除为24 000元,假设无其他扣除项目,全年综合所得应纳税所得额超过36 000元至144 000元的,适用的预扣率为10%,速算扣除数为2 520,赵某全年已预缴个人所得税23 000元,赵某2021年汇算清缴应补或应退个人所得税的下列计算列式中,正确的是( )。

A. [80 000+40 000×(1−20%)+60 000×(1−20%)×70%+20 000×(1−20%)−60 000−20 000−24 000]×10%−2 520−23 000=−19 760(元)

B. [80 000+40 000×(1−20%)+60 000×(1−20%)×70%+20 000×(1−20%)−60 000−20 000−24 000]×10%−2 520=3 240(元)

C.（80 000+40 000+6 000+20 000−60 000−20 000−24 000）×10%−2 520=1 680(元)

D.（80 000+40 000+60 000+20 000−60 000−20 000−24 000）×10%−2 520−23 000=−15 920(元)

解析 (1)工资薪金、劳务报酬、稿酬、特许权使用费为综合所得；(2)劳务报酬所得、稿酬所得、特许权使用费所得以收入减除20%的费用后的余额为收入额，稿酬所得的收入额减按70%计算；(3)全年应纳税所得额=80 000+40 000×(1−20%)+60 000×(1−20%)×70%+20 000×(1−20%)−60 000−20 000−24 000=57 600(元)；全年应纳税额=57 600×10%−2 520=3 240(元)；全年已预缴税额为23 000元；应退税额=23 000−3 240=19 760(元)。 **答案** A

考验三 经营所得(★★)

(一)税目

1. 基本规定

(1)“个体工商户”从事生产、经营活动取得的所得，“个人独资企业投资人”“合伙企业的个人合伙人”来源于境内注册的个人独资企业、合伙企业生产、经营的所得；

(2)个人依法取得执照，从事办学、医疗、咨询以及其他有偿服务活动取得的所得；

(3)个人对企业、事业单位“**承包**”经营、“**承租**”经营以及“**转包、转租**”取得的所得。

2. 特殊规定(见表6-26)

表6-26 经营所得的征税范围

所得项目		所属税目
与生产经营无关的所得		按有关规定计征
出租车司机	出租车属于个人所有	经营所得
	单车承包或承租方式运营	工资、薪金所得
企业为个人购买资产	个人独资企业、合伙企业投资者+家庭成员	经营所得
	“**非**”个人独资企业、合伙企业投资者+家庭成员	利息、股息、红利所得
	企业其他成员	工资、薪金所得

(二)应纳税额计算

1. 计税方法：按“年”计征

2. 税率：五级超额累进税率(见表6-27)

表6-27 个人所得税税率表(经营所得适用)

级数	全年应纳税所得额	税率(%)	速算扣除数
1	不超过30 000元的	5	0
2	超过30 000元至90 000元的部分	10	1 500
3	超过90 000元至300 000元的部分	20	10 500
4	超过300 000元至500 000元的部分	30	40 500
5	超过500 000元的部分	35	65 500

3. 应纳税所得额

以每一纳税年度的收入总额，减除成本、费用以及损失后的余额，为应纳税所得额。

【说明】“经营所得”的计税依据与企业所得税的应纳税所得额计算类似，以下内容仅列示“经营所得”的特殊扣除规定(见表6-28)。

表6-28 “经营所得”的特殊扣除规定

<table>
<tr><th>扣除项目</th><th colspan="2">税前扣除规定</th></tr>
<tr><td rowspan="2">生产经营费用和个人、家庭费用</td><td>划分清晰</td><td>据实扣除</td></tr>
<tr><td>混用，难以分清的费用</td><td>“40%”视为与生产经营有关的费用，准予扣除</td></tr>
<tr><td rowspan="2">工资</td><td>职工</td><td>据实扣除</td></tr>
<tr><td>业主本人</td><td>(1)不得扣除：实发工资；
(2)可以扣除：6万元+专项扣除+专项附加扣除+其他扣除。
『老侯提示1』扣除前提是该业主无综合所得；
『老侯提示2』专项附加扣除在办理汇算清缴时扣除</td></tr>
<tr><td rowspan="3">三项经费
(工会经费、职工福利费、职工教育经费)</td><td>职工</td><td>以“实发工资薪金总额”为计算依据</td></tr>
<tr><td>业主本人</td><td>以“当地上年度社会平均工资3倍”为计算依据</td></tr>
<tr><td>职工教育经费</td><td>扣除比例为2.5%</td></tr>
<tr><td rowspan="2">补充养老、补充医疗保险</td><td>职工</td><td>分别不超过实发工资薪金总额的5%的部分准予扣除</td></tr>
<tr><td>业主本人</td><td>分别不超过“当地上年度社会平均工资3倍”的5%的部分准予扣除</td></tr>
<tr><td rowspan="3">捐赠</td><td rowspan="2">公益性捐赠</td><td>不超过“应纳税所得额30%”的部分可以扣除</td></tr>
<tr><td>符合法定条件的准予“全额扣除”</td></tr>
<tr><td>非公益性捐赠</td><td>不得扣除</td></tr>
<tr><td rowspan="2">购置研发专用设备</td><td>单价<10万元</td><td>准予一次性全额扣除</td></tr>
<tr><td>单价≥10万元</td><td>按固定资产管理</td></tr>
<tr><td colspan="3">【说明】其他扣除项目和不得扣除项目，如业务招待费、广告和业务宣传费、借款费用、社会保险等与企业所得税完全一致，此处不再赘述</td></tr>
</table>

4. 税收优惠(2022年新增)

对个体工商户经营所得年应纳税所得额不超过100万元的部分在现行优惠政策基础上，再减半征收个人所得税。

【例题1·多选题】根据个人所得税法律制度的规定，下列各项中，房屋所有权人需要缴纳个人所得税的有( )。

A. 企业投资者个人向企业借款购买房屋，逾期未归还借款的

B. 企业为企业员工购买房屋的

C. 企业员工向企业借款购买房屋，逾期未归还借款的

D. 企业为投资者家庭成员购买房屋的

解析 选项AD，按“经营所得”或“利息、股息、红利所得”缴纳个人所得税；选项BC，按“工资薪金所得”缴纳个人所得税。

答案 ABCD

【例题2·单选题】☆根据个人所得税法律制度的规定，在计算个体工商户经营所得应纳税所得额时，下列支出中，不得扣除的是( )。

A. 合理的劳动保护支出

B. 在生产经营活动中发生的合理的不需要资本化的借款费用

C. 实际支付给从业人员的合理的工资薪金支出

D. 用于个人和家庭的支出

解析 ➤选项D，与生产经营无关，不能在税前扣除。 **答案** ➤D

【例题3·判断题】 个体工商户业主的工资薪金支出，在计算个人所得税经营所得应纳税所得额时，准予扣除。（ ）

解析 ➤ 业主的工资薪金支出，不得扣除；支付给从业人员的、合理的工资薪金支出，准予扣除。 **答案** ➤×

【例题4·单选题】 个体工商户张某2021年度取得营业收入200万元，当年发生业务宣传费25万元，上年度结转未扣除的业务宣传费15万元。已知业务宣传费不超过当年营业收入15%的部分，准予扣除，个体工商户张某在计算当年个人所得税应纳税所得额时，允许扣除的业务宣传费金额为（ ）万元。

A. 30　　B. 25

C. 40　　D. 15

解析 ➤ 销售营业收入的15%＝200×15%＝30（万元）<实际发生额25＋15＝40（万元），按照限额扣除，即允许扣除的业务宣传费金额为30万元。 **答案** ➤A

考验四　财产租赁所得（★★★）

（一）税目

1. 基本规定

个人"**出租**"不动产、土地使用权、机器设备、车船以及其他财产而取得的所得。

2. 特别规定

房地产开发企业与商店购买者个人签订协议规定，以优惠价格出售其商店给购买者个人，购买者个人在一定期限内必须将购买的商店无偿提供给房地产开发企业对外出租使用。对购买者个人少支出的购房价款，应视同个人财产租赁所得，按照"财产租赁所得"项目征收个人所得税。

【例题1·判断题】 个人取得的住房转租收入，应按"财产转让所得"征收个人所得税。（ ）

解析 ➤ 上述收入，应按"财产租赁所得"征收个人所得税。 **答案** ➤×

（二）应纳税额计算

1. 计税方法

按次计征，以（每套住房）"1个月"内取得的收入为一次。

2. 税率

（1）个人出租"住房"：10%；

（2）个人出租"非住房"：20%。

3. 应纳税所得额——采用"**定额和定率相结合**"的扣除方式

（1）每次收入额≤4 000元的：

应纳税所得额＝每次收入额－800

（2）每次收入额>4 000元的：

应纳税所得额＝每次收入额×（1－20%）

『老侯提示1』 计算时还须扣除准予扣除的项目（包括：出租房屋时缴纳的城市维护建设税、教育费附加以及房产税、印花税等相关税费；不包括：增值税），若房屋租赁期间发生"**修缮费用**"同样准予在税前扣除但以"**每月800元**"为限，多出部分在"**以后月份**"扣除。

『老侯提示2』 个人转租房屋的，其向房屋出租方支付的租金及增值税额，在计算财产租赁所得个人所得税时，准予扣除。

4. 应纳税额

（1）每次（月）收入不超过4 000元的：

应纳税额＝［每次（月）收入额－财产租赁过程中缴纳的税费－修缮费用（800元为限）－800］×20%

（2）每次（月）收入4 000元以上的：

应纳税额=[每次(月)收入额-财产租赁过程中缴纳的税费-修缮费用(800元为限)]×(1-20%)×20%

『老侯提示』判定是否达到4 000元的基数为“收入额-财产租赁过程中缴纳的税费-修缮费”。

【例题2·单选题】2021年9月王某出租自有住房取得租金收入6 000元，房屋租赁过程中缴纳的税费240元，支付该房屋的修缮费1 000元，已知个人出租住房个人所得税税费暂减按10%，每次收入4 000元以上的，减除20%的费用。计算王某当月出租住房应缴纳个人所得税税额的下列算式中正确的是( )。

A. (6 000-240-800)×10%=496(元)

B. (6 000-240-1 000)×10%=476(元)

C. (6 000-240-1 000)×(1-20%)×10%=380.8(元)

D. (6 000-240-800)×(1-20%)×10%=396.8(元)

解析 房屋租赁期间发生修缮费用准予在税前扣除但以每月800元为限，多出部分在以后月份扣除；租金收入6 000元，扣除财产租赁过程中缴纳的税费240元，扣除修缮费用800元，收入额为4 960元>4 000元，费用扣除标准为20%，出租住房应缴纳的个人所得税=(6 000-240-800)×(1-20%)×10%=396.8(元)。 答案 D

【例题3·单选题】下列各项中，暂减按10%税率征收个人所得税的是( )。

A. 周某出租机动车取得的所得

B. 夏某出租住房取得的所得

C. 林某出租商铺取得的所得

D. 刘某出租电子设备取得的所得

解析 个人出租住房取得的所得暂减按10%的税率征收个人所得税。 答案 B

【例题4·判断题】个人转租房屋的，其向房屋出租方支付的租金及增值税额，在计算财产租赁所得个人所得税时，准予扣除。 ( )

答案 √

考验五 财产转让所得(★★★)

(一)税目

1. 基本规定

财产转让所得是指个人“转让”有价证券、股权、合伙企业中的财产份额、不动产、机器设备、车船以及其他财产取得的所得。

『老侯提示』属于财产转让所得税目的包括转让“有形资产”+“土地使用权”+“股权”+“债权”。

2. 特别规定

(1)“股权”转让所得税务处理(见表6-29)。

表6-29 “股权”转让所得税务处理

	交易行为	具体形式	纳税义务
上市公司股票	转让	“非限售股”股票	暂不征收个人所得税
		“限售股”股票	按“财产转让所得”纳税

续表

<table>
<tr><th></th><th>交易行为</th><th colspan="2">具体形式</th><th>纳税义务</th></tr>
<tr><td rowspan="5">非上市公司股权</td><td>转让</td><td colspan="2">出售、公司回购、司法强制过户、抵偿债务、对外投资等</td><td>按“财产转让所得”纳税</td></tr>
<tr><td>终止投资</td><td colspan="2">各种名目的回收款项</td><td>按“财产转让所得”纳税</td></tr>
<tr><td rowspan="3">回收转让股权</td><td rowspan="2">转让合同履行完毕</td><td>股权已作变更、收入已实现时</td><td>按“财产转让所得”纳税</td></tr>
<tr><td>转让行为结束，双方当事人签订并执行解除原股权转让合同、退回股权的协议</td><td>视为另一次股权转让行为，前次转让征收的税款不予退回</td></tr>
<tr><td>转让合同“未”履行完毕</td><td>因执行仲裁委员会作出的解除转让合同的裁决、停止执行原转让合同，并原价收回已转让股权</td><td>不缴纳个人所得税</td></tr>
</table>

(2)个人通过招标、竞拍或其他方式购置债权以后，通过相关司法或行政程序主张债权而取得的所得，按“财产转让所得”征税。

(3)个人通过网络收购玩家的虚拟货币，加价后向他人出售取得的收入，按“财产转让所得”征税。

(4)企业改制职工个人取得的量化资产税务处理(见表6-30)。

表6-30　企业改制职工个人取得的量化资产税务处理

<table>
<tr><th colspan="2">适用情形</th><th>计税规定</th></tr>
<tr><td colspan="2">仅作分红依据无所有权</td><td>不征税</td></tr>
<tr><td rowspan="2">拥有所有权</td><td>取得时</td><td>暂缓征税</td></tr>
<tr><td>转让时</td><td>财产转让所得</td></tr>
<tr><td colspan="2">持有期间参与分配</td><td>利息、股息、红利所得</td></tr>
</table>

3. 视同转让

个人以“非货币性资产投资”，属于转让和投资同时发生，对转让所得应按“财产转让所得”征税。

【例题1·多选题】下列各项中，应按“财产转让所得”税目计征个人所得税的有(　)。

A. 转让机器设备所得

B. 提供著作权的使用权所得

C. 转让股权所得

D. 提供非专利技术使用权所得

解析▶选项BD，“无形资产”(土地使用权除外)使用权、所有权的转让均应按“特许权使用费所得”税目计征个人所得税。

答案▶AC

【例题2·多选题】☆根据个人所得税法律制度的规定，下列情形中，按照“财产转让所得”项目依法计算缴纳个人所得税的有(　)。

A. 王某以房产进行投资

B. 李某因终止投资从被投资企业的其他投资者取得股权转让收入

C. 赵某以股权抵偿债务

D. 张某持有的股权被行政机关强制过户

解析▶选项A，个人以非货币性资产投资，属于个人转让非货币性资产和投资同时发生，对个人转让非货币性资产的所得，属于“财产转让所得”；选项B，个人因终止投资从被投资企业的其他投资者取得股权转让收入，属于“财产转让所得”；选项CD，个人将投资于在中国境内成立的企业或组织(不包括个人独资企业和合伙企业)的股权或股份，转让给其他个人或法人的行为(包括以股权抵偿债务、股权被行政机关强制过户等)，属于“财产转让所得”。 答案 ▶ ABCD

【例题3·多选题】根据个人所得税法律制度的规定，下列各项中，应按照“财产转让所得”项目计缴个人所得税的有( )。

A. 个人通过网络收购玩家的虚拟货币，加价后向他人出售取得的所得

B. 个人转让新三板挂牌公司原始股取得的所得

C. 个人通过竞拍购置债权后，通过司法程序主张债权而取得的所得

D. 个人取得专利赔偿所得

解析 ▶ 选项D，个人取得专利赔偿所得应按“特许权使用费所得”项目征收个人所得税。 答案 ▶ ABC

【例题4·判断题】集体所有制企业职工个人在企业改制过程中，以股份形式取得的仅作为分红依据，不拥有所有权的企业量化资产，应按“利息、股息、红利所得”计缴个人所得税。 ( )

解析 ▶ 上述情形，不征收个人所得税。

答案 ▶ ×

(二)应纳税额计算

1. 计税方法：按“次”计征

2. 税率：20%

3. 应纳税所得额

应纳税所得额=转让财产收入-原值-合理费用

4. 应纳税额

应纳税额=应纳税所得额×20%

『老侯提示1』个人转让房屋的个人所得税应税收入不含增值税，其取得房屋时所支付价款中包含的增值税计入财产原值，计算转让所得时可扣除的税费不包括本次转让缴纳的增值税。

『老侯提示2』对个人转让自用“5年以上”并且是家庭“唯一”“生活用房”取得的所得，继续免征个人所得税。

【例题5·单选题】☆2019年10月张某转让一处原值100万元的商铺，取得不含增值税收入150万元，发生合理费用5万元。已知财产转让所得个人所得税税率为20%。计算张某当月转让商铺应缴纳个人所得税税额的下列算式中，正确的是( )。

A. (150-5)×20%=29(万元)

B. (150-100-5)×20%=9(万元)

C. (150-100)×20%=10(万元)

D. 150×20%=30(万元)

解析 ▶ 财产转让所得应纳税额=(收入总额-财产原值-合理费用)×20%。 答案 ▶ B

【例题6·单选题】对个人转让自用一定期限并且是家庭唯一生活用房取得的所得，暂免征收个人所得税。该期限是( )。

A. 1年以上　　B. 2年以上

C. 3年以上　　D. 5年以上

答案 ▶ D

考验六 利息、股息、红利所得；偶然所得(★★★)

(一)利息、股息、红利所得税目

1. 基本规定

个人拥有债权、股权等而取得的利息、股息、红利性质的所得。

2. 特殊规定

(1)房屋买受人在未办理房屋产权证的情况下，按照与房地产公司约定条件(如对房屋的占有、使用、收益和处分权进行限制)在一定时期后无条件退房而取得的补偿款，应按照“利息、股息、红利所得”缴纳个人所得税。

(2)个人投资者收购企业股权后，将企业原有盈余积累(资本公积、盈余公积、未分配利润)转增股本(见表6-31)。

表 6-31 盈余积累转增股本计税规定

新股东收购价款	转增股本的原盈余积累	如何纳税
≥净资产价格	全部计入股权交易价格	不征收个人所得税
<净资产价格	已经计入股权交易价格的部分	不征收个人所得税
	未计入股权交易价格的部分	按“利息、股息、红利所得”征收个人所得税

『老侯提示』转增股本时，应当先转增应税的盈余积累部分，再转增免税的盈余积累部分。

【举例】甲公司净资产为100万元，包括股本50万元，盈余积累50万元。现赵某收购甲公司，并转增股本，根据其收购价款的不同，计税规定如下：

新股东收购价款	转增股本的原盈余积累	如何纳税
100万元	50万元	不征收个人所得税
80万元	30万元	不征收个人所得税
	20万元	按“利息、股息、红利所得”征收个人所得税

（二）偶然所得税目

1. 基本规定

个人得奖、中奖、中彩以及其他偶然性质的所得。

2. 特别规定

（1）企业促销所得。

①企业对累积消费达到一定额度的顾客，给予额外“抽奖机会”，个人的获奖所得，按照“偶然所得”项目，缴纳个人所得税。

②企业通过价格折扣、折让方式向个人销售商品和提供服务，不征收个人所得税。

③企业向个人销售商品和提供服务的同时给予“赠品”，不征收个人所得税。

④企业对累积消费达到一定额度的个人按消费积分反馈的“礼品”，不征收个人所得税。

（2）担保所得。

个人提供“担保”获得收入，按照“偶然所得”项目，缴纳个人所得税。

（3）受赠所得。

①受赠人因无偿“受赠房屋”取得的受赠收入，按照“偶然所得”项目，缴纳个人所得税。

②企业在业务宣传、广告等活动中，随机向本单位以外的个人赠送礼品（包括网络红包，下同），以及企业在年会、座谈会、庆典以及其他活动中向本单位以外的个人赠送礼品，个人取得的“礼品”收入，按照“偶然所得”项目，缴纳个人所得税。

『老侯提示』企业赠送的具有折扣和折让性质的“消费券、代金券、抵用券、优惠券”等礼品除外。

（4）发票和彩票中奖所得的“起征点”。

①彩票，一次中奖收入“在1万元以下”的暂免征收个人所得税；超过1万元的，全额征收个人所得税。

②个人取得单张有奖发票奖金所得“不超过800元”的，暂免征收个人所得税；超过800元的，全额征收个人所得税。

（三）应纳税额计算

1. 计税方法：按“次”计征

2. 税率：20%

3. 应纳税所得额

以“每次收入额”为应纳税所得额，不扣减任何费用。

4. 应纳税额

应纳税额=应纳税所得额×20%

【例题1·多选题】☆根据个人所得税法律制度的规定，甲公司员工李某取得的下列收益中，应按照“偶然所得”项目缴纳个人所得税的有（ ）。

A. 取得丙公司赠送的8折优惠券

B. 在乙公司业务宣传活动中取得随机赠送的U盘

C. 为丁公司提供担保获得收入5 000元

D. 取得单张有奖发票奖金1 000元

解析 选项AB，企业在业务宣传、广告等活动中，随机向本单位以外的个人赠送礼品，个人取得的礼品收入，按照"偶然所得"项目计算缴纳个人所得税，但企业赠送的具有价格折扣或折让性质的优惠券等礼品除外；选项C，个人为单位或他人提供担保获得收入，按照"偶然所得"项目计算缴纳个人所得税；选项D，个人取得单张有奖发票奖金所得超过800元的，应全额按照"偶然所得"项目征收个人所得税。 **答案** BCD

【例题2·单选题】2021年5月张某购买福利彩票取得一次中奖收入100 000元，购买彩票支出1 000元。已知，偶然所得个人所得税税率为20%。计算张某当月该笔中奖收入应缴纳的个人所得税税额的下列算式中，正确的是( )。

A. 100 000×20%＝20 000(元)

B. (100 000－1 000)×20%＝19 800(元)

C. (100 000－1 000)×(1－20%)×20%＝15 840(元)

D. 100 000×(1－20%)×20%＝16 000(元)

解析 偶然所得应以每次收入额全额计税，没有任何扣除。 **答案** A

考验七 关于捐赠的扣除规定(★★★)

(一)公益性捐赠

1. 限额扣除

个人将其所得对"教育、扶贫、济困"等公益慈善事业进行捐赠，捐赠额未超过纳税人申报的"**应纳税所得额**"30%的部分，可以从其"**应纳税所得额**"中扣除。

『老侯提示』一般的"公益性捐赠"限额扣除，跟"应纳税所得额"比，从"应纳税所得额"中扣。

2. 全额扣除

(1)向"红十字事业"的捐赠；

(2)向"教育事业"的捐赠；

(3)向"农村义务教育"的捐赠；

(4)向"公益性青少年活动场所"的捐赠；

(5)向"福利性、非营利性老年服务机构"的捐赠；

(6)"通过特定基金会，用于公益救济"的捐赠。

(二)非公益性捐赠

个人的直接捐赠，不得在计算应纳税额时扣除。

【例题1·判断题】☆个人通过非营利性社会团体对公益性青少年活动场所的捐赠，在计算缴纳个人所得税时，准予在税前的所得额中全额扣除。 ( )

答案 √

【例题2·单选题】☆2020年6月赵某在商场有奖竞赛活动中获得奖金2 000元，随后将其中800元直接捐赠给某农村小学。已知偶然所得个人所得税税率为20%。计算赵某该笔奖金应缴纳个人所得税税额的下列算式中，正确的是( )。

A. (2 000÷20%－800)×20%＝1 840(元)

B. 2 000×20%＝400(元)

C. (2 000－800)×20%＝240(元)

D. 800×20%＝160(元)

解析 (1)直接捐赠不属于公益性捐赠，不得在计算个人所得税前扣除；(2)偶然所得以收入全额为应纳税所得额，适用税率为20%。 **答案** B

【例题3·单选题】☆2019年12月中国居民林某购买体育彩票支出400元，取得一次性中奖收入40 000元，将其中的10 000元通过非营利性社会团体捐赠给红十字事业。林某选择在偶然所得中扣除该笔公益捐赠支出。已知偶然所得个人所得税税率为20%。

林某当月该笔中奖收入应缴纳个人所得税税额为( )。

A. 6 000元　　B. 7 500元

C. 7 400元　　D. 5 920元

解析 (1)偶然所得以收入全额为应纳税所得额，不扣除任何费用；(2)公益性捐赠额未超过纳税人申报的“应纳税所得额”30%的部分，可以从其“应纳税所得额”中扣除；(3)本题中应纳税所得额为40 000元，应纳税所得额的30% = 40 000 × 30% = 12 000(元)>捐赠额10 000元，则实际捐赠额可以在应纳税所得额中据实扣除。应纳税额=(40 000-10 000)×20%=6 000(元)。

答案 A

考验八　税收优惠(★★★)

(一)可以结合不定项选择题考核的减免税政策

1. **国债**和国家发行的金融债券利息

2. **保险赔款**

3. **退休工资**

4. 个人转让自用“**5年以上**”并且是家庭“**唯一**”“**生活用房**”取得的所得

5. **储蓄存款利息**

6. 持有上市公司股票的股息所得

(1)持股期限>1年：免征；

(2)1个月<持股期限≤1年：减半征收；

(3)期限≤1个月：全额征收；

(4)限售股解禁前取得的股息：减半征收。

7. **上市公司股票转让所得**

8. 彩票一次中奖收入“**在1万元以下**”

9. 发票奖金所得“**不超过800元**”

(二)直接考核的减免税政策

1. “**省级**”人民政府、“**国务院部委**”和中国人民解放军“**军以上**”单位，以及“**外国组织、国际组织**”颁发的科学、教育、技术、文化、卫生、体育、环境保护等方面的奖金

2. 按照国家统一规定发给的补贴、津贴

3. 福利费、抚恤金、救济金

4. 军人的转业费、复员费、退役金

5. 外交代表、领事官员和其他人员的所得

6. 拆迁补偿款

7. 企业职工从破产企业取得的一次性安置费收入

8. 外籍个人

(1)“**非现金**”形式或“**实报实销**”的住房补贴、伙食补贴、搬迁费、洗衣费；

(2)合理标准的境内外出差补贴；

(3)合理的探亲费、语言训练费、子女教育费；

(4)从外商投资企业取得的股息、红利所得；

(5)符合条件的工资、薪金所得(针对特定外籍专家)。

9. 以下情形的房屋产权无偿赠与的，对当事双方不征收个人所得税

(1)房屋产权所有人将房屋产权无偿赠与“**近亲属**”；

(2)房屋产权所有人将房屋产权无偿赠与对其承担直接“**抚养或赡养义务**”的人；

(3)房屋产权所有人死亡，依法取得房屋产权的“**继承人**”。

10. 个人举报、协查各种违法、犯罪行为而获得的奖金

11. 个人办理代扣代缴手续，按规定取得的扣缴手续费

【例题1·单选题】 ☆2019年1月中国居民王某从公开发行和转让市场购入甲上市公司股票。6月取得甲上市公司分配的股息8 000元。7月将持有的股票全部转让。已知利息、股息、红利所得个人所得税税率为20%。王某该笔股息应缴纳个人所得税税额为( )。

A. 800元　　B. 1 600元

C. 600元　　D. 1 200元

解析 个人从公开发行和转让市场取得的上市公司股票，持股期限在1个月以上至

1年(含1年)的，暂减按50%计入应纳税所得额，个人所得税税额=8 000×50%×20%=800(元)。

答案▶ A

【例题2·单选题】☆根据个人所得税法律制度的规定，下列各项中，应当征收个人所得税的是(　)。

A. 市级民政部门支付给个人的生活困难补助费

B. 按照国务院规定发给的政府特殊津贴

C. 省级人民政府颁发给个人的科学方面的奖金

D. 公司发放给员工的科研奖金

解析▶ 选项ABC，免征个人所得税。

答案▶ D

考验九 个人所得税的征收管理(★)

(一)纳税申报

1. 代扣代缴

(1)以支付所得的“单位”或“个人”为扣缴义务人。

(2)扣缴义务人在代扣税款的次月15日内，向主管税务机关报送其支付所得的所有个人的相关涉税信息资料。

(3)税务机关给付2%的手续费。

『老侯提示』“经营所得”纳税人的双重身份(见图6-3)。

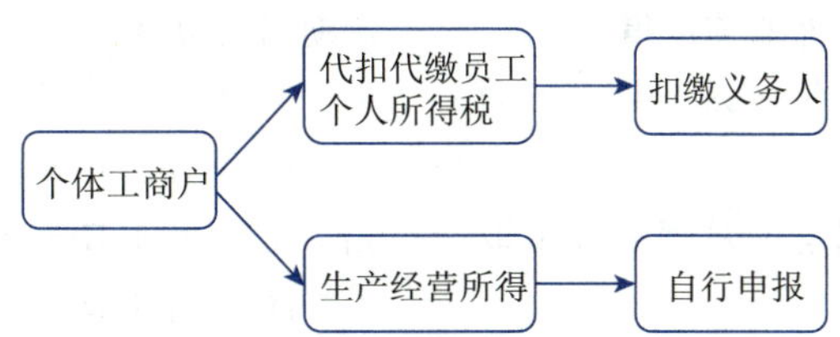

图6-3 “经营所得”纳税人的双重身份

2. 自行申报

(1)取得“综合所得”需要办理汇算清缴。

①在“**两处或者两处以上**”取得综合所得，且综合所得年收入额“**减去专项扣除**”的余额“**超过6万元**”；

②取得劳务报酬所得、稿酬所得、特许权使用费所得中一项或者多项所得，且综合所得年收入额“**减去专项扣除**”的余额“**超过6万元**”；

『老侯提示』扣减项目只包括专项扣除(三险一金)，而不包括生计费、专项附加扣除和其他扣除项目。

③纳税年度内预缴税额“**低于**”应纳税额的；

④纳税人“申请退税”。

(2)取得应税所得没有扣缴义务人。

(3)取得应税所得，扣缴义务人未扣缴税款。

(4)取得境外所得。

(5)因移居境外注销中国户籍。

(6)“**非居民个人**”在中国境内从“**两处以上**”取得“**工资、薪金**”所得。

(二)纳税期限

1. 综合所得

(1)居民个人取得综合所得，按年计算个人所得税；有扣缴义务人的，由扣缴义务人按月或者按次预扣预缴税款；需要办理汇算清缴的，应当在取得所得的次年“**3月1日至6月30日**”内办理汇算清缴。

(2)非居民个人取得工资、薪金所得，劳务报酬所得，稿酬所得和特许权使用费所得，有扣缴义务人的，由扣缴义务人“**按月或者按次**”代扣代缴税款，**不办理汇算清缴**。

2. 经营所得

纳税人取得经营所得，按年计算个人所得

得税，由纳税人在月度或者季度终了后“**15 日内**”向税务机关报送纳税申报表，并预缴税款；在取得所得的次年“**3 月 31 日**”前办理汇算清缴。

3. 利息、股息、红利所得，财产租赁所得，财产转让所得和偶然所得

纳税人取得上述所得，按月或者按次计算个人所得税，有扣缴义务人的，由扣缴义务人**按月或者按次**代扣代缴税款。

4. 纳税人取得应税所得没有扣缴义务人

应当在取得所得的**次月 15 日内**向税务机关报送纳税申报表，并缴纳税款。

5. 扣缴义务人未扣缴税款

(1)纳税人应当在取得所得的**次年 6 月 30 日前**，缴纳税款；

(2)税务机关**通知限期缴纳**的，纳税人应当按照期限缴纳税款。

6. 居民个人从中国境外取得所得

应当在取得所得的**次年 3 月 1 日至 6 月 30 日**内申报纳税。

7. 非居民个人在中国境内从两处以上取得工资、薪金所得

应当在取得所得的**次月 15 日内**申报纳税。

8. 纳税人因移居境外注销中国户籍

应当在**注销中国户籍前**办理税款清算。

9. 扣缴义务人每月或者每次预扣、代扣税款的缴库

应当在**次月 15 日内**缴入国库，并向税务机关报送扣缴个人所得税申报表。

『**老侯提示**』纳税期限的最后一日是法定休假日的，以休假日的次日为期限的最后一日。

【例题 1·多选题】☆根据个人所得税法律制度的规定，下列情形中，纳税人应当依法办理纳税申报的有(　)。

A. 因移居境外注销中国户籍

B. 非居民个人在中国境内从两处以上取得工资、薪金所得

C. 居民个人取得境外所得

D. 取得综合所得需要办理汇算清缴

解析 ▶ 需要办理纳税申报无非：(1)未扣缴税款或预缴税款不足，需要补税；(2)多预缴税款需要办理退税。**答案** ▶ ABCD

【例题 2·单选题】☆根据个人所得税法律制度的规定，居民个人取得综合所得需要办理汇算清缴的，应当在取得所得的次年一定期间内办理汇算清缴。该期间为(　)。

A. 1 月 1 日至 1 月 31 日

B. 1 月 1 日至 3 月 31 日

C. 3 月 1 日至 6 月 30 日

D. 2 月 1 日至 5 月 31 日

答案 ▶ C

【例题 3·判断题】在个人所得税自行纳税申报方式下，纳税期限的最后一日是法定休假日的，以休假日的次日为期限的最后一日。(　)

答案 ▶ √

心有灵犀 限时 120 分钟

扫我做试题

一、单项选择题

1. 根据企业所得税法律制度的规定，下列各项中，不属于企业所得税纳税人的是(　)。

A. 外商独资企业

B. 一人有限责任公司

C. 个人独资企业

D. 社会团体

2. 甲公司为符合条件的小型微利企业。2021 年甲企业的应纳税所得额为 250 万元。已知小型微利企业减按 20%的税率征收企业所得税。计算甲公司 2021 年度应缴纳企业所得税税额的下列算式中，正确的是( )。

A. 250×20%=50(万元)

B. 250×50%×20%=25(万元)

C. 100×12.5%×20%+150×50%×20%=17.5(万元)

D. 100×25%×20%+150×50%×20%=20(万元)

3. 根据企业所得税法律制度的规定，下列关于不同方式下销售商品收入金额确定的表述中，正确的是( )。

A. 采用商业折扣方式销售商品的，按照商业折扣前的金额确定销售商品收入金额

B. 采用现金折扣方式销售商品的，按照现金折扣前的金额确定销售商品收入金额

C. 采用售后回购方式销售商品的，按照扣除回购商品公允价值后的余额确定销售商品收入金额

D. 采用以旧换新方式销售商品的，按照扣除回收商品公允价值后的余额确定销售商品收入金额

4. 根据企业所得税法律制度的规定，关于确认收入实现时间的下列表述中，正确的是( )。

A. 销售商品采用托收承付方式的，在签订合同时确认

B. 销售商品采用支付手续费方式委托代销的，在销售时确认

C. 销售商品采用预收款方式的，在发出商品时确认

D. 销售商品需要安装的，在商品发出时确认

5. 根据企业所得税法律制度的规定，关于确认收入实现时间的下列表述中，正确的是( )。

A. 接受捐赠收入，按照合同约定的捐赠日期确认收入的实现

B. 利息收入，按照合同约定的债务人应付利息的日期确认收入的实现

C. 租金收入，按照出租人实际收到租金的日期确认收入的实现

D. 权益性投资收益，按照投资方实际收到利润的日期确认收入的实现

6. 根据企业所得税法律制度的规定，下列各项中，属于免税收入的是( )。

A. 财政拨款收入

B. 转让企业债券取得的收入

C. 企业购买国债取得的利息收入

D. 县级以上人民政府将国有资产无偿划入企业并指定专门用途并按规定进行管理的

7. 甲公司是一家化妆品生产企业，2021 年销售化妆品取得收入 2 000 万元，销售进口的原材料取得收入 500 万元，承接国家一项关于皮肤方面的科研项目，取得财政拨款 400 万元，投资国债取得利息收入 30 万元，接受乙公司投资取得投资款 1 000 万元。则该企业计算 2021 年企业所得税应纳税额时，计入收入总额的金额，下列计算正确的是( )。

A. 2 000+500+400+30+1 000=3 930(万元)

B. 2 000+500+400+30=2 930(万元)

C. 2 000+500+400=2 900(万元)

D. 2 000+500=2 500(万元)

8. 甲公司 2021 年度发生合理的工资薪金支出 1 000 万元，发生职工福利费支出 150 万元，拨缴工会经费 21 万元，发生职工教育经费支出 75 万元，上年度结转未扣除的职工教育经费支出 13 万元。已知企业发生的职工福利费支出、拨缴的工会经费、发生的职工教育经费支出分别在不超过工资薪金总额 14%、2%、8%的部分，准予扣除。在计算甲公司 2021 年度企业

所得税应纳税所得额时，准予扣除的职工福利费支出、工会经费和职工教育经费支出合计金额为(　)。

A. 235万元　　B. 259万元

C. 240万元　　D. 250万元

9. 甲公司2021年度利润总额300万元，预缴企业所得税税额60万元，在“营业外支出”账户中列支了通过公益性社会组织向灾区的捐款38万元。已知企业所得税税率为25%；公益性捐赠支出不超过年度利润总额12%的部分，准予在计算企业所得税应纳税所得额时扣除。计算甲公司当年应补缴企业所得税税额的下列算式中，正确的是(　)。

A. 300×25%-60=15(万元)

B. (300+300×12%)×25%-60=24(万元)

C. [300+(38-300×12%)]×25%-60=15.5(万元)

D. (300+38)×25%-60=24.5(万元)

10. 某家具企业2021年度销售收入为272 000元，发生业务招待费5 000元，发生广告费30 000元，业务宣传费10 000元，2020年结转未扣除的广告费10 000元，根据企业所得税法律的规定，该企业当年可以在税前扣除的业务招待费、广告费和业务宣传费合计的下列计算中，正确的是(　)。

A. 5 000×60%+272 000×15%=43 800(元)

B. 272 000×5‰+30 000+10 000=41 360(元)

C. 272 000×5‰+272 000×15%=42 160(元)

D. 5 000+30 000+10 000+10 000=55 000(元)

11. 甲公司为一家化妆品生产企业，2021年3月因业务发展需要与工商银行借款100万元，期限半年，年利率8%；2021年5月又向自己的供应商借款200万，期限半年，支付利息10万元，上述借款均用于经营周转，该企业无其他借款，根据企业所得税法律制度的规定，该企业2021年可以在所得税前扣除利息费用的下列计算中，正确的是(　)。

A. 100×8%=8(万元)

B. 10(万元)

C. 100×8%×50%+200×8%×50%=12(万元)

D. 100×8%×50%+10=14(万元)

12. 某公司2021年度支出合理的工资薪金总额1 000万元，按规定标准为职工缴纳基本社会保险费150万元，为受雇的全体员工支付补充养老保险费80万元，补充医疗保险费45万元，为公司高管缴纳商业保险费30万元。根据企业所得税法律制度的规定，该公司2021年度发生的上述保险费在计算应纳税所得额时准予扣除数额的下列计算中，正确的是(　)。

A. 150+80+45+30=305(万元)

B. 150+80+45=275(万元)

C. 150+1 000×5%=200(万元)

D. 150+1 000×5%+45=245(万元)

13. 根据企业所得税法律制度的规定，下列固定资产中，可以计提折旧扣除的是(　)。

A. 以融资租赁方式租出的固定资产

B. 以经营租赁方式租入的固定资产

C. 已足额提取折旧仍继续使用的固定资产

D. 未投入使用的厂房

14. 某企业于2021年6月15日购入生产用设备一台，金额550万元，按照企业所得税法的规定，该设备应按照(　)计提折旧。

A. 20年　　B. 10年

C. 5年　　D. 4年

15. 自2018年1月1日起，当年具备资格的高新技术企业，其具备资格年度之前5个年度发生的尚未弥补完的亏损，准予结转以后年度弥补，但是最长不得超过一定期限。该期限是(　)。

A. 3年　　B. 5年

C. 10年　　D. 20年

16. 甲食品生产企业(不属于小型微利企业)2015年发生亏损20万元，2016年盈利12万元，2017年亏损1万元，2018年盈利4万元，2019年亏损5万元，2020年盈利2万元，2021年盈利38万元。则该企业2021年应缴纳企业所得税税额的下列计算中，正确的是(　)。

A. 38×25%=9.5(万元)

B. (38-2-1-5)×25%=7.5(万元)

C. (38-1-5)×25%=8(万元)

D. (38-5)×25%=8.25(万元)

17. 2019年4月1日，甲创业投资企业采取股权投资方式向未上市的取得高新技术企业资格的乙公司(该公司属于中小企业)投资120万元，股权持有至2021年6月1日，甲创业投资企业2021年度计算应纳税所得额时，对乙公司的投资额可以抵免的数额下列计算中，正确的是(　)。

A. 0

B. 120×70%=84(万元)

C. 120×80%=96(万元)

D. 120×90%=108(万元)

18. 甲公司2021年应纳税所得额为1 000万元，当年购入一台安全生产专用设备增值税发票上注明的价款为100万元，取得境外所得，在中国境内可以抵免税额为20万元，则下列甲公司2021年度企业所得税应纳税额的计算中，正确的是(　)。

A. (1 000 - 100 × 70%) × 25% - 20 = 212.5(万元)

B. 1 000×25% - 100×10% - 20 = 220(万元)

C. 1 000×25%-100×10%=240(万元)

D. 1 000×25%=250(万元)

19. 甲小家电生产企业2021年取得会计利润80万元，当年发生研发支出40万元，未形成无形资产，已做管理费用扣除，假设甲公司无其他纳税调整事项，则甲公司2021年应缴纳企业所得税的下列计算中，正确的是(　)。

A. 80×25%=20(万元)

B. (80-40×50%)×25%=15(万元)

C. (80-40×75%)×25%=12.5(万元)

D. (80-40×100%)×25%=10(万元)

20. 甲公司为居民企业，2021年度境内应纳税所得额500万元，来源于W国的应纳税所得额150万元，已在W国缴纳企业所得税税额为30万元，已知甲公司适用的所得税税率为25%，计算甲公司2021年度应缴纳企业所得税税额的下列算式中，正确的是(　)。

A. 500×25%=125(万元)

B. (500+150)×25%=162.5(万元)

C. (500+150)×25%-30=132.5(万元)

D. 500×25%-30=95(万元)

21. 境外某公司在中国境内未设立机构、场所，2021年取得境内甲公司支付的股息500万元，发生相关支出1万元，取得境内乙公司支付的特许权使用费350万元，发生相关支出2万元。2021年度该境外公司在我国的应纳税所得额是(　)。

A. 348万元　　B. 499万元

C. 847万元　　D. 850万元

22. 根据个人所得税法律的规定，在中国境内无住所但取得所得的下列外籍个人中，属于居民个人的是(　)。

A. M国甲，在华工作5个月

B. N国乙，2021年1月10日入境，2021年6月10日离境

C. X国丙，2021年1月5日入境，2021年8月31日离境

D. Y国丁，2020年8月1日入境，2021年3月1日离境

23. 根据个人所得税法律制度的规定，下列各项中，不属于来源于中国境内的所得

的是(　)。

A. 美国居民甲任职受雇于中国的甲公司在中国境内工作取得工资、薪金所得

B. 日本居民乙将一项专利技术许可给中国的乙公司在中国境内使用取得特许权使用费所得

C. 韩国居民丙借款给中国居民赵某取得利息所得

D. 中国居民丁将位于美国纽约的一栋别墅出售给一家美国公司取得所得

24. 根据个人所得税法律制度的规定，下列各项中，不属于综合所得计算应纳税额时可以做专项附加扣除的是(　)。

A. 个人缴纳的基本养老保险

B. 子女教育支出

C. 继续教育支出

D. 赡养老人支出

25. 根据个人所得税法律制度的规定，下列各项中，不属于工资、薪金性质的补贴、津贴是(　)。

A. 岗位津贴　　B. 加班补贴

C. 差旅费津贴　　D. 工龄补贴

26. 下列所得，应按“特许权使用费所得”缴纳个人所得税的是(　)。

A. 转让土地使用权取得的收入

B. 转让债权取得的收入

C. 提供房屋使用权取得的收入

D. 转让专利所有权取得的收入

27. 根据个人所得税法律制度的规定，个体工商户发生的下列支出中，在计算个人所得税应纳税所得额时不得扣除的是(　)。

A. 非广告性的赞助支出

B. 合理的劳动保护支出

C. 实际支付给从业人员的合理的工资薪金支出

D. 按规定缴纳的财产保险费

28. 赵某任职受雇于甲公司，2021 年每月取得工资 10 000 元，专项扣除 2 000 元，贷款买房每月还款，12 月取得季度奖金 8 000 元，已知工资、薪金所得累计预扣预缴应纳税所得额不超过 36 000 元的部分，预扣率为 3%；超过 36 000 至 144 000 的部分预扣率为 10%，速算扣除数 2 520，减除费用为 60 000 元/年，住房贷款利息专项附加扣除标准为 1 000 元/月，由赵某按扣除标准的 100%扣除，前 11 个月已经预缴个人所得税 510 元。则下列关于赵某 12 月取得的工资、薪金所得应预缴个人所得税的计算列式，正确的是(　)。

A. (10 000×12−60 000−2 000×12−1 000×12)×3%−510＝210(元)

B. (10 000×12−60 000−2 000×12−1 000×12+8 000)×3%−510＝450(元)

C. (10 000×12−60 000−2 000×12+8 000)×10%−2 520−510＝1 370(元)

D. (10 000×12−60 000−1 000×12+8 000)×10%−2 520−510＝2 570(元)

29. 2021 年 6 月王某应邀为甲公司员工进行法规培训，取得所得 30 000 元。已知劳务报酬所得每次应纳税所得额不超过 20 000 元的预扣率为 20%，超过 20 000 元到 50 000 元的预扣率为 30%，速算扣除数为 2 000。每次收入超过 4 000 元的，减除费用 20%。王某当月培训所得应预缴个人所得税税额的下列算式中，正确的是(　)。

A. [30 000×(1−20%)−2 000]×30%＝6 600(元)

B. 30 000×30%−2 000＝7 000(元)

C. 30 000×(1−20%)×30%−2 000＝5 200(元)

D. (30 000−2 000)×30%＝8 400(元)

30. 作家李某在某报刊连载一部小说，报社共支付稿酬 5 000 元。已知稿酬所得个人所得税预扣率为 20%；每次收入超过 4 000 元的，减除 20%的费用；稿酬所得减按 70%计入收入。李某当月稿酬所得应预缴个人所得税税额的下列算式中，

正确的是( )。

A. 5 000÷(1-20%)×20%=1 250(元)

B. 5 000÷(1-20%)×70%×20%=875(元)

C. 5 000×(1-20%)×70%×20%=560(元)

D. 5 000×(1-20%)×20%=800(元)

31. 赵某于2021年3月取得一项特许权使用费收入3 000元，4月取得另一项特许权使用费收入4 500元。已知特许权使用费所得个人所得税预扣率为20%；每次收入不超过4 000元的，减除800元的费用，超过4 000元的，减除20%的费用。赵某上述收入应预缴个人所得税税额的下列计算中，正确的是( )。

A. (3 000-800)×20%+4 500×(1-20%)×20%=1 160(元)

B. (3 000+4 500)×(1-20%)×20%=1 200(元)

C. (3 000+4 500)×20%=1 500(元)

D. (3 000+4 500-800)×20%=1 340(元)

32. 赵某是我国公民，在甲公司工作。2021年取得工资收入80 000元，在某大学授课取得收入40 000元，出版著作一部，取得稿酬60 000元，转让商标使用权，取得特许权使用费收入20 000元。已知：综合所得汇算清缴时，劳务报酬所得、稿酬所得、特许权使用费所得减除20%的费用，稿酬所得减按70%计入收入额。赵某2021年汇算清缴应补或应退个人所得税时，应计入全年综合所得收入额的下列计算列式中，正确的是( )。

A. 80 000+40 000×(1-20%)+60 000×(1-20%)×70%+20 000×(1-20%)=161 600(元)

B. 80 000+(40 000+60 000+20 000)×(1-20%)= 176 000(元)

C. 80 000+40 000+60 000+20 000=200 000(元)

D. 80 000+40 000+60 000=180 000(元)

33. 赵某是我国公民，2021年取得工资、劳务报酬、稿酬、特许权使用费所得应计入年终汇算清缴的收入额共计为161 600元，全年个人缴纳的“三险一金”合计为20 000元，允许作为专项附加扣除的金额合计为24 000元，无其他扣除项目，已知全年综合所得应纳税所得额超过36 000元至144 000元的，适用的预扣率为10%，速算扣除数为2 520，赵某全年已预缴个人所得税23 000元，赵某2021年汇算清缴应补或应退个人所得税的下列计算列式中，正确的是( )。

A. (161 600-60 000-20 000-24 000)×10%-2 520-23 000=-19 760(元)

B. (161 600-60 000-20 000-24 000)×10%-2 520=3 240(元)

C. (161 600-20 000-24 000)×10%-2 520-23 000=-13 760(元)

D. (161 600-20 000-24 000)×10%-2 520=9 240(元)

34. 张某出租住房取得租金收入3 800元，财产租赁缴纳税费152元，修缮费600元，已知个人出租住房暂减按10%征收个人所得税，收入不超过4 000元的，减除800元费用，下列关于张某当月租金收入应缴纳个人所得税税额的计算中，正确的是( )。

A. (3 800-800)×10%=300(元)

B. 3 800×10%=380(元)

C. (3 800-152-600-800)×10%=224.8(元)

D. (3 800-152-600)×10%=304.8(元)

35. 赵某准备移民海外，将其唯一的一套住房以120万元的价格出售，该住宅系6年前以40万元的价格购买，交易过程中支付相关税费及中介费等各项费用共计8万元(发票为证)。已知财产转让所得个人所得税税率为20%，则赵某应缴纳的个人所得税的下列计算中，正确的是(　)。

A. 0

B. (120-40-8)×20%=14.4(万元)

C. (120-40)×20%=16(万元)

D. 120×20%=24(万元)

36. 2021年10月，李某购买福利彩票，取得一次中奖收入3万元，购买彩票支出400元，已知偶然所得个人所得税税率为20%，计算李某中奖收入应缴纳个人所得税税额的下列算式中，正确的是(　)。

A. 30 000×(1-20%)×20%=4 800(元)

B. (30 000-400)×20%=5 920(元)

C. 30 000×20%=6 000(元)

D. (30 000-400)×(1-20%)×20%=4 736(元)

37. 2021年8月，赵某购买彩票中奖60 000元，从中拿出20 000元通过国家机关捐赠给贫困地区。已知偶然所得适用的个人所得税税率为20%，赵某中奖收入应缴纳的个人所得税税额的下列计算列式中，正确的是(　)。

A. 60 000×20%=12 000(元)

B. (60 000-60 000×30%)×20%=8 400(元)

C. (60 000-20 000)×20%=8 000(元)

D. 20 000×20%=4 000(元)

38. 赵某2021年取得3年期银行存款利息总收入800元。二级市场股票买卖所得2 000元。已知：利息、股息、红利所得适用的个人所得税税率为20%，以收入全额为应纳税所得额，财产转让所得适用的个人所得税税率为20%，以收入全额扣除原值及合理费用后的余额为应纳税所得额。则赵某2021年上述所得应缴纳个人所得税税额的下列计算列式中，正确的是(　)。

A. 0

B. 800×20%=160(元)

C. 2 000×20%=400(元)

D. 800×20%+2 000×20%=560(元)

二、多项选择题

1. 根据企业所得税法律制度的规定，下列关于来源于中国境内、境外所得确定原则的表述中，正确的有(　)。

A. 转让不动产所得，按照不动产所在地确定

B. 股息所得，按照分配所得的企业所在地确定

C. 销售货物所得，按照交易活动发生地确定

D. 提供劳务所得，按照劳务发生地确定

2. 企业缴纳的下列税金中，在计算企业所得税应纳税所得额时准予扣除的有(　)。

A. 企业所得税

B. 消费税

C. 房产税

D. 允许抵扣的增值税

3. 根据企业所得税法律制度的规定，下列各项中，应在计算应纳税所得额时限额扣除的有(　)。

A. 职工福利费

B. 烟草公司的烟草广告费

C. 通过国家机关向贫困地区的捐款

D. 为本企业董事会成员支付的不超过工资薪金总额5%的人身意外伤害保险

4. 根据企业所得税法律制度的规定，下列企业缴纳的保险费用中准予在税前全额扣除的有(　)。

A. 为购入车辆支付的财产保险费用

B. 为煤矿井下作业人员支付的人身安全商业保险费用

C. 为企业职工支付的基本养老保险费用

D. 为企业职工支付的补充养老保险费用

5. 根据企业所得税法律制度的规定，下列各项费用，超过税法规定的扣除标准后，准予在以后纳税年度结转扣除的有(　)。

A. 职工教育经费

B. 广告费

C. 保险企业的手续费和佣金

D. 业务招待费

6. 甲公司2021年会计利润为3 000万元，取得销售收入10 000万元，其他收入2 000万元，发生广告费和业务宣传费2 500万元，已知甲公司适用的企业所得税税率为25%，广告费和业务宣传费的扣除标准，一般企业不超过销售收入的15%，化妆品企业不超过销售收入的30%，烟草企业不得扣除。假设甲公司无其他纳税调整事项，则甲公司2021年应缴纳所得税的下列说法中错误的有(　)。

A. 如甲公司为化妆品销售企业，则应纳税额为3 000×25%＝750(万元)

B. 如甲公司为白酒制造企业，则应纳税额为3 000×25%＝750(万元)

C. 如甲公司为汽车销售企业，则应纳税额为3 000×25%＝750(万元)

D. 如甲公司为烟草企业，则应纳税额为3 000×25%＝750(万元)

7. 根据企业所得税法律制度的规定，下列各项说法中，正确的有(　)。

A. 企业融资租入的固定资产，计提折旧应在所得税前扣除

B. 企业经营租入的固定资产，其租金应在租入当期一次性扣除

C. 企业发生的汇兑损失除已经计入有关资产成本以及与向所有者进行利润分配相关的部分外准予扣除

D. 企业按规定提取的环境保护专项资金在提取时准予扣除

8. 根据企业所得税法律制度规定，下列各项中，在计算所得税应纳税所得额时准予扣除的有(　)。

A. 向客户支付的合同违约金

B. 向税务机关支付的税收滞纳金

C. 向银行支付的逾期利息

D. 向公安部门缴纳的交通违章罚款

9. 下列关于固定资产确定计税基础的表述中，符合企业所得税法律制度规定的有(　)。

A. 自行建造的固定资产，以竣工结算前发生的支出为计税基础

B. 盘盈的固定资产，以同类固定资产的重置完全价值为计税基础

C. 通过捐赠取得的固定资产，以该资产的原账面价值为计税基础

D. 通过投资取得的固定资产，以该资产的公允价值和支付的相关税费为计税基础

10. 根据企业所得税法律制度的规定，下列关于无形资产摊销费用税前扣除的表述中，正确的有(　)。

A. 企业自创商誉的支出，准予计算摊销费用扣除

B. 允许摊销的无形资产按直线法计算的摊销费用，准予扣除

C. 企业外购商誉的支出，在企业整体转让或者清算时，准予扣除

D. 除有关法律规定或合同约定了使用年限的外，无形资产的摊销年限不得低于10年

11. 在计算企业所得税应纳税所得额时，下列关于确定无形资产计税基础的表述中，符合企业所得税法律制度规定的有(　)。

A. 外购的无形资产，以该资产的公允价值和支付的相关税费为计税基础

B. 通过捐赠方式取得的无形资产，以该资产的公允价值和支付的相关税费为计税基础

C. 通过投资方式取得的无形资产，以该资产的公允价值和支付的相关税费为计税基础

D. 通过债务重组方式取得的无形资产，以该资产的公允价值和支付的相关税费为计税基础

12. 下列各项中，属于企业所得税税收优惠形式的有(　)。

A. 免税收入　　B. 加计扣除

C. 减计收入　　D. 税额抵免

13. 根据企业所得税法律制度的规定，企业从事下列项目取得的所得，免征企业所

得税的有(　)。

A. 林木的培育和种植

B. 蔬菜种植

C. 海水养殖

D. 家禽养殖

14. 根据企业所得税法律制度的规定，下列行业中不适用对研究开发费用加计扣除规定的有(　)。

A. 烟草制造业　　B. 白酒制造业

C. 房地产业　　D. 娱乐业

15. 根据企业所得税法律制度的规定，企业的下列固定资产计提折旧时，可以采用加速折旧方法或缩短折旧年限的有(　)。

A. 技术进步，产品更新换代较快的固定资产

B. 使用频率极高的固定资产

C. 常年处于强震动、高腐蚀状态的固定资产

D. 已经足额提取折旧仍继续使用的固定资产

16. 根据企业所得税法律制度的规定，下列关于企业所得税纳税期限的表述中，正确的有(　)。

A. 企业所得税按年计征，分月或者分季预缴，年终汇算清缴，多退少补

B. 企业在一个纳税年度中间开业，使该纳税年度的实际经营期不足12个月的，应当以其实际经营期为1个纳税年度

C. 企业依法清算时，应当以清算期作为1个纳税年度

D. 企业在纳税年度中间终止经营活动的，应当自实际经营终止之日起90日内，向税务机关办理当期企业所得税汇算清缴

17. 根据个人所得税法律制度的规定，下列所得中，属于综合所得的有(　)。

A. 财产转让所得

B. 工资、薪金所得

C. 劳务报酬所得

D. 财产租赁所得

18. 下列关于个人所得税“工资、薪金所得”说法中，正确的有(　)。

A. 个人因公务用车和通讯制度改革而取得的公务用车、通讯补贴收入全额计入工资、薪金所得项目计征个人所得税

B. 离退休人员从原任职单位取得的各类补贴、奖金、实物，应按照工资、薪金所得项目征收个人所得税

C. 个人因与用人单位解除劳动关系而取得的一次性补偿收入，按照工资、薪金所得项目征收个人所得税

D. 离退休人员再任职取得的收入，免征个人所得税

19. 下列关于“经营所得”个人所得税的表述中，正确的有(　)。

A. 个人依法取得执照从事办学活动取得的所得，按经营所得征税

B. 经营所得按月计征个人所得税

C. 个人对企事业单位承包经营所得，按经营所得计征个人所得税

D. 个体工商户取得与生产经营无关的其他所得，按经营所得计征个人所得税

20. 下列各项中，适用超额累进税率计征个人所得税的有(　)。

A. 经营所得

B. 工资薪金所得

C. 财产转让所得

D. 偶然所得

21. 下列个人所得中，应按“劳务报酬所得”项目征收个人所得税的有(　)。

A. 某编剧从电视剧制作单位取得的剧本使用费

B. 某公司高管从大学取得的讲课费

C. 某作家拍卖手稿取得的收入

D. 某大学教授从企业取得董事费

22. 下列个人所得中，应按“劳务报酬所得”项目征收个人所得税的有(　)。

A. 赵某受雇于律师王某，为王某个人工作而取得的所得

B. 证券经纪人李某从证券公司取得佣金

收入

C. 张某是受平安保险委托，在授权范围内代办保险业务的个体工商户，其取得的代办保险佣金收入

D. 某大学教师周某，利用业余时间从事翻译工作取得的收入

23. 下列个人所得中，应按"特许权使用费所得"项目征收个人所得税的有(　)。

A. 转让专利技术

B. 转让土地使用权所得

C. 作者拍卖手稿原件或复印件所得

D. 取得特许权的经济赔偿收入

24. 下列所得，应按照"财产转让所得"缴纳个人所得税的有(　)。

A. 赵某持有的甲公司股权被司法强制过户取得的所得

B. 钱某终止投资，从被投资方乙企业收回的款项

C. 孙某转让持有的上市公司股票取得所得

D. 李某转让持有的国债取得所得

25. 根据个人所得税法律制度的规定，下列各项中，视同财产转让所得缴纳个人所得税的有(　)。

A. 赵某将一辆汽车无偿赠送给侯某

B. 侯某将赵某赠送的汽车用于投资设立公司

C. 高某以一栋住房抵偿欠侯某的债务

D. 侯某将高某抵债的住房与赵某换取一张名画

26. 根据个人所得税法律制度的规定，下列个人所得的税务处理中，正确的有(　)。

A. 集体所有制企业职工个人在企业改制过程中，以股份形式取得的仅作为分红依据，不拥有所有权的企业量化资产，取得时应按"财产转让所得"计缴个人所得税

B. 集体所有制企业职工个人在企业改制过程中，以股份形式取得的拥有所有权的企业量化资产，取得时应按"财产转让所得"计缴个人所得税

C. 集体所有制企业职工个人在企业改制过程中，以股份形式取得的拥有所有权的企业量化资产，转让时应按"财产转让所得"计缴个人所得税

D. 对职工以股份形式取得的企业量化资产参与企业分配而获得的股息红利，应按"利息、股息、红利所得"计缴个人所得税

27. 根据个人所得税法律制度的规定，甲公司员工张某取得的下列收益中，应按"偶然所得"项目缴纳个人所得税的有(　)。

A. 在乙商场累积消费达到规定额度获得额外抽奖机会抽中手机一部

B. 为孙某提供担保获得收入 3 000 元

C. 在丙公司业务宣传活动中取得随机赠送的耳机一副

D. 取得房屋转租收入 10 000 元

28. 下列各项中，按次计征个人所得税的有(　)。

A. 工资薪金所得

B. 财产租赁所得

C. 偶然所得

D. 非居民个人的劳务报酬所得

29. 2021 年侯某通过境内非营利社会团体进行的下列捐赠中，在计算缴纳个人所得税时，准予税前全额扣除的有(　)。

A. 侯某将 1 月份工资捐赠给非营利性老年服务机构

B. 侯某将 2 月份工资捐赠给农村义务教育

C. 侯某将 3 月份工资捐赠给红十字会

D. 侯某将 4 月份工资捐赠给公益性青少年活动场所

30. 下列所得中，免予缴纳个人所得税的有(　)。

A. 著名作家莫言获得的诺贝尔文学奖奖金

B. 赵某购买发票中奖 1 000 元

C. 钱某取得的军人转业费

D. 孙某退休后按月领取的养老金

31. 根据个人所得税法律制度的规定，下列情形中，纳税人应当按照规定办理个人所得税自行纳税申报的有(　)。

A. 非居民个人从中国境内两处或者两处以上取得工资、薪金所得的

B. 在两处或者两处以上取得综合所得，且综合所得年收入额减去专项扣除的余额超过6万元

C. 从中国境外取得所得的

D. 取得应纳税所得，没有扣缴义务人的

32. 下列关于个人所得税征收管理的说法中，错误的有(　)。

A. 非居民个人取得工资薪金所得，应当在取得所得的次年3月1日至6月30日内办理汇算清缴

B. 扣缴义务人每月扣缴的税款，税务机关应根据扣缴义务人所扣缴的税款，付给2%的手续费

C. 纳税人取得应税所得没有扣缴义务人的，应当在取得所得的次月15日内向税务机关报送纳税申报表，并缴纳税款

D. 扣缴义务人未扣缴税款的纳税人应当在取得所得的次年3月1日至6月30日前，缴纳税款

三、判断题

1. 在中国境内设立机构的非居民企业取得的发生在中国境内但与其所设机构没有实际联系的所得无须缴纳企业所得税。(　)

2. 职工因公出差乘坐交通工具发生的人身意外保险费，准予在计算企业所得税时扣除。(　)

3. 外购的生产性生物资产，以购买价款和支付的相关税费为企业所得税的计税基础。(　)

4. 合格境外机构投资者境内转让股票等权益性投资资产所得，减半征收企业所得税。(　)

5. 甲公司为制造业企业，2021年6月15日购进的单价为450万元的机械设备，可以选择在计算2021年企业所得税时一次性扣除。(　)

6. 非居民企业在中国境内设立机构、场所且取得的所得与所设立的机构场所没有实际联系的，以机构、场所所在地为纳税地点。(　)

7. 企业应当自年度终了之日起5个月内，向税务机关报送年度企业所得税纳税申报表，并汇算清缴，结清应缴应退税款。(　)

8. 合伙企业的自然人合伙人，为个人所得税纳税人。(　)

9. 出租车经营单位对出租车驾驶员采取单车承包方式运营，驾驶员收入按经营所得缴纳个人所得税。(　)

10. 个人综合所得中专项扣除、专项附加扣除和依法确定的其他扣除，在一个纳税年度扣除不完的，可以结转以后年度扣除。(　)

11. 个人独资企业出资购买房屋，将所有权登记为投资者个人，该投资者按照“利息、股息、红利所得”项目缴纳个人所得税。(　)

12. 非居民个人歌手TEMEIPU，每周去闪亮酒吧演唱2次，其应以一个月取得的所得为一次，按照“工资、薪金所得”项目缴纳个人所得税。(　)

13. 个人通过网络收购玩家的虚拟货币，加价后向他人出售取得的收入，应按照“特许权使用费所得”项目计算缴纳个人所得税。(　)

14. 房地产开发企业与商店购买者个人签订协议规定，以优惠价格出售其商店给购买者个人，购买者个人在一定期限内必须将购买的商店无偿提供给房地产开发企业对外出租使用。对购买者个人少支出的购房价款，应按照“财产租赁所得”项目征收个人所得税。(　)

15. 股权转让合同履行完毕，股权已做变更

登记，所得已经实现后，当事人双方签订并执行解除原股权转让合同，退回股权的协议，对前次转让行为征收的个人所得税税款应予退还。（ ）

16. 赵某以自有汽车一辆作价 50 万元出资，与钱某、孙某等人成立保卫萝卜有限责任公司，赵某的该行为应按照财产转让所得缴纳个人所得税。（ ）

17. 个人转让房屋的个人所得税应税收入不含增值税，其计入财产原值的取得房屋时所支付价款中不包含增值税，计算转让所得时可扣除的税费不包括本次转让缴纳的增值税。（ ）

18. 赵某在中国移动参与存话费送手机活动，缴费 1 000 元，获赠四星手机一部，其获得的手机应缴纳个人所得税。（ ）

19. 赵某将一栋房屋，无偿赠送给自己的儿子小赵，小赵的该项所得应当按照“偶然所得”项目缴纳个人所得税。（ ）

四、不定项选择题

【资料一】☆甲公司为居民企业，主要从事医药制造和销售业务。2019 年度有关经营情况如下：

(1)销售药品收入 2 000 万元，提供专利使用权收入 1 000 万元，接受捐赠收入 30 万元，报废生产线残值收入 60 万元。

(2)11 月购进并于当月投入使用不需要安装的生产设备一台，取得增值税专用发票注明金额 600 万元，支付其运费取得增值税专用发票注明金额 1.2 万元。该生产设备折旧年限 10 年，预计净残值率 5%。甲公司采用直线法计提折旧。

(3)按照规定缴纳增值税 135 万元、城市维护建设税和教育费附加 13.5 万元、房产税 28 万元、印花税 1.6 万元。

(4)符合条件的广告费和业务宣传费支出 850 万元。

已知：上年度未在税前扣除的符合条件的广告费和业务宣传费支出 60 万元；医药制造企业发生的广告费和业务宣传费支出，不超过当年销售(营业)收入 30% 的部分，准予扣除；超过部分，准予在以后纳税年度结转扣除。

要求：根据上述资料，不考虑其他因素，分析回答下列小题。

1. 甲公司的下列收入中，应计入 2019 年度企业所得税收入总额的是(　)。

A. 销售药品收入 2 000 万元

B. 提供专利使用权收入 1 000 万元

C. 接受捐赠收入 30 万元

D. 报废生产线残值收入 60 万元

2. 在计算甲公司 2019 年度企业所得税应纳税所得额时，当年投入使用的生产设备准予扣除的折旧额是(　)。

A. $600\times(1-5\%)\div10\div12\times1=4.75$(万元)

B. $600\times(1-5\%)\div10\div12\times2=9.5$(万元)

C. $(600+1.2)\times(1-5\%)\div10\div12\times1=4.7595$(万元)

D. $(600+1.2)\times(1-5\%)\div10\div12\times2=9.519$(万元)

3. 在计算甲公司 2019 年度企业所得税应纳税所得额时，下列各项中，准予扣除的是(　)。

A. 房产税 28 万元

B. 增值税 135 万元

C. 城市维护建设税和教育费附加 13.5 万元

D. 印花税 1.6 万元

4. 在计算甲公司 2019 年度企业所得税应纳税所得额时，准予扣除的广告费和业务宣传费支出是(　)。

A. 927 万元　　B. 900 万元

C. 909 万元　　D. 910 万元

【资料二】☆居民企业甲公司为增值税小规模纳税人，主要从事塑料制品的生产和销售业务。2019 年度有关经营情况如下：

(1)取得塑料制品销售收入 420 万元，持有 2017 年发行的地方政府债券取得利息收入 2 万元，取得国债利息收入 1 万元，接受捐赠收入 10 万元。

(2)因生产经营需要，4 月向乙银行借款 60 万元，年利率为 5.4%；5 月向非金融企业丙公司借款 120 万元，年利率为 10%；两笔借款的期限均为 6 个月，利息均已按约定时间支付并计入财务费用。

(3)自丁公司购入一台生产用机器设备，取得增值税普通发票注明金额 30 万元、税额 3.9 万元；向丁公司支付该设备安装费，取得增值税普通发票注明金额 2 万元、税额 0.18 万元。

(4)支付财产保险费 4 万元、合同违约金 5 万元，缴纳诉讼费用 3 万元、税收滞纳金 1 万元。

已知：金融企业同期同类贷款年利率为 5.4%。

要求：根据上述资料，不考虑其他因素，分析回答下列小题。

1. 甲公司 2019 年度取得的下列收入中，免征企业所得税的是(　)。
   A. 接受捐赠收入 10 万元
   B. 国债利息收入 1 万元
   C. 塑料制品销售收入 420 万元
   D. 地方政府债券利息收入 2 万元
2. 在计算甲公司 2019 年度企业所得税应纳税所得额时，计算准予扣除的借款利息支出的下列算式中，正确的是(　)。
   A. (60+120)×5.4%÷12×6=4.86(万元)
   B. 60×5.4%÷12×6+120×10%÷12×6=7.62(万元)
   C. (60+120)×10%÷12×6=9(万元)
   D. 60×5.4%÷12×6=1.62(万元)
3. 计算甲公司 2019 年度购入的生产用机器设备企业所得税计税基础的下列算式中，正确的是(　)。
   A. 30+3.9+2=35.9(万元)
   B. 30+3.9=33.9(万元)
   C. 30+3.9+2+0.18=36.08(万元)
   D. 30+2=32(万元)
4. 在计算甲公司 2019 年度企业所得税应纳税所得额时，下列各项中，准予扣除的是(　)。
   A. 财产保险费 4 万元
   B. 合同违约金 5 万元
   C. 税收滞纳金 1 万元
   D. 诉讼费用 3 万元

【资料三】☆甲公司为居民企业，主要从事农作物种子选育、农作物种植、水产养殖和销售业务。2019 年度有关生产经营情况如下：

(1)取得农作物新品种选育所得 200 万元、水果种植所得 700 万元、茶叶种植所得 800 万元、海水养殖所得 500 万元。

(2)转让海水淡化养殖技术，取得符合条件的技术转让收入 900 万元，发生与之相关的技术转让成本和税费 300 万元。

(3)为研究自动施肥灌溉新技术，当年发生研究开发费用 300 万元，未形成无形资产，发生的研究开发费用已计入当期损益。

(4)3 月 10 日与乙公司签订捐赠协议，约定乙公司于 3 月 25 日向甲公司捐赠 5 台总价 10 万元的智能水肥一体机，5 月 13 日乙公司发出货物，5 月 18 日甲公司收到该批货物。

已知：研究开发费用未形成无形资产计入当期损益的，在按照规定据实扣除的基础上，再按照实际发生额的 75%在税前加计扣除。

要求：根据上述资料，不考虑其他因素，分析回答下列小题。

1. 甲公司下列所得中，免征企业所得税的是(　)。
   A. 海水养殖所得 500 万元
   B. 农作物新品种选育所得 200 万元
   C. 水果种植所得 700 万元
   D. 茶叶种植所得 800 万元
2. 在计算甲公司 2019 年度企业所得税应纳税所得额时，符合条件的技术转让所得纳税调减的金额是(　)。

A. 550 万元　　B. 600 万元

C. 500 万元　　D. 700 万元

3. 在计算甲公司 2019 年度企业所得税应纳税所得额时，研究开发费用可加计扣除的金额是(　)。

A. 150 万元　　B. 300 万元

C. 600 万元　　D. 225 万元

4. 甲公司接受乙公司捐赠的智能水肥一体机，确认该项捐赠收入实现的日期是(　)。

A. 5 月 18 日　　B. 3 月 10 日

C. 5 月 13 日　　D. 3 月 25 日

【资料四】☆中国居民张某为境内甲公司技术人员。张某有一个女儿，就读于小学 4 年级。张某为独生子，其父亲 62 岁、母亲 57 岁。2022 年张某有关收支情况如下：

(1)每月工资 17 000 元，每月专项扣除 3 400 元；子女教育专项附加扣除由张某按扣除标准的 100%扣除；1-11 月工资、薪金所得累计已预扣预缴个人所得税税款 3 140 元。

(2)3 月向乙公司提供自行研发的一项专利权的使用权，取得特许权使用费 3 800 元。

(3)5 月因持有丙上市公司股票取得丙上市公司分配的股息 10 000 元；丙上市公司股票系张某 4 个月前从公开发行和转让市场购得，张某于取得股息的当月将该股票全部转让。

(4)7 月将一套自有住房出租，取得 3 个月的租金共计 9 000 元。

(5)9 月因汽车失窃，从保险公司获得保险赔款 50 000 元。

(6)10 月取得国债利息收入 356 元。

(7)11 月参加丁公司店庆活动，购买一双原价 1 000 元的皮鞋，张某获得价格折扣 400 元，实际支付 600 元。

已知：工资、薪金所得预扣预缴个人所得税减除费用为 60 000 元/年；子女教育专项附加扣除按照每个子女每月 1 000 元的标准定额扣除；赡养老人专项附加扣除标准为 2 000 元/月；特许权使用费所得个人所得税预扣率为 20%，每次收入不超过 4 000 元的，减除费用按 800 元计算。利息、股息、红利所得个人所得税税率为 20%。个人所得税预扣率表(略)。

要求：根据上述资料，不考虑其他因素，分析回答下列小题。

1. 计算张某 12 月份工资应预扣预缴个人所得税税额的下列算式中，正确的是(　)。

A. (17 000×12-60 000-1 000×12-2 000÷2×12)×10%-2 520=9 480(元)

B. (17 000×12-60 000-3 400×12-1 000×12-2 000×12)×10%-2 520-3 140=1 060(元)

C. (17 000-60 000÷12-3 400-1 000-2 000)×3%=168(元)

D. (17 000×12-3 400×12-1 000×12-2 000÷2×12)×10%-2 520-3 140=8 260(元)

2. 计算张某 3 月特许权使用费所得应预扣预缴个人所得税税额的下列算式中，正确的是(　)。

A. (3 800-800)×20%=600(元)

B. 3 800×(1-20%)×20%=608(元)

C. (3 800-800)×(1-20%)×20%=480(元)

D. 3 800×20%=760(元)

3. 计算张某 5 月股息所得应缴纳个人所得税税额的下列算式中，正确的是(　)。

A. 10 000×50%×20%=1 000(元)

B. 10 000×20%=2 000(元)

C. 10 000×(1-20%)×20%=1 600(元)

D. 10 000×(1-20%)×50%×20%=800(元)

4. 张某下列所得中，免予征收或不征收个人所得税的是(　)。

A. 国债利息收入 356 元

B. 出租住房租金收入 9 000 元

C. 保险赔款 50 000 元

D. 从丁公司获得的价格折扣 400 元

心有灵犀答案及解析

一、单项选择题

1. C 【解析】选项 AB，外商独资企业的组织形式为有限责任公司，经批准也可以为其他责任形式；我国《公司法》规定，有限责任公司的股东人数为 50 人以下(可以为 1 人)，一人有限责任公司，股东承担“有限责任”，是有限责任公司的特殊类型，属于企业所得税的纳税人；选项 D，为其他取得收入的“组织”，属于企业所得税的纳税人；选项 C，个人独资企业是由投资人承担“无限责任”的非法人企业，属于个人所得税的纳税人。

2. C 【解析】小型微利企业适用的所得税税率为 20%；年应纳税所得额不超过 100 万元的部分，减按 12.5% 计入应纳税所得额，超过 100 万元但不超过 300 万元的部分，减按 50% 计入应纳税所得额。

3. B 【解析】选项 A，应当按照扣除商业折扣后的金额确定销售商品收入金额；选项 C，一般情况下，销售的商品按售价确认收入，回购的商品作为购进商品处理；选项 D，销售商品应当按照销售商品收入确认条件确认收入，回收的商品作为购进商品处理。

4. C 【解析】选项 A，在办妥托收手续时确认收入；选项 B，在收到代销清单时确认收入；选项 D，在购买方接受商品以及安装和检验完毕时确认收入，如果安装程序比较简单，可在发出商品时确认收入。

5. B 【解析】选项 A，按照“实际收到”捐赠资产的日期确认收入的实现；选项 C，按照“合同约定”的承租人应付租金的日期确认收入的实现；选项 D，除国务院财政、税务主管部门另有规定外，按照被投资方作出利润分配决定的日期确认收入的实现。

6. C 【解析】选项 AD，不是企业经营行为所得收益，属于不征税收入；选项 B，是企业经营行为所得收益，且不满足税收优惠条件，属于应税收入；选项 C，是企业经营行为所得收益，但满足税收优惠条件，属于免税收入。

7. B 【解析】(1)销售化妆品取得收入 2 000 万元为主营业务收入，销售进口的原材料取得收入 500 万元为其他业务收入，均属于应税收入；(2)取得财政拨款 400 万元属于不征税收入；(3)投资国债取得利息收入 30 万元为免税收入；(4)取得乙公司投资款属于实收资本，不属于企业收入；(5)本题要求计算的是“收入总额”，应税收入、不征税收入、免税收入均应当计入收入总额，但实收资本不能计入。

8. C 【解析】职工福利费支出的扣除限额 = 1 000×14% = 140(万元)；实际发生职工福利费支出 150 万元>140 万元，按照限额 140 万元扣除；工会经费支出的扣除限额 = 1 000×2% = 20(万元)；实际拨缴工会经费 21 万元，按照限额 20 万元扣除；职工教育经费支出扣除限额 = 1 000×8% = 80(万元)，实际发生职工教育经费 75 万元+上年结转 13 万元>80 万元，按照限额 80 万元扣除；合计准予扣除金额 = 20+80+140 = 240(万元)。

9. C 【解析】公益性捐赠的扣除限额 = 300×12% = 36(万元)，因此应调增 38－36 = 2(万元)；应纳税额 = (300+2)×25%－60 = 15.5(万元)。

10. C 【解析】(1)业务招待费发生额的 60% = 5 000×60% = 3 000(元)>税法规定的扣除限额 = 272 000×5‰ = 1 360(元)，业务招待费可以扣除 1 360 元；(2)广告费和业务宣传费本年发生额及上年结转额合计 = 30 000 + 10 000 + 10 000 = 50 000(元) > 税法规定的扣除限额 =

272 000×15%=40 800(元)，广告费和业务宣传费可以扣除40 800元；(3)二者合计可扣除金额=40 800+1 360=42 160(元)。

11. C 【解析】(1)向银行借款的利息准予全额扣除，准予扣除的利息费用=100×8%×50%=4(万元)；(2)向供应商的借款，不超过银行同期同类贷款利率的可以扣除，准予扣除的利息费用=200×8%×50%=8(万元)；(3)2021年可以在所得税前扣除的利息费用=4+8=12(万元)。

12. D 【解析】(1)基本社会保险费：全额扣除；(2)补充养老保险费：税法规定的扣除限额=1 000×5%=50(万元)<实际发生额80(万元)，故补充养老保险费税前可以扣除50万元；(3)补充医疗保险：税法规定的扣除限额=1 000×5%=50(万元)>实际发生额45万元，故补充医疗保险费税前可以扣除45万元；(4)为高管缴纳的商业保险费：不得扣除；(5)准予扣除的数额合计=150+50+45=245(万元)。

13. D 【解析】选项AB，请仔细辨别“租赁方式”及“租赁双方”，经营租入，融资租出，均不得计提折旧费用在税前扣除；选项C，已经足额提取折旧后，不得再计提折旧；选项D，“房屋、建筑物以外”未投入使用的固定资产不得计算折旧扣除，**房屋、建筑物无论是否投入使用均可以按税法规定计算折旧费用在税前扣除**。

14. B 【解析】飞机、火车、轮船、机器机械，企业所得税法规定的最低折旧年限为10年。

15. C 【解析】**高新技术企业**自2018年1月1日起，当年具备资格的企业，其具备资格年度之前5个年度发生的尚未弥补完的亏损，准予结转以后年度弥补，**最长结转年限由5年延长至“10年”**。

16. C 【解析】2015年亏损的20万元，可以以2016年、2018年、2020年的利润进行弥补，弥补后尚有2万元亏损，2017年、2019年企业亏损，应计入2015年亏损的弥补期限，至2020年，2015年亏损的延续弥补期限届满，2021年的盈利不能再用于弥补2015年尚未弥补的亏损；2021年的盈利可以用于弥补2017年、2019年的亏损，则该企业2021年应当缴纳的企业所得税=(38-1-5)×25%=8(万元)。

17. B 【解析】(1)自2019年4月1日至2021年6月1日，投资持有满2年；(2)应纳税所得额抵免额=120×70%=84(万元)。

18. B 【解析】(1)企业购入环境保护、节能节水、安全生产设备的，其投资额的10%可以在应纳税额中减免，减免税额=100×10%=10(万元)；(2)应纳税额=应纳税所得额×税率-减免税额-抵免税额=1 000×25%-100×10%-20=220(万元)。

19. D 【解析】制造业企业研发支出，未形成无形资产的，加计扣除100%。

20. C 【解析】(1)甲公司境外所得：在W国取得的所得在我国应缴税额=150×25%=37.5(万元)，在W国已缴税额30万元，须补缴税额=37.5-30=7.5(万元)；(2)甲公司境内所得：应纳税额=500×25%=125(万元)；(3)应纳税额合计=125+7.5=132.5(万元)。

21. D 【解析】非居民企业在中国境内取得的股息、红利等权益性投资收益和利息、租金、特许权使用费所得，以**收入全额**为应纳税所得额；2021年度应纳税所得额=500+350=850(万元)。

22. C 【解析】选项AB，在一个纳税年度内在中国境内居住不满183天，不属于居民个人；选项C，丙2021年度在中国境内居住满183天，属于居民个人；选项D，丁2020年度和2021年度分别在中国境内居住均不满 183 天，在两个纳税年度均不属于居民个人。

23. D 【解析】选项 A，因任职、受雇、履约等在中国境内提供劳务取得的所得，属于来源于中国境内的所得；选项 B，许可各种特许权在中国使用而取得的所得，属于来源于中国境内的所得；选项 C，从中国境内企业、事业单位、其他组织以及居民个人取得的利息、股息、红利所得，属于中国境内的所得；选项 D，不属于来源于中国境内的所得。

24. A 【解析】选项 A，属于专项扣除。

25. C 【解析】**独生子女补贴、托儿补助、差旅费津贴和误餐补助不属于工资、薪金性质的补贴、津贴**，不征收个人所得税。

26. D 【解析】选项 AB，转让有形资产所有权、土地使用权、股权、债权，按照“财产转让所得”税目征税；选项 C，“有形资产”“使用权”转让，按照“财产租赁所得”税目征税；选项 D，“无形资产”(除土地使用权外)的“使用权”与“所有权”转让，按照“特许权使用费所得”税目征税。

27. A 【解析】根据规定，个体工商户发生的赞助支出不得扣除。

28. B 【解析】(1)工资薪金执行累计预扣预缴制度；(2)12 月累计收入额 10 000×12 = 120 000(元)，累计费用扣除为 60 000 元，累计专项扣除为 2 000×12 = 24 000(元)，累计专项附加扣除为 1 000×12 = 12 000(元)，累计应纳税所得额 = 10 000×12-60 000-2 000×12-1 000×12+8 000 = 32 000(元)，累计应纳税额 = 32 000×3% = 960(元)，累计已纳税额为 510 元，则本月应预缴税额 = 960-510 = 450(元)。

29. C 【解析】(1)应纳税所得额 = 30 000×(1-20%) = 24 000(元)，适用预扣率为 30%，速算扣除数为 2 000；(2)应纳税额 = 24 000×30%-2 000 = 5 200(元)。

30. C 【解析】稿酬所得以收入减除 20% 的费用后的余额的“70%”为应纳税所得额；应纳税额 = 5 000×(1-20%)×70%×20% = 560(元)。

31. A 【解析】(1)属于“一次性”收入的，以取得该项收入为一次计算特许权使用费所得，本题应视为两次收入分别计算；(2)应纳税额 = (3 000-800)×20% + 4 500×(1-20%)×20% = 1 160(元)。

32. A 【解析】(1)工资薪金、劳务报酬、稿酬、特许权使用费为综合所得；(2)**劳务报酬所得、稿酬所得、特许权使用费所得以收入减除 20% 的费用后的余额为收入额，稿酬所得的收入额减按 70% 计算**；(3)全年综合所得收入额 = 80 000+40 000×(1-20%)+60 000×(1-20%)×70%+20 000×(1-20%) = 161 600(元)。

33. A 【解析】(1)工资薪金、劳务报酬、稿酬、特许权使用费为综合所得；(2)综合所得年终汇算清缴应当扣除 60 000 元生计费以及准予扣除的专项扣除、专项附加扣除和其他扣除；(3)全年应纳税所得额 = 161 600-60 000-20 000-24 000 = 57 600(元)；全年应纳税额 = 57 600×10%-2 520 = 3 240(元)；全年已预缴税额为 23 000 元；应退税额 = 23 000-3 240 = 19 760(元)。

34. C 【解析】财产租赁所得，每次(月)收入不足 4 000 元的：应纳税额 = [每次(月)收入额-财产租赁过程中缴纳的税费-由纳税人负担的租赁财产实际开支的修缮费用(800 元为限)-800 元]×20%。

35. A 【解析】对个人转让自用 5 年以上并且是家庭唯一生活用房取得的所得，免征个人所得税。

36. C 【解析】偶然所得以“每次收入额”为应纳税所得额，不扣减任何费用。

37. B 【解析】(1)偶然所得以收入全额为应纳税所得额；(2)捐赠额 20 000 元>应

纳税所得额的 30% = 60 000 × 30% = 18 000(元)，捐赠可扣除金额为 18 000 元；(3)应纳税额 = (60 000 - 18 000) × 20% = 8 400(元)。

38. A 【解析】**储蓄存款利息所得暂免征收个人所得税，股票转让所得暂不征收个人所得税。**

二、多项选择题

1. ABCD
2. BC 【解析】选项 BC，记入“税金及附加”科目，在计算应纳税所得额时允许扣除；选项 AD，在计算应纳税所得额时不得扣除。
3. AC 【解析】选项 B，烟草企业的广告费不得扣除；选项 D，为董事会成员支付的人身意外伤害保险，不得在税前扣除；选项 A，不超过工资薪金总额 14%的部分准予扣除；选项 C，属于公益性捐赠，不超过年度会计利润 12%的部分准予扣除。
4. ABC 【解析】选项 D，不超过实发工资薪金总额 5%的部分准予扣除，超过部分不得扣除。
5. ABC 【解析】选项 D，超过规定标准的部分不得在税前扣除，也不得结转以后年度扣除。
6. BCD 【解析】选项 A，化妆品生产与销售企业广告和业务宣传费不超过当年销售营业收入 30%的部分，准予在计算应纳税所得额时扣除；选项 BC，白酒制造企业不属于饮料制造企业，广告和业务宣传费不超过当年销售营业收入 15%的部分，准予在计算应纳税所得额时扣除；选项 D，烟草企业的烟草广告费不得在计算应纳税所得额时扣除。
7. ACD 【解析】选项 B，企业以经营租赁方式租入固定资产发生的租赁费支出，按照租赁期限均匀扣除。
8. AC 【解析】选项 AC，属于企业承担的民事责任赔偿，准予在税前扣除；选项 B，税收滞纳金不得在税前扣除；选项 D，属于企业承担的行政处罚中的财产罚款不得在税前扣除。
9. ABD 【解析】选项 C，通过捐赠的，以该资产的公允价值和支付的相关税费为计税基础。
10. BCD 【解析】选项 A，自创商誉不得计算摊销费用扣除。
11. BCD 【解析】选项 A，外购的无形资产，以购买价款和支付的相关税费以及直接归属于使该资产达到预定用途发生的其他支出为计税基础。
12. ABCD
13. ABD 【解析】选项 C，海水养殖、内陆养殖减半征收。
14. ACD 【解析】**下列行业不适用税前加计扣除政策：烟草制造业；住宿和餐饮业；批发和零售业；房地产业；租赁和商务服务业；娱乐业；财政部和国家税务总局规定的其他行业。**
15. AC 【解析】选项 B，按税法规定正常计提折旧；选项 D，不得计提折旧。
16. ABC 【解析】选项 D，汇算清缴的期限为自实际经营终止之日起 60 日内。
17. BC 【解析】综合所得包括工资薪金所得、劳务报酬所得、稿酬所得和特许权使用费所得。
18. BC 【解析】选项 A，需扣除一定标准的公务费用；选项 D，按“工资、薪金所得”项目征收个人所得税。
19. AC 【解析】选项 B，经营所得按年计征；选项 D，不属于经营所得，按有关规定计征个人所得税。
20. AB 【解析】选项 A，适用五级超额累进税率；选项 B，适用七级超额累进税率；选项 CD，适用 20%的比例税率。
21. BD 【解析】选项 AC，按照“特许权使用费所得”税目征收个人所得税。
22. ABD 【解析】选项 C，按“经营所得”税目缴纳个人所得税。

23. ACD 【解析】选项B，按照“财产转让所得”税目缴纳个人所得税。

24. ABD 【解析】选项C，个人转让上市公司股票取得的所得暂免征收个人所得税。

25. ABCD 【解析】个人发生“非货币性资产交换”(选项D)，以及将财产用于“捐赠(选项A)、偿债(选项C)、赞助、投资(选项B)”等用途的，应当视同转让财产并缴纳个人所得税，但国务院财政、税务主管部门另有规定的除外。

26. CD 【解析】选项A，不征收个人所得税；选项B，暂缓征收个人所得税。

27. ABC 【解析】选项A，企业对累积消费达到一定额度的顾客，给予额外抽奖机会，个人的获奖所得，按照“偶然所得”项目缴纳个人所得税；选项B，个人为单位或他人提供担保获得收入，按照“偶然所得”项目缴纳个人所得税；选项C，企业在业务宣传、广告等活动中，随机向本单位以外的个人赠送礼品(包括网络红包)，个人取得的礼品收入，按照“偶然所得”项目缴纳个人所得税；选项D，个人取得的房屋转租收入，按照“财产租赁所得”项目征收个人所得税。

28. BCD 【解析】选项A，按月计征个人所得税。

29. ABCD

30. ACD 【解析】选项A，外国组织、国际组织颁发的文化方面的奖金免征个人所得税；选项B，**个人取得单张有奖发票奖金所得“不超过800元”的，暂免征收个人所得税；超过800元的，全额征收个人所得税**。

31. ABCD

32. AD 【解析】选项A，非居民个人取得工资、薪金所得，由扣缴义务人按月代扣代缴税款，不办理汇算清缴；选项D，扣缴义务人未扣缴税款的纳税人应当在取得所得的次年6月30日前，缴纳税款。

三、判断题

1. × 【解析】根据属地原则，对来源于中国境内的所得，无论是否非居民企业，无论是否在中国境内设立机构、场所，无论与所设立的机构、场所是否有联系，均应当向我国缴纳企业所得税。

2. √

3. √

4. × 【解析】题目所述所得，暂免征收企业所得税。

5. √ 【解析】自2018年1月1日起**企业新购进(包括自行建造)的设备、器具，单位价值不超过500万元的，允许一次性计入当期成本费用在计算应纳税所得额时扣除**，不再分年度计算折旧。

6. × 【解析】在中国境内设立机构、场所的非居民企业，取得的所得与其所设机构、场所“没有”实际联系的所得，以扣缴义务人所在地为纳税地点。

7. √

8. √ 【解析】合伙企业以每一个合伙人为个人所得税纳税义务人。

9. × 【解析】上述情形按“工资薪金所得”缴纳个人所得税。

10. × 【解析】专项扣除、专项附加扣除和依法确定的其他扣除，以居民个人一个纳税年度的应纳税所得额为限额。一个纳税年度扣除不完的，“不结转”以后年度扣除。

11. × 【解析】题目所述情形，该投资者按照“经营所得”项目缴纳个人所得税。

12. × 【解析】(1)非任职受雇所得，应按照“劳务报酬所得”缴纳个人所得税；(2)属于同一事项连续取得收入的，以“1个月”内取得的收入为一次。

13. × 【解析】题目所述所得，应按照“财产转让所得”缴纳个人所得税。

14. √

15. × 【解析】当事人双方签订并执行解除

原股权转让合同，退回股权的协议，是另一次股权转让行为，对前次转让行为征收的个人所得税税款不予退还。

16. √ 【解析】个人以“非货币性资产”投资，属于转让和投资同时发生，对转让所得应按“财产转让所得”征税。

17. × 【解析】**个人转让房屋的个人所得税应税收入不含增值税，其取得房屋时所支付价款中包含的增值税“计入财产原值”，计算转让所得时可扣除的税费不包括本次转让缴纳的增值税。**

18. × 【解析】企业向个人销售商品和提供服务的同时给予“赠品”，不征收个人所得税。

19. × 【解析】房屋产权所有人将房屋产权无偿赠与近亲属，对当事人双方不征收个人所得税。

四、不定项选择题

【资料一】

1. ABCD 【解析】**收入总额包括应税收入、不征税收入、免税收入，上述收入均应计入收入总额。**

2. C 【解析】(1)外购的固定资产，以购买价款和支付的相关税费以及直接归属于使该资产达到预定用途发生的其他支出为计税基础，本题中，购入设备及运费取得增值税专用发票，其进项税额准予抵扣，该设备的计税基础为601.2万元；(2)固定资产当月增加当月不提折旧，从下月开始计提折旧，本题中11月购入的设备，2019年只计提十二月1个月的折旧。

3. ACD 【解析】(预缴的)企业所得税、(准予抵扣的)增值税，不得在计算企业所得税应纳税所得额时扣除。

4. B 【解析】(1)从事医药制造和销售业务的企业，广告费和业务宣传费的扣除限额为当年销售收入的30%；(2)销售药品收入属于主营业务收入、提供专利使用权收入属于其他业务收入，上述收入属于销售收入，接受捐赠收入和报废生产线残值收入属于营业外收入；(3)上年结转的广告费60万元，准予在本年扣除，本年广告费的实际发生额为850万元，合计为850+60=910(万元)>扣除限额=3 000×30%=900(万元)，准予扣除的广告费为900万元，剩余10万元，准予结转下年扣除。

【资料二】

1. BD 【解析】选项AC，属于应税收入。

2. A 【解析】向金融企业借款的利息支出，准予据实扣除，可扣除金额=60×5.4%÷12×6=1.62(万元)；向非金融企业(非关联方)借款的利息支出，不超过同期同类贷款利率计算的数额的部分，准予在税前扣除，可扣除金额=120×5.4%÷12×6=3.24(万元)；准予扣除的借款利息合计=1.62+3.24=4.86(万元)。

3. C 【解析】外购的固定资产，以“购买价款”和“支付的相关税费”以及直接归属于使该资产达到预定用途发生的“其他支出”为计税基础，本题中企业性质为“小规模纳税人”，购买设备和支付安装费取得的均为“普通发票”，进项税额不得抵扣应计入资产成本作为所得税的计税基础。

4. ABD 【解析】选项A，财产保险费准予据实扣除；选项BD，属于民事责任违约金以及诉讼费用可以据实扣除；选项C，税收滞纳金不得在税前扣除。

【资料三】

1. BC 【解析】选项AD，减半征收企业所得税。

2. A 【解析】(1)技术转让所得=收入-成本=900-300=600(万元)；(2)应当计入应纳税所得额的金额=(600-500)×50%=50(万元)；(3)应纳税调减的金额=600-50=550(万元)。

3. D 【解析】非制造业企业研究开发费用可加计扣除的金额=300×75%=225(万元)。

4. A 【解析】接受捐赠按照实际收到捐赠

资产的日期确认收入的实现。

【资料四】

1. B 【解析】(1)子女教育支出要求子女年满3周岁，赡养老人支出要求父母其中一方年满60周岁；(2)累计预扣预缴应纳税所得额=累计收入(17 000×12)-累计免税收入-累计减除费用(60 000)-累计专项扣除(3 400×12)-累计专项附加扣除(1 000×1×12、2 000×12)-累计依法确定的其他扣除；(3)本期应预扣预缴税额={累计预扣预缴应纳税所得额[(2)]×预扣率(10%)-速算扣除数(2 520)}-累计减免税额-累计已预扣预缴税额(3 140)。

2. A 【解析】根据已知条件列式计算。

3. A 【解析】个人从公开发行和转让市场取得的上市公司股票，持股期限在1个月以上至1年(含1年)的，暂减按50%计入应纳税所得额。

4. ACD 【解析】选项AC，国债利息收入、保险赔款免征企业所得税；选项B，属于租金收入，按月征收个人所得税；选项D，企业通过价格折扣、折让方式向个人销售商品(产品)和提供服务，给予的折扣不属于个人所得，不征收个人所得税。

第七绝　“花”——财产和行为税法律制度

深闺花舞

佳人“八绝”以“花”迷目。正所谓“邀来春色满园秀，撷取清风一地香”。一如本章，作为小税种的集合，给人以“群芳共舞，百花争艳”之感。在诸多小税种群策群力之下，本章在考试中所占分值也达到了12%。

初学本章，尤感“乱花渐欲迷人眼”，易懂难记，为便于考生分类识别，我们将分“房地产相关税种”，“车辆、船舶与环境相关税种”和“与增值税联系较为密切的税种”三部分加以介绍。

2021年考试前8个批次题型题量

题型＼批次＼分值	5.15上	5.15下	5.16上	5.16下	5.17上	5.17下	5.18上	5.18下
单选题	5题10分	4题8分	4题8分	4题8分	4题8分	5题10分	4题8分	4题8分
多选题	——	1题2分	1题2分	1题2分	1题2分	——	1题2分	1题2分
判断题	3题3分	2题2分	2题2分	2题2分	2题2分	2题2分	2题2分	2题2分
不定项	——	——	——	——	——	——	——	——
合计	8题13分	7题12分	7题12分	7题12分	7题12分	7题12分	7题12分	7题12分

2022年考试变化

1.“房产税”新增：供热企业税收优惠、向专业化规模化住房租赁企业出租住房的税收优惠；
2.“城镇土地使用税”新增：供热企业、物流企业税收优惠；
3.“契税、印花税”按新法重新编写，新增调整多项内容。

人生初见

第一部分　房地产相关税种

考验一　房产税(★★★)

(一)房产税的特征

1. 属于财产税，以房产为征税对象
2. 以房产的计税价值或房产租金收入为计税依据

3. 以房产所有人为纳税人

（二）房产税的纳税人

房产税的纳税人见表7-1。

表7-1 房产税的纳税人

具体情形	纳税人
产权属于国家所有	经营管理单位
产权属于集体和个人所有	集体单位和个人
产权出典	承典人
产权所有人、承典人均不在房产所在地	房产代管人或者使用人
产权未确定、租典纠纷未解决	房产代管人或者使用人
居民住宅区内业主共有的经营性房产	房产代管人或者使用人
产权出租	出租人 『老侯提示』纳税人“无租使用”房产管理部门、免税单位及其他纳税单位的房产，由“使用人代缴”房产税

【例题1·判断题】☆房屋产权出典的，应以出典人为房产税纳税人。（ ）

解析▶房屋产权出典的，应以承典人为房产税纳税人。**答案**▶×

（三）房产税的征税范围

1. 属于

房产税的征税范围为城市、县城、建制镇和工矿区的房屋，“不包括农村”。

2. 不属于

独立于房屋之外的建筑物，如围墙、烟囱、水塔、菜窖、室外游泳池等不属于房产税的征税范围。

『老侯提示』房地产开发企业建造的商品房，在出售前，不征收房产税，但对出售前房地产开发企业已使用或出租、出借的商品房应按规定征收房产税。

【例题2·单选题】☆根据房产税法律制度的规定，下列各项中，属于房产税征税范围的是（ ）。

A. 农村居民住宅

B. 独立于房屋之外的围墙

C. 独立于房屋之外的水塔

D. 市区的商业大楼

解析▶选项AD，房产税的征税范围为城市、县城、建制镇和工矿区的房屋，不包括农村；选项BC，独立于房屋之外的建筑物，如围墙、烟囱、水塔、菜窖、室外游泳池等不属于房产税的征税范围。**答案**▶D

【例题3·判断题】房地产开发企业建造的商品房，出售前已使用或出租、出借的，不缴纳房产税。（ ）

解析▶房地产开发企业建造的商品房，在出售之前不征收房产税；但对出售前房地产开发企业已经使用、出租、出借的商品房应当征收房产税。**答案**▶×

（四）房产税应纳税额的计算

1. 计税规则

房产税的计税规则见表7-2。

表7-2 房产税的计税规则

计税方法	计税依据	税率	税额计算公式
从价计征	房产**余值**	1.2%	全年应纳税额=应税房产原值×(1-扣除比例)×1.2%
从租计征	房产**租金**	12%	全年应纳税额=(不含增值税)租金收入×12%

续表

计税方法	计税依据	税率	税额计算公式
税收优惠	个人出租住房(不区分出租后用途)		减按“4%”的税率
	单位向“个人、专业化规模化住房租赁企业”出租住房(2022 年调整)		

『老侯提示』扣除比例为 10%~30%，由省级人民政府确定。(无须记忆)

2. 关于房产原值

(1)房产原值，是指纳税人按照会计制度规定，在账簿固定资产科目中记载的房屋原价(不减除折旧)。

(2)凡以房屋为载体，不可随意移动的附属设备和配套设施，如给排水、采暖、消防、中央空调、电气及智能化楼宇设备等，无论在会计核算中是否单独记账与核算，都应计入房产原值。

(3)纳税人对原有房屋进行改建、扩建的，要相应增加房屋的原值。

『老侯提示』居民住宅区内业主共有的经营性房产，自营且没有房产原值或不能将业主共有房产与其他房产的原值准确划分开的，由房产所在地税务机关参照同类房产核定房产原值。

3. 关于租金

计税租金为不含增值税的租金收入，既包括货币收入，也包括实物收入。

4. 关于投资联营

(1)对以房产投资联营，投资者参与投资利润分红、共担风险的，按房产余值作为计税依据计缴房产税。

(2)对以房产投资收取固定收入，不承担联营风险的，实际上是以联营名义取得房产租金，应以出租方取得的租金收入为计税依据计缴房产税。

5. 关于融资租赁

对于融资租赁的房屋，由“承租人”以“房产余值”计征房产税。

6. “前半年自用，后半年出租”

“前半年自用，后半年出租”的纳税情况见图 7-1。

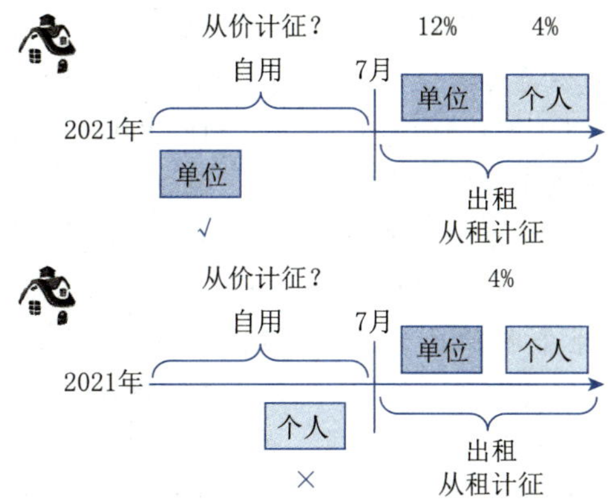

图 7-1 “前半年自用，后半年出租”的纳税情况

【例题 4 · 单选题】☆甲公司为增值税一般纳税人。2019 年拥有一处原值 2 000 万元的生产经营用厂房，已提取折旧 500 万元。已知房产税从价计征税率为 1.2%，当地规定的房产原值扣除比例为 30%。甲公司 2019 年度该生产经营用厂房应缴纳房产税税额为(　)。

A. 16.8 万元　　B. 24 万元

C. 18 万元　　D. 12.6 万元

解析 ▶ 从价计征房产税的，以房产“原值”一次减除当地政府规定的扣除比例后的“余值”为计税依据，不扣除折旧。应纳房产税税额＝2 000×(1－30%)×1.2%＝16.8(万元)。

答案 A

【例题5·单选题】 ☆甲公司为增值税一般纳税人，拥有一栋原值400万元的厂房，2019年12月在厂房外建造了一处价值15万元的水塔，在厂房中安装了一台与厂房不可分割的价值20万元的升降机。已知房产税从价计征税率为1.2%，当地规定的房产原值扣除比例为30%。计算甲公司2020年度该厂房应缴纳房产税税额的下列算式中，正确的是(　)。

A. (400＋15＋20)×(1－30%)×1.2%＝3.654(万元)

B. (400＋15)×(1－30%)×1.2%＝3.486(万元)

C. 400×(1－30%)×1.2%＝3.36(万元)

D. (400＋20)×(1－30%)×1.2%＝3.528(万元)

解析 (1)独立于房屋之外的建筑物，如水塔不属于房产税的征税范围；(2)凡以房屋为载体，不可随意移动的附属设备和配套设施，如升降机，无论在会计核算中是否单独记账与核算，都应计入房产原值，计征房产税。

答案 D

【例题6·单选题】 ☆甲公司为增值税一般纳税人，拥有一处原值3 000万元的房产。2019年5月甲公司将该自用房产对外出租，取得当年不含增值税租金收入20万元。已知房产税从价计征税率为1.2%。从租计征税率为12%，当地规定的房产原值扣除比例为30%。计算甲公司2019年度该处房产应缴纳房产税税额的下列算式中，正确的是(　)。

A. 3 000×(1－30%)×1.2%＝25.2(万元)

B. 3 000×(1－30%)×1.2%÷12×5＋20×(1－30%)×12%＝12.18(万元)

C. 3 000×1.2%÷12×5＋20×12%＝17.4(万元)

D. 3 000×(1－30%)×1.2%÷12×5＋20×12%＝12.9(万元)

解析 (1)甲企业经营用房产于5月对外出租，则2019年1、2、3、4、5月份应从价计征房产税，房产税按年计算，则从价计征的房产税＝3 000×(1－30%)×1.2%÷12×5＝10.5(万元)；(2)该房产于2019年收取当年不含增值税的租金20万元，则从租计征的房产税＝20×12%＝2.4(万元)；(3)2019年甲企业上述房产应缴纳房产税税额＝10.5＋2.4＝12.9(万元)。

答案 D

【例题7·单选题】 赵某2021年年初拥有一栋自有住房，房产原值200万元，3月31日将其对外出租，租期1年，每月按照市场价格收取不含税租金1万元。已知房产税税率从价计征的为1.2%，个人出租住房从租计征的为4%，当地省政府规定计算房产余值的减除比例为30%。2021年赵某上述房产应缴纳房产税税额的下列计算中，正确的是(　)。

A. 1×9×4%＝0.36(万元)

B. 200×(1－30%)×1.2%÷12×3＋1×9×4%＝0.78(万元)

C. 200×(1－30%)×1.2%÷12×4＋1×8×4%＝0.88(万元)

D. 200×(1－30%)×1.2%＝1.68(万元)

解析 (1)个人自有居住用房产免征房产税；(2)该房产于2021年收取9个月的不含税租金共计9万元，则从租计征的房产税＝9×4%＝0.36(万元)。

答案 A

【例题8·判断题】 对以房产投资联营、投资者参与利润分红、共担风险的，以房产余值作为计税依据计缴房产税。(　)

答案 √

(五)房产税的税收优惠

房产税的税收优惠见表7-3。

表 7-3 房产税的税收优惠

记忆提示	具体内容	优惠
非经营性房产	(1)国家机关、人民团体、军队"自用"的房产； (2)由国家财政部门拨付事业经费的单位所有的"本身业务范围"内使用的房产； (3)宗教寺庙、公园、名胜古迹"自用"的房产； (4)个人所有"非营业用"的房产； (5)租金偏低的公房出租； (6)公共租赁住房； (7)高校学生公寓； (8)非营利性医疗机构自用的房产； (9)老年服务机构自用房产 『老侯提示』上述单位的"出租房产、非自身业务使用的生产、营业用房"不属于免税范围，但是"军队空余房产租赁收入"暂免征收房产税	免征
临时房及停用房	(10)危房、毁损不堪居住房屋停用后； (11)大修理连续停用半年以上停用期间； (12)基建工地临时房屋施工期间	
全民健身	(13)"企业"拥有并运营管理的大型体育场馆，用于体育活动的房产	减半
	(14)其他用于体育活动的房产 『老侯提示』(13)(14)用于体育活动的天数不得低于全年自然天数的70%	免征
鼓励	(15)农产品批发市场、农贸市场专门用于经营农产品的房产、土地 『老侯提示1』市场如同时经营其他产品的，按其他产品与农产品交易场地面积的比例确定征免部分； 『老侯提示2』市场行政办公区、生活区，以及商业餐饮娱乐等非直接为农产品交易提供服务的房产、土地，应按规定征收	免征
	(16)国家级、省级科技企业孵化器、大学科技园和国家备案众创空间自用以及无偿或通过出租等方式提供给在孵对象使用的房产、土地	
	(17)供热企业，为居民供热所使用的厂房(2022年新增)。 『老侯提示1』对供热企业其他厂房，应按照规定征收。 『老侯提示2』对专业供热企业，按其向居民供热取得的采暖费收入占全部采暖费收入的比例，计算免征的部分	

【例题9·单选题】☆根据房产税法律制度的规定，下列各项中，免征房产税的是(　)。

A. 公园中附设的饮食部所使用的房产

B. 农产品批发市场的行政办公楼

C. 公立高校的教学楼

D. 企业拥有并运营管理的大型体育场馆

解析▶ 选项A，公园的自用房产免征房产税，但其中附设的营业单位，如饮食部等所使用的房产，不属于免税范围；选项B，农产品批发市场专门用于经营农产品的房产免征房产税，但农产品批发市场的行政办公区等非直接为农产品交易提供服务的房产，应按规定征收房产税；选项C，由国家财政部门拨付事业经费(全额或差额)的单位(如学校)所有的、本身业务范围内使用的房产免征房产税；选项D，减半征收房产税。

答案▶ C

(六)房产税的征收管理

1. 纳税义务发生时间

(1)纳税人将原有房产用于生产经营,从生产经营"之月"起,缴纳房产税。

(2)纳税人自行新建房屋用于生产经营,从建成之次月起,缴纳房产税。

(3)纳税人委托施工企业建设的房屋,从办理验收手续之次月起,缴纳房产税。

(4)纳税人购置新建商品房,自房屋交付使用之次月起,缴纳房产税。

(5)纳税人购置存量房,自办理房屋权属转移、变更登记手续,房地产权属登记机关签发房屋权属证书之次月起,缴纳房产税。

(6)纳税人出租、出借房产,自交付出租、出借本企业房产之次月起,缴纳房产税。

(7)房地产开发企业自用、出租、出借本企业建造的商品房,自房屋使用或交付之次月起,缴纳房产税。

(8)融资租赁的房产,由承租人自融资租赁合同约定开始日的次月起缴纳房产税;合同未约定开始日的,由承租人自合同签订的次月起缴纳房产税。

(9)纳税人因房产的实物或权利状态发生变化而依法终止房产税纳税义务的,其应纳税款的计算应截止到房产的实物或权利状态发生变化的当月末。

2. 纳税期限

按"年"计算、分期缴纳。

3. 纳税地点

(1)房产税在房产所在地缴纳。

(2)房产不在同一地方的纳税人,应按房产的坐落地点分别向房产所在地的税务机关申报纳税。

【例题10·多选题】根据规定,下列各项中,不符合房产税纳税义务发生时间规定的有( )。

A. 纳税人将原有房产用于生产经营,从生产经营之次月起,缴纳房产税

B. 纳税人自行新建房屋用于生产经营,从建成之次月起,缴纳房产税

C. 纳税人委托施工企业建设的房屋,从办理验收手续之月起,缴纳房产税

D. 纳税人购置新建商品房,自房屋交付使用之次月起,缴纳房产税

解析▶ 选项A,纳税人将原有房产用于生产经营,从生产经营之月起,缴纳房产税;选项C,纳税人委托施工企业建设的房屋,从办理验收手续之次月起,缴纳房产税。

答案▶ AC

【例题11·判断题】甲公司委托施工企业建设一栋办公楼,从该办公楼建成之次月起缴纳房产税。( )

解析▶ 纳税人委托施工企业建设的房屋,从办理验收手续之次月起,缴纳房产税。

答案▶×

考验二 城镇土地使用税(★★)

(一)城镇土地使用税的概念

城镇土地使用税是国家在"城市、县城、建制镇和工矿区"范围内,对使用土地的单位和个人,以其实际占用的土地面积为计税依据,按照规定的税额计算征收的一种税。

(二)城镇土地使用税的纳税人

1. 城镇土地使用税由"拥有"土地使用权的单位或个人缴纳

2. 拥有土地使用权的纳税人不在土地所在地的,由"代管人或实际使用人"缴纳

3. 土地使用权未确定或权属纠纷未解决的,由"实际使用人"纳税

4. 土地使用权"共有"的,"共有各方"均为纳税人,以共有各方实际使用土地的面积占总面积的比例,分别计算缴纳城镇土地使用税

『老侯提示1』用于租赁的房屋,由"出租方"缴纳房产税、城镇土地使用税。

『老侯提示 2』受益人纳税原则，谁使用，谁受益，谁纳税。

【例题 1 · 判断题】☆土地使用权未确定或权属纠纷未解决的，暂不缴纳城镇土地使用税。（ ）

解析 ▶ 土地使用权未确定或权属纠纷未解决的，由实际使用人纳税。 答案 ▶ ×

（三）城镇土地使用税的征税范围

凡在城市、县城、建制镇、工矿区范围内的土地，不区分国家所有，还是集体所有。

『老侯提示』不包括农村集体所有的土地。

【例题 2 · 多选题】下列各项中属于城镇土地使用税的征收范围的有（ ）。

A. 集体所有的建制镇土地

B. 集体所有的城市土地

C. 集体所有的农村土地

D. 国家所有的工矿区土地

解析 ▶ 凡在城市、县城、建制镇、工矿区范围内（不包括农村）的土地，不论是属于国家所有的土地，还是集体所有的土地，都属于城镇土地使用税的征税范围。 答案 ▶ ABD

（四）城镇土地使用税的税率

采用幅度差别定额税率。

（五）城镇土地使用税的计税依据——纳税人“实际占用”的土地面积

（1）凡由省级人民政府确定的单位组织测定土地面积的，以“测定”的土地面积为准。

（2）尚未组织测定，但纳税人持有政府部门核发的土地使用权证书的，以“证书确定”的土地面积为准。

（3）尚未核发土地使用权证书的，应当由纳税人“据实申报”土地面积，待核发土地使用权证书后再作调整。

【例题 3 · 单选题】甲房地产开发企业开发一住宅项目，实际占地面积 12 000 平方米，建筑面积 24 000 平方米，容积率为 2，甲房地产开发企业缴纳的城镇土地使用税的计税依据为（ ）。

A. 18 000 平方米 B. 24 000 平方米

C. 36 000 平方米 D. 12 000 平方米

解析 ▶ 城镇土地使用税的计税依据是实际占用的土地面积。 答案 ▶ D

（六）城镇土地使用税的应纳税额计算

1. 适用税额

城镇土地使用税执行“从量”计征（税率表略）。

2. 计税公式

“年”应纳税额＝实际占用应税土地面积（平方米）×适用税额

『老侯提示』上述内容经常与税收优惠结合考核。

【例题 4 · 单选题】甲公司 2021 年实际占地面积 30 000 平方米，其中位于市区的办公区占地 27 000 平方米、职工生活区占地 2 000 平方米，位于农村的仓库占地 1 000 平方米。已知城镇土地使用税适用税率每平方米年税额为 5 元。计算甲公司 2021 年度应缴纳城镇土地使用税税额的下列算式中，正确的是（ ）。

A. 27 000×5＝135 000（元）

B. （27 000＋1 000）×5＝140 000（元）

C. （27 000＋2 000）×5＝145 000（元）

D. 30 000×5＝150 000（元）

解析 ▶ 城镇土地使用税的征税范围包括在城市、县城、建制镇、工矿区范围内的土地，农村的土地不属于城镇土地使用税的征税范围。 答案 ▶ C

（七）城镇土地使用税的税收优惠

城镇土地使用税的税收优惠见表 7-4。

表 7-4 城镇土地使用税的税收优惠

<table>
<tr><th>记忆提示</th><th colspan="2">优惠政策</th></tr>
<tr><td rowspan="2">非经营行为</td><td>免征</td><td>(1)国家机关、人民团体、军队自用的土地；
(2)由国家财政部门拨付事业经费的单位自用的土地；
(3)宗教寺庙、公园、名胜古迹自用的土地；
(4)市政街道、广场、绿化地带等公共用地；
(5)老年服务机构的自用土地</td></tr>
<tr><td>不免征</td><td>公园等附设的营业单位占用的土地，如“索道公司经营用地”</td></tr>
<tr><td rowspan="2">国家鼓励行为</td><td>免征</td><td>(1)直接用于农、林、牧、渔业的生产用地；
(2)经批准开山填海整治的土地和改造的废弃土地，从使用的月份起免缴土地使用税5~10年；
(3)农产品批发市场、农贸市场用地(同房产税)；
(4)国家级、省级科技企业孵化器等用地(同房产税)；
(5)居民供热(同房产税)(2022年新增)</td></tr>
<tr><td>减半征</td><td>对物流企业自有(包括自用和出租)或承租的大宗商品仓储设施用地
『老侯提示』物流企业的办公、生活区用地及其他非直接用于大宗商品仓储的土地，不属于减税范围(2022年新增)</td></tr>
<tr><td colspan="2">占用耕地</td><td>缴纳了耕地占用税的，从批准征用之日起“满1年后”征收城镇土地使用税</td></tr>
<tr><td rowspan="2">无偿使用</td><td>免征</td><td>免税单位无偿使用纳税单位的土地</td></tr>
<tr><td>不免征</td><td>纳税单位无偿使用免税单位的土地</td></tr>
<tr><td colspan="2">全民健身</td><td>体育用地(同房产税)</td></tr>
<tr><td rowspan="2">房地产开发</td><td>免征</td><td>经批准开发建设经济适用房的用地</td></tr>
<tr><td>不免征</td><td>其他各类房地产开发用地</td></tr>
<tr><td rowspan="10">各行业免征规定</td><td>厂区内征</td><td>包括办公区，生活区，绿化带，机场跑道等</td></tr>
<tr><td rowspan="9">厂区外免征</td><td>企业的铁路专用线、公路等用地：在厂区以外、与社会公用地段未加隔离的</td></tr>
<tr><td>火电厂围墙外的灰场、输灰管、输油(气)管道、铁路专用线用地；
水电站除发电厂房、生产、办公、生活以外的用地；
供电部门的输电线路、变电站用地</td></tr>
<tr><td>盐场的盐滩、盐矿的矿井用地</td></tr>
<tr><td>林场的育林地、运材道、防火道、防火设施用地；森林公园、自然保护区用地</td></tr>
<tr><td>水利设施及其管护用地：如水库库区、大坝、堤防、灌渠、泵站等用地</td></tr>
<tr><td>港口：码头用地</td></tr>
<tr><td>机场：飞行区用地、场内外通信导航设施用地、飞行区四周排水防洪设施用地、场外的道路用地</td></tr>
<tr><td>石油行业：地质勘探、钻井、井下作业、油气田地面工程等施工临时用地；企业厂区以外的铁路专用线、公路及输油管道用地；油气长输管线用地；在城市、县城、建制镇以外工矿区内的消防、防洪排涝、防风、防沙设施用地</td></tr>
</table>

【例题5·单选题】☆根据城镇土地使用税法律制度的规定，下列各项中，免征城镇土地使用税的是(　)。

A. 公园内的索道公司经营用地

B. 直接用于农业的生产用地

C. 企业拥有并运营管理的大型体育场馆用地

D. 纳税单位无偿使用免税单位的土地

解析 选项AD，按规定征收；选项C，减半征收。

答案 B

【例题6·判断题】对公安部门无偿使用铁路、民航等单位的土地，免征城镇土地使用税。(　)

解析 对免税单位无偿使用纳税单位的土地(如公安、海关等单位使用铁路、民航等单位的土地)，免征城镇土地使用税。

答案 √

【例题7·单选题】☆甲盐矿为增值税一般纳税人，其占用土地中，矿井用地450 000平方米，生产厂房用地40 000平方米，办公用地5 000平方米。已知城镇土地使用税适用税率为每平方米年税额2元。甲盐矿全年应缴纳城镇土地使用税税额为(　)。

A. 990 000元　　B. 900 000元

C. 90 000元　　D. 910 000元

解析 (1)盐场的盐滩、盐矿的矿井用地免征城镇土地使用税；(2)应纳税额=(40 000+5 000)×2=90 000(元)。

答案 C

(八)城镇土地使用税的征收管理

1. 纳税义务发生时间

(1)纳税人购置新建商品房，为自房屋交付使用之次月起。

(2)纳税人购置存量房，为自办理房屋权属转移、变更登记手续，房地产权属登记机关签发房屋权属证书之次月起。

(3)纳税人出租、出借房产，为自交付出租、出借房产之次月起。

(4)以出让或转让方式有偿取得土地使用权的，为合同约定交付土地时间的次月起；合同未约定交付土地时间的，为合同签订的次月起。

(5)纳税人新征用的耕地，为自批准征用之日起满1年时。

(6)纳税人新征用的非耕地，为自批准征用次月起。

『老侯提示』一般情况自行为发生之"次月"起；新征用耕地的，为自批准征用之日起满1年时。

2. 征收方式及纳税地点——与房产税基本相同

【例题8·判断题】☆纳税人出租房产，应自交付出租房产之月起缴纳城镇土地使用税。(　)

解析 纳税人出租房产，应自交付出租房产之次月起缴纳城镇土地使用税。

答案 ×

考验三　耕地占用税(★)

(一)耕地占用税的立法目的

合理利用土地资源，加强土地管理，保护耕地。

(二)耕地占用税的纳税人

在我国境内占用耕地建设建筑物、构筑物或者从事非农业建设的单位和个人，为耕地占用税的纳税人。

1. 何为耕地

用于种植农作物的土地(基本农田)；占用园地、林地、草地、农田水利用地、养殖水面、渔业水域滩涂以及其他农用地(非基本农田)建设建筑物、构筑物或者从事非农业建设的，也应征收耕地占用税。

『老侯提示』占用耕地建设"直接为农业生产服务"的生产设施的(农田水利设施)，不征收耕地占用税。

2. 关于纳税人(见表 7-5)

表 7-5 耕地占用税纳税人

是否经批准	纳税人	
经批准	农用地转用审批文件中标明建设用地人	建设用地人
	农用地转用审批文件中未标明建设用地人	用地申请人 『老侯提示』用地申请人为各级人民政府的，由同级土地储备中心、自然资源主管部门或政府委托的其他部门、单位履行耕地占用税申报纳税义务
未经批准	实际用地人	

【例题 1·单选题】☆根据耕地占用税法律制度的规定，下列情形中，应征收耕地占用税的是(　)。

A. 占用草地建造公路

B. 占用园地建设农业示范基地

C. 占用草地建设畜禽养殖设施

D. 占用林地建设木材集材道

解析 选项 BCD，占用耕地建设“直接为农业生产服务”的生产设施的，不征收耕地占用税。 **答案** A

(三)耕地占用税的应纳税额计算

1. 计税依据

实际占用的耕地面积=“经批准”占用的耕地面积+“未经批准”占用的耕地面积

2. 税率

实行定额税率(税率表略)。

3. 计税公式

应纳税额=实际占用耕地面积×适用税额

4. 应纳税额应当“一次性”缴纳

(四)耕地占用税的加征规定

1. 加征不超过 50%

人均耕地低于 0.5 亩的地区。

2. 加征 50%

占用“**基本农田**”。

(五)耕地占用税的税收优惠

1. 免征

军事设施、学校、幼儿园、社会福利机构、医疗机构。

『老侯提示』学校内经营性场所、教职工住房和医院内职工住房不免征。

2. 减半征收

农村居民在规定用地标准以内占用耕地新建自用住宅。

『老侯提示』农村居民经批准搬迁，新建自用住宅占用耕地不超过原宅基地面积的部分，农村烈士家属、因公牺牲军人遗属、残疾军人以及符合农村最低生活保障条件的农村居民，在规定用地标准以内新建住宅，均免征耕地占用税。

3. 部分减征

占用非基本农田，适用税额可以“适当低于”本地区占用耕地的适用税额，但降低的部分不得超过 50%。

『老侯提示』非基本农田是指园地、林地、草地、农田水利用地、养殖水面，以及渔业水域滩涂以及其他农用地。

4. 减按 2 元/平方米的税额征收

铁路、公路、飞机场跑道和停机坪、港口、航道、水利工程。

5. 补税规定

按规定免征或减征耕地占用税后，纳税人改变原占地用途，不再属于免征或者减征耕地占用税情形的，应当按照当地适用税额补缴耕地占用税。

6. 纳税退还

(1)纳税人因“**建设项目施工或者地质勘查**”临时占用耕地，应当缴纳耕地占用税。纳税人在批准临时占用耕地“**期满之日起 1 年内**”依法复垦，恢复种植条件的，“**全额退还**”已经缴纳的耕地占用税。

(2)因**“挖损、采矿塌陷、压占、污染”**等损毁耕地，应当缴纳耕地占用税。自自然资源、农业农村等相关部门认定损毁耕地之日起**“3年内”**依法复垦或修复，恢复种植条件的，**“全额退还”**已经缴纳的耕地占用税。

【例题2·单选题】 2021年7月甲公司开发住宅社区经批准共占用耕地150 000平方米，其中800平方米兴建幼儿园，5 000平方米修建学校，已知耕地占用税适用税率为30元/平方米，甲公司应缴纳耕地占用税税额的下列算式中，正确的是(　)。

A. 150 000×30＝4 500 000(元)

B. (150 000－800－5 000)×30＝4 326 000(元)

C. (150 000－5 000)×30＝4 350 000(元)

D. (150 000－800)×30＝4 476 000(元)

解析 学校、幼儿园占用耕地，免征耕地占用税。

答案 B

【例题3·多选题】 下列各项中，免征耕地占用税的有(　)。

A. 公立学校教学楼占用耕地

B. 厂区内机动车道占用耕地

C. 军事设施占用耕地

D. 医院内职工住房占用耕地

解析 免征耕地占用税的项目包括：军事设施、学校、幼儿园、社会福利机构和医疗机构占用耕地。医院内职工住房占用耕地的，应缴纳耕地占用税。

答案 AC

(六)耕地占用税的纳税义务发生时间及纳税期限

1. 纳税义务发生时间

纳税人收到自然资源主管部门办理占用耕地手续的书面通知的当日。

2. 纳税期限

纳税人应当自纳税义务发生之日起30日内申报缴纳耕地占用税。

【例题4·单选题】 甲企业2021年2月经批准新占用一块耕地建造办公楼，另占用一块非耕地建造企业仓库。下列关于甲企业城镇土地使用税和耕地占用税的有关处理，说法正确的是(　)。

A. 甲企业建造办公楼占地，应征收耕地占用税，并自批准征用之次月起征收城镇土地使用税

B. 甲企业建造办公楼占地，应征收耕地占用税，并自批准征用之日起满一年后征收城镇土地使用税

C. 甲企业建造仓库占地，不征收耕地占用税，应自批准征用之月起征收城镇土地使用税

D. 甲企业建造仓库占地，不征收耕地占用税，应自批准征用之日起满一年时征收城镇土地使用税

解析 为避免对一块土地同时征收耕地占用税和城镇土地使用税，凡是缴纳了耕地占用税的，从批准征用之日起满1年后征收城镇土地使用税；征用非耕地因不需要缴纳耕地占用税，应从批准征用之次月起征收城镇土地使用税。

答案 B

【例题5·单选题】 ☆根据耕地占用税法律制度的规定，纳税人应当自纳税义务发生之日起一定期限内申报缴纳耕地占用税。该期限为(　)。

A. 90日　　B. 60日

C. 180日　　D. 30日

答案 D

考验四　契税(★★★)(2022年调整)

(一)契税的特征

1. 属于财产转移税，在我国境内转移土地、房屋权属时征收

2. 以当事人双方签订的合同(契约)中所确定的价格为计税依据

3. 以“权属承受的单位和个人”为纳税人

（二）征税范围

1. 属于征税范围的

（1）土地使用权出让；

（2）土地使用权转让（包括出售、赠与、互换）；

（3）房屋买卖、赠与、互换。

『老侯提示1』以作价投资（入股）、偿还债务、划转、奖励等方式转移土地、房屋权属的，应当征收契税。

『老侯提示2』因共有不动产份额变化、共有人增加或者减少、承受方应当缴纳契税。（2022年新增）

『老侯提示3』人民法院、仲裁委员会的生效法律文书或者监察机关出具的监察文书等因素，发生土地、房屋权属转移，承受方应当缴纳契税。（2022年新增）

2. 不属于征税范围的

（1）土地使用权的转让不包括“土地承包经营权和土地经营权”的转移；

（2）土地、房屋权属的典当、出租、抵押，不属于契税的征税范围。

『老侯提示』与土地增值税区别，关键在于纳税人的不同。

【例题1·单选题】☆根据契税法律制度的规定，下列各项中，属于契税纳税人的是（ ）。

A. 转让土地使用权的企业

B. 出租自有住房的个人

C. 受赠房屋权属的个体工商户

D. 继承父母车辆的子女

解析 ▶ 选项ACD，契税的纳税人，是指在我国境内承受（包括受让、购买、受赠、互换）土地、房屋权属转移的单位和个人；选项B，土地、房屋典当、分析（分割）、抵押以及出租等行为，不属于契税的征税范围。

答案 ▶ C

（三）契税的应纳税额

1. 税率

3%～5%的幅度比例税率。

2. 计税依据

（1）成交价格。

①适用情形。

土地使用权出让、出售，房屋买卖。

②特殊情况下成交价格的确定，见表7-6。（2022年新增）

表7-6 特殊情况下成交价格的确定

适用情形		成交价格
土地使用权及所附建筑物、构筑物		承受方应交付的总价款
土地使用权出让		土地出让金、土地补偿费、安置补助费、地上附着物和青苗补偿费、征收补偿费、城市基础设施配套费、实物配建房屋等应交付的货币以及实物、其他经济利益对应的价款
房屋附属设施	与房屋为同一不动产单元	承受方应交付的总价款，并适用与房屋相同的税率
	与房屋为不同不动产单元	转移合同确定的成交价格，并按当地确定的适用税率计税
承受已装修房屋		装修费用应计入总价款

（2）核定价格。

①适用情形。

a. 土地使用权赠与、房屋赠与以及其他没有价格的转移土地、房屋权属行为；

b. 纳税人申报的成交价格、互换价格差额明显偏低且无正当理由。

②核定方法。

由税务机关参照土地使用权出售、房屋

买卖的市场价格依法核定。此外还可以采用房地产价格评估等方法合理确定。

(3)价格差额。

①适用情形。

土地使用权互换、房屋互换。

②“互换”行为判定。

“互换”行为是指“房房、地地、房地”互换，“以房抵债、以房易货”均属于买卖行为。

③计税规则。

互换价格不相等的，由“多交付货币”的一方缴纳契税；互换价格相等的，免征契税。

(4)补交的土地出让价款与成交价格(2022年调整)。

①补交的土地出让价款的适用情形。

以划拨方式取得的土地使用权，经批准改为出让方式“重新取得该土地使用权”。

②补交的土地出让价款+成交价格的适用情形。

先以划拨方式取得土地使用权，后经批准“转让房地产，划拨土地性质改为出让”的。

③成交价格的适用情形。

先以划拨方式取得土地使用权，后经批准“转让房地产，划拨土地性质未发生改变”的。

3. 应纳税额计算

应纳税额=计税依据×税率

【例题2·单选题】 2021年10月，甲广告公司从乙公司购入一处写字楼，支付不含增值税价款500万元。该写字楼乙公司账面原值300万元，已提折旧75万元。已知，契税税率为4%。计算甲广告公司当月该笔业务应缴纳契税税额的下列算式中，正确的是(　)。

A. 300×4%=12(万元)

B. 500×4%=20(万元)

C. [500-(300-75)]×4%=11(万元)

D. (300-75)×4%=9(万元)

解析 ▶ 房屋买卖，应以不含增值税的成交价格(500万元)为计税依据，计征契税。

答案 ▶ B

【例题3·单选题】 ☆2019年5月甲公司获赠原值200万元的房产一处，税务机关核定的不含增值税价格为300万元。已知契税适用税率为4%。甲公司获赠该房产应缴纳契税税额为(　)。

A. 8万元　　B. 4.16万元

C. 12万元　　D. 12.48万元

解析 ▶ (1)房屋赠与契税的计税依据为税务机关参照房屋买卖的市场价格依法核定的价格；(2)应缴纳契税税额=300×4%=12(万元)。

答案 ▶ C

【例题4·单选题】 ☆2021年10月甲公司从乙公司购入一处经营用房，不含增值税成交价格为1 200万元，当月将一处不含增值税评估价格为1 000万元的厂房与丙公司的办公楼互换，并向丙公司支付不含增值税差价款500万元。已知契税适用税率为3%。甲公司当月上述业务应缴纳契税税额为(　)。

A. 51万元　　B. 36万元

C. 81万元　　D. 45万元

解析 ▶ (1)购入房屋，契税的计税依据为不含增值税成交价格；(2)房屋互换，契税的计税依据为所互换的房屋价格的差额，互换价格不相等的，由“多交付货币”的一方缴纳契税。本题中应纳契税税额=(1 200+500)×3%=51(万元)。

答案 ▶ A

(四)契税的税收优惠

1. 法定免征契税

(1)国家机关、事业单位、社会团体、军事单位承受土地、房屋权属，用于办公、教学、医疗、科研和军事设施；

(2)非营利性的学校、医疗机构、社会福利机构承受土地、房屋权属用于办公、教学、医疗、科研、养老、救助；

(3)承受荒山、荒地、荒滩土地使用权用于农、林、牧、渔业生产；

(4)婚姻关系存续期间夫妻之间变更土

地、房屋权属；

(5)法定继承人通过继承承受土地、房屋权属；

(6)依照法律规定应当予以免税的外国驻华使馆、领事馆和国际组织驻华代表机构承受土地、房屋权属。

2. 国务院可以规定免征或减征契税的情形

居民住房需求保障、企业改制重组、灾后重建等。

3. 省、自治区、直辖市人民政府可以决定免征或者减征契税的情形

(1)因土地、房屋被县级以上人民政府征收、征用，重新承受土地、房屋权属；

(2)因不可抗力灭失住房，重新承受住房权属。

『老侯提示』纳税人改变有关土地、房屋的用途，或者有其他不再属于免征、减征契税情形的，应当缴纳已经免征、减征的税款。

4. 企业、事业单位改制重组的税收优惠政策(见表7-7)(2022年新增)

表7-7　企业、事业单位改制重组的税收优惠政策

<table>
<tr><th colspan="2">适用情形</th><th colspan="2">满足条件</th><th>税收优惠</th></tr>
<tr><td rowspan="2">改制</td><td>企业</td><td colspan="2">原企业投资主体存续并在改制后的公司中持股比例>75%，且改制后公司承继原企业权利、义务</td><td>免征</td></tr>
<tr><td>事业单位</td><td colspan="2">原投资主体存续并在改制后企业中持股比例>50%</td><td>免征</td></tr>
<tr><td colspan="2">公司合并</td><td colspan="2">原投资主体存续的</td><td>免征</td></tr>
<tr><td colspan="2">公司分立</td><td colspan="2">分立后的公司与原公司投资主体相同</td><td>免征</td></tr>
<tr><td colspan="2" rowspan="3">企业破产</td><td colspan="2">(1)“债权人”(包括破产企业职工)承受破产企业抵偿债务的土地、房屋权属</td><td>免征</td></tr>
<tr><td rowspan="2">(2)“非债权人”承受破产企业土地、房屋权属</td><td>与原企业100%职工签订≥3年的劳动合同</td><td>免征</td></tr>
<tr><td>与原企业>30%职工签订≥3年的劳动合同</td><td>减半征收</td></tr>
<tr><td colspan="2" rowspan="3">资产划转</td><td colspan="2">(1)承受县级以上人民政府或国有资产管理部门按规定进行行政性调整、划转国有土地、房屋权属</td><td>免征</td></tr>
<tr><td colspan="2">(2)同一投资主体内部所属企业之间土地、房屋权属的划转</td><td>免征</td></tr>
<tr><td colspan="2">(3)母公司以土地、房屋权属向其“全资子公司”增资</td><td>免征</td></tr>
<tr><td colspan="2">债权转股权</td><td colspan="2">经国务院批准实施债转股的企业，债转股后新设公司承受原企业的土地、房屋权属</td><td>免征</td></tr>
<tr><td colspan="2">划拨用地出让或作价出资</td><td colspan="2">以出让方式或国家作价出资(入股)方式承受原改制重组企业、事业单位划拨用地</td><td>不免征</td></tr>
<tr><td colspan="2">公司股权(股份)转让</td><td colspan="2">单位、个人承受公司股权(股份)</td><td>不征</td></tr>
</table>

【例题5·单选题】☆根据契税法律制度的规定，下列情形中，应计算缴纳契税的是(　)。

A. 法定继承人通过继承承受房屋权属

B. 企业以自有房屋等价互换另一企业房屋

C. 个人承受企业无偿赠与的房屋权属

D. 个人以自有房屋对外出租

解析 选项AB，免征契税；选项D，不征收契税。

答案 C

【例题6·判断题】李某的住房在地震中灭失，当他重新购买住房时，税务机关可酌

情准予减征或者免征契税。 ( )

解析 因不可抗力灭失住房而重新购买住房的，省、自治区、直辖市人民政府酌情准予减征或者免征契税。 **答案** ×

【例题7·判断题】 企业依照有关法律法规规定实施破产，非债权人承受破产企业土地、房屋权属，与原企业超过30%的职工签订服务年限不少于3年的劳动用工合同的，免征契税。 ( )

解析 上述情形减半征收契税。

答案 ×

(五)契税的征收管理(2022年调整)

1. 纳税义务发生时间

适用情形	纳税义务发生时间
一般情况	纳税人签订土地、房屋权属转移合同的当日，或纳税人取得其他具有土地、房屋权属转移合同性质凭证的当日
因人民法院、仲裁委员会的生效法律文书或者监察机关出具的监察文书等发生土地、房屋权属转移	法律文书生效当日
因改变土地、房屋用途等情形应当缴纳已经减征、免征契税	改变有关土地、房屋用途等情形的当日
因改变土地性质、容积率等土地使用条件需补缴土地出让价款	改变土地使用条件当日

2. 纳税期限

(1)一般情况为依法办理土地、房屋权属登记手续前。

纳税人办理土地、房屋权属登记，不动产登记机构应当查验契税完税、减免税凭证或者有关信息。未按照规定缴纳契税的，不予办理。

(2)按规定不再需要办理土地、房屋权属登记的，纳税人应自纳税义务发生之日起90日内申报缴纳契税。

3. 纳税地点

土地、房屋所在地。

(六)纳税退还

(1)因人民法院判决或者仲裁委员会裁决导致土地、房屋权属转移行为无效、被撤销或者被解除，且土地、房屋权属变更至原权利人的；

(2)在出让土地使用权交付时，因容积率调整或实际交付面积小于合同约定面积需退还土地出让价款的；

(3)在新建商品房交付时，因实际交付面积小于合同约定面积需返还房价款的。

【例题8·多选题】 根据契税法律制度的规定，下列情形中，纳税人可以向税务机关申请退还已缴纳的税款的有( )。

A. 因人民法院判决导致房屋权属转移行为无效，房屋权属变更至原权利人

B. 出让土地使用权交付时，因容积率调整或实际交付面积小于合同约定面积需退还土地出让价款

C. 新建商品房交付时，因实际交付面积小于合同约定面积需返还房价款

D. 因不可抗力灭失住房，重新承受住房权属

解析 选项D，属于省、自治区、直辖市人民政府可以决定免征或者减征契税的情形。

答案 ABC

考验五　土地增值税(★★★)

(一)土地增值税的特征

1. 属于财产转移税

2. 以“转让”土地使用权、地上建筑物及其附着物取得的增值额为计税依据

3. 以转让方为纳税人

(二)土地增值税的征税范围

土地增值税的征税范围见表 7-7。

表 7-7　土地增值税的征税范围

<table>
<tr><th colspan="2" rowspan="2">事项</th><th colspan="2">土地增值税</th></tr>
<tr><th>不征或免征</th><th>征</th></tr>
<tr><td colspan="2">土地使用权出让</td><td>★</td><td></td></tr>
<tr><td colspan="2">土地使用权转让</td><td></td><td>★</td></tr>
<tr><td colspan="2">转让建筑物产权</td><td></td><td>★</td></tr>
<tr><td colspan="2">继承</td><td>★</td><td></td></tr>
<tr><td colspan="2">赠与</td><td>(1)赠与直系亲属或者承担直接赡养义务人;
(2)通过中国境内非营利的社会团体、国家机关赠与教育、民政和其他社会福利、公益事业</td><td>赠与其他人</td></tr>
<tr><td rowspan="4">改制</td><td>整体改制</td><td rowspan="4">一般企业</td><td rowspan="4">房地产开发企业</td></tr>
<tr><td>合并</td></tr>
<tr><td>分立</td></tr>
<tr><td>投资、联营</td></tr>
<tr><td colspan="2">房地产开发企业</td><td>将部分开发房产自用或出租</td><td>出售或视同出售(如抵债等)</td></tr>
<tr><td colspan="2">房地产交换</td><td>个人互换自有居住用房</td><td>企业互换</td></tr>
<tr><td colspan="2">合作建房</td><td>建成后自用</td><td>建成后转让</td></tr>
<tr><td colspan="2">出租</td><td>★</td><td></td></tr>
<tr><td colspan="2">抵押</td><td>抵押期间</td><td>抵押期满“且”发生权属转移</td></tr>
<tr><td colspan="2">代建</td><td>★</td><td></td></tr>
<tr><td colspan="2">评估增值</td><td>★</td><td></td></tr>
</table>

『老侯提示』土地增值税属于收益性质的土地税，只有在发生权属转移且有增值的情况下才予以征收。考生应在理解的基础上，关注出让与转让、企业改制。

【例题1·单选题】☆根据土地增值税法律制度的规定，下列情形中，应征收土地增值税的是(　)。

A. 丙公司对外出租仓库

B. 甲公司抵押自有厂房，该厂房尚处于抵押期间

C. 陈某有偿转让拥有的一处商业用房

D. 乙公司通过国家机关将办公楼无偿赠与公益事业

解析➠ 选项 AB，不涉及权属转移，不

征收土地增值税；选项CD，土地增值税只对有偿转让的房地产征税，对以继承、赠与等方式无偿转让的房地产，不予征税。

答案 C

【例题2·判断题】☆双方合作建商品房，建成后转让的，应征收土地增值税。 （ ）

解析 对于一方出地，另一方出资金，双方合作建房，建成后按比例分房自用的，暂免征收土地增值税；建成后转让的，应征收土地增值税。

答案 √

（三）土地增值税的应纳税额计算

1. 适用税率——四级“超率累进税率”（税率表略）

2. 计税公式

土地增值税=增值额×适用税率-扣除项目金额×速算扣除系数

增值额=转让房地产取得的收入-扣除项目金额

『老侯提示』转让房地产取得的收入为不含增值税收入。

3. 新建项目具体扣除标准

新建项目具体扣除标准见表7-8。

表7-8 新建项目具体扣除标准

<table>
<tr><th colspan="2">转让项目</th><th colspan="2">具体扣除项目</th><th colspan="2">扣除标准</th></tr>
<tr><td rowspan="9">新建项目</td><td rowspan="6">房地产开发企业</td><td>拿地</td><td>①取得土地使用权所支付的金额</td><td colspan="2">据实扣除（成本+契税）</td></tr>
<tr><td rowspan="3">建房</td><td>②房地产开发成本</td><td colspan="2">据实扣除</td></tr>
<tr><td rowspan="2">③房地产开发费用</td><td>利息明确</td><td>利息+（①+②）×省级政府确定的比例</td></tr>
<tr><td>利息不明确</td><td>（①+②）×省级政府确定的比例</td></tr>
<tr><td>销售</td><td>④与转让房地产有关的税金</td><td colspan="2">不得抵扣的增值税、城建税、教育费附加</td></tr>
<tr><td>优惠</td><td>⑤加计扣除额</td><td colspan="2">（①+②）×20%</td></tr>
<tr><td rowspan="3">非房地产开发企业</td><td>拿地</td><td>同</td><td colspan="2">同</td></tr>
<tr><td>建房</td><td>同</td><td colspan="2">同</td></tr>
<tr><td>销售</td><td>不同</td><td colspan="2">不得抵扣的增值税、城建税、教育费附加、印花税</td></tr>
</table>

『老侯提示1』房地产开发成本包括土地的征用及拆迁补偿费、前期工程费、建筑安装工程费、基础设施费、公共配套设施费、开发间接费用等。

『老侯提示2』两项即使明确也不得扣除的利息：

（1）利息的上浮幅度按国家的有关规定执行，超过上浮幅度的部分不允许扣除；

（2）超过贷款期限的利息部分和加罚的利息不允许扣除。

『老侯提示3』税收优惠：纳税人建造“普通标准住宅”出售，增值额未超过扣除项目金额20%的，予以免税。

4. 计算步骤

（1）确定收入——题目给出。

（2）确定扣除项目金额。

①取得土地使用权所支付的金额——题目给出；

②房地产开发成本——题目给出；

③房地产开发费用——根据题目内容判定利息是否明确；

④与转让房地产有关的税金——题目给出（老侯提示：印花税迷惑）；

⑤计算加计扣除。

（3）确定增值额——[（1）-（2）]。

（4）确定增值额与扣除项目的比率[（3）/

(2)]。

(5)找税率。

(6)算税额。

应纳税额=增值额×税率-扣除项目金额×速算扣除系数

【举例】某房地产企业开发一普通标准住宅，已知支付的土地出让金为2 840万元，缴纳相关税费160万元；住宅开发成本2 800万元，其中含装修费用500万元；房地产开发费用中的利息支出为300万元(不能提供金融机构证明)；当年住宅全部销售，取得不含税销售收入9 000万元；缴纳城市维护建设税和教育费附加495万元；印花税4.5万元。已知：该企业所在省人民政府规定的房地产开发费用的计算扣除比例为10%，房地产开发加计扣除比率为20%。计算该企业应缴纳的土地增值税。

【计算步骤】(1)住宅销售收入为9 000万元。

(2)确定转让房地产的扣除项目金额包括：

①取得土地使用权所支付的金额=2 840+160=3 000(万元)。

②住宅开发成本为2 800万元。

③房地产开发费用=(3 000+2 800)×10%=580(万元)。

④与转让房地产有关的税金=495(万元)。缴纳的印花税已在税金及附加中扣除。

⑤加计扣除=(3 000+2 800)×20%=1 160(万元)。

转让房地产的扣除项目金额=3 000+2 800+580+495+1 160=8 035(万元)。

(3)转让房地产的增值额=9 000-8 035=965(万元)。

(4)增值额与扣除项目金额的比率=965/8 035=12%

纳税人建造普通标准住宅出售，增值额未超过扣除项目金额20%的，予以免税。

5. 销售旧房具体扣除标准

销售旧房具体扣除标准见表7-9。

表7-9　销售旧房具体扣除标准

转让项目		具体扣除项目		扣除标准
存量项目	房屋	房	①房屋及建筑物的“评估价格”	重置成本价×成新率
		地	②取得土地使用权所支付的地价款和缴纳的有关费用	据实扣除
		销售	③与转让房地产有关的税金	据实扣除
	土地	地	同上	同上
		销售	同上	同上

6. 计税依据的特殊规定

(1)纳税人隐瞒、虚报房地产成交价格的，应由评估机构参照同类房地产的市场交易价格进行评估，税务机关根据评估价格确定转让房地产的收入。

(2)纳税人申报扣除项目金额不实的，应由评估机构按照房屋重置成本价乘以成新度折扣率，计算的房屋成本价和取得土地使用权时的基准地价进行评估，税务机关根据评估价格确定扣除项目金额。

(3)转让房地产的成交价格低于房地产评估价格，又无正当理由的应按评估的市场交易价确定其实际成交价，并以此作为转让房地产的收入。

(4)非直接销售和自用房地产收入的确定。

①按本企业在同一地区、同一年度销售的同类房地产的平均价格确定；

②由主管税务机关参照当地当年、同类房地产的市场价格或评估价值确定。

【例题3·单选题】☆甲房地产公司为增值税一般纳税人，2019年9月销售自行开发的W住宅项目，取得不含增值税转让收入10 000万元。准予从转让收入额中减除的扣除项目金额为6 000万元。已知土地增值税适用税率为40%，速算扣除系数为5%。计算甲房地产公司销售该住宅项目应缴纳土地增值税税额的下列算式中，正确的是(　)。

A. (10 000－6 000)×40%－6 000×5%＝1 300(万元)

B. (10 000－6 000)×(40%－5%)＝1 400(万元)

C. 10 000×40%－6 000×5%＝3 700(万元)

D. (10 000－6 000)×40%×(1－5%)＝1 520(万元)

解析▶ 土地增值税应纳税额＝增值额×税率－扣除项目金额×速算扣除系数；增值额＝不含增值税的房地产转让收入－扣除项目金额。 **答案**▶A

【例题4·单选题】甲公司开发一项房地产项目，取得土地使用权支付的金额为1 000万元，发生开发成本6 000万元，发生开发费用2 000万元，其中利息支出900万元无法提供金融机构贷款利息证明。已知，当地房地产开发费用的计算扣除比例为10%。甲公司计算缴纳土地增值税时，可以扣除的房地产开发费用的下列计算中，正确的是(　)。

A. 2 000－900＝1 100(万元)

B. 6 000×10%＝600(万元)

C. 2 000×10%＝200(万元)

D. (1 000+6 000)×10%＝700(万元)

解析▶ 财务费用中的利息支出，凡不能按转让房地产项目计算分摊利息支出或不能提供金融机构证明的，房地产开发费用按“取得土地使用权所支付的金额和房地产开发成本”之和的10%以内计算扣除。计算扣除的具体比例，由各省、自治区、直辖市人民政府规定。 **答案**▶D

【例题5·多选题】根据土地增值税法律制度的规定，下列各项中，在计算土地增值税时，应计入房地产开发成本的有(　)。

A. 公共配套设施费

B. 建筑安装工程费

C. 取得土地使用权所支付的地价款

D. 土地征用及拆迁补偿费

解析▶ 选项C，属于“取得土地使用权所支付的金额”。 **答案**▶ABD

【例题6·单选题】根据土地增值税法律制度的规定，下列各项中，在计算土地增值税计税依据时不允许扣除的是(　)。

A. 在转让房地产时缴纳的城市维护建设税

B. 纳税人为取得土地使用权所支付的地价款

C. 土地征用及拆迁补偿费

D. 超过贷款期限的利息部分

解析▶ 对于超过贷款期限的利息部分在计算土地增值税时不允许扣除。 **答案**▶D

【例题7·多选题】纳税人转让旧房及建筑物，在计算土地增值税时，准予扣除的项目有(　)。

A. 转让环节缴纳的税金

B. 取得土地使用权所支付的地价款

C. 评估价格

D. 重置成本

解析▶ 转让旧房的，应按房屋及建筑物的评估价格、取得土地使用权所支付的地价款和按国家统一规定缴纳的有关费用以及在转让环节缴纳的税金作为扣除项目金额计征土地增值税。 **答案**▶ABC

【例题8·单选题】2021年5月，某国有企业转让2016年5月在市区购置的一栋办公楼，取得不含增值税收入10 000万元，签订产权转移书据，相关税费115万元，2016年购买时支付价款8 000万元，办公楼经税务机关认定的重置成本价为12 000万元，成新率70%。该企业在缴纳土地增值税时计算的增值额为(　)。

A. 400万元　　B. 1 485万元

C. 1 490万元　　D. 200万元

解析▶ 转让旧房应按房屋及建筑物的评估价格、取得土地使用权所支付的地价款和按国家统一规定缴纳的有关费用，以及在转让环节缴纳的税金作为扣除项目金额计征土地增值税。评估价格=重置成本价×成新度折扣率=12 000×70%=8 400(万元)；增值额=10 000-8 400-115=1 485(万元)。**答案** B

【例题9·判断题】纳税人隐瞒、虚报房地产成交价格的，按照房产的购置原价计算征收土地增值税。（　）

解析 对于纳税人隐瞒、虚报房地产成交价格的，应由评估机构参照同类房地产的市场交易价格进行评估，税务机关根据评估价格确定转让房地产的收入。**答案** ×

(四)土地增值税的税收优惠

(1)纳税人建造"普通标准住宅"出售，增值额未超过扣除项目金额20%的，予以免税；超过20%的，应按全部增值额缴纳土地增值税。

『老侯提示』房地产开发项目中同时包含普通住宅和非普通住宅的，应分别计算土地增值税的税额。

(2)企事业单位、社会团体以及其他组织转让旧房作为公共租赁住房房源且增值额未超过扣除项目金额20%的，免征土地增值税。

(3)因国家建设需要依法征用、收回的房地产，免征土地增值税，因上述原因而"自行转让"比照国家收回处理。

(4)"个人""转让住房"暂免征收土地增值税。

【例题10·单选题】根据土地增值税法律制度的规定，下列各项中，不属于土地增值税免税项目的是(　)。

A. 个人转让住房

B. 因国家建设需要被政府批准收回的土地使用权

C. 企业出售闲置办公用房

D. 因城市规划需要被政府批准征用的房产

解析 选项A，个人转让住房暂免征收土地增值税；选项BD，因国家建设需要依法征用、收回的房地产，免征土地增值税。

答案 C

(五)土地增值税的纳税清算

1. 符合下列情形之一的，纳税人"应当"进行土地增值税的清算

(1)房地产开发项目全部竣工、完成销售的；

(2)整体转让未竣工决算房地产开发项目的；

(3)直接转让土地使用权的。

2. 符合下列情形之一的，主管税务机关"可以要求"纳税人进行土地增值税清算

(1)已竣工验收的房地产开发项目，已转让的房地产建筑面积占整个项目可售建筑面积的比例在"85%以上"，或该比例虽未超过85%，但剩余的可售建筑面积已经"出租或自用"的；

(2)取得销售(预售)许可证满"三年"仍未销售完毕的；

(3)纳税人申请注销税务登记但未办理土地增值税清算手续的。

【例题11·多选题】根据土地增值税法律制度的规定，下列情形中，属于税务机关可要求纳税人进行土地增值税清算的有(　)。

A. 房地产开发项目全部竣工并完成销售的

B. 整体转让未竣工决算房地产开发项目的

C. 纳税人申请注销税务登记但未办理土地增值税清算手续的

D. 取得销售(预售)许可证满3年仍未销售完毕的

解析 选项AB，属于纳税人"应当"进行土地增值税的清算的情形。**答案** CD

考验六 印花税(★★★)(2022年调整)

(一)印花税的特征

1. 属于行为税，针对经济活动和经济交往中书立、领受、使用的应税经济凭证的行为

2. 以合同记载的交易金额或应税经济凭证的数量为计税依据

(二)印花税的纳税人和扣缴义务人

1. 纳税人

在中华人民共和国境内书立应税凭证、进行证券交易的、在中华人民共和国境外书立在境内使用的应税凭证的单位和个人为印花税的纳税人。

(1)立合同人——合同的当事人。

不包括合同的“担保人、证人、鉴定人”。

『老侯提示』印花税“双向征收”，签订合同或应税凭证的“各方”都是纳税人。

(2)立账簿人。

该“账簿”指营业账簿，包括资金账簿和其他营业账簿。

(3)立据人——产权转移书据。

(4)使用人——国外订立合同国内使用。

『老侯提示』对纳税人以电子形式签订的各类应税凭证按规定征收印花税。

2. 扣缴义务人

证券登记结算机构为证券交易印花税的扣缴义务人。

【例题1·单选题】甲公司与乙公司签订购销合同，合同约定丙为担保人，丁为鉴定人。下列关于该合同印花税纳税人的表述中，正确的是(　)。

A. 甲、乙、丙和丁为纳税人

B. 甲、乙和丁为纳税人

C. 甲、乙为纳税人

D. 甲、乙和丙为纳税人

解析 立合同人为印花税的纳税人，立合同人是指合同的当事人，即对凭证有直接权利义务关系的单位和个人，但不包括合同的担保人、证人、鉴定人。 **答案** C

(三)印花税的征税范围

印花税的征税范围见表7-10。

表7-10 印花税的征税范围

分类	内容
合同类(11类)	买卖、借款、融资租赁、租赁、承揽、建设工程、运输、技术合同、保管、仓储、财产保险
产权转移书据	土地使用权出让书据，土地使用权、房屋等建筑物和构筑物所有权转让书据(不包括土地承包经营权和土地经营权转移)，股权转让书据(不包括应缴纳证券交易印花税的)以及商标专用权、著作权、专利权、专有技术使用权转让书据
营业账簿	资金账簿、其他营业账簿
证券交易	

『老侯提示1』“专利申请转让、非专利技术转让”属于技术合同；“专利权转让、专利实施许可”属于产权转移书据；“商品房买卖合同、土地使用权出让与转让合同”均属于产权转移书据。

『老侯提示2』凡属于明确双方供需关系，据以供货和结算，具有合同性质的凭证，应按规定缴纳印花税(仅有凭证而无合同)。

【例题2·多选题】下列合同中，应该缴纳印花税的有(　)。

A. 买卖合同　B. 技术合同

C. 货物运输合同　D. 财产租赁合同

答案 ABCD

（四）印花税应纳税额的计算

1. 计税依据

（1）合同（见表7-11）。

表7-11　合同的计税依据

类别	包括	不包括
买卖合同、建设工程合同	合同价款	
加工承揽合同	报酬	委托方提供的材料
租赁合同、融资租赁合同	租金	租赁财产价值
运输合同	运费	装卸费等其他杂费
仓储合同	仓储费	
保管合同	保管费	
借款合同	借款金额	利息
财产保险合同	保费	被保险物价值
技术合同	价款、报酬、使用费	

『老侯提示』上述应税合同的计税依据不包括“列明的”增值税税款，但若合同价款和增值税“未分别列明”，则按照“合计”金额计税贴花。

（2）产权转移书据（见表7-12）。

表7-12　产权转移书据的计税依据

适用情形	计税依据
价款与增值税分开列明	价款
价款与增值税未分开列明	价款与增值税的合计金额
未列明价款	（1）按订立时市场价格确定； （2）依法执行政府定价的，按照其规定确定； （3）按照实际结算价款或报酬确定

（3）营业账簿。

①资金账簿。

以“实收资本”与“资本公积”两项的合计金额为计税依据。

『老侯提示』只征一次，金额不变不再纳税，金额增加差额纳税。

②不记载金额的营业账簿免征印花税。

（4）证券交易（见表7-13）。

表7-13　证券交易的计税依据

适用情形	计税依据
一般情况	成交金额
以非集中交易方式转让证券时无转让价格的	（1）按照办理过户登记手续前一个交易日收盘价计算确定； （2）办理过户登记手续前一个交易日无收盘价的，按照证券面值计算确定

(5)未列明金额时的计税依据(2022年新增)。

实际结算金额→市场价格确定

『老侯提示』依法应当执行政府定价或者政府指导价的，按照国家有关规定确定。

2. 应纳税额计算

应纳税额=计税依据×税率

『老侯提示1』同一应税凭证载有两个或两个以上经济事项并“分别列明”价款或者报酬的，按照各自适用税目税率计算应纳税额；“未分别列明”价款或者报酬的，按税率高的计算应纳税额。

『老侯提示2』同一应税凭证由两方或者两方以上当事人订立的，应当按照各自涉及的价款或者报酬分别计算应纳税额(双向征收)。但是“证券交易印花税”只对出让方征收，不对受让方征收。

【例题3·多选题】下列关于印花税计税依据的说法中，不正确的有( )。

A. 租赁合同，以所租赁财产的金额作为计税依据

B. 运输合同，以所运货物金额和运输费用的合计金额为计税依据

C. 借款合同，以借款金额和借款利息的合计金额为计税依据

D. 财产保险合同，以保险费收入为计税依据

解析 选项A，以租金作为计税依据；选项B，以运输费用金额作为计税依据；选项C，以借款金额作为计税依据。

答案 ABC

【例题4·单选题】某企业本月签订两份合同：(1)承揽合同，合同载明材料金额30万元，加工费10万元；(2)财产保险合同，合同载明被保险财产价值1 000万元，保险费1万元。已知承揽合同印花税税率0.3‰，财产保险合同印花税税率1‰。则应缴纳的印花税为( )。

A. 30×0.3‰+1 000×1‰=1.009(万元)

B. 10×0.3‰+1 000×1‰=1.003(万元)

C. 30×0.3‰+1×1‰=0.01(万元)

D. 10×0.3‰+1×1‰=0.004(万元)

解析 (1)承揽合同以加工费为计税依据，不包括材料金额；(2)财产保险合同以保险费为计税依据，不包括被保险财产价值。

答案 D

【例题5·单选题】某电厂与某运输公司签订了两份运输保管合同：第一份合同载明的金额合计50万元(运费和保管费并未分别记载)；第二份合同中注明运费30万元、保管费10万元。已知：运输合同印花税税率0.3‰，保管合同1‰，则该电厂签订两份合同应缴纳的印花税税额的下列计算中，正确的是( )。

A. 300 000×0.3‰+100 000×1‰=190(元)

B. 500 000×1‰=500(元)

C. 500 000×1‰+300 000×0.3‰+100 000×1‰=690(元)

D. (500 000+300 000+100 000)×1‰=900(元)

解析 (1)载有两个或两个以上应适用不同税目税率经济事项的同一凭证，如分别记载金额的，应分别计算应纳税额，相加后按合计税额贴花；如未分别记载金额的，按税率高的计算贴花；(2)第一份合同应缴纳印花税税额=500 000×1‰=500(元)；(3)第二份合同应缴纳印花税税额=300 000×0.3‰+100 000×1‰=190(元)；(4)合计=500+190=690(元)。

答案 C

【例题6·单选题】甲公司向乙公司租赁2台起重机并签订租赁合同，合同注明起重机总价值为80万元，租期为2个月，每台每月租金为2万元。已知租赁合同适用印花税税率为1‰。计算甲公司和乙公司签订该租赁合同共计应缴纳印花税税额的下列算式中，正确的是( )。

A. 2×2×2×1‰×10 000=80(元)

B. 2×2×2×2×1‰×10 000=160(元)

C. 80×1‰×10 000=800(元)

D. 80×2×1‰×10 000=1 600(元)

解析 租赁合同以合同列明的租金为计税依据。合同双方当事人均应当缴纳印花税，因此甲公司和乙公司应缴纳的印花税=2×2×2×2×1‰×10 000=160(元)。 **答案** B

(五)印花税的免税规定

印花税的免税规定见表7-14。

表7-14 印花税的免税规定

记忆提示	具体内容
金额较小	(1)**应纳税额不足1角**
与个人的小额交易	(2)“电网与用户”之间签订的供用电合同； (3)商店、门市部的零星加工修理业务开具的修理单； (4)电话和联网购物、个人与电子商务经营者订立的电子订单； (5)铁路、公路、航运、水路承运快件行李、包裹开具的托运单据
非列举凭证	(6)**“人身”**保险合同； (7)企业与主管部门签订的租赁承包合同； (8)银行**“同业拆借”**合同、**“借款展期”**合同、**“日拆性”**贷款合同、无息或贴息借款合同、**“国际金融组织”**向我国提供优惠贷款书立的借款合同； (9)**“法律、会计、审计”**合同，**“出版”**合同，**“委托代理”**合同； (10)非记载资金的其他账簿，对企业车间、门市部、仓库设置的不属于会计核算范围的账簿，国库业务账簿； (11)物资调拨单
已贴过印花	(12)应税凭证的副本或抄本； (13)既书立合同，又开立单据的，只就合同贴花，所开立的各类单据，不再贴花； (14)对企业兼并的并入资金，凡已按资金总额贴花的，接收单位对并入的资金，不再补贴印花； (15)纳税人已履行并贴花的合同，发现实际结算金额与合同所载金额不一致的，一般不再补贴印花
非经营行为	(16)解放军、武警部队书立的应税凭证； (17)非营利性医疗卫生机构采购药品或者卫生材料书立的买卖合同
鼓励行为	(18)财产所有权人将财产赠与政府、学校、社会福利机构、慈善组织书立的产权转移书据； (19)抢险救灾物资运输结算凭证
照顾行为	(20)书、报、刊发行单位之间，发行单位与订阅单位或个人之间书立的凭证； (21)农业保险合同、农业生产者购买生产资料或销售农产品签订的买卖合同； (22)由外国运输企业运输进口货物的，外国运输企业所持有的一份结算凭证
外交豁免	(23)依照法律规定应当予以免税的外国驻华使馆、领事馆和国际组织驻华代表机构为获得馆舍书立的应税凭证

【例题10·单选题】☆根据印花税法律制度的规定，下列合同中，不征收印花税的是(　)。

A. 作者与出版社之间签订的出版合同

B. 发电厂与电网之间签订的购售电合同

C. 个人出租商铺签订的房屋租赁合同

D. 物流公司与客户之间签订的仓储合同

解析 选项A，出版合同，不属于印花税列举征税的凭证，不征收印花税；选项B，对发电厂与电网之间、电网与电网之间(国家电网公司系统、南方电网公司系统内部各级电网互供电量除外)签订的购售电合同，按购销合同征收印花税。电网与用户之间签订的供用电合同不征印花税；选项C，企业、个人出租门店、柜台等所签订的合同按照租赁合同缴纳印花税；选项D，按照仓储合同缴纳印花税。 **答案** A

【例题11·单选题】☆根据印花税法律制度的规定，下列各项中，应缴纳印花税的是(　)。

A. 技术服务合同

B. 出版合同

C. 国库业务账簿

D. 企业与主管部门签订的租赁承包经营合同

解析 选项A，按照技术合同缴纳印花税；选项BCD，不属于印花税法列举的应税凭证，不征收印花税。 答案 A

(六)印花税的征收管理

1. 印花税纳税义务发生时间

纳税义务发生时间：纳税人书立应税凭证或者完成证券交易的当日。

证券交易扣缴义务发生时间：完成证券交易的当日。

2. 印花税纳税地点

印花税纳税地点见表7-15。

表7-15 印花税纳税地点

适用情形	纳税地点
单位纳税人	机构所在地的税务机关
证券交易印花税的扣缴义务人	机构所在地的税务机关
个人纳税人	应税凭证书立地或者居住地的税务机关
不动产产权发生转移	不动产所在地的税务机关
境外单位或者个人	代理人→自行申报

3. 印花税纳税期限

印花税纳税期限见表7-16。

表7-16 印花税纳税期限

方式	期限
按季、按年计征的	季度、年度终了之日起15日内申报并缴纳税款
按次计征	纳税义务发生之日起15日内申报并缴纳税款
按周解缴(证券交易印花税)	每周终了之日起5日内申报解缴税款及利息

4. 缴纳方式

(1)粘贴由国务院税务主管部门监制的印花税票；

(2)由税务机关依法开具其他完税凭证。

『老侯提示』印花税票粘贴后，纳税人应当在每枚税票的骑缝处盖戳注销或者画销。

【例题12·单选题】根据印花税法律制度的规定，在下列各项中，印花税应当按周解缴的是( )。

A. 买卖合同印花税

B. 产权转移书据印花税

C. 证券交易印花税

D. 营业账簿印花税

答案 C

第二部分 车辆、船舶与环境相关税种

考验一 车船税(★★★)

(一)车船税的特征

1. 属于财产税

2. 以《车船税法》所附《车船税税目税额表》规定的车辆、船舶为征税范围

3. 以应税车辆、船舶的"所有人或者管理人"为纳税人

『老侯提示』拥有并"使用"应税车船为车船税纳税人的判定标准。

4. 以从事机动车第三者责任强制保险业务的"保险机构"为机动车车船税的扣缴义务人

【例题1·多选题】下列纳税主体中，属于车船税纳税人的有( )。

A. 在中国境内拥有并使用船舶的国有企业

B. 在中国境内拥有并使用车辆的外籍个人

C. 在中国境内拥有并使用船舶的内地居民

D. 在中国境内拥有并使用车辆的外国企业

解析 车船税的纳税人，是指在中国境内拥有或者管理车辆、船舶的单位和个人，包括外商投资企业、外籍个人。

答案 ABCD

【例题2·单选题】☆根据车船税法律制度的规定，下列各项中，属于机动车车船税扣缴义务人的是( )。

A. 机动车登记管理部门

B. 机动车销售机构

C. 机动车所有人所在单位

D. 从事机动车第三者责任强制保险业务的保险机构

答案 D

（二）车船税的征税范围和应纳税额计算

1. 征税范围

(1)依法应当在车船登记管理部门登记的机动车辆和船舶。

(2)依法"不需要"在车船登记管理部门登记的在单位内部场所行驶或者作业的机动车辆和船舶。

2. 税率

车船税实行"有幅度的定额税率"。

3. 应纳税额的计算

车船税应纳税额的计算见表7-17。

表7-17 车船税应纳税额的计算

税目	计税单位	应纳税额
乘用车、客车和摩托车	每辆	辆数×适用年税额
≤1.6升的节能乘用车	每辆	辆数×适用年税额×50%
货车、专用作业车和轮式专用机械车(不包括拖拉机)	整备质量每吨	整备质量吨位数×适用年税额
挂车	整备质量每吨	整备质量吨位数×适用年税额×50%
机动船舶	净吨位每吨	净吨位数×适用年税额
非机动驳船、拖船	净吨位每吨	净吨位数×适用年税额×50%
游艇	艇身长度每米	艇身长度×适用年税额

『老侯提示』购入当年不足1年的自纳税义务发生"当月"按月计征。

【例题3·单选题】根据车船税法律制度的规定，下列各项中，不属于车船税征税范围的是( )。

A. 自行车　　B. 乘用车

C. 商用车　　D. 摩托车

解析 车船税的税目包括乘用车、商用车、挂车、其他车辆、摩托车和船舶。自行车不属于车船税的征税范围。

答案 A

【例题4·判断题】甲钢铁厂拥有的依法不需要在车船登记部门登记的在单位内部场所行驶的机动车辆，属于车船税的征税范围。( )

解析 车船税的征税范围包括：(1)依法应当在车船登记管理部门登记的机动车辆

和船舶；(2)依法不需要在车船登记管理部门登记的机场、港口、铁路站场内部行驶或作业的车船。 答案 ▶√

【例题5·单选题】我国车船税的税率形式是( )。

A. 地区差别比例税率

B. 有幅度的比例税率

C. 有幅度的定额税率

D. 全国统一的定额税率

答案 ▶C

【例题6·多选题】☆根据车船税法律制度的规定，下列车船中，以整备质量吨位数为计税依据的有( )。

A. 挂车 B. 商用客车

C. 机动船舶 D. 专用作业车

解析 ▶选项AD，以整备质量吨位数为计税依据，其中挂车减半征收；选项B，以辆数为计税依据；选项C，以净吨位每吨为计税依据。 答案 ▶AD

【例题7·单选题】☆2019年4月甲公司购进净吨位900吨的拖船1艘。已知机动船舶车船税适用年基准税额为每吨4元。计算甲公司2019年度该艘拖船应缴纳车船税税额的下列算式中，正确的是( )。

A. 900×4×50%＝1 800(元)

B. 900×4÷12×9＝2 700(元)

C. 900×4×50%÷12×9＝1 350(元)

D. 900×4＝3 600(元)

解析 ▶(1)购置的新车船，购置当年的应纳税额自纳税义务发生的当月起按月计算，本题中应从4月开始计算车船税；(2)拖船的车船税税额按照机动船舶税额的50%计算。

答案 ▶C

(三)车船税的税收优惠

1. 免征车船税

(1)捕捞、养殖渔船。

(2)军队、武装警察部队专用的车船、警用车船、消防车船。

(3)依照法律规定应当予以免税的外国驻华使领馆、国际组织驻华代表机构及其有关人员的车船。

(4)商用新能源车船。

『老侯提示』免征车船税的“新能源汽车”是指纯电动商用车、插电式(含增程式)混合动力汽车、燃料电池商用车。

2. 不属于车船税征税范围，不征收车船税

(1)乘用新能源车船。

『老侯提示』“纯电动乘用车”和“燃料电池乘用车”不属于车船税征税范围，对其不征车船税。

(2)外国、港、澳、台临时入境车船。

3. 减半征收车船税

(1)节能汽车(1.6升及以下小排量)；

(2)拖船、非机动驳船；

(3)挂车。

【例题8·单选题】下列车船中，应缴纳车船税的是( )。

A. 商用客车 B. 捕捞渔船

C. 警用车船 D. 养殖渔船

解析 ▶选项A，按辆征收车船税。

答案 ▶A

【例题9·单选题】下列各项中，免征车船税的是( )。

A. 家庭自用的纯电动乘用车

B. 国有企业的公用汽油动力乘用车

C. 外国驻华使领馆的自用商务车

D. 个体工商户自用摩托车

解析 ▶选项A，纯电动乘用车不属于车船税征税范围，对其不征车船税，而非免税；选项BD，按每辆计征车船税；选项C，外国驻华使领馆、国际组织驻华代表机构及其有关人员的车船免征车船税。 答案 ▶C

(四)车船税的征收管理

1. 纳税义务发生时间

取得车船所有权或者管理权的当月。

2. 纳税地点

车船税的纳税地点为车船的登记地或者车船税扣缴义务人所在地。

(1)扣缴义务人代收代缴车船税的，纳

税地点为扣缴义务人所在地。

(2)纳税人自行申报缴纳车船税的，纳税地点为车船登记地的主管税务机关所在地。

(3)依法不需要办理登记的车船，其车船税的纳税地点为车船的所有人或者管理人所在地。

3. 纳税申报

(1)车船税按年申报，分月计算，一次性缴纳。

(2)扣缴义务人，应当在收取保险费时依法代收车船税，并出具代收税款凭证，扣缴义务人已代收代缴车船税的，纳税人不再向车辆登记地的主管税务机关申报缴纳车船税。

(3)没有扣缴义务人的，纳税人应当向主管税务机关自行申报缴纳车船税。

(4)已缴纳车船税的车船在同一纳税年度内办理转让过户的，不另纳税，也不办理退税。

(5)在一个纳税年度内，已完税的车船被盗抢、报废、灭失的，纳税人可以凭有关机关出具的证明和完税凭证，向纳税所在地的主管税务机关申请退还自被盗抢、报废、灭失月份起至该纳税年度终了期间的税款。

『老侯提示』失而复得的，自公安机关出具相关证明的当月起计算缴纳车船税。

【例题10·判断题】扣缴义务人代收代缴车船税的，纳税地点为扣缴义务人所在地。( )

答案 ▶√

【例题11·单选题】下列关于车船税纳税申报的表述中，不正确的是( )。

A. 扣缴义务人已代收代缴车船税的，纳税人不再向车辆登记地的主管税务机关申报缴纳车船税

B. 没有扣缴义务人的，纳税人应当向主管税务机关自行申报缴纳车船税

C. 已缴纳车船税的车船在同一纳税年度内办理转让过户的，需要另外纳税

D. 车船税按年申报，分月计算，一次性缴纳

解析 ▶ 选项C，已缴纳车船税的车船在同一纳税年度内办理转让过户的，不另纳税，也不办理退税。

答案 ▶ C

【例题12·单选题】某企业2021年年初拥有小轿车2辆；当年4月，1辆小轿车被盗，已按照规定办理退税。通过公安机关的侦查，9月被盗车辆失而复得，并取得公安机关的相关证明。已知当地小轿车车船税年税额为500元/辆，该企业2021年实际应缴纳的车船税下列计算中，正确的是( )。

A. 500×1=500(元)

B. 500+500×3÷12=625(元)

C. 500+500×7÷12=792(元)

D. 500×2=1 000(元)

解析 ▶ 该企业两辆车中一辆丢失，则未丢失车辆正常缴纳车船税，丢失车辆自丢失月份起可凭证明申报退还已纳车船税，其后又失而复得的，自公安机关出具相关证明的当月起计算缴纳车船税。该企业4月丢失车辆9月找回，可申报退还4~8月共计5个月的税款。

答案 ▶ C

考验二 车辆购置税(★)

(一)车辆购置税的概念

车辆购置税，是对在中国境内购置规定车辆的单位和个人征收的一种税。

(二)车辆购置税的纳税人

在我国境内“购置”“规定的车辆”的单位和个人。

“购置”行为：购买、进口、自产、受赠、获奖、其他(拍卖、抵债、走私、罚没等)方式取得并“自用”的行为。

规定的车辆：汽车、有轨电车、汽车挂车、排气量超过150ml的摩托车。

『老侯提示』“无轨”电车属于规定车辆

中“汽车”的范围，购入时同样应当征收车辆购置税。

【例题1·多选题】☆根据车辆购置税法律制度的规定，下列情形中，应缴纳车辆购置税的有（ ）。

A. 自产应税车辆并自用

B. 受赠应税车辆并自用

C. 购买应税车辆并自用

D. 进口应税车辆并自用

解析 在中华人民共和国境内购置应税车辆的单位和个人，为车辆购置税的纳税人。购置，是指以购买、进口、自产、受赠、获奖或者其他方式取得并自用应税车辆的行为。

答案 ABCD

【例题2·多选题】☆根据车辆购置税法律制度的规定，下列各项中，属于车辆购置税征收范围的有（ ）。

A. 汽车

B. 汽车挂车

C. 排气量125毫升的摩托车

D. 有轨电车

解析 车辆购置税的征收范围包括汽车、有轨电车、汽车挂车、排气量超过150毫升的摩托车。 答案 ABD

（三）车辆购置税的应纳税额计算

1. 应纳税额=计税价格×10%

2. 应税车辆的计税价格——同增值税

（1）纳税人自产自用应税车辆的计税价格，按照纳税人生产的同类应税车辆的销售价格确定，不包括增值税税款。没有同类价格的，按组成计税价格确定。

（2）纳税人以受赠、获奖或者其他方式取得自用应税车辆的计税价格，按照购置应税车辆时相关凭证载明的价格确定。

（3）纳税人申报的应税车辆计税价格明显偏低，又无正当理由的，由税务机关核定其应纳税额。

【例题3·单选题】☆2019年6月甲公司进口一辆小汽车自用，海关审定的关税完税价格60万元，甲公司向海关缴纳关税15万元、增值税13万元、消费税25万元。已知车辆购置税税率为10%。甲公司进口自用小汽车应缴纳车辆购置税税额为（ ）。

A. 11.3万元 B. 10万元

C. 8.8万元 D. 7.5万元

解析 进口应税车辆的车辆购置税应纳税额=（关税完税价格+关税+消费税）×车辆购置税税率=（60+15+25）×10%=10（万元）。

答案 B

（四）车辆购置税的免税政策（2022年调整）

（1）外国驻华使馆、领事馆和国际组织驻华机构及其有关人员自用的车辆。

（2）中国人民解放军和中国人民武装警察部队列入军队装备订货计划的车辆。

（3）悬挂应急救援专用号牌的国家综合性消防救援车辆。

（4）设有固定装置的非运输专用作业车辆。

（5）城市公交企业购置的公共汽电车辆。

【例题4·单选题】根据车辆购置税法律制度的规定，下列车辆中，不属于车辆购置税免税项目的是（ ）。

A. 外国驻华使馆的自用小汽车

B. 设有固定装置的非运输专用作业车辆

C. 城市公交企业购置的公共汽电车

D. 个人购买的经营用小汽车

解析 选项A，“黑牌车”，免征车辆购置税；选项B，设有固定装置的非运输专用作业车辆，免征车辆购置税；选项C，城市公交企业购置的公共汽电车辆免征车辆购置税。

答案 D

（五）车辆购置税的征收管理

1. 纳税地点

车辆购置税的纳税地点见表7-18。

表 7-18 车辆购置税的纳税地点

是否需要办理车辆登记	纳税地点
是	**"车辆登记地"**的主管税务机关
否	**"纳税人所在地"**的主管税务机关

2. 纳税义务发生时间

纳税人购置应税车辆的当日。

3. 纳税期限

自纳税义务发生之日起**"60日"**内。

4. 纳税环节

(1)纳税人应当在向公安机关交通管理部门办理车辆注册登记前，缴纳车辆购置税。

(2)公安机关交通管理部门办理车辆注册登记，应当根据税务机关提供的应税车辆完税或者免税电子信息对纳税人申请登记的车辆信息进行核对，核对无误后依法办理车辆注册登记。

『老侯提示』车辆购置税实行一次性征收，购置已征车辆购置税的车辆，不再征收车辆购置税。

5. 应予**"补税"**的情形

免税、减税车辆因转让、改变用途等原因不再属于免税、减税范围的，纳税人应当在办理车辆转移登记或者变更登记前缴纳车辆购置税。

『老侯提示』计税价格以免税、减税车辆初次办理纳税申报时确定的计税价格为基准，每满1年扣减10%。

6. 准予**"申请退税"**的情形

纳税人将已征车辆购置税的车辆退回车辆生产企业或者销售企业的，可以向主管税务机关申请退还车辆购置税。

『老侯提示』退税额以已缴税款为基准，自**"缴纳税款之日至申请退税之日"**，每满1年扣减10%。

【例题5·判断题】赵某2020年4月1日购入一辆小汽车自用，5月30日申报并缴纳车辆购置税10万元。由于车辆制动系统存在严重问题，2021年4月30日赵某将该车退回，则赵某可以申请退还的车辆购置税为9万元。（ ）

解析 (1)车辆退回企业或者经销商的，纳税人申请退税时，主管税务机关自纳税人办理纳税申报之日起，按已缴纳税款每满1年扣减10%计算退税额；未满1年的，按已缴纳税款全额退税。(2)本题中纳税申报日为2020年5月30日，退回日为2021年4月30日，不满1年，应当全额退税。

答案 ×

【例题6·单选题】甲公司机构所在地为M市，于N市购进一辆应税汽车，在P市办理车辆登记，该汽车生产企业机构所在地为Q市。甲公司购置该汽车车辆购置税的纳税地点是（ ）。

A. N市　　B. Q市

C. M市　　D. P市

解析 纳税人购置应税车辆，需要办理车辆登记注册手续的，应当向"车辆登记地"的主管税务机关申报缴纳车辆购置税。

答案 D

考验三 船舶吨税(★)

(一)船舶吨税的特征

1. 属于行为税

2. 以自中国境外港口进入境内港口的船舶为征税对象

3. 以应税船舶负责人为纳税人

【例题1·判断题】船舶吨税只针对自中国境外港口进入中国境内港口的外国船舶征收。（ ）

解析 自中国境外港口进入境内港口船舶都征收船舶吨税。 **答案** ×

(二)税率

1. 采用定额税率，按船舶净吨位和执照期限实行复式税率

2. 执行优惠税率的船舶

(1)我国国籍的应税船舶;

(2)船籍国(地区)与我国签订含有互相给予船舶税费最惠国待遇条款的条约或者协定的应税船舶。

(三)计税依据

以船舶净吨位为计税依据。

『老侯提示』拖船和非机动驳船按相同净吨位船舶税率的50%计征。

(四)税收优惠

1. 应纳税额在人民币50元以下的船舶

2. 自境外取得船舶所有权的初次进口到港的空载船舶

3. 吨税执照期满后24小时内不上下客货的船舶

4. 避难、防疫隔离、修理、终止运营或者拆解，并不上下客货的船舶

5. 非机动船舶(不包括非机动驳船)

6. 捕捞、养殖渔船

7. 军队、武装警察部队专用或征用的船舶、警用船舶

8. 依法应当予以免税的外国驻华使领馆、国际组织驻华代表机构及其有关人员的船舶

【例题2·单选题】根据船舶吨税法律制度的规定，下列船舶中，不予免征船舶吨税的是( )。

A. 捕捞渔船　　B. 非机动驳船

C. 养殖渔船　　D. 军队专用船舶

解析 拖船和非机动驳船分别按相同净吨位船舶税率的50%计征税款。 **答案** B

(五)纳税期限

应税船舶负责人应当自海关填发吨税缴款凭证之日起15日内缴清税款。

【例题3·单选题】应税船舶负责人应当自海关填发吨税缴款凭证之日起( )日内向指定银行缴清船舶吨税税款。

A. 30　　B. 20

C. 15　　D. 40

答案 C

考验四　环境保护税(★★)

(一)纳税人

在我国领域和管辖海域，“直接”向环境排放应税污染物的“企业事业单位和其他生产经营者”。按照规定征收环境保护税，不再征收排污费。

『老侯提示』不包括不从事生产经营的其他个人。

(二)征税范围

1. 税目

大气污染物、水污染物、固体废物、噪声。

2. 不属于“直接”排放的情形

(1)向依法设立的污水、生活垃圾“集中处理”场所排放应税污染物;

(2)在符合国家和地方环境保护标准的设施、场所贮存或者处置固体废物。

『老侯提示』超标排放或不符合环保标准，应当缴纳环境保护税。

(三)税率

采用定额税率。(税率表略)

(四)计税依据

1. 计税依据

(1)“大气和水污染物”按照污染物排放量折合的“污染当量数”确定;

(2)“固体废物”按照固体废物的“排放量”确定;

(3)“噪声”按照“超过国家规定标准的分贝数”确定。

2. 排放量和分贝数按照下列方法和顺序确定

(1)安装使用了符合规定的自动监测设备：按自动监测数据计算；

(2)未安装使用自动监测设备：按监测机构出具的监测数据计算；

(3)不具备监测条件的：按规定的排污系数、物料衡算方法计算；

(4)不能按上述方法计算的：按规定的抽样测算的方法核定计算。

(五)应纳税额计算

1. 计算公式

应纳税额=计税依据×适用税额

2. 对噪声的特别规定

(1)一个单位边界上有"多处"噪声超标，根据"最高一处"超标声级计算应纳税额；当沿边界长度"超过100米"有两处以上噪声超标，按照"两个单位"计算应纳税额。

(2)一个单位有"不同地点"作业场所的，应当分别计算应纳税额，合并计征。

(3)"昼、夜"均超标的环境噪声，昼、夜分别计算应纳税额，累计计征。

(4)夜间频繁突发和夜间偶然突发厂界超标噪声，按等效声级和峰值噪声两种指标中超标分贝值高的一项计算应纳税额。

(六)税收优惠

1. 免征

(1)农业生产(不包括规模化养殖)排放应税污染物的；

(2)机动车、铁路机车、非道路移动机械、船舶和航空器等流动污染源排放应税污染物的；

(3)依法设立的城乡污水集中处理、生活垃圾集中处理场所排放相应应税污染物，不超过国家和地方规定的排放标准的；

(4)纳税人综合利用的固体废物，符合国家和地方环境保护标准的。

2. 减征

(1)纳税人排放应税大气污染物或者水污染物的浓度值低于国家和地方规定的污染物排放标准30%的，减按75%征收环境保护税；

(2)纳税人排放应税大气污染物或者水污染物的浓度值低于国家和地方规定的污染物排放标准50%的，减按50%征收环境保护税；

(3)工业噪声声源一个月内超标"不足15天"的，减半计算应纳税额。

(七)征收管理

1. 纳税义务发生时间

纳税人排放应税污染物的"当日"。

2. 纳税期限

按"月"计算，按"季"申报缴纳。不能按固定期限计算缴纳的，可以按"次"申报缴纳。

3. 纳税申报

(1)纳税人按季申报缴纳的，应当自季度终了之日起15日内，向税务机关办理纳税申报并缴纳税款。

(2)纳税人按次申报缴纳的，应当自纳税义务发生之日起15日内，向税务机关办理纳税申报并缴纳税款。

4. 纳税地点

向应税污染物"排放地"的税务机关申报缴纳。

【例题1·单选题】根据环境保护税法律制度的规定，下列各项中，不属于环境保护税征税范围的是(　)。

A. 噪声　　B. 固体废物

C. 光污染　　D. 水污染物

解析➡环境保护税的征税范围包括大气污染物、水污染物、固体废物和噪声等应税污染物。

答案➡C

【例题2·多选题】☆根据环境保护税法律制度的规定，下列关于环境保护税计税依据的表述中，正确的有(　)。

A. 应税固体废物按照固体废物的排放量确定

B. 应税大气污染物按照污染物排放量折合的污染当量数确定

C. 应税噪声按照超过国家规定标准的分贝数确定

D. 应税水污染物按照污染物排放量折合的污染当量数确定

答案 ▶ ABCD

【例题3·单选题】2021年7月甲公司产生炉渣400吨，其中80吨贮存在符合国家和地方环境保护标准的设施中，100吨综合利用且符合国家和地方环境保护标准，其余的直接倒弃于周边空地。已知，炉渣环境保护税税率为25元/吨。计算甲公司当月所产生炉渣应缴纳环境保护税税额的下列算式中，正确的是(　)。

A. (400-80-100)×25=5 500(元)

B. 400×25=10 000(元)

C. (400-100)×25=7 500(元)

D. (400-80)×25=8 000(元)

解析 ▶ (1)在符合国家和地方环境保护标准的设施、场所贮存或者处置固体废物(80吨)，不属于直接排放污染物，不缴纳环境保护税；(2)纳税人综合利用的固体废物(100吨)，符合国家和地方环境保护标准的免征环境保护税。 答案 ▶ A

【例题4·单选题】甲建筑公司，2021年因施工作业导致产生的工业噪声超标16分贝以上，其中5月超标天数为12天，6月超标天数为22天，已知工业噪声超标16分贝以上每月税额为11 200元，则下列关于甲建筑公司应纳环境保护税的计算列式正确的是(　)。

A. 11 200×2÷60×(12+22)=12 693.33(元)

B. 11 200×2=22 400(元)

C. 11 200×50%+11 200=16 800(元)

D. 11 200÷30×22=8 213.33(元)

解析 ▶ 工业噪声声源一个月内超标“不足15天”的，减半计算应纳税额。 答案 ▶ C

【例题5·单选题】☆根据环境保护税法律制度的规定，下列情形中，应征收环境保护税的是(　)。

A. 机动车等流动污染源排放应税污染物

B. 企业处置固体废物不符合国家和地方环境保护标准

C. 企业综合利用的固体废物，符合国家和地方环境保护标准

D. 依法设立的生活垃圾集中处理场所在国家和地方规定排放标准内排放应税污染物

解析 ▶ 选项ACD，暂免征收环境保护税。

答案 ▶ B

【例题6·单选题】下列关于环境保护税的征收管理，说法错误的是(　)。

A. 环境保护税的纳税义务发生时间为纳税人排放应税污染物的当日

B. 环境保护税按月计算，按年申报缴纳

C. 环境保护税可以按次申报缴纳

D. 纳税人应当向应税污染物排放地的税务机关申报缴纳环境保护税

解析 ▶ 环境保护税按月计算，按“季”申报缴纳。 答案 ▶ B

第三部分　与增值税联系较为密切的税种

考验一　关税(★★★)

(一)关税的特征

1. 属于流转税

2. 以进出国境或关境的货物、物品为征税对象

(二)关税的纳税人

关税的纳税人见表7-19。

表 7-19 关税的纳税人

<table>
<tr><th>适用情形</th><th colspan="3">纳税人</th></tr>
<tr><td>进口货物</td><td colspan="3">收货人</td></tr>
<tr><td>出口货物</td><td colspan="3">发货人</td></tr>
<tr><td rowspan="4">进境物品</td><td rowspan="4">所有人</td><td>入境旅客随身携带的行李、物品</td><td>持有人</td></tr>
<tr><td>各种运输工具上服务人员入境时携带自用物品</td><td rowspan="2">所有人</td></tr>
<tr><td>馈赠物品以及其他方式入境个人物品</td></tr>
<tr><td>个人邮递物品</td><td>收件人</td></tr>
</table>

『老侯提示』接受纳税人委托办理货物报关等有关手续的“代理人”，可以代办纳税手续，但不是纳税人。

【例题1·多选题】下列各项中，属于关税纳税人的有( )。

A. 进口货物的收货人

B. 进口货物的代理人

C. 出口货物的发货人

D. 个人邮递物品的发件人

解析 选项AC，贸易性商品的纳税人是经营进出口货物的“收、发货人”；选项B，“代理人”，可以代办纳税手续，但不是纳税人；选项D，个人邮递物品的“收件人”为关税纳税人。

答案 AC

(三)关税的课税对象

进出境的货物、物品。

『老侯提示』对从境外采购进口的“原产于中国境内”的货物，也应按规定征收进口关税(执行最惠国税率)。

【例题2·判断题】对于从境外采购进口的原产于中国境内的货物，应按规定征收进口关税。 ( )

答案 √

(四)进口货物应纳税额的计算

1. 进口关税的完税价格

(1)一般贸易项下进口货物关税完税价格的确定(见表7-20)。

表 7-20 一般贸易项下进口货物关税完税价格的确定

应计入完税价格的项目	不应计入完税价格的项目(如已计入应予扣除)
①进口货物的买方为购买该项货物向卖方实际支付或应当支付的价格	—
②进口人在成交价格外另支付给“卖方”的佣金	①向境外采购代理人支付的“买方”佣金
—	②报关费、商检费等“报关费用”
③货物运抵我国关境内输入地点起卸“前”的包装费、运费、保险费和其他劳务费	③进口货物运抵境内输入地点起卸之“后”的运输及其相关费用、保险费
④为了在境内生产、制造、使用或出版、发行的目的而向境外支付的与该进口货物有关的专利、商标、著作权，以及专有技术、计算机软件和资料等费用	④厂房、机械、设备等货物进口后进行基建、安装、装配、维修和技术服务的费用

『老侯提示』卖方付给进口人的“正常回扣”，应从成交价格中扣除。卖方违反合同规定延期交货的罚款(补偿)，卖方在货价中冲减时，“罚款”(补偿)则不能从成交价格中扣除。

(2)特殊贸易下进口货物的完税价格。

①运往境外加工的货物。

出境时已向海关报明，并在海关规定期限内复运进境的，以境外加工费和料件费以及复运进境的运输及其相关费用和保险费审查确定完税价格。

②运往境外修理的机械器具、运输工具或者其他货物。

出境时已向海关报明并在海关规定期限内复运进境的，以经海关审定的修理费和料件费作为完税价格。

③租借和租赁进口货物。

以海关审定的租金作为完税价格。

【例题3·多选题】下列各项中，应计入进口货物关税完税价格的有（　）。

A. 货物运抵我国关境内输入地点起卸前的运费、保险费

B. 货物运抵我国关境内输入地点起卸后的运费、保险费

C. 支付给卖方的佣金

D. 向境外采购代理人支付的买方佣金

解析▶选项AB，货物运抵我国关境内输入地点起卸“前”的包装费、运费、保险费和其他劳务费应计入关税完税价格，起卸之“后”的运输及其相关费用、保险费不能计入；选项CD，进口人在成交价格外另支付给“卖方”的佣金应计入关税完税价格，向境外采购代理人支付的“买方”佣金不得计入关税完税价格。 **答案**▶AC

【例题4·判断题】在进口货物成交过程中，卖方付给进口人的正常回扣，在计算进口货物完税价格时不得从成交价格中扣除。（　）

解析▶卖方付给进口人的正常回扣，应从成交价格中扣除。 **答案**▶×

【例题5·单选题】☆2019年5月甲公司进口一批玩具。该批玩具的货价为180万元，运抵我国关境内输入地点起卸前的运费、保险费合计20万元。另支付给境外采购代理人买方佣金10万元。甲公司进口该批玩具关税完税价格为（　）。

A. 200万元　　B. 210万元

C. 150万元　　D. 190万元

解析▶向境外采购代理人支付的买方佣金不应计入关税完税价格。关税完税价格=180+20=200（万元）。 **答案**▶A

【例题6·单选题】甲公司将一台设备运往境外修理，出境前向海关报关出口并在海关规定期限内复运进境，该设备经修理后的市场价格为500万元，经海关审定的修理费和料件费分别为15万元和20万元，计算甲公司该设备复运进境时进口关税完税价格的下列算式中，正确的是（　）。

A. 500-15=485（万元）

B. 500-15-20=465（万元）

C. 500+15+20=535（万元）

D. 15+20=35（万元）

解析▶出境时已向海关报明并在海关规定期限内复运进境的，以经海关审定的修理费和料件费作为完税价格。本题完税价格=15+20=35（万元）。 **答案**▶D

【例题7·判断题】☆租赁方式进境的货物，以海关审查确定的货物租金作为关税完税价格。（　）

答案▶√

2. 关税的税率

（1）税率适用的标准。

进口货物适用何种关税税率是以“进口货物的原产地”为标准的。

（2）关税的税率种类（见表7-21）。

表7-21　关税的税率种类

种类	特点
普通税率	（1）原产于未与我国共同适用或订立最惠国税率、特惠税率或协定税率的国家或地区； （2）原产地不明
最惠国税率	（1）原产于共同适用最惠国条款的世贸组织成员； （2）原产于与我国签订最惠国待遇双边协定的国家； （3）原产于我国

续表

种类	特点
协定税率	原产于与我国签订含有**“关税优惠条款”**的国家
特惠税率	原产于与我国签订含有**“特殊关税优惠条款”**的国家
关税配额税率	配额与税率结合，配额内税率较低，配额外税率较高
暂定税率	在最惠国税率的基础上，对特殊货物可执行暂定税率

【例题8·判断题】进口货物适用的关税税率是以进口货物原产地为标准的。（ ）

答案▶√

【例题9·单选题】☆根据关税法律制度的规定，对原产于与我国签订含有特殊关税优惠条款的贸易协定的国家或地区的进口货物，适用特定的关税税率。该税率为( )。

A. 普通税率　　B. 协定税率

C. 特惠税率　　D. 最惠国税率

答案▶C

3. 关税的计税依据及应纳税额计算

关税的计税依据及应纳税额计算见表7-22。

表7-22　关税的计税依据及应纳税额计算

计税依据	适用范围	应纳税额
从价计征	一般货物	进口货物数量×单位完税价格×税率(①)
从量计征	啤酒、原油等	进口货物数量×关税单位税额(②)
复合计征	广播用录像机、放像机、摄像机	①+②
滑准税	滑准税是指关税的税率随着进口商品价格的变动而反方向变动的一种税率形式，即“价格越高，税率越低”，税率为比例税率	

『老侯提示』进口关税是计算进口增值税、消费税的基础，可以结合考核。

【例题10·单选题】根据关税法律制度的规定，下列应纳税额计算方法中，税率随着进口商品价格的变动而反方向变动的是( )。

A. 从价税计算方法

B. 复合税计算方法

C. 从量税计算方法

D. 滑准税计算方法

答案▶D

【例题11·多选题】下列进口货物中，实行从价加从量复合计征进口关税的有( )。

A. 啤酒

B. 放像机

C. 广播用录像机

D. 摄影机

解析▶选项A，实行从量计征。

答案▶BCD

【例题12·单选题】2019年9月甲公司进口生产设备一台，海关审定的货价45万元，运抵我国关境内输入地起卸前的运费4万元、保险费2万元。已知关税税率为10%。计算甲公司当月该笔业务应纳关税税额的下列算式中，正确的是( )。

A. (45+4+2)×10%=5.1(万元)

B. 45÷(1-10%)×10%=5(万元)

C. (45-2)×10%=4.3(万元)

D. (45-4)×10%=4.1(万元)

解析▶进口环节，关税完税价格包括货价以及货物运抵我国关境内输入地点起卸前的包装费、运费、保险费和其他劳务费等费用。

答案▶A

（五）出口货物关税应纳税额的计算

1. 计税依据

出口货物离岸价格，扣除出口关税后作

为完税价格。

出口货物完税价格=离岸价格÷(1+出口税率)

2. 应纳税额

应纳税额=出口货物完税价格×出口税率

【例题13·单选题】 下列关于出口货物关税完税价格的计算公式中，正确的是(　)。

A. 关税完税价格=离岸价格÷(1-出口税率)

B. 关税完税价格=离岸价格÷(1+出口税率)

C. 关税完税价格=离岸价格×(1-出口税率)

D. 关税完税价格=离岸价格×(1+出口税率)

解析 出口货物离岸价格扣除出口关税后作为完税价格，出口货物完税价格=离岸价格÷(1+出口税率)。 **答案** B

(六)关税的税收优惠

1. 法定减免

(1)一票货物关税税额、进口环节增值税或者消费税税额在人民币“50元”以下的；

(2)“无商业价值”的广告品及货样；

(3)“国际组织、外国政府”无偿赠送的物资；

(4)进出境运输工具装载的途中“必需”的燃料、物料和饮食用品；

(5)因故“退还”的中国出口货物，可以免征进口关税，但已征收的出口关税不予退还；

(6)因故“退还”的境外进口货物，可以免征出口关税，但已征收的进口关税不予退还。

2. 酌情减免

(1)在境外运输途中或者在起卸时，遭受到损坏或者损失的；

(2)起卸后海关放行前，因不可抗力遭受损坏或者损失的；

(3)海关查验时已经破漏、损坏或者腐烂，经证明不是保管不善造成的。

【例题14·单选题】 下列各项中，海关可以酌情减免关税的是(　)。

A. 进出境运输工具装载的途中必需的燃料、物料和饮食用品

B. 无商业价值的广告品及货样

C. 国际组织无偿赠送的物资

D. 在境外运输途中遭受到损坏的进口货物

解析 选项ABC，属于法定免税项目；选项D，属于海关可以酌情减免关税的项目。 **答案** D

【例题15·单选题】 下列各项中，经海关审查无误，可以免征关税的是(　)。

A. 关税税额为人民币200元的一票货物

B. 广告品和货样

C. 外国公司无偿赠送的物资

D. 进出境运输工具装载的途中必需的燃料、物料和饮食用品

解析 选项A，一票货物关税税额在人民币50元以下的免征关税；选项B，“无商业价值”的广告品及货样免征关税；选项C，国际组织、外国政府无偿赠送的物资(不包括外国企业)免征关税。 **答案** D

(七)关税的征收管理

1. 纳税期限

进出口货物的收发货人或者代理人应当在海关填发税款缴款凭证之日起15日内，向指定银行缴纳税款。

2. 海关暂不予放行的旅客携运进、出境的行李物品

(1)旅客不能当场缴纳进境物品税款的；

(2)进出境的物品属于许可证件管理的范围，但旅客不能当场提交的；

『老侯提示』《海关对进出境旅客行李物品监管办法》带进、带出国家限制进出境物品，应提交有关主管部门签发的准许进出境的证明。

(3)进出境的物品超出自用合理数量，按规定应当办理货物报关手续或者其他海关手续，尚未办理的；

(4)对进出境物品的属性、内容存疑，需要由有关主管部门进行认定、鉴定、验核的；

(5)按规定暂不予放行的其他行李物品。

3. 补征与追缴

(1)进出口货物完税后，如发现少征或漏征税款，海关有权在1年内予以补征；

(2)如因收发货人或其代理人违反规定而造成少征或漏征税款的，海关在3年内可以追缴。

【例题16·单选题】根据关税法律制度的规定，进出口货物完税后，如因收发货人违反规定而造成少征或漏征税款，海关在一定期限内可以追缴。该期限为（ ）。

A. 3年　　B. 6年

C. 4年　　D. 5年

答案▶A

考验二　城市维护建设税与教育费附加(★)

(一)城市维护建设税

1. 城市维护建设税的纳税人

实际缴纳“两税”(增值税、消费税)的单位和个人。

『老侯提示』目前中、外资企业均需缴纳。

2. 城市维护建设税税率

城市维护建设税税率见表7-23。

表7-23　城市维护建设税税率

地区	税率
市区	7%
县城、镇	5%
其他地区	1%

『老侯提示1』由受托方代征、代扣增值税、消费税的单位和个人，其代征、代扣的城市维护建设税适用“受托方所在地”的税率。

『老侯提示2』流动经营等无固定纳税地点的单位和个人，在经营地缴纳“两税”的，其城市维护建设税的缴纳按“经营地”适用税率执行。

3. 城市维护建设税计税依据

纳税人“实缴”的“增值税、消费税”税额。

『老侯提示』在计算计税依据时，应当“扣除期末留抵退税退还的增值税税额”。

4. 城市维护建设税应纳税额的计算

应纳税额=(实缴增值税+实缴消费税-期末留抵退税退还的增值税)×适用税率

5. 城市维护建设税税收优惠

(1)进口不征；

(2)出口不退；

(3)对“两税”实行先征后返、先征后退、即征即退办法的，除另有规定外，对随“两税”附征的城市维护建设税，一律不予退(返)还。

【例题1·单选题】☆甲公司为增值税一般纳税人，2019年5月应向税务机关缴纳消费税100万元，实际缴纳消费税90万元，按照留抵退税规定退还增值税60万元。已知城市维护建设税税率为7%。甲公司当月应缴纳城市维护建设税税额为（ ）。

A. 6.3万元　　B. 7万元

C. 2.1万元　　D. 2.8万元

解析▶城市维护建设税的计税依据为纳税人实际缴纳的增值税、消费税税额，在计算计税依据时，应当按照规定扣除期末留抵退税退还的增值税税额。应缴纳城市维护建设税税额=(90-60)×7%=2.1(万元)。

答案▶C

【例题2·单选题】甲公司委托乙公司加工一批高档化妆品，材料费20 000元，加工费3 360元，该批产品没有同类产品销售价格，已知消费税税率为15%，甲公司、乙公司所在地城市维护建设税的税率分别为5%、7%，下列关于应纳城市维护建设税税额的计算中正确的是(　)。

A. (20 000+3 360)×15%×5%=175.2(元)

B. (20 000+3 360)×15%×7%=245.28(元)

C. (20 000+3 360)÷(1-15%)×15%×5%=206.12(元)

D. (20 000+3 360)÷(1-15%)×15%×7%=288.56(元)

解析 由受托方代扣代缴、代收代缴增值税、消费税的单位和个人，其代扣代缴、代收代缴的城市维护建设税按受托方所在地适用税率执行。委托加工高档化妆品由受托方(乙公司)代收代缴，甲公司应纳城市维护建设税=(材料费+加工费)÷(1-消费税税率)×消费税税率×城市维护建设税税率=(20 000+3 360)÷(1-15%)×15%×7%=288.56(元)。

答案 D

【例题3·单选题】 下列关于城市维护建设税税收优惠的表述中，不正确的是(　)。

A. 对出口货物退还增值税的，可同时退还已缴纳的城市维护建设税

B. 海关对进口货物代征的增值税，不征收城市维护建设税

C. 对增值税实行先征后退办法的，除另有规定外，不予退还对随增值税附征的城市维护建设税

D. 对增值税实行即征即退办法的，除另有规定外，不予退还对随增值税附征的城市维护建设税

解析 对出口货物退还增值税、消费税的，不退还已缴纳的城市维护建设税。

答案 A

(二)教育费附加

1. 征收比率

教育费附加的征收比率为3%。

2. 应纳税额计算

应纳教育费附加=(实际缴纳增值税+消费税)×3%

【说明】 教育费附加的其他规定如纳税人、计税依据、税收优惠等与城市维护建设税相同，此处不再赘述。

【例题4·单选题】 ☆甲公司为增值税一般纳税人，2019年6月应向税务机关缴纳增值税200万元。实际缴纳增值税160万元。应向税务机关缴纳消费税120万元，实际缴纳消费税110万元。已知教育费附加征收比率为3%。甲公司当月应缴纳的教育费附加为(　)。

A. 5.4万元

B. 9.3万元

C. 8.1万元

D. 9.6万元

解析 教育费附加的计税依据为实缴的增值税和消费税税额。应纳教育费附加=(160+110)×3%=8.1(万元)。

答案 C

考验三　资源税(★★★)

(一)资源税的纳税人

1. 在我国“领域”和管辖的其他“海域”开发应税资源的单位和个人，为资源税的纳税人

2. 中外合作开采陆上、海上石油资源的企业

(1)合同期内：缴纳矿区使用费，不缴纳资源税。

(2)合同期满后：依法缴纳资源税。

【例题1·单选题】 ☆根据资源税法律制度的规定，下列情形中，应缴纳资源税的是(　)。

A. 火电厂使用煤炭发电

B. 石材厂购进大理岩加工瓷砖

C. 油田销售所开采的原油

D. 钢铁厂进口铁矿石

解析▶ 在我国领域和管辖的其他海域“开发”应税资源的单位和个人，为资源税的纳税人。选项ABD，使用、购买、进口均不属于“开发”。 **答案**▶C

（二）资源税的征税范围

1. 能源矿产

原油、天然气、煤、铀、钍、地热等。

2. 金属矿产

黑色金属（如铁）、有色金属（如金）。

3. 非金属矿产

矿物类（如高岭土）、岩石类（如花岗岩）、宝玉石类（如玛瑙）。

4. 水气矿产

二氧化碳气、硫化氢气、氦气、氡气等。

5. 盐

钠盐、钾盐、镁盐、锂盐；天然卤水；海盐。

『老侯提示』对取用地表水或者地下水的单位和个人试点征收水资源税。

【例题2·单选题】根据资源税法律制度的规定，下列各项中，不属于资源税征税范围的是（　）。

A. 开采的煤成（层）气

B. 以空气加工生产的液氧

C. 开采的原煤

D. 开采的天然气

解析▶ 选项A，适用免税规定，但仍属于资源税征税范围；选项B，空气不属于我国境内不可再生的自然资源，因此以空气加工生产的液氧不属于资源税的征税范围。

答案▶B

（三）资源税的税率

（1）绝大多数应税矿产品执行比例税率。

（2）“地热、石灰岩、其他粘土、砂石、矿泉水、天然卤水”纳税人可以“选择适用”比例税率或者定额税率。

『老侯提示』纳税人开采或者生产不同税目应税产品的，应当分别核算不同税目应税产品的销售额，未分别核算的从高适用税率。

（四）资源税的应纳税额计算

1. 从价计征

应纳资源税＝销售额×适用税率

『老侯提示』应税产品从坑口或洗选（加工）地到车站、码头或购买方指定地点的运输费用、建设基金以及随运销产生的装卸、仓储、港杂费用，凡取得增值税发票或者其他合法有效凭据的，准予从销售额中扣除。

2. 从量计征

应纳资源税＝销售数量×适用税额

『老侯提示』纳税人开采或者生产应税产品，自用于“连续生产应税产品”的，（移送使用时）不缴纳资源税；自用于其他方面的，视同销售，缴纳资源税。

3. 特殊情况下应纳税额计算

（1）应税产品为矿产品的，包括**“原矿”**和**“选矿”**。

①纳税人以自采原矿直接销售，或自用于应当缴纳资源税情形的，按照原矿计征资源税。

②纳税人以自采原矿洗选加工为选矿产品销售，或将选矿产品自用于应当缴纳资源税情形的，按照选矿产品计征资源税，在原矿移送环节不缴纳资源税。

（2）纳税人外购与自采应税产品混合销售或混合加工为应税产品销售。

①纳税人以外购与自采原矿混合为原矿销售，或以外购与自产选矿产品混合为选矿产品销售的，在计算应税产品销售额（数量）时，直接扣减外购原矿或选矿产品的购进金额（数量）。

②纳税人以外购原矿与自采原矿混合洗选加工为选矿产品销售的，在计算应税产品销售额（数量）时，准予扣减的外购应税产品购进金额（数量）＝外购原矿购进金额（数量）×（本地区原矿适用税率÷本地区选矿产品适用税率）。

『老侯提示』准予扣减的外购应税产品的资源税＝外购原矿购进金额（数量）×本地区原矿适用税率

(3)纳税人申报的销售额明显偏低且无正当理由，或有自用应税产品行为而无销售额的，主管税务机关可以按下列方法确定。

①按纳税人最近时期同类产品的平均销售价格确定。

②按其他纳税人最近时期同类产品的平均销售价格确定。

③按后续加工非应税产品销售价格，减去后续加工环节的成本利润后确定。

④按应税产品组成计税价格确定：

组成计税价格＝成本×(1+成本利润率)÷(1-资源税税率)

(4)纳税人开采或生产同一应税产品，其中既有享受减免税政策的又有不享受减免税政策的，按照免税、减税项目的产量占比等方法分别核算确定免税、减税项目的销售额(数量)。

【例题3·判断题】 纳税人将其开采的原煤自用于连续生产洗选煤的，在原煤移送使用环节，不缴纳资源税。 ( )

答案 ▶ √

【例题4·判断题】 ☆采石厂将自采的花岗岩用于抵偿债务的，应当按规定缴纳资源税。 ( )

解析 ▶ 纳税人将自产的应税矿产品用于偿债应当缴纳资源税。 **答案** ▶ √

【例题5·单选题】 甲砂石企业开采砂石1 000吨，对外销售800吨，移送50吨砂石继续精加工。已知：砂石的资源税税率为4元/吨，甲企业应当缴纳的资源税的下列计算中，正确的是( )。

A. (800+50)×4＝3 400(元)

B. 800×4＝3 200(元)

C. 1 000×4＝4 000(元)

D. 50×4＝200(元)

解析 ▶ (1)矿石以销售数量为计税依据，而非开采数量；(2)纳税人开采应税产品，自用于连续生产应税产品的，移送使用时不缴纳资源税。 **答案** ▶ B

【例题6·单选题】 ☆甲煤矿为增值税一般纳税人，2021年8月销售原煤取得不含增值税价款435万元，其中包含从坑口到码头的运输费用10万元、随运销产生的装卸费用5万元，均取得增值税发票。已知资源税税率为2%。甲煤矿当月应缴纳资源税税额为( )。

A. 8.4万元

B. 8.9万元

C. 9万元

D. 8.7万元

解析 ▶ 计入资源税应税产品销售额中的相关运杂费用，凡取得增值税发票或者其他合法有效凭据的，准予从销售额中扣除。相关运杂费用是指应税产品从坑口或者洗选(加工)地到车站、码头或者购买方指定地点的运输费用、建设基金以及随运销产生的装卸、仓储、港杂费用。甲煤矿当月应缴纳资源税税额＝(435-10-5)×2%＝8.4(万元)。

答案 ▶ A

【例题7·单选题】 甲铝矿2021年7月从乙铝矿购入一批铝土矿原矿，支付不含增值税的购买价款为600万元，当月将上述外购原矿与自采原矿混合洗选加工为选矿对外销售，取得不含增值税的销售额1 800万元。已知甲铝矿铝土矿原矿适用的税率为3%，选矿适用的税率为7%，乙铝矿铝土矿原矿适用的税率为2%。计算该铝矿7月份应纳资源税税额的下列计算列式中，正确的是( )。

A. 1 800×7%＝126(万元)

B. 1 800×7%-600×2%＝114(万元)

C. (1 800-600)×7%＝84(万元)

D. (1 800-600×3%÷7%)×7%＝108(万元)

解析 ▶ 纳税人以外购原矿与自采原矿混合洗选加工为选矿产品销售，在计算应税产品销售额(数量)时，准予扣减的外购应税产品购进金额(数量)＝外购原矿购进金额(数量)×(本地区原矿适用税率÷本地区选矿产品适用税率)。 **答案** ▶ D

(五)资源税税收优惠

1. 免征

(1)开采原油以及油田范围内运输原油

过程中用于“加热”的原油、天然气。

(2)煤炭开采企业因安全生产需要抽采的“煤成(层)气”。

『老侯提示』“免征”区别于“不征”：“人造”石油、“进口”石油，不属于开采我国境内不可再生的自然资源，因此不征收资源税。

2. 减征(略)

【例题8·判断题】☆纳税人在油田范围内运输原油过程中用于加热的自采原油，免征资源税。 ( )

答案 √

(六)资源税的征收管理

1. 纳税义务发生时间——同增值税

2. 纳税期限

(1)纳税申报。资源税按月或者按季申报缴纳；不能按固定期限计算缴纳的，可以按次申报缴纳。

(2)缴纳税款。

①按月或者按季申报的：月度或者季度终了之日起“15日”内；

②按次申报的：纳税义务发生之日起“15日”内。

3. 纳税地点

纳税人应当向应税产品“开采地”或者海盐的“生产地”的税务机关申报缴纳资源税。

考验四 烟叶税(★)

(一)烟叶税的概念

烟叶税是向收购烟叶产品的单位征收的，由烟草公司负担，按照收购金额的一定比例征收的一种税。

『老侯提示』征收烟叶税不会增加农民负担。

(二)烟叶税的纳税人

(1)烟叶税的纳税人为在中华人民共和国境内“收购烟叶的单位”。(包括接受委托收购烟叶的单位)

(2)对依法查处没收的违法收购的烟叶，由“收购罚没烟叶的单位”缴纳烟叶税。

(三)烟叶税的征税范围

包括：晾晒烟叶、烤烟叶。

(四)烟叶税的计税依据

实际支付的价款总额=收购价款+价外补贴

价外补贴=收购价款×10%

(五)烟叶税的应纳税额

应纳税额=收购价款×(1+10%)×20%

【例题1·单选题】根据烟叶税法律制度的规定，下列各项中，属于烟叶税纳税人的是( )。

A. 销售香烟的单位

B. 生产烟叶的个人

C. 收购烟叶的单位

D. 消费香烟的个人

解析 烟叶税的纳税人为在我国境内“收购”烟叶的单位。 答案 C

【例题2·多选题】根据烟叶税法律制度的规定，下列各项中属于烟叶税征收范围的有( )。

A. 晾晒烟叶

B. 烟丝

C. 卷烟

D. 烤烟叶

解析 选项BC，不属于烟叶，而属于烟叶的深加工产品。 答案 AD

【例题3·多选题】☆根据烟叶税法律制度的规定，纳税人支付的下列款项中，应计入烟叶税计税依据的有( )。

A. 支付给物流公司的烟叶运输费用

B. 向税务机关缴纳的烟叶税

C. 支付给烟叶生产销售单位的烟叶收购价款

D. 支付给烟叶生产销售单位的价外补贴

解析 烟叶税的计税依据是纳税人收购烟叶实际支付的价款总额，包括纳税人支付给烟叶生产销售单位和个人的烟叶收购价款和价外补贴。

答案 CD

【例题4·单选题】 2021年9月甲公司向烟农收购烟叶一批，支付收购价款1 000 000元，支付价外补贴100 000元，已开具农产品收购发票。已知，烟叶税税率为20%，计算甲公司当月该笔业务应缴纳烟叶税税额的下列算式中，正确的是（　）。

A. (1 000 000－100 000)×20%＝180 000(元)

B. (1 000 000＋100 000)×20%＝220 000(元)

C. 100 000×(1＋20%)×20%＝24 000(元)

D. 1 000 000×20%＝200 000(元)

解析 烟叶税应纳税额＝实际支付的价款总额×烟叶税税率；价款总额＝烟叶收购价款＋价外补贴，价外补贴统一按烟叶收购价款的10%计算。

答案 B

心有灵犀 限时124分钟

扫我做试题

一、单项选择题

1. 根据房产税法律制度的规定，下列房屋中，不属于房产税征税范围的是（　）。
   A. 城市的房屋
   B. 农村的房屋
   C. 建制镇的房屋
   D. 县城的房屋

2. 甲公司厂房原值500万元，已提折旧200万元，已知房产原值减除比例为30%，房产税从价计征税率为1.2%，计算甲公司2021年度应缴纳房产税税额的下列算式中，正确的是（　）。
   A. 200×(1－30%)×1.2%＝1.68(万元)
   B. 500×1.2%＝6(万元)
   C. (500－200)×(1－30%)×1.2%＝2.52(万元)
   D. 500×(1－30%)×1.2%＝4.2(万元)

3. 2020年赵某以1 500万元的价格购入一栋2层别墅，作为其设立的个人独资企业的办公用房，同年经批准赵某花费200万元将其扩建为3层别墅，并支付30万元安装中央空调，已于年底完工。已知当地省政府规定计算房产余值的减除比例为30%，从价计征的房产税税率为1.2%，则赵某2021年应缴纳房产税的下列计算中，正确的是（　）。
   A. 1 500×(1－30%)×1.2%＝12.6(万元)
   B. (1 500＋200＋30)×(1－30%)×1.2%＝14.53(万元)
   C. (1 500＋200)×(1－30%)×1.2%＝14.28(万元)
   D. (1 500＋30)×(1－30%)×1.2%＝12.85(万元)

4. 甲公司2021年年初拥有一栋房产，房产原值1 000万元，3月31日将其对外出租，租期1年，每月收取不含税租金1万元。已知房产税税率从价计征的为1.2%，从租计征的为12%，当地省政府规定计算房产余值的减除比例为30%。2021年甲公司上述房产应缴纳房产税税额的下列计算中，正确的是（　）。
   A. 9×12%＝1.08(万元)
   B. 1 000×(1－30%)×1.2%÷12×3＋1×9×

12%=3.18(万元)

C. 1 000×(1-30%)×1.2%÷12×4+1×8×12%=3.76(万元)

D. 1 000×(1-30%)×1.2%=8.4(万元)

5. 根据房产税法律制度的规定，下列各项中，免征房产税的是(　)。

A. 国家机关用于出租的房产

B. 公立学校附设招待所使用的房产

C. 公立幼儿园自用的房产

D. 公园附设饮食部使用的房产

6. 某企业2021年年初实际占地面积为2 000平方米，2021年4月该企业为扩大生产，根据有关部门的批准，新征用非耕地3 000平方米。已知该企业所处地段适用年应纳税额5元/平方米。该企业2021年应缴纳城镇土地使用税的下列计算中，正确的是(　)。

A. 2 000×5=10 000(元)

B. 3 000×5=15 000(元)

C. 2 000×5+3 000×5×8÷12=20 000(元)

D. 2 000×5+3 000×5=25 000(元)

7. 甲房地产开发公司2021年实际占用土地面积30 000平方米，其中1 000平方米为售楼处和公司办公区；20 000平方米用于开发普通标准住宅，9 000平方米经批准用于开发经济适用房，已知该企业所处地段适用年税额24元/平方米，则甲房地产开发公司2021年应缴纳的城镇土地使用税税额的下列计算中，正确的是(　)。

A. 30 000×24=720 000(元)

B. (20 000+1 000)×24=504 000(元)

C. 1 000×24=24 000(元)

D. 0

8. 甲公司从乙公司处购入一处土地使用权，双方于2021年3月5日签订合同，双方在合同中约定，支付价款的时间为4月30日前，交付土地使用权的日期为5月5日。因甲公司拖延付款，乙公司直至6月10日才向其交付该土地使用权，则甲公司城镇土地使用税的纳税义务发生时间是(　)。

A. 2021年4月

B. 2021年5月

C. 2021年6月

D. 2021年7月

9. 下列各项中，不缴纳耕地占用税的是(　)。

A. 占用市区工厂土地建设商品房

B. 占用市郊菜地建设公路

C. 占用牧草地建设厂房

D. 占用果园建设旅游度假村

10. 农民赵某经批准在户籍所在地占用一块耕地建造住宅作为自己的婚房，对赵某的上述行为，根据耕地占用税的计税规定，下列说法中正确的是(　)。

A. 免征

B. 减按2元/平方米征收

C. 减半征收

D. 加征50%

11. 根据契税法律制度的规定，下列各项中，免征契税的是(　)。

A. 房屋抵押

B. 房屋互换

C. 房屋出租

D. 房屋承继

12. 甲企业将价值400万元的房屋与乙企业价值500万元的土地使用权进行互换，并向乙企业支付100万元差价。已知契税适用税率为3%。计算甲企业该笔业务应缴纳契税税额的下列算式中，正确的是(　)。

A. 400×3%=12(万元)

B. 500×3%=15(万元)

C. 100×3%=3(万元)

D. (400+500)×3%=27(万元)

13. 下列各项中，不予免征契税的是(　)。

A. 医院承受划拨土地用于修建门诊楼

B. 农民承受荒山土地用于林业生产

C. 企业接受捐赠房屋用于办公

D. 学校承受划拨土地用于建造教学楼

14. 根据土地增值税法律制度的规定，下列行为中，应缴纳土地增值税的是(　)。

A. 土地使用权的转让

B. 房地产的出租

C. 土地使用权的出让

D. 房产的继承

15. 根据土地增值税法律制度的规定，下列各项中，在计算土地增值税时，应计入房地产开发成本的是(　)。

A. 与房地产开发项目有关的销售费用

B. 取得土地使用权过程中缴纳的契税

C. 取得土地使用权所支付的地价款

D. 土地征用及拆迁补偿费

16. 2021 年某房地产开发企业进行普通标准住宅开发，已知支付的土地出让金及相关税费为 3 000 万元；住宅开发成本 2 800 万元；房地产开发费用 2 000 万元，其中的利息支出为 300 万元，不能提供金融机构证明。已知：该企业所在省人民政府规定的房地产开发费用的计算扣除比例为 10%。则该企业计算缴纳土地增值税时，可以扣除的房地产开发费用的下列计算中，正确的是(　)。

A. 2 000−300＝1 700(万元)

B. 3 000×10%＝300(万元)

C. 2 000×10%＝200(万元)

D. (3 000+2 800)×10%＝580(万元)

17. 2021 年 6 月甲公司销售自行开发的房地产项目，取得不含增值税销售收入 10 000 万元，准予从房地产转让收入中减除的扣除项目金额 6 000 万元，且增值额超过扣除项目金额 50%、未超过扣除项目金额 100%的部分，税率为 40%，速算扣除系数为 5%，计算甲公司该笔业务应缴纳土地增值税税额的下列计算公式中，正确的是(　)。

A. (10 000－6 000)×40%＋6 000×5%＝1 900(万元)

B. 10 000×40%＝4 000(万元)

C. (10 000－6 000)×40%－6 000×5%＝1 300(万元)

D. 10 000×40%－6 000×5%＝3 700(万元)

18. 下列企业的主管税务机关，可以要求其进行土地增值税清算的是(　)。

A. 甲房地产开发公司的房地产开发项目全部竣工并已完成销售

B. 乙房地产开发公司取得销售许可证满 2 年仍未销售完毕

C. 丙房地产开发公司已竣工验收的房地产开发项目，已转让的房地产建筑面积占整个项目可售建筑面积的比例为 75%，剩余的可售建筑面积已经出租

D. 丁房地产开发公司将未竣工决算的房地产开发项目整体转让

19. 甲公司成立时注册资本 500 万元，建立资金账簿 1 本；当月与乙公司签订买卖合同，商品含增值税的售价 56.5 万元，由甲公司负责运输；与丙运输公司签订运输合同，合同不含增值税价款 2 万元，其中运费 1.5 万元，装卸费 0.5 万元，增值税 0.165 万元，分别记载。已知，买卖合同、运输合同的印花税税率为 0.3‰，资金账簿的印花税税率为 0.25‰，根据印花税法律制度的规定，甲公司应缴纳印花税的下列计算列式正确的是(　)。

A. 5 000 000×0.25‰＋565 000÷(1＋13%)×0.3‰＋15 000×0.3‰＝1 404.50(元)

B. 5 000 000×0.25‰＋565 000×0.3‰＋15 000×0.3‰＝1 424(元)

C. 5 000 000×0.25‰＋565 000×0.3‰＋21 650×0.3‰＝1 425.995(元)

D. 5 000 000×0.25‰＋565 000×0.3‰＋20 000×0.3‰＝1 425.50(元)

20. 根据车船税法律制度的规定，下列车船中，以整备质量吨位数为计税依据的是(　)。

A. 商用客车

B. 机动船舶

C. 游艇

D. 商用货车

21. 赵某2021年4月12日购买1辆发动机气缸容量为1.6升的节能乘用车，已知适用年基准税额480元，则赵某2021年应缴纳车船税税额的下列计算中，正确的是(　)。

A. 480×9÷12×50%＝180(元)

B. 480×8÷12×50%＝160(元)

C. 480×9÷12＝360(元)

D. 480(元)

22. 赵某于2020年5月购入汽车一辆，2021年4月被盗，已按照规定办理退税。通过公安机关的侦查，2021年9月份被盗车辆失而复得，并取得公安机关的相关证明。已知当地小轿车车船税年税额为500元/辆，赵某2021年实际应缴纳的车船税的下列计算中，正确的是(　)。

A. 0

B. 500×3÷12＝125(元)

C. 500×7÷12＝292(元)

D. 500(元)

23. 下列各项中，免予缴纳车船税的是(　)。

A. 非机动驳船

B. 纯电动商用车

C. 政府机关公务用车

D. 出租车

24. 某汽车企业2021年5月进口自用小汽车一辆，海关审定的关税完税价格为60万元，缴纳关税15万元，消费税25万元，已知车辆购置税税率为10%。计算车辆购置税税额的下列算式中，正确的是(　)。

A. (60+15)×10%＝7.5(万元)

B. (60+25)×10%＝8.5(万元)

C. (60+15+25)×10%＝10(万元)

D. 60×10%＝6(万元)

25. 赵某2020年6月1日购入一辆小汽车自用，7月30日申报并缴纳车辆购置税10万元。由于车辆制动系统存在严重问题，2021年6月30日赵某将该车退回，则赵某可以申请退还的车辆购置税的下列计算中，正确的是(　)。

A. 10(万元)

B. 10×(1-10%)＝9(万元)

C. 10×(1-20%)＝8(万元)

D. 0

26. 下列各项中，不征收环境保护税的是(　)。

A. 光源污染

B. 噪声污染

C. 水污染

D. 大气污染

27. 2021年3月甲企业产生炉渣150吨，其中30吨在符合国家和地方环境保护标准的设施中贮存，100吨综合利用且符合国家和地方环境保护标准，其余的直接倒弃于空地，已知炉渣环境保护税税率为25元/吨。计算甲企业当月所产生炉渣应缴纳环境保护税税额的下列算式中，正确的是(　)。

A. (150-30)×25＝3 000(元)

B. 150×25＝3 750(元)

C. (150-100)×25＝1 250(元)

D. (150-100-30)×25＝500(元)

28. 甲公司从境外的乙公司进口一批平板电脑，委托丙公司代为办理进口报关手续，则下列关于我国进出口关税纳税人的说法中正确的是(　)。

A. 甲公司是进口货物的收货人，因此甲公司是进出口关税的纳税人

B. 乙公司是出口货物的发货人，因此乙公司是进出口关税的纳税人

C. 丙公司是进口货物的代理人，因此丙公司是进出口关税的纳税人

D. 甲、乙、丙均不是进出口关税的纳税人

29. 2021年9月甲公司进口一批货物，海关审定的成交价格为1 100万元，货物运抵我国境内输入地点起卸前的运费96万元，保险费4万元。已知关税税率为10%。计算甲公司该笔业务应缴纳的关

税税额的下列算式中，正确的是(　)。

A. (1 100+96+4)×10%=120(万元)

B. (1 100+4)×10%=110.4(万元)

C. 1 100×10%=110(万元)

D. (1 100+96)×10%=119.6(万元)

30. 根据关税法律制度的规定，对原产地不明的进口货物，按(　)征税。

A. 普通税率

B. 关税配额税率

C. 协定税率

D. 特惠税率

31. 下列进口货物中，实行从量计征进口关税的是(　)。

A. 卷烟

B. 汽车

C. 高档手表

D. 原油

32. 甲化妆品公司为增值税一般纳税人，2020年6月销售高档化妆品缴纳增值税68万元、消费税60万元，销售普通化妆品缴纳增值税22万元，缴纳本月房产税2万元。已知甲公司所在地使用的城市维护建设税税率为7%。甲公司2020年6月应缴纳的城市维护建设税税额的下列计算中，正确的是(　)。

A. (68+60+22+2)×7%=10.64(万元)

B. (68+60+22)×7%=10.5(万元)

C. (68+60)×7%=8.96(万元)

D. (68+60+2)×7%=9.1(万元)

33. 甲粘土企业开采陶粒用粘土20 000吨，对外销售16 000吨，移送1 000吨粘土继续精加工。已知粘土的资源税税率为0.5元/吨，甲企业应当缴纳的资源税的下列计算中，正确的是(　)。

A. (16 000+1 000)×0.5=8 500(元)

B. 16 000×0.5=8 000(元)

C. 20 000×0.5=10 000(元)

D. 1 000×0.5=500(元)

34. 甲矿山为增值税一船纳税人，2021年6月销售大理岩原矿取得不含增值税销售额205万元。计入销售额中的从坑口到车站的运输费用5万元，取得增值税发票。已知当地大理岩原矿适用的资源税税率为5%。甲矿山当月应缴纳资源税税额为(　)。

A. 10万元

B. 10.25万元

C. 10.5万元

D. 11.025万元

35. 甲铝矿2021年7月从乙铝矿购入一批铝土矿原矿，支付不含增值税的购买价款为600万元，当月将上述外购原矿与自采原矿混合对外销售，取得不含增值税的销售额1 800万元。已知甲铝矿铝土矿原矿适用的税率为3%，乙铝矿铝土矿原矿适用的税率为2%。计算该铝矿7月份应纳资源税税额的下列计算列式中，正确的是(　)。

A. 1 800×3%=54(万元)

B. 1 800×3%-600×2%=42(万元)

C. (1 800-600)×3%=36(万元)

D. (1 800-600)×2%=24(万元)

二、多项选择题

1. 下列各项中，应当由甲房地产公司缴纳房产税的有(　)。

A. 甲公司已经开发完成尚未出售的商品房

B. 甲公司已经出售给赵某经营饭店的门面房

C. 甲公司已经出租给侯某经营饭店的门面房

D. 甲公司以自行开发的商品房作为销售部门的办公用房

2. 下列各项中，应当计入房产原值计征房产税的有(　)。

A. 独立于房屋之外的烟囱

B. 中央空调

C. 房屋的给排水管道

D. 室外游泳池

3. 下列关于城镇土地使用税的说法中，正确的有(　)。

A. 城镇土地使用税以建筑面积为计税依据

B. 城镇土地使用税以使用面积为计税依据

C. 尚未核发土地使用证书的，应由纳税人据实申报土地面积，并据以缴纳城镇土地使用税，待核发土地使用证书后再作调整

D. 纳税人占用耕地，已缴纳了耕地占用税的，从批准征用之日起满1年后征收城镇土地使用税

4. 关于确定城镇土地使用税纳税人的下列表述中，符合法律制度规定的有(　)。

A. 拥有土地使用权的单位或者个人为纳税人

B. 拥有土地使用权的单位或者个人不在土地所在地的，以代管人或者实际使用人为纳税人

C. 土地使用权未确定或权属纠纷未解决的，暂不缴纳城镇土地使用税

D. 土地使用权共有的，以共有各方为纳税人

5. 根据城镇土地使用税法律制度的规定，下列各项中，免征城镇土地使用税的有(　)。

A. 直接用于农、林、牧、渔业的生产用地

B. 市政街道、广场、绿化地带等公共用地

C. 名胜古迹自用的土地

D. 国家机关、人民团体、军队自用的土地

6. 根据耕地占用税法律制度的规定，下列占用耕地进行非农业建设的行为，适用税额可以适当低于当地占用耕地适用税额的有(　)。

A. 园地

B. 农田

C. 林地

D. 草地

7. 下列各项中，免征耕地占用税的有(　)。

A. 工厂生产车间占用的耕地

B. 军用公路专用线占用的耕地

C. 学校教学楼占用的耕地

D. 医院职工住宅楼占用的耕地

8. 下列关于契税的说法中，错误的有(　)。

A. 契税的纳税人是在我国境内转让土地、房屋权属的单位和个人

B. 土地使用权出让应按规定征收契税

C. 土地使用权转让应按规定征收契税

D. 承包者获得土地承包经营权应按规定征收契税

9. 下列情形中，免征土地增值税的有(　)。

A. 因城市实施规划、国家建设的需要而搬迁，由纳税人自行转让原房地产

B. 纳税人建造高级公寓出售，增值额未超过扣除项目金额20%的

C. 企事业单位转让旧房作为经济适用房房源且增值额未超过扣除项目金额20%的

D. 因国家建设需要依法征用、收回的房地产

10. 2021年2月，甲企业转让2015年自建的房产一栋取得收入2 000万元，该房产购入时的土地成本为600万元，房屋重置成本为300万元，成新率为50%，评估价格为150万元，缴纳增值税100万元，城建税及教育费附加10万元，评估费5万元，甲企业在计算土地增值税时准予扣除的项目有(　)。

A. 土地成本600万元

B. 重置成本300万元

C. 评估价格150万元

D. 缴纳的增值税100万元及城建税及教育费附加10万元

11. 下列各项中，属于印花税纳税人的有(　)。

A. 合同的双方当事人、担保人、证人、鉴定人

B. 会计账簿的立账簿人

C. 产权转移书据的立据人

D. 在国外订立，但在国内使用应税凭证的单位

12. 下列各项中，不征收印花税的有(　)。

A. 会计师事务所与客户之间签订的审计咨询合同

B. 电网与用户之间签订的供用电合同

C. 人身保险合同

D. 委托代理合同

13. 下列合同中，不征或免征印花税的有(　)。

A. 企业与主管部门签订的租赁承包合同

B. 日拆性贷款合同

C. 软件公司与用户之间签订的技术培训合同

D. 研究所与企业之间签订的技术转让合同

14. 下列各项中，不征收印花税的有(　)。

A. 应纳税额不足50元的

B. 商店、门市部的零星加工修理业务开具的修理单

C. 书、报、刊发行单位之间书立的凭证

D. 电话和联网购物

15. 下列关于印花税的计税依据，表述错误的有(　)。

A. 承揽合同为加工承揽收入，包括委托方提供的原料及主要材料价值

B. 融资租赁合同为被租赁财产价值

C. 运输合同为运费包括装卸费、保险费

D. 借款合同为合同约定的借款利息

16. 下列关于印花税的表述中，正确的有(　)。

A. 具有合同性质的凭证视同合同贴花

B. 既书立合同又开具单据，仅就合同贴花

C. 证券交易印花税不对受让方征收

D. 已履行并贴花的合同，实际结算金额高于合同记载金额应补贴印花

17. 下列各项中，不属于车船税征税范围的有(　)。

A. 警车

B. 纯电动商用车

C. 纯电动乘用车

D. 临时入境的香港特别行政区车辆

18. 下列各项中，属于车辆购置税纳税人的有(　)。

A. 购买私家车并自用的个人

B. 进口车辆并对外出售的单位

C. 将自产汽车自用的单位

D. 获奖取得汽车并自用的个人

19. 下列各项中，属于车辆购置税征税范围的有(　)。

A. 电动自行车　　B. 汽车

C. 汽车挂车

D. 有轨电车

20. 下列各项中，免征车辆购置税的有(　)。

A. 外国驻华使领馆、国际组织驻华机构及其外交人员自用的车辆

B. 设有固定装置的非运输专用作业车辆

C. 城市公交企业购置的公共汽车

D. 购置挂车

21. 根据船舶吨税法律制度的规定，下列关于船舶吨税的说法中正确的有(　)。

A. 船舶吨税只针对自中国境外港口进入中国境内港口的外国船舶征收

B. 船舶吨税按净吨位和执照期限实行复式税率

C. 船籍国(地区)与我国签订含有互相给予船舶税费最惠国待遇条款的条约或者协定的应税船舶执行优惠税率

D. 船舶吨税由税务机关负责征收

22. 根据船舶吨税法律制度的规定，下列各项中免征船舶吨税的有(　)。

A. 应纳税额在人民币50元以下的船舶

B. 自境外取得船舶所有权的初次进口到港的空载船舶

C. 非机动驳船

D. 军队、武装警察部队专用或征用的船舶

23. 下列关于环境保护税税收优惠的说法中，

正确的有( )。

A. 规模化养殖排放应税污染物，免征环境保护税

B. 船舶排放应税污染物，免征环境保护税

C. 城乡污水集中处理场所排放应税污染物，不超规定标准的，免征环境保护税

D. 纳税人排放应税大气污染物的浓度值低于国家规定标准 30% 的，免征环境保护税

24. 下列关于环境保护税征收管理的说法中，正确的有( )。

A. 纳税义务发生时间为排放应税污染物的当日

B. 纳税人应当按月申报缴纳

C. 不能按固定期限计算缴纳的，可以按次申报缴纳

D. 纳税人应当向企业注册登记地税务机关申报缴纳

25. 下列各项中，应当计入关税完税价格的有( )。

A. 进口货物的买方为购买该项货物向卖方实际支付或应当支付的价格

B. 进口人在成交价格外另支付给买方代理人的佣金

C. 货物运抵我国关境内输入地点起卸前的包装费、运费、保险费和其他劳务费

D. 为了在境内生产、制造、使用或出版、发行的目的而向境外支付的与该进口货物有关的专利、商标、著作权，以及专有技术、计算机软件和资料等费用

26. 下列企业的行为中，免征进口关税的有( )。

A. 赵某请法国的朋友代购皮包，报关进口时海关审定的关税完税价格为 450 元，我国箱包类产品关税税率为 10%

B. 甲公司想从新加坡进口一批特种纸，又担心该纸张无法满足设计及印刷需要，请厂家先运来一批纸样，该批纸样厂家已做特别标注，无商业价值

C. 法国的一家葡萄酒厂无偿赠送中国葡萄酒生产企业一批葡萄酒

D. 我国一家服装加工厂出口俄罗斯一批服装，因设计款式偏瘦被对方退回

27. 根据关税法律制度的规定，下列旅客携运进、出境的行李物品海关暂不予放行的有( )。

A. 旅客不能当场缴纳进境物品税款

B. 进出境的物品属于许可证件管理的范围，但旅客不能当场提交

C. 进出境的物品超出自用合理数量，按规定应当办理货物报关手续或者其他海关手续，尚未办理

D. 对进出境物品的属性、内容存疑，需要由有关主管部门进行认定、鉴定、验核

28. 下列各项中，海关可以酌情减免关税的有( )。

A. 无商业价值的广告品及货样

B. 起卸后海关放行前，因不可抗力遭受损坏的进口机械

C. 外国企业无偿赠送的物资

D. 在境外运输途中遭受到损坏的进口货物

29. 下列关于城市维护建设税的说法中，正确的有( )。

A. 由受托方代征、代扣增值税、消费税的单位和个人，其代征、代扣的城市维护建设税适用受托方所在地的税率

B. 对进口货物缴纳的增值税、消费税税额，不征收城市维护建设税

C. 对出口产品退还增值税、消费税的，应同时退还已缴纳的城市维护建设税

D. 对增值税、消费税实行先征后返、先征后退、即征即退办法的，应同时退还已缴纳的城市维护建设税

30. 下列各项中，不征或免征资源税的有( )。

A. 石油开采企业开采原油过程中用于加热的原油

B. 煤炭加工企业使用未税原煤加工选煤对外销售

C. 盐业公司生产海盐对外销售

D. 煤矿开采企业因安全生产需要抽采煤层气对外销售

31. 下列各项中，属于烟叶税的纳税人的有(　)。

A. 种植烟叶的农民

B. 收购烟叶的烟草公司

C. 接受烟草公司委托收购烟叶的单位

D. 抽烟的烟民

32. 在企业依照有关法律法规规定实施破产的情况下，下列关于契税税收优惠的说法中，正确的有(　)。

A. 债权人承受破产企业抵偿债务的房屋权属，免征契税

B. 破产企业职工承受破产企业抵偿债务的房屋权属，免征契税

C. 非债权人承受破产企业房屋权属与原企业全部职工签订 3 年的劳动合同，免征契税

D. 非债权人承受破产企业房屋权属与原企业 30% 的职工签订 3 年的劳动合同，免征契税

三、判断题

1. 对融资租赁的房屋计征房产税时，应以出租方取得的租金收入为计税依据。(　)

2. 居民住宅区内业主共有的经营性房产，房产税的纳税人为实际经营的房产代管人或者使用人。(　)

3. 纳税人出租房屋的，房产税的计税基础为含增值税的租金收入。(　)

4. 甲房地产公司以房产与乙公司投资联营，设立丙企业，双方约定甲房地产公司每年从丙企业分配保底利润 500 万元，甲公司投资的房产由丙企业按房产余值作为计税依据计缴房产税。(　)

5. 赵某拥有一套四合院，原一直用于居住，2021 年 6 月转为经营民宿旅游，则赵某应于 2021 年 7 月起缴纳房产税。(　)

6. 房产不在同一地方的纳税人，应按房产的坐落地点分别向房产所在地的税务机关申报缴纳房产税。(　)

7. 纳税人购置新建商品房，自房屋交付使用当月缴纳城镇土地使用税。(　)

8. 在人均耕地低于 0.5 亩的地区，耕地占用税加征 50%。(　)

9. 经批准占用耕地的，纳税人应当自实际占用耕地之日起 30 日内申报缴纳耕地占用税。(　)

10. 因采矿塌陷损毁耕地，应缴纳耕地占用税；自相关部门认定损毁耕地之日起 1 年内依法复垦或修复，恢复种植条件的，全额退还已经缴纳的耕地占用税。(　)

11. 契税的纳税期限为自纳税义务发生之日起 15 日内。(　)

12. 对于一方出地，另一方出资金，双方合作建房，建成后按比例分房自用的，双方均应当征收土地增值税。(　)

13. 房地产开发项目中同时包含普通住宅和非普通住宅的，应分别计算土地增值税的税额。(　)

14. 甲公司委托乙公司加工一批烟丝，并保管 1 个月，至甲公司新仓库建成时提货，双方在合同中约定加工费和保管费共计 50 万元，已知承揽合同的印花税税率为 0.3‰，保管合同的印花税税率为 1‰，上述合同应按 1‰计税贴花。(　)

15. 产权转移书据中价款与增值税税款未分开列明的，应当按照合计金额作为印花税的计税依据。(　)

16. 进行车辆牌照登记管理的车辆管理部门为机动车车船税的扣缴义务人。(　)

17. 依法不需要在车船登记管理部门登记的，只在机场内部行驶，负责运送旅客登机的客车不属于车船税的征税范围，不征收车船税。(　)

18. 2021 年 4 月 15 日，赵某将 2014 年购买的一辆汽车转让给侯某，已知转让时该

车已经由赵某缴纳过 2021 年车船税，转让行为完成后，赵某可向当地主管税务机关申请办理车船税税款的退还。（ ）

19. 购置不需要办理车辆登记的应税车辆的，应当向车辆登记地的主管税务机关申报缴纳车辆购置税。（ ）

20. 进口货物适用何种关税税率是以进口货物进口地为标准的。（ ）

21. 滑准税是指关税的税率随着进口商品价格的变动而同方向变动的一种税率形式，即“价格越高，税率越高”，税率为比例税率。（ ）

22. 出口货物关税完税价格的计算公式为：关税完税价格=离岸价格÷(1+出口税率)。（ ）

23. 运往境外修理的机械器具、运输工具或者其他货物，出境时已向海关报明并在海关规定期限内复运进境的，以经海关审定的修理费和料件费作为关税完税价格。（ ）

24. 在计算城市维护建设税的计税依据时，不得扣除期末留抵退税退还的增值税税额。（ ）

25. 对依法查处没收的违法收购的烟叶，由被罚没烟叶的单位缴纳烟叶税。（ ）

心有灵犀答案及解析

一、单项选择题

1. B 【解析】房产税的征税范围不包括农村。

2. D 【解析】从价计征房产税的，以房产“**原值**”一次减除 10%～30%后的“余值”为计税依据，不扣除折旧。

3. B 【解析】(1)以房屋为载体，不可随意移动的附属设备和配套设施，如中央空调，应计入房产原值，计征房产税；(2)纳税人对原有房屋进行改建、扩建的，要相应增加房屋的原值。

4. B 【解析】(1)甲公司经营用房产于 3 月 31 日对外出租，则 2021 年 1、2、3 月应从价计征房产税，房产税按年计算，则从价计征的房产税 = 1 000×(1－30%)×1.2%÷12×3 = 2.1(万元)；(2)该房产于 2021 年收取 9 个月的不含增值税的租金共计 9 万元，则从租计征的房产税 = 9×12% = 1.08(万元)；(3)2021 年甲公司上述房产应缴纳房产税税额 = 2.1 + 1.08 = 3.18(万元)。

5. C 【解析】选项 A，国家机关“**自用**”的房产免征，“**出租房产**”不属于免税范围；选项 B，由国家财政部门拨付事业经费的单位所有的“本身业务范围”内使用的房产免征，“非自身业务使用的生产、营业用房”不属于免税范围；选项 D，公园“自用”的房产免征，但其中附设的营业单位，如饮食部等所使用的房产，不属于免税范围。

6. C 【解析】纳税人**新征用的非耕地**，自批准征用之次月起计算缴纳城镇土地使用税，应纳税额 = 2 000×5+3 000×5×8÷12 = 20 000(元)。

7. B 【解析】房地产开发公司开发建造商品房的用地，除经批准开发建设经济适用房的用地外，对各类房地产开发用地一律不得减免城镇土地使用税。

8. C 【解析】以出让或转让方式有偿取得土地使用权的，城镇土地使用税的纳税义务发生时间为合同约定交付土地时间的**次月**起。

9. A 【解析】(1)耕地，是指用于种植农作物的土地，包括菜地、园地。其中，园地包括花圃、苗圃、茶园、果园、桑园和其他种植经济林木的土地。(2)占用牧草地，也视同占用耕地。

10. C 【解析】农村居民在规定用地标准以

内占用耕地建设自用住宅减半征收耕地占用税。

11. D 【解析】选项AC，不属于契税的征税范围，不征收契税；选项B，按价格差额征收契税；选项D，免征契税。

12. C 【解析】房屋所有权与土地使用权之间相互互换，以互换的价格差额为计税依据，由多交付货币的一方缴纳契税。

13. C 【解析】选项AD，国家机关、事业单位、社会团体、军事单位承受土地、房屋用于办公、教学、医疗、科研和军事设施的，免征契税；选项B，纳税人承受荒山、荒地、荒滩土地使用权，用于农、林、牧、渔业生产的，免征契税。

14. A 【解析】选项AC，土地增值税只对转让土地使用权的行为征税，对出让土地的行为不征税；选项B，不涉及产权的转让，不征税；选项D，土地增值税只对有偿转让的房地产征税，对以继承等方式无偿转让的房地产，不予征税。

15. D 【解析】选项A，属于房地产开发费用；选项BC，属于"取得土地使用权所支付的金额"。

16. D 【解析】财务费用中的利息支出，凡不能按转让房地产项目计算分摊利息支出或不能提供金融机构证明的，房地产开发费用按"**取得土地使用权所支付的金额和房地产开发成本**"之和的10%以内计算扣除。计算扣除的具体比例，由各省、自治区、直辖市人民政府规定。

17. C 【解析】土地增值税=增值额×税率-扣除项目金额×速算扣除系数；增值额=转让房地产取得的收入-扣除项目金额。

18. C 【解析】选项AD，纳税人"**应当**"进行土地增值税的清算；选项B，取得销售(预售)许可证满3年仍未销售完毕的主管税务机关可以要求其进行土地增值税清算；选项C，已竣工验收的房地产开发项目，已转让的房地产建筑面积占整个项目可售建筑面积的比例虽未超过85%，但剩余的可售建筑面积已经出租或自用的，主管税务机关可以要求其进行土地增值税清算。

19. B 【解析】(1)营业账簿中记载资金的账簿，以"实收资本"与"资本公积"两项的合计金额为其计税依据，应纳税额=5 000 000×0.25‰=1 250(元)；(2)买卖合同增值税"未列明"，应按照合计金额作为计税依据，应纳税额=565 000×0.3‰=169.50(元)；(3)运输合同以不含"列明的"增值税的运费为计税依据，不包括其他杂费，应纳税额=15 000×0.3‰=4.50(元)。

20. D 【解析】选项A，以辆数为计税依据；选项B，以净吨位数为计税依据；选项C，以艇身长度为计税依据。

21. A 【解析】(1)购置的新车船，购置当年的应纳税额自纳税义务发生的当月起按月计算，本题应从4月开始计算车船税；(2)购入1.6升及以下排量的乘用车，减半征收车船税。

22. C 【解析】丢失车辆自丢失月份起可凭证明申报退还已纳车船税，其后又失而复得的，自公安机关出具相关证明的当月起计算缴纳车船税。赵某于2021年4月丢失车辆2021年9月找回，可申报退还4、5、6、7、8月共计5个月的税款，则其实际应纳税款=500×7÷12=292(元)。

23. B 【解析】选项A，减半征收车船税；选项B，对使用新能源的车船，如纯电动商用车、插电式混合动力汽车、燃料电池商用车，免征车船税；选项CD，全额缴纳车船税。

24. C 【解析】(1)纳税人进口自用的应税车辆组成计税价格=关税完税价格+关税+消费税；(2)应纳车辆购置税=组成计税价格×10%。

25. A 【解析】(1)已征车辆购置税的车辆退回车辆生产或销售企业，纳税人申请退还车辆购置税的，使用年限的计算方法是，自纳税人缴纳税款之日起，至申请退税之日止；(2)本题中纳税申报日为2020年7月30日，退回日为2021年6月30日，不满一年，应当全额退税。

26. A 【解析】环境保护税的征税范围是规定的大气污染物、水污染物、固体废物和噪声等应税污染物。光源污染不征收环境保护税。

27. D 【解析】(1)在符合国家和地方环境保护标准的设施、场所贮存或者处置固体废物(30吨)，不属于直排污染物，不缴纳环境保护税；(2)纳税人综合利用的固体废物(100吨)，符合国家和地方环境保护标准的免征环境保护税。

28. A 【解析】进口贸易性商品的纳税人是进口货物的收货人。

29. A 【解析】进口环节，关税完税价格包括货价以及货物运抵我国关境内输入地点起卸前的包装费、运费、保险费和其他劳务费等费用。

30. A

31. D 【解析】进口关税一般采用比例税率，实行从价计征的办法，但对啤酒、原油(选项D)等少数货物则实行从量计征。

32. B 【解析】城建税的计税依据为纳税人实际缴纳的增值税和消费税之和。

33. B 【解析】纳税人开采应税产品，自用于连续生产应税产品的，移送使用时不缴纳资源税，最终产品出售时应当缴纳资源税。

34. A 【解析】计入资源税应税产品销售额中的相关运杂费用，凡取得增值税发票或者其他合法有效凭据的，准予从销售额中扣除。相关运杂费用是指应税产品从坑口或者洗选(加工)地到车站、码头或者购买方指定地点的运输费用、建设基金以及随运销产生的装卸、仓储、港杂费用。甲矿山当月应缴纳资源税税额=(205-5)×5%=10(万元)。

35. C 【解析】纳税人以外购原矿与自采原矿混合为原矿销售的，在计算应税产品销售额时，直接扣减外购原矿的购进金额。

二、多项选择题

1. CD 【解析】选项A，房地产开发企业建造的商品房，在出售前，不征收房产税；选项B，应当由赵某缴纳房产税；选项CD，房地产开发企业建造的商品房，在出售前该房地产开发企业已使用或出租、出借的应按规定征收房产税。

2. BC 【解析】选项AD，**独立于房屋之外的建筑物**，如围墙、烟囱、水塔、菜窖、室外游泳池等不属于房产税的征税范围；选项BC，**凡以房屋为载体，不可随意移动的附属设备和配套设施**，如给排水、采暖、消防、中央空调、电气及智能化楼宇设备等，无论在会计核算中是否单独记账与核算，都应计入房产原值，计征房产税。

3. CD 【解析】选项AB，城镇土地使用税的计税依据是实际占用的土地面积。

4. ABD 【解析】选项C，由实际使用人缴纳城镇土地使用税。

5. ABCD

6. ACD 【解析】占用园地、林地、草地、农田水利用地、养殖水面以及渔业养殖滩涂等其他农用地建设建筑物、构筑物或者从事非农业建设的，应征收耕地占用税，适用税额可以适当低于当地占用耕地的适用税额。

7. BC 【解析】选项BC，军事设施占用耕地，学校、幼儿园、社会福利机构、医疗机构占用耕地，免征耕地占用税；选项D，医院内职工住房应当按照规定征收耕地占用税。

8. AD 【解析】选项A，契税的纳税人是在我国境内承受土地、房屋权属转移的单位和个人；选项D，土地承包经营权的转移，不属于契税的征税范围。

9. ACD 【解析】选项 B，“高级公寓”不属于普通标准住宅，不能适用免税规定。

10. AC 【解析】纳税人转让旧房，准予扣除的项目包括取得土地时的成本、房屋的评估价格(非重置成本)、转让时缴纳的其他相关费用及税金(不含增值税)。

11. BCD 【解析】选项 A，签订合同的各方都是印花税的纳税人，但不包括合同的担保人、证人和鉴定人。

12. ABCD 【解析】选项 A，法律、会计、审计等方面的咨询不属于技术咨询，其所立合同不贴印花；选项 B，电网与用户之间签订的供用电合同不征收印花税，但对发电厂与电网之间、电网与电网之间签订的购售电合同，按买卖合同征收印花税；选项 C，财产保险合同按规定征收印花税，人身保险合同不属于印花税的征税范围；选项 D，不属于印花税征税范围。

13. AB 【解析】选项 A，企业与主管部门签订的租赁承包合同不属于财产租赁合同，不征收印花税；选项 B，日拆性贷款合同免征印花税；选项 CD，属于技术合同范围，应征收印花税。

14. BCD 【解析】选项 A，应纳税额不足一角的，免征印花税。

15. ABCD 【解析】选项 A，承揽合同为承揽收入，“不包括”委托方提供的原料及主要材料价值；选项 B，融资租赁合同，以租赁金额为计税依据，“不包括”被租赁财产价值；选项 C，运输合同，以合同记载的运费为计税依据，“不包括”装卸费和保险费；选项 D，借款合同以借款金额为计税依据，“不包括”借款利息。

16. ABC 【解析】选项 D，已履行并贴花的合同，实际结算金额高于合同记载金额一般不再补贴印花。

17. CD 【解析】选项 AB，属于车船税征税范围，但免征车船税；选项 CD，不属于车船税征税范围，同学们尤其注意区别选项 B 与选项 C。

18. ACD 【解析】选项 B，不属于自用，不缴纳车辆购置税。

19. BCD 【解析】车辆购置税的“应税车辆”包括：汽车、有轨电车、汽车挂车、排气量超过 150ml 的摩托车，不包括电动自行车。

20. ABC 【解析】选项 C，城市公交企业购置的“公共汽电车辆”免征车辆购置税，公共汽电车，包括汽车和电车；选项 D，减半征收。

21. BC 【解析】选项 A，船舶吨税是自中国境外港口进入中国境内港口的船舶征收的一种税；选项 D，船舶吨税由海关征收。

22. ABD 【解析】选项 C，按相同净吨位船舶税率的 50%计征税款。

23. BC 【解析】选项 A，农业生产(不包括规模化养殖)排放应税污染物，免征环境保护税；选项 D，减按 75%征收环境保护税。

24. AC 【解析】选项 B，纳税人按月计算，按季申报纳税，不能按固定期限计算缴纳的，可以按次申报缴纳；选项 D，纳税人应当向应税污染物排放地税务机关申报缴纳。

25. ACD 【解析】选项 B，进口人在成交价格外另支付给“卖方”的佣金应当计入完税价格，买方佣金不能计入。

26. ABD 【解析】选项 A，一票货物关税税额、进口环节增值税或者消费税税额在人民币 50 元以下的免税；选项 B，无商业价值的广告品及货样免税；选项 C，国际组织、外国政府无偿赠送的物资免税，不包括外国企业的无偿赠送；选项 D，因故退还的中国出口货物，可以免征进口关税，但已征收的出口关税，不予退还。

27. ABCD

28. BD 【解析】选项A，属于法定免税项目；选项C，国际组织、外国政府无偿赠送的物资免征进口关税，外国企业无偿赠送的物资应按规定征收进口关税；选项BD，属于海关可以酌情减免关税的项目。
29. AB 【解析】选项C，城市维护建设税"进口不征，出口不退"；选项D，对增值税、消费税实行先征后返、先征后退、即征即退办法的，除另有规定外对随增值税、消费税附征的城市维护建设税，一律不予退还。
30. AD 【解析】选项A，开采原油过程中用于加热的原油，免征资源税；选项D，煤炭开采企业因安全生产需要抽采的"煤成(层)气"，免征资源税。
31. BC 【解析】烟叶税的纳税人为在中华人民共和国境内"收购烟叶的单位"，包括受委托收购烟叶的单位。
32. ABC 【解析】选项D，减半征收契税。

三、判断题

1. × 【解析】融资租赁的房屋，由承租人以房产余值计征房产税。
2. √
3. × 【解析】计税租金为不含增值税的租金收入。
4. × 【解析】对以房产投资收取固定收入、不承担经营风险的，实际上是以联营名义取得房屋租金，应以出租方取得的租金收入为计税依据计缴房产税。
5. × 【解析】纳税人将原有房产用于生产经营，从生产经营之月起缴纳房产税。
6. √
7. × 【解析】纳税人购置新建商品房，自房屋交付使用之次月起，缴纳城镇土地使用税。
8. × 【解析】题目所述情形，耕地占用税加征"不超过50%"。
9. × 【解析】经批准占用耕地的，纳税人自收到土地管理部门农用地转用批复文件之日起30日内申报缴纳耕地占用税。
10. × 【解析】因"挖损、采矿塌陷、压占、污染"等损毁耕地属于税法所称的非农业建设，应依照税法规定缴纳耕地占用税；自自然资源、农业农村等相关部门认定损毁耕地之日起"3年内"依法复垦或修复，恢复种植条件的，"全额退还"已经缴纳的耕地占用税。
11. × 【解析】契税的纳税期限为依法办理房屋、土地权属登记手续前。
12. × 【解析】题目所述情形，暂免征收土地增值税。
13. √
14. √ 【解析】同一应税凭证载有两个或两个以上经济事项并"分别列明"价款或者报酬的，按照各自适用税目税率计算应纳税额；"未分别列明"价款或者报酬的，按税率高的计算应纳税额。
15. √
16. × 【解析】从事机动车第三者责任强制保险业务的"保险机构"为机动车车船税的扣缴义务人。
17. × 【解析】车船税的征税范围包括：(1)依法应当在车船登记管理部门登记的机动车辆和船舶；(2)依法不需要在车船登记管理部门登记的在单位内部场所行驶或者作业的机动车辆和船舶。
18. × 【解析】已缴纳车船税的车船在同一纳税年度内办理转让过户的，不另纳税，也不办理退税。
19. × 【解析】不需要办理车辆登记的，单位纳税人向其机构所在地的主管税务机关申报纳税，个人纳税人向其户籍所在地或者经常居住地的主管税务机关申报纳税。
20. × 【解析】进口货物适用的关税税率以进口货物"原产地"为标准。
21. × 【解析】滑准税是指关税的税率随着进口商品价格的变动而反方向变动的一

种税率形式，即“**价格越高，税率越低**”，税率为比例税率。

22. √

23. √

24. × 【**解析**】城市维护建设税的计税依据为纳税人实际缴纳的增值税、消费税税额。在计算计税依据时，应当按照规定扣除期末留抵退税退还的增值税税额。

25. × 【**解析**】上述情形，由收购罚没烟叶的单位缴纳烟叶税。

第八绝　“茶”——税收征收管理法律制度

深闺茶话

佳人“八绝”，以“茶”送客。正所谓“日月精华叶底藏，静心洗浴不张扬”。一如本章，原本是《经济法基础》最低调的一章，在考试中所占分值也只有3%。但是2022年本章增肥成功不仅“找回了从前的自己”，而且“彻底放飞了自我”预计在考试中的分值占比将大幅度提升。

2021年考试前8个批次题型题量

题型＼批次／分值	5.15上	5.15下	5.16上	5.16下	5.17上	5.17下	5.18上	5.18下
单选题	——	1题2分	1题2分	1题2分	1题2分	——	1题2分	1题2分
多选题	1题2分	——	——	——	——	1题2分	——	——
判断题	——	1题1分	1题1分	1题1分	1题1分	1题1分	1题1分	1题1分
不定项	——	——	——	——	——	——	——	——
合计	1题2分	2题3分	2题3分	2题3分	2题3分	2题3分	2题3分	2题3分

2022年考试变化

1. “税务管理”部分包括“税务登记、发票管理等”重新编写增加大量的“老”规定。

2. “税款征收方式”由狭义内容改为广义内容。

3. 新增“应纳税额调整、应纳税额缴纳、纳税担保方式的具体规定、税收优先权、欠税清缴、纳税退还、补缴与追征、无欠税证明申请、纳税信用管理、税收违法行为检举”等一系列规定。

人生初见

第一部分　税收征管法概述

考验一　税收征管法的概念、性质和适用范围(★)

(一)概念

税收征收管理法，是指调整税收征收与管理过程中所发生的社会关系的法律规范的总称。

(二)性质

属于税收程序法。

(三)适用范围

由税务机关负责征收的税种，适用税收征管法。

【例题·单选题】 下列各项中，属于税收程序法的是(　)。

A. 企业所得税法　　B. 个人所得税法

C. 税收征管法　　D. 车辆购置税法

解析 ▶ 选项ABD，属于税收实体法。　　答案 ▶ C

考验二　税收征管法的适用对象及征纳税主体的权利与义务(★)

(一)税收征管法的适用对象

1. 税收征管主体

(1)国务院税务主管部门(国家税务总局)主管全国税收征收管理工作。

(2)税务机关及其职权。

①税务机关包括：各级税务局、税务分局、税务所和省以下税务局的稽查局。

②稽查局专司偷税(逃税)、逃避追缴欠税、骗税、抗税案件的查处。

2. 税收征管相对人

纳税人、扣缴义务人。

(二)征税主体的权利与义务

1. 权利

(1)基本范围(见表8-1)。

表8-1　征税主体的权利

权利	考点
税收立法权	—
税务管理权	—
税款征收权	①最基本、最主要的职权； ②包括依法计征权、核定税款权、税收保全和强制执行权、追征税款权
税务检查权	查账权、场地检查权、询问权、责成提供资料权、存款账户核查权
税务行政处罚权	—
其他职权	审批减、免、退、延期缴纳的申请权；阻止欠税纳税人离境权；委托代征权；估税权；代位权与撤销权；欠税情况公告权；上诉权

(2)发票检查权。

①检查印制、领购、开具、取得、保管和缴销发票的情况。

②调出发票查验。

③查阅、复制与发票有关的凭证、资料。

④向当事各方询问与发票有关的问题和情况。

『老侯提示』在查处发票案件时，对与案件有关的情况和资料，可以记录、录音、录像、照相和复制。

(3)税务检查权。

①查账权。

②场地检查权。

到纳税人的生产、经营场所和货物存放

地检查纳税人应纳税的商品、货物或者其他财产；检查扣缴义务人与代扣代缴、代收代缴税款有关的经营情况。

『老侯提示』不能进入生活场所。

③责成提供资料权。

④询问权。

⑤交通邮政检查权。

到车站、码头、机场、邮政企业及其分支机构检查纳税人托运、邮寄应纳税商品、货物或者其他财产的有关"单据、凭证和有关资料"。

『老侯提示』不能对其他内容进行检查，比如旅客自带的行李物品等。

⑥存款账户核查权。

经"县以上税务局(分局)局长批准"可以查询从事生产经营的纳税人、扣缴义务人在银行或者其他金融机构的存款账户。

经"设区的市、自治州以上税务局(分局)局长"批准，可以查询案件涉嫌人员的储蓄存款。

『老侯提示1』税务机关进行税务检查时，对满足法定条件的纳税人，可以采取税收保全措施或者强制执行措施。

『老侯提示2』税务人员进行税务检查时，应当出示"税务检查证"和"税务检查通知书"，并有责任为被检查人保守秘密；未出示税务检查证和税务检查通知书的，被检查人有权拒绝检查。

2. 义务

(1)广泛宣传税收法律、行政法规，普及纳税知识，无偿地为纳税人提供纳税咨询服务。

(2)依法为纳税人、扣缴义务人的情况保密。

『老侯提示』"税收违法行为"不属于保密范围。

(3)加强队伍建设，提高税务人员的政治业务素质。

(4)秉公执法，忠于职守，清正廉洁，礼貌待人，文明服务，尊重和保护纳税人、扣缴义务人的权利，依法接受监督。

(5)税务人员不得索贿受贿、徇私舞弊、玩忽职守、不征或少征应征税款；不得滥用职权多征税款或者故意刁难纳税人和扣缴义务人。

(6)税务人员在核定应纳税额、调整税收定额、进行税务检查、实施税务行政处罚、办理税务行政复议时，与纳税人、扣缴义务人或者其法定代表人、直接责任人有夫妻关系、直系血亲关系、三代以内旁系血亲关系、近姻亲关系应当回避。

(7)建立、健全内部制约和监督管理制度。

(三)纳税主体的权利与义务

1. 权利

知情权、(要求)保密权、税收监督权、纳税申报方式选择权、申请延期申报权、申请延期缴纳税款权、申请退还多缴税款权、依法享受税收优惠权、委托税务代理权、陈述与申辩权、对未出示税务检查证和税务检查通知书的拒绝检查权、税收法律救济权、依法要求听证权、索取有关税收凭证权。

2. 义务

依法进行税务登记的义务；依法设置账簿、保管账簿和有关资料以及依法开具、使用、取得和保管发票的义务；财务会计制度和会计核算软件备案的义务；按照规定安装、使用税控装置的义务；按时、如实申报的义务；按时缴纳税款的义务；代扣、代收税款的义务；接受依法检查的义务；及时提供信息的义务；报告其他涉税信息的义务。

【例题1·多选题】下列各项中，属于税务机关职权的有(　)。

A. 税务管理权　　B. 税款征收权

C. 上诉权　　D. 保密权

解析 ▶ 选项D，是纳税主体的权利。

答案 ▶ ABC

【例题2·单选题】下列各项中，属于税务机关最基本、最主要的职权的是(　)。

A. 税务管理权

B. 税款征收权

C. 税务检查权

D. 税务行政处罚权

答案 B

【例题3·多选题】☆根据税收征收管理法律制度的规定，税务机关在对纳税人进行发票检查中有权采取的措施有( )。

A. 调出发票查验

B. 查阅、复制与发票有关的凭证、资料

C. 向当事人各方询问与发票有关的问题和情况

D. 检查领购、开具和保管发票的情况

答案 ABCD

【例题4·多选题】根据税收征收管理法律制度的规定，下列各项中属于税务机关税务检查职责范围的有( )。

A. 责成纳税人提供与纳税有关的资料

B. 可按规定的批准期限采取税收保全措施

C. 询问纳税人与纳税有关的问题和情况

D. 检查纳税人的账簿、记账凭证和报表

解析 选项B，税务机关对从事生产、经营的纳税人以前纳税期的纳税情况依法进行税务检查时，发现纳税人有逃避纳税义务行为，并有明显的转移、隐匿其应纳税的商品、货物以及其他财产或者应纳税的收入的迹象的，可以按照《征管法》规定的批准权限采取税收保全措施或者强制执行措施。

答案 ABCD

【例题5·多选题】根据税收征收管理法律制度的规定，税务机关在实施税务检查时，可以采取的措施有( )。

A. 检查纳税人的会计资料

B. 检查纳税人货物存放地的应纳税商品

C. 检查纳税人托运、邮寄应纳税商品的单据、凭证

D. 到车站检查旅客自带物品

解析 选项D，税务机关有权到车站、码头、机场、邮政企业及其分支机构检查纳税人托运、邮寄应纳税商品、货物或者其他财产的有关“单据、凭证和有关资料”。税务机关只能对单据、凭证和有关资料进行检查，不包括旅客自带的物品。 答案 ABC

【例题6·多选题】根据税收征收管理法律制度的规定，下列各项中，属于税务机关派出人员在税务检查中应履行的职责有( )。

A. 出示税务检查通知书

B. 出示税务机关组织机构代码证

C. 为被检查人保守秘密

D. 出示税务检查证

解析 税务人员进行税务检查时，应当出示“税务检查证”和“税务检查通知书”，并有责任为被检查人保守秘密。 答案 ACD

第二部分 税务管理

【说明】随着社会经济的发展，政府工作效率的提高，近年来税务管理程序在不断简化，但由于种种原因，《税收征管法》最近一次修订为2013年，而2022年的“考试大纲”本部分大量援引的《税务登记管理办法》，为国家税务总局2004年发布的规定，导致本部分内容“理论与实务严重脱节”。上述规定虽并未明令废止，考生亦不必深究。

考验一 税务登记管理(2022年新增)

(一)税务登记申请人

1. 企业，企业在外地设立的分支机构和从事生产、经营的场所，个体工商户和从事生产、经营的事业单位，应当办理税务登记。

2. 负有扣缴税款义务的扣缴义务人，应当办理扣缴税款登记。

『老侯提示』除"国家机关、个人和无固定生产、经营场所的流动性农村小商贩"以外，负有纳税义务的纳税人，均应当办理税务登记。即使是免税的和享受税收优惠的企业也应当办理税务登记。

【例题1·判断题】企业在外地设立从事生产、经营的场所不需要办理税务登记。（ ）

解析▶企业，企业在外地设立的分支机构和从事生产、经营的场所，个体工商户和从事生产、经营的事业单位，都应当办理税务登记。

答案▶×

【例题2·判断题】残疾人赵某开办了一商品经营部，按规定享受一定期限内的免税优惠，赵某不需要办理税务登记。（ ）

解析▶享受税收优惠的企业也应当办理税务登记。

答案▶×

【例题3·多选题】根据《税收征管法》的规定，需要办理税务登记的纳税人有（ ）。

A. 领取营业执照从事生产经营活动的纳税人

B. 财政局

C. 只交纳个人所得税的自然人

D. 企业在外地设立分支机构

解析▶除"国家机关、个人和无固定生产、经营场所的流动性农村小商贩"以外，负有纳税义务的纳税人，均应当办理税务登记。

答案▶AD

（二）税务登记主管机关

"县以上税务局（分局）"是税务登记的主管机关。

（三）税务登记的内容

包括：设立登记，变更登记，注销登记，外出经营报验登记，停业、复业登记等。

1. 设立登记

（1）登记地点。

①从事生产、经营→生产、经营所在地。

②非从事生产经营但按规定负有纳税义务→纳税义务发生地。

『老侯提示』税务机关对纳税人税务登记地点发生争议的，由其"共同的上级"税务机关指定管辖。

（2）登记时间——自……起30日。

【举例】领取工商营业执照的，自领取工商营业执照起30日。

2. 变更登记

登记时间——自……起30日。

【举例】纳税人已在市场监管部门办理变更登记的，自变更登记之日起30日内，申报办理变更税务登记。

3. 停业、复业登记

（1）停业登记。

①申请人：实行定期定额征收方式的纳税人；

②申报时间：停业前；

③停业期限：不得超过1年；

④纳税义务：停业期间发生纳税义务的，应按规定申报缴纳税款。

（2）复业登记。

①申报时间：复业前；

②无法及时复业：停业期满前办理延长停业登记。

4. 外出经营报验登记（见图8-1）

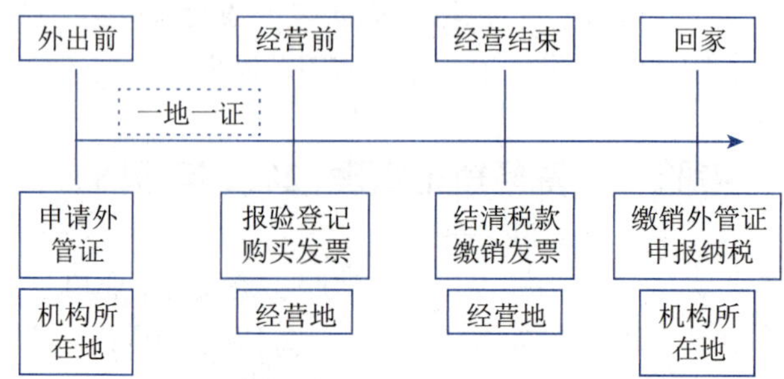

图8-1 外出经营报验登记

(1)《外管证》的有效期限一般为30日，最长不得超过180天。

(2)纳税人应当在《外管证》有效期届满后10日内，持《外管证》回原税务登记地税务机关办理《外管证》缴销手续。

5．注销登记

(1)注销原因。

①纳税人发生解散、破产、撤销以及其他情形，依法终止纳税义务的。

②纳税人被市场监管部门吊销营业执照或者被其他机关予以撤销登记的。

③纳税人因住所、经营地点变动，涉及变更税务登记机关的。

④境外企业在中国境内承包建筑、安装、装配、勘探工程和提供劳务的，项目完工、离开中国的。

(2)登记时间——自……起15日。

『老侯提示』因迁址办理注销登记的，应当自注销税务登记之日起30日内向迁达地税务机关申报办理税务登记。

(3)出具清税证明。

① 实行“多证合一”的企业→向主管税务机关申报清税→税务机关出具清税证明。

②免予办理清税证明。

向市场监管部门申请简易注销的纳税人，未办理过涉税事宜或办理过涉税事宜但未领用发票、无欠税(滞纳金)及罚款的，可免予办理清税证明，直接向市场监管部门申请办理注销登记。

③即时办理清税证明。

符合免于办理清税证明条件的纳税人，主动到税务机关办理清税，资料齐全的税务机关即时出具清税文书；资料不齐的，可采取“承诺制”容缺办理。

④破产纳税人清税。

经人民法院裁定宣告破产的纳税人，持人民法院终结破产程序裁定书向税务机关申请税务注销的，税务机关即时出具清税文书，按照有关规定核销“死欠”。

『老侯提示』纳税人办理税务注销前，无须向税务机关提出终止委托扣款协议书申请。税务机关办结税务注销后，委托扣款协议自动终止。

6．临时登记

从事生产、经营的“个人”应办而未办营业执照，但发生纳税义务。

7．非正常户的认定与解除

(1)纳税人未按照规定的期限进行纳税申报，经税务机关责令其限期申报，逾期仍不申报，税务机关可以收缴其发票或者停止向其发售发票。

(2)纳税人连续3个月所有税种均未进行纳税申报的，税收征管系统自动将其认定为非正常户，并停止其发票领购簿和发票的使用。

(3)对欠税的非正常户，税务机关按规定追征税款及滞纳金。

(4)非正常户接受处罚、缴纳罚款、补办纳税申报，税收征管系统自动解除非正常状态，无须纳税人专门申请解除。

8. 扣缴税款登记

登记时间——自……起30日。

【举例】已办理税务登记的扣缴义务人应当自扣缴义务发生之日起30日内，向税务登记地税务机关申报办理扣缴税款登记。

9. 多证合一

(1)“五证合一，一照一码”。

工商营业执照、组织机构代码证、税务登记证、社会保险登记证、统计登记证。

(2)“多证合一、一照一码”。

在“五证合一，一照一码”的基础上，将其他各类证照进一步整合至营业执照，最终实现企业“一照一码”。

①一照：营业执照。

②一码：社会信用代码。

【例题4·单选题】某旅游公司2009年9月1日领取工商营业执照，该公司申报办理开业税务登记的最后期限是(　)。

A. 2009年9月5日

B. 2009年9月10日

C. 2009年9月15日

D. 2009年9月30日

解析 ▶从事生产经营的纳税人，应当自领取工商营业执照之日起30日内申报办理税务登记。

答案 ▶D

【例题5·单选题】纳税人因住所、经营地点变动，涉及改变税务登记机关的，应向原税务登记机关申报办理的税务登记是(　)。

A. 变更税务登记

B. 停业、复业登记

C. 注销税务登记

D. 外出经营报验登记

解析 ▶纳税人因住所、经营地点变动，涉及改变税务登记机关的，应当在向市场监督管理机关或者其他机关申请办理变更、注销登记前，或者住所、经营地点变动前，持有关证件和资料，向原税务登记机关申报办理注销税务登记，并自注销税务登记之日起30日内向迁达地税务机关申报办理税务登记。

答案 ▶C

【例题6·多选题】下列选项中，应当办理注销税务登记的有(　)。

A. 纳税人停业、歇业

B. 纳税人破产

C. 纳税人被吊销营业执照

D. 纳税人法人变更

解析 ▶选项A，应办理停业登记；选项D，应办理变更税务登记。

答案 ▶BC

【例题7·判断题】纳税人外出经营活动结束，应当向原税务机关填报《外出经营活动情况表》，并结清税款、缴销发票。(　)

解析 ▶纳税人外出经营活动结束，应当向经营地税务机关填报《外出经营活动情况表》，并结清税款、缴销发票。

答案 ▶×

【例题8·判断题】企业在停业期间发生纳税义务的，应当在复业后及时申报纳税。(　)

解析 ▶纳税人停业期间发生纳税义务的，应当及时向主管税务机关申报，依法缴纳税款，而不是在复业后办理。

答案 ▶×

【例题9·判断题】外国企业在我国承包项目的，应在离开中国前30日内办理注销税务登记。(　)

解析 ▶境外企业在中国境内承包建筑、安装、装配、勘探工程和提供劳务的，应当在项目完工、离开中国前15日内，持有关证件和资料，向原税务登记机关申报办理注销税务登记。

答案 ▶×

考验二　证、账、票的管理(★★)(2022年调整)

(一)证、账管理

(1)从事生产、经营的纳税人应当自领取“**营业执照**”或者“**发生纳税义务**”之日起“**15日内**”，按照国家有关规定设置账簿。

(2)扣缴义务人应当自“**扣缴义务发生**”之日起“**10日内**”，设置代扣代缴、代收代缴税款账簿。

(3)从事生产、经营的纳税人应当自领取税务登记证件之日起15日内，将其财务、会计制度或者财务、会计处理办法报送主管税务机关备案。

(4)纳税人使用计算机记账的，应当在使用前将会计电算化系统的会计核算软件、使用说明书及有关资料报送主管税务机关备案。

(5)证、账、表及其他涉税资料应当保存“10年”，法律、行政法规另有规定除外。

【例题1·单选题】根据税收征收管理法律制度的规定，从事生产、经营的纳税人应当自领取营业执照或者发生纳税义务之日起一定期限内，按照国家有关规定设置账簿。该期限为(　)。

A. 20日　　B. 15日

C. 60日　　D. 30日

答案 ▶B

(三)发票管理(2022年调整)

1. 发票的管理机关

(1)统一领导，分级管理，多方配合。

①国家税务总局统一负责全国发票管理工作；

②省、自治区、直辖市税务机关负责本行政区域内的发票管理工作；

③财政、审计、市场监督管理、公安等部门应当配合税务机关做好发票管理工作。

(2)发票样式的确定。

①在全国范围内统一式样的发票，由国家税务总局确定；

②在省、自治区、直辖市范围内统一式样的发票，由省、自治区、直辖市税务机关确定。

(3)发票的印制。

①增值税专用发票由国家税务总局确定的企业印制；

②其他发票，由省、自治区、直辖市税务机关确定的企业印制。

2. 发票的种类

发票的类型见表8-2。

表8-2 发票的类型

类型	包括内容
增值税专用发票	增值税专用发票(折叠票)、增值税电子专用发票、税控“机动车”销售统一发票
增值税普通发票	增值税普通发票(折叠票)、增值税电子普通发票、增值税普通发票(卷票)
其他发票	农产品收购发票、农产品销售发票、门票、过路(过桥)费发票、定额发票、客运发票、“二手车”销售统一发票

3. 发票的联次

(1)存根联：由收款方或开票方留存备查；

(2)发票联：由付款方或受票方作为付款原始凭证；

(3)记账联：由收款方或开票方作为记账原始凭证。

『老侯提示』用票单位可以“书面”向税务机关要求使用印有本单位名称的发票。

4. 发票的领购

(1)发票领购簿的申请。

提供“**经办人身份证明**”、“**税务登记证件**”或者其他有关证明，以及“**财务印章或者发票专用章的印模**”，经主管税务机关审核后，发给发票领购簿。

(2)发票领购簿的发放时间——“**5个工作日**”。

(3)代开发票。

①凭购销商品、提供或者接受服务以及从事其他经营活动的书面证明、经办人身份证明，直接向经营地税务机关申请代开。

『老侯提示』税务机关应当先征收税款，再开具发票。

②在人民法院裁定受理破产申请之日至企业注销之日期间，企业因继续履行合同、生产经营或处置财产需要开具发票的，管理人可以以企业名义按规定申领开具发票或者代开发票。

(4)异地领购发票。

税务机关可以要求其提供保证人或者交纳“**≤1万元**”的保证金，并限期缴销发票。

5. 发票的开具和使用

(1)一般情况由收款方应向付款方开具发票，特殊情况由付款方向收款方开具发票。

(2)开具发票应当按照规定的时限、顺序、栏目，“**全部联次一次性如实开具**”，并加盖“**发票专用章**”。

(3)除国家税务总局另有规定外，发票限于领购单位和个人在本省、自治区、直辖市内开具。

(4)任何单位和个人不得有下列虚开发票行为：①为他人、为自己开具与实际经营业务情况不符的发票；②让他人为自己开具与实际经营业务情况不符的发票；③介绍他人开具与实际经营业务情况不符的发票。

(5)任何单位和个人应当按照发票管理规定使用发票，不得有下列行为：①转借、转让、介绍他人转让发票、发票监制章和发票防伪专用品；②知道或者应当知道是私自印制、伪造、变造、非法取得或者废止的发票而受让、开具、存放、携带、邮寄、运输；③拆本使用发票；④扩大发票使用范围；⑤以其他凭证代替发票使用。

6. 发票的保管

已开具的发票存根联和发票登记簿应当保存“**5 年**”。保存期满，报经税务机关查验后销毁。

7. 网络发票

开具发票的单位和个人必须如实在线开具网络发票，网络出现故障，无法在线开具发票时，可离线开具发票，开具发票后，不得改动开票信息，并于 48 小时内上传开票信息。

8. 税务机关发票的检查权(见第一部分)

【例题 2 · 判断题】增值税专用发票由国家税务总局确定的企业印制。 ( )

答案 √

【例题 3 · 多选题】下列各项中，属于增值税专用发票的有( )。

A. 增值税专用发票

B. 税控机动车销售统一发票

C. 海关进口增值税专用缴款书

D. 农产品收购发票

解析 选项 C，不属于发票；选项 D，属于其他发票。 **答案** AB

【例题 4 · 单选题】公司向税务机关办理发票领购手续，主管税务机关在( )个工作日内发放发票领购簿。

A. 5　　B. 10

C. 15　　D. 30

答案 A

【例题 5 · 单选题】税务机关对外省、自治区、直辖市来本辖区从事临时经营活动的单位和个人领购发票的，可以要求其提供保证人或者根据所领购发票的票面限额及数量交纳不超过( )元的保证金，并限期缴销发票。

A. 3 000　　B. 5 000

C. 10 000　　D. 7 000

答案 C

【例题 6 · 判断题】☆收款方开具发票时，付款方不得要求变更品名和金额。 ( )

答案 √

【例题 7 · 单选题】根据税收征收管理法律制度的规定，关于发票开具和保管的下列表述中，正确的是( )。

A. 销售货物开具发票时，可按付款方要求变更品名和金额

B. 经单位财务负责人批准后，可拆本使用发票

C. 已经开具的发票存根联保存期满后，开具发票的单位可直接销毁

D. 收购单位向个人支付收购款项时，由付款方向收款方开具发票

解析 选项 A，属于虚开发票的行为；选项 B，任何单位和个人不得拆本使用发票；选项 C，已经开具的发票存根联保存期满后应报经税务机关查验后销毁。 **答案** D

【例题 8 · 多选题】按照发票管理规定使用发票，不得有( )行为。

A. 扩大发票使用范围

B. 拆本使用发票

C. 转借、转让发票

D. 以其他凭证代替发票使用

答案 ABCD

【例题 9 · 多选题】根据发票管理法律制度的规定，下列关于发票开具和保管的表述中，符合法律规定的有( )。

A. 不得为他人开具与实际经营业务不符的发票

B. 已经开具的发票存根联和发票登记簿应当保存 3 年

C. 取得发票时，不得要求变更品名和金额

D. 开具发票的单位和个人应当建立发票

使用登记制度，设置发票登记簿

解析 选项B，已经开具的发票存根联和发票登记簿，应当保存5年。**答案** ACD

【例题10·多选题】根据税收征管法律制度的规定，下列各项财务资料中，除另有规定外，至少应保存10年的有（　）。

A. 账簿　　B. 发票的存根联

C. 完税凭证　　D. 发票的登记簿

解析 选项BD，应当保存5年。

答案 AC

考验三　纳税申报（★）

（一）纳税申报表的主要内容

税种、税目；应纳税项目或者应代扣代缴、代收代缴税款项目；计税依据；扣除项目及标准；适用税率或者单位税额；应退税项目及税额、应减免税项目及税额；应纳税额或者应代扣代缴、代收代缴税额；税款所属期限、延期缴纳税款、欠税、滞纳金等。

【例题1·多选题】根据税收征收管理法律制度的规定，下列各项中，属于纳税申报表内容的有（　）。

A. 税款所属期限　　B. 适用的税率

C. 税种、税目　　D. 计税依据

答案 ABCD

（二）纳税申报方式

1. 自行申报

2. 邮寄申报

以"寄出"的邮戳日期为实际申报日期。

3. 数据电文申报

以税务机关计算机网络系统"收到"该数据电文的时间为实际申报日期。

4. 其他方式

（1）简易申报。

（2）简并征期。

该两种方式只适用于实行定期定额征收方式的纳税人。

（三）纳税申报的要求

（1）纳税申报应当提供的资料。

①财务会计报表及其说明材料。

②与纳税有关的合同、协议书及凭证。

③税控装置的电子报税资料。

④外出经营活动税收管理证明和异地完税凭证。

⑤境内或者境外公证机构出具的有关证明文件。

（2）纳税人在纳税期内"没有应纳税款"的，也应当按照规定进行纳税申报。

（3）纳税人"享受减税、免税待遇"的，在减税、免税期间应当按照规定办理纳税申报。

（4）破产期间的纳税申报。

破产期间，人民法院指定的破产企业"管理人"可以以企业名义办理纳税申报等涉税事宜。

（四）延期申报

（1）原因及程序。

①不可抗力：无须申请直接延期，税务机关事后查明、核准；

②其他原因：纳税人提出书面申请，税务机关核准。

（2）延期申报须"预缴税款"。

①多缴：退还但不支付利息；

②少缴：补缴但不加收滞纳金。

【例题2·多选题】根据税收征收管理法律制度的规定，下列纳税申报方式中，符合法律规定的有（　）。

A. 甲企业在规定的申报期限内，自行到主管税务机关指定的办税服务大厅申报

B. 经税务机关批准，丙企业以网络传输方式申报

C. 经税务机关批准，乙企业使用统一的纳税申报专用信封，通过邮局交寄

D. 实行定期定额缴纳税款的丁个体工商户，采用简易申报方式申报

解析 选项A，属于自行申报；选项B，

属于数据电文申报；选项C，属于邮寄申报；选项D，属于其他申报方式。 **答案** ▶ABCD

【例题3·判断题】☆纳税人采用邮寄申报方式进行纳税申报的，以税务机关收到申报资料的日期为实际申报日期。（ ）

解析 ▶纳税人采用邮寄申报方式进行纳税申报的，以寄出的邮戳日期为实际申报日期。 **答案** ▶×

【例题4·判断题】☆纳税人享受免税待遇的，在免税期间不需要办理纳税申报。（ ）

解析 ▶纳税人享受免税待遇的，在免税期间也应当办理纳税申报。 **答案** ▶×

【例题5·判断题】纳税人在纳税期内没有应纳税款的，不需办理纳税申报。（ ）

解析 ▶纳税人在纳税期内没有应纳税款的，也应当按照规定办理纳税申报。 **答案** ▶×

【例题6·判断题】经核准延期办理纳税申报、报送事项的，应当在纳税期内按照上期实际缴纳的税额或者税务机关核定的税额预缴税款，并在核准的延期内办理税款结算。（ ）

答案 ▶√

第三部分 税款征收

考验一 税款征收方式（★）2022年调整

税款征收方式见表8-3。

表8-3 税款征收方式

征收方式	适用范围	
查账征收	有账且健全	财务会计制度健全，能够如实核算和提供生产经营情况，并能正确计算应纳税款和如实履行纳税义务的纳税人
查定征收	有账但不全的小型生产企业	生产经营规模较小、产品零星、税源分散、会计账册不健全，但能控制原材料或进销货的小型厂矿和作坊
查验征收	有账但不全的小型非生产企业	纳税人财务制度不健全，生产经营不固定，零星分散、流动性大的税源
定期定额征收	没账	经主管税务机关认定和县以上税务机关批准的生产、经营规模小，达不到法律规定设置账簿标准，难以查账征收，不能准确计算计税依据的个体工商户和个人独资企业
代扣代缴 代收代缴	扣缴义务人依法履行代扣、代收税款的义务。税务机关按照规定付给扣缴义务人代扣、代收“手续费”	
委托代征	受托代征单位或个人按照税务机关发放的代征证书的要求，“以税务机关的名义”依法征收税款，适用于零星分散和异地缴纳的税收	

【例题1·单选题】根据税收征收管理法律制度的规定，下列税款征收方式中，适用于纳税人财务制度不健全，生产经营不固定，零星分散、流动性大的税源的征收方式是（ ）。

A. 查定征收　　B. 定期定额征收

C. 查账征收　　D. 查验征收

解析 ▶选项A，适用于财务会计制度不健全的小型生产型企业；选项 B，适用于小型无账证的个体工商户和个人独资企业；选项 C，适用于财务会计制度健全的企业。

答案 D

【例题 2 · 单选题】受托单位按照税务机关核发的代征证书的要求，以税务机关的名义向纳税人征收零散税款的税款征收方式是( )。

A. 定期定额征收　B. 委托代征

C. 代扣代缴　D. 查验征收

解析 委托征收是指受托单位按照税务机关核发的代征证书的要求，以税务机关的名义向纳税人征收一些零散税款的一种税款征收方式。

答案 B

考验二 核定、调整应纳税额(★★)

(一)核定应纳税额

1. 税务机关有权核定纳税人应纳税额的情形

(1)依照法律、行政法规的规定可以“不设置”账簿的。

(2)依照法律、行政法规的规定应当设置但“未设置”账簿的。

(3)“擅自销毁”账簿或者“拒不提供”纳税资料的。

(4)虽设置账簿，但账目混乱，或者成本资料、收入凭证、费用凭证残缺不全，“难以查账”的。

(5)发生纳税义务，未按照规定的期限办理“纳税申报”，经税务机关责令限期申报，逾期仍不申报的。

(6)纳税人申报的计税依据明显偏低，又“无正当理由”的。

2. 核定方法

(1)参照当地同类行业或者类似行业中经营规模和收入水平相近的纳税人的税负水平核定。

(2)按照营业收入或者成本加合理的费用和利润的方法核定。

(3)按照耗用的原材料、燃料、动力等推算或者测算核定。

(4)按照其他合理方法核定。

采用前款所列一种方法不足以正确核定应纳税额时，可以同时采用“两种以上”的方法核定。

【例题 1 · 单选题】某酒店为增值税一般纳税人，2021 年 12 月取得餐饮收入 50 万元，客房出租收入 100 万元，该酒店未在规定期限内进行纳税申报，经税务机关责令限期申报，逾期仍未申报。根据税收征收管理法律制度的规定，税务机关有权对该酒店( )。

A. 采取税收保全措施

B. 责令提供纳税担保

C. 税务人员到酒店直接征收税款

D. 核定其应纳税额

解析 纳税人发生纳税义务，未按照规定的期限办理纳税申报，经税务机关责令限期申报，逾期仍不申报的，由税务机关核定其应纳税额。

答案 D

【例题 2 · 多选题】下列关于税务机关核定应纳税额的方法中正确的有( )。

A. 参照当地同类行业中经营规模和收入水平相近的纳税人的税负水平核定

B. 按照营业收入核定

C. 按照成本加合理的费用的方法核定

D. 按照耗用的原材料、燃料、动力等推算或者测算核定

解析 选项 C，按照成本加合理的费用和利润的方法核定。

答案 ABD

(二)调整应纳税额(2022 年新增)

1. 应纳税额调整的定义

关联企业之间的业务往来，“未按照独立企业之间的业务往来收取或者支付价款、费用”，而减少其应税的收入或者所得额的，税务机关有权进行合理调整。

2. 应纳税额调整的情形

(1)购销业务未按照独立企业之间的业

务往来作价。

(2)融通资金所支付或者收取的利息超过或者低于没有关联关系的企业之间所能同意的数额，或者利率超过或者低于同类业务的正常利率。

(3)提供劳务，未按照独立企业之间业务往来收取或者支付劳务费用。

(4)转让财产、提供财产使用权等业务往来，未按照独立企业之间业务往来作价或者收取、支付费用。

3. 应纳税额调整的方法

(1)按照独立企业之间进行的相同或者类似业务活动的价格。

(2)按照再销售给无关联关系的第三者的价格所应取得的收入和利润水平。

(3)按照成本加合理的费用和利润。

4. 应纳税额调整的期限

纳税人与其关联企业未按照独立企业之间的业务往来支付价款、费用的，税务机关自该业务往来发生的纳税年度起“3年内”进行调整；有特殊情况的，可以自该业务往来发生的纳税年度起“10年内”进行调整。

【例题3·多选题】甲、乙公司存在关联关系，甲公司的企业所得税税负较高。甲、乙公司之间的下列交易，税务机关有权调整其应纳税额的有(　)。

A. 甲公司将市场价格2 000万元的商品以200万元销售给乙公司

B. 甲公司以1 000万元的价格购买了乙公司价值100万元的设备

C. 甲公司向乙公司借款1 000万元，双方约定的年利率为30%，而同期银行贷款利率为6%

D. 甲公司向乙公司支付投资款5 000万元，占乙公司实收资本的30%

解析▶选项A，购销业务未按照独立企业之间的业务往来作价；选项B，转让财产未按照独立企业之间业务往来作价；选项C，融通资金利率超过同类业务的正常利率。

答案▶ABC

【例题4·多选题】纳税人与其关联企业之间的业务往来未按照独立企业之间的业务往来作价。税务机关有权调整计税收入额或者所得额，下列各项中属于税务机关应纳税额调整方法的有(　)。

A. 按照独立企业之间进行的相同业务活动的价格

B. 按照独立企业之间进行的类似业务活动的价格

C. 按照再销售给无关联关系的第三者的价格所应取得的收入和利润水平

D. 按照成本加合理的费用的方法

解析▶选项D，应为按照成本加合理的费用和利润的方法。

答案▶ABC

【例题5·判断题】纳税人与其关联企业未按照独立企业之间的业务往来支付价款的，税务机关自该业务往来发生的纳税年度起5年内进行调整。(　)

解析▶纳税人与其关联企业未按照独立企业之间的业务往来支付价款、费用的，税务机关自该业务往来发生的纳税年度起“3年内”进行调整。

答案▶×

考验三　缴纳应纳税额(★)(2022年新增)

(一)当期缴纳

1. 直接缴纳

税务机关收到税款后，应当向纳税人开具完税凭证。

2. 扣缴税款

扣缴义务人代扣、代收税款时，纳税人要求扣缴义务人开具代扣、代收税款凭证的，“扣缴义务人应当开具”。

3. 银行代收

纳税人通过银行缴纳税款的，税务机关可以“委托银行开具”完税凭证。

4. 完税凭证的种类

各种完税证、缴款书、印花税票、扣(收)税凭证以及其他完税证明。

(二)延期缴纳

1. 延期缴纳的定义

纳税人因有“特殊困难”，不能按期缴纳税款的，经“省、自治区、直辖市税务局”批准，可以延期缴纳税款，但是最长不得超过“3个月”。

2. 导致可以申请延期纳税的“特殊困难”

(1)因不可抗力，导致纳税人发生较大损失，正常生产经营活动受到较大影响的；

(2)当期货币资金在扣除应付职工工资、社会保险费后，不足以缴纳税款的。

3. 延期纳税的申请

(1)申请时间。

纳税人需要延期缴纳税款的，应当在缴纳税款期限届满前提出申请。

(2)申请列材。

①申请延期缴纳税款报告；

②当期货币资金余额情况及所有银行存款账户的对账单；

③资产负债表；

④应付职工工资和社会保险费等税务机关要求提供的支出预算。

4. 批准

税务机关应当自收到申请之日起“20日”内作出决定；不予批准的，从缴纳税款期限届满之日起加收滞纳金。

【例题·多选题】根据税收征收管理法律制度的规定，下列关于税款缴纳的说法中正确的是(　)。

A. 纳税人因有“特殊困难”，不能按期缴纳税款的，经县级以上税务局(分局)批准，可以延期缴纳税款

B. 纳税人申请延期缴纳税款的，最长不得超过6个月

C. 当期货币资金在扣除应付职工工资、社会保险费后，不足以缴纳税款的纳税人可以申请延期缴纳

D. 纳税人申请延期缴纳税款的税务机关应当自收到申请之日起30日内作出决定

解析▶ 选项AB，纳税人因有“特殊困难”，不能按期缴纳税款的，经“省、自治区、直辖市税务局”批准，可以延期缴纳税款，但是最长不得超过“3个月”；选项D，税务机关应当自收到申请之日起“20日”内作出决定。

答案▶ B

考验四 税款征收措施(★★★)

(一)责令缴纳

1. 适用责令缴纳的情形

适用责令缴纳的情形见表8-4。

表8-4 适用责令缴纳的情形

前提	具体内容	仍不缴纳的后果
应税未税	(1)纳税人未按照规定期限缴纳税款 (2)扣缴义务人未按照规定期限解缴税款 (3)纳税担保人未按照规定期限缴纳所担保的税款 (4)未办理税务登记及临时经营的纳税人税务机关核定其应纳税额后	税收强制执行
有根据认为逃税	税务机关有根据认为纳税人有逃避缴纳税款义务的行为	责令提供纳税担保

2. 责令缴纳的时间(2022年新增)

责令缴纳或者解缴税款的最长期限不得超过"15日"。

『老侯提示』对欠税行为人,税务机关可责令其"先"行缴纳欠税,"再"依法缴纳滞纳金。

3. 加收滞纳金

(1)计算公式:

滞纳金=应纳税款×滞纳天数×0.5‰

(2)滞纳天数:

自纳税期限届满之次日起至实际缴纳税款之日止。(算尾不算头)

『老侯提示』票据法实付贴现期的计算:贴现日至汇票到期前1日。(算头不算尾)

【例题1·单选题】☆甲公司按照规定最晚应于2019年8月15日缴纳应纳税款180 000元,甲公司迟迟未缴。主管税务机关责令其于当年9月30日前缴纳,并按日加收滞纳税款0.5‰的滞纳金。甲公司直到当年10月10日才缴纳税款。计算甲公司应缴纳滞纳金金额的下列算式中,正确的是( )。

A. 180 000×(17+30)×0.5‰=4230(元)

B. 180 000×(16+30+10)×0.5‰=5 040(元)

C. 180 000×10×0.5‰=900(元)

D. 180 000×30×0.5‰=2700(元)

解析▶(1)滞纳金=应纳税款×滞纳天数×0.5‰;(2)滞纳天数为自纳税期限届满之次日(2019年8月16日)至实际缴纳税款之日(2019年10月10日)共计56(16+30+10)天。

答案▶B

(二)纳税担保

1. 担保方式概述

保证、抵押、质押。

2. 纳税保证(2022年新增)

(1)纳税保证的成立。

①纳税保证须经税务机关认可,税务机关不认可的,保证不成立。

②纳税担保书须经纳税人、纳税保证人签字盖章并经税务机关签字盖章同意方为有效。

③纳税担保从税务机关在纳税担保书签字盖章之日起生效。

(2)纳税保证方式。

纳税保证为连带责任保证,纳税人和纳税保证人对所担保的税款及滞纳金承担连带责任。

(3)纳税保证期间。

保证期间为纳税人"应缴纳税款期限届满之日"起"60日",纳税保证期间内税务机关未通知纳税保证人缴纳税款及滞纳金以承担担保责任的,纳税保证人免除担保责任。

(4)纳税保证责任履行。

①履行期限。

纳税保证人应当自"收到税务机关的纳税通知书"之日起"15日"内履行保证责任。

②未按期履行。

责令缴纳→强制执行。

3. 纳税抵押(2022年新增)

(1)纳税抵押的定义。

纳税抵押是指为担保税款及滞纳金的缴纳,纳税人或者第三人"不转移财产的占有",将该财产作为抵押,纳税人逾期未缴清税款及滞纳金的,税务机关有权依法处置抵押财产,以处置所得抵缴税款及滞纳金。

(2)抵押权的生效时间。

纳税抵押财产应当办理抵押物登记。纳税抵押自抵押物"登记之日"起生效。

4. 纳税质押(2022年新增)

(1)纳税质押的定义。

纳税质押是指经税务机关同意,纳税人或第三人将其动产或权利凭证"移交税务机关占有",作为税款及滞纳金的担保。纳税人逾期未缴清税款及滞纳金的,税务机关有权依法处置该动产或权利凭证以抵缴税款及滞纳金。

(2)纳税质押的种类。

动产质押、权利质押。

(3)质权的生效时间。

纳税质押自纳税担保书和纳税担保财产

清单经税务机关确认和“质物移交”之日起生效。

(4)质物的返还。

税务机关应当自纳税人缴清税款及滞纳金之日起“3个工作日”内返还质物，解除质押关系。

5. 税收优先权(2022年新增)

(1)税务机关征收税款，税收优先于无担保债权，法律另有规定的除外。

(2)纳税人欠缴的税款发生在纳税人以其财产设定抵押、质押或者纳税人的财产被留置之“前”的，税收应当先于抵押权、质权、留置权执行。

(3)纳税人欠缴税款，同时又被行政机关决定处以罚款、没收违法所得的，税收优先于罚款、没收违法所得。

6. 纳税担保的适用情形

(1)税务机关有根据认为从事生产、经营的纳税人有逃避纳税义务行为，在规定的纳税期限之前经“责令其限期缴纳”应纳税款，在限期内发现纳税人有明显的转移、隐匿其应纳税的商品、货物以及其他财产或者应纳税收入的迹象，“责成纳税人提供纳税担保”的。

(2)欠缴税款、滞纳金的纳税人或者其法定代表人需要“出境”的。

(3)纳税人同税务机关在“纳税”上发生争议而“未缴清税款”，需要申请行政复议的。

如因为存在税务违法行为被税务机关处以“罚款”，未缴清罚款而申请行政复议，不需要提供纳税担保。

7. 纳税担保的范围

税款；滞纳金；实现税款、滞纳金的费用。

票据法：追索内容。

【例题2·单选题】下列各项中，不属于纳税担保方式的是(　)。

A. 纳税保证　　B. 纳税扣押

C. 纳税质押　　D. 纳税抵押

解析 ▶ 纳税担保，是指经税务机关同意或确认，纳税人或其他自然人、法人、经济组织以“保证、抵押、质押”的方式，为纳税人应当缴纳的税款及滞纳金提供担保的行为。

答案 ▶ B

【例题3·单选题】下列各项中，需要提供纳税担保的是(　)。

A. 纳税人按照规定应设置账簿而未设置

B. 纳税人同税务机关在纳税上发生争议而未缴清税款，需要申请行政复议的

C. 纳税人对税务机关作出逾期不缴纳罚款加处罚款的决定不服，需要申请行政复议的

D. 纳税人开具与实际经营业务情况不符的发票

解析 ▶ 选项A，税务机关应当对纳税人核定应纳税额；选项C，不属于纳税争议，而属于罚款争议，纳税人可以直接申请行政复议而无须提供担保；选项D，属于虚开发票，税务机关应当对纳税人作出行政处罚。

答案 ▶ B

【例题4·单选题】下列各项中，不属于税务担保范围的是(　)。

A. 罚款

B. 滞纳金

C. 实现税款、滞纳金的费用

D. 税款

答案 ▶ A

【例题5·单选题】根据税收征收管理法律制度的规定，下列关于纳税保证的说法中，不正确的是(　)。

A. 纳税担保书应当经纳税人、纳税保证人、税务机关三方签字盖章

B. 纳税担保从税务机关在纳税担保书签字盖章之日起生效

C. 纳税保证期间为纳税人应缴纳税款期限届满之日起60日

D. 纳税保证为一般保证

解析 ▶ 选项D，纳税保证为连带责任保证。

答案 ▶ D

【例题6·单选题】根据税收征收管理法律制度的规定，下列关于纳税抵押与纳税质押的说法中，正确的是（　）。

A. 纳税人办理纳税抵押的财产，应当移交给税务机关占有

B. 纳税抵押自税务机关在纳税担保财产清单上签字盖章之日起生效

C. 房屋建筑物可以作为纳税质押的财产

D. 税务机关应当自纳税人缴清税款及滞纳金之日起3个工作日内返还质物

解析▶选项A，纳税抵押不转移抵押物的占有，纳税质押转移质物的占有；选项B，纳税抵押自抵押物"登记之日"起生效；选项C，纳税质押包括动产质押和权利质押，不动产只能抵押不能质押。 答案▶D

【例题7·多选题】下列关于税款优先权的税法中，正确的有（　）。

A. 税款优先于无担保债权

B. 税款优先于罚款

C. 税款优先于没收违法所得

D. 税款优先于抵押权

解析▶选项D，纳税人欠缴的税款发生在纳税人以其财产设定抵押之"前"的，税收应当先于抵押权执行。 答案▶ABC

（三）税收保全与税收强制执行措施

税收保全与税收强制执行措施见表8-5。

表8-5　税收保全与税收强制执行措施

考点		具体内容
批准		经县以上税务局（分局）局长批准
保全	前提	税务机关责令符合条件的纳税人提供纳税担保而纳税人拒绝或不能提供担保
	具体措施	（1）书面通知银行冻结相当于应纳税款的存款（陷阱：冻结全部资金）； （2）扣押、查封相当于应纳税款的商品、货物或者其他财产（陷阱：全部财产）
	期限	一般最长不得超过"6个月"
	解除	纳税人在规定期限内缴纳了应纳税款的，税务机关必须立即解除税收保全措施
强制执行	前提	从事生产经营的纳税人、扣缴义务人未按照规定的期限缴纳或者解缴税款，纳税担保人未按照规定的期限缴纳所担保的税款，由税务机关责令限期缴纳，逾期仍未缴纳
	具体措施	（1）书面通知银行从存款中扣缴税款； （2）扣押、查封、依法拍卖或者变卖相当于应纳税款的商品、货物或者其他财产，以拍卖或者变卖所得抵缴税款。 『老侯提示』滞纳金同时强制执行
	退还	拍卖或者变卖所得抵缴税款、滞纳金、罚款以及拍卖、变卖等费用后，剩余部分应当在3日内退还被执行人
不适用的财产		个人及其所扶养家属维持生活必需的住房和用品，单价5 000元以下的其他生活用品

【例题8·单选题】根据税收征收管理法律制度的规定，下列各项中，不适用拍卖、变卖情形的是（　）。

A. 纳税人在规定的纳税期限内有明显的转移其应纳税货物迹象的

B. 采取税收保全措施后，限期期满仍未缴纳税款的

C. 逾期不按规定履行复议决定的

D. 设置纳税担保后，限期期满仍未缴纳所担保的税款的

解析▶选项A，属于应提供纳税担保的情形。 答案▶A

【例题9·单选题】税务机关采取税收保全措施的期限一般最长不得超过（　）。

A. 3个月　　B. 6个月

C. 1年　　D. 3年

答案▶B

【例题10·单选题】☆根据税收征收管

理法律制度的规定，下列各项中，属于税收保全措施的是( )。

A. 书面通知纳税人开户银行从纳税人存款中扣缴税款

B. 扣押纳税人的价值相当于应纳税款的货物

C. 责令纳税人提供担保

D. 加收滞纳金

解析 选项A，属于税收强制执行措施；选项C，属于责令提供纳税担保；选项D，属于责令缴纳。 **答案** B

【例题11·单选题】 ☆根据税收征收管理法律制度的规定，下列强制执行措施中，符合法律规定的是( )。

A. 变卖纳税人价值4 000元的生活用品，以变卖所得抵缴税款

B. 拍卖纳税人收藏的价值50 000元的一只玉镯，以拍卖所得抵缴税款

C. 口头通知纳税人开户银行从其存款中扣缴税款

D. 拍卖纳税人维持生活必需的唯一住房，以拍卖所得抵缴税款

解析 选项AB，税务机关对单价5 000元以下的其他生活用品，不采取强制执行措施；选项C，强制执行措施应当书面通知其开户银行或者其他金融机构从其存款中扣缴税款；选项D，个人及其所扶养家属维持生活必需的住房和用品，不在强制执行措施的范围之内。 **答案** B

【例题12·判断题】 ☆税务机关采取强制执行措施时，对纳税人未缴纳的滞纳金同时强制执行。 ( )

答案 √

(四)欠税清缴(2022年新增)

1. 离境税款清缴

欠缴税款的纳税人或者他的法定代表人需要出境的，应当在出境前向税务机关结清应纳税款、滞纳金或者提供担保。

2. 税收代位权和撤销权

欠缴税款的纳税人因怠于行使到期债权，或者放弃到期债权，或者无偿转让财产，或者以明显不合理的低价转让财产而受让人知道该情形，对国家税收造成损害的，税务机关可以依法行使代位权、撤销权。

『老侯提示』 税务机关依法行使代位权、撤销权的，不免除欠缴税款的纳税人尚未履行的纳税义务和应承担的法律责任。

3. 报告欠税情况

(1)纳税人有欠税情形而以其财产设定抵押、质押的，应当向抵押权人、质权人说明其欠税情况。

(2)纳税人有解散、撤销、破产情形的，在清算前应当向其主管税务机关报告；未结清税款的，由其主管税务机关参加清算。

(3)纳税人有合并、分立情形的，应当向税务机关报告，并依法缴清税款。

(4)欠缴税款“5万元以上”的纳税人在处分其不动产或者大额资产之前，应当向税务机关报告。

4. 公告欠税情况

县级以上各级税务机关应当将纳税人的欠税情况，在办税场所或者广播、电视、报纸、期刊、网络等新闻媒体上定期公告。

【例题13·多选题】 歌星赵某欠缴个人所得税，被税务机关追缴欠税、滞纳金和处以罚款共计1 000万元。赵某宣称无力缴纳，经税务机关调查发现，赵某曾经分别借款100万元给高某，50万元给侯某，均已到清偿期限，但其怠于行使对高某的债权，同时向侯某明确表示放弃债权，经查侯某对赵某放弃债权的原因并不知情。赵某曾经将自己名下的一套房产无偿赠送给弟弟赵四，并告知其赠送原因是为了逃避纳税义务。赵某曾经将自己名下的一辆价值200万元的豪车，以10万元的价格卖给女朋友李某，并告知其低价转让的原因是为了逃避纳税义务。则税务机关对上述债权及财产可以行使代位权或撤销权的有( )。

A. 对高某的债权

B. 对侯某的债权

C. 赠送给赵四的房产

D. 低价转让给李某的汽车

解析 选项A，属于欠缴税款的纳税人怠于行使到期债权，税务机关可以依法行使代位权；选项B，属于欠缴税款的纳税人放弃到期债权，税务机关可以依法行使撤销权(放弃行为未支付对价，无论第三人是否善意均可撤销)；选项C，属于欠缴税款的纳税人无偿转让财产，税务机关可以依法行使撤销权；选项D，属于欠缴税款的纳税人以明显不合理的低价转让财产而受让人知道该情形税务机关可以依法行使撤销权。

答案 ABCD

【例题14·多选题】 根据税收征收管理法律制度的规定，下列关于欠税清缴的说法中，正确的有(　)。

A. 纳税人有欠税情形而以其财产设定质押的应当向质权人说明其欠税情况

B. 纳税人解散的，在清算后应当向其主管税务机关报告

C. 纳税人分立时未缴清税款的，分立后的纳税人对未履行的纳税义务应当承担连带责任

D. 欠缴税款5万元以上的纳税人在处分其不动产之前，应当向税务机关报告

解析 选项B，纳税人有解散、撤销、破产情形的，在清算前应当向其主管税务机关报告。

答案 ACD

(五)阻止出境

欠缴税款的纳税人或者其法定代表人在出境前未按规定结清应纳税款、滞纳金或者“提供纳税担保”的，税务机关可以“通知出入境管理机关”阻止其出境。

【例题15·单选题】 税务机关在查阅甲公司公开披露的信息时发现，其法定代表人张某有一笔股权转让收入未申报缴纳个人所得税，要求张某补缴税款80万元，滞纳金3.8万元，张某未结清应纳税款、滞纳金的情况下，拟出国考察，且未提供纳税担保，税务机关知晓后对张某可以采取的税款征收措施是(　)。

A. 查封住房

B. 查封股票交易账户

C. 通知出境管理机关阻止出境

D. 冻结银行存款

解析 欠缴税款的纳税人或者其法定代表人在出境前未按规定结清应纳税款、滞纳金或者提供纳税担保的，税务机关可以通知出境管理机关阻止其出境。　**答案** C

考验五　纳税退还、补缴、追征以及无欠税证明(★★)(2022年新增)

(一)纳税退还

1. 税务机关主动退还

纳税人超过应纳税额缴纳的税款，税务机关发现后，应当自发现之日起“10日”内办理退还手续。

2. 纳税人要求退还

(1)纳税人自结算缴纳税款之日起“3年”内发现多缴税款的，可以向税务机关要求退还多缴的税款并加算银行同期存款利息。

(2)税务机关应当自接到纳税人退还申请之日起“30日”内查实并办理退还手续。

(3)加算银行同期存款利息的多缴税款退税，不包括依法预缴税款形成的结算退税、出口退税和各种减免退税。

(4)退税利息按照税务机关办理退税手续当天中国人民银行规定的活期存款利率计算。

(5)纳税人既有应退税款又有欠缴税款的，税务机关可以将应退税款和利息先抵扣欠缴税款。

【例题1·单选题】 根据税收征收管理法律制度的规定，下列关于纳税退还的说法中不正确的是(　)。

A. 纳税人自结算缴纳税款之日起3年内

发现多缴税款的，可以向税务机关要求退还多缴的税款

B. 纳税人要求税务机关退还多缴纳的税款，可以要求加算利息

C. 纳税人按月预缴企业所得税，汇算清缴退还多缴纳的预缴税款时可以要求加算利息

D. 纳税人既有应退税款又有欠缴税款的，税务机关可以将应退税款和利息先抵扣欠缴税款

解析 选项C，加算银行同期存款利息的多缴税款退税，不包括依法预缴税款形成的结算退税、出口退税和各种减免退税。

答案 C

（二）税款的补缴与追征

税款的补缴与追征，见表8-6。

表8-6 税款的补缴与追征

责任方及原因			补缴、追征时间	是否加收滞纳金
税务机关			3年	否
纳税人、扣缴义务人	计算错误等失误导致	一般情况	3年	是
		累计数额在10万元以上	5年	是
	逃税、抗税、骗税		无限期追征	是

『老侯提示』补缴和追征税款、滞纳金的期限，自纳税人、扣缴义务人应缴未缴或者少缴税款之日起计算。

【例题2·单选题】因纳税人计算错误等失误，未缴或者少缴税款累计数额在10万元以上的，税务机关可以在一定期限内向纳税人追征税款，该期限是（ ）。

A. 1年

B. 3年

C. 5年

D. 10年

答案 C

（三）无欠税证明

1. 纳税人无下列欠税情形可以申请开具无欠税证明

（1）办理纳税申报后，纳税人未在税款缴纳期限内缴纳的税款。

（2）经批准延期缴纳的税款期限已满，纳税人未在税款缴纳期限内缴纳的税款。

（3）税务机关检查已查定纳税人的应补税额，纳税人未缴纳的税款。

（4）税务机关核定纳税人的应纳税额，纳税人未在税款缴纳期限内缴纳的税款。

2. 申请无欠税证明

申请无欠税证明，见表8-7。

表8-7 申请无欠税证明

申请人			提供资料
已实行实名办税的纳税人			办税人员有效身份证件 『老侯提示』无须提供登记证照副本或税务登记证副本
未办理实名办税的纳税人	单位和个体工商户		（1）市场监管部门或其他登记机关发放的登记证照副本或税务登记证副本 （2）经办人有效身份证件
	自然人	自行开具	本人有效身份证件
		委托代开	委托书、委托人及受托人有效身份证件

【例题3·单选题】甲公司是已经实行实名办税的纳税人，某日因境外投标的需要，甲公司的法定代表人侯某派遣办税人员赵某向主管税务机关申请开具无欠税证明，甲公

司应当提供的资料是(　)。

A. 侯某的身份证

B. 赵某的身份证

C. 甲公司的营业执照正本

D. 甲公司的营业执照副本

解析 已实行实名办税的纳税人到主管税务机关申请开具无欠税证明的，办税人员持有效身份证件直接申请开具，无须提供登记证照副本或税务登记证副本。 **答案** B

第四部分　税务检查

考验一　税务检查中税务机关的职权和纳税人的义务(见第一部分)

考验二　纳税信用管理(★★)(2022年新增)

(一)纳税信用管理的概念

纳税信用管理，是指税务机关对纳税人的纳税信用信息开展的采集、评价、确定、发布和应用等活动，有利于促进纳税人诚信自律，提高税法遵从度，推进社会信用体系建设。

(二)纳税信用信息采集

1. 纳税信用信息采集工作由国家税务总局和省税务机关组织实施，按“月”采集。

2. 采集渠道

税务管理系统、纳税人申报、税收管理记录、国家统一信用信息平台、相关部门官方网站、新闻媒体或者媒介。

『老侯提示』通过新闻媒体或者媒介采集的信息应核实后使用。

(三)纳税信用评价

1. 纳税信用评价的方式

纳税信用评价的方式，见表8-8。

表8-8　纳税信用评价的方式

评价方式	起评点与适用对象	
年度评价指标得分(扣分制)	近三年内有非经常性指标信息	从100分起评
	近三年内无非经常性指标信息	从90分起评
直接判级	适用于有严重失信行为的纳税人	

【课外阅读】经常性指标信息是指涉税申报信息、税(费)款缴纳信息、发票与税控器具信息、登记与账簿信息等纳税人在评价年度内经常产生的指标信息。

非经常性指标信息是指税务检查信息等纳税人在评价年度内不经常产生的指标信息。如大企业税务审计、反避税调查等。

2. 纳税信用评价周期——一个纳税年度

3. 不参与本期评价的纳税人

(1)纳税人纳税信用管理时间不满一个评价年度的。

(2)因涉嫌税收违法被立案查处尚未结案的。

(3)被审计、财政部门依法查出税收违法行为，税务机关正在依法处理，尚未办结的。

(4)已申请税务行政复议、提起行政诉讼尚未结案的。

4. 纳税信用级别

纳税信用级别，见表8-9。

表 8-9 纳税信用级别

<table>
<tr><th>级别</th><th>适用情形</th><th colspan="2">其他考点</th></tr>
<tr><td>A</td><td>得分≥90</td><td>不能评定情形</td><td>(1)实际生产经营期不满 3 年；
(2)上年为 D 级；
(3)非正常原因一年内增值税连续 3 个月或累计 6 个月零申报、负申报；
(4)不能按照规定设置账簿进行核算，并向税务机关提供准确税务资料</td></tr>
<tr><td>B</td><td colspan="3">70≤且<90 分得分</td></tr>
<tr><td>M</td><td colspan="3">(1)未被直接判为 D 级的新设立企业；
(2)一年内无生产经营业务收入且≥70 分</td></tr>
<tr><td>C</td><td colspan="3">40≤且<70 分</td></tr>
<tr><td rowspan="2">D</td><td colspan="3">(1)得分<40 分</td></tr>
<tr><td>(2)直接判级</td><td colspan="2">①逃税、欠税、骗税、虚开增值税专用发票构成犯罪；
②逃税≥10 万元且占各税种应纳税总额≥10%，或者存在逃税、骗税、虚开增值税专用发票等税收违法行为，已缴纳税款、滞纳金、罚款；
③在限期内未足额缴纳税款、滞纳金和罚款；
④抗税；
⑤存在违反增值税发票管理规定或者违反其他发票管理规定的行为，导致其他单位或个人未缴、少缴或者骗取税款；
⑥提供虚假申报材料享受税收优惠政策；
⑦骗税，被停止出口退(免)税资格未到期；
⑧有非正常户记录或者由非正常户直接责任人员注册登记或者负责经营；
⑨由 D 级纳税人的直接责任人员注册登记或负责经营</td></tr>
</table>

5. 不影响其纳税信用评价的情形

(1)由于税务机关原因或者不可抗力，造成纳税人未能及时履行纳税义务的。

(2)非主观故意的计算公式运用错误以及明显的笔误造成未缴或者少缴税款的。

6. 信用评价结果的应用

(1)A 级纳税人的激励措施。

①主动向社会公告年度 A 级纳税人名单。

②一般纳税人可单次领取 3 个月的增值税发票用量，需要调整增值税发票用量时即时办理。

③普通发票按需领用。

④3 连 A 的纳税人，由税务机关提供绿色通道或专门人员帮助办理涉税事项。

(2)D 级纳税人的惩戒措施。

①公开 D 级纳税人及其直接责任人员名单，对直接责任人员注册登记或者负责经营的其他纳税人纳税信用直接判为 D 级。

②增值税专用发票领用按辅导期一般纳税人政策办理，普通发票的领用实行交(验)旧供新、严格限量供应。

③加强出口退税审核。

④加强纳税评估，严格审核其报送的各种资料。

⑤列入重点监控对象，提高监督检查频次，发现税收违法违规行为的，不得适用规定处罚幅度内的最低标准。

⑥将纳税信用评价结果通报相关部门，建议在经营、投融资、取得政府供应土地、进出口、出入境、注册新公司、工程招投标、政府采购、获得荣誉、安全许可、生产许可、从业任职资格、资质审核等方面予以限制或禁止。

⑦因评价指标得分评为D级的纳税人，次年评价时加扣11分；因直接判级评为D级的纳税人，维持D级评价两年、第三年不得评价为A级。

（四）纳税信用的修复

1. 纳税信用修复的条件

（1）纳税人发生未按期办理纳税申报、税款缴纳、资料备案等事项且已补办。

（2）未足额缴纳税款、滞纳金和罚款，未构成犯罪，纳税信用级别被直接判为D级的纳税人，在税务机关处理结论明确的期限期满后60日内足额缴纳、补缴。

（3）纳税人履行相应法律义务并由税务机关依法解除非正常户状态。

2. 纳税信用修复申请的时间

在失信行为被税务机关列入失信记录的“次年年底前”或纳税信用被直接判为D级的“次年年底前”。

『老侯提示』非正常户失信行为纳税信用修复一个纳税年度内只能申请一次。

3. 税务机关的审核

主管税务机关自受理纳税信用修复申请之日起15个工作日内完成审核，并向纳税人反馈信用修复结果。

4. “株连九族”的解除

纳税信用修复后纳税信用级别不再为D级的纳税人，其直接责任人注册登记或者负责经营的其他纳税人之前被关联为D级的，可向主管税务机关申请解除纳税信用D级关联。

【例题1·多选题】根据税收征收管理法律制度的规定，下列关于纳税信用信息采集的说法中，正确的有（　）。

A. 纳税信用信息采集工作由国家税务总局和省税务机关组织实施

B. 纳税信用信息按年采集

C. 纳税人信用历史信息中的基本信息由税务机关从税务管理系统中采集

D. 通过新闻媒体或者媒介采集的信息可以直接使用

解析 选项B，纳税信用信息按月采集；选项D，通过新闻媒体或者媒介采集的信息应当核实后使用。 **答案** AC

【例题2·多选题】根据税收征收管理法律制度的规定，下列关于纳税信用评价的说法中，正确的有（　）。

A. 纳税信用评价年度评价指标得分采取加分方式

B. 纳税人近三个评价年度内没有非经常性指标信息的，从80分起评

C. 纳税人纳税信用管理时间不满一个评价年度的不参与本期评价

D. 纳税信用评价可以采取直接判级方式

答案 CD

解析 选项A，纳税信用评价年度评价指标得分采取扣分方式；选项B，纳税人近三个评价年度内没有非经常性指标信息的，从90分起评。

【例题3·多选题】根据税收征收管理法律制度的规定，在对纳税人进行纳税信用评级时，满足一定条件的不能评定为A级，属于此类条件的有（　）。

A. 实际生产经营期不满5年的

B. 上一评价年度纳税信用评价结果为D级的

C. 非正常原因一个评价年度内增值税连续3个月零申报

D. 不能向税务机关提供准确税务资料的

解析 选项A，实际生产经营期不满3年的不能评定为A级。 **答案** BCD

考验三 税收违法行为检举（★）（2022年新增）

（一）税收违法行为检举管理机构

1. 管理机构——税务局稽查局

2. 举报热线——12366

（二）实名检举的条件

1. 个人实名检举应当由其本人提出。

2. 单位实名检举应当委托本单位工作人员提出。

3. 以来访形式实名检举的，检举人应当提供营业执照、居民身份证等有效身份证件的“原件和复印件”。

4. 以来信、网络、传真形式实名检举的，检举人应当提供营业执照、居民身份证等有效身份证件的“复印件”。

『老侯提示』 检举人未采取上述形式进行检举的，视同匿名检举。

（三）检举应当提供的资料

1. 被检举人的名称（姓名）、地址（住所）和税收违法行为线索。

2. 尽可能提供被检举人统一社会信用代码（身份证件号码），法定代表人、实际控制人信息和其他相关证明资料。

（四）检举不予受理的情形

1. 无法确定被检举对象，或者不能提供税收违法行为线索。

2. 检举事项已经或者依法应当通过诉讼、仲裁、行政复议以及其他法定途径解决。

3. 对已经查结的同一检举事项再次检举，没有提供新的有效线索。

（五）处理检举事项

1. 分类分级处理

（1）检举内容详细、税收违法行为线索清楚、证明资料充分的，由稽查局立案检查。

（2）检举内容与线索较明确但缺少必要证明资料，有可能存在税收违法行为的，由稽查局调查核实。发现存在税收违法行为的，立案检查；未发现的，作查结处理。

（3）检举对象明确，但其他检举事项不完整或者内容不清、线索不明的，可以暂存待查，待检举人将情况补充完整以后，再进行处理。

（4）已经受理尚未查结的检举事项，再次检举的，可以合并处理。

（5）非由税务机关管辖的检举事项，转交有处理权的单位或者部门。

2. 处理时效

（1）分类分级时间

举报中心应当在检举事项受理之日起15个工作日内完成分级分类处理，特殊情况除外。

（2）查处时间

查处部门应当在收到举报中心转来的检举材料之日起3个月内办理完毕；案情复杂无法在期限内办理完毕的，可以延期。

（六）检举人要求答复检举事项的处理

检举人要求答复检举事项的处理，见表8-10。

表8-10 检举人要求答复检举事项的处理

要求答复事项	考点
要求答复处理情况	实名检举人应当配合核对身份
要求答复查处结果	（1）实名检举人应当出示检举时所提供的有效身份证件； （2）“可以告知”与检举线索有关的查处结果； （3）“不得告知”检举线索以外的税收违法行为的查处情况； （4）“不得提供”执法文书及有关案情资料

（七）奖励检举人

检举事项经查证属实，为国家挽回或者减少损失的，按照财政部和国家税务总局的有关规定对实名检举人给予相应奖励。

【例题·单选题】根据税收征收管理法律制度的规定，下列关于实名检举与匿名检举的说法中正确的是（　）。

A. 当事人可以通过电话形式进行实名检举

B. 无论实名检举人还是匿名检举人均可以要求税务机关答复检举事项的处理情况

C. 无论实名检举人还是匿名检举人均可以要求税务机关答复检举事项的处理结果

D. 只有实名检举人在检举事项经查证属实，为国家挽回或者减少损失的情况下，才能获得相应奖励

解析 选项A，检举人可以以来访、来信、网络、传真形式进行实名检举，未采取上述形式进行检举的，视同匿名检举；选项BCD，都是只有实名检举人才可以。

答案 D

考验四　重大税收违法失信案件信息的公布（★）

（一）应当公布信息的重大税收违法失信案件

应当公布信息的重大税收违法失信案件见表8-11。

表8-11　应当公布信息的重大税收违法失信案件

违法行为	标准
逃税	100万元以上，且任一年度不缴或者少缴应纳税款占当年各税种应纳税总额10%以上的
欠税	10万元以上的
抗税	—
骗税	—
虚开发票	虚开增值税专用发票或虚开用于骗取出口退税、抵扣税款的其他发票的
	虚开普通发票100份或金额40万元以上的
伪造、变造	私自印制、伪造、变造发票，非法制造发票防伪专用品，伪造发票监制章的
失联	有上述违法行为（逃、欠、抗、骗、虚开发票）经税务机关检查确认走逃的

（二）公布的案件信息

（1）对法人或者其他组织，公布其名称，统一社会信用代码或者纳税人识别号，注册地址，法定代表人、负责人或者经法院裁判确定的实际责任人的姓名、性别及身份证号码，经法院裁判确定的负有直接责任的财务人员、团伙成员的姓名、性别及身份证号码；

（2）对自然人，公布其姓名、性别、身份证号码；

（3）主要违法事实；

（4）走逃情况；

（5）适用的相关法律依据；

（6）税务处理、税务行政处罚等情况；

（7）实施检查的单位；

（8）对公布的重大税收违法失信案件负有直接责任的涉税专业服务机构及从业人员，税务机关可以依法一并公布其名称、统一社会信用代码或者纳税人识别号、注册地址，以及直接责任人的姓名、性别、身份证号码、职业资格证书编号等。

『老侯提示1』法人或者其他组织的法定代表人、负责人与违法事实发生时的法定代表人、负责人不一致的，应一并公布，并对违法事实发生时的法定代表人、负责人进行标注。

『老侯提示2』经法院裁判确定的实际责

任人，与法定代表人或者负责人不一致的，除有证据证明法定代表人或者负责人有涉案行为外，只公布实际责任人信息。

（三）公布案件信息的程序

1. 依法向社会公布的时间

（1）税务机关作出处罚决定，当事人在法定期间内没有申请行政复议或提起行政诉讼，或经行政复议或法院裁判对此案件最终确定效力；

（2）走逃案件，经税务机关查证处理，进行公告30日后，按规定处理。

2. 不公布的情形

当事人，在公布“前”缴清税款、滞纳金和罚款的。

3. 停止公布并从公告栏中撤出的情形

当事人，在公布“后”缴清税款、滞纳金和罚款的。

（四）案件信息公布渠道及后续影响

1. 公布渠道

（1）省以下税务机关通过省税务机关门户网站向社会公布；

（2）省以下税务机关通过本级税务机关公告栏、报纸、广播、电视、网络媒体等途径以及新闻发布会等形式向社会公布；

（3）国家税务总局门户网站设立专栏链接省税务机关门户网站的公布内容。

『老侯提示』全国信用信息共享平台可以向社会公开披露列入“黑名单”的会计人员严重失信相关信息。

2. 公布期

自公布之日起满3年，停止公布并从公告栏中撤出。

3. 记录在案

案件信息一经录入相关税务信息管理系统，作为当事人的税收信用记录“永久”保存。

【例题1·多选题】甲公司3月发生的下列活动中，属于重大税收违法失信案件的信息公布范围的有（ ）。

A. 在账簿上多列支出，使其少缴应纳税款11万元

B. 通过转移财产的手段欠缴税款金额50万元

C. 以暴力、威胁方法拒不缴纳税款

D. 骗取国家出口退税款的

解析 选项A，纳税人多列支出不缴或者少缴应纳税款100万元以上，且任一年度不缴或者少缴应纳税款占当年各税种应纳税总额10%以上的属于信息公布的范围。

答案 BCD

【例题2·多选题】下列各项中，属于重大税收违法失信案件公布的案件信息内容的有（ ）。

A. 法人名称

B. 自然人姓名

C. 法人注册地址

D. 自然人家庭住址

解析 选项AC，对法人公布其名称，统一社会信用代码或者纳税人识别号，注册地址，法定代表人、负责人或者经法院裁判确定的实际责任人的姓名、性别及身份证号码，经法院裁判确定的负有直接责任的财务人员、团伙成员的姓名、性别及身份证号码；选项BD，对自然人，公布其姓名、性别、身份证号码。

答案 ABC

【例题3·单选题】对重大税收违法失信案件信息自公布之日起满一定期限的，停止公布并从公告栏中撤出。该期限是（ ）。

A. 1年　　B. 2年

C. 3年　　D. 10年

答案 C

【例题4·判断题】☆全国信用信息共享平台可以向社会公开披露列入“黑名单”的会计人员严重失信相关信息。（ ）

答案 √

第五部分　税务行政复议与法律责任

考验一　税务行政复议(★★★)

(一)税务行政复议的适用范围

1. 可以申请税务行政复议的情形(12项)

纳税人及其他当事人认为税务机关的“具体行政行为”侵犯其合法权益，可依法向税务行政复议机关申请行政复议。

2. 可以提出附带审查申请的情形

申请人认为税务机关的行政行为所依据的“规定”不合法，对行政行为申请行政复议时，可以一并向复议机关提出对该规定(不包括规章)的审查申请。

3. 行政复议的排除事项

(1)不服行政机关作出的“行政处分”或者其他“人事处理决定”。

(2)不服行政机关对民事纠纷作出的“调解”或者其他处理。

(3)不服行政机关作出的“抽象”行政行为。

【例题1·多选题】根据税收征收管理法律制度的规定，纳税人对税务机关的下列行政行为不服时，可以申请行政复议的有(　)。

A. 罚款

B. 确认适用税率

C. 加收滞纳金

D. 依法制定税收优惠政策

解析▶选项ABC，属于具体行政行为，可以申请行政复议；选项D，属于抽象行政行为，不能申请行政复议。　答案▶ABC

(二)税务行政复议管辖

税务行政复议管辖，见表8-12。

表8-12　税务行政复议管辖

<table>
<tr><th colspan="2">作出具体行政行为的税务机关</th><th>税务行政复议机关</th></tr>
<tr><td colspan="2">各级税务局</td><td>上级税务局</td></tr>
<tr><td colspan="2">税务所(分局)、各级税务局的稽查局</td><td>所属税务局</td></tr>
<tr><td colspan="2">计划单列市税务局</td><td>国家税务总局</td></tr>
<tr><td colspan="2">国家税务总局</td><td>国家税务总局</td></tr>
<tr><td colspan="2">两个以上税务机关共同作出</td><td>共同上一级税务机关</td></tr>
<tr><td colspan="2">税务机关与其他行政机关共同作出</td><td>共同上一级行政机关</td></tr>
<tr><td colspan="2">被撤销的税务机关在撤销以前所作出</td><td>继续行使其职权的税务机关的上一级税务机关</td></tr>
<tr><td rowspan="2">税务机关作出逾期不缴纳罚款加处罚款</td><td>对加处罚款不服</td><td>作出行政处罚决定的税务机关</td></tr>
<tr><td>对已处罚款和加处罚款都不服</td><td>作出行政处罚决定的税务机关的上一级税务机关</td></tr>
</table>

『老侯提示1』对“国家税务总局”的具体行政行为不服，向“国家税务总局”申请行政复议，对国家税务总局的行政复议决定不服的，可以向“人民法院”提起行政诉讼，也可以向“国务院”申请裁决。国务院的裁决为终局裁决。

『老侯提示2』申请人向具体行政行为发生地的县级地方人民政府提交行政复议申请的，由接受申请的县级地方人民政府依法予以转送。

【例题2·单选题】☆邹某因税收违法行为被M市L县税务局处以罚款，又因逾期不缴纳罚款被加处罚款，邹某对已处罚款和加处罚款都不服，欲申请行政复议。下列关于邹某行政复议申请的表述中，正确的是(　)。

A. 应当一并向M市税务局申请行政复议

B. 应当就罚款决定和加处罚款决定分别向L县税务局和M市税务局申请行政复议

C. 应当就罚款决定和加处罚款决定分别向M市税务局和L县税务局申请行政复议

D. 应当一并向L县税务局申请行政复议

解析 对已处罚款和加处罚款都不服的，一并向作出行政处罚决定的税务机关的上一级税务机关申请行政复议。　**答案** A

【例题3·多选题】根据税收征收管理法律制度的规定，对下列税务机关作出的行政处罚不服的，向国家税务总局申请行政复议的有(　)。

A. 计划单列市的税务局

B. 省级税务局

C. 省级税务局的稽查局

D. 国家税务总局

解析 选项C，对税务所(分局)、各级税务局的稽查局的具体行政行为不服的，向其所属税务局申请行政复议，对省级税务局的稽查局的具体行政行为不服，向省级税务局申请行政复议。　**答案** ABD

(三)税务行政复议的"必经复议"与"选择复议"

1. 必经复议

纳税人、扣缴义务人及纳税担保人对税务机关作出的"征税行为"不服的，应当"先"向复议机关申请行政复议，对行政复议决定不服，可以"再"向人民法院提起行政诉讼。

"征税行为"包括：确认纳税主体、征税对象、征税范围、减税、免税、退税、抵扣税款、适用税率、计税依据、纳税环节、纳税期限、纳税地点以及税款征收方式等具体行政行为和征收税款、加收滞纳金及扣缴义务人、受税务机关委托的单位和个人作出的代扣代缴、代收代缴、代征行为等。

2. 选择复议

申请人对复议范围中税务机关作出的"征税行为以外"的其他行政行为不服的，"可以"申请行政复议，"也可以"直接向人民法院提起行政诉讼。

【注意1】申请人按规定申请行政复议的，必须先缴纳或者解缴税款及滞纳金，或者提供相应的担保。

【注意2】申请人对税务机关作出的逾期不缴纳罚款"加处罚款"的决定不服的，应当先缴纳罚款和加处罚款，再申请行政复议。

『老侯提示』对"罚款"决定不服，可以"直接"申请行政复议(无须先缴纳罚款，也无须提供纳税担保)；而仅仅对"加处罚款"不服，申请行政复议的，需要先缴纳罚款和加处罚款。

【例题4·多选题】☆根据税收征收管理法律制度的规定，纳税人对税务机关的下列具体行政行为不服时，应当先向复议机关申请行政复议的有(　)。

A. 发票管理行为

B. 确认适用税率

C. 加收滞纳金

D. 停止出口退税权

解析 选项BC，属于征税行为，纳税人不服的，必须先申请行政复议，对行政复议决定不服的，可以向人民法院提起行政诉讼；选项AD，A属于发票管理行为，D属于税务行政处罚，均不属于征税行为，纳税人不服的，可以申请行政复议，也可以直接向人民法院提起行政诉讼。　**答案** BC

【例题5·判断题】申请人对税务机关作出逾期不缴纳罚款加处罚款的决定不服的，应当先缴纳罚款和加处罚款，再申请行政复议。(　)

答案 √

（四）税务行政复议的申请与受理

1. 税务行政复议申请

（1）申请时间。

①自“知道”该具体行政行为之日起“60日内”提出行政复议申请。

②因不可抗力或者被申请人设置障碍等原因耽误法定申请期限的，申请期限的计算应当扣除被耽误时间。

（2）申请方式。

可以“书面”申请，也可以“口头”申请。

『老侯提示』书面申请可以采取“当面递交、邮寄、传真或者电子邮件”等方式。

（3）申请人向人民法院提起行政诉讼，人民法院已经依法受理的，不得申请行政复议。

2. 行政复议受理

（1）受理程序。

①行政复议机关收到行政复议申请后，应当在“5日内”进行审查决定是否受理。

②行政复议机关决定不予受理或者受理以后超过行政复议期限不作答复的，申请人可以自收到不予受理决定书之日起或行政复议期满之日起“15日内”，依法向人民法院提起行政诉讼。

（2）行政复议期间具体行政行为不停止执行，但有下列情形之一的，可以停止执行：

①被申请人认为需要停止执行的；

②行政复议机关认为需要停止执行的；

③申请人申请停止执行，行政复议机关认为其要求合理，决定停止执行的；

④法律规定停止执行的。

3. 行政复议申请的撤回（“税收征管法”）

（1）申请人在行政复议决定作出“前”撤回行政复议申请的，经行政复议机构同意，可以撤回。

（2）申请人撤回行政复议申请的，不得再以“同一事实和理由”提出行政复议申请。但是，申请人能够证明撤回行政复议申请违背其真实意思表示的除外。

（3）行政复议期间被申请人改变原具体行政行为的，不影响行政复议案件的审理。但是，申请人依法撤回行政复议申请的除外。

【例题6·单选题】根据税收征收管理法律制度的规定，纳税人申请税务行政复议的法定期限是（ ）。

A. 在税务机关作出具体行政行为之日起60日内

B. 在税务机关作出具体行政行为之日起3个月内

C. 在知道税务机关作出具体行政行为之日起3个月内

D. 在知道税务机关作出具体行政行为之日起60日内

答案 D

【例题7·判断题】申请人申请行政复议，可以书面申请，也可以口头申请。（ ）

答案 √

【例题8·多选题】根据税收征收管理法律制度的规定，纳税人提出税务行政复议书面申请可以采取的方式有（ ）。

A. 邮寄　　B. 邮件

C. 当面递交　　D. 传真

答案 ABCD

【例题9·多选题】行政复议期间具体行政行为不停止执行，但是有（ ）的情形可以停止执行。

A. 复议机关认为需要停止执行的

B. 申请人要求停止执行的

C. 被申请人认为需要停止执行的

D. 法律规定停止执行的

解析 选项B，申请人无决定权，申请人申请停止执行，行政复议机关认为其要求合理，决定停止执行的可以停止执行。

答案 ACD

（五）行政复议的审查及决定

1. 行政复议的审查

（1）审查方式。

行政复议原则上采取“书面审查”方法。

（2）听证。

①对重大、复杂的案件，申请人提出要

求或者行政复议机构认为必要时，可以采取听证的方式审理。

②听证应当公开举行，但是涉及国家秘密、商业秘密或者个人隐私的除外。

③行政复议听证人员不得少于“2人”，听证主持人由行政复议机构指定。

(3)审查工作。

①由“2名以上”行政复议工作人员参加。

②行政复议机关审查被申请人的具体行政行为时，认为其依据不合法，本机关有权处理的，应当在“30日”内依法处理；无权处理的，应当在“7个工作日”内按照法定程序逐级转送有权处理的国家机关依法处理。处理期间，“中止”对具体行政行为的审查。

(4)答复时间：“60+30”。

复议机关应当自“受理”申请之日起“60日内”作出行政复议决定。

『老侯提示』情况复杂，不能在规定期限内作出行政复议决定的，经复议机关负责人批准，可以适当延长，但延长期限最多不得超过“30日”。

2. 行政复议决定

(1)行政复议决定种类。

行政复议决定种类，见表8-13。

表8-13 行政复议决定种类

<table>
<tr><th>决定类型</th><th colspan="2">适用情形</th></tr>
<tr><td>决定维持</td><td colspan="2">具体行政行为认定事实清楚，证据确凿，适用依据正确，程序合法，内容适当</td></tr>
<tr><td>决定其在一定期限内履行</td><td colspan="2">被申请人不履行法定职责</td></tr>
<tr><td>决定撤销、变更或者确认该具体行政行为违法</td><td>①主要事实不清、证据不足的；
②适用依据错误的；
③违反法定程序的；
④超越或者滥用职权的；
⑤具体行政行为明显不当的</td><td>决定撤销或者确认违法的，可以责令被申请人在一定期限内重新作出具体行政行为
『老侯提示1』责令重新作出具体行政行为的，不得以同一事实和理由，作出相同或基本相同的具体行政行为；不得作出对申请人更为不利的决定</td></tr>
<tr><td colspan="3">『老侯提示』被申请人不按照规定提出书面答复，提交当初作出行政行为的证据、依据和其他有关材料的，视为该行政行为没有证据、依据</td></tr>
</table>

(2)行政复议决定生效。

复议决定书一经“送达”即发生法律效力。

【例题10·单选题】根据税收征收管理法律制度的规定，税务行政复议机关审查被申请人的具体行政行为时，认为其依据不合法，本机关有权处理的，应在一定期限处理，该期限为(　)。

A. 60日　　B. 30日

C. 90日　　D. 180日

答案 B

【例题11·多选题】根据税收征收管理法律制度的规定，税务行政复议机构认为被审查的具体行政行为符合法定情形时，可以决定撤销、变更或者确认该具体行政行为违法。该法定情形有(　)。

A. 适用依据错误的

B. 滥用职权的

C. 违反法定程序的

D. 主要事实不清，证据不足的

答案 ABCD

【例题12·单选题】根据行政复议法律制度的规定，下列关于税务行政复议的表述中，正确的是(　)。

A. 申请人对税务机关作出逾期不缴纳罚款加处罚款的决定不服的，应当先缴纳罚款和加处罚款，再申请行政复议

B. 复议决定书一经作出，即发生法律效力

C. 税务行政复议只能书面申请

D. 不服行税务机关作出的行政处分的，可申请行政复议

解析▶ 选项B，复议决定书一经“送达”即发生法律效力；选项C，申请人申请行政复议，可以书面申请，也可以口头申请；选项D，不服行政机关作出的行政处分或者其他人事处理决定，不能申请行政复议，可以依法提出申诉。

答案▶ A

【例题13·判断题】☆行政复议机关责令被申请人重新作出具体行政行为的，被申请人不得以同一事实和理由作出与原具体行政行为相同或基本相同的具体行政行为。 （ ）

答案▶√

【例题14·单选题】下列关于税务行政复议审查的表述中，不正确的是（ ）。

A. 对重大案件，申请人提出要求或者行政复议机构认为必要时，可以采取听证的方式审理

B. 对国家税务总局的具体行政行为不服的，向国务院申请行政复议

C. 行政复议机构审理行政复议案件，应当由2名以上行政复议工作人员参加

D. 行政复议原则上采用书面审查的办法

解析▶ 对国家税务总局的具体行政行为不服的，向国家税务总局申请行政复议。

答案▶ B

考验二　行政管理相对人违反税收法律制度的法律责任（★）

行政管理相对人违反税收法律制度的法律责任见表8-14。

表8-14　行政管理相对人违反税收法律制度的法律责任

项目	违法行为	法律责任
逃税	纳税人采取欺骗、隐瞒手段进行虚假纳税申报或不申报逃避缴纳税款	追缴税款、滞纳金，并处罚款
欠税	纳税人采取转移或隐匿财产的手段，妨碍税务机关追缴欠税	
抗税	暴力、威胁	追缴税款、滞纳金，并处罚款
骗税	以假报出口或其他欺骗手段骗取出口退税款	追缴税款，并处罚款，在规定期间内停止办理退税
编造虚假计税依据		责令限期改正，并处罚款
扣缴义务人应扣未扣、应收未收税款		向**纳税人**追缴税款；对**扣缴义务人**处以罚款

【例题·多选题】纳税人的下列行为中，属于逃税的有（ ）。

A. 采取转移或隐匿财产的手段，妨碍税务机关追缴欠缴税款

B. 伪造账簿，不缴应纳税款

C. 进行虚假纳税申报，少缴应纳税款

D. 按照规定应设置账簿而未设置的

解析▶ 选项A，属于欠税行为；选项D，属于未按照规定设置账簿行为。

答案▶ BC

心有灵犀 限时46分钟

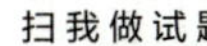

一、单项选择题

1. 登记制度改革在全面实施“五证合一、一照一码”的基础上，将涉及企业登记、备案等有关事项和各类证照进一步整合到营业执照上，实现“多证合一、一照一码”。下列各项中，属于一照的是( )。
   A. 税务登记证
   B. 营业执照
   C. 社保登记证
   D. 统计登记证
2. 根据税收征收管理法律制度的规定，扣缴义务人应当在一定期限内设置代扣代缴、代收代缴税款账簿。该一定期限是( )。
   A. 自扣缴义务发生之日起10日内
   B. 自扣缴义务发生之日起15日内
   C. 自扣缴义务发生之日起20日内
   D. 自扣缴义务发生之日起30日内
3. 下列各项中，属于增值税专用发票的是( )。
   A. 增值税电子普通发票
   B. 税控机动车销售统一发票
   C. 农产品销售发票
   D. 二手车销售统一发票
4. 下列发票的开具和使用行为错误的是( )。
   A. 开具发票的单位和个人应当建立发票使用登记制度，设置发票登记簿
   B. 开具发票应当按照规定的时限，逐栏、逐联如实开具，并加盖发票专用章
   C. 不拆本使用发票
   D. 不转借、转让、介绍他人转让发票、发票监制章和发票防伪专用品
5. 下列关于纳税申报的表述中，不正确的是( )。
   A. 纳税申报包括直接申报、邮寄申报、数据电文申报等方式
   B. 采用邮寄申报方式的以税务机关收到申报资料的日期为实际申报日期
   C. 采用数据电文申报的以税务机关的计算机网络收到该数据电文的时间为申报日期
   D. 纳税人在纳税期内没有应纳税款也应当办理纳税申报
6. 甲公司是执行按月纳税的增值税纳税人，按规定应于每月15日前申报并交纳上月税款，至2021年9月15日甲公司均未办理纳税申报，税务机关向其下达责令限期改正通知书，要求甲公司于9月20日前办理纳税申报，至限期满甲公司仍未申报，则税务机关应当( )。
   A. 责令甲公司提供纳税担保
   B. 核定甲公司应纳税额
   C. 对甲公司进行税收保全
   D. 对甲公司执行税收强制执行
7. 2021年8月税务机关通过调查，发现某饭店的纳税申报表上有弄虚作假的情形，则税务机关可以采取的税款征收措施是( )。
   A. 核定其应纳税额
   B. 责令其缴纳税款
   C. 责令提供纳税担保
   D. 采取税收保全措施
8. 2021年8月税务机关通过调查，发现某饭店的纳税申报表上有弄虚作假的情形，遂责令其在15日内缴纳本月应纳税款，在

此期间税务机关接到举报，某饭店正在转让店面并已将银行存款账户注销。根据税收征收管理法律制度的规定，税务机关有权对该饭店采取的税款征收措施是(　)。

A. 核定其应纳税额

B. 责令提供纳税担保

C. 采取税收保全措施

D. 税务人员到饭店直接征收税款

9. 税务机关责令某饭店提供纳税担保，该饭店明确表示拒绝，则税务机关可以采取的税款征收措施是(　)。

A. 核定其应纳税额

B. 采取税收保全措施

C. 采取税收强制执行措施

D. 税务人员到饭店直接征收税款

10. 甲公司应于5月30日前完成上年度企业所得税汇算清缴，但其一直未缴纳税款，税务机关向其发出责令限期缴纳通知书，要求其于6月20日前补缴上年度所得税税款及滞纳金共计68万元。至限期满，甲公司仍未缴纳，则税务机关可以采取的税款征收措施是(　)。

A. 核定甲公司应纳税额

B. 采取税收保全措施

C. 采取税收强制执行措施

D. 对甲公司处以罚款

11. 欠缴税款的甲公司的法定代表人赵某，准备去韩国做整容手术，在出境前该公司尚未按规定结清应纳税款、滞纳金，则税务机关的下列做法中正确的是(　)。

A. 核定甲公司应纳税额

B. 责令甲公司提供纳税担保

C. 直接阻止赵某出境

D. 通知出境管理机关阻止赵某出境

12. 按照规定甲公司最晚于2021年5月15日缴纳应纳税款，甲公司迟迟未缴纳。主管税务机关责令其于当年6月30日前缴纳应纳税款，甲公司直到7月14日才缴纳税款。关于主管税务机关对甲公司加收滞纳金的起止时间的下列表述中，正确的是(　)。

A. 2021年6月30日至2021年7月15日

B. 2021年6月15日至2021年7月15日

C. 2021年7月1日至2021年7月14日

D. 2021年5月16日至2021年7月14日

13. 下列各项关于税收强制执行措施的表述中，正确的是(　)。

A. 税收强制执行措施不适用于扣缴义务人

B. 作为家庭唯一代步工具的轿车，不在税收强制执行的范围之内

C. 税务机关采取强制执行措施时，可对纳税人未缴纳的滞纳金同时强制执行

D. 书面通知纳税人开户银行冻结纳税人的金额相当于应纳税款的存款是税收强制执行的具体措施

14. 歌星赵某欠缴个人所得税2.48亿元，并采取转移财产的手段，妨碍税务机关追缴欠税，该行为属于(　)。

A. 欠税　　B. 逃税

C. 抗税　　D. 骗税

15. 下列各项中，不属于征税主体税款征收权的是(　)。

A. 核定税款权

B. 税收保全和强制执行权

C. 阻止欠税纳税人离境权

D. 追征税款权

16. 下列各项中，不属于重大税收违法失信案件的是(　)。

A. 纳税人经税务机关通知申报而拒不申报不缴应纳税款100万元以上且占当年各税种应纳税总额10%以上

B. 纳税人采取转移财产妨碍税务机关追缴欠缴的税款金额5万元以上

C. 虚开增值税专用发票

D. 虚开普通发票100份

17. 根据税收征收管理法律制度的规定，下列关于税务登记的说法中不正确的是(　)。

A. 从事生产、经营的纳税人领取工商营

业执照的，应当自领取工商营业执照之日起30日内申报办理税务登记

B. 纳税人税务登记内容发生变化，应自发生变化之日起30日内向原税务登记机关申请办理变更

C. 纳税人被市场监督管理机关吊销营业执照，应当自营业执照被吊销之日起30日内，向原税务登记机关申报办理注销登记

D. 纳税人到外县临时从事生产经营活动，应当在外出生产经营以前，向主管税务机关申请开具《外出经营活动税收管理证明》

18. 纳税人与其关联企业未按照独立企业之间的业务往来支付价款、费用的，税务机关自该业务往来发生的纳税年度起一定期限内进行调整，该期限是(　)。

A. 1年　　B. 3年

C. 5年　　D. 10年

19. 根据税收征收管理法律制度的规定，下列关于延期缴纳税款的说法中不正确的是(　)。

A. 因不可抗力导致纳税人办理延期纳税申报的，可以同时延期缴纳税款

B. 当期货币资金在扣除应付职工工资、社会保险费后，不足以缴纳税款的，纳税人可以申请延期缴纳

C. 纳税人需要延期缴纳税款的，应当在缴纳税款期限届满前提出申请

D. 税务机关应当自收到延期纳税申请之日起20日内作出决定

20. 赵某欠缴个人所得税，现因公司需要派遣其去泰国进行项目考察，税务机关责令其提供纳税担保，赵某与税务机关签订协议，将自己的一辆汽车移交给税务机关作为税款的担保。则赵某提供的纳税担保方式是(　)。

A. 纳税保证　　B. 纳税抵押

C. 纳税质押　　D. 纳税留置

21. 根据税收征收管理法律制度的规定，下列关于纳税退还的说法中，不正确的是(　)。

A. 纳税人超过应纳税额缴纳的税款，税务机关发现后，应当自发现之日起10日内办理退还手续

B. 纳税人自结算缴纳税款之日起3年内发现多缴税款的，可以向税务机关要求退还多缴的税款并加算利息

C. 税务机关依法退还纳税人出口退税款的，纳税人可以要求加算利息

D. 退税利息按照税务机关办理退税手续当天中国人民银行规定的活期存款利率计算

22. 根据税收征收管理法律制度的规定，下列关于对税收违法行为检举的说法中不正确的是(　)。

A. 个人实名检举应当由其本人提出

B. 单位实名检举应当委托单位工作人员提出

C. 以来访形式实名检举的，检举人应当提供营业执照、居民身份证等有效身份证件的原件和复印件

D. 以来信形式实名检举的，检举人应当提供营业执照、居民身份证等有效身份证件的原件和复印件

23. 税务机关作出的下列具体行政行为中，纳税人不服时可以选择申请税务行政复议或者直接提起行政诉讼的是(　)。

A. 征收税款

B. 加收滞纳金

C. 确认纳税主体

D. 没收财物和违法所得

24. 甲公司因对乙税务机关作出的对其罚款20万元的处罚决定不服，向乙税务机关的上级机关申请行政复议。行政复议机关经过书面审查作出维持原处罚决定的复议决定。甲公司觉得自己确实理亏，希望撤回行政复议申请，则下列说法中正确的是(　)。

A. 申请人决定撤回申请的，可以撤回

B. 经行政复议机关同意的，可以撤回

C. 经被申请人同意的，可以撤回

D. 不得撤回

二、多项选择题

1. 根据税收征收管理法律制度的规定，任何单位和个人不得有虚开发票行为，下列行为中属于虚开发票行为的有（ ）。

A. 甲公司向乙公司销售产品一批，售价50万元，给予20%的商业折扣，应乙公司要求甲公司按100万元开具了增值税专用发票

B. 甲公司购入一批食品进行业务招待使用，要求对方按办公用品项目开具了发票

C. 甲公司从农民手中收购粮食一批，收购价款100万元，因税法规定其中10万元可以作为进项税额抵扣，因此甲公司按90万元开具了农产品收购发票

D. 甲公司销售商品一批因质量不合格被退回，甲公司按规定给对方开具了红字增值税专用发票

2. 甲公司所在地因暴雨引发山洪，受此影响，甲公司当月没有进行纳税申报，甲公司主管税务机关认为，甲公司应向税务机关提出申请，经税务机关核准后才能延期申报，遂决定处以甲公司2 000元罚款，甲公司不服拟提起税务行政复议，则下列说法中错误的有（ ）。

A. 甲公司因不可抗力原因，不能按期办理纳税申报，可以延期办理，并于不可抗力消除后立即向税务机关报告

B. 税务机关对甲公司做出2 000元罚款的决定正确

C. 甲公司提起税务行政复议应先缴纳罚款

D. 甲公司提起税务行政复议应先提供担保

3. 根据税收征收管理法律制度的规定，税务机关在税款征收中可以根据不同情况采取相应的税款征收措施，下列各项中，属于税款征收措施的有（ ）。

A. 查账征收

B. 罚款

C. 责令缴纳

D. 责令提供纳税担保

4. 下列关于税务机关核定应纳税额的方法中，说法正确的有（ ）。

A. 参照当地类似行业中经营规模和收入水平相近的纳税人的税负水平核定

B. 按照营业收入加利润的方法核定

C. 按照耗用的原材料、燃料、动力等推算或者测算核定

D. 按照成本加费用的方法核定

5. 下列各项中，属于税务担保范围的有（ ）。

A. 罚款

B. 滞纳金

C. 实现税款、滞纳金的费用

D. 税款

6. 下列各项中，适用纳税担保的情形有（ ）。

A. 纳税人同税务机关在纳税上发生争议而未缴清税款，需要申请行政复议的

B. 纳税人在税务机关责令缴纳应纳税款限期内，有明显转移、隐匿其应纳税的商品、货物以及应纳税收入的迹象的

C. 欠缴税款、滞纳金的纳税人或者其法定代表人需要出境的

D. 从事生产、经营的纳税人未按规定期限缴纳税款，税务机关责令限期缴纳，逾期仍未缴纳的

7. 根据税收征收管理法律制度的规定，下列各项中，属于税收保全措施的有（ ）。

A. 拍卖纳税人的价值相当于应纳税款的财产

B. 扣押纳税人的价值相当于应纳税款的商品

C. 责令纳税人提供纳税担保

D. 书面通知纳税人开户银行冻结纳税人的金额相当于应纳税款的存款

8. 根据税收征收管理法律制度的规定，下列各项中，可以适用税收保全的财产

有(　)。

A. 金银首饰　　B. 古玩字画

C. 豪华住宅　　D. 小汽车

9. 根据税收征收管理法律制度的规定，下列各项中，属于税务机关纳税检查职权的有(　)。

A. 检查扣缴义务人代扣代缴、代收代缴税款账簿、记账凭证和有关资料

B. 检查纳税人托运、邮寄应纳税商品、货物或者其他财产的有关单据

C. 检查纳税人存放在生产、经营场所的应纳税的货物

D. 检查纳税人的账簿、记账凭证、报表和有关资料

10. 下列各项中，不属于重大税收违法失信案件公布的案件信息内容的有(　)。

A. 法人名称

B. 提起行政复议的人民法院

C. 主要违法事实

D. 自然人家庭住址

11. 下列各项中，属于重大税收违法失信案件信息公布渠道的有(　)。

A. 省税务机关门户网站

B. 新闻发布会

C. 国家税务总局门户网站

D. 微信朋友圈

12. 根据税收征收管理法律制度的规定，下列选项中无需办理税务登记的有(　)。

A. 国家税务总局

B. 只缴纳个人所得税的公民张某

C. 国有企业

D. 残疾人开办的生产残疾人用品的企业

13. 下列选项中，应当办理注销税务登记的有(　)。

A. 纳税人停业

B. 纳税人破产

C. 纳税人被吊销营业执照

D. 纳税人变更地址，但不涉及变更税务登记机关

14. 根据税收征收管理法律制度的规定，下列关于停业、复业登记的说法中，正确的有(　)。

A. 纳税人应当在停业前向税务机关申报办理停业登记

B. 纳税人的停业期限不得超过1年

C. 企业在停业期间发生纳税义务的，应当在复业后及时申报纳税

D. 纳税人应当于恢复生产经营之后，向税务机关申报办理复业登记

15. 根据税收征收管理法律制度的规定，下列发票管理活动由国家税务总局负责的有(　)。

A. 在全国范围内统一的发票样式

B. 在省、自治区、直辖市范围内统一的发票样式

C. 增值税专用发票的印制企业

D. 其他发票的印制企业

16. 根据税收征收管理法律制度的规定，纳税人办理发票领购手续应当提供的资料包括(　)。

A. 工商营业执照

B. 税务登记证件

C. 法定代表人身份证明

D. 财务印章或者发票专用章的印模

17. 根据税收征收管理法律制度的规定，下列关于纳税保证的说法中，正确的有(　)。

A. 纳税担保从纳税人在纳税担保书签字盖章之日起生效

B. 纳税人和纳税保证人对所担保的税款及滞纳金承担连带责任

C. 纳税保证期间纳税人应缴纳税款期限届满之日起2年

D. 纳税保证人应当自收到税务机关的纳税通知书之日起15日内履行保证责任

18. 甲公司欠缴国家税款无力缴纳，税务机关拟对其唯一的办公楼进行强制执行，经查甲公司欠乙公司货款100万元，未提供任何担保；欠丙银行贷款500万元，以该房产审定抵押担保并已经登记；因

出售假冒伪劣商品行为被市场监督管理局处以罚款和没收违法所得。已知：甲公司的上述行为均发生在欠税之前。则下列说法中正确的有(　)。

A. 甲公司的税款优先于乙公司的货款债权

B. 甲公司的税款优先于丙银行的贷款债权

C. 甲公司的税款优先于市场监督管理局的罚款

D. 甲公司的税款优先于市场监督管理局的没收违法所得

19. 根据税收征收管理法律制度的规定，欠缴税款的纳税人因一定情形，对国家税收造成损害的，税务机关可以依法行使代位权、撤销权。属于该情形的有(　)。

A. 怠于行使到期债权

B. 放弃到期债权

C. 无偿转让财产

D. 以明显不合理的低价转让财产

20. 赵某因境外投资的需要，委托妻子阿花代为向税务机关申请出具无欠税证明，则阿花应当向税务机关提供的资料有(　)。

A. 赵某的身份证

B. 阿花的身份证

C. 赵某授权阿花代为申请无欠税证明的委托书

D. 赵某上年度的完税证明

21. 根据税收征收管理法律制度的规定，下列情形中，纳税人本评价年度的纳税信用应当直接判为 D 级的有(　)。

A. 虚开增值税专用发票构成犯罪

B. 虽然未构成犯罪，但逃税金额 10 万元以上且占各税种应纳税总额 10%以上

C. 骗取国家出口退税款，被停止出口退(免)税资格未到期

D. 由 D 级纳税人的直接责任人员负责经营

22. 根据税收征收管理法律制度的规定，下列各项中，属于举报中心对接收的检举事项，不予受理的情形的有(　)。

A. 无法确定被检举对象

B. 不能提供被检举对象税收违法行为线索

C. 检举事项依法应当通过税务行政复议途径解决

D. 对已经查结的同一检举事项再次检举，并提供新的有效线索

23. 根据税收征收管理法律制度的规定，下列情形中，属于行政复议期间具体行政行为可以停止执行的情形有(　)。

A. 人民法院认为需要停止执行的

B. 法律规定停止执行的

C. 被申请人认为需要停止执行的

D. 复议机关认为需要停止执行的

24. 下列关于税务行政复议的说法中，正确的有(　)。

A. 公民可以自知道税务机关作出的具体行政行为之日起 60 日内提出行政复议申请

B. 行政复议机关应当自受理申请之日起 60 日内作出行政复议决定

C. 情况复杂，不能在规定期限内作出行政复议决定的，经批准可以适当延长，但延长期限最多不得超过 60 日

D. 行政复议决定书一经作出即发生法律效力

25. 下列关于税务行政复议的说法中，错误的有(　)。

A. 复议机关收到行政复议申请后，应当在 5 日内进行审查，决定是否受理

B. 复议机关收到行政复议申请后，应当在 10 日内进行审查，决定是否受理

C. 行政复议机关决定不予受理，申请人可以自收到不予受理决定书之日起 5 日内依法向人民法院提起行政诉讼

D. 行政复议机关决定不予受理，申请人可以自收到不予受理决定书之日起 10 日内依法向人民法院提起行政诉讼

26. 下列关于税务行政复议管辖的表述中，正确的有（ ）。
A. 对各级税务局的具体行政行为不服的，向其上一级税务局申请行政复议
B. 对各级税务局的稽查局的具体行政行为不服的，向其所属税务局申请行政复议
C. 对国家税务总局的具体行政行为不服的，向国家税务总局申请行政复议
D. 对各级税务局的具体行政行为不服的，可以向该税务局的本级人民政府申请行政复议

27. 下列关于税务行政复议管辖权的说法中，不正确的有（ ）。
A. 对计划单列市税务局作出的具体行政行为不服的，向所属省税务局申请行政复议
B. 对税务机关作出逾期不缴纳罚款加处罚款的决定不服的，向作出行政处罚决定的税务机关的上级机关申请行政复议
C. 对两个以上税务机关共同作出的具体行政行为不服的，向共同上一级税务机关申请行政复议
D. 对被撤销的税务机关在撤销以前所作出的具体行政行为不服的，向继续行使其职权的税务机关的上一级税务机关申请行政复议

三、判断题

1. 纳税人享受减税、免税待遇的，在减税、免税期间应当按照规定办理纳税申报。 （ ）
2. 查验征收适用于生产经营规模较小、产品零星、税源分散、会计账册不健全，但能控制原材料或进销货的小型厂矿和作坊。 （ ）
3. 纳税人发生纳税义务，未按照规定的期限办理纳税申报，经税务机关责令限期申报，逾期仍不申报的，税务机关可对其执行税收保全措施。 （ ）
4. 税务机关采取税收保全措施的期限一般最长不得超过3个月。 （ ）
5. 李某欠缴税款3 000元，由税务机关责令限期缴纳，逾期仍未缴纳，为防止国家税款流失，税务机关扣押了其一批价值3 600元的商品，准备依法进行变卖，以变卖所得抵缴税款，税务机关的做法正确。 （ ）
6. 税务机关行使交通邮政检查权时，可以到车站、码头、机场检查旅客自带的行李物品。 （ ）
7. 税务人员到甲公司进行税务检查时，未出示税务检查证和税务检查通知书的，甲公司有权拒绝检查。 （ ）
8.《税收征收管理法》属于税收程序法。 （ ）
9. 纳税人外出经营活动结束，应当向经营地税务机关填报《外出经营活动情况申报表》，并结清税款、缴销发票。 （ ）
10. A省甲公司到相邻的B省从事临时经营活动，需要申请领购当地发票，B省税务机关要求甲公司缴纳2万元的保证金，其做法正确。 （ ）
11. 纳税人与其关联企业之间的业务往来未按照独立企业之间的业务往来作价。税务机关有权按照成本加合理的费用的方法调整计税收入额或者所得额。 （ ）
12. 对欠税行为人，税务机关可责令其先行缴纳欠税，再依法缴纳滞纳金。 （ ）
13. 甲公司欠缴税款、滞纳金500万元，因经营方向改变，拟出售其办公楼，在办公楼出售前，甲公司应当向税务机关报告。 （ ）
14. 因纳税人、扣缴义务人计算错误等失误，未缴或者少缴税款金额在5万元以上的，税务机关在10年内可以追征税款、滞纳金。 （ ）
15. 申请人申请行政复议应当书面申请。 （ ）
16. 申请人对税务机关作出的逾期不缴纳罚

款加处罚款的决定不服的，无须缴纳罚款和加处罚款，可以直接申请行政复议。（ ）

17. 行政复议机关审查被申请人的具体行政行为时，认为其依据不合法，本机关有权处理的，应当在15日内依法处理。（ ）

18. 行政复议听证人员不得少于3人，听证主持人由行政复议机构指定。（ ）

心有灵犀答案及解析

一、单项选择题

1. B 【解析】一照：是指营业执照，一码是指社会信用代码。
2. A
3. B 【解析】选项A，属于增值税普通发票；选项CD，属于其他发票。
4. B 【解析】选项B，开具发票应当按照规定的时限、顺序、栏目，“**全部联次**”一次性如实开具，并加盖发票专用章，逐联开具的说法错误。
5. B 【解析】选项B，以**寄出的邮戳日期**为实际申报日期。
6. B 【解析】发生纳税义务，未按照规定的期限办理纳税申报，经税务机关责令限期申报，逾期仍不申报的，由税务机关核定其应纳税额。
7. B 【解析】税务机关有根据认为从事生产、经营的纳税人有逃避纳税义务行为，可在规定的纳税期之前**责令其限期缴纳应纳税款**。
8. B 【解析】税务机关有根据认为从事生产、经营的纳税人有逃避纳税义务行为，在规定的纳税期限之前经责令其限期缴纳应纳税款，在“限期内”发现纳税人有明显的转移、隐匿其应纳税的商品、货物以及其他财产或者应纳税收入的迹象，可以责成纳税人提供纳税担保。
9. B 【解析】税务机关责令具有税法规定情形的纳税人提供纳税担保而纳税人拒绝提供纳税担保或无力提供纳税担保的，经县以上税务局(分局)局长批准，税务机关可以采取**税收保全**措施。
10. C 【解析】从事生产、经营的纳税人未按照规定的期限缴纳或者解缴税款，纳税担保人未按照规定的期限缴纳所担保的税款，由税务机关责令限期缴纳，逾期仍未缴纳的，经县以上税务局(分局)局长批准，税务机关可以采取强制执行措施。
11. B 【解析】欠缴税款、滞纳金的纳税人或者其法定代表人需要出境的，税务机关可以责令其提供纳税担保。
12. D 【解析】滞纳天数为自纳税期限届满之次日(2021年5月16日)至实际缴纳税款之日(2021年7月14日)。
13. C 【解析】选项A，税收强制执行措施适用于纳税人、扣缴义务人、纳税担保人；选项B，个人及其所扶养家属维持生活必需的住房和用品不适用税收强制执行措施，不包括汽车；选项D，是税收保全的具体措施。
14. A 【解析】纳税人采取转移或隐匿财产的手段，妨碍税务机关追缴欠税属于欠税行为。
15. C 【解析】选项ABD，**征税主体税款征收权包括依法计征权、核定税款权、税收保全和强制执行权、追征税款权**；选项C，属于征税主体的其他职权。
16. B 【解析】选项B，纳税人欠缴应纳税款，采取转移或者隐匿财产的手段，妨碍税务机关追缴欠缴的税款，欠缴税款金额10万元以上的。
17. C 【解析】选项C，纳税人被市场监督管理机关吊销营业执照或者被其他机关予以撤销登记的，应当自营业执照被吊销或者被撤销登记之日起15日内，向原税务登记机关申报办理注销登记。

18. B
19. A 【解析】因不可抗力导致纳税人办理延期纳税申报的，需要预缴税款。
20. C 【解析】纳税质押是指经税务机关同意，纳税人或第三人将其动产或权利凭证“移交税务机关占有”，作为税款及滞纳金的担保。纳税人逾期未缴清税款及滞纳金的，税务机关有权依法处置该动产或权利凭证以抵缴税款及滞纳金。
21. C 【解析】**加算银行同期存款利息的多缴税款退税，不包括依法预缴税款形成的结算退税、出口退税和各种减免退税**。
22. D 【解析】选项D，以来信、网络、传真形式实名检举的，检举人应当提供营业执照、居民身份证等有效身份证件的“复印件”。
23. D 【解析】选项ABC，属于征税行为，纳税人不服的，必须先申请行政复议，对行政复议决定不服的，可以向人民法院提起行政诉讼；选项D，属于税务行政处罚，不属于征税行为，纳税人不服的，可以申请行政复议，也可以直接向人民法院提起行政诉讼。
24. D 【解析】申请人在行政复议决定作出“前”撤回行政复议申请的，经行政复议机关同意，可以撤回。本题中，行政复议机关已经作出行政复议决定，因此甲公司不得撤回申请。

二、多项选择题

1. ABC 【解析】选项D，是合法行为。
2. BCD 【解析】选项A，由于不可抗力原因无须申请，直接延期，税务机关事后查明、核准；选项B，甲公司做法正确，税务机关做出的处罚决定错误；选项CD，对罚款决定不服可以直接申请行政复议，无须先缴纳罚款也无须提供担保。
3. CD 【解析】选项A，属于税款征收方式；选项B，属于行政处罚。
4. AC 【解析】选项BD，按照营业收入或者成本加合理的费用和利润的方法核定。
5. BCD 【解析】纳税担保范围包括税款、滞纳金和实现税款、滞纳金的费用。
6. ABC 【解析】选项D，税务机关可以采取税收强制执行措施。
7. BD 【解析】选项A，属于税收强制执行措施；选项C，属于责令提供纳税担保。
8. ABCD 【解析】税务机关依法采取税收保全和强制执行措施时，对个人及其所扶养家属**维持生活必需的住房和用品**，不在税收保全和税收强制执行措施的范围之内。选项ABCD显然既不属于维持生活必需的住房也不属于维持生活必需的用品。
9. ABCD
10. BD 【解析】选项B，实施检查的单位，非人民法院；选项D，对自然人，公布其姓名、性别、身份证号码，不包括家庭住址。
11. ABC 【解析】信息公布渠道包括：省以下税务机关通过省税务机关门户网站向社会公布（选项A）；省以下税务机关通过本级税务机关公告栏、报纸、广播、电视、网络媒体等途径以及新闻发布会（选项B）等形式向社会公布；国家税务总局门户网站（选项C）设立专栏链接省税务机关门户网站的公布内容。
12. AB 【解析】国家机关、个人、无固定经营场所流动性农村小商贩不用办理税务登记。
13. BC 【解析】选项A，应办理停业登记；选项D，应办理变更税务登记。
14. AB 【解析】选项C，停业期间发生纳税义务的，应按规定申报缴纳税款，不能等到复业之后；选项D，纳税人应当于恢复生产经营之前，向税务机关申报办理复业登记。

15. AC 【解析】选项BD，由省、自治区、直辖市税务机关负责管理。

16. BD 【解析】发票领购手续应当提供的资料：经办人身份证、税务登记证、财务专用章或发票专用章的印模。

17. BD 【解析】选项A，纳税担保从税务机关在纳税担保书签字盖章之日起生效；选项C，纳税保证期间为纳税人应缴纳税款期限届满之日起60日。

18. ACD 【解析】选项A，税务机关征收税款，税收优先于无担保债权，法律另有规定的除外；选项B，纳税人欠缴的税款发生在纳税人以其财产设定抵押、质押或者纳税人的财产被留置**之“前”的**，税收应当先于抵押权、质权、留置权执行；选项CD，纳税人欠缴税款，同时又被行政机关决定处以罚款、没收违法所得的，税收优先于罚款、没收违法所得。

19. ABC 【解析】选项D，纳税人以明显不合理的低价转让财产而受让人知道该情形的税务机关可以依法行使撤销权。

20. ABC 【解析】未办理实名办税的自然人纳税人委托他人代为申请开具的，需一并提供委托书、委托人及受托人有效身份证件。

21. ABCD

22. ABC 【解析】选项D，对已经查结的同一检举事项再次检举，没有提供新的有效线索的举报中心不予受理。

23. BCD 【解析】选项A，与人民法院无关。

24. AB 【解析】选项C，延长期限最多不得超过30日；选项D，行政复议决定书一经送达即发生法律效力。

25. BCD 【解析】选项CD，行政复议机关决定不予受理，申请人可以自收到不予受理决定书之日起15日内依法向人民法院提起行政诉讼。

26. ABC 【解析】选项D，对各级税务局的具体行政行为不服的，向其上一级税务局申请行政复议。

27. AB 【解析】选项A，向国家税务总局申请行政复议；选项B，税务机关作出逾期不缴纳罚款加处罚款的决定不服的，向作出行政处罚决定的税务机关申请行政复议。

三、判断题

1. √

2. × 【解析】查验征收适用于纳税人财务制度不健全，生产经营不固定，零星分散、流动性大的税源。

3. × 【解析】题目所述情形，税务机关可对其核定应纳税额。

4. × 【解析】题目所述期限一般最长不得超过6个月。

5. × 【解析】采取税收保全措施时，可以扣押、查封纳税人的“价值相当于应纳税款”的商品、货物或者其他财产，本题扣押商品超过应纳税额，不符合规定。

6. × 【解析】可以检查纳税人托运、邮寄应纳税商品、货物或者其他财产的有关“单据、凭证和有关资料”；不能对其他内容进行检查，比如旅客自带的行李物品等。

7. √

8. √

9. √

10. × 【解析】异地领购发票的，税务机关可以要求提供担保或不超过1万元的保证金。

11. × 【解析】应为按照成本加合理的费用和利润的方法。

12. √

13. √ 【解析】欠缴税款“5万元以上”的纳税人在处分其不动产或者大额资产之前，应当向税务机关报告。

14. × 【解析】因纳税人、扣缴义务人计算错误等失误，未缴或者少缴税款金额在10万元以上的，税务机关在5年内可以追征税款、滞纳金。

15. × 【解析】申请人申请行政复议可以书面申请，也可以口头申请。

16. × 【解析】本题所述情形，应当先缴纳罚款和加处罚款，再申请行政复议。

17. × 【解析】行政复议机关审查被申请人的具体行政行为时，认为其依据不合法，本机关有权处理的，应当在“30 日”内依法处理。

18. × 【解析】行政复议听证人员不得少于“2 人”。

第三篇 “执子之手”

考前模拟试题

考前模拟试题

亲爱的读者，微信扫描对应小程序码，并输入封面防伪贴激活码，**即可享有本书编写老师亲编 2 套考前模拟试题**，快来扫码吧！

祝您考试顺利！